조지훈 연구 2

조지훈 연구

2

이형대
오형엽 엮음

KOREA UNIVERSITY PRESS
고려대학교 출판문화원

머리말

올해는 조지훈(1920-1968) 선생이 태어난 지 100주년이 되는 해이다. 조지훈 선생은 탁월한 시인이자 민족문화학의 초석을 닦은 학자이며 한국의 사회적·역사적 현실에 적극적으로 개입하는 실천적 지성인이기도 했다. 그는 왕성한 시 창작 활동 못지않게 민속학·역사학·지성사를 세 축으로 하는 민족문화학 연구를 개척했으며, 1950년 한국전쟁에 종군 문인으로 참전하고 1960년 4·19혁명을 위시한 역사의 흐름에 지사적 논객으로 개입하는 등 행동하는 지성의 표본을 보여주었다. 고려대학교는 조지훈 선생의 탄생 100주년을 맞아 2020년 11월 9일-11월 16일에 '조지훈 주간'을 선포하고 다양한 기념행사를 개최하여 그의 뜻을 기린다. 생전에 선생이 재직했던 고려대학교 문과대학, 국어국문학과, 초대 소장을 역임했던 민족문화연구원(전 민족문화연구소), 사후 유품과 도서를 기증 받은 박물관, 도서관, 그리고 고려대학교 의료원 등은 기념행사를 개최하여 조지훈 선생의 전인적인 풍모를 현재적 교훈으로 되새기고자 한다.

고려대학교의 문과대학, 국어국문학과, 민족문화연구원은 '조지훈 주간' 기념행사의 일환으로 두 권의 '조지훈 기념 논문집'을 기획하고 준비했다. 문과대학과 국어국문학과가 주관하는 『조지훈 연구 2』와 민족문화연구원과 국어국문학과가 주관하는 『조지훈 탄생 100주년 기념 논문집』이 그것이다. 『조지훈 연구 2』는 『조지훈 연구』(고려대학교출판부, 1978)의 연장선에서 1978년 이후 현재까지 발표된 조지훈 문학 연구 및 민족문화학 연구들 중에서 중요한 성과들을 모은 연구서이고, 『조지훈 탄생 100주년 기념 논문집』은 조지훈 기념행사로서 올해 개최하는 세 가지 학술

대회인 〈조지훈 탄생 100주년 기념 포럼〉(영양군청·고려대 국어국문학과 주최, 2020. 10. 16), 〈조지훈 탄생 100주년 기념 강연 및 추모 좌담회〉(고려대 문과대학·국어국문학과 주최, 2020. 11. 11), 〈조지훈 탄생 100주년 기념 인문학 축제〉(고려대 국어국문학과·민족문화연구원 주최, 2020. 11. 13)에서 발표되는 주제 발표문과 토론문 들을 모으고 유족 및 제자들의 추모 산문도 수록하는 저서이다. 『조지훈 연구 2』의 기획 및 실무는 문과대학 학장인 이형대 교수와 국어국문학과 학과장인 오형엽 교수가 위임 받아 진행했고, 『조지훈 100주년 기념 논문집』의 기획 및 실무는 국어국문학과의 오형엽, 김종훈 교수와 민족문화연구원의 박헌호, 정병욱 교수가 위임 받아 진행하였다.

『조지훈 연구 2』의 기획 및 실무를 맡은 편자들은 이 책의 체제와 구성을 전례로서 모범이 되는 『조지훈 연구』를 참고하면서 크게 '1부—조지훈 문학 연구'와 '2부—조지훈 민족문화학 연구'로 구분하기로 했다. 조지훈 선생이 남긴 업적을 크게 시와 시론을 포괄하는 문학 영역과 민속학·역사학·지성사 등을 포괄하는 민족문화학 영역으로 양분하는 것이 적실하다고 판단했기 때문이다. 편자들은 1978년 이후 현재까지 발표된 조지훈 문학 연구 및 민족문화학 연구 논문들 중에서 중요하다고 판단되는 총 30편의 논문들을 심사숙고하면서 선정하고 필자들의 동의를 구하여 재수록하였다. 심사숙고하는 동안 편자들은 폭넓은 조사와 검토를 진행하는 동시에 여러 선생님들께 조언을 구하는 과정을 거쳤다. 이 자리를 빌려 귀한 조언을 해주신 홍일식, 박노준, 오탁번, 김인환, 김명인, 김흥규, 최동호 명예교수님들께 깊은 감사의 말씀을 드린다. 이 책의 논문 게재 순서는 1부와 2부에서 각각 세부 분야들을 구분하지 않고 망라하여 최초 발표된 연대순으로 배열했고, 발표 연대가 동일한 경우에는 필자의 연령이 높은 순으로 배열했다. 논문의 판본은 필자가 최초로 발표한 논문을 저본으로 삼고, 필자가 논문을 최초 발표한 후에 수정을 거쳐 저서나 다른 지면에 재수록한 경우에는 재수록 논문을 저본으로 삼았다. 책의 말미에 최초 발표 및 재수록 논문에 대한 서지를 모두 기록하는 방식으로 '논문 출처'를 밝혔다.

편자들은 이 책을 기획하고 실무를 진행하는 과정에서 조지훈 선생의 뛰어난 업적을 되새기면서 현 상황의 제반 혼란을 돌파할 수 있는 전통의 저력을 확인하고 새로운 전진을 위한 동력을 얻게 되었다. 조지훈 선생은 1945년 해방, 1950년 한국전쟁, 1960년 4·19혁명 등으로 이어지는 한국 현대사의 소용돌이 속에서 문학적·학문적·사상적 혼미를 극복하기 위해 제반 현상들의 원리로서 근본 문제를 규명했고, 이를 통해 본질·원형·근원 등의 가치를 추구하면서 부분 혹은 특수를 포용하는 차원에서 전체 혹은 보편을 탐색하였다. 이 책을 통해 전인적 인격으로 다방면에 선구적 족적을 남긴 조지훈 선생의 업적을 연구 논문집의 형식으로 정리하면서 새삼 '전통의 현재적 계승'이라는 말의 숨은 의미를 깨닫게 된다. 1978년에 고려대학교출판부에서 출간된 『조지훈 연구』가 조지훈 선생의 후배와 제자들에 의해 기획되고 편찬되었다면, 2020년에 고려대학교출판문화원에서 출간되는 『조지훈 연구 2』는 그의 제자들의 제자들에 의해 기획되고 편찬되었다. 편자들은 세 세대에 걸쳐 진행되는 이러한 문학적·학문적·사상적 전통의 계승이 『조지훈 연구 2』에 그치지 않고 20년 혹은 30년 후에 우리의 후속 세대에 의해 다시 『조지훈 연구 3』으로 이어지기를 기대하면서 징검다리로서의 소임을 맡고자 한다. 이로써 조지훈 선생의 유산을 과거의 유물로 남기지 않고 현재의 교훈으로 계승하는 동시에 미래의 발전적 동력으로 견인하려 한다. 마지막으로 편자들은 세 세대에 걸쳐 진행되고 향후 미래 세대의 동참을 요청하는, 이러한 전통의 계승이 조지훈 선생의 업적을 좀 더 객관적으로 조명하고 재해석하며 평가함으로써 창조적 발전의 과정이 되기를 소망하면서, 고려대학교에서 학문적 이력을 밟은 연구자들과 타 대학교에서 학문적 이력을 밟은 연구자들의 논문을 균등하게 선정하여 재수록했음을 밝힌다.

2020년 10월 22일

편자 이형대·오형엽

차례

2부 • 조지훈 민족문화학 연구

1부

조지훈 문학 연구

조지훈의 초기작 「지옥기」 시편에 관하여

김흥규

1

이 짤막한 시론(試論)을 통해 우리는 조지훈(1920-1968)의 시적 편력 중 가장 초기의 작품군에 속하는 「지옥기」 시편의 주제적 특징을 검토하고 그 변모의 시기와 방향을 간략하게 비추어 보고자 한다. 대체로 보아 1935년경에서 1940년대 초까지에 해당하는 이 시기는 그의 이름에 으레 동반하는 통념적 칭호인 '청록파'라든가 '고전적 감성의 시인' 등의 면모만으로 단순화할 수 없는 초년의 방황과 번민이 지배하였던 자기 모색의 단계로 보인다. 그렇다고 할 때 우리는 이 무렵의 지훈 시가 지닌 특징이 무엇이며 그것은 언제 어떤 방향으로 변모하여 갔는가라는 물음에 당면하지 않을 수 없다.

새삼스러이 지적할 필요도 없는 바이지만, 지훈의 시에 관한 그간의 논의는 대개 『청록집』 시대의 시편과 그에 인접하는 성향의 작품들을 바탕으로 전개되어 왔다. 그러나, 이 부분이 지훈 시에서 매우 중요함은 사실이라 해도 그의 시세계 전체를 대신한다거나 축소적으로 반영한다고 말하기는 불가능하다. 이 자리에서 거론하지 않을 여러 단계의 시를 포함하여 검토해 볼 때 지훈은 다단한 모색과 갈등을 거쳐 여러모로 변모해 간 시인이었음이 확인된다. 이러한 변모의 의미와 의의를 어떻게 이해하든 그 진전 과정에 대한 파악이 없이는 지훈의 시세계를 온당하게 해명하기 어렵다.[1)]

여기서 우리는 이 점에 유의하면서 지훈의 초기시와 그 변모라는 한정된 국면에 대해 반성적 논의의 기회를 마련하고자 한다. 다만, 극히 한정된 이 문제도 충분한 해명을 위하여는 지훈 시의 전체적 연관 안에서의 상호 검증이 필요할 터이므로 본고의 논의는 이를 위한 시론적(試論的) 조명의 한계를 가짐을 전제해 두고자 한다.

2

지훈 시의 초기적 양상을 소상하게 살피자면 마땅히 이 시기 작품 전체의 세밀한 연보를 작성하고 분석하는 일이 필요할 터이지만, 이 글이 목표로 하는 요점적 검증을 위하여 우리는 보다 간편한 자료로서, 『조지훈시선』(정음사, 1956)을 이용하기로 한다. 시인 자신이 선정하여 전체를 다섯 부분으로 나눈 이 시집에서 가장 이른 시기의 작품들을 주로 하여 모은 것이 「지옥기」 시편이며, 「고풍의상」 시편과 「달밤」 시편이 각각 그 다음에 순차적으로 전개된 작품세계를 보여 준다. 이에 대해 지훈은 다음과 같이 밝힌 바 있다.

---

1) 이 점에 관하여는 누구보다도 지훈 자신이 다음과 같이 말한 바 있다. "『청록집』 이후 우리들의 시는 25년의 세월을 보내는 동안 적지 않게 달라졌다는 것은 조금만 유의하는 이는 알 수가 있을 것이다. 사실 『청록집』에 수록된 시와 같은 세계를 나 자신은 아직 두번 다시 노래한 적이 없다. 돌아가고 싶어도 돌아가지지도 않고, 또 아직은 돌아가고 싶지도 않은 것이 나의 내정(內情)이다. 그동안 나는 애정의 세계와 종군시편, 시사에 대한 격정, 저항시편, 에피그램, 고담(枯淡)한 시세계 등 방황에 가까운 편력을 거쳐 이제 귀로(歸路)에 오르고 있다." 「내 시의 고향」, 『세대』 창간호(1963. 6), 『조지훈 전집 4』, 일지사, 1973, 41-42쪽.

> 내가 처음 시를 쓰기 시작할 때, 이를테면 습작 시대의 바탕을 이루었던 작품세계와 그에 혈맥이 닿는 작품을 제1부에 모았다. 「지옥기」의 시편이 그것이다. 동인지 《백지》에 참가했던 무렵을 전후해서부터 지금까지 간헐적으로나마 지속되어 온 작품세계이니 나의 암울과 회의, 화사(華奢)와 감각은 이때부터 시작된 모양이다.
>
> 내가 처음 발을 붙였던 시세계는 「고풍의상」, 「승무」를 쓰면서부터 일변하였다. 이 시기는 《문장》지의 추천을 받을 무렵이니, 내 자신의 시를 정립하기 위한 발판은 이때에 이루어졌던 것이다. 제5부 「고풍의상」의 시편들이 그것이다. 사라져 가는 것에 대한 아쉬움의 애수, 민족정서에 대한 애착이 나를 이 세계로 끌어 넣었던 줄로 안다.
>
> 그 다음이 곧 내가 오대산 월정사로 들어간 시기이다. 주로 소품의 서경시, 선미(禪味)와 관조에 뜻을 두어 슬프지 않은 몇 편을 이때에 얻었으니, 제3부 「달밤」에 수록한 것이 그것이다.[2)]

여기에서 말한 습작기란 그의 나이 17세이던 1935년에 상경하여 오일도의 『시원』사에 출입하게 된 이래[3)] 1939년에 이르기까지의 기간을 지칭한다. 그가 『백지』 동인에 참가하여 그 창간호를 낸 것과 『문장』지에 「고풍의상」, 「승무」가 추천된 것이 모두 1939년이니, 1939년 무렵은 그의 초기시에 있어서 한 전환기라 보아 마땅할 것이다. 이 무렵까지의 지훈은 후일의 자전적 기록에서 확인되듯이 상징주의, 탐미주의 등 근대 서구문학의 '전위적' 흐름에 도취해 있었고, 그것은 「지옥기」 시편으로 집약되는 이 시기의 작품세계에 일정한 상관관계를 가지는 듯하다.[4)]

그러나 우리에게 중요한 문제는 당시의 지훈 시가 어떤 영향원에 맥이 닿아 있었는가에 관한 비교문학적 검증이 아니라, 그 전체적 성향이 무엇이며 이에 담긴 시적 자아의 상(像)은 어떤 모습을 가졌던가 하는 의문이다. 그런 각도에서 이 시기 작

---

2) 조지훈, 「후기」, 『조지훈시선』, 정음사, 1956, 179-180쪽.

3) 조지훈, 「나의 역정(歷程)」, 『조지훈 전집 4』, 161쪽 참조.

4) 위의 글. "상경 후 내가 처음 탐독한 시인은 보들레르와 와일드였다. 사실주의 이후 주조(主潮) 잃은 문예사조를 알아본다고 보들레르와 도스토예프스키, 플로베르를 읽고 나서 보들레르의 상징주의가 정통이라고 믿은 것도, 와일드의 탐미주의에 혹하여 「살로메」를 번역하여 본 것도 이 무렵의 일이었다. 나는 이내 그 당시의 모든 문학청년들이 그랬던 것과 마찬가지로 일차대전 전후의 소위 아방가르드 문학에 열중하기도 하였다."

품들의 전제적 윤곽을 단적으로 집약한다면 '혼돈·분열과 방황의 세계'라고 할 수 있을 듯하다. 「지옥기」를 포함한 일련의 시들을 일별할 때 곧 확인되는바, 이들은 극도의 허무주의와 탐미적 감각의 사이를 왕래하면서 불안한 자아의 내면을 드러내 준다. 여기에 형상화된 세계는 조화와 생명력을 잃은 황량한 공간이며, 삶이란 그 안에서의 일시적인 떠 있음 내지 고립으로 표현된다. 시인 자신이 이 부류의 작품들에 표제작으로 택한 「지옥기」의 일부를 보기로 한다.

> 여기에도 태양은 있습니다. 태양은 검은 태양, 빛을 위해서가 아니라 차라리 어둠을 위해서 있습니다. 죽어서 낙엽처럼 떨어지는 생명도 이 하늘에 이르러서는 눈부신 빛을 뿌리는 것, 허나 그것은 유성과 같이 이내 스러지고 마는 빛이라고 생각하십시오.
>
> 이곳에 오는 생명은 모두 다 파초닢같이 커다란 잎새 위에 잠이 드는 한 마리 새올습니다. 머리를 비틀어 날개쭉지 속에 박고 눈을 치올려 감은 채로 고요히 잠이 든 새올습니다. 모든 세포가 다 죽고도 기도를 위해 남아 있는 한 가닥 혈관만이 가슴 속에 촛불을 켠다고 믿으십시오.
>
> —「지옥기」 2·3연(『조지훈시선』, 10-11쪽)

이 작품에서 '여기'라고 지칭된 '지옥'은 이승을 넘어선 어떤 곳이 아니라 바로 시인 자신이 인식한 삶의 한 국면을 가리키는 이미지로 해석된다. 여기에 있는 태양은 빛을 주기 위해서가 아니라 어둠을 위해서 있다는 절망적 언어가 말해 주듯이 「지옥기」에 표현된 삶의 공간은 거대한 어둠—온전히 파악하거나 받아들일 수 없으면서 그렇다고 초극될 수도 없는 불안의 영역이다. 이 '지옥'의 암흑성은 "죽어서 낙엽처럼 떨어지는 생명도 이 하늘에 이르러서는 눈부신 빛을" 뿌린다는 대목에서 더욱 뚜렷해진다. 소멸해 가는 생명조차도 눈부신 빛이 된다는 것은 곧 이 세계의 비생명적 어둠에 대한 쓰라린 확인이다.

황량한 어둠이 지배하는 이 세계에서 생명의 빛이란 일시적인 것에 불과하며, 스스로의 밝음을 확대해 나아가는 역동적 근원이 되지 못한다. 이곳에서 모든 생명은 자아를 외향적으로 실현해 나아가지 못하고 단지 죽음 직전의 가사(假死)상태에 머물고 있을 따름이다. 그들에게 가능한 일은 상황을 초극할 수 있는 여지가 완전히 부정된 상태에서의 내향적 퇴행에 불과하다. 그리하여, 생각할 힘과 날아오를 가능성은 포기되고("머리를 비틀어 날개쭉지 속에 박고"), 세계를 바로 보고자 하는 의지는 닫혀진 자아의 잠 속에 소멸된다. 「지옥기」의 세계 안에서 모든 개체들은 무력하게 고립된 채 죽음 직전의 정적만을 호흡하며 불안하게 머물러 있는 반식물적(半植物的) 존재에 불과하다.

그럼에도 불구하고 그들이 아직 살아 있음을 확인해 주는 것은 "모든 세포가 다 죽고도 기도를 위해 남아 있는 한 가닥 혈관"이다. 하지만 그 기도의 대상이 어디에 있으며, 내용이 무엇인지, 그리고 그것은 어떻게 전해지고 이루어질 것인지에 대한 시적 전망은 존재하지 않는다. '기도'는 이 작품의 마지막 연에서도 다시 한번 나타나는데, 그것은 어떤 지향성과 동력을 지닌 소망이기보다는 절망만이 막막하게 에워싸고 있는 세계 안에서 흔들리는 한 가닥 주관성의 엷은 빛에 불과한 것으로 보인다.

지훈 스스로가 '습작기'라고 지칭한 이 시기의 시편들은 전반적으로 이와 유사한 세계상을 배경으로 하고 있다. 그중에서 특히 강렬하고도 극단적인 사례로 「손」을 지적할 수 있을 것이다.

> 신의 권위에 희생된 손 하나가 여기 황토길에 바려져 있다. 이미 영혼을 잃어버린 손은 그대로 하나의 낙엽과 같다. 다섯 가락은 엽맥(葉脈), 거기서 피가 흐른다 아니 동물성 수액이 흐른다. 허공에 표류하는 청년의 영혼이야 구원되어도 이 별빛 아래 바려져 있는 청년의 손은 까맣게 모르리니 희생으로 버림받은 자의 영광은 '로고스' 아닌 흙으로 환원하리라—. 시간의 손만이 허공에 돌고 있었다.
>
> —「손」 부분(『조지훈시선』, 15-16쪽)

'질주하는 기차에 뛰어든 청년'과 그의 '사산(四散)된 지체(肢體)'를 작품의 중핵으로 하여 이 세계의 잔혹한 물질성과 고통의 문제를 다룬 이 작품은 이 무렵의 시편들에 많이 보이는 관념적 열정을 특히 강렬하게 드러낸다. 그러나 그것은 극도의 허무주의에 의해 지배되는 열정이다.

지훈의 시에서 보기 드문 어휘인 '신'은 세상을 조화롭게 화육(化育)하고 운행하는 주재자의 이름으로서가 아니라 지상의 고통과 죽음에 무심한, 따라서 잔인하달 수밖에 없는 초월자의 개념으로 이 작품에 등장한다. 여기에 담긴 생각에 의하건대 신은 지상적 현실의 차원에서 일어나는 사건과 고통에 대해 무관심하거나 적어도 냉혹한 초연성을 견지하는 피안의 존재이다. 신은 '영혼이야' 구원할는지 모르지만, 지상에서 고통받고 찢겨져 썩어 갈 육신의 참혹함에 대해서는 무심할 따름인 잔인한 초월자라는 것이다. 그러므로 이 지상의 것인 육신은 주어진 불행과 고통에 희생되어 마침내는 "로고스 아닌 흙으로" 환원되리라고 시인은 말한다.

그러면 신이 내버린 (혹은 자애로이 보살피지 않는) 지상의 삶을 지배하는 원리는 무엇인가? 지훈은 '시간의 손'이라는 관념적 비유를 통하여 이를 말하고 있는 듯하다. 이 경우의 '시간'이란 모든 것을 제자리에 머물러 있지 못하게 하고 끊임없이 유전(流轉)시키며 마침내는 조락(凋落)과 파멸에로 이끌어 넣으면서도 그 스스로는 냉혹한 운행을 계속하는 법칙성에 해당하는 것으로 생각된다. '질주하는 기차', '무의미한 태양', '미풍', 그리고 철로변에 산산조각되어 흩어진 청년의 육신이 전율스런 참혹함을 조성하는 이 작품의 구도 안에서 '시간의 손'은 음산하기까지 한 비정함을 느끼게 한다. 다음의 구절은 이를 좀더 선명하게 말하고 있다.

> 철로가에는 떨어져 나온 청년의 팔 하나가 던져져 있었다. 그 피묻은 손목에는 시계가 그대로 가고 있었다. 시계는 본대 주인이 없다. 항상 주인의 의지를 감시하는 자 그리고 반역하는 자. 청년은 왜 시계의 모가지를 비틀지 않고 저만 죽어 갔을까.
>
> —「손」 부분(『조지훈시선』, 14쪽)

피묻은 손목에서도 그대로 가는 시계의 모습이 암시하듯이 시간은 비정한 초월자인 신과 마찬가지로 자신의 냉혹한 법칙성만을 전개하여 나아가는 비생명적인 힘이다. 이처럼 잔혹하면서 아무런 좌표도 없이 무한에서 무한으로 이어지는 시간 속의 생존이란 불안하고 허망하다. 그리고 그것은 곧 「지옥기」 시편의 대부분이 씌어진 1930년대 후반에 있어서의 지훈 시가 지닌 음울한 세계인식의 단적인 표현이다. 그의 나이 20세를 전후한 1939년 무렵에 "니이체, 쇠스토프, 메레주코프스키를 읽고 좋아하기도 하였다"는 회고담을 보면[5] 이러한 시들은 우연히 돌출한 단편이라 할 수 없고, 당시 지훈이 안고 있었던 고뇌와 내면적 방황의 필연적인 소산이

5) 위의 글, 162쪽.

라고 해석해 마땅하다. 그 의의를 어떻게 평가하든 이 시기의 지훈은 세계내적(世界內的) 삶의 조화와 합목적성에 대해 부정의 시선을 가진 허무주의자에 가까웠던 것이다.

「길」, 「종소리」, 「유찬(流竄)」, 「부시(浮屍)」, 「포옹」 등의 작품들도 어조와 분위기에는 차이가 있지만 질적으로 이와 유사한 특색을 지니고 있다. 위에서 본 비정한 법칙성으로서의 시간이 공간적 형태로 나타나면 어둠이 되기도 하고, 작품에 따라서는 그 속에서의 절망, 방황 등 주관적 경험이 강조되기도 하는 등의 편차는 있으나 근본 성향은 동일하다. 「월광곡」과 같이 극도로 감각적·탐미적인 섬세함을 보이는 작품조차도 그 섬세함과 화사(華奢)취미는 분열된 삶의 전망에 기인하는 피로감을 바탕에 깔고 있다.

이렇게 볼 때 「지옥기」 시편들은 비록 16세에서 20세 정도에 이르는 성숙기의 산물이고 지훈 자신도 후일의 회고에서 '습작기'의 작품들이라 지칭한 바 있지만, 그 작품적 성취의 평가를 일단 떠나서 그의 시시계가 전개되어 간 과정을 해명하는 데에나 그가 오래도록 완전히 떨쳐버릴 수 없었던 문제의 한 국면을 파악하는 데에 긴요한 가치를 띤다고 할 것이다. 그런 의미에서, 일반적으로 알려진 그의 대표작과 전형적 시풍조차도 이 초기작들이 지닌 문제와의 상호 조명이 없이는 그 의미를 충분히 드러내기 어려울 것이다.

3

「지옥기」 시편들의 이와 같은 성향은 1939년경에 이르러 변모의 고비에 다다랐던 것으로 생각된다. 이 해에 지훈은 『문장』지에 「고풍의상」(4월)과 「승무」(12월)로 추천받았고, 이듬해 2월에 「봉황수」로써 3회 추천을 완료했다. 그는 이 무렵을 회고하여, "「고풍의상」은 서구시를 모방하던 그때까지의 나의 습작을 탈각하고 자신의 시를 정립하려고 한 첫 작품이었으나 실상은 강의시간에 낙서삼아 쓴 것을 그대로 우체통에 넣은 것이 뽑힌 것"이며, "이 계열의 작품은 그때까지 이 「고풍의상」 한 편밖에 없었기 때문에 3회 추천을 필요로 하는 나의 추천 통과는 자연히 지연되지 않을 수 없었다"라고 했다.[6] 이에 따르면 지훈 시의 초기적 변모는 보들레르, 와일드

등에 심취하며 「지옥기」류의 작품세계에 몰두하던 4, 5년의 기간을 거치는 동안 움터오던 전신(轉身)의 가능성이 1939, 1940년의 『문장』지 추천을 고비로 구체화된 것인 듯하다.

이 시기의 추천작 세 편이 지닌 시적 지향은 「지옥기」 시편들에 지배적이었던 분열과 내면적 방황으로부터 벗어나려는 모색의 움직임을 보여 준다. 그러나, 초기작에 보이던 자아-세계의 균열이 이에 이르러 온전하게 초극된 것은 아니다. 「고풍의상」, 「봉황수」에서 확인되듯이 지훈이 바라보는 시적 상황은 소멸된 것들의 잔영 또는 폐허이며, 그 안에서 자아는 과거와 단절된 채 현재의 정위(定位)를 가지지 못한 존재로서 떠돌고 있다. 이러한 국면에서의 내면적인 고뇌와 그 초극의 노력이 갈등하면서 교묘한 시적 균형으로 승화된 작품이 「승무」이다.

이와 같은 모색의 단계를 거쳐 지훈 시의 초기적 변모가 일단 매듭지어진 것은 그가 오대산 월정사로 들어간 시기(1941)의 작품들 (『조지훈시선』에 실린 것으로는 「달밤」 시편들)에 와서이다. 불교 강원(講院)의 외전강사로서 산간에 묻혀 있던 이 시기를 그는 다음과 같이 회고하였다.

> 자기 침잠의 공부에 들었던 그 일년은 나의 시에 한 시기를 그은 것이 사실이요, 그만큼 나의 생애에 중요한 도정(道程)이기도 하였다. 나의 시가 지닌 바 기교주의는 선(禪)으로부터 오는 무기교주의로써 지양되었고, 주지의 미학은 자연과의 교감으로 바뀌어지기 시작하였다. (…) 「마을」, 「달밤」, 「고사(古寺)」, 「산방」 계열이 절에서 지은 작품들이니, 주로 서경의 자연시 — 슬프지 않은 시 몇 편은 이때에 이루어진 것들이다. 발레리·릴케·헤세를 집어치우고 다시 당시(唐詩)를 읽고 한산시(寒山詩)를 비롯한 선가어록(禪家語錄)과 게송(偈頌)을 좋아한 것이 그때의 나의 생활이었다.[7)]

그러면 이때의 지훈 시는 그 자신의 말처럼 '서경의 자연시'에 그쳤던 것일까? 그렇게만 생각되지는 않는다. 얼핏 보아 단순한 정경의 묘사에 그친 듯이 보이는 작품들 속에서 그는 초기작의 주제인 세계-자아의 균열을 극복하려는 정적인 긴장

6) 위의 글.

7) 위의 글, 163쪽.

혹은 그 결과로서의 '시간과의 화해'를 보여 준다. 이 점에서 「고사 1」이 특히 주목할 만하다.

목어를 두드리다
졸음에 겨워

고오운 상좌아이도
잠이 들었다

부처님은 말이 없이
웃으시는데

서역(西域) 만릿길
눈부신 노을 아래

모란이 진다.

—「고사 1」(『조지훈시선』, 100-101쪽)

이 작품에도 물론 시간이 존재한다. 그러나 「고사 1」의 구도 안에서 그것은 「지옥기」 시편에서 본 바와 같은 비정한 법칙성의 무한연속으로서의 시간이 아니며, 그 공간적 형상인 어둠도 아니다. 작중화자가 인식하고 있는 시간은 오히려 그 반대의 것—넉넉하고 화해로운 공간에 가득 차 있는 '노을'과 '모란'의 시간이다. 졸음에 겨워 잠이 든 상좌아이나 이 풍경을 바라보고 있는 화자 역시 이들과 마찬가지로 시간 속에 존재한다. 그들은 모두 소멸이 불가피한 시간의 질서 속에 잠시 존속하다가 사라지는, 불교적으로 말하면 '자성(自性)' 없는 만법의 일부이다. 이와 같은 시간성을 고통스럽게 보는 한 초기작에서와 같은 허무주의는 피할 수 없다. 그러나 월정사 무렵의 지훈은 불교적 세계관에 깊이 침잠하면서 끊임없는 흐름으로서의 시간성 즉 소멸의 질서를 담담하게 받아들인다. 변한 것은 세계의 질서가 아니라 그것을 바라보는 자아의 시선이다. 담담한 체관을 바탕으로 하여 변화와 소멸의 불가피성을 받아들이고 그 흐름에 자신을 맡김으로써 지훈은 오히려 이 작품에서 소멸하는 것들의 아름다움을 포착하는 정관(靜觀)의 경지에까지 도달한 것이다.

그러나, 역사적 삶의 제반 관련으로부터 완전히 초월하지 않는 한 이러한 정적 균형이나 순간적 황홀을 언제나 유지한다는 것은 불가능한 일이다. 더욱이 지훈이 잠시 머물렀던 월정사 불교강원 역시 그가 떠나온 세속의 현실과 완전히 격리된 별개의 세계는 아니었고, 그 자신은 스스로의 표현처럼 '가승(假僧)'이었을 뿐이다. 그러므로 「고사」의 정적인 균형과 조화는 그의 시적 편력이 도달한 최종적 귀결이 아니라 「지옥기」의 세계에서 전신하여 달려간 반대의 영역, 그러나 오래 머물러 있을 수 없었던 또 하나의 극점(極點)이었던 셈이다.

지훈의 초기작에 대한 간략한 시론(試論)을 목표로 한 이 글에서 이에 관련된 제반 문제를 더 상론할 여유는 없으나, 그의 시세계를 이해하는 데에 이 두 극단의 사이에서 전개된 모색과 변모는 더 천착해 볼 만한 의의가 있을 듯하다. 널리 알려진 일부 작품들을 주로 하여 통념화되어 있는 지훈의 시인적 초상은 이를 통해 다시금 면밀히 검토되고 재구성되어야 할 것이다.

낭만적 비장과 표일의 정신

김명인

1. 서론

조지훈(1920-1968)은 우리의 근대시사에서 누구보다도 자주 거론되어 온 시인의 하나다. 2백 편[1])을 웃도는 적지 않은 시편들과 수많은 문학론, 그리고 격동기의 문단 활동 등을 고려한다면 그의 개인적인 축적은 그대로가 우리의 작은 문학사에 해당되므로 그의 문학에 기울어지는 유다른 관심과 열의는 매우 자연스러운 현상이라고 할 수 있다.

1) 조지훈이 남긴 작품의 총수는 250여 편 정도라고 한다(박두진, 「조지훈의 시세계」, 『조지훈 연구』, 고려대학교출판부, 1978, 3쪽).

그러나 조지훈의 시 세계를 논한 대부분의 글들은 일찍이 이 시인의 작품을 고전적 전통의 테두리 속으로 한정시켰던 초창기의 논의에 상당 부분 빚지고 있어서, 그에 대한 연구의 집적만큼 개별 작품들에 관한 이해가 크게 심화되거나 확장되었다고는 판단되지 않는다. 전기적인 측면이나 주제적인 특징과 관련하여 한 시인의 지향이나 변모과정을 밝혀보려는 노력은 그 자체로도 높이 평가되어야 하지만, 작품이 구현하는 고유한 미적 질서의 해명이라는 점에서는 언제나 미흡한 느낌을 갖게 한다.

지금까지의 연구가 주로 작품의 주제적인 성향이나 소재 혹은 시인의 전기적인 사실을 축으로 하여 시적 지향의 전개 양상을 드러내는 데 중점이 두어졌다면, 조지훈의 시 세계는 작품에 집중되는 미적 효과를 중심으로 다시 분석되거나 새롭게 조명되어야 할 것이다. 한 시인에 대한 해석과 평가란 무엇보다도 개별 작품들이 갖고 있는 미학적 근거들이 전체 시로 확산되면서 형성하는 포괄적인 구상들을 파악하는 일에서부터 출발해야 하기 때문이다. 그렇게 함으로써 우리는 그 시인이 작품을 통해 부여한 여러 의도들과 그 총체성을 보다 명료하게 읽어낼 수 있는 것이다.

이 글은 조지훈의 초기 시의 특징과 미학적 근거들을 밝혀보려는 의도에서 모색되었다. 1939년 『문장』지의 추천을 기점으로 한다 해도, 근 30여 년을 지속한 이 시인의 시작활동은 시간적, 양적 규모로도 그의 시 세계를 어느 특정한 유파에 소속시키거나 단일한 성향으로 규정하는 것을 거부한다. 보다 집중적인 시작 활동기의 산물인 초기 시의 세계라 하여 특별히 작품의 다양성이 축소되어 있는 것은 아니다. 초년의 방황과 번민이 지배했던 자기 모색의 습작품[2]까지 포함한다면 이 시기의 작품군 또한 다양한 성향들을 구체화하고 있는 것이다. 따라서 한 시기의 시적 특성을 조망하려는 이 글의 의도는 다소 좁혀진 국면에서 논의의 실마리를 찾아보려는 본고의 시론적인 성격을 분명히 한다.

이제 조지훈 시에 대한 연구는 개별 작품의 체계적인 분석에서 드러나는 특징들을 토대로 그의 전 작품으로 확산되거나 제한되는 정향들의 상호관련성을 규명하는 일에 더욱 중점을 두어야 할 것이다. 지금까지의 일부 통념화된 고정관념들을

---

2) 김흥규, 「조지훈의 초기작 '지옥기' 시편에 관하여」, 『한국현대시사연구—일모정한모박사화갑기념논총』, 일지사, 1983, 523쪽.

반성적으로 점검하면서, 시작품에 존재하는 여러 질서들을 되도록 미세하게 관찰하려는 노력이야말로 조지훈의 시를 제대로 이해하는 관건이라고 생각한다.

2. 초기 시의 범위

조지훈의 시 세계는 흔히 ① 동인지 『백지』 시절의 시, ② 『문장』지 추천 시기의 시, ③ 월정사 강원 시절의 시, ④ 『문장』지 폐간 후 낙향기의 시, ⑤ 방랑기의 시, ⑥ 고향에서 해방을 기다리던 시기의 시, ⑦ 해방 이후 격동기의 시 등으로 구분되어 고찰되어 왔다.[3] 이러한 시기 구분은 그의 자선 시집인 『조지훈시선』(1956) 「후기」의 기록이나 자전적 시론인 「나의 시의 편력」에 언급된 그 자신의 견해를 주로 참작하여 나누어진 것이라고 할 수 있다.[4] 그러나 이 구분은 『조지훈시선』 이후에 간행된 두 권의 시집 『역사 앞에서』(1959)와 『여운』(1964)을 고려에 넣어 작성한 것이라고는 보기 어렵다. 위의 시집에도 수록되지 않은 해방 직후의 사회시편과 6·25 동란 중의 '전진시초'[5], 그리고 『여운』 이후의 작품 등을 감안한다면 위와 같은 시기 구분 자체가 무의미하거나 다시 조정되어야 할 것으로 판단된다.

앞의 시기 구분은 ①에서 ⑥까지 지나치게 세분한 간격에 비하여 해방 이후의 작

---

3) 양왕용, 「조지훈의 시」, 『조지훈 연구』, 203-231쪽. 이 논문에서는 『백지』 시절의 시를 습작기라는 이유로 제외하고, 나머지 여섯 시기로 시기 구분을 하고 있다. 이러한 구분이 조지훈론의 일반적인 통념이 되어 있으나, 박두진은 초기 시에 중점을 두면서 ① 초기의 고전민속(1939), ② 중기의 자연(1941~1943), ③ 후기의 자아(1949)의 세 시기로 구분한다(박두진, 앞의 논문 참조).

4) 『조지훈시선』의 「후기」에는 ① 습작시대, ② 『문장』지 추천 시기, ③ 오대산 월정사 시기, ④ 경주 순례, 방랑 시기, ⑤ 해방을 맞기까지와 해방 이후의 격동기 등으로 다섯 시기가 설정되어 있고(『조지훈 전집 1』, 일지사, 1973, 167-171쪽), 「나의 시의 편력」에서는 ① 심미의 꿈(추천 시기), ② 역설의 의식(동인지 시기), ③ 선의 미학(월정사 시기), ④ 기다림의 정서(『문장』지 폐간 후 낙향기), ⑤ 기려의 한(방랑기), ⑥ 생명에의 향수(고향에서 해방을 기다리던 시기), ⑦ 탁류의 음악(해방으로 인한 일대 전환) 등 일곱 시기로 구분되어 있다(『청록집 이후』, 현암사, 1968, 340-361쪽; 『청록집』, 삼중당, 1975, 147-158쪽 참조).

5) 조지훈, 「나의 시의 편력」, 『청록집』, 삼중당, 1975, 157쪽. 이들 시편에 관하여 조지훈은 '여기 수록되지 않은 제6부의 '기려초'는 해방 직전과 직후의 그 어두운 현실 속에서 고민의 도정

품들을 모두 한 시기로 처리하고 있어, 우선 각 시기의 기간과 작품량에서 심한 불균형이 드러난다. 이러한 불균형은 실제로 조지훈 자신의 생각과도 상충된다. 조지훈은 자신의 시를 '생활의 가장 절실한 느꺼움의 형상화'[6]라고 규정하고, 다음과 같이 작시 태도를 밝히고 있다.

> 내가 시의 습작에 처음 손 댄 것은 열 일곱 살 때였다. 30년래 내 시심의 소재는 엔간히 여러 차례 바뀌인 듯하다. 그러므로 얼핏 보면 내 시는 여러 개의 마스크를 지니고 있는 것처럼 보인다. 그러나 자세히 관찰하면 그것은 소재의 취택과 모티브의 포착과 테에마의 설정에 관심의 각도가 변동했다 뿐이지, 그 진면목에는 별다른 변동이 없는 것을 알 수 있다.
>
> 어쨌든 이러한 내 시의 여러 가지 변동을 어떤 이는 참담한 방황이라고 하고 어떤 이는 다각적인 실험이라고 했지만 실상 나는 이러한 시의 변환으로써 인생을 편력하고자 한 것이다. 그러므로 나는 이러한 시의 편력을 통해서 내 정신을 형성하였고, 변하는 가운데 변하지 않는 나를 찾으려 했던 것이다.[7]

위에서 제시된 조지훈 시의 시기 구분이 생활에서 노정된 소재의 취택과 모티프의 포착 및 주제 설정의 차이 때문에 획정된 것이라면, 마땅히 『조지훈시선』에서 제외된 작품군과 그 이후에 창작된 시편들에도 동일한 기준이 적용된 보다 세분화된 단계 구획이 있어야 할 것이다. 작품 상호간의 내적 체계를 뚜렷하게 부각시키지 않은 채 시도된 시기 구분은 한 시인의 전모를 이해하려는 노력에 그릇된 선입견을 심어줄 우려가 있다.[8] 조지훈은 그의 시선 「후기」에서

을 노래한 것들인 바 생각한 바 있어 여기서는 아주 편외에 두기로 하였다'고 말하고(『조지훈시선』, 「후기」 참조), 그의 시선에서 제외하고 있으나 이들 중 일부는 『역사 앞에서』에 수록되어 있으며, 또 마땅히 그의 전모 속에 포함시켜 검토되어야 한다는 점에서 논외로 처리해서는 안 될 것이라고 생각한다.

6) 위의 글, 147쪽.

7) 위의 글, 148쪽.

8) 그러한 뜻에서 아직도 불명확하게 작성되고 있는 조지훈 시의 '연보'를 새롭게 꾸미는 일은 시급한 과제라고 할 수 있다. 가령 조지훈이 최초로 자작시를 책으로 묶은 것은 『청록집』(1946)이라고 할 수 있는데, 박목월·박두진 등과 합동으로 발간한 이 시집에는 그의 시작품 12

> 대개 이와 같은 순서로 나의 작품세계는 옮겨왔지만 작품연표에서 보이는 바와 같이 전체적으로는 이러한 계열이 뒤섞여서 쓰여졌음을 알 수 있으며 그러한 여러 작품계열의 바탕은 이미 해방전에 마련된 것임을 알 수 있다.[9)]

라고 표명하여 매 단계마다의 시 세계가 특정한 경향만으로 제한되지 않음을 분명히 한다. 또한 지나치게 세분된 단계 설정은 한 시인의 시적 궤적과 작품 상호간의 관련성을 살피는 데 장애가 될 우려도 있다. 가령 『문장』지 추천 시기부터 해방을 맞기까지는 불과 6년의 상거밖에 없는데, 이 기간을 다섯 단계나 여섯 시기로 나눈다면, 그의 참담한 문학적 방황은 크게 부각될는지는 모르나, 그와 같은 방황의 내부에 감추어져 있는 시적 변모의 동인 및 작품 간의 혈연성은 좀처럼 가늠하기 어려워질 것이다. 한 시인의 작품세계는 그 시인이 갖고 있는 체질로서의 고유성을 반영하기 마련이고, 그 점에서는 조지훈의 시 세계라고 하여 예외는 아니다.

새삼스러이 강조할 필요도 없는 바이지만, 이러한 단계 설정은 전기적 자료뿐만 아니라 작품의 주제적인 측면, 방법론적인 추이 등을 종합하여 구획되어야 한다. 그러나 무엇보다도 각 단계의 작품들이 구현하는 미의식의 내적 연관성을 분변해내고 그것들의 차이를 명확하게 규명함으로써 단계의 설정 자체를 필연화해야 할 것이다. 그렇게 되기 위해서는 먼저 분석의 단위들을 어떻게 선택할 것인가 등의 문제가 선결되어야 하리라고 본다.[10)]

그러나 이 글에서는 새롭게 시기 구분을 시도하지 않는다. 명확한 시기 구분은 그의 전 작품을 분석하고 난 다음에 귀납되는 것이라 믿어지기 때문이다. 다만 잠정적으로 초기 시의 범위를 『청록집』에 수록된 작품군의 시기까지로 한정해 둔다. 그렇게 하는 까닭은 이 시집에 게재된 조지훈의 시 12편이 비록 시집 세 권의 몫에

편이 수록되어 있다. 이들 시편은 『문장』지 추천시에서부터 해방 직전의 시까지 망라된 시기에서 간추려진 것이나, 합동시집이 갖는 이질감을 축소시켜보려는 의도에서 공통의 혈연성을 위주로 선정된 것으로 보여진다.

9) 조지훈, 「후기」, 『조지훈시선』, 171쪽.

10) 여기서는 창작 행위와 그 결과가 거치는 몇 개의 추상적인 과정을 어법·형태·의미 등의 층위와 관련지어 살펴보는 것으로 분석과정을 단순화할 생각이다. 따라서 논의의 중점은 자연히 개별 작품 속에서 발견되는 여러 속성들과 그 변모과정을 드러내는 데 집중될 것이다.

서 추려졌다고는 하나[11] 간추려진 대로 동일한 세계로 묶어도 좋을 만큼 방법론적인 일관성을 드러내고 있다고 판단되었던 것이다. 아울러 이 시집을 통해 그의 한 시기가 최초로 정리되었던 점도 함께 고려되었다. 결국 이 논문은 조지훈의 문학적 전모를 규명하려는 보다 포괄적인 구상의 전단계의 모색에 해당하는 셈이다.

3. 갈등과 심미

조지훈은 '슬픔과 멋의 의미'라고 부제한 자전적인 기록「나의 시의 편력」을 통해 그가 시의 습작에 손댄 것은 열일곱 살 때였음을 밝히고, 이때부터 그의 시의 가슴에는 '정신과 기법의 두 가지 상반된 흐름'이 혼류되어 있었다고 고백한다.

> 나는 처음 시를 쓸 때부터 우리 근대적 전통이 그러하듯이 가슴 속에 동양과 서양이라는 평행하는 두 줄기 전통을 가꾸어 왔다. 와일드, 보드렐, 키츠, 예이츠, 발레리, 꼭토, 릴케, 헷세 등을 좋아하면서도 陶淵明, 李白, 杜甫, 寒山, 白樂天, 蘇東坡, 陸放翁, 王漁洋 등을 탐독하였다. 성서, 그리이스 신화와 儒·佛·老·莊을 함께 읽었고 문학을 공부하면서도 국어국문학과 사학, 민속학에의 관심에 더욱 열중하였다. 그리고 시정신에 있어서만 동서가 교착되었던 것이 아니라 시의 방법에 있어서도 극단의 기교주의와 극단의 반기교주의는 선의 미학에서 섭취한 것이다. 이 정신과 기법의 두 가지 상반된 흐름은 실로 오랫동안 나의 안에서 평행되었고 이제 와서야 나는 겨우 그것을 초극하여 융합하는 길을 느낀 것 같다.[12]

시작의 출발기부터 '동양과 서양이라는 평행하는 두 줄기 전통'을 가꾸어 왔다는 그의 언급은 실제로 이 무렵의 작품군을 통해서도 확인된다. 지금까지 동인지『백지』[13]와『조지훈시선』의 '지옥기' 등에 수록된 이 시기의 시편들은 흔히 근대

---

11) 조지훈,「후기」,『조지훈시선』, 168쪽.

12) 조지훈,「나의 시의 편력」,『조지훈시선』, 149-151쪽.

13)『백지』는 1939년 7월에 그 첫 호를 발간하는데, 여기서 그는 '조동탁(趙東卓)'이라는 본명으로「계산표」,「귀곡지」,「우림령」등 세 편의 시를, 그리고 제2호(1939. 8)에서는「공작(I)」,「공작(II)」,「부시」를, 제3호(1939. 10)에서는「향향어」,「진단서」,「남경충」등을 각각 발표하고 있다.

서구시의 사조에 경사된 작품들로 규정되어 왔지만[14] 이는 전체 작품의 분석을 토대로 한 주장이라고 믿기 어렵다. 그의 초기 시에는 '쉬르니 다다니 포오멀이니 하던'[15] 당시의 다양한 전위적인 흐름을 반영한 시편들이 있는가 하면, 회고적인 정조를 토속적인 소재로 부각시킨 작품들도 상당수 살펴지는 것이다. 습작기에 '난독과 남작의 방황'[16]을 통해 상징주의나 탐미주의 등 서구시의 사조에 심취해 있었던 것은 사실이지만, 한편으로는 『문장』지의 추천과정으로 구체화된 고전적 감성의 세계에도 함께 몰두해 있었던 것이다.[17] 이 시기에 그는 '조선어학회'에도 출입하고 민족문화에 관한 학술서를 읽는 등, 우리 것에 관한 관심을 적잖게 보여준다.

그런데 '동양과 서양이라는 평행하는 두 줄기 전통'은 조지훈의 초기 시뿐만 아니라, 그의 전체 시작품을 통해 확인되는 흐름이라고 할 수 있다. 다만 어느 한 쪽이 돌출하면 다른 한 쪽이 다소 잠재화하는 이분적인 현상이 살펴질 뿐, 이 양자는 실로 그의 시 세계를 지탱한 두 개의 기둥이 되어온 것이다. 초기 시에서는 보다 뚜렷하게 병행하던 이들 두 주류는 그러나 『문장』지의 추천을 거치게 되면서 제재 선택에서의 편중으로 나타난다. 말하자면 제재적인 측면에서의 한 쪽의 표면화가 다른 한 쪽을 잠복시킨 결과로 작용했다고 하겠다. 그리고 이 교착적 반복이야말로 조지훈의 시 세계를 다양하게 읽히게 할 뿐 아니라, '일정한 주제에 의해 꽉 틀 지어져 있는 인상'[18]을 받도록 만드는 것이다.

그러나 여기서 중요한 것은 조지훈의 시 세계가 어디에 영향원을 두고 있었는가 하는 물음이 아니다. 각각의 작품들이 보여주는 미의식이 무엇이며, 어떠한 구조적 근거가 그 점을 확인시켜주는가 하는 것이 의문의 대상인 것이다. 이러한 측면에서 그의 초기 시의 전체적인 윤곽을 요약한다면, 그것은 현실의 갈등을 숙명론적인 각

---

14) 김흥규, 앞의 글, 525쪽.

15) 조지훈, 「나의 역정」, 『조지훈 전집 4』, 162쪽.

16) 위의 글, 162쪽.

17) 어려서부터 쌓아온 그의 한문학에 대한 소양까지를 고려한다면 서구시에 기울어진 관심은 오히려 표면적인 모습이라고 할 수 있다. 「우림령」, 「향향어」 등 『백지』 시절의 작품들을 고찰해 보면 『문장』지 추천시들을 통해 보여준 그의 고전적인 작품세계는 갑자기 돌출한 것이 아니라, 그의 내부에 오랫동안 잠복해 있었던 관심의 한 주류가 보다 전통적인 제재를 통해 구체화된 것이라고 판단된다.

18) 김주연, 「인식을 통한 자유의 시인」, 『한국시문학대계 19』, 지식산업사, 1982, 202쪽.

성으로 해소시키는 데 따르는 심미적 전환의 세계라고 규정된다. 이는 초기 시에서뿐만 아니라 그의 전체 시에서도 나타나는 특징인 바, 즉 존재의 세계내적 갈등을 삶의 숙명적인 질서로 사상함으로써 트여오는 조화와 초월에의 전망에 그가 보다 집착하고 있었다는 의미이기도 하다. 따라서 그의 시에는 경험적 현실에서 비롯되는 삶의 느꺼움조차 인간의 숙명적인 슬픔으로 환원하려는 낭만적인 의지가 언제나 폭넓게 작용하는 것이다. 이제 초기 시작품의 구체적인 분석으로써 그 점을 확인해 보기로 한다.

> 질주하는 기차에 뛰어든 청년이 있었다. 청년의 찢어진 심장은 신의 영토의 한모퉁이를 붉게 물들였으나 신은 그의 영혼을 불러주지 않았다. 사산된 지체 위에 무의미한 태양이 비치고 있었다. 여기 한나절을 미풍이 불어와 피비린내를 싣고 향방없이 흘러 갔다. 삶과 죽음의 이 영원한 평행선 위에 청년은 깨물어 피터진 입을 맞추었다. 울어도 흐르지 않던 옛날의 눈물을 쏟았으나 인생은 하찮은 초등수학—두 줄기 레일은 끝내 모일 줄 몰랐다. 사랑과 미움의 궤도 위에 제 가슴을 뜨거운 한숨으로써 끝없이 굴러가는 기차의 의미를 아는 사람은 아무도 없었다.
>
> 철로가에는 떨어져 나온 청년의 팔 하나가 던져져 있었다. 그 피묻은 손목에는 시계가 그대로 가고 있었다. 시계는 본대 주인이 없다. 항상 주인의 의지를 감시하는 자 그리고 반역하는 자. 청년은 왜 시계의 모가지를 비틀지 않고 저만 죽어 갔을까. 영원의 자기한정 위에서만 죽음은 성립한다. 죽은 자만이 영원을 안다. 죽음은 시간의식의 살륙이요 포기! 청년의 생명이 끊어진 시간을 아는 사람은 아무도 없었다.
>
> —「손」1·2 전문[19)]

이 시에서 먼저 눈에 띄이는 것은 잔인하리만큼 냉혹한 시간의 법칙성과 거기에 대비되는 인간의 절망적인 유한성이다. 화자는 '사산된 지체'의 한 조각 피묻은 손에 채워진 채 그대로 가고 있는 시계에 묘사의 초점을 둠으로써 육체의 시간과 영원의 시간 사이에서 갈등하는 자의식을 구체화한다. '질주하는 기차'와 '시계'로 표

19) 조지훈, 『조지훈시선』, 13-14쪽.

상되는 비정한 시간물과 고통받고 찢겨져 마침내 썩어 가는 목숨의 끝없는 평행궤도, 그러나 존재란 어쩔 수 없이 신의 속박 속에 놓여 있는 것이 아니냐 하는 괴로운 자기한정이 이 시의 중핵적인 의미로 읽혀지는 것이다. 지상의 죽음에도 무심한 듯 내리비치는 것은 '무의미한 태양'빛이며, 또한 '향방 없이 흘러'가는 미풍이다. 그리고 인간의 의사와 관계없이 진행되는 시간과 우주의 질서야말로 초월자의 영역에 속해 있는 것이기도 하다.

이와 같은 각성은 청년기의 허무주의적인 열정을 반영하는, 지극히 관념적인 사유의 결과이겠지만, 한편으로는 육체와 시간을 단순화시켜 대비하는 한 불가피하게 도달해 가는 결론이라고 요해된다. 육체란 시간과의 싸움에서 패퇴하기 마련이고, 그것을 받아들일 때에는 숙명론적인 세계관이 싹트는 것이다.

그러나 무엇보다도 이 시에서 우리가 주목해야 할 것은 이러한 갈등을 심미적인 전환의 계기로 삼으려하는 이 시인의 기도이다. '사산된 지체'의 참혹한 전율 앞에서도 사물에 탐닉하는 냉정한 시선은 미숙한 대로 이 시의 관념성을 심상의 선명한 구도 속으로 밀어 넣는다. 부유하던 관념들이 유려한 산문체의 리듬을 실리면서 특별히 돌출하지 않고 시 속으로 용해되는 것은 충격적인 경험조차 심미의 대상으로 전치하려는 이 시인의 탐미의식에서 비롯되는 것이다. 「지옥기」, 「종소리」, 「영상」, 「부시」, 「월광곡」, 「귀곡지」, 「계산표」, 「포옹」, 「유서」 등의 작품들도 어조와 분위기에서는 차이가 있지만, 이와 유사한 심미적 전환의 태도가 살펴진다.

> 바람 속에서 종이 운다. 아니 머리 속에서 누가 징을 친다.
>
> 낙엽이 흩날린다. 꽃조개가 모래밭에 딩군다. 사람과 새짐승과 푸나무가 서로 목숨을 바꾸는 저자가 선다.
>
> 사나이가 배꼽을 내놓고 앉아 칼자루에 무슨 꿈을 조각한다. 계집의 징그러운 나체가 나뭇가지를 기어오른다. 혓바닥이 날름거린다. 꽃같이 웃는다.
>
> 극장도 관중도 없는데 두개골 안에는 처참한 비극이 무시로 상연된다. 붉은 욕정이 겨룬다. 검은 살륙이 찌른다. 노오란 운명이 덮는다. 천둥 벽력이 친다. 아 ― .

그 원시의 비극의 막을 올리라고 숨어 앉아 몰래 징을 울리는 자는 대체 누구냐.

울지 말아라 울리지 말아라 깊은 밤에 구슬픈 징소리. 아니 백주 대낮에 눈먼 종소리.

—「종소리」 전문[20)]

이 작품에서도 우리는 시간의식의 갈등 속에 자리잡는 심미적 전환의 태도를 살필 수 있다. 이 시는 초현실주의적인 수법을 토대로 자의식의 분열을 구체화하고 있어서, 이 무렵에 조지훈이 다양한 시풍들을 습작하고 있었다는 증거가 된다. 여기서 보여지는 감각적이고 탐미적인 정향들은 「고풍의상」이나 「봉황수」 등의 시편에 채용되어 있는 고전적 아취 및 심상의 화려함이나 묘사의 섬세함과도 전혀 무관하지는 않다.

이 시의 자아는 수동적인 기록자일 뿐만 아니라 능동적인 참여자이기도 하다. 즉 관찰하는 자아와 참여하는 자아의 구분이 따로 없다. 그러므로 묘사된 풍경은 심리의 직정적 반사일 뿐 아니라 화자의 내부에서 재편된 갈등을 능동적으로 고정시킨 구성체의 일부가 된다. 말하자면 본래적 자아와 경험적 자아의 혼돈 상태가 이 작품의 의미 속에 부각되는 것이다. '바람 속에 종이 운다. 아니 머리 속에서 누가 징을 친다'는 첫 번째 연에서부터 우리는 화자의 언표가 당착되어 있어 심상치 않은 자아의 분열 상태를 감지하게 된다. 경험적 자아와 본래적 자아는 서로 조화의 관계를 맺고 있는 것이 아니라 헝클어진 모습으로 나타나는 것이다. 이러한 심리적인 반사는 다시 넷째 연에 이르기까지 상상 속에서 묘사되는 보이는 것과 보이지 않는 것, 들리는 것과 들리지 않는 것을 거쳐 보다 뚜렷하게 각인된다. 따라서 다섯째 연의 '그 원시의 비극의 막을 올리라고 숨어 앉아 몰래 징을 울리는 자는 대체 누구냐'라는 물음은 이미 대답을 요구하는 질문이 아니다. 자체의 진술 속에 갈등하는 자의식을 감추어 놓고 있는 것이다. 마지막 연의 시간의 당착 또한 이 같은 자아 분열이 쉽사리 해소되지 않을 것임을 알려주는 가지적인 결론에 해당된다.

그러나 이 시의 묘사 속에 채용되는 시간의 상충이나 현란한 색채어 및 물상어들은 자아의 갈등을 심화시키는 기능을 담당하고 있다기보다는 작품의 심미감을 고

---

20) 위의 책, 20-21쪽.

양시키기 위한 소도구로 활용되고 있다고 보아야 한다. 여기서의 어사들은 문맥상 매우 날카로운 의미와 호흡을 간직하고 있음에도 불구하고 실제에서는 보다 유화된 국면으로 집중되는 낭만적인 구도를 형성하는 데 기여한다. 육체적인 전율과 심리적인 갈등은 작용과 반작용을 거쳐 자아의 불안한 분립을 철저하게 대립시키는 모습으로 나타나는 것이 아니라, 오히려 시적 공간을 심미적으로 일체화하는 데 기능하고 있는 것이다. 따라서 병적인 관능에의 집착 또한 여기서는 일종의 관념적인 제스처로 읽혀지기도 한다. 이와 같이 당착된 자아의 경험성조차 심미적으로 순치시키려는 발상법은 조지훈의 초기 시에서는 흔히 볼 수 있는 태도의 하나이다.

4. 의고와 우수

습작품을 통해 보여주는 심미적 전환의 태도는 『문장』지 추천 시에서도 그대로 관찰된다. 「고풍의상」이나 「봉황수」, 「승무」 등의 작품들은 지금까지 그의 시 세계의 새로운 전신에 해당하는 시편들로 규정되어 왔으나, 이는 제재적인 특징만을 살핀 견해일 뿐 작품의 주제나 미의식 등을 고려한 평가라고는 생각되지 않는다. 그리고 이들 작품에 의해 제재의 편중이 구체화된다고 하더라도 그것이 『문장』지의 추천을 기점으로 돌출한다고 말하기는 어렵다. 『백지』에 발표된 시편이나 그 이전의 습작품 가운데도 이와 유사한 성향의 제재가 나타나는 것이다. 그의 고전미의 세계는 습작기의 다양한 경향 중의 하나가 발전된 것이라 하겠다. 「귀곡지」, 「우림령」, 「향향어」, 「학」 등은 조지훈 시의 고전미의 세계가 전개되어 가는 과정을 살피게 한다는 점에서 논의될 만한 시편들이다.

> 푸른 허공에 모가지를 빼고
> 雲霄에 뽑는 울음이 차라리 웃음 같다.
>
> 하늘 그리움에 부질없는 다리가 길어
> 너는 한 마리 슬픈 학

욕된 땅을 밟기에
한쪽 발을 짐짓 아끼는다.

배꽃 날리듯이 바퀴를 돌아
고목 천년에 둥주리를 친다.

—「학」 전문[21]

이 작품은 제재와 정서가 하나의 대상으로 고정되어 있어서, 앞에서 분석된 시편들에 비하면 통일성 있고 안정감 있는 형식을 획득한다. 대상을 하나로 고정시켜 집중화하려는 태도는 『문장』지의 추천 작품에서 두드러지는데, 이 같은 특색으로도 이 시는 「고풍의상」의 계열에 놓을 수 있다. 사물을 읊조리는 시를 동양의 고전시론에서는 흔히 '영물시(咏物詩)'라고 부르며, 비흥(比興)을 중시한다.[22] 비흥이란 탁물우정(託物寓情)을 뜻하는 것이므로, 읊조리는 바는 사물이지만 거기에 의탁되는 것은 정의다. 말하는 바는 여기 있으되, 뜻은 저기에 있는 것이다. 따라서 작품의 표면에는 제재가 두드러지고, 그 내면에는 감상이 놓여진다. 제재에서뿐만 아니라 방법에서도 『문장』지 이후의 시편들에 고전시의 정향들이 많이 살펴지는 것은 그의 표현대로 '앙상한 분석을 거쳐 나는 다시 천품통일된 하나의 세계인 우리의 고향 동양의 하늘로 돌아가겠다'[23]는 의지를 실감있게 한다.

그러나 우리가 여기서 문제삼고자 하는 것은 이 시의 발상이 보다 동양적인 것에 뿌리를 두고 있다거나, 조지훈이 그와 같은 전통에 미리 익숙해 있었다는 사실 자체가 아니다. 여기서의 자아는 앞에서 분석된 시편에서 지배적이었던 분열과 방황으로부터도 많이 벗어나 있지만, 그것은 경험 세계의 갈등을 초극하려는 의지적인 노력과는 상관없이 대상 자체의 성격에 의해 달성되는 것이 아닌가 하는 점이다. 말하자면 시적 자아는 시간과 단절된 정의물에 의탁되면서 조화와 균제의 자세를 취하고 있을 뿐, 오히려 심층적으로는 현실을 배제하려는 상태에 있거나, 삶의 고

---

21) 위의 책, 26-27쪽.
22) 왕소(王甦), 『퇴계시학』, 이장우 역, 퇴계학연구원, 1981, 112쪽.
23) 조지훈, 「약력과 느낌 두 셋」, 『문장』 제2권 제3호(1940), 157쪽.

통조차도 우수나 감미로움으로 윤색하려는 태도에 침윤되어 있는 것이다. 그리하여 정적으로 고정된 대상인 기품에 넘친 '학'을 통해 드러나는 것은 이 시인의 심미적인 의도인 것이며, 이러한 의도는 작품의 형태로 정돈되면서 희미하나마 하나의 새로운 전망을 획득하게 만드는 것이다. 우리는 그 전망이 무엇을 뜻하든 간에 본질적으로 이 시인의 미의식이나 작품의 정제된 질서와 무관하지 않다는 사실에 유의해야 한다.

이 작품에 비하면 「고풍의상」이나 「봉황수」 등은 오히려 갈등의 상태에 있는 시적 자아를 보여준다. 「고풍의상」을 회고하여 조지훈은 '서구시를 모방하던 그때까지의 나의 습작을 망각하고 자신의 시를 정립하려고 한 첫 작품이었으나 실상은 강의시간에 낙서삼아 쓴 것을 그대로 우체통에 넣은 것이 뽑힌 것'[24]이라고 언급하고 있지만, 실제로는 이 도정에 해당되는 작품이 몇 편 더 있음은 앞에서 살핀 바와 같다. 이들 작품은 제재에서뿐만 아니라, 어사에서도 의고체가 활용되고 있어 옛스러운 정취를 자아낸다.

> 벌레 먹은 두리기둥 빛 낡은 단청 풍경 소리 날러간 추녀 끝에는 산새도 비둘기도 둥주리를 마구 쳤다. 큰나라 섬기다 거미줄 친 옥좌 위엔 여의주 희롱하는 쌍룡 대신에 두 마리 봉황새를 틀어올렸다. 어느 땐들 봉황이 울었으랴만 푸르른 하늘밑 추석을 밟고 가는 나의 그림자. 패옥 소리도 없었다 품석 옆에서 正一品 從九品 어느 줄에도 나의 몸 둘 곳은 바이 없었다. 눈물이 속된 줄을 모르량이면 봉황새야 구천에 호곡하리라.
>
> —「봉황수」 전문[25]

시어에 대한 세심한 배려는 세부의 섬세한 묘사와 어울려 이 시의 장경을 구체화시키고, 그것을 다시 소멸되어 가는 질서를 바라보는 시선으로 고정되면서 슬픔에 가득 찬 회고적인 정서를 살려내고 있다. 이러한 뜻에서 이 시의 주제를 흔히 '망국의 설움'이나 '망국의 우수'로 읽어 온 것은 지극히 당연하다고 하겠다. 그러나 여기서의 탁물우정이 비록 시대적인 고뇌를 감추고 있다 해도, 그것은 역사를 갈등으

24) 조지훈, 「나의 역정」, 『조지훈 전집 4』, 162쪽.
25) 조지훈, 『조지훈시선』, 144-145쪽.

로 받아들여 주제화하려는 주체의 의욕적인 의지에 닿아 있다고는 말하기 어렵다. 단절되어버린 시간과 사라져 가는 공간은 서로 밀고 당기면서 비타협적인 아름다움을 구축하는 데 기여할 뿐, 특별히 현실적인 경험과 환호하는 과정으로는 발전되지 않는다. 따라서 시간과 상황을 바라보는 자아의 시선은 고통스럽긴 해도 작품의 테두리가 되어있는 감미로운 우수에 파묻히게 되는 것이다.

이 시의 비장감은 제재 자체를 상실된 것으로 파악하려는 시인의 의도에 의해 고양되는 것으로 보인다. 시인의 의도가 제재에 고착되면서 폐쇄된 우수의 세계가 형성되는 것이다. 그러므로 작품에서는 슬픔을 초극할 만한 어떠한 전망도 엿보이지 않는다. 조지훈은 자신의 감상벽을 지적하여 '애련의 생리와 격렬의 감정이 모순된 성격 그대로의 표현은 한이란 것이었다. 어딘가 슬픔이 깃들여 있어야 좋은 시인 줄 아는 나의 버릇은 이런 생리에서 연유하는 것임에 틀림없다'[26]라고 언급해 놓고 있는데 그것은 이 작품에 해당되는 표현이기도 하다.

이와 같은 작품에 비추어 보면 「승무」는 보다 발전된 문맥 위에 놓을 수 있다. '승무'라는 다소 이색적인 제재의 취택은 이 시기에 조지훈의 불교적인 경사를 반영하는 것이라 생각된다. 이 시 또한 영물시의 특징을 간직하고 있다. 따라서 제재 인식의 태도와 그 형상화의 방법이 작품을 이해하는 관건이라 하겠다.

얇은 紗 하이얀 고깔은
고이 접어서 나빌네라.

파르라니 깎은 머리
박사 고깔에 감추오고

두 볼에 흐르는 빛이
정작으로 고아서 서러워라.

빈 대에 황촉불이 말없이 녹는 밤에

---

26) 조지훈, 「나의 역정」, 『조지훈 전집 4』, 161쪽.

오동잎 잎새마다 달이 지는데

소매는 길어서 하늘은 넓고
돌아설 듯 날아가며 사뿐이 접어올린 외씨보선이여.

까만 눈동자 살포시 들어
먼 하늘 한 개 별빛에 모도오고

복사꽃 고운 뺨에 아롱질듯 두 방울이야
세사에 시달려도 번뇌는 별빛이라.

휘어져 감기우고 다시 접어 뻗는 손이
깊은 마음속 거룩한 합장이냥하고

이밤사 귀또리도 지새는 삼경인데
얇은 紗 하이얀 고깔은 고이 접어서 나빌네라.

—「승무」 전문[27)]

이 시는 승무를 추는 이의 독특한 옷차림새가 자아내는 우아한 인상의 묘사로 시작되고 있다. 여기서 춤추는 사람은 젊은 여인으로 암시되는데, 그것은 작품의 애련한 분위기를 강조하려는 시인의 의도적인 변용에 따른 것이라 할 수 있다.[28)] 1연

---

27) 조지훈, 『조지훈 전집 1』, 45-46쪽. 이 작품은 발표 당시의 것과 비교해 보면 몇 군데 차이가 드러난다. 2행으로 되어 있는 1연은 발표 당시에는 단행연이었으며, 2행씩으로 되어 있는 2연과 3연은 각각 제2연의 제1행 및 제2행이었다. 즉 발표 당시에는 전 8연 15행으로 되었던 것이 『청록집』에 수록되면서 9연 18행의 형태로 고정되는 것이다. 그리고 '파르란이→파르라니', '뷘→빈', '닢새→잎새', '깜안→까만' 등의 표기가 정정되고 있으나, 느낌에는 특별한 차이가 없다.

28) 이 점에 관하여 시인 자신은 다음과 같이 말하고 있다. "써놓고 보니 이름 모를 승려의 춤과 김은호의 그림과 같으면서도 또 다른 또 하나의 승무를 만들게 되었던 것이다. 말하자면 이 춤은 내가 춘 승무에 지나지 않는다. 춤추는 승려는 남성이더랬는데 나는 니승(尼僧)으로, 그

에서 4연까지는 비구니의 외양 묘사와 무대 안팎의 구도가 구현되면서 승무를 대면하는 인상 자체를 고조시키고 있다. 이 같은 외양 묘사는 현실의 장경을 실제 이상으로 심미화시키는 효과를 획득한다.

춤의 묘사가 구체화되는 것은 4연에서 8연까지이다. 그 사이에 화자의 주관적인 판단이 개입하는 6·7연이 놓여 있어, 이 부분은 전체적으로 보아 작품의 중심에 해당된다. 특히 6·7연은 시상의 전환적인 기능을 담당하면서 이 시의 주의(主意)가 어디에 있는가를 분명히 한다. 그것은 '승무'에 탁물우정된 시적 자아가 제시하는 정신의 폭이다. '번뇌'와 '별빛'이 등질적으로 파악되는 과정 자체는 문면에 나타나 있지 않지만, 우리는 이 작품의 함축적 의미를 토대로 생략된 과정을 재구해 낼 수 있다. 그 등질성은 현실적인 것이라기보다는 앞으로 성취되어야 할 어떤 당위성을 지칭한 것이라고 이해된다. 그리고 지상의 '번뇌'가 천상의 별빛으로 전환되어가는 전개 속에는 이 시인의 세계내적 전망이 자리잡는다. 이러한 상상력이 불교적인 세계관에 뿌리를 두고 있음은 이미 이 시의 한 이해자에 의해 지적된 바 있다.[29] 조지훈은 다른 장르의 글에서도 불교적 상상력의 한 단면을 보여준다.

> 연꽃은 못에서 핀다. 혼탁한 물에 뿌리를 박고 ―.
>
> 솟아오르는 꽃봉오리, 퍼지는 잎새.
> 연꽃은 더러움에 물들지 않는다. 그 조촐한 모습이여!
> 어지러운 세상에 살아도 항상 깨끗한 마음을 지니면
> 그것이 정토, 거기가 우리들 마음의 고향이다.
>
> ― 시나리오 「마음의 정토(淨土)」 첫 부분[30]

림의 여성은 장삼 입은 속녀였으나 나는 생활과 예술이 둘 아닌, 상징으로서의 어떤 탈속한 여인을 꿈꾸었던 것이다(『조지훈 전집 3』, 102쪽).

29) 서준섭, 「불교적 소재의 시적 변용과 그 의미」, 정한모·김재홍 편, 『한국대표시평설』, 문학세계사, 1983, 253-256쪽. 서준섭의 논문은 「승무」의 세밀한 분석을 토대로 그 상상력의 근거를 밝히고 있다는 점에서 주목할 만한 글이 되고 있다.

30) 조지훈, 『조지훈 전집 4』, 450쪽.

「승무」의 후반부인 8·9연은 화자의 시선을 다시 외부적인 곳으로 끌어내면서 시상을 종결짓는 기능을 담당하고 있다. 특히 마지막 행은 1연을 반복하는 구조를 취함으로써 전체적으로는 수미쌍관의 순환질서를 완성시킨다. 그리하여 춤은 반복과 지속의 한 공간 속에서 자족적인 해결을 맞이하게 되는 것이다. 이 작품이 승무 특유의 완만하고 율동적인 모습을 살려내고 있다면 그것은 어사나 율격에서 얻어지는 효과에 힘입은 바 크다. 두 도막이나 네 도막 단위로 분절되어 있는 율박의 흐름은 의고적인 어휘와 어울려 시상 자체를 꽉 짜여진 규격 속에 있게 한다. 비록 불균등 마디들이 이어지고 있다 하더라도, 이 시의 율격은 전체적으로 매끄러운 호흡의 정연한 4보격을 유지한다.

그러나 율격의 이러한 전개는 한편으로는 그의 심미적인 인식을 반영하는 것으로 생각되기도 한다. 2행 단위로 일정하게 분절된 시연들은 직정의 자연스러움이나 춤의 자발적인 흥분 상태를 완벽하게 소화하지 못한 채, 오히려 주어진 의도에 크게 제약당하는 모습으로 읽혀지는 것이다. 따라서 2행 분절의 형태구조상 조화나 안정을 취하는 것이라고 해도 그것은 삶의 실존적인 화해에서 비롯되는 것이라고는 말하기 어렵다. 우리는 앞에서 고뇌가 '별빛'으로 상승되는 과정의 생략을 지적한 바 있지만, 율격의 안이한 해결 또한 다분히 상투적이고 도식적인 이 시의 의식 세계를 반영하는 것이다. 여기서 획득하는 균형과 전망은 삶의 경험적인 갈등을 여과한 변증법적인 결과로 나타난 것이 아니다. 그의 선험적인 미의식을 토대로 달성된 것이라 하겠다.

이와 같은 시편들에 비하면 오대산 월정사 시기의 작품들은 불교적인 체관(諦觀)을 바탕으로 정적인 긴장을 제대로 살리고 있다. 이들 작품은 또한 절제 있는 언어와 형식을 통해서 직관적인 깨달음을 자발화하고 있다는 점에서 그의 초기 시가 도달해 간 하나의 진경으로 이해된다. 조지훈은 월정사 불교강원 시절의 시작 태도를 다음과 같이 회고했다.

> 이 절간 생활은 나의 시를 또 한번 변하게 하였다. 그것은 변이된 생활의 쾌적미와 당시 내가 심취했던 詩禪一如의 경지 때문이었다. 일체의 정서와 주관을 배제하고 자연을 있는 그대로 직관하고 관조하는 서경의 소곡조를 찾았다. 이 때에 나는 시어의 절약으로 단시형을, 단면의 전체성으로서의 상징의 법을 얻었다. 감각과 예지 그대로의 결정으로

서 정적을 생동태에서 파악하고 생동을 정지태로 포착하는 기법을 애용하였다. 「산」「고사」「마을」「유곡」「산방」 등이 이런 시기의 작품이다. 내 시에 애수의 가벼운 구름조차 스치지 않은 밝은 미소의 법열만이 있는 시는 이 계열의 작품뿐이다.[31]

실제로 이 시기의 작품들에는 「승무」류의 도식성이 지양되면서 자발화된 형식이 살아난다. 그리고 그 정서 또한 '애수의 가벼운 구름조차 스치지 않은 밝은 미소와 법열'에 젖어 있다. '지옥기' 시편이나 「봉황수」 등에서 나타나던 시간 세계의 갈등조차도 여기서는 아름다운 도취 속에 용해되면서 공간 가득히 화해의 질서가 유지되고 있는 것이다. 그리하여 「고사 1」이 보여주듯이 축소된 감각 위에 모아지는 철저한 몰아는 시 속에 개입되는 감정의 반응을 극도로 억제하면서 정연한 초월 세계의 안정을 획득하게 만든다. 특히 기교적으로 두드러지는 생략은 영물시의 단순한 탁물우정을 뛰어넘어 선의 심오함과 여운을 함께 살리고 있다.

5. 비장과 표일

「고사 1」의 세계가 고절한 것이긴 해도 그러나 그가 오래 지켜갈 수 있었던 경역은 아니었다. 이 불교강원 시기의 작품들은 애써 법열의 경지로 나아가려는 시인의 극기적 의지를 토대로 구축되었던 희귀한 입명(立命)의 세계였던 것이다. 그런 만큼 세속과 절연되지 않는 한 또 다른 지점으로 유전할 수 있는 길이 언제나 열려 있었다고 하겠다. 조지훈은 강원에서의 일년을 스스로 '비승비속(非僧非俗)'으로 규정한 바 있지만, 실제로 '싱가포르 함락의 보(報)'[32]를 듣고 폭음한 끝에 부친에게 이끌려 다시 세속으로 돌아왔던 것이다.

그런데 월정사 시절의 문학적 체험은 그의 시 세계에 귀중한 자양을 마련해 준 것만은 틀림이 없는 듯하다. 그것은 세속에의 집착을 벗어난 정신이 어쩔 수 없이 세간사에 다시 부딪히게 되면서 보여주는 표일의 정서가 그 이후의 시에서 자주 살

31) 조지훈, 「나의 시의 편력」, 『조지훈시선』, 153쪽.
32) 조지훈, 「나의 역정」, 『조지훈 전집 4』, 163쪽.

펴지기 때문이다. 따라서 「고사」 계열에서의 정적 균형은 비록 종교적인 체험을 통해 가능해진 것이라 해도 그 이후의 작품에 새로운 전기를 부여한 변증법적 전환의 소자로 기능했다고 판단해야 한다. 숙명의 테두리에 의해 제한받고는 있으나, 갈등 지양을 여과해 다시 갈등과 대면하려는 보다 강화된 정신의 기반이 월정사 이후의 시편들 속에서 엿보이는 것이다. 특히 '기려의 한'에 묶어 놓은 「완화삼」은 이와 같은 표일의 서정을 대표한다는 점에서 조지훈의 초기 시 세계의 한 완결에 해당하는 작품이라고 할 만하다. 이제 「완화삼」을 구체적으로 분석하면서 이 시의 전환적인 의미를 살피기로 하겠다. 먼저 작품의 전문을 인용해 본다.

차운산 바위 우에 하늘은 멀어
산새가 구슬피 울음 운다.

구름 흘러가는
물길은 7백리

나그네 긴 소매 꽃잎에 젖어
술 익는 강마을의 저녁 노을이여.

이 밤 자면 저 마을에
꽃은 지리라.

다정하고 한 많음도 병이냥하여
달빛 아래 고요히 흔들리며 가노니……

—「완화삼」 전문[33)]

---

33) 조지훈, 『조지훈 전집 1』, 36-37쪽. 「완화삼」이 쓰여진 것은 1942년 4월 『상아탑』 제5호에서였다. 여기에는 조지훈의 시 「낙화」 한 편이 더 게재되어 있다. 그리고 시제가 되어 있는 '완화삼'은 '꽃을 완상하는 적삼'이라는 뜻이 되겠는데, 생각컨대 나그네의 긴 소매를 적시는 꽃잎의 모습을 따서 붙여진 시제라고 판단된다. 이 시는 영물에서도 벗어나 있어서 「승무」 계통의 시와도 구분된다.

이 작품의 남본이 그의 자작 한시 「여회(旅懷)」라는 것은 여러 논자들이 지적한 바와 같다. 그러나 의도나 정서에서의 유사성은 살펴지지만 곧 남본의 번역이 이 시라고는 말할 수 없다.[34] 또한 박목월의 「나그네」를 촉발시킨 원인성으로 하여 자주 「나그네」와 비교되기도 했다. 김종길의 다음과 같은 언급은 이 두 편에서 드러나는 특색과 차이를 제대로 규정한 것이라 생각한다.

> 화창하는 시인만큼 서로 닮은 꼴이 있는 것은 당연하지만, 이 닮은 표현에서도, 지훈과 목월의 차질이 나타나 있다. 풍류적인 데 비하여 향토적이며, 유려한 데 비하여 간결하며, 주관적 서정이 개입된 데 비하여 객관적 묘사가 승함을 볼 수 있다. 「완화삼」은 「나그네」보다 문채나 서정적 미감이 두드러진다. (…) 운율에서도 「완화삼」은 지훈의 걸음걸이처럼 완만하고 유장하다.[35]

그러나 엄격히 말해 이 시가 무엇을 남본으로 하고 있는가, 누구의 어떤 작품을 촉발시켰는가 등은 작품 이해에 직접적인 의미가 없다. 구조와 형식이 지닌 특성이 시 속에 투영된 자아를 어떻게 실재화시키는가를 분석하는 것이 작품 이해의 핵심인 것이다. 그렇게 요약할 때, 이 작품은 '나그네'로 제시된 시적 자아의 비극적인 정황을 형식으로 긴밀하게 조응하면서 심미적인 아름다움을 살려낸 시라고 판단된다. 전체적으로는 10행이 두 행씩 분절되어 다섯 개의 시연으로 독립해 있는 이 작품의 형식은 세부의 어휘들을 적절하게 교직시키거나 병치시키면서, 율격 장치가 교묘하게 조응하는 만큼 이 시는 전체적으로 명징하게 읽혀진다. 이제 작품의 분석을 통해 그것을 확인해 보기로 한다.

1연은 이 시에서 상황 제시의 역할을 담당한다. '산', '바위', '하늘', '새' 등으로

---

34) 이동환, 「지훈시에 있어서의 한시 전통」, 『조지훈 연구』, 240-241쪽. "이 작품의 남본이 된 지훈의 자작 한시는 「여회(旅懷)」라 제목되어 있는 다음과 같은 시다. (…) 두 시가 다 방랑의 정서, 나그네의 정한을 내용으로 하고 있다. 그러나 대조에서 명확히 드러나듯이 「완화삼」이 「여회」의 단순한 번역은 아니다. 다만 '술 익는 강마을의 저녁 노을이여(酒熟江村暖夕暉)'와 '다정하고 한 많음도 병인양하여(多恨多情仍爲病)'만이 번역에 해당될 뿐 전체적으로는 남본이 된 시의 의도와 정서에 떠나지 않으면서도 아주 새롭게 구성된 시다."

35) 김종길, 「지훈 시의 계보」, 『조지훈 연구』, 23-24쪽.

구성된 화자를 둘러싼 사물들은 방랑자가 적막한 산길로 접어들었음을 암시한다. 그리고 한편으로는 '차다', '멀다', '구슬프다' 등의 형용사와 결합 관계를 이루면서 현실과 자아 사이에 개입하는 심적 동요와 불균형을 의미화하고 있다. '차다'와 '멀다'의 결합체는 '산', '바위', '하늘'이며, '구슬프다'의 결합체는 '새'이다. 또한 '산', '바위', '하늘'의 계열군은 나그네의 지향점을 둘러싸고 멀리 있지만 '새'는 화자와 동반 관계에 있거나, 화자 가까이에 있다. '새'는 곧 시적 자아를 심상화한 것으로 볼 수 있다. 이들 두 계열의 대립은 각각 독립 행으로 나뉘어져 있으며, 의미의 심층에서도 원인과 결과의 관계로 갈라선다. 즉 차가운 현실과 구슬픈 자아라는 대립적인 짝을 이루는 것이다. 이러한 의미망은 율격에서도 그대로 형상화되어 있다. 각 행은 율박으로 보아 세 마디로 읽어야 하나, 실제에서는 동일한 세 도막의 율박이 아니다. 1행은 통사적인 분단을 좇아 다섯 도막으로 읽어내듯이 또박또박 읽어야만 상황의 의미가 심화되지만, 2행은 3박으로 읽어낼 수밖에 없도록 되어 있어, 이 사이에 율박의 진행으로서 갈등이 드러나는 것이다. 다시 말하면 나그네를 둘러싼 심상과 율격의 원근 구조는 괴롭고 먼 노정에 놓인 안타깝고 구슬픈 시적 자아의 내면을 반향하고 있다고 판단된다. 표면적으로는 짝이 되어 있으나 내면에서 절름거리는 율격은 자아의 심정적인 상황의 제시인 동시에 노정의 고단함과 나그네의 갈등을 구조화한 것이다.

율격과 의미의 중첩구조는 둘째 시연에서도 그대로 이어져 있다. 2연의 '구름'과 '물길'이 표상하는 심상망은 계열체로서의 유형적인 짝에 해당하지만 율박에서도 정연한 두 도막의 겹침으로 나타난다. '구름'과 '물'을 계열체로 볼 수 있음은 둘 다 흘러가는 것에 속하기 때문이다. 이 둘은 또한 '멀다'라는 거리감과 '거쳐간다', '사라진다'라는 소멸의식을 함께 함축시킨다는 점에서 복합적인 상징성을 갖게 된다. 그리하여 나그네의 긴 노정과 앞으로의 오랜 갈등을 확대 예고하면서 그 속에 놓인 끝없는 표랑을 환기하게 되는 것이다. 이와 같은 의미는 주로 자연의 속성을 통해서 재구되는 것이어서, 심층에서는 시적 자아의 체관과도 관련을 맺는 일이라 할 수 있다. 즉 자연의 유전을 불가피한 숙명으로 받아들이는 한 자아의 지향은 언제나 그 테두리 속에 놓일 수밖에 없는 것이다. 시상의 전개와 더불어 보다 선명하게 드러나는 숙명적인 분위기는 바로 그 점을 우리에게 확인시킨다.

셋째 시연에서는 율박이 다시 늘어나면서 세 도막의 짝이 형성되고 있다. 이 부분은 율행 내부에서도 각각 두 도막의 대칭적인 짝이 기능하는 네 도막의 겹침으로 읽어낼 수도 있겠으나, 시적 화자의 감정을 영탄으로 펼쳐놓은 의욕적인 대목이라는 점에서 세 도막으로 율독하는 것이 시의 역동성을 살리는 것이라고 생각한다. 이 세 번째 연은 나그네의 심적 동요와 '강마을'의 인상적인 대비로서 드러나는 삶의 '느꺼움'을 구체화한다는 점으로도 이 작품의 중심 시상이 된다. '긴 소매 → 꽃잎 → 강 마을 → 저녁 노을'로 전개되는 어휘군은 다정하고 한 많은 나그네의 정황적인 모습을 심상으로 전치시키지만, 한편으로는 현실 세계의 갈등을 심미적으로 전환하려는 시적 자아의 지향과 의지도 중의하는 것으로 판단된다. '긴 소매 꽃잎'의 대립 관계를 통해서 우리는 거추장스러운 대로 수긍되는 삶의 현실을 엿보게 되며, '꽃잎-술-저녁 노을'의 계열체로써 소멸 자체를 황홀하게 질서화하려는 시적 자아의 지향을 읽게 되는 것이다. 그러나 이와 같은 심미적 전환은 실재에서는 현실의 완강함에 맞서려는 삶이 선택하는 하나의 국면일 수도 있다. 이 작품의 표랑의지가 내발적인 충동에서 비롯되는 것이 아니라면,[36] 비록 소극적이긴 하나 거기에는 시대적 상황을 의지화하고 있는 화자의 대응적인 태도가 개입해 있다고 보여지는 것이다. 따라서 '강 마을' 또한 삶의 군집이 이루어지는 장소라는 점에서 시적 자아의 궁극적인 갈등을 화해시키는 지점인 동시에 표랑의 필연성을 강화하는 대상이 된다. 즉 '강 마을'은 나그네가 거쳐가는 마을이지만, 찾아가야 하는 마을이기도 하다.

넷째 시연은 둘째 연과 마찬가지로 다시 두 도막이 중첩되는 율박을 취하면서 간략한 진술을 만들고 있다. 이러한 형식은 앞의 시연에서 제시된 소멸 자체를 강조하면서, 주체의 태도를 보다 확고한 쪽으로 경사시킨다. 2박의 호흡은 후행보다 전행에서 더욱 급박해지는데, 이는 시간과 심사의 급격한 경과를 예감케 하면서 현실의 완강함과 자아의 비극성을 대조적으로 각인하고 있다. 소멸의 질서가 확고해질수록 자아의 선택 공간은 더욱 축소될 수밖에 없다. 곧 밤이 지나면 '저 마을'의 꽃도 져야 하는 것이다. 이와 같은 현실에의 전망은 시적 자아가 도달한 세계 인식의 구경이다. 그리고 그것은 이 작품의 비장감을 더욱 뚜렷한 것으로 만들어 준다.

마지막 시연은 외형상 세 마디 율박과 네 마디 율박이 짝을 이루고 있어서 단순

---

36) 우리는 그 증거를 시대 상황이나 조지훈의 전기적 자료에서 찾아볼 수 있다.

히 1·3연을 반복적으로 교직하고 있는 것은 아니다. 이는 신장과 응축의 대립을 거쳐 나와 새롭게 굴절하는 감정을 의표한 것으로 1·3연과는 의미에서도 많은 차이가 있다. 즉 이 부분은 경험적 현실과 화자의 '느꺼움'이라는 갈등의 반복적인 긴장을 종결짓는 동시에 다시 흔들림을 진행화함으로써 그 동안에 형성되어 온 자족적인 공간을 완성시키고 그러한 질서에 어쩔 수 없이 놓여져야 하는 시적 자아의 한스러움을 부연하고 있는 것이다. 따라서 갈등이 교차하는 현실 세계의 경험을 소중히 간직하면서 '고요히 흔들리며' 간다는 반성적인 의표 속에는 숙명은 뿌리칠 수 없다는 것이긴 하나, '한'이 없을 수 없다는 보다 성숙된 자아 의식이 자리잡게 된다. 그리하여 삶을 비극적인 과정으로 이해하면서도 감상에 빠지지 않는 것 또한 이 작품이 형성하는 시적 질서와 자아의 인식적 전망의 힘 때문이라고 판단된다. 우리는「완화삼」이후의 시편들을 검토하면서 그와 같은 질서와 전망이 어떻게 진전되는가를 다시 살펴야 하겠지만, 그 토대만은 이 시인의 균형잡힌 교양과 도덕적인 자아가 기반임을 어렵지 않게 유추할 수 있다.

작품의 전체적인 질서라는 관점에서 보면 이 시는 세 마디 율행의 짝과 두 마디 율행의 짝을 반복으로 교직시킨 뒤, 다시 세 마디 율행과 네 마디 율행의 짝으로 종결되는 구조를 취하고 있다. 그의 표현을 빌리면 '해조(諧調)'[37]를 살리고 있는 셈이다. 형식의 특징은 의미에서도 동일하게 나타난다. 갈등과 안정의 반복이 다시 반성적인 각성으로서의 침잠과 여운으로 끝나게 되는 것이 이 시의 의미 구조이다. 형태와 의미의 이와 같은 전개는 이 작품의 서정을 극대화하는 동시에 '한'에 깊이를 마련해 주고, 나아가 그 나름대로의 극복까지 예견케 하는 하나의 자족적인 공간을 달성시키는 것이다.

아름다움의 세계와 낭만성은 시라는 서정양식이 갖게 되는 보편적인 요소의 하나이므로, 비극적인 상황이 심미적으로 전환되어 있다는 사실 자체가 이 시의 약점일 수는 없다. 또한 삶이란 자체적으로 독립할 수 있는 존재가 아니기 때문에 불가피하게 그 안에 소멸의 계기를 내포하게 되고, 그것은 어느 정도 존재를 숙명론적인 테두리 속으로 가두기도 하는 것이다.

37) '해조'는 그의 시론에서 시의 언어가 '율동적인 조형미'를 살리고 있는 것이라고 설명되어 있다(조지훈,「시의 원리」,『조지훈 전집 3』, 61-65쪽). 이 어휘는 그의 시론에서 애용되고 있는 어사의 하나이다.

6. 결론

이상에서 우리는 조지훈의 심미의식의 연원과 그 전개 과정을 살펴보았다. 조지훈의 초기 시에 나타나는 지향은 자아의 갈등을 심미적으로 승화시키려는 데 그 특색이 있다. 그러나 이는 미리 설정된 탐미를 좇아 형성된 것은 아니었다. 외계의 충격과 정신의 불균형을 소멸의 불가피함을 승인하는 것으로 해소하려는 그의 심미적 전환의 태도 또한 현실 극복의 한 방편이었다고 짐작된다. 말하자면 숙명의 울타리로 삶의 테두리를 삼고 그 속에 놓이는 갈등을 심미적으로 질서화함으로써 얻게 되는 자족적인 위안과 자기 침잠의 세계가 그의 초기 시의 한 정향이었다고 하겠다. 이제 앞에서 논의된 결과들을 요약해 보기로 한다.

시작의 출발기부터 조지훈은 '동양과 서양이라는 평행하는 두 줄기 전통'을 가꾸어 온 것으로 생각된다. 이는 초기뿐만 아니라 그의 전체 시작품을 통해 확인되는 교차적인 흐름에 해당되는데, 다만 어느 한쪽이 돌출하면 다른 쪽이 잠재화되는 이분적인 현상이 초기 시에서는 한층 두드러진다. 그리고 이 교차적 반복이야말로 조지훈의 시 세계를 다양하게 읽히게 하는 동시에 일정한 주제에 의해 틀 지어진 인상을 받게 만드는 것으로 보여진다.

허무주의적인 열정을 반영하는 '지옥기'의 시편들은 헝클어진 갈등 속에서도 사물에 탐닉하는 냉정한 시선이 살아 있어서, 작품에서는 심미감을 고양시키는 결과로 작용한다. 특히 이들 시편에서는 현란한 색채어, 심상어 등이 많이 활용되고 있어, 공간을 탐미적으로 구축하려는 이 무렵 그의 관심과 수법을 엿보게 한다.

습작품을 통해 보여주는 심미적 전환의 태도는 『문장』지의 추천 시편에도 그대로 관찰된다. 「고풍의상」이나 「봉황수」 등은 '지옥기' 시편에서 지배적이었던 분열과 방황으로부터도 크게 벗어나 있지만, 그것은 경험세계의 갈등을 초극하려는 의지적인 노력과 관계없이 제재의 성격으로 달성되는 조화의 세계가 아닌가 생각되었다. 즉 시간과 단절된 정의물에 자아가 의탁됨으로써 얻게 되는 균형과 화해를 이들 시편들은 표방하고 있는 것이다. 그러나 「승무」는 불교적인 상상력을 토대로 축소된 장경 속에 모아지는 몰아의 세계로 지향하는 자아를 보여줌으로써, 다소 진전된 문맥으로서의 그의 초월적인 전망을 살필 수 있게 한다.

이와 같은 시편들에 비하면 오대산 월정사 시기의 작품들은 불교적 체관을 바탕으로 정적인 긴장을 제대로 살리고 있다. 이들 작품들은 또한 절제 있는 언어나 형식을 통해서 직관적인 깨달음을 자발화하고 있다는 점에서도 그의 초기 시가 육박해 간 하나의 진경이라고 이해된다. 그러나 월정사 시기의 시 세계는 비록 고절한 것이긴 해도 그가 오래 지켜갈 수 있는 경역은 아니었다. 이 시기 시편에서 보여지는 입명은 애써 법열의 세계로 나아가려는 시인의 극기적인 의지를 토대로 가능해진 세계였기 때문에 세속과 절연되지 않는 한 또 다른 지점으로 유전할 수 있는 가능성과 맞닿아 있었다.

그런 뜻에서 월정사 시절 이후의 초기 시작품들은 비록 스스로가 설정하는 숙명의 테두리로 제한되는 자아를 엿보게 하지만, 갈등의 지양을 통해 새로운 갈등과 다시 대면하려는 보다 강화된 자아의식의 기반 위에서 형상화된 작품들이었다. 특히 「완화삼」은 이 무렵 조지훈의 표랑적인 삶의 흔적을 읽게 할 뿐 아니라, 표일의 세계관을 형식으로 구체화하고 있다는 점에서, 그의 초기 시의 한 완결에 해당하는 작품이라고 생각되었다.

결국 이 글은 조지훈의 초기 시 세계를 중심으로 그 특징만을 간추려 본 것이어서 이로써 그의 시 세계가 충분히 설명되었다고 말할 수 없다. 조지훈의 시 세계를 제대로 이해하려면 무엇보다도 먼저 일부 통념화된 고정관념들을 반성적으로 점검하면서, 작품의 여러 질서들을 미세하게 관찰해 보려는 노력이 우선되어야 하리라고 본다. 아울러 그의 다른 저작물을 통해 구체화된 문학적인 구상들을 챙겨보는 일에 이르기까지 많은 작업들이 함께 수행되어야 비로소 그의 시 세계는 보다 분명한 지평을 드러내리라 믿는다.

선비정신과 자연의 의미

조지훈론

오세영

1. 머리말

다 아는 바와 같이 조지훈은 '청록파'의 일원으로서 해방 후 우리 시단의 전개에 중요한 역할을 담당했던 시인이다. 따라서 그의 시사적 위치를 한번쯤 점검해 보는 것은 우리 시의 발전을 위해 결코 무의미한 일이 되지 않을 것이다. 일찍이 엘리어트는 "한 시인의 문학사적 의의는 그 이전 시인들과의 관계에서 해명되어야 하며 그의 작품이 지닌 신기성(新奇性, novelty)이 현전하는 문학적 질서를 어떻게 변화시키는가 하는 관점에서 평가해야 한다"고[1] 말한 적이 있는데 이는 지훈의 문학을 논하

1) T. S. Eliot, "Tradition and The Individual Talent", *The Sacred Wood*(London: Methuen & Co, 1920).

는 데 있어서도 참고가 되리라고 생각한다.

한 시인의 문학사적 위치는 대체로 두 가지 사실에 의해서 결정될 수 있다. 하나는 그 시인이 맥을 대고 있는 과거의 문학적 전통이 무엇인가 하는 점이요, 다른 하나는 그러한 과거적 질서를 변형시킴에 있어 그의 기여한 바가 어떤 것인가 하는 점이다. 그러므로 이제 필자는 조지훈의 문학이 그 내적 세계나 사상 또는 미적 구조와 같은 측면에서 이룬 성과보다 그것이 우리 문학사의 질서를 변화시킴에 있어서 어떻게 기여했는가 하는 관점에서 그의 문학적 태도, 작가정신, 기법 등을 살펴보도록 하겠다.

2. 자연시와 사회시

조지훈은 생전에 모두 5권의 시집을 간행하였다. 『청록집(靑鹿集)』(1946, 박목월, 박두진과의 공동시집), 『풀잎단장(斷章)』(1952), 『조지훈시선(趙芝薰詩選)』(1956), 『역사(歷史) 앞에서』(1959), 『여운(餘韻)』(1964)이 그것이다. 그러나 『여운』을 제외할 때 나머지 시집들은 그의 문학생애의 각 시기를 순차적으로 정리 편찬해 낸 것들이 아니다. 『풀잎단장』 수록 시들은 『청록집』 시대에 쓰여진 것들이 대부분이고, 『조지훈시선』이나 『역사 앞에서』는 문단 데뷔 전후의 시들에서부터 당대까지의 시들을 편의적으로 모아놓은 것들에 불과하다. 따라서 『여운』 이외의 시집들에 수록된 시들은 상호 중복된 것들이 많다. 지훈의 사후, 전집을 통해 공개된 그의 유고시들(『조지훈 전집』 2권, 일지사, 1973에 수록된 시들) 역시 문학청년 시절에서부터 임종 시까지의 작품들 중에서 생전에 시집으로 묶이지 못하고 누락된 것들을 모아 놓은 것들이다.

그런데 여기서 한 가지 주목할 것은 그가 의도적으로 사회시들만을 모은[2] 『역사 앞에서』를 제외할 경우 그 외 모든 시집들에 수록된 시들은 그 경향이 단일하지 않고 복합적이라는 사실이다. 이는 그럴 수밖에 없으리라 생각된다. 앞서 지적한 바와 같이 『여운』 이외 그의 모든 시집들은 시기별로 묶지 않았기 때문이다. 그러나 실제 창작의 경우 지훈은 시기별로 각기 다른 몇 가지 경향의 시들을 썼다. 이는 조

2) 『역사(歷史) 앞에서』의 서문.

지훈이 『조지훈시선』과 『청록집 이후』(현암사, 1968)의 후기에서 술회한 내용과도 일치된다.

① 서구적 감각의 화사와 퇴폐의 시 「지옥기(地獄記)」, 「화비기(華悲記)」, 「계산표」, 「부시(浮屍)」 등 — 습작기와 문단 데뷔 직전의 동인지 『백지(白紙)』 시기

② 「고풍의상(古風衣裳)」, 「승무(僧舞)」, 「봉황수(鳳凰愁)」 등 민족정서에 대한 애착과 사라지는 것에 대한 애수의 시 — 『문장』지 추천 시기

③ 「산(山)」, 「고사(古寺)」, 「산방(山房)」, 「유곡(幽谷)」, 「마을」 등 선미(禪味)와 관조의 시 — 오대산 월정사의 시기

④ 「완화삼(玩花衫)」, 「파초우(芭蕉雨)」, 「낙화(落花)」, 「고목(枯木)」 등 '방랑과 운수심성(雲水心性)'의 자연 은둔시 — 해방 직전, 조선어학회 시대

⑤ 「밤」, 「풀잎단장」, 「묘망」, 「화체개현(花體開顯)」, 「흙을 만지면서」, 「산길」, 「바다가 보이는 언덕길」, 「코스모스」 등 자연과 인생, 사랑과 미움에 대한 고요한 서정의 시 — 해방 전후의 시기

⑥ 시집 『역사 앞에서』로 대변되는 현실 참여 및 사회 비판시 — 해방 직전에서부터 타계할 때까지 사회적 변동이 있을 때마다 썼음.

이러한 제 경향들을 전제하고 조지훈은 일찍이 스스로 고백하기를 최소한 6권의 시집을 엮어야만 이 일관된 여섯 개의 경향을 묶어낼 수 있을 것이라고 말한 바 있는데 예외적이기는 하나 그가 최초로 그러한 의도에서 펴낸 것이 ①~⑤의 경향의 시들로부터 각각 15편 내외씩을 뽑아 편찬한 선시집 『조지훈시선』이었다. ⑥의 경향의 시들이 이 선시집에서 제외된 것은 별도로 그가 『기려초(羈旅抄)』라는 제목의 시집을 편하고자 했기 때문이지만 여러 가지 사정으로 이루어지지 못하였다. 애초의 제명과는 다르나 아마도 『역사 앞에서』가 이를 대신했던 것이 아닌가 생각된다. 어떻든 이 여섯 가지 경향은 비록 시기별로 쓰여졌다 하더라도 습작기인 1936년에서부터 1945년 해방에 이르기까지의 불과 8, 9년 동안에 이루어진 변화이므로 조지훈의 시세계에 있어서 각 경향들은 1~2년이라는 짧은 기간에 걸쳐 이루어진 것들이라고 말할 수 있다.

그러나 그의 초기 8, 9년 동안에 형성된 이와 같은 시세계는 그 자신이 공언했던

바와 같이 조지일관 그의 전 문학생애를 지배하였다. 그것은 지훈에게 있어서 유일하게 한 시기의 시들을 정리한, 동시에 『조지훈시선』 이후 후기시를 대표한 시집 『여운』에서도 이 여섯 가지의 경향이 고루 나타나고 있음을 볼 수 있기 때문이다. 따라서 조지훈의 시집들은 그 자신이 밝힌 바처럼[3)]『청록집』에 ②, ③, ④의 경향이, 『풀잎단장』과 『조지훈시선』에 ①, ②, ③, ④, ⑤의 경향이, 『역사 앞에서』에 ⑥의 경향이, 『여운』과 기타 유고시에 ①, ②, ③, ④, ⑤, ⑥의 경향이 섞여 있다.

그러나 습작기의 소산으로 그의 문학에서 차지하는 위치가 미미한 모더니즘적 경향[4)]의 ①을 제외할 때 조지훈의 시는 현실대응 태도라는 관점에서 다시 크게 두 가지 유형으로 나뉘어진다. 그 하나는 ②, ③, ④, ⑤의 경향이 지닌 현실도피, 자연은둔적 세계요, 다른 하나는 ⑥의 경향이 지닌 사회저항, 현실참여적 세계이다.

② 하늘로 날을 듯이 길게 뽑은 부우연 끝 풍경이 운다.
처마 끝에 곱게 늘이운 주렴에 반월이 숨어
아른아른 봄밤이 두견이 소리처럼 깊이 가는 밤
곱아라 고아라 진정 아름다운지고
파르란 구슬빛 바탕에
자지빛 호장을 받친 호장저고리
호장저고리 하얀 동정이 환하게 밝도소이다.

—「고풍의상」

③ 소나기 한주름 스쳐간 뒤
벼랑 끝 풀잎에 이슬이 진다.

바위도 하늘도 푸르러라
고운 넌출에

---

3) 『조지훈시선(趙芝薰詩選)』의 후기 및 「나의 시의 편력(編曆)」, 『청록집(青鹿集) 이후』(현암사[玄巖社], 1968).
4) 위의 글들.

사르르 감기는
바람 소리

—「산」

④ 외로이 흘러간 한송이 구름
이밤을 어디메서 쉬리라던고

성긴 빗방울
파초잎에 후두기는 저녁 어스름

창 열고 푸른 산과
마조 앉아라

—「파초우」

⑤ 무너진 성터 아래 오랜 세월을 풍설에 깎여온 바위가 있다.
아늑히 손짓하며 구름이 떠가는 언덕에 말 없이 올라 서서
한 줄기 바람에 조칠히 씻기우는 풀잎을 바라보며
나의 몸가짐도 또한 실오리 같은 바람결에 흔들리노라.
아 우리들 태초의 생명의 아름다운 분신으로 여기 태어나
고달픈 얼굴을 마주대고 나직이 웃으며 얘기 하노니
때의 흐름이 조용히 물결치는 곳에 그윽히 피어오르는 한떨기 영혼이여

—「풀잎단장」

지훈 자신이 ⑥의 경향을 제외하고 나머지 다섯 개의 경향으로부터 각각 15편 내외씩을 뽑아 편했다는 시선집(詩選集) 『조지훈시선』에서 그 각 경향에 속하는 시들을 임의적으로 하나씩 골라 보았다. 별도의 설명이 없더라도 이들 시가 모두 현실을 초월하여 자연은둔적인 삶을 노래했다는 사실 만큼은 쉽게 눈에 띌 것이다. 그에게 있어 사회현실이나 인간과 인간의 관계에서 일어나는 문제들은 전혀 관심 밖이다.

가령 ②에서 시인은 실제 현실과는 아무 상관 없는, 과거적인 것의 무상과 애상미를 그려 보인다. 그것은 소멸하는 것들의 아름다움이다. ③에서는 객관적 인식을 통해 자연의 내밀한 질서, 그 지닌 바 보편적 섭리를 탐구하고 있다. 예컨대 소나기 진 뒤 사르르 말리는 넝쿨의 새순과 같은 상징 등이다. 한편 ④는 자연 속에서의 청정하고 무욕한 삶을, ⑤는 생명의 근원으로서의 자연 또는 영원한 귀의처로서의 자연을 정밀하게 그려 보이고 있다.

그러나 여기서 주목할 것은 자연에 대한 그의 이같은 태도가 '현실도피나 초월'이라는 의미보다는 '자연은둔'이라는 의미에 더 무게를 두고 있다는 사실이다. 때때로 격렬한 사회저항시나 현실참여시를 썼던 조지훈을 염두에 둔다면 더 말할 것이 없다. 인용시들의 내용에서 우리가 직접 살펴본 바가 그렇거니와 지훈 자신이 ③의 계열을 두고 자연을 있는 그대로 '직관' 혹은 '관조한' '선미(禪味)의 시'라고 했던 것, ④를 '한만(閑滿)한 동양적 정서'와 '운수심정(雲水心情)'으로 썼다고 했던 것, ⑤의 계열을 '고향에 누워 해방을 기다리며' '자연과 인생 사랑과 미움에 대한 서정'으로 썼다고 했던 것 등도[5] 이와 같은 해석을 가능케 한다. 모두 그 스스로 자연을 소재로 하여 자연의 의미나 자연 속에서의 인간을 탐구했다는 내용의 고백들이라 할 수 있기 때문이다. 이 중 그가 '민족정서와 전통에의 향수와 사라져간 것들에 대한 애수'를 노래했다고 한 ②의 시들이 이 경향에서 약간 벗어나 있긴 하지만 그 역시 비사회적, 비생활적이라는 의미에서 은둔적 삶을 표현한 시라고 해도 큰 무리는 없을 듯하다. 우선 이 계열의 시들은 수량에 있어서 얼마되지 않고(그의 전체 시들 가운데 『조지훈시선』에 실린 16편 정도) 그 소재나 기법, 정신적 지향 등이 귀거래적(歸去來的)이다.

한편 그는 문단 데뷔시기부터 전 문학생에 걸쳐 시대적 불의가 만연할 때는 언제나 서슴지 않고 이를 고발하거나 비판하는 시들을 썼다. 예컨대 일제 폭력에 대한 울분을 쓴 「화비기(華悲記)」, 「비혈기(鼻血記)」, 해방의 격랑기에 쓰여진 「산상(山上)의 노래」, 「불타는 밤거리에」, 「역사 앞에서」, 6·25의 비극을 고발한 「다부원에서」, 「너는 38선을 넘고 있다」, 4·19의 감격을 쓴 「터져오르는 함성」, 「우리 무엇을 믿고 살아야 하는가」 등이다.

---

5) 위의 글들.

눈물을 잊어버린 사나이에게 어저자고 한잔 술을 권하는 사람들만 이리도 많은가, 꼭 같은 한이 있어 같이 울자구 이 술잔이 동정을 내게 주는가, 술을 마시고 피를 뽑아주마 더운 피를 아낌 없이 너를 위해 뽑아주마.

—「비혈기」

너희 그 착하디 착한 마음을 짓밟는
불의한 권력에 저항하라.

사슴을 가리켜 말이라 하는 세상에
그것을 그런 양하려는
너희 그 더러운 마음을 고발하라.

—「잠언」

일제말 지식인의 한을 그린 시 한 편과 이승만 독재정권에 저항한 시 한편을 각각 인용해 보았다. 앞의 자연은둔적 경향과 전혀 다른 입장에 서서 현실과 맞서 싸우는 시인의 결연한 의지와 행동이 드러나 있다. 따라서 우리는—지엽적인 예외성이 없는 것은 아니지만—전체적으로 조지훈의 시를 크게 사회참여적 경향과 자연은둔적 경향으로 나누어 볼 수 있으리라 생각한다. 이를 정리하면 다음과 같다.

첫째, 지훈의 시세계는 다양한 여섯 가지의 경향으로 구성되어 있다.

둘째, 이 다양한 여섯 가지의 경향은 현실대응 태도라는 관점에서 크게 두 가지 즉 자연은둔적 세계를 지향하는 것과 현실비판적 세계를 지향하는 것들로 나뉘어진다. 이들은 상반되는 관계를 지니고 있다.

셋째, 이질적이거나 서로 대립되는 이 여러 경향들은 이미 해방 전후의 시기 이전에 확립된 것들이다.

넷째, 습작기와 문단 데뷔기에서부터 해방 전후에 이르기까지의 약 8~9년 동안에 형성된 이와 같은 문학적 경향은 그 이후에도 큰 변화 없이 그대로 지속되었다. 다만 해방 전후의 경우 1~2년의 기간을 통해 순차적으로 나타났지만 그 이후에는 동시적으로 나타났다.

다섯째, 특히 그의 사회시들(⑥의 경향의 시들)은—비록 문단 데뷔 무렵에는 저조

했으나—그의 전 문학생애를 통해 사회적 변동이 있을 때마다 꾸준히 쓰여졌다.

3. 선비정신의 양가성

한 시인의 시세계는 그의 전 문학생애를 통하여 시종여일 할 수도 있고 다양하게 변모될 수도 있다. 이 경우 전자는 별 문제될 것이 없겠지만 후자는 그 변화의 내적 필연성이 해명되지 않으면 안 될 것이다. 시세계의 변화란 시정신의 굴절에서 야기되는 것이고 한 시인의 시정신에는 그 나름의 정체성이 주거해 있다고 생각되기 때문이다. 이러한 관점에서 조지훈의 시를 해명하는 데 부딪치는 일차적 문제는 어찌하여 한 시인의 시세계에 이처럼 여러 다양한 경향들이 대두될 수 있으며 그것도 서로 상반할 수 있느냐 하는 점이다. 필자는 그것을 그의 선비정신에서 설명되어야 할 명제라고 생각한다. 조지훈의 시세계를 지배하고 있는 것은 선비정신이며 그의 시가 현실 대응에서 보여 주는 두 개의 대립되는 경향들 역시 선비정신이 지닌 양면성의 표현이라고 보기 때문이다.

지훈의 가통이 영남의 대표적인 유학자의 집안이었다는 것, 소싯적에 한학자였던 조부로부터 엄한 한문 교육을 받았다는 것, 그리고 이와 같은 환경에서 자란 지훈의 인격이 '유교 내지 한문학적 바탕 위에 불교적인 체관(諦觀)과 선(禪)의 기미를 곁들인 교양'[6]으로 이루어졌으며 실제로 그의 생애가 초지일관 지사로 끝맺음 했다는 것 등은 널리 알려진 사실이다. 이에 대해 문단과 직장에서 그를 오랫동안 지켜보았던 김종길은 한마디로 지훈의 인물됨을 다음과 같이 평하고 있다.

> 실로 지훈의 한 개인으로서의 특질은 그의 서구적인 교양과 감수성을 겸함 동양 내지 한국의 '선비'의 전통을 이어받은 뛰어난 재질과 용기를 가진 사람이었다는 것으로 요약된다. (…) 그리고 그의 다면적인 특질과 능력이 특히 '선비'로서의 풍격과 지조라는 정신적 지주를 중심으로 통합되고 있었다는 사실도 또한 그러하다.[7]

---

6) 김종길,「조지훈론」,『청록집 기타』, 현암사, 1968.

7) 위의 글.

선비로서의 지훈의 풍모는 행동과 문필의 양면에서 쉽게 찾아볼 수 있다. 예컨대 해방 전후와 6·25의 난세에서 보여준 처신 그리고 이승만 독재정권과 5·16 군사쿠데타에 대한 저항[8]은 전자에 해당하는 것이요, 당대 사회의 모순을 비판한 그의 많은 산문들은 후자에 해당하는 것이다. 특히 그가 4·19 전후에 쓴 「지조론」, 「선비의 직언」, 「의기론」 등은 불의의 시대에 있어서 올바른 선비의 도(道)가 어떤 것인가를 설파한 대표적인 논설들이다. 그의 내면정신을 이해하기 위해서 몇 개의 글들을 인용해 보기로 한다.

(1) 김군! 자네는 착하나 좀 느리고 진실하나 날카롭지 못한 것이 허물일세. 이것이 내가 군을 위하여 추수(秋水)라는 호를 주는 까닭이니 시인의 금심수장(錦心繡腸)도 추수(秋水)의 신(神)과 옥(玉)의 골(骨)을 못 가지면 안 되는 것, 태아(太阿)의 검(劍)과 같이 푸른 서슬로 혹은 백천관하(百川灌河)의 기개를 군이 가질 수 있겠는가. 실상은 사내 나이 스물도 어린 나이는 아닌 것. 시가 인생보다 가벼움을 이제 못 깨달으면 몇 줄의 시는 마침내 도로(徒勞)에 그치리. 나는 이 몇 줄의 글을 쓰는 인연으로 하여 이제부터 자네를 지켜보겠네. 그 마땅히 각골부심할 진저 (…)[9]

(2) 지성인 곧 선비는 나라의 기강(紀綱)이요 사회정의의 지표이다. 그러므로 한 나라의 기강을 바로잡고 사회정의 지표를 확립하자면 무엇보다도 먼저 선비가 기절(氣節)을 숭상함으로써 선비의 명분을 세우지 않으면 안된다. (…) 정(正)과 사(邪)가, 의(義)와 불의(不義)가 뒤죽박죽이 된 세상을 백성 앞에 분명히 흑백을 가려줄 사람이 누구인가. 지성인을 두고 이 일을 능히 할 사람은 없을 것이다. (…) 선비의 기절은 몸소 행하고 마침내 살신성인(殺身成仁)의 경지에까지 그 정신의 높이를 끌어올릴 수 있는 신념있는 행동에의 사모다. 나라는 흥망의 관두(關頭)에 서 있다. 선비도 할 말이 있고 하지 않으면 안 될 일이 있다.[10]

---

8) 홍일식(洪一植), 「지훈(芝薰)의 인품과 향훈」, 박노준, 「논객 조지훈의 면모」, 박희진(朴喜璡), 「지훈선생의 이모 저모」 참조(김종길 외, 『조지훈 연구』, 고려대학교출판부, 1978).

9) 조지훈, 「『낙화집(落花集)』의 서(序)」, 『조지훈 전집 3』, 일지사, 1973.

10) 조지훈, 「선비의 직언(直言)」, 『조지훈 전집 5』.

(3) 지조(志操)란 것은 순일(純一)한 정신(精神)을 지키기 위한 불타는 신념이요, 눈물겨운 정성이며 냉철한 확집(確執)이요, 고귀한 투쟁이기까지 하다. (…) 지조는 선비의 것이요 교양인의 것이다. 장사꾼에게 지조를 바라거나 창녀에게 지조를 바란다는 것은 옛날에도 없었던 일이지만 선비와 교양인과 지도자에게 지조가 없다면 그가 인격적으로 장사꾼과 창녀와 가릴 바가 무엇이 있겠는가. (…) 도도히 밀려오는 망국의 탁류 — 이 금력과 권력 앞에 목숨으로써 방파제를 이루고 있는 사람들은 지조의 함성을 높이 외치라.[11]

(1)은 조지훈이 김관식(金冠植)의 처녀시집『낙화집(落花集)』에 써준 서문 가운데서 그 일부를 인용한 것이다. 젊은 시인에게 준 격려의 말로 되어 있으나 실상 지훈 자신의 시인관 내지 인간관을 엿볼 수 있는 글이다. 즉 '추수의 신과 옥의 골', 혹은 '태아의 검과 같이 푸른 서슬'과 '백천관하의 기개'를 가진 자로서의 인간, 시가 결코 삶보다 중요할 수 없다고 생각하는 자로서의 시인이 바로 그것이다. 그런데 우리가 여기서 주목해야 될 것은 그의 이와 같은 인간관이 모두 선비의 본질적 특성이라는 사실이다. 전자는 선비가 지녀야 할 지조와 절의의 정신을 가리키는 것으로 보이며 후자는 도학자로서 선비의 문학관을 피력한 것으로 보이기 때문이다.

원래 이상적 인간형으로 '선비'를 제시했던 유교는 무엇보다도 인간을 상위의 가치에 두었다. 가령 "진리(眞理)란 사람에게 떨어져 있을 수 없고 사람에게 떨어질 수 있는 진리란 이미 진리가 아니다"라는『중용(中庸)』의 말씀이나[12] "사람이 진리(眞理)를 넓히는 것이요, 진리가 사람을 넓히는 것이 아니다"라는『논어(論語)』의 말씀이[13] 이를 대변한다. 진리를 뜻하는 유교의 용어인 도(道)에도 사람의 머리(首)와 사람의 걸음(辶)이라는 뜻이 들어 있다. 따라서 유교적 가치관으로 볼 때 진리란 인간완성(도[道]의 실현)의 방편이라 할 수 있다.

문학 역시 마찬가지이다. 위의 인용문에서도 가령 '진리(道)'라는 말 대신에 '문학'이라는 말을 쓴다면 문학은 인간을 위해서 존재하여 도(道)의 실현을 위한 방편

---

11) 조지훈,「지조론(志操論)」,『조지훈 전집 5』.

12)『중용(中庸)』,「도론(道論)」, "道不遠人 人之爲道而遠人 不可以爲道."

13)『논어(論語)』,「위령공(衛靈公)」, "人能弘道 非道弘人."

이라는 뜻이 된다. 공자가 시의 본질을 '사무사(思無邪)'에 두고

> 시로 사물을 비유할 수 있고 풍속을 살필 수 있고 많은 벗과 사귈수 있고 정치를 비판할 수 있다. 가까이는 부모를 섬기고 멀리는 임금을 섬기며 새, 짐승, 초목의 이름을 외는데 도움이 크다.(詩可以興 可以觀 可以群 可以怨 彌之事父 遠之事君 多識於鳥獸草木之名)[14)]

고 했던 것, 주자(朱子)가

> 문은 그것으로 도를 싣는다. 수레가 그것으로 물건을 싣는 것과 같다.(文所以載道 猶車所以載物)

> 도라는 것은 문의 근본이요 문이라는 것은 도의 지엽이다. 오직 도에 근본함으로 문으로 표현된 것이 모두 도인 것이다. 3대 성현의 문장은 모두 그 마음을 따라 쏟아져 나온 것임으로 문은 곧바로 도인 것이다.(道者文之根本 文子道之枝葉 惟其根本乎道 所以發之於文 皆道也 三代聖賢文章 皆從此心寫出 文便是道也)[15)]

라고 했던 것 등이 모두 그러하다. 따라서 "시가 인생보다 가벼움을 깨달아라"라는 지훈의 말은 그 앞서 '태아의 검과 같은 푸른 서슬'과 '백천관하의 기개'로 표현된 그의 지조와 절의의 정신에 비추어 선비정신에 입각한 시인관의 표현이라고 해야 할 것이다.

한편 3·15 부정선거 직전과 직후, 선비정신의 시대적 역할에 대해 쓴 (2)와

---

14) 『논어』, 「양화(陽貨)」.

15) 주렴계(周濂溪)가 『통서(通書)』에서 "문은 그것으로 도를 싣는다. 바퀴와 끌채를 꾸며 놓았지만(도를 실어 놓은 문장이지만) 사람들이 사용하지 않으니 그저 헛된 꾸밈일 뿐이다. 하물며 헛된 일(도를 싣지 않은 문장)에 있어서 더 말할 것이 있겠는가."(文所以載道也 輪轅飾而人弗庸 徒飾也 況虛事乎)라고 말했던 것을 주자가 붙인 주석 이하 "그러므로 수레를 만드는 자는 반드시 그 바퀴와 끌채를 꾸미는 것이고 글짓는 자는 반드시 그 말을 착하게 하는 것이다. 모두 사람이 아껴서 쓰기를 바라기 위함이다. 그런데 나는 꾸미더라도 남이 쓰지 않는다면 헛된 꾸밈이 되어서 실제에 도움이 없다. 하물며 물건을 싣지 않은 수레와 도를 싣지 않은 글은 비록 그 꾸밈을 아름답게 할지라도 또한 무슨 소용이 있겠는가."(故爲車者必飾其轅輪 爲文者必善其詞說 皆欲人之愛而用之 然我飾之而人不用則猶爲虛飾 而無益於實 況不載物之車 不載道之文 雖美飾 亦何爲乎……)로 되어 있음. 주자(朱子), 『주자어록(朱子語錄)』, 「논문류취(論文類聚)」.

(3)도 지훈의 인간관과 신념이 어떤 것인가를 잘 드러내 보여준다. 그것은 지성인—'문인, 학자, 교육가, 종교가'—은 본질적으로 선비라는 것, 선비정신의 핵심은 지조인데 신념을 지키기 위해서는 살신성인의 경지에까지 이르러야 한다는 것, 정과 사, 의와 불의의 분별이 근본이라는 것, 행동 없는 선비란 있을 수 없다는 것 등으로 요약된다.

선비에 대한 지훈의 이와 같은 이해는 "뜻 있는 선비와 어진 사람은 살기 위하여 인(仁)을 해치지 않고 살신하여 인(仁)을 이룬다.",[16] "선비가 위태로움을 당하여서는 생명을 바치고 얻음을 당하여서는 의(義)를 생각한다."[17]는 『논어(論語)』의 말씀이나 "곧고 바른 것으로 의리를 지키고 순수하고 밝은 것으로 사(邪)와 정(正)을 분별하는 것" 즉 정일지공(精一之功)이 선비의 본분이라고 한 정암(靜菴)의 말씀과[18] 일치하는 것이다. 선비정신에 입각한 지훈의 삶과 문학은 자신의 인생관을 고백했다고 보이는 시 「이력서(履曆書)」에서도 다음과 같이 솔직하게 피력한 바 있다.

> 마음이 가난한 게 유일의 재산이올시다. 어떠한 고난도 부질없이 생명을 포기하지 않을 신념이 있습니다. 조금만 건드려도 넘어질 사람이지만 폭력 앞에 침을 뱉을 힘을 가진 약자올시다. 패자(敗者)의 영광을 아는 주검을 공부하는 마음이올시다. (…) 거짓말은 할 수 없는 사람이올시다. 참말은 안 쓰는 편이 더 진실합니다. 당신의 생각대로 하옵소서 — 공자일생취직란(孔子一生就職難)이라더니 이력서는 너무 많이 쓸 것이 아닌가 하옵니다.

"지극한 정성을 오(汚)의 절(切)과 바꾸지 않고" "한마리의 학(鶴)"으로 살기를 바라며 "어떤 고난에도 부질없이 생명을 포기하지 않을 신념"을 가진 지훈, 자신의 일생을 공자의 그것과 비교하고자 하는 지훈의 삶이 선비를 지향할 수밖에 없으리라는 것은 앞의 논설들을 참고할 때 너무나 당연하다. 그리하여 그의 체질화된 인격으로서 이와 같은 선비정신은 그의 문학에서 시집 『역사(歷史) 앞에서』로 대표되는 ⑥의 사회참여시 계열의 창작으로 행동화되었다.

---

16) 『논어』, 「위령공(衛靈公)」, "志士仁人 無求生而害仁 有殺身以成仁."
17) 『논어』, 「자장(子張)」, "士見危致命 見得思義 祭思敬喪思哀其可已矣."
18) 금장태(琴章泰), 『유교(儒敎)와 한국사상(韓國思想)』, 성균관대학교출판부, 1980, 142쪽.

공산주의와 싸우기 위하여 공산주의를 닮아 가는 무지가 불법을 자행하는 곳에
민주주의를 세운다면서 민주주의의 목을 조르는 폭력이 정의를 역설(逆說)하는 곳에
버림받은 지성이여, 짓밟힌 인권이여, 너는 정말 무엇을 신념하고 살아가려느냐?
무엇으로써 너의 그 아무것과도 바꿀 수 없는 긍지를 지키려느냐?
그것을 말해 다오 그것만을 말해 다오 하늘이여!

백성을 배신한 독재의 주구 앞에 연약한 민주주의의 충견(忠犬)은 교살되었다.
온 나라의 마을마다 들창마다 새어나오는 소리없는 울음소리.
사랑하는 동포여 서러운 형제들이여 목을 놓아 울어라. 땅을 치며 울어라. 네 가슴에 응어리진 원통한 넋두리도 이제는 다시 풀 길이 없다.

찢어진 신문과 부서진 스피커 뒤로 난무하는 총칼 이 백귀야행(百鬼夜行)의 어둠을 어찌려느냐
정말로 정말로 잔인한 세월이여!

새아침 옷깃을 가다듬고 죽음을 생각는다.

—「우리 무엇을 믿고 살아야 하는가」

권력의 구둣발이 네 머리를 짓밟을지라도
잔인한 총알이 네 등어리를 꿰뚫을지라도
절망하지 말아라 절망하진 말아라
민주주의여!

백성의 입을 틀어막고 목을 조르면서
"우리는 민주주의를 신봉한다"고
외치는 자들이 여기 있다.
그것은 양의 탈을 쓴 이리

—「터져오르는 함성」

앞의 시는 자유당 독재가 마지막 발악을 하던 1959년에, 뒤의 시는 4·19 직전(1960. 4. 13)에 쓴 작품이다. 언론의 탄압이 극에 다다랐던 시기에 쓰여졌다는 사실을 고려할 때 두 시 모두 앞에서 언급한 바 정의를 지키고자 하는 순일한 신념과 지조가 행동적으로 표현된 것임을 알 수 있다. 그는 독재의 탄압에 당하여서도 결코 시류와 야합치 않으며("뜻 있는 선비는 살기 위하여 인[仁]을 해치지 않으며") 불의와 싸우기 위하여는 생명의 포기도 서슴지 않는다("살신하여 인[仁]을 이룬다"). 그의 인생 지표와 인간 정신의 표현인 시의 내용이 이러하다면 이는 그의 시가 선비정신의 실천으로 쓰여진 것이라고 할 밖에 달리 말할 수 없다.

한편 우리는 모더니즘적 경향의 시와 사회시들을 제외한 조지훈의 나머지 시들이 대체로 자연은둔적 세계를 지향하고 있다는 점도 앞서 살펴보았다. 그런데 이 또한 그의 선비정신의 한 표현이라는 것이 필자의 생각이다. 왜냐하면 그에게 있어 '자연은둔'은 유가(儒家)에서 말하는 한(閑)이나 귀거래(歸去來)에 일치하기 때문이다. 원래 유가(儒家)에서 선비의 출사(出仕)는 도(道)의 실천으로, 치사(致仕)는 도(道)의 수련으로 여겼던 까닭에[19] 공자를 비롯해 그의 제자들은 관직에 나가려는 의욕만큼 관직을 버리려는 의지도 강하였다. 따라서 현실이 자신의 도를 실현하기에 부적합하다고 판단되면 자연으로 돌아와 정진하는 것이 그들의 본분이었다. "공자의 사상은 현실의 정치문제에 관계하지만 또한 정치를 넘어서는 세계도 지향했던 것이다."[20] 상자연(賞自然), 안빈낙도(安貧樂道), 청한(淸閑), 귀거래(歸去來), 천석고황(泉石膏肓) 등은 모두 이를 두고 일컫는 용어들이다.

논어의 「선진(先進)」편에 공자가 제자들에게 어떤 삶이 가장 소망스러운가 묻는 장면이 나온다. 이때 증석(曾晳)이 "늦은 봄에 봄옷이 다되면 어른 5, 6명과 아이 6, 7명이 한데 어울러 기수(沂水)에 가서 목욕하고 무우(舞雩)에서 바람을 쏘이고 노래를 읊으며 돌아오는 것이 소망"[21]이라고 대답하자 공자는 이에 깊이 공감하면서 나도 증석(曾晳)의 편을 들겠다고 말했는데 이는 유교사상과 자연의 관계를 함축적으로 설명해 주는 한 가지 예라 하겠다.

---

19) 위의 책, 139쪽.

20) 위의 책, 140쪽.

21) 『논어』, 「선진(先進)」, "暮春者 春服旣成 冠者五六人 童子六七人 浴乎沂 風乎舞雩 詠而歸 夫者喟然歎 曰 吾與點也."

그 외에도 「헌문(憲文)」편에 "현명한 사람은 어지러운 세상을 피하고 그 다음은 난국을 피하고 그 다음은 안색을 피하고 그 다음은 나쁜 말을 피한다."[22]고 한 것, 『맹자(孟子)』의 「만장장귀하편(萬章章句下篇)」에 "다스려질 때에는 나아가 벼슬을 하고 혼란해지면 물러난다."[23]고 한 것 등도 유교의 자연은둔 사상을 피력한 것이라 할 수 있다.

퇴계(退溪)도 "옛 산림(山林)을 즐긴 자를 보건대 둘이 있다. 현허(玄虛)를 그리워하고 고상(高尙)을 섬겨 즐기는 자가 있고 도의(道義)를 기뻐하고 심성(心性)을 길러서 즐기는 자가 있다. (…) 후자를 위하여 스스로 힘쓸지언정 전자를 위하여 스스로 속이지 않겠다. (…) 공자(孔子)의 '여점지탄(與點之嘆)'은 어찌 특히 기수 위에서 나오게 되었으며 주자(朱子)의 '졸세지원(卒歲之願)'은 어찌 홀로 노봉(蘆峯)의 산마루에서 읊어졌겠는가 이것은 꼭 그 까닭이 있는 때문이다."[24]고 말하였는데 여기서 전자가 도가의 자연관을, 후자가 유가의 자연관을 피력한 것임은 두말할 필요가 없다. 한마디로 선비는 자연을 통해 도(道)를 탐구해야 한다는 뜻이다.

유가(儒家)에서 상자연(賞自然), 자연귀의하는 것은 원래 도가(道家)의 영향이라 할 수 있다. 비록 전자의 도가 규범적인 도, 후자의 도가 상도(常道) 즉 무위(無爲)의 도라고는 하지만 그 근본에 있어서는 일치되는 일면이 있고, 무위(無爲)란 문자 그대로 '저절로 그렇게 되는 것'으로서의 자연(自然)을[25] 의미하기 때문이다. 공자는 유교(儒敎)에서 성인(聖人)으로 치는 요(堯)나 순(舜)의 정치가 천지(天地) 자연(自然)의 조화(調和)에 상응한다고 보아 그것을 무위라 칭(稱)했는데[26] 이는 유교의 궁극적 정치이상이 도교에서 말하는 바 무위의 정치에 있음을 의미하는 것이다. 앞에서 인용한 자연귀의에 대한 공(孔)·맹자(孟子)의 여러 언급들도 기본적으로 도가적 사유에 바탕을 둔 것임은 여러 선학들에 의해서 지적된 바와 같다.

율곡(栗谷)에 의하면 유가적 사유와 도가적 사유에는 다음과 같이 상호 일치되는

---

22) 『논어』, 「헌문(憲文)」, "賢子辟世 其次辟地 其次辟色 其次辟言."

23) 『맹자(孟子)』, 「만장장귀하(萬章章句下)」, "治則進 亂則退."

24) 최진원(崔珍源), 「국문학과 유교사상」, 김동욱(金東旭) 외, 『한국의 전통사상과 문학』, 서울대학교출판부, 1982.

25) 이원섭(李元燮), 「노자(老子) 장자(莊子) 해설」, 『노자(老子) 장자(莊子)』, 대양서적, 1971.

26) 『논어』, 「위령공(衛靈公)」, "無爲而治者 其舜也與."

면이 있다고 한다.

> 감정이 아직 나타나지 않은 상태는 중(中)이며 동시에 성(性)이다. 대개 이것을 미발(未發)의 상태라고 한다. 그리고 감정이 나타난 것을 이발(已發)의 상태라 하고 그것이 조화를 이룬 것을 화(和)라고 한다. 중(中)과 화(和), 미발(未發)과 이발(已發)의 관계는 체(體)와 용(用)의 관계와 같다. 이 중(中)에 즉한 사유가 근원적 사유의 기반이고 이발(已發)에 대한 사유는 반성적, 실천적 사유로서 그 사유가 화(和)를 잃지 않을 때 그것은 중(中)에 즉한 근원적 사유와 동일하다. 그러나 유가는 그 중(中)에 즉한 근원적 사유에 근본을 두고 있지만 반성적이고 실천적 사유를 중시한다. 중(中)의 현실태도로서의 화(和)를 이상으로 함으로 유가적(儒家的) 사유(思惟)는 현실 긍정적이고 적극적이다. 미발(未發)의 중(中)에 즉한 사유형식은 노자(老子)의 '사무(思無)'와 맞먹는다. 그러므로 근본적으로 유가는 노자적(老子的) 근본 사유형식을 배제한 것이 아니고 현실 속에서 근원 사유형식의 전개를 기도한다.[27)]

그런데 노자(老子)적 근본사유의 형식은 사무(思無) 즉 무위(無爲)로서의 자연에 지나지 않으므로 결국 자연귀의 혹은 자연탐구란 유가나 도가가 공유한 우주론적 본질이라 할 수 있다. 다만 그 실천윤리라는 측면에서 유가의 도가 규범적이라는 점이 다르긴 하나 이 모두 자연 속에서 도를 발견하고 정진하기 때문이다.

한편 자연에 대한 인식에 있어 불가와 도가 사이에도 합치되는 부분이 없지 않다. 특히 선(禪)이 그러한데 그것은 선(禪)이 그 발생이나 사유형식에서 노장사상(老莊思想)과 밀접히 관련되어 있기 때문이다. "선사들의 근본 통찰은 노장사상과 거의 일치한다고 해도 지나친 말이 아니다. 노자의 『도덕경(道德經)』 제1장과 제2장은 바로 선의 철학적 배경을 이룬다",[28)] "노장의 근본정신을 선(禪)이라는 새로운 모습으로 생생하게 되살리고 꽃피운 것은 대승불교의 추진력이었다",[29)] "대승불교도들은 말로 표현할 수 없는 우주의 시원인 우주에 가득찬 불성(佛性)을 도(道)라 했으면 좋

---

27) 김길환(金吉煥), 『조선유학사상연구(朝鮮儒學思想硏究)』, 일지사, 1980, 249-250쪽.

28) 오경웅(吳經熊), 『선(禪)의 황금시대』, 류시화 역, 경서원, 1984, 21쪽.

29) 위의 책, 21쪽.

왔을 것이다. 도가사상의 본 고장인 중국에서는 그렇게 했다."[30] 뿐만 아니라 반야개공(般若皆空)의 사상에서 공(空)이 노자(老子)의 무(無), 장자(莊子)의 무극(無極) 또는 무한(無限)에 가깝다는 점, 도가(道家)의 좌망(坐妄)에서 좌선(坐禪)이 성립되었으며 이 두 개념이 거의 일치하고 있다는 점(특히 남종선[南宗禪]의 경우) 등도 보편적으로 지적되고 있는 터이다.[31]

이렇게 우주에 가득찬 불성(佛性)—삼라만상 실유불성(森羅萬象 悉有佛性)—을 넓은 의미의 도(道)로 본다면 불교 역시 자연인식에 있어서 노장사상과 공유되는 면이 없다고 말할 수는 없다. 그리하여 유교, 도교, 불교가 지닌 이와 같은 공유점이야말로 사실은 역사적으로 끊임 없이 이 세 가지 종교를 통합시키려는 시도의 빌미가 되어 왔음은 다 아는 바와 같다. 그러나 도가적 사유와 선(禪)의 사유에는 차이점이 뚜렷하다. "도교의 명상은 점수(漸修)의 전통 속에 위치시키나 선(禪)의 돈선(頓禪)은 마음의 역동적이고 내재적인 힘에 의해 심처(深處)로 돌파하는 것을 목적삼기 때문이다."[32]

따라서 이제 시선을 조지훈의 '자연은둔시'들로 돌리면 거기에 유, 불, 도의 세 가지 사상이 지닌 이와 같은 공유점을 발견할 수 있는 것도 사실이다. 그런 까닭에 혹자는 이 공유된 특성의 일면을 가리켜 혹은 노장적이라고도 하고 혹은 선적이라고도 하는 것이다.

지훈의 자연은둔시들을 선시로 보는 근거는 첫째, 지훈이 자신의 일부시를 가리켜 '선미(禪味)의 시(詩)'라 했고, 둘째, 그 자신이 불교사찰에 칩거했다는 사실에서 비롯된다. 그는 한때 선수행을 하고, 불교 강원에 출강한 적이 있었던 것이다. 그러나 스스로 밝힌 바[33]와 같이 그가 월정사(月精寺)의 불교 강원에 나갔던 것은 불교와 관계없는 외강이었고 일본의 묘심사(妙心寺)에서의 선(禪) 수련은 취미 생활의 수준에서 벗어난 것이 아니었다. 따라서 그는 한번도 정식으로 불교에 입문한 바 없었다.

문학론을 이야기하면서 그가 자주 선을 인용했던 것 역시—그의 시에 선적 분위

---

30) Heinrich Dumoulin, 『선(禪)과 깨달음』, 박희준 역, 고려원, 1988, 48쪽.

31) 최렴열, 『노장철학(老莊哲學)의 연토(硏討)』, 학나무, 1984, 67-72쪽 참조. 특히 남종선(南宗禪)의 선(禪)은 아무것도 생각지 않는 무념선(無念禪)을 강조한다.

32) Heinrich Dumoulin, 앞의 책, 53쪽.

33) 조지훈, 「돌의 미학(美學)」, 『조지훈 전집 4』.

기가 어리어 있음에도 불구하고—특별하게 선을 체득했거나 선의 문학론을 개진하려 했다기보다 일반적으로 시의 세계와 선의 세계가 지닌 공통점을 피력한 것으로 보는 것이 자연스럽다. 그러나 시의 세계와 선의 세계의 유사성에 대해서는 불교와 아무 관계없는 서구의 현대 시인들이나 문학이론가들에 의해서도 보편적으로 지적되고 있는 터이므로 이는 특별하게 문제될 것이 없다. 따라서 조지훈이 비록 난세를 맞아 절간에 은둔하면서 하나의 정신 수련으로 불가와 인연을 맺었다고는 하나 그의 인격을 밑받침 해주는 것은 근본적으로 그가 어릴 때 조부로부터 교육받고 가통으로 물려받은 유교적 선비정신이 아니었을까 한다.

물론 그가 선 수련에 참여했고 불가와 인연을 맺었던 까닭에 그의 시에 불교적 영향이 전혀 없다고 말할 수는 없다. 그가 '선미'라고 불렀던 요소가 그것이다. 아마도 '선적 분위기'라는 뜻으로 풀이될 이 선미는 그의 일부 시(특히 ③의 경향)에 감도는 것이 사실이다. 그러나 그것은 두 가지 관점에서 온전히 선 혹은 불교만의 세계를 지칭하는 것이라고 볼 수는 없다. 첫째, '선미의 시'라는 말과 선시(禪詩)라는 말은 전적으로 다르다. 그것은 최소한 선시가 아니라는 뜻을 지니고 있다. 둘째, 여기서 '선미' 혹은 '선적 분위기'라는 말로 지칭되는 특성은 온전히 선 혹은 불교만의 것이 아니고 앞에서 살핀 바 유교, 불교, 노장사상이 공유한 것들이라는 점이다. 그것은 무엇보다도 그의 시를 전형적인 선시와 비교할 때 잘 드러난다.

(1) 조주(趙州)가 뭐냐고 다그쳤지만
금강안(金剛眼)은 티없이 맑기만 하네
동, 서, 남, 북 어디에나 문은 있다네
쳐도 두들겨도 열리지 않을 뿐

—「조주사문(趙州四門)」 조주(趙州)

우주란 한 개의 부채 같은 것
그 부채 누구나 다 갖고 있건만
그게 뭐냐 물으면 아무도 몰라.

맑은 바람 무소의 뿔

그걸 잡으려 드나
구름 흘러가고 비는 그쳤으니
쫓을 길 없어라

—「염관서우편자(鹽官犀牛扁子)」 원오(圓悟)

(2) 목련꽃 향기로운 그늘 아래
물로 씻은 듯이 조약돌 빛나고

흰 옷깃 매무새의 구층탑 위로
파르라니 돌아가는 신라 천년의 꽃구름이여

한나절 조찰히 구르던
여흘 물소리 그치고
비인 골에 은은히 울려오는 낮 종소리

바람도 잠자는 언덕에서 복사꽃잎은
종소리에 새삼 놀라 떨어지노니

무지개빛 햇살속에
의희한 단청은 말이 없고 —

—「고사(古寺) 2」

닫힌 사립에
꽃잎이 떨리노니

구름에 싸인 집이
물소리도 스미노라

단비 맞고 난초잎은

새삼 치운데

볕바른 미닫이를
꿀벌이 스쳐간다

바위는 제자리에
옴찍 않노니

푸른 이끼 입음이
자랑스러라

아스럼 흔들리는
소소리 바람

고사리 새순이
도르르 말린다.

—「산방(山房)」

대표적인 선시 두 편과, '선미(禪味)'를 지녔다는 지훈 자신의 시 두 편을 인용해 보았다. 깊이 새기지 않더라도 이들 시의 특성은 전혀 다름을 알 수 있다. (1)은 직관, 비약, 물심일여의 돌연한 깨우침, 각관(覺觀) 등에 의해서 쓰여졌다. '동서남북 어디에나 있는 문', '우주는 한 개의 부채'요 '바람'이라는 진술에서 보여주는 직관적 깨우침, '맑은 바람'에서 '무쇠의 뿔'로 건너뛰는 이미지의 비약, 대상을 그 자체로 바라보지 않고 주관과의 합일로 재구성시킨 것 등이다.

이에 대해서 (2)는 대상을 단순하게 서경적으로 묘사했다. 거기에는 어떤 직관적 깨달음이나 상상력의 비약이 없으며 시인은 다만 눈앞에 전개되고 있는(현전적인) 대상 그 자체의 아름다움을 섬세하게 그려 보이고 있을 뿐이다. 선시가 제시코자 하는 비가시적(非可視的) 세계와는 달리 가시적(可視的) 세계의 묘사로 끝나고 있는 것이다. 예컨대 「고사(古寺) 2」는 이른 봄의 절의 풍경을, 「산방(山房)」은 봄이 오는 산의 변화를 어떤 '통찰'로서가 아니라 사실적 혹은 규범적으로 파악하고 있다. 즉 선의 본질이라고 할 '돈오(頓悟)'의 경지나 '마음의 역동적이고 내재적인 힘에 의해 심처로의 돌파됨'이 없는 것이다.

따라서 (2)의 시들에게는 (1)의 시들이 지니고 있는 고도한 상징적 기법이나 역설법 등이 없다. 조지훈의 시에 은유법이 거의 쓰이지 않고 있다는 것은 이미 지적된 사실인데[34] 은유의 구사 없이 선시가 쓰여질 수 없음은 너무나 당연하다. 지훈이 자신의 시를 선시라 일컫지 않고 애매하게 '선미'의 시라고 했던 것도 아마 이러한 이유 때문이 아니었을까 한다.

그렇다면 그가 말하는 바 선미란 무엇일까? 비록 지훈이 애매한 불교적 용어를 사용했음에도 불구하고 필자는 그것이 앞에서 살펴본 바 유(儒), 불(佛), 노장사상(老莊思想)이 공동으로 관심을 가지고 있었던 자연탐구 또는 자연을 통한 도의 수련을 지칭한 말이라고 생각한다. 그의 시에서 선미 혹은 선적 분위기라고 할 만한 것을 지적한다면 대체로 정적(靜寂), 관조(觀照), 주관배제(主觀排除) 등의 특징을 들 수 있겠는데 이는 사실 도가에 있어서 '마음을 맑게 함', '아침처럼 맑음'과 같은 태도 즉 주관의 편견이나 치우침을 배제하고 텅빈 마음의 상태로 현실이나 생활에 대한 집착 없이 대상을 바라본다는 뜻[35]의 심제(心齊)나 조철(朝徹) 등과 크게 다를 바 없기 때문이다. 그러나 여기에는 물론 한 가지 주목해야 할 부분이 있다. 선시는 항상 자연만을 대상으로 하는 것은 아닌데 조지훈이 일컫는 '선미의 시'는 천편일률적으로 자연을 대상으로 하고 있다는 사실이다. 이 역시 조지훈의 자연이 단순하게 선이나 불교적 세계 안에 갇혀 있지만은 않음을 암시하는 하나의 예이다.

엄밀히 살펴보면 지훈의 자연시에는 도가풍, 유가풍의 특성이 강하게 드러나는 일면도 적지 않다. 예컨대 「낙화(落花)」 같은 시는 도가적 삶의 태도에서 이해되어야 할 작품이지만 「산방(山房)」은 순전히 유가적 자연인식을 그대로 드러내 보여 준다. 이 시의 가장 중요한 소재들 '난초', '바위', '고사리 새순'들을 보아도, 특히 이 중 '난초'와 '바위'가 지조와 절의를 뜻하는 유가의 대표적 자연 상징임은 쉽게 이해된다. 시인은 매운 겨울의 추위를 견뎌내고 봄을 맞이하는 난초의 고절(孤節)을

---

34) 조지훈, 「나의 시의 편력」, 오탁번, 『현대문학산고』, 고려대학교출판부, 1976, 185쪽.

35) 오경웅, 앞의 책, 21-29쪽 참조.

찬양하며, 이끼낌을 두려워하지 않고 오랜 세월 동안 제자리를 지킨 바위의 지조를 흠모하면서 유가적 절의를 다짐하고 있는 것이다. 고사리의 새순에서 시인이 본 것 역시 어김없는 자연의 조화와 순리(順理) 즉 천도(天道) 혹은 이기(理氣)의 법(法)이다. 한마디로 말해 이 시에서 시인이 인식한 자연은 불가적(佛家的) 적멸공간(寂滅空間)도, 도가적(道家的) 무위(無爲)도 아닌 유가(儒家)의 규범적(規範的) 자연이다. 말하자면 그것은 '그 속에서 도의(道義)를 기뻐하고 심성(心性)을 기르는' 자연이라 할 수 있다.

이러한 관점에선 비록 지훈 자신이 '선미(禪美)'라고 불렀다 하더라도 그것은 유, 불, 노장이 공유한 어떤 명상태도를 가리키는 것이지 꼭 집어 불교적인 사유라고 말할 수는 없다. 그의 시의 자연은 오히려 유교적이었던 것이다. 이를 보다 확실하게 해주는 것이 앞에서 살핀 바 그가 노장이나 선에는 있을 수 없는 선비정신에 입각하여 사회참여시들을 썼다는 사실이다. 그렇지 않다면 우리는 한 시인이 지녀야 할 문학세계의 일관성을 설명해 낼 수 없는 것이다.

따라서 지훈의 시들은 자연은둔시이거나 사회참여시이거나 유가적 선비정신의 표현으로 보아야 마땅하다. '다스려질 때에는 나아가' 현실에 참여 하고(사회비판시) '혼란해지면 물러나' 자연에 은둔하면서 학행과 도를 수련한다는 일컬어 출사(出仕)와 치사(致仕)의 실천이었다. 조지훈이 한국 현대시사에 기여한 공로의 하나는 이처럼 잊혀져 가는 유가(儒家)의 선비정신을 시의 내면성에 도입한 점이다. 물론 우리 근대문학사에는 선비정신을 기초로 하여 자유시를 쓴 시인으로 조지훈 이전에 이육사(李陸史)와 같은 분이 없지도 않았다. 그러나 그는 선비정신에 입각한 저항시를 쓰기는 했지만 도학자로서 자연을 탐구한 시를 쓰지는 아니 하였다는 점에서 조지훈과는 구별된다.

4. 자연의 의미

조지훈의 자연은둔시들에서 주목되어야 할 또 한 가지 특징은 대상을 대하는 시인의 태도이다. 앞에서 잠깐 살펴본 것처럼 그의 자연은둔시들은 감정에 치우치거나 주관의 개입 없이 대상을 대상 그 자체로 인식하고 있기 때문이다. 그의 시가 심제(心齊)나 조철(朝徹) 등 도가적(道家的) 분위기나 정적, 관조 등 선미적(禪美的) 요소를 가졌다고 하는 것, 장르적으로 서경시 계열에 속한다고 보는 것도 바로 이 때문이다.

② 까만 눈동자 살포시 들어
먼 하늘 한개 별빛에 모도우고

복사꽃 고운 뺨에 아롱질 듯 두 방울이야
세사에 시달려도 번뇌는 별빛이라.

휘어져 감기우고 다시 접어 뻗는 손이
깊은 마음 속 거룩한 합장이냥하고

이 밤사 귀또리도 지새는 삼경인데
얇은 사(紗) 하이얀 고깔은 고이 접어서 나빌네라.

—「승무(僧舞)」

③ 목어를 두드리다
졸음에 겨워

고오운 상좌 아이도
잠이 들었다.

부처님은 말이 없이
웃으시는데

서역(西域) 만리길(萬里)길

눈부신 노을 아래
모란이 진다.

—「고사(古寺) 1」

④ 차운산 바위 우에 하늘은 멀어
산새가 구슬피 울음 운다.

구름 흘러가는
물길은 칠백리

나그네 긴 소매에 꽃잎은 젖어
술익는 강마을의 저녁 노을이여.

—「완화삼(玩花衫)」

⑤ 실눈을 뜨고 벽에 기대인다. 아무것도 생각할 수 없다.

짧은 여름밤은 촛불 한 자루도 못다 녹인 채 사라지기 때문에 섬돌 우에 문득 석류꽃이 터진다.

꽃망울 속에 새로운 우주가 열리는 파동! 아 여기 태고쩍 바다의 소리 없는 물보래가 꽃잎을 적신다.

방안 하나 가득 석류꽃이 물들어 온다. 내가 석류꽃 속으로 들어가 앉는다. 아무것도 생각할 수가 없다.

—「화체개현(花體開顯)」

자연은둔시의 계열에 든 제 경향의 시들(앞에서 예시한 ②, ③, ④, ⑤의 경향)로부터 각각 한 편씩 인용해 보았다. 모두 대상이 객관적으로 묘사되었다는 사실을 알 수 있다. 첫째, 이들 시는 각각 구체적 대상을 전제하고 쓰여졌다. ②는 춤추는 '스님'이, ③은 옛 '절'이, ④는 길 걷는 '나그네'가, ⑤는 '꽃'이 그 대상이다. 어느 것도 이념이나 관념, 주장이나 자기감정 등 주관의 표출로 쓰여지지는 않았다. 둘째, 모든 대상은 정적(靜的 — 정지된)인 상태에서 공간적으로 묘사되어 있다. 시간의 계기에 따르는 변화 따위는 관심 밖이다. 그것은 심지어 운동상태를 묘사한 ②의 승무(僧

舞)나 ⑤의 개화(開花 — 꽃봉오리의 터짐)에서도 마찬가지이다. 시인은 움직이는 대상의 한 컷을 잡아 시각적으로 묘사해 보여줄 뿐이다. 이에 대해서는 지훈 자신도 「승무」에 관한 시작 노트에서 이렇게 밝힌 바 있다. "움직임을 미묘히 정지태로" 포착하여 "움직이는 듯 정지하는 찰나의 명상을" 그리고자 하였다는 것이다.[36] 셋째, 대상을 객관적으로 바라보기 위해서 주관을 가능한 배제 또는 소멸시키고자 하였다. 인용시의 모든 내용은 대상 그 자체가 드러내 보여준 것들이지 시인의 관념이 표출되어 있는 것이 아니다. 주관은 사라지고 대상만이 남아 있다. 지훈은 그것을 '주관이 대상 속으로 들어 가는 것'이라는 말로 표현한 바 있다.

> 대상이 시인의 눈의 화(和) 또는 혼일(混一). 그러므로 시인은 대상(시경[詩境]) 밖에서 시를 쓰는 것은 아니다. 산이면 산 나무면 나무로 자기가 그 대상 속의 것이 되어 써야 하리라고 생각한다.[37]

일반적으로 대상과 주관이라는 관계에서 시작 태도를 살펴보면 우리는 대개 네 가지 유형을 가정해 볼 수 있다. (1) 객관을 대상으로 하여 그것을 객관적으로 묘사하는 것, 이 경우 주관은 개입되지 않고 시는 순수히 객관 그 자체만을 드러내 보여준다. (2) 객관을 대상으로 하되 그것을 주관에 의해 재해석하거나 재구성하는 것, 이 경우 시는 주관과 객관의 역동적 상호작용에 의해서 쓰여진다. (3) 주관을 대상으로 하여 그것을 순수히 객관적으로 기술하는 것, 자동기술이나 내면독백 형식으로 쓰여진 슈르레알리즘 계열의 시 등을 예로 들 수 있다. (4) 주관을 대상으로 하되 그것을 주관의 논리로 재정립한 것, 모든 이념시들이 여기에 속한다.[38]

이를 우리 근대시사에서 살펴보면 (2), (3), (4)의 유형들은 이미 충분히 쓰여졌다. 이를테면 정지용(鄭芝溶)이나 김광균(金光均)과 같은 이미지즘계열의 시들이 (2)에 속한다면, 이상(李箱) 등 슈르레알리즘계열의 무의식의 시들은 (3)에, 이육사(李陸史), 윤동주(尹東柱) 등의 절의(節義)의 시, 프롤레타리아 시인들의 이념시들은 (4)에

---

36) 조지훈, 「시의 감상」, 『조지훈 전집 3』.

37) 조지훈, 「시인의 눈」, 『조지훈 전집 3』.

38) 오세영(吳世榮), 「시작의 태도」, 『말들의 시선(視線)』, 혜진서관, 1989 참조.

속한다. 물론 대상을 객관에서 취재했다는 점에서 조지훈의 자연시들은 정지용이나 김광균 등의 즉물시들과 유사한 일면을 지니고 있음도 사실이다. 그러나 이 양자 사이에는 본질적으로 차이가 있다. 다루는 방법이 다르기 때문이다.

가령 지용과 광균은 시적 대상으로 각각 객관적인 사물 '홍역(紅疫)의 열(熱)꽃'과 '눈'을 취재했다. 그러나 그것을 '난만히 피어오르는 철쭉꽃'과(「홍역(紅疫)」), '먼 곳의 여인의 옷 벗는 소리'(「설야(雪夜)」)로 환치시킴으로써 주관을 대상(객관)에 이입시켜 버린다. 즉 대상 자체는 객관적이라 하더라도 그것을 대하는 태도는 주관적이다. 한편 이상(李箱)의 시들은 대상을 수용하는 방법에 있어서는 객관적이지만 대상 그 자체는 주관이다. 이에 비할 때 춤추는 여승의 모습을 '파르라니 깎은 머리/박사 고깔에 감추오고//두볼에 흐르는 빛/정작으로 고와서 서러워라'고 묘사한 조지훈의 「승무」는 그 대상이나 방법이 양자에 있어 모두 객관적이다. 따라서 이상의 고찰을 통해 우리는 우리의 근대시사에서 ①의 유형을 자연이라는 시적 대상에 처음 도입한 사람이—같은 청록파의 일원인—박목월과 조지훈임을 알 수 있다.

이렇듯 조지훈이 우리 근대시사에 기여한 새로움의 다른 하나는 외적 대상을 주관의 간섭 없이 객관적으로 수용하였다는 사실에 있다.

5. 전통과 기법

기법면에서 조지훈이 보여준 새로움의 하나는 그가 서구적인 자유시에 우리의 전통적 요소를 도입하였다는 점이다. 예컨대 시조와 한시가 지니고 있는 제 기법들의 수용이 그것이다. 먼저 그의 시에 차용된 시조의 요소들을 살펴보자.

천산(千山)에
눈이 내린 줄을
창 열지 않곤
모를 건가.

수선화

고운 뿌리가
제 먼저
아는 것을……

밤 깊어 등불 가에
자욱히 날아오던
상념(想念)의
나비 떼들

꿈 속에
그 눈을 맞으며
아득한 벌판을
내 홀로
걸어 갔거니

무슨 광명과
음악과도 같은 감촉에
눈 뜨는
이 아침

모든 것을
긍정하고픈 마음에
살래 살래
고개를 저으며
내려서 쌓인
눈발

천산(千山)에
눈이 온 줄을

창 열지 않고도
나는 안다.

—「설조(雪朝)」

인용시의 1, 2, 3연과 4, 5, 6연은 그대로 시조의 초장, 중장, 종장에 대응된다. 따라서 1, 2, 3연만을 떼어내 독립시키면 대체로 한 편의 평시조가 될 수 있다. (이 경우 3연은 3·10, 3·4의 음수율을 6연은 3·5, 6·4의 운율을 지닌다.) 자유시에 시조형식을 삽입시킨 예 가운데 하나이다. 그러나 엄밀히 관찰하면 전체적으로도 이 시는 끝 연이 정확하게 평시조 종장의 첫 두귀의 율격 3, 4(종장의 3, 5, 4, 3의 율격 가운데서)를 지니고 있어서 넓은 의미로 엇시조 혹은 사설시조라고 부를 만한 시형임을 알 수 있다.「바위송(頌)」과 같은 시도 이 범주 안에 든다.

한편 다음과 같은 시들은 자유시에 시조시형이 녹아 들어 있는 형식이다.

옛날의 명동(明洞) 거리를 찾아간다.
숨었다가 겨우 산 옛벗을 만난다.
껴안을 수가 없다.
말조차 없던 그 대면

저무는 거리어서 추럭을 타고
우이동(牛耳洞) CP를 찾아간다.

가족의 생사를 아직 모르는 목월(木月)을 보내고
내가 혼자 이밤을 거기서 자리라.

사단장 R준장이 웃으며 맞아준다.
"오늘 저녁에는 안 오실 줄 알았는데
죽다가 산 사람들끼리 하소연이 많을 텐데"

무기도 하나 없이 암호를 외우며

어두운 밤길을 혼자서 걸어온다.

돈암리 길가에서 줏어 업은 전쟁고아는
이름을 물어도 나이를 물어도 대답이 없다.

—「서울에 돌아와서」

모두 25연으로 되어 있는 전체 시행들 중에서 끝의 여섯 연을 인용해 보았다. 이 중에서 네 번째 연만을 떼어내어 읽어본다면 누구나 그것이 평시조 형식으로 되어 있다는 사실을 알게 될 것이다. 다음과 같은 율독이 가능하기 때문이다.

사단장/R준장이/웃으며/맞아 준다.
오늘/저녁에는/안 오실 줄/알았는데
죽다가/산 사람들끼리/하소연이/많을 텐데 (/표 필자)

음수율에서 1음절 정도의 오차가 발견되는 곳이 한두 군데 없는 것은 아니지만 이 정도라면 전형적인 평시조라 하지 않을 수 없다. 그러나 위의 시(「서울에 돌아와서」)가 단순한 시조시형의 답습만이 아닌 것은 여기 인용된 부분(평시조 형식의 진술)이 그 시형과 리듬에 있어 전체 자유시의 일부를 구성하고 있기 때문이다. 즉 인용된 시조시형의 진술은 자신만의 어떤 규칙성이나 규범성으로 내재해 있는 것이 아니라 자유시의 일부로 용해되어 있다. 그의 대표작 「승무」 역시 시조의 율격을 과감하게 해체하여 자유시의 리듬으로 승화시킨 일 예이다.

얇은 사/하이얀 고깔은
고이 접어서/나빌레라.

파르라니/깎은 머리
박사 고깔에/감추우고

두볼에/흐르는 빛이

정작으로 고와서/서러워라 (/표 필자)

처음 3연이다. 기본적으로 2마디 4·4조의 음수율을 가지고 있음이 드러난다. 민요의 율격이라고도 할 수 있겠으나 이를 굳이 시조와 관련시키는 것은 윗시의 진술이 3장 형식으로 떨어지고 있기 때문이다. 이러한 특징은 인용되지 않은 다른 시행들의 경우에서도 마찬가지이다. 시 한 편을 더 인용해 본다.

이 장벽을/무너뜨려/주십시오/하늘이여
그리운 이의 모습/그리운 사람의/손길을/막고 있는
이 저주받은/장벽을/무너뜨려/주십시오

—「첫 기도」(/표 필자)

5연 13행으로 되어 있는, 불규칙적인 시행들 속에서의 제1연이다. 율격이 꼭 일치하는 것은 아니지만 여러 가지 측면에서 시조와 유사하다. 4·4조 율격이 기본 골격을 이루고 있다는 점, 한 행이 4마디로 되어 있다는 점, 하나의 의미단락이 세 개의 시행(3장 형식)을 구성하고 있다는 점 등이다. 우리 근대시사에서 자유시에 민요적 가락을 도입한 경우는 많아도 이처럼 시조의 가락을 도입한 경우는 찾아보기가 어렵다. 그러한 관점에서 조지훈의 자유시가 지닌 이같은 특성은 분명 새로운 요소의 하나라고 생각된다.

다음은 한시적(漢詩的) 요소의 도입이다. 지훈의 시가 이미지나 의미적 요소에 한시의 내용이 반영되어 있다는 사실은 선학들에 의해서 이미 지적된 바 있다. 그러나 그 시적 발상이나 시상전개, 기법 따위에 끼친 영향에 대해서는 짐짓 간과되어 온 듯하다.

산도 산인 양하고
물은 절로 흐르는 것이

구름이 머흐란 골에
꽃잎도 덧쌓이메라

오맛 산새 소리
하늘 밖에 날고

진달래 꽃가지엔
바람이 돈다.

—「산(山) 1」

여러 가지 체(體)가 있어서 한시(漢詩)의 형식을 한마디로 규정짓기는 어렵다. 그러나 그것을 다음과 같이 정리한다 해서 크게 헛짚었다고 말할 수는 없을 것이다. 4언이나 5언, 7언이 한 행을 이룬 4행시 혹은 그 배수(倍數)의 시, 정해진 평측법(平仄法)과 운(韻), 기승전결(起承轉結)의 시상전개(詩想展開) 방식, 그리고 대귀법 등이다. 이 중 우리 언어의 특질상 평측법과 운의 적용이란 사실상 불가능한 일이니 이를 제외할 경우 인용시는 대체로 한시(漢詩)의 규범과 맞아 떨어진다는 것을 알 수 있다. 이 시의 1연이 한시의 1행과 대비되어 전체적으로 한시처럼 4행시가 되고 그 시상의 전개 역시 기승전결의 방식을 취하기 때문이다. 특히 3연과 4연에서 '하늘 밖의 산새소리'와 '꽃가지의 바람소리'는 그 놓이는 위치도 그렇거니와 절구(絶句)의 대귀법 그대로이다.

근대 자유시에 한시의 형식을 도입한 시인 가운데는 조지훈 이외에도 몇 사람이 더 있다. 아마 그 최초의 사람은 김안서(金岸曙)일 것이다. 그러나 몇 안 되는 이같은 시인과 더불어 조지훈이 한시형식의 수용을 통해 자유시의 새로운 경지를 개척했다는 것은 의미있는 일이다.

6. 결어

전체적으로 볼 때 외적으로 드러난 조지훈의 시세계는 다양하고 이질적이다. 그리고 그의 후기시들은 문학적 형상화가 그의 지사적 신념을 따르지 못해 문학적으로 성공을 거두었다고 말하기는 어렵다. 그러나 앞에서 살펴보았듯이 그의 시는 토대로서 하나의 일관된 흐름 즉 선비정신을 지니고 있었으며 기법으로서도 시조나 한

시 등 전통시의 요소들을 도입하여 우리 자유시의 영역을 확대하는 데 크게 공헌하였다. 그것은 한마디로 근대 자유시에 우리의 고전 세계를 융합시켰다는 말로 요약될 수 있을 것이다.

지훈 시의 이미지와 상상적 구조

조지훈론

김기중

한 시인의 고통스러운 삶과 그 미학적 형상화로서의 시세계는 어떠한 양상으로 맺어지는가. 그리고 시간적으로 과거에 위치하는 한 시인의 시세계가 오늘날의 문학적 관심 속에서도 현재할 수 있다면 그러한 생명력은 어디에서 연유하는가. 우리는 이러한 의문이 한 시인의 시세계를 이해하는 데 있어서뿐만 아니라 문학과 삶의 관계를 다시 한번 가늠해보는 측면에서도 의미 있는 것이라고 믿는다. 그리고 이런 물음에 대한 답변을 모색하는 한 시도로서 조지훈의 시세계를 하나의 총체적인 구조로 간주하여 주요 심상들의 관련 양상을 통해 상상력의 질서가 빚어내는 미적 공간의 구도를 살펴보고자 한다.

시인의 창조적 상상력에 의해 빚어진 이미지들은 전체 작품 속에서 하나의 의미 있는 질서를 형성한다. 한 편의 시 또는 한 시인의 시세계가 갖는 내면적인 힘은 이러한 상상력의 구도에 그 터전을 두고 있으며 우리는 그 구도의 중심축을 중심으로 움직이는 이미지들의 지향성을 통해 시적 생명력의 근원을 밝혀 볼 수 있을 것이다. 주요 심상들의 관련 양상과 그것이 바탕삼고 있는 상상력의 지향적 움직임을 준거틀로 하여 조지훈의 시세계를 파악해 보려는 우리의 시도는 기존의 논의에 대한 반성과도 무관하지 않다. 지훈 시에 관한 기존의 논의들은 대체로 초기 시에 편중되어 온 것이 사실이다. '청록파'라는 이름과 생각의 틀로 묶여지는 그의 초기 시편들이 문학사적인 측면에서나 문학적 평가의 차원에서 의미 깊은 것이라 하더라도 시인으로서의 그 생애를 모두 포괄할 수는 없는 일이다. 이 점에 유의하면서 우리는 조지훈의 시세계를 그의 시인으로서의 생애에 의해 열린, 그리고 그의 죽음으로 닫힌 하나의 완결된 공간으로 보아 그 전체적인 윤곽을 그려내는 데 힘을 쏟고자 한다.

부분의 의미란 그 자체로서보다도 그것이 속한 전체와의 관련 속에서 보다 명쾌하게 이해될 수 있다는 견해는 상식이다. 이 상식이 조지훈의 초기 시를 논하는 자리에서도 타당성을 잃지 않는다고 할 때 지훈 시 전체의 구도를 파악하고자 노력하는 것은 지훈 시 이해의 넓이를 위해서뿐만이 아니라 깊이를 위해서도 긴요한 일이라 생각된다.

1. 춤과 수직상승의 미학

조지훈은 1939년부터 그 이듬해에 이르기까지 『문장』지에 「고풍의상」과 「승무」를 1, 2회에 「봉황수」, 「향문」 등을 3회에 추천받아 작품 활동을 시작한다. 이들 추천기 작품들은 조지훈의 시세계에 있어서 주요한 바탕이 되면서 그의 이후 시적 전개가 그 위에 놓이는 주춧돌로서의 의미를 지닌다. 이 추천기의 작품들이 일제하의 엄혹한 상황 속에서 소멸해 가는 우리 문화를 소재로 삼아 슬픔과 아름다움의 내면정서를 살리고 있음은 이미 여러 차례 지적되어온 바와 같다. 그러나 여기서 보다 우리의 관심을 끄는 것은 슬픔의 내면정서를 이루는 소멸과 상실의 이미지와 아름다움의 바탕이 되는 상승의 이미지가 맺고 있는 상호 관련의 의미망이다.

① 어느 땐들 봉황이 울었으랴만 푸르른 하늘 밑 추석을 밟고 가는 나의 그림자. 패옥 소리도 없었다. 품석 옆에서 정일품 종구품 어느 줄에도 나의 몸둘 곳은 바이 없었다. 눈물이 속된 줄을 모를 양이면 봉황새야 구천에 호곡하리라

—「봉황수」 전문

② 하늘로 날을 듯이 길게 뽑은 부연 끝 풍경이 운다.
처마 끝 곱게 늘이운 주렴이 반월이 숨어
아른아른 봄밤이 두견이 소리처럼 깊어가는 밤
곱아라 고아라 진정 아름다운지고
파르란 구슬 빛 바탕에
자지 빛 호장을 받친 호장저고리
호장저고리 하얀 동정이 환하니
밝도소이다.

—「고풍의상」 전문

이들 작품의 내면세계는 근본적으로 절연감에 바탕을 두고 있다. ①의 내면정서인 황량감과 슬픔은 중첩되는 부재의 이미지에 의해 형성된다. 부정적인 현실공간의 자아의식과 소망공간으로서의 과거 사이에 존재하는 메꿀 길 없는 단절감이 부재의 이미지로 형상화되면서 어둠과 고통의 의식을 극명하게 드러내 보인다. ②에서의 자족적 아름다움은 밤이 마련하는 아름다움이다. 밤에 의해서 황량한 세계의 모습은 차단되고 미적 공간이 탄생한다. 실상 의상의 아름다움만을 놓고 본다면 그것은 환한 대낮에 보다 잘 드러날 수 있다. 그러나 여기서 관심의 대상이 되는 것은 은밀한 아름다움이다. 하늘의 '반월'과 지상의 '동정'이 '환하니' 밝은 모습으로 하나가 되는 아름다움의 세계는 '밤'이라고 하는 자연 상황의 매개에 의해 열리게 된다.

밤에 의해 자족적 공간이 형성된다면 그 공간의 아름다움은 이미지들의 투명하고 맑음, 그로 인한 역동적 움직임에 많이 힘입는다. 역동적 운동감에 의해 이 시에서 이미지들이 얻게 되는 시적 변용은 소리와 빛으로의 전이를 통한 무게의 상실이다. 이 무게가 가벼워진 이미지들이 서로 어울리면서 수직 상승의 은밀한 움직임을

형성하는 이 시의 시적 공간은 위로 향해 열려있는, 그러나 수평적으로는 닫혀있는 고립된 미의식의 공간이다.

조지훈의 〈추천기 시편〉들이 빚어내는 미적 공간은 왜 고립되어 있으며, 그 고립된 심미적 공간이 갖는 존재론적 의미는 무엇인가 하는 탐색의 한 실마리로서 〈지옥기 시편〉이 놓인다. 이들과 〈추천기 시편〉과의 관계에 대해서는 시인 자신이 다음과 같이 밝힌 바 있다.

> 내가 처음 시를 쓰기 시작할 때, 이를테면 습작시대의 바탕을 이루었던 작품세계와 그에 혈맥이 닿는 작품을 제1부에 모았다. 지옥기의 시편이 그것이다. 동인지 백지에 참가했을 무렵을 전후해서부터 지금까지 간헐적으로나마 지속되어 온 작품세계이니 나의 암울과 회의, 화사와 감각은 이때부터 시작된 모양이다.
>
> —「후기」, 『조지훈시선』(정음사, 1956), 179쪽

이러한 시인의 언명은 〈지옥기 시편〉들이 〈추천기 시편〉들에 비해 시간적으로 앞설 뿐만 아니라 논리적으로도 선행하는 것임을 말해 준다. 〈추천기 시편〉들의 내면세계는 〈지옥기 시편〉들에 그 뿌리를 두고 있다. 그 둘은 한 동전의 양면인 셈이다. 우리는 지훈이 그의 〈지옥기 시편〉에서 형상화하고 있는 세계와 시적 자아의 모습을 통해 고립된 미의식의 존재론적 근거를 더듬어볼 수 있을 것이다.

> ① 질주하는 기차에 뛰어든 청년이 있었다. 청년의 찢어진 심장은 신의 영토의 한 모퉁이를 붉게 물들였으나 신은 그의 영혼을 불러주지 않았다. 사산된 지체 위에 무의미한 태양이 비치고 있었다. 여기 한 나절을 미풍이 불어와 피비린내를 싣고 방향 없이 흘러갔다.
>
> —「손」 부분

> ② 여기에도 태양은 있습니다. 태양은 검은 태양, 빛을 위해서가 아니 차라리 어둠을 위해서 있습니다. 죽어서 낙엽처럼 떨어지는 생명도 이 하늘에 이르러서는 눈부신 빛을 뿌리는 것, 허나 그것은 유성과 같이 이내 스러지고 마는 빛이라고 생각하십시오.
>
> —「지옥기」 부분

인용한 시들은 죽음과 소멸의 이미지들로 가득 차 있다. 이러한 이미지들이 환기하는 상황의 절박함은 내면풍경의 절박함이다. 그리고 그것은 시인의 세계인식이 처절할 만큼 비극적임을 보여준다.

①에서의 절망적 인식은 죽음 자체에서가 아니라 죽음의 의미 없음에 연유한다. '청년'의 '지체'는 찢어져 뒹굴면서 '피비린내'를 풍기지만 침묵하는 '신'은 그의 '영혼'을 '불러주지' 않는다. 삶이 부조리하고 이유가 없다면 그 죽음 또한 무의미하며 무가치하다. 이 시에서 삶과 죽음의 의식은 표리의 관계를 이룬다. 삶의 철저한 불모성에 존재론적 절망이 기인하며, 그 존재론적 절망이 끝간 데에 죽음의 의식이 놓이는 것이다.

①에서의 죽음이 존재론적 깊이와 관련된다면 ②의 죽음의식은 현실상황의 가혹함과 무관하지 않다. 여기서의 지옥은 시대상황의 암담함과 그에 대한 시인의 무력감이 투사된 내면공간에 다름 아니기 때문이다. 이곳에서 '생명'은 '죽어서 낙엽처럼' 떨어지고 '유성과 같이 이내' 스러지며 '검은 태양'은 '어둠'을 위해서 존재한다. 생명과 빛은 소멸하고 죽음과 어둠만이 존재하는 지옥, 그것은 고통스런 의식이 빚어낸 은유의 공간이다.

인용된 작품들에서 죽음의 이미지로 형상화되어 나타나는 삶의 철저한 불모성은 비단 이들 작품에서뿐만 아니라 다른 〈지옥기 시편〉들에 있어서도 공통된 세계인식의 기저음이 되고 있다. 그것은 「유찬(流竄)」, 「부시(浮屍)」 등에서와 같이 소멸과 하강의 이미지로 제시되거나 「종소리」, 「영상(影像)」 등에서처럼 내면화된 공포와 피해의식으로 인해 분열된 자아의 내면풍경으로 변주되면서 상실과 부재, 그로 인한 의식의 분열과 고통스러움을 환기시킨다.

이 〈지옥기 시편〉들에서 시인의 세계인식은 이중으로 비극적이다. 그것은 그의 절망감이 ①에서와 같이 삶 또는 죽음의 실존적인 무의미함에 연유할 뿐만 아니라 ②에서처럼 시대·사회상황의 폐쇄되고 전도된 모습에도 동시에 기인하기 때문이다.

〈추천기 시편〉들이 빚어내는 고립된 미의식은 이 〈지옥기 시편〉들이 지니는 두 겹의 비극성에 조명됨으로써 그 의미가 보다 선명하게 떠오를 수 있다. 고립된 미의식은 고립된 세계인식의 소산이다. 미래 또는 외재적인 초월의 가능성으로부터 차단되어 있을 뿐만 아니라 현재의 공동체적 삶에 행복하게 참여할 수 있는 통로마저 철저히 막혀있는 폐쇄된 상황 속에서 분열된 시적 자아가 선택할 수 있는 길은 어떠한 것인가. 그것은 시간적으로는 과거에로, 공간적으로는 위로 열린 길일 수밖에 없다. 사회적으로 소외된 삶을 극복하려는 내면적 지향이 전통적 세계에의 탐닉으로 표출되며, 삶의 실존적 무의미를 초극하려는 의식이 아름다움을 통한 진실의 발견이란 방향으로 나아가는데 이 양자가 합치점을 이루는 곳이 곧 〈추천기 시편〉에서 형상화된 고립된 미의식으로서의 '전통적 아름다움의 세계'이다.

얇은 사(紗) 하이얀 고깔은
고이 접어서 나빌레라.

파르라니 깎은 머리
박사(薄紗) 고깔에 감추오고

두 볼에 흐르는 빛이
정작으로 고와서 서러워라.

빈 대(臺)에 황촉(黃燭)불이 말없이 녹는 밤에
오동(梧桐)잎 잎새마다 달이 지는데,

소매는 길어서 하늘은 넓고
돌아설 듯 날아가며 사뿐히 접어 올린 외씨버선이여.

까만 눈동자 살포시 들어
먼 하늘 한 개 별빛에 모두오고,

복사꽃 고운 뺨에 아롱질 듯 두 방울이야
세사(世事)에 시달려도 번뇌(煩惱)는 별빛이라

휘어져 감기우고 다시 접어 뻗는 손이
깊은 마음 속 거룩한 합장(合掌)인 양하고

이 밤사 귀또리도 지새우는 삼경(三更)인데
얇은 사(紗) 하이얀 고깔은 고이 접어서 나빌레라.

—「승무」 전문

삶의 무의미한 존재상태와 지상의 궁핍한 상황으로부터 벗어나고자 하는 내밀한 갈망이 춤의 아름다움에서 그 심미적인 출구를 발견하는 것은 자연스러운 일이다. 춤의 몸짓이란 바로 지상에서의 무게로부터 순간적으로나마 벗어남으로써 얻어지는 자유로움과 해방감의 표현이기 때문이다. 춤은 상승의 힘이다. 춤에 의해 고통스럽고 고독한 삶은 초월의 계기를 얻게 되며 슬픔과 비애로 가라앉던 현실공간은 떠오르는 상승의 내면공간으로 전환된다. 여기서 춤은 단순한 물리적 차원을 넘어 존재론적 초월의 의미를 띠게 된다. 춤의 이미지가 「고풍의상」, 「승무」, 「무고」 등 조지훈의 초기시편에서 주요한 심상으로 나타나는 것은 그 같은 맥락에서이다.

승무는 스님의 춤이 아니다. 법계를 지키지 못하여 파계한 수도자가 계율의 엄격함과 수행의 어려움, 그로 인한 고뇌와 갈등을 춤으로 표현한 것이 승무이다. 승무를 추는 이는 이처럼 실패한 수도자의 고통과 슬픔을 하늘로 향한 상승의 몸짓 속에 담아낸다. 수도자가 갖는 내면적인 열망으로서의 꿈과 외부적인 제약으로서의 현실사이의 거리는 영혼과 육체 사이의 거리이며 하늘과 지상의 거리이다. 그러므로 승무는 자기몰입과 자기도취의 환희를 담은 춤이 아니라 지상적 존재로서의 한계를 초월하여 상승하려는 내면적 지향의 춤이다.

이 작품에서 빛/어둠의 대립은 그러한 내면 지향의 내부공간과 세계인식의 외부공간이 형성하는 심층적인 의미망을 보여준다. 별빛을 지향하는 「승무」의 춤은 '황촉불'이 밝히는 만큼의 빛의 공간에서 이루어진다. 그러나 그 빛은 어둠의 무게에 의해 눌리는 연약하고 적은 공간을 빛을 뿐이다. 춤의 외부공간을 형성하는 어둠은 하강의 힘으로 작용한다. 그래서 '황촉불'은 상승의 힘으로 타오르는 것이 아니라 '말없이' 녹아내리고 달은 오동잎 잎새 사이로 떠 있는 것이 아니라 '잎새마다' 진다. 어둠의 무게는 상승심상의 극치인 빛마저도 하강의 이미지로 나타나게 할 만큼 압도적이다.

이 어둠의 무게를 이겨내는 몸짓으로서 춤의 모습 또한 외향적인 힘찬 율동에 의

해서가 아니라 내면적인 고요함 가운데 표출된다. 그것은 '소매는 길어서 하늘은 넓고'에서 보듯이 움직임/멈춤, 유한/무한의 표면적인 대립이 해소되면서 동시적인 차원으로 연결되는 모습으로 제시되거나 '휘어져 감기우고 다시 접어 뻗는 손이/깊은 마음 속 거룩한 합장인 양하고'에서와 같이 육체적인 몸짓과 정신적인 지향이 초월의지 안에서 하나로 융합된 모습으로 드러나기도 한다.

「승무」에서의 상승적 움직임은 역동적 이미지에 의해서가 아니라 형태적 이미지에 의해 암시된다. 그것은 '소매는 길어서 하늘은 넓고'에서와 같이 소매에서 하늘로 움직이는 시선의 힘에 기대거나 '돌아설 듯 날아가며 사뿐히 접어올린/외씨보선이여'의 시행에서처럼 버선 모양의 상승적 심상에 의지하여 제시된다. 상승적 움직임은 또한 '얇은 사', '나비' 등 그 얇음과 가벼움으로 인해 무게를 지니지 않는 주요 심상들과 그들이 빛의 이미지로 감각화됨으로써 형성된다.

어둠과 소멸의 세계에서 빛과 불멸의 세계를 지향하는 「승무」의 내면공간은 그러므로 폭발적인 생명력의 분출로서의 동물적 활력이 아니라 수직적이면서 정적인 상승의 움직임을 통해 드러나는 식물적 생명력으로 충전되어 있다고 할 수 있다. 식물적인 생명력이 「승무」의 내면공간을 채우고 있다고 할 때에 춤으로 외현되는 상승의 성격은 새의 비상과는 다른 것이다. 새의 비상이 완전한 벗어남을 내포한다면 식물의 상승이란 초월에의 끊임없는 지향을 의미할 뿐이다. 위로 솟아오르려는 식물의 움직임은 언제나 대지에 그 뿌리를 두고 있다. 뿌리가 깊을수록 나무가 높이 솟아오르듯이 지상에서의 삶은 그 고통과 슬픔이 깊을수록 초월에의 꿈은 절실해진다. 「승무」의 아름다움은 그러한 초월에의 꿈과 현실 사이에 놓여 있는 것이다.

2. 꽃과 내재적 초월의 세계

〈추천기 시편〉과 〈지옥기 시편〉 등 그의 초기 시편들을 통해 살펴본 바와 같이 소멸하는 세계 속에서의 실존적 허무감과 소외의식의 극복이 지훈 시의 존재론적 근거라고 한다면 그러한 시적 지향의 한 정점으로 「승무」가 존재한다. 그러나 조지훈의 시세계 전체에서 「승무」가 차지하는 중요성은 초기시의 완성적 국면을 보여준다는 의미와 함께 이후의 시적 전개를 밝혀준다는 데에도 있다. 왜냐하면 「승무」에 나타나는 수직상승의 식물적 상상력은 이후의 시세계에 있어서도 근원 동력으로 작용하기 때문이다.

「승무」 이후에 전개된 조지훈 시의 세계는 크게 보아 두 갈래로 나눌 수 있다. 그 하나가 자연을 그 시적대상으로 삼아 쓰인 〈자연시편〉이라고 한다면 다른 하나가 역사, 사회적 체험을 계기로 창작된 〈역사시편〉이다. 〈자연시편〉이 실존적 차원의 허무감과 관련된다면 〈역사시편〉의 내면적 지향은 사회적 차원의 소외의식과 그 극복이라는 시적 명제와 관계된다.

그 양적 분량에 있어서는 말할 것도 없이 시적 성취도에 있어서도 〈자연시편〉은 〈역사시편〉보다 우위에 있는 것으로 평가된다. 역사의 격랑을 온몸으로 헤치며 살았던 당대의 지성인으로서 그의 시대, 사회적 체험은 오히려 〈역사시편〉에서 보다 탁월한 문학적 표현을 얻을 것으로 기대된다. 그러나 그렇지 못한 이유는 어디에 있는가. 승무에 나타난 상상력의 수직적 지향성은 이러한 의문을 풀기 위한 한 열쇠로 주어진다.

만신에 피를 입어 높은 언덕에
내 홀로 무슨 노래를 부른다
언제나 찬란히 틔어 올 새로운 하늘을 위해
패자의 영광이여 내게 있으라

나조차 뜻 모를 나의 노래를
허공에 못 박힌 듯 서서 부른다.
오기 전 기다리고 온 뒤에도 기다릴
영원한 나의 보람이여

묘막한 우주에 고요히 울려가는 설움이 되라.

—「역사 앞에서」 전문

이 시의 내면공간은 역사에 대한 의식의 결연함으로 가득 차 있다. 그런 결연함은 객관적 구체에 대한 세세한 관찰이 아니라 역사적 비전에 대한 통찰과 그의 상징적 형상화라는 방식으로 제시된다. 오늘의 고통스러움과 그를 지양할 수 있는 새로운 내일에 대한 열망이 만나는 자리에 시인은 서 있고 그 고통스러움에 굴복당하지 않는 꿋꿋함 위에 시인의 역사의식이 놓이는 것이다.

'만신에 피를' 입고서도 노래를 부르려는 시적 자아의 결연함은 현실상황의 가혹함과 그로 인한 고통 가운데서도 굴하지 않고 틔어올 새 하늘을 기다리는 시인의 의지적 행위와 관련된다. 그런데 문제는 그 노래가 '영원한 보람'으로서 새로운 세계에 대한 확신에 바탕을 둔 것이라기보다는 그를 기다리겠다는 자아의 의지에서 비롯된 것이라는 점이다. 그러므로 '나조차 뜻 모를 나의 노래'와 같은 시행에서 보듯이 노래의 의미내용은 중요하지 않다. 어떤 고통을 무릅쓰고라도 노래를 부르며 기다리겠다는 결연한 자세가 무엇보다도 중요하다. 이점에서 조지훈의 노래는 「광야」에 나타나는 육사의 노래와 근본적인 차이를 지닌다.

「광야」의 노래는 육사가 죽은 뒤에도 천고의 뒤에 다시 싹을 틔울 수 있는 그러한 노래다. 조지훈의 노래는 그의 목숨이 다할 때까지 불릴, 그리고 죽음으로 그쳐질 노래이다. 시인의 노래는 또한 다른 고통받는 이들과 더불어 수평적 삶의 공간에서 함께 부르는 노래가 아니다. 높은 언덕에 못 박힌 듯 서서 하늘을 우러러 홀로 부르는 외로운 노래인 것이다.

개인과 사회와의 관계에 있어서 수직적 상승의지 혹은 초월적 지향은 개인을 왜곡된 삶의 상태로부터 지켜주는 내면적인 힘이 될 수 있다. 그러나 사회상황의 전반적 왜곡상태를 변화시키는 데 있어서는 다른 차원의 접근방식이 요구된다. 수평적으로 확대된 시야는 그 가운데 가장 중요한 요소가 될 것이다. 조지훈의 시적 상상력에서 취약한 점이 바로 이러한 부분이라고 할 때 그의 〈역사시편〉이 보다 의미있는 문학적 성취를 이루지 못한 것은 아쉽지만 필연적인 귀결이라 할 수 있다.

조지훈 시의 근원 동력으로 자리하는 식물적 상상력은 그의 〈자연시편〉에서 가장 폭넓은 미적 공간을 형성하고 있다. 시인에게 있어서 자연은 그 속에서의 삶이 시간의 무상함을 넘어 충만한 깊이를 얻을 수 있는 내재적 초월의 공간인데 그것은 지상적 관능성과 동물적 생명력의 세계가 아니라 고요함 가운데 존재의 힘을 표현하는 식물적 생명력의 세계이다.

① 산이 구름에 싸인들
새소리와 막힐 줄이

안개 잦아진 골에
꽃잎도 떨렸다고

소나기 한 주름 스쳐간 뒤
벼랑 끝 풀잎에 이슬이 진다.

바위도 하늘도 푸르러라
고운 넌출에

사르르 감기는
바람 소리

—「산」 전문

② 하늘은 마냥 높고
고목 가지에

서리 가마귀 우지짖는
저녁 노을 속

나그네는 홀로 가고
별이 새로 돋는다

영 넘어 가는 길에
산 사람의 무덤 하나
죽은 이의 집

—「고목」 전문

③ 목어를 두드리다
졸음에 겨워

고오운 상좌아이도
잠이 들었다.

부처님은 말이 없이
웃으시는데

서역 만리ㅅ 길

눈부신 노을 아래
모란이 진다.

—「고사 1」 전문

조지훈의 시에서 자연의 모습은 다양한 시적표현을 얻는다. 그것은 ①과 같이 자연에 대한 순수한 감각의 기쁨으로 제시되거나 ②에서처럼 부정적인 삶 의식에 물든 우울한 모습으로 드러나기도 하며 ③에서처럼 맑고 투명한 시적 감상과 깊은 존재론적 사유가 결합되어 표출되기도 한다. 그러나 그들에는 내면적 고요함의 세계라는 공통점이 있다.

조지훈 시의 자연이 갖는 친밀함과 아름다움은 ①과 ③에서 보듯 닫혀있는 공간의 정일함과 영원 속에 멈춘 순간이 빚어내는 내면정서에 기반을 두고 있다. ①의 평온함은 시인의 내면으로 수렴되는 풍경이 주는 평온함이다. 이 새에서 새와 바람의 이미지는 날아가거나 불어가는 수평적 확산의 모습으로 드러나지 않는다. 새는 그 소리의 청각적 심상으로 제시되어 '들려오고' 바람 또한 소리로 감지되어 고운 넌출에 사르르 '감긴다'. 이처럼 수평적인 움직임을 갖는 동적인 이미지들이 청각적 심상으로 전이되어 외향적 확산의 모습을 버리고 내향적 수렴의 양상으로 나타나는 것은 그의 〈자연시편〉에서 공통된 현상이다. 물소리, 노랫소리, 울음소리, 종소리 등 지훈 시의 내면공간에서 주요한 몫을 차지하고 있는 소리심상들에 대한 시인의 친밀감 또한 이런 맥락에서 이해될 수 있다. 이러한 내향적 수렴에 의해서 닫혀진 공간은 열리게 된다. 겉으로 보기에 닫혀있고 움직이지 않는 듯이 보이지만 그 외적 부동성 안에 열려있고 생명력으로 충전된 움직임을 가지는 세계가 ①이 형상화하고 있는 자연의 모습이다.

①에서 보듯이 시인의 〈자연시편〉에서는 내향적 수렴과 부동성이 생성의 의미를 띤다. 그것은 다른 시편들, 이를테면 '바위는 제자리에/옴짝 않노니//푸른 이끼 입음이 자랑스러워라'(「산방(山房)」)와 같은 시구에서도 쉽사리 확인할 수 있다. 이에 반해 외향적인 확산과 수평적 움직임은 소멸의 뜻을 내포한다. ②의 시는 그러한 상상력의 지향성을 잘 드러내준다.

②의 공간은 길에 의해 수평적으로 열려있는데 그것이 어디로 난 길인지는 밝혀지지 않는다. 그러나 그 길은 '집'과 '무덤'사이에 존재하는 길이며 그 위를 나그네가 홀로 걸어가는 길이다. 이들이 삶과 죽음 그리고 인생이라는 시간적 이미지의 공간적 치환임을 짐작하기는 어렵지 않다. 그러나 그보다 중요한 것은 '집'과 '무덤'의 뒤바뀜이다. '산 사람의 무덤 하나/죽은 이의 집'이라는 시행에서 우리는 삶의 상황에 대해 시인이 얼마나 비극적인 인식을 가지고 있는가 알 수 있다. 무덤이 죽은 이의 평화로운 안식처로 여겨질 만큼 삶의 상황은 고통스럽다. 수평적 움직임의 상상력이 시인에게 있어 부정적인 의미를 갖는 이유의 단서가 여기에 놓여 있다.

조지훈의 시에는 시적 자아의 수평적 이동을 보여주는 시편이 거의 없다. 그 드문 예외인 「완화삼」과 「율객」 같은 시편에서의 여행은 비감함과 애수에 깊이 젖은 모습을 보여준다. '다정하고 한 많음도 병인 양 하여/달빛 아래 고요히 흔들리며'(「완화삼」) 가는 시적 자아의 비감함은 수평적 움직임의 상상력이 시인에게 얼마나 부정적이며 고통스러운 것인가를 잘 드러내준다.

조지훈의 〈자연시편〉에서 시적 자아의 움직임은 그러므로 언제나 수직적 상승의 모습을 띤다. 그는 '높으디 높은 산마루'(「산상의 노래」)에 서 있거나 '마음의 문을 열고 하늘을'(「그리움」) 바라보며 '깊은 밤 빛나는 별'(「창」)과 같이 이야기한다. 수직상승의 움직임만이 시인에게 있어 깊은 정신적 의미를 지니는 것이다.

수평적 움직임에 대한 시인의 부정적 의식은 그의 〈자연시편〉에서 동물심상을 거의 찾아보기 어려운 이유와도 무관하지 않다. 그 가벼움과 상승의 이미지로 인해 초월적인 상징성을 지니는 나비 이외의 다른 동물심상들은 시인의 자연공간에 거의 나타나지 않는다. 초월적인 차원을 가지지 않는 동물에게 있어서 그 본질적인 속성은 공간적인 측면에서 볼 때 수평적 이동의 움직임 속에 있기 때문이다.

조지훈이 그의 시적 지향을 통해 이르고자 하는 세계는 결국 ③이 형상화한 바와 같은 '내재적 초월'의 세계이다. 이곳에서 순간은 영원의 빛 아래 내적인 충만함을 얻으며 영원은 순간 속에 드러나게 된다. '서역 만리ㅅ길'은 두 방향으로 난 길이다. 그 한쪽이 '부처님'의 웃음으로 암시되는 영겁의 시간이라면 다른 한쪽은 '모란'이 지는 지극히 짧은 순간이다. 이 순간의 낙화와 영원의 미소를 동시적인 차원으로 맺어주는 매개항이 노을이다. 노을은 그 붉은빛과 찬란한 아름다움, 그리고 머지않아 어둠에 의해 지워진다고 하는 유한성과 소멸의 이미지로서 '모란'과 연결되고 그 광대무변한 빛의 찬란함과 서쪽이라는 방향성, 그리고 공간적 무한함으로서의 서녘하늘과 영원한 시간이 상호 유추될 수 있다는 점에서 부처님의 웃음과 맺어진다.

「고사 1」의 시적 공간은 이처럼 탁월한 시인의 상상력이 빚어낸 새로운 세계이다. 그러나 여기서의 새로움은 만듦의 새로움이라기보다 발견의 새로움이다. 일상적 현실이 그 일상성 속에서 초월적인 힘을 얻게 되는 이 작품의 시적 공간은 시인의 새로운 시선에 의해 포착된 것이기 때문이다.

소멸하는 세계 속에서의 고통과 외로움을 딛고 일어서는 부단한 노력이 수직상승의 시적 지향으로 나타났던 시인의 초월의지는 「고사 1」의 세계에서 그 추구의 해답을 얻는다. 그것이 바로 내재적 초월의 세계이다. 바람직한 삶의 공간이 옆을 향해서가 아니라 위로 열려있다는 믿음의 측면에서 그러한 내면적 지향이 초월적이라고 한다면 그것이 신이라든가 다른 어떤 외재적 힘에 의지하지 않고 일상적 삶의 차원에서 추구된다는 점에서 그 성격은 내재적이다. 존재의 소멸이라고 하는 수직하강의 움직임과 그 극복으로서의 상승적 지향이 변증법적 종합을 이루며 하나로 합쳐지는 곳, 거기에 탄생하는 것이 내재적 초월의 미학이다.

조지훈의 〈자연시편〉에서 이러한 내재적 초월의 미학이 가장 잘 드러나 있는 이미지가 있다면 그것은 촛불과 꽃의 이미지이다. 이 두 이미지들은 그의 시적 지향에서 비본래적 현존재의 무상성을 딛고 본래의 존재성을 회복하려는 갈망을 담고 있는 근원적인 이미지이다. 촛불의 이미지가 시적 자아의 모습과 관련된다면 꽃의 이미지는 세계를 향한 근원적인 열림과 관계된다.

촛불의 이미지는 꽃의 이미지만큼 자주 나타나지는 않지만 초기시편에서 후기

시편에 이르기까지 지속적으로 제시되면서 조지훈 시의 한 원초적 심상으로 자리 잡는다. 초기시편에서의 촛불은 "모든 세포가 다 죽고도 기도를 위해 남아있는 한 가닥 혈관만이 가슴 속에 촛불을 켠다고 믿으십시오"(「지옥기」)의 시행에서처럼 고통스런 삶 속에서의 내밀한 갈망이란 모습으로 나타난다. 그런데 이러한 갈망은 그의 〈자연시편〉에서 한층 깊어지고 넓어진다.

① 자다가 외로 일어
물소리 새록 차다

깊은 산 고요한 밤
촛불은 단 하나라

눈감고 무릎 꿇어 합장하는 마음에
한오리 향연이 피어오른다

내 더러운 오체를
고이 불사르면

수정처럼 언 예지에
번뇌도 꽃이 되리

조촐한 마음은
눈물로부터……

—「합장」 전문

② 당신이 오시는 날까지는 길이 꺼지지 않을 촛불 한 자루도 간직하였습니다. 이는 당신의 그리운 얼굴이 이 희미한 불 앞에 어리울 때까지는 천년이 지나도 눈 감지 않을 저의 슬픈 영혼의 모습입니다.

—「석문」 부분

조지훈에게 있어서 세계와 삶의 소멸은 스러짐의 모습으로 나타난다. '주렴 밖에 성긴 별이 하나 둘 스러지고'(「낙화」)와 같이 아름다운 세계의 상실이나 '외로이 스러지는 생명의 모든 그림자와//등을 마주대고 돌아앉아/말없이 우는 곳'(「창」)처럼 삶의 소멸은 모두 스러짐의 의식으로 포착된다. 스러진다는 것은 공간적인 소거로서의 사라짐이란 말보다 시간적인 무화(無化)의 의미를 짙게 풍긴다. 그것은 제자리를 지키면서 서서히 부화되는 움직임이다. 시인에게 있어 촛불이 지니는 내재적 초월의 의미는 이런 스러짐과 관련된다. 촛불은 시간에 의해 끊임없이 마멸되면서도 빛을 통해 스스로의 소멸을 넘어서는 존재이다. 그것은 마지막 순간까지 수직성의 힘으로 혼자 타오르면서 부드럽고 환한 공간을 만들어낸다. ①의 시적 공간이 그 수직성의 힘에 바탕을 둔다면 ②는 촛불이 빚어내는 내면공간의 모습과 관계된다.

①의 시에서 촛불에 대응되는 내면공간의 이미지는 꽃이다. '합장'이라고 하는 내재적 초월의 행위를 통해서 시적 자아는 촛불에의 심정적 전이를 얻게 되는데 그러한 소망의식의 정점에서 피어나는 것이 '수정처럼 언 예지에/번뇌도 꽃이 되리'에서 보듯 육체를 불살라 태어난 빛으로서의 꽃이다. 여기서 촛불과 꽃은 존재론적 깊이를 드러내는 동위적 이미지가 된다. '눈물로부터' 솟아오르는 촛불의 불꽃은 '번뇌'를 태워 빛을 내는 내면세계의 꽃이며 적막한 세계에 솟아나는 한 송이의 꽃은 세계의 어둠 속에서 타오르는 존재의 불길인 것이다.

②의 촛불이 빚는 내면공간은 경건한 기다림으로 미만해 있다. 그 기다림은 '천년이 지나도 눈감지 않을' 만큼 절실하게 그리운 당신 때문이다. 그리움이 과거로 향한 정서라면 기다림은 미래로 열린 의식이다. 촛불은 그 그리움을 태워 기다림의 빛으로 바꾼다. 과거와 현재 사이, 그리움과 기다림 사이인 지금 이곳에서 시인의 의식은 형형한 불꽃으로 타오르는 것이다.

조지훈의 시에서 촛불이 타오르는 의식의 불꽃이라는 의미항에 놓인다면 꽃은 세계가 빚어내는 아름다움의 정점이라는 시적 의미망을 형성한다. 그러나 그의 시에서 꽃이 가지는 상징적 의미를 제대로 이해하기 위해서는 〈자연시편〉에서의 꽃이 〈지옥기 시편〉이나 〈역사시편〉에서의 피의 이미지와 맺고 있는 내밀한 연관 또한 간과해서는 안 된다. 꽃과 피와 촛불은 생명의식이라는 고리에 의해 하나로 묶이는 동위이미지이기 때문이다.

조지훈 시에 있어서 생명적 존재는 인간 내면의 구체적인 열정과 좌절의 처절한 모습으로 드러날 때 피로 표상되며 스러지면서 빛을 뿜는 내재적 초월의 모습으로 시적 자아가 제시되는 경우 촛불의 이미지로 형상화된다. 그리고 그 생성과 소멸이 갖는 아름다움과 슬픔이라는 내면정서로 생명적 존재가 포착될 때 꽃의 이미지로 나타나게 된다.

〈지옥기 시편〉과 〈역사시편〉에서의 피의 이미지로 형상화된 생명의식은 〈자연시편〉에서 꽃으로 바뀌면서 열기를 잃는 대신 아름다움을 얻는다. 피의 격렬함과 충격은 꽃의 고요함과 감각적 기쁨에 자리를 내어주는 것이다.

① 눈물은 속으로 숨고
웃음 겉으로 피라

우거진 꽃송이 아래
조촐히 굴르는 산골 물소리……

바람소리 꾀꼬리 소리
어지러이 덧덮인 꽃잎새 꽃나무

꽃다움 아래로
말없이 흐르는 물

아하 그것은
내 마음의 가장 큰 설움이러라

하잔한 두어 줄 글 이것이
어찌타 내 청춘의 모두가 되노

—「꽃그늘 속에서」 전문

② 나는 자꾸 작아지옵니다. 커다란 바위덩이가 꽃잎으로 바람에 날리는 날을 보십시오.

저 푸른 하늘가에 피어 있는 꽃잎들도 몇 만 년을 닦아온 조약돌의 화신이올시다. 이렇게 내가 아무렇게나 버려져 있는 것도 스스로 움직이는 생명이 되고자 함이올시다.

—「염원(念願)」 부분

③ 꽃이 지기로소니
바람을 탓하랴

주렴 밖에 성긴 별이
하나 둘 스러지고

귀촉도 울음 뒤에
머언 산이 다가서다

촛불을 꺼야 하리
꽃이 지는데

꽃 지는 그림자
뜰에 어리어

하이얀 미닫이가
우련 붉어라

묻혀서 사는 이의
고운 마음을

아는 이 있을까
저어하노니

꽃이 지는 아침은

울고 싶어라

—「낙화」 전문

조지훈 시의 자연공간이 갖는 두드러진 특징 중의 하나는 그 속에서 나무의 이미지를 찾아보기가 쉽지 않다는 점이다. 같은 식물이면서도 빈번하게 등장하는 꽃의 이미지와는 달리 나무의 심상은 그의 시에서 찾아보기가 어렵다. 설사 있다고 해도 그것은 대개 시「고목」에 나오는 것처럼 '낡은 고목'이다. '늙은'이 아니라 '낡은'이라는 형용어로 미루어보아 시인은 나무에서 생명감을 느끼지 않음을 알 수 있다.

이러한 사실은 조지훈의 상상력 속에서 생명의 이미지는 대개 유한성과 스러짐의 아름다움을 갖는 사물에 한정되어 있음을 가리켜 준다. 또한 그것은 〈자연시편〉에 있어서 시인의 생명적 심상이 재생의 의미를 갖지 않고 있음을 말해준다. 나무는 꽃과는 달리 땅속에 깊이 뿌리박음으로써 재생의 의미를 갖기 때문이다. 조지훈 시의 꽃은 하늘을 향해 피어있지만 땅에 깊이 뿌리내리지 않는다. 꽃으로 상징되는 생명의 모습은 '고향은 없습니다. 기다리는 임이 있습니다.'(「염원」)에서처럼 지향의 방향은 있지만 그것이 뿌리내릴 굳건한 근거를 지니지 않는 그러한 것이다. 조지훈 시의 총체적 공간이 갖는 상승적 움직임은 이런 점과도 밀접한 관련이 있다.

①의 시가 형성하는 은밀한 부드러움의 공간은 밝고 아름다운 생명감의 표현으로서의 꽃과 그 아래를 흐르는 물의 순수성이 결부되어 탄생한다. 이는 '눈물은 속으로 숨고/웃음 겉으로 피라'의 시행에서 드러나는 것처럼 꽃의 시각적 아름다움이 시인의 내면의식과 결부된 일체감의 세계이다. 꽃으로 상징되는 자연공간의 생명감과 아름다움에 대한 인식이 실존적 자기 확인에로 돌아오는 자리에서 시인은 심정적 여유와 안정감을 얻는 것이다.

②에서의 꽃의 아름다움과 상승감은 바위의 시간적 무한성과 무게와 서로 전이되면서 시적 자아의 생명의식을 나타내고 있다. 꽃이 시인의 생명의식을 담는 객관적 상관물이라고 할 때 지극히 가볍고 순간에 소멸하는 꽃잎의 무상함은 시인의 생명감이 있는 무상한 아름다움을 현시하는 이미지이다. 이 시에서 시인의 창조적 상상력은 꽃에 바위의 무게와 깊이를 더함으로써 그 무상감을 초극하고자 한다. 아름답지만 덧없는 꽃잎처럼 소멸하는 삶은 그것이 '몇 만 년을 닦아온 조약돌의 화신'임을 자각하는 순간 소멸과 덧없음의 그림자에서 벗어나게 된다.

그러나 ②에서와 같은 내재적 초월의 지향은 관념의 깊이에 의해서만 가능한, 무너지기 쉬운 것이다. 관념이 아니라 감각의 섬세함에 의해 포착된 시적 자아의 모습은 대개 고립감과 상실감을 동반한 슬픔의 정서로 물들여져 ③과 같이 낙화의 이미지로 형상화되는 것은 그 때문이다. 이 시에서 꽃의 이미지는 촛불의 심상과 함께 소멸과 상실이라는 심층적 의미망을 이루면서 슬픔을 바탕으로 하는 부드러운 서정공간을 형성하고 있다. 촛불의 꺼짐과 꽃의 소멸은 '하이얀 미닫이가/우련 붉어라'와 같은 시행에서 소멸하는 생명의 아름다움이라고 하는 원체험의 내면풍경으로 승화되는 것이다.

조지훈의 〈자연시편〉은 꽃의 시편이라 해도 좋을 만큼 꽃의 이미지로 가득하다. 그것이 형성하는 미적 공간이 ①과 ③의 개화와 낙화, 생명의 설렘과 사멸에의 덧없음 사이에 존재한다면 그 시적 미학의 정신적 근거는 ②에 보이는 내재적 초월의 세계관에 바탕을 두고 있음을 알 수 있다. 조지훈의 시에서 자연은 꽃이 피어나는 자리에서 열려 낙화의 자리에서 마무리되는 심미적 진실의 세계이다.

3. 꿈과 근원회귀의 공간

조지훈은 1964년 그의 제4시집인 『여운』을 상재하는데 그것이 그의 마지막 시집이 된다. 1957년부터 1964년에 이르는 7년간의 작품들을 수록하고 있는 이 시집에는 그 이전의 작품들과 다른 경향이 나타나는데 그것은 회귀의식의 표출이다.

잃어버린 것은 하나 없어도
너무 많이 지쳐 있어라

목이 찢어지도록
외치고픈 마음을 달래어

휘정휘정
혼자서 돌아가는 길 위에는

오래 잊었던 이태백의
달이 떠 있다.

—「혼자서 가는 길」 부분

이 시에서 돌아감의 의식은 두 겹의 이미지로 드러나면서 존재의 홀로 있음과 그 외로움의 깊이를 서정화한다. 시인의 회귀의식은 먼저 '목이 찢어지도록 외치고픈' 어떤 절실한 소망의 크기와 그 좌절로 인한 고통스러움의 깊이에 말미암는 것이다. 그러나 그 같은 꿈과 현실 사이의 깊은 단절과 그로 인한 비애에도 불구하고 시인은 완전히 침몰하거나 무너져버리지 않는다. 그것은 '잃어버린 것은 하나 없어도'의 시행에서 보듯이 현실적 비극의식은 그것이 아무리 증폭된 경우에 있어서라 하더라도 존재론적 무(無)의 의식에 의해 감싸이기 때문이다. 그러므로 이 시에서의 '혼자서 돌아가는 길'은 고통과 좌절의 거리에서 지쳐 있는 몸과 마음을 쉴 수 있는 집으로 난 길일 뿐만 아니라 훼손당한 세계인 현실공간에서 '이태백의/달이 떠 있는' 허적한 회상 공간, 비어있기는 하지만 정신적인 울림으로 가득 찬 내면 공간으로 열리는 길이기도 하다.

조지훈의 후기시편에 드러나는 내면적 지향이 거리에서 집으로, 현실공간에서 내면공간에로의 돌아감을 그 중심축으로 삼고 있다는 사실은 그의 후기시편에서 '창'의 이미지가 주요 심상으로 등장하는 것과 무관하지 않다. 〈자연시편〉에서의 꽃이 생명의 설렘을 상징하는 이미지였다면 후기시편에서의 창은 소멸과 생성의 변모과정을 관조하는 틀의 의미를 가지기 때문이다. 창을 통해 바라보는 시인의 시선은 사물의 바깥을 향하기보다는 그 안으로 열려있으며 근원적인 것에로의 회귀 욕구를 담고 있다.

바쁜 계절을 보내고
이제는 돌아와
창 앞에 앉고 싶어라

앉아서 조용히
옛날을 회상하고픈

가을은 낙엽이
뿌리를 덮는 계절

—「가을의 감촉」 부분

꽃잎의 소멸은 아름답지만 덧없고 슬프다. 일회적인 생명이란 그것이 아무리 아름답다 하더라도 그 유한성으로 말미암아 결국은 찬란한 슬픔에 지나지 않겠기 때문이다. 그것은 날카롭지만 각박한 아름다움이다. 이에 반해 '가을은 낙엽의/뿌리를 덮는 계절'의 시행은 시인의 감성이 보다 너그럽고 넉넉한 아름다움 위에 자리잡게 되었음을 보여준다. 이 시에서 가을의 낙엽은 이리저리 흩어져버리는 것이 아니라 뿌리를 덮는다. 여기서 〈자연시편〉에서의 뿌리 없는 상승의지는 근원회귀의 상상력에 자리를 내어주면서 시적 공간에 재생의 깊은 울림을 더해주게 된다.

이 시에서 근원을 향한 움직임을 보이는 것은 가을의 낙엽뿐만이 아니다. 창을 통해 바라보는 시인의 시선 또한 사물세계의 현장공간을 지향하는 것이 아니라 '옛날'이라는 회상공간을 지향한다. '옛날'과 '지금' 사이의 거리야말로 표면적으로는 바쁜 '계절'과 '가을' 사이의 거리이며 이면적으로는 비본래적인 삶과 근원적인 존재의식 사이의 거리인 것이다.

존재의 근원성에 관한 관심은 궁극적으로 죽음의식과 맞닥뜨리지 않을 수 없다. 과거에의 돌아감이란 회상공간에서나 가능할 뿐 불가역적 시간성에 구속되어 있는 인간의 삶이란 결국 죽음으로써 그 모태인 자연으로 돌아가게 되기 때문이다. 여기서 근원적 생명의식과 죽음의식은 표리의 관계를 이루게 된다.

무르익는 과실이
가지에서 절로 떨어지듯이 종소리는
허공에서 떨어진다. 떨어진 그 자리에서
종소리는 터져서 빛이 되고 향기가 되고
다시 엉기고 맴돌아
귓가에 가슴속에 메아리치며 종소리는
웅 웅 웅 웅 웅……
삼십삼천을 날아오른다 아득한 것.

종소리 우에 꽃방석을
깔고 앉아 웃음 짓는 사람아
죽은 자가 깨어 말하는 시간
산 자는 죽음의 신비에 젖은
이 텅하니 비인 새벽의
공간을
조용히 흔드는
종소리
너 향기로운
과실이여

—「범종」 전문

과실이란 그 소멸로 인해 새로운 생성을 마련하는 역설적인 존재이다. 한 개체적 결실의 소멸 혹은 죽음이 새로운 생명의 탄생을 예비하는 그러한 근원적 형상으로 내면화됨으로써 종소리는 산자와 죽은 자의 만남을 마련하게 된다. 과실의 향기가 그러하듯 이 시에서 종소리는 죽은 자로부터 산자에게 건네지는 근원적 생명의 신비이다. 그것은 소멸과 생성, 죽음과 탄생이 따로 떨어져 있는 것이 아니라 생명의 근원성 속에서 동시에 존재하고 있음을 시사한다. 향기로운 과실로서의 종소리는 삶과 죽음의 분별을 넘어서는 영원한 생명의 이미지로서 '텅하니 비인 새벽'의 허전한 공간을 채우는 것이다.

죽음이나 소멸이 단순히 그것으로 그치는 것이 아니라 뿌리나 과실과 같은 근원회귀의 이미지에 의해 재생의 깊이를 거느리게 될 때 삶이나 생성의 의미 또한 다른 차원을 획득하게 된다. 하나의 생명이란 그것이 소멸하는 과정을 통해 아름다운 빛을 발하는 그러한 유한한 존재가 아니라 그 유한함과 소멸의 운명 속에 무한함과 영원의 양상을 담는 존재로 인식되는 것이다.

그러면 일상적이며 유한한 존재의 위에 혹은 그 안에 모습을 드러내는 영원성이란 무엇인가. 단순히 객체로서의 사물이 아니라 그를 초월하는 근원적 실재의 형상을 선명하게 바라볼 수 있을 것인가. 이에 대해 시인은 아니라고 답한다. 근원적인 실재, 혹은 영원성의 모습이란 인지될 수는 있지만 감지하기는 어려운, 그래서 추구의 대상일 뿐인 것이다.

희디흰 얼굴이 그리워서
조용히 옆으로 다가서면
수줍음에 놀란 그는
흠칫 돌아서서 먼뎃산을 본다

재빨리 구름을 빠져나온
달이 그 얼굴을 엿보았을까
어디서 보아도 돌아선 모습일 뿐

영원히 얼굴은 보이지 않는
탑이여!

—「여운」 부분

영원이란 어디에 존재하는가. 이 시에서 그것은 영원히 보이지 않음으로써 역설적으로 영원의 모습을 지니는 탑의 얼굴에, 보다 정확하게는 그 희디흰 얼굴에 대한 안타까운 그리움 속에 존재한다. 지상의 어둠으로부터 하늘의 달을 향해 우뚝 솟은 탑은 어디서 보아도 돌아선 모습일 뿐이다. 그것이 갖는 실체로서의 영원의 양상은 현상적으로 선명하게 드러나지 않는 것이다. 그러나 중요한 것은 그러한 영원의 양상이 일상적인 삶의 공간 속에서가 아니라 그에 대한 시인의 절실한 그리움 속에 현현한다는 점이다. 이는 조지훈의 후기시편이 형상화하고 있는 정신주의의 한 깊이를 보여준다. 사멸하는 세계 속에서 영위되는 삶의 무의미함과 덧없음의 의식은 그것이 보다 큰 의미체로서의 영원성의 의식에 의해 감싸임으로써 극복의 계기를 얻게 된다. 모든 가시적 생명체와 자연물의 중심을 뚫고 지나가는 근원적 영원성의 의식에 의해 메마름의 세계는 비탄과 좌절의 대상이 아니라 기대와 희망의 대상으로 받아들여진다. 그것은 죽음이 그 안에 삶을 감싸 안고 있듯이 메마름의 세계는 그 속에 이미 맑고 생명에 가득 찬 세계의 씨앗을 품고 있기 때문이다. 이러한 역설적인 긍정은 결국 조지훈의 근원회귀가 도달하는 궁극적인 지점이 된다. 그의 근원회귀는 죽음의 끝에서 삶의 자리로 그리고 꿈의 공간에서 현실의 공간으로 나아가는 것이다.

> 햇살 바른 곳에 눈을 꼬옥 감고 서 있으면/귀가 환하게 열려온다.//환히 열리는 귓속에 들려오는 소리는/화안한 빛을 지닌 노랫소리 같다.//지금 마악 눈 덮인 앞산을 넘어/밭고랑으로 개울가으로/퍼져 가는 바람 소리는 연두빛이다.//냉이싹 보리싹 오맛 푸나무 잎새들이/재잘거리는 소리다./그것은 또 버들피리 소리가 난다.//그리고 논두렁으로 도랑가으로/울타리 옆으로 흙담 밑으로/살살 지나가는 바람은 노랑빛이다.//민들레 개나리 또는 담을 넘어/팔랑팔랑 날아오는 노랑나비 날개 빛이다./아 이것은 바로 꾀꼬리 소리다.//그리고는 또 이제 앞뒷산으로/병풍을 두르듯이 휘도는 세찬 바람 소리는/연분홍 보라빛 꼭두서니 빛이다.//진달래 복사꽃 살구꽃 빛이다./온 마을을 온통 고까옷을 입혀 놓은 명절 빛이다./아 이건 애국가 합창 소리가 난다.//눈을 뜨면 아무 소리도 없고/귀를 감으면 아무 빛도 안 보인다./앙상히 마른 나뭇가지와 얼어붙은 흙뿐이다.//그러나 봄은 겨울 속에 있다./풀과 꽃과 열매는/얼음 밑에 감추여 있다.//그리고 꿈은 언제나 생시보다는/한철을 다가서 온다.//햇살 바른 곳에 눈을 꼬옥 감고 서 있으면/ 화안한 새 세상이 보인다.
>
> —「소리」 전문

찬 겨울의 복판에서 시인은 봄을 꿈꾼다. 시인의 꿈은 홀로 버려져 있는 자의 외롭고 폐쇄된 내면공간이 아니다. 그것은 '화안한 새 세상'을 선취하는 적극적인 의식으로서의 꿈이기 때문이다. 맑고 투명한 시인의 의식은 메마름의 세계를 안으로 끌어들여 그것을 넘어섬으로써 밝음의 세계를 예감한다. 이는 현상적인 부재상태를 넘어 실재를 감지하게 하는 힘으로서의 소리에 기대어 가능해진다. 새소리, 물소리가 보이지는 않지만 새와 물의 실재를 감지할 수 있게 하듯이 봄의 소리 또한 현상적인 황폐함을 넘어서게 하는 힘이 된다. 그것은 '귀를 감으면 아무 빛도 안 보인다'의 시행에서 절실한 원체험의 형상으로 나타난다. 눈을 꼬옥 감고 서 있으면 보이는 화안한 새 세상, 그것은 마음의 눈에만 보이는 혹은 들리는, 희망의 세상이다.

4. 황폐한 현실 속에서의 꿈꾸기

조지훈의 시세계에서 주요 심상들이 맺고 있는 관련의 양상을 통해 상상력의 질서가 빚어내는 미적 공간의 구도를 밝혀보고자 한 이 글의 시도는 삶의 고통스러움과 그 심미적 형상화로서의 시세계가 어떤 관계를 가지는가 하는 관심에서 출발한 것이었다.

대체로 조지훈의 초기시편에 해당되는 〈지옥기 시편〉과 〈추천기 시편〉에서 현실의 고통스러움과 그의 미학적 수용은 죽음과 춤의 이미지, 하강의식과 수직상승의 지향으로 나타났다.

초기시 이후 조지훈 시의 근원 동력으로 자리잡게 된 식물적 상상력은 그의 〈자연시편〉에서 가장 폭넓은 미적 공간을 형성한다. 시인에게 있어서 자연은 그 속에서의 삶이 시간의 무상함을 넘어 충만한 깊이를 얻을 수 있는 내재적 초월의 공간이었다. 시인의 〈자연시편〉에서 이러한 내재적 초월의 미학이 가장 잘 드러나 있는 것은 촛불과 꽃의 이미지이다. 촛불의 이미지가 존재의 무상성을 딛고 본래적인 모습을 회복하려는 갈망을 담고 있다면 꽃의 이미지는 유한한 생명의 아름다움과 슬픔을 상징하는 원초적 심상으로서의 위치를 갖는다고 할 수 있다.

시집 『여운(餘韻)』에 보이는 후기시의 가장 두드러진 특징은 근원회귀에의 시적 지향이었다. 이러한 근원회귀에의 내면의지는 시간적으로는 추억에 의해 과거로 향하고 공간적으로는 꿈에 의해 소망공간에 가닿는다. 그러나 그것은 궁극적으로 죽음이라고 하는 실존적 절망과 현실의 황량함에서 도피하려 하지 않고 적극적으로 맞닥뜨려 그들을 넘어서고자 하는 정신주의의 강인함과 깊이를 담은 것이었다.

우리의 삶이 고통스러운 것으로 여겨지지 않는다면, 그리고 바로 그 고통이 전망으로서의 유토피아를 꿈꾸게 하지 않는다면 이 황량한 시대에 홀로 꿈꾸는 자로서 한 시인이 있어야 할 존재 이유를 찾기는 어려울 것이다. 예언자가 사라진 이 시대에 시인은 우리를 대신하여 꿈꾼다. 그리고 우리는 감동적 울림을 갖는 시인의 꿈꾸기에 동참함으로써 고통으로부터 자유로워질 수 있는 전망을 함께 나누게 된다.

현실 속에서의 꿈꾸기는 두 가지 서로 다른 방향을 따라 이루어질 수가 있다. 그 하나가 고통의 원인이 되는 상황을 제거하는 길이라면 다른 하나는 고통스런 삶의 세계 자체를 철저히 부인해버리는 길이다. 한쪽의 극단적인 모습이 혁명가의 꿈꾸기라면 다른 한 편의 극단이 몽상가의 그것이다. 시인은 이 둘의 팽팽한 긴장 위에 선다. 시인의 꿈은 그것이 세계의 변혁을 통한 고통의 해소를 목표 삼을 때에도 갈등보다는 궁극적인 화해를 바탕삼음으로써 혁명가의 꿈과 달라지고 고통과 절망의 깊이와 아울러 절제된 미적형식 속에 내면화된 윤리의식의 무게를 지님으로써 몽상가의 그것과 궤를 달리한다.

시인의 꿈 혹은 시인의 문학적 상상력이 왜곡된 삶의 세계를 자신의 세계 안에 끌어들여 미학적으로 형상화함으로써 그를 초극하려는 힘이라고 한다면 조지훈의 시세계는 이러한 꿈꾸기의 한 전형으로서 우리들의 삶과 고통 속에 살아있다.

조지훈의 '서경시'에 함축된 시적 전통의 성격

김문주

1. 서론

조지훈은 『시의 원리』에서 근대 자유시를 서정시와 서사시로 나누는 종전의 방식에 '서경시'라는 범주를 더하여 〈서정시, 서경시(敍景詩), 서사시〉로 분류한다.[1] 그는 '서경시'라는 시적 범주의 독자성에 대해 의문을 제기하면서도 서경시의 중간적 성

1) 지훈은 『시의 원리』를 비롯해 여러 편의 '시론'에서 시에 대한 다양한 분류를 선보였다. 이를 종합하면 시는 형식면에서 '정형시, 자유시, 산문시', 소재면에서 〈서정시, 서경시, 서사시〉, 내용면에서 〈서정시(순수서정시), 상징시(지성적 서정시), 사상시(관념적 서정시)〉, 발달면에서 〈민요(집단시), 예술시(개인시), 사회시(선동시)〉로 구분된다(조지훈, 「또 하나의 시론」, 『시의 원리』, 1996, 240쪽). 지훈은 다양한 분류를 통해서 근대 자유시를 관통하는 서정의 정신을 탐색

격을 '서경시' 범주 설정의 근거로 삼고, 나아가 서경시가 서정시와 서사시의 양자를 통합하는 범주임을 강조한다.

> 또 서경시(敍景詩)는 짧은 형태가 서정시에 통할 뿐 아니라 대개의 서정시는 물상(物象)의 묘사라든가 영상의 암시에 의해서 환기되는 감성이므로 서경시적 요소를 지니기 때문에 서정시 안에 서경시가 포함되어서 마땅하나, 한편으로는 서정시가 주관적 표현인데 서경시는 객관적 묘사의 면이 두드러지므로 오히려 서사시의 서술에 통하는 면이 강하기 때문에 우리는 서경시를 서정시, 서사시의 중간 위치에 두지 않을 수 없는 것이다. 그러나, 자유시가 정형시와 산문시의 중간자로서 뚜렷한 자립이 가능한데 비하여 서경시(敍景詩)는 항시 서정시와 서사시 어느 한쪽에 포섭되는 오해를 낳는 경우가 많겠지만 서경시가 주관시와 객관시의 종합적 면이 강한 점이 다른 양자보다 뛰어나는 것은 부인할 수 없는 것이다.[2)]

서경시를 시의 새로운 범주로 설정하는 지훈의 논리를 통해 그가 지향하는 시적 모범을 재구성해 볼 수 있다. 인용 부분을 정리하면, 서경시는 첫째 분량이 짧고, 둘째 광의의 서정시에 포함되며, 셋째 서정시의 주관성과 서사시의 객관적 성격을 통합하는 종합적 성격의 시 장르라 할 수 있다. 여기에서 가장 문제적인 대목은 서경시가 본질적으로 서정시에 포함되는 범주라는 사실을 지훈도 분명하게 인식하고 있다는 점이다. 지훈은 서정시를 "물상(物象)의 묘사라든가 영상의 암시에 의해서 환기되는 감성"으로 규정한다. 이에 따르면 서정시는 객관 대상과 그것에 의해서 자극되는 감성으로 구성된다. 서정시가 본질적으로 객관과 주관이 결합된 장르라는 점에서 '서경시'를 별도의 범주로 분류하는 것은 온당하지 않다. 핵심적인 성격이 동일하다는 점을 고려하면 '서경시'는 서정시의 하위 범주로 분류하되 구성 요소들이 적절하게 통제된 〈잘 만들어진 서정시〉 정도로 구분하면 될 것이다. 그럼에도 불구하고 지훈은 '서경시'를 독자적인 영역으로 분리한다. 이 점은 서정시와 동

하고자 하였다. '서경시'는 시에 대한 지훈의 시각을 함축하고 있는 시적 개념이며, 그의 시에 수용된 한국 시 전통의 성격을 살펴볼 수 있는 시의 범주이다.

2) 위의 책, 141-142쪽.

일한 속성을 지닌 '서경시'가 시에 관한 지훈의 관념, 혹은 시정신을 해명하는 핵심 범주임을 반증해 준다.

이 글은 지훈의 '서경시'가 그의 시관(詩觀)의 핵심들을 통합하는 범주이며, 그것이 한국시의 전통과 어떻게 접속하고 있는지를 그의 시론과 작품을 통해서 살펴보고자 한다. 이는 지훈의 시와 시론이 지향하는 바와 한국 서정시의 한 뿌리를 함께 살펴보는 작업이 될 것이다.

2. 지훈의 시론과 '서경시'의 성격

조지훈이 그의 시론서인 『시의 원리』를 집필한 시기는 좌우 대립이 극심하던 1940년대 말이었다. 단일 정부 수립이 불가능해지고 남쪽에 남아있던 좌익 계열의 인사들이 월북하면서 남한 문학인들은 자신들의 문학적인 좌표를 민족문학의 정립을 통해서 설정하고자 한다. 좌우익의 논쟁에서 우익의 논리를 선명하게 드러낸 김동리[3]와 조지훈[4]은 정치적 이념으로부터 문학의 순수성을 지키는 것이 문학정신을 수호하는 길임을 강조한다. 그간의 창작 경험과 민족문학의 일환으로서 민족시의 정체성을 모색하는 과정에서 구상된 것이 지훈의 시론이었다. 그는 이 시론에서 '감성'을 시의 정통적 본질로 규정한다.

> 시적 진실은 먼저 예술가치(藝術價値)로서 정서적 감동이다. 감성으로서 받아들이고 감성으로 표현하며 감성에 자극되는 것이 시의 정통적 본질이라는 말이다. 우리는 이로써 지성이나 윤리를 시의 전부처럼 주장하는 시관(詩觀)에 대하여 한번 반성해야 할 것이다. 그러나, 이 시적 감성은 지성과 윤리를 떠나서 있는 것이라 오해해서는 안 된다. 다만 감성이 주(主)가 되어 그 이외의 것을 거느린다고 보아야 할 것이란 말이다.[5]

---

3) 김동리, 「문학운동의 2대 방향」, 『대조』, 1947. 5.

4) 조지훈, 「정치주의 문학의 정체—그 허망에 대하여」, 『백민』, 1948. 4.

5) 조지훈, 『시의 원리』, 33쪽.

시가 지성이나 윤리와 긴밀하게 관련되어 있지만 그러한 가치들은 감성과 결합될 때 시적 진실을 드러낼 수 있다는 것이 인용문의 요지이다. "감성으로서 받아들이고 감성으로 표현하며 감성에 자극되는 것이 시의 정통적 본질"이라는 견해는 창작의 계기와 과정, 그리고 감상에 이르는 시의 전 과정이 감성에 의해서 이루어짐을 강조한 것이다. 시적 진실이나 가치가 '정서적 감동'에 있다는 것은 시의 효용에 대한 오래된 인식 중의 하나이다. 지적 인식이나 윤리적 성찰이 정서적 감동을 주기 위해서는 감성에 의해 자극되고 감성에 의해 전달되어야 한다는 것이다. '정서적 감동'이나 '정서적 감응력(感應力)'은 모두 수용론적인 관점에서 보는 시의 중요한 가치 평가 기준이다. 이는 시에 대한 고전적인 관점이다. 그런데 '감성'을 시의 "정통적 본질"로 보는 지훈 시론의 핵심은 감상의 측면보다 창작 대상의 형상화의 측면에 놓여 있다. 지훈의 시론에서 '감성'은 '정서적 감동'이라는 의미보다 '생명 감성'의 의미로 사용된다. 이때 '생명 감성'은 시적 형상화의 대상과 이를 형상화하는 시적 자아의 감성을 뜻하는 것이다.

> 저 이외의 일체의 것으로 자신의 존재 이유를 삼는 영원히 전일(全一)한 세계가 감성적으로 구현되고 특수한 언어로써 형상(形象)됨으로써 시는 비로소 생명 그것의 순수한 실재의 모습이 될 수 있는 것이다. (…) 우주의 생명이 분화된 것이 개개의 생명이요, 이 개개의 생명의 총체가 우주의 생명이라고 볼 것이다. 그러므로, 나는 '시는 자기 이외에서 찾은 저의 생명이요, 자기에게서 찾은 저 아닌 것의 혼(魂)'이라고 한다. 다시 말하면, '대상을 자기화하고 자기를 대상화하는 곳에 생기는 통일체 정신'이 시의 본질이라고 나는 믿는다. '인간 의식과 우주 의식의 완전 일치의 체험'이 시의 구경(究竟)이라고 믿어진다는 말이다.[6)]

지훈이 시의 "정통적 본질"로 꼽은 '감성'을 위의 인용 부분을 통해 재구성해 보면, 시는 〈우주의 생명을 분유(分有)한 시적 자아와 대상이 하나가 되어 우주적 생명력을 체험하는 장(場)〉이라고 할 수 있다. 이러한 관점에서 시의 구경(究竟)은 "의식과 무의식, 자기와 대상(對象), 주관과 객관"이 지극히 짧은 찰나에 체득되는 상태를

6) 위의 책, 26쪽.

형상화한 것이다. 따라서 시에 형상화된 현상은 일회적이거나 예외적인 사태가 아닌 우주적 생명, 시적 자아에게도 품부(稟賦)되어 있는 생명을 드러내는 우주적 현상이 될 수 있는 것이다. "시는 자기 이외에서 찾은 저의 생명이요, 자기에게서 찾은 저 아닌 것의 혼(魂)"이라는 것은 시적 자아에 내재된 생명력을 대상에게서 발견할 수 있다는 것이며, 이는 시가 우주적 생명력을 체험하는 계기가 될 수 있음을 뜻하는 것이다. 전자의 경우, 즉 대상에서 "저의 생명"을 찾을 수 있다는 것은 전통적인 서정시의 원리로서 시작의 가장 보편적인 구성 방식이라고 할 수 있다.

까닭 없이 마음 외로울 때는
노오란 민들레꽃 한 송이도
애처럽게 그리워지는데

아 얼마나한 위로이랴
소리쳐 부를 수도 없는 이 아득한 距離에
그대 조용히 나를 찾아 오느니

사랑한다는 말 이 한마디는
내 이 세상 온전히 떠난 뒤에 남을것

잊어버린다. 못 잊어 차라리 병이 되어도
아 얼마나한 위로이랴
그대 맑은 눈을 들어 나를 보느니

―「민들레꽃」 전문

이 시는 민들레꽃에서 "소리쳐 부를 수도 없"이 "아득한 距離"에 떨어져 있는 '그대'를 생각하는 화자의 마음을 그린 작품이다. 대상에게서 특정한 정서적 감흥을 느낀 시인이 대상과의 교감의 과정을 통해 자신의 내면을 형상화하는 방식은 서정시의 가장 보편적인 창작 방식이라고 할 수 있다. 지훈의 시론에 따라 이 작품을 읽어보면, 시인이 민들레꽃을 통해서 '그대'를 떠올리게 되는 과정은 자신 속에 내장된 '그리움'을 되사는 것이다. 민들레꽃의 형상이 시인의 내면에 살고 있는 '생명 감성'을 자극하거나 시인의 감성이 민들레꽃을 포착함으로써 두 생명체 사이에 교감이 이루어지는 것이다. 이때의 '생명 감성'은 '그리움'이며, 이는 시인과 민들레꽃이 공유하고 있는 '정감'이라고 할 수 있다. 물론 이 감성은 유한한 물질성에 기초한 모든 생명들의 정감 상태로 볼 수 있다. 그러나 이러한 정서적 작용은 슈타이거가 '서정적인 것'의 핵심 성격이라고 지목했던 '세계의 자아화'와 다르지 않다. 지훈 역시 이러한 시적 교감의 방식을 '서정시'의 특징으로 파악하고 있다.

지훈이 서경시를 서정시의 범주 속에 포함시킬 수 있다고 한 것은 서경시 역시 대상과 자아의 교융을 그린다는 점 때문이다. 그러나 지훈은 서정시로부터 서경시를 분리해낸다. 그것은 서정시가 〈'景[사물]'을 취하되 '情[內心]'을 더 중시하는 성향〉[7]을 지니고 있기 때문이다. 이는 정도의 문제라기보다 무엇을 위주로 할 것인가의 문제에 가깝다. 부연하면, 서경시는 '정'을 주(主)로 하고 '경'을 부(副)로 삼는 방식, 좀더 정확하게 말해 '경'을 '종(從)'으로 삼는 방식과는 상이한 방식으로 사물과 인간 내면의 관계를 형상화한다는 것이다. 서경시가 사물과 내심에 의해 그려진다는 점에서는 광의의 서정시에 포함될 수 있지만 그 둘의 관계를 다르게 설정한다는 점에서는 서정시와 변별된다. 지훈이 서경시를 서정시에서 분리하여 "주관시와 객관시의 종합"이라고 본 것은, 서경시가 서정시의 주관성을 객관화하는 방식으로 존재함을 지적한 것이다. 이는 시인의 내면에 의해 표상의 대상으로 변화하는 서정시의 사물과 달리, 서경시의 사물은 언술의 측면에서 객관적인 상태를 보존하기 때문이다. 다시 말해 시의 화자가 대상 사물들을 자의적인 방식으로 끌어당겨 관계를 구성하고 의미를 부여하는 방식에서 벗어나 사물 자체의 형상을 보존하면서 주관적인 의식을 드러내는 방식으로 대상과 화자의 관계가 구조화됨을 뜻하는 것이다. 이는 시적 자아에 의해 대상 세계를 재구성하는 '동일성의 시학'의 또 다른 형상이다. 이러한 서경시의 형상은 언술의 차원에서 묘사가 주가 되고 시인의 의식이 직접 서술되거나 객관적 형상 속에 숨는 방식으로 개진됨을 의미한다.[8]

---

7) 이희중, 「오늘, 서정의 존재방식」, 『문예중앙』 112호(2005년 겨울).

8) 서경시의 형상이 주로 묘사에 의해 구성된다는 것은, 서로 다른 사물들의 유사성을 발견하고 이를 통해 세계를 재구성하는 비유(의 주체)가 언술의 차원에서 사라짐을 의미한다. 비유(은유)는 고전적인 수사학에서는 알려진 것을 통해 알려지지 않은 것을 드러내는 방법으로 인식

다시 앞으로 돌아가서 "시는 자기 이외에서 찾은 저의 생명이요, 자기에게서 찾은 저 아닌 것의 혼(魂)"이라는 말을 서경시의 관점에서 고구하면, "자기 이외에서 찾은 저의 생명"은 내 속에 분유된 우주적 생명력을 대상 사물들을 통해서 보게 된다는 것을 의미한다. 아래의 시편은 지훈이 그의 시론에서 강조했던 서경시의 성격이 어떠한 것인지를 잘 보여준다.

되었고, 착각과 발견의 과정을 통해 즐거움과 지식을 확대해 가는 정신적 구조의 산물로 이해되었다(장 루세, 「은유 논쟁」, 김현 편, 『수사학』, 문학과지성사, 1985, 156-160쪽). 비유를 단순히 수사학의 대상으로 보지 않고 새로운 사유의 발견으로 인식한 아리스토텔레스는 비유를 '천재의 징표'로 보았다. 그는 다른 사물들의 유사성을 발견하는 능력을 "어떤 사물에다 다른 사물에 속하는 이름을 전용(轉用)하는 것"이며 "자리바꿈이고 옮겨 넣음"으로 인식한다(아리스토텔레스, 『시학』, 천병희 역, 문예출판사, 1984, 148쪽). 이러한 관점에서 보면, 비유(은유)는 언어적 수사나 장식에 불과하지 않고 새로운 의미·논리·개념의 창조를 뜻하는 것이다. 20세기의 신비평가들에 이르러 다시 한번 시적 에너지의 원리로써 재발견된 비유(은유)는 근본적으로 세계에 대한 '의미의 혁신'을 수행하는 시적 사유, 시정신의 핵심으로 인식된다(정기철, 『상징, 은유 그리고 이야기』, 문예출판사, 2002, 66, 376-377쪽). 이렇게 사물들의 유사성을 발견하고 이를 통해 '의미의 혁신'을 도모하는 언술과 사유의 주체는 본질적으로 "모든 대상적 사물들을 수동적 표상성Vorgestelltheit의 연관 체제 속에 회집"하는 강력한 주체이다(김상환, 「모더니즘의 책과 저자」, 김성기 편, 『모더니티란 무엇인가』, 민음사, 1994, 122쪽). 그런 점에서 사물과 관계를 맺는 근대 서정시의 자아는 세계를 일방적이고 주관적으로 해석하는 독점적 주체라 할 수 있다. 서경시를 '주관시와 객관시의 종합'으로 보고 서정시와 서사시의 통합적 가능성을 서경시에서 찾았던 지훈은, 근대 서정시의 주관성과 의미의 폭을 서경시의 객관성을 통해 갱신하고자 한 것으로 판단된다. 그런데 지훈이 생각했던 서경시는 새로운 창안이라기보다 동아시아의 한시 전통에 깊숙이 닿아있는 개념이다. 실제로 '경(景, 사물)'과 '정(情, 내심)'의 관계는 단순히 형식적 측면이 아니라 한시를 성립시키는 근본적인 미학과 관련된다(심경호, 『漢詩』, 문학동네, 2006, 68쪽). 한시에서 '경(景)'은 자아에 의해서 표상된 세계라기보다 자아에 의해서 포착된 세계로서 적어도 언술의 측면에서는 객관적으로 묘사된 형상 세계이다. 한시에서 '경'은, 그것이 단순히 사물의 외관을 묘사한 '형사(形似)'의 형상인지 아니면 사물의 내적 본질을 현현한 '진경(眞景)'의 형상인지가 문제가 되는 것이지, 주체의 의식 세계에 의해서 주관화된 재편된 표상의 세계는 아닌 것이다. 이는 '경(景)'을 '유아지경(有我之境)'과 '무아지경(無我之境)'으로 나눌 때에도 동일하게 적용된다. 작품 속에 '자아가 있느냐 없느냐'에 따라 경을 두 개로 나누지만, 그렇다고 해서 '유아지경'의 '경'이 자아에 의해서 '의미의 혁신'이 이루어진 세계는 아닌 것이다. 비유에 의해서 재구성된 표상의 세계를 대상 사물들이 시의 주체를 통과하면서 화학작용을 이룬 세계라고 한다면, 한시에 묘사된 '경'의 세계는 자아와 사물들이 어우러진 정서적 투영의 과정을 언술에 반영한 세계라고 할 수 있다(이병한 편, 『중국 고전 시학의 이해』, 문학과지성사, 1992, 제7장 참조. 왕국유의 『人間詞話(세상의 노래비평, 인간사화)』, 류창교 역주, 소명출판, 2004, 제1장 참조).

닫힌 사립에
꽃잎이 떨리노니

구름에 싸인 집이
물소리도 스미노라.

단비 맞고 난초 잎은
새삼 치운데

볕바른 미닫이를
꿀벌이 스쳐간다.

바위는 제 자리에
옴찍 않노니

푸른 이끼 입음이
자랑스러라.

아스럼 흔들리는
소소리바람

고사리 새순이
도르르 말린다.

—「산방(山房)」 전문

이 작품에서 자아는 서술의 표면에서 배제되어 있다. 시의 자아는 사물들의 배후에서 시선으로 존재한다. 시의 자아가 언술의 표면에 나타나는 것은 6연인데, 바위에 대한 묘사에 '자랑스럽다'는 감정을 더함으로써 시적 자아는 자신을 드러내고 있다. 6연을 제외한 나머지 연들은 사물들의 객관적인 형상으로 이루어져 있다. 시의 서경은 "구름에 싸인 집"의 "닫힌 사립" 안쪽 마당이다. 공간은 그 자체로서 하나의 자족적인 세계를 이루고 있고, 계절은 봄이다. 묘사는 〈꽃잎, 물소리, 난초 잎, 꿀벌, 바위, 고사리〉 순으로 진행되는데, 바위를 제외한 대상들은 요란하지 않지만 움직임 속에 있다. 시간의 경과에도 움직이지 않는 것을 자랑스러워하는 바위는 미시적인 움직임을 보이는 사물들과 대비되어, 시의 공간은 '동(動)'과 '정(靜)', 변화 속에 지속되는 하나의 자족적인 세계가 된다.

그런데 시에 묘사된 사물들을 자세히 살펴보면 시의 '경'은 같은 시간에 직접 포착되고 체험된 사실적인 세계라기보다 자족적인 공간을 위해 구성된 풍경에 가깝다. 이를테면 1연의 "닫힌 사립"이라는 조건 속에서 "꽃잎이 떨리"는 것은 다분히 인위적이다. '사립이 닫혀 있다'는 표현은 '꽃잎의 떨림'이 외적인 힘에 의한 것이 아님을 드러내기 위한 언술이다. 아울러 마지막 연에 "고사리 새순이 도르르 말리는" 것은 순간에 이루어지는 현상이 아니다. 다시 말해 이 시의 '경'은 인위적으로 배치된 현상들이라는 것이다. 객관적인 형상으로 서술되어 있지만 서경 자체가 고스란히 사실적인 체험의 풍경은 아닌 것이다.

시는 "감성이 초감성화(超感性化)하는 상태요, 유한과 무한이 통일하는 상태, 자연과 인공이 교감되는 상태"[9]를 그리는 것이라고 했던 지훈의 견해를 참조하면, 사실적 자연처럼 형상화된 이 시의 '경'은 시인에 의해 재창조된 "제2의 자연"인 것이다. 그러한 점에서 「산방(山房)」의 세계는 생명 개체들의 움직임과 변화, 그 가운데서 지속되는 자연의 원리를 형상화한 것이라 할 수 있다. 일정한 시공간에서 이루어진 현상이 무한한 자연의 원리를 드러내려면, 그 현상 풍경은 시인의 의식에 의해서 통제되고 재구성된 것일 수밖에 없다. 지훈이 시작의 근본 원리로써 제시한 〈복잡의 단순화, 평범의 비범화, 단면의 전체화〉 등의 3개 항목은 궁극적으로 '서경시'에 가장 이상적으로 부합하는 것이라고 할 수 있다.

> 단순미는 시의 형식적 특성으로서 시의 운문적 원형질(原形質)이요, 비범화는 시의 내용적 특성으로서 경이(驚異)의 발견이며, 전체화는 상징성의 지향으로서 시의 기법적 기초가 되기 때문입니다. 단순미의 설계에 가장 중요한 것은 압축(壓縮)과 비약(飛躍)과 관조(觀照)

---

9) 조지훈, 앞의 책, 73쪽.

입니다. 그 중에서도 단순미의 큰 함정인 단조성(單調性)을 초극하는 비약이 가장 중요한 것이 되겠습니다. 이 단순화·비범화·전체화는 시의 운문성·낭만성·상징성의 바탕이 되는 것일 뿐 아니라 이의 배리(背理)를 찾아 전락한 현대시를 시의 정도(正道)에 환원시키는 길인 동시에 시대적인 요청으로서 우리 현대시를 전환시키는 거점이 되기도 합니다.[10)]

지훈이 자신의 시론에서 거듭 밝힌 위의 세 가지 근본 원리는 가장 이상적인 시의 요건이다. 형식적으로는 단순 간결하면서도 내용상 전체를 드러내는, 〈평범한 비범〉을 그려내기 위해서는 상징적인 '경' 이외에 방법이 없다. 자아의 내심을 서술하는 언술로는 전체를 드러내는 상징에 이를 수 없다. 단면으로 전체를 형상하는 방법은 전체를 환기하는 단면의 현상을 창조하는 것이다. 지훈이 서경시를 서정시로부터 분리하여 별도의 범주로 설정하고 이를 주관시와 객관시의 발전적인 종합으로 본 것은, 객관적인 '경'을 통해 우주적 전체를 그려내는 형상이야말로 시의 구경(究竟)이라고 보았기 때문이다. '전체를 상징하는 단면'이라는 점에서 서경시는 서정시의 주관적인 정서를 궁극적인 생명의 세계로 비약시키는 비범한 형상이라 할 수 있다.

그런데 서경시를 서정시와 분리하고 시의 중요한 범주로 설정하는 지훈의 시론은 한시의 일반적인 전통과는 다소 차이가 있다. 그것은 '경'을 영감의 계기로 보고 창작의 과정에서 시인과 영향을 주고받는 대상 세계로 인식하는 한시의 일반적인 전통과 달리, 서경시의 형상은 좀더 형이상학적인 사유와 관련된 듯이 보인다. "우리의 감정은 경물에 따라 변화하고, 그러한 감정에서 유래되어 문장이 생겨난다"(『문심조룡』)[11)]는 명제는 한시에서 '경'과 '정'을 보는 일반적인 시각을 잘 보여준다. '경'과 '정'이 만나 서로 영향을 주며 서로 부딪치고 서로 어우러짐으로써 분리될 수 없는 세계를 이루는 것,[12)] 그것이 한시의 가장 중요한 특질인 형상사유의 전통이다. 그래서 '경'은 적절하고도 생생하게 묘사되어야 하고, '경'과 더불어 작가의 심원한 '정'이 표현되어야 하는 것이다.

---

10) 위의 책, 220-221쪽.

11) 유협, 「物色」, 『문심조룡』, 최동호 역편, 1994, 535쪽.

12) 이병한 편, 「情景」, 앞의 책, 99쪽.

'서경시'를 시의 중요한 범주로 강조하는 지훈의 시관은 이러한 한시의 일반적인 전통을 계승하면서도 특수한 관점을 적극적으로 수용한 결과이다. 그것은 방법으로서의 선(禪), 혹은 선이 지향하는 바와 관련되어 있다. 유약우(劉若愚)는 이러한 관점이 중국시사에서 소수의 견해이긴 하지만 매우 중요한 공헌을 하였다고 평가하고 이를 '직관적 관점'으로 분류한 바 있다. 그는 이들이 생각한 시란 "시인의 의식을 통해 반영된 세계의 구체화"로서, 이러한 관점에서 "이상적 시란 세계의 반영(反影)-형상(形象)-을 이루는 것이며 개인적인 정서와 의식적 예술품의 흔적을 떠나 자연을 모방하는 것"임을 엄우(嚴羽)의 시론을 통해 정리한다.[13] 서경시를 주장했던 지훈의 관점은 바로 여기에 닿아 있다. "이상적 시란 세계의 반영-형상"이라는 견해는 주관시와 객관시를 종합하는 범주로서 서경시의 지향과 일치하는 것이다. 엄우는 "시를 논하는 것은 선을 논하는 것과 같아, 漢·魏·晉과 盛唐의 시가 곧 제일의 이"며 "禪道는 오직 妙悟에 달렸고, 詩道 역시 妙悟에 달렸"[14]음을 주장함으로써 이상적인 시가 선(禪)의 방법과 지향에 닿아 있음을 강조한다. 지훈이 여러 차례 시선일여(詩禪一如)에 관해 논했던 것도 선(禪)이 시작의 중요한 방법이 될 수 있다고 생각했기 때문이다. 지훈의 시론은 엄우를 비롯한 이른바 '직관적 관점'의 비평의식과 통해 있다. 지훈이 시작의 근본적인 원리로서 제시했던 단순·생략·함축의 언어들이 단조(單調)에 빠지지 않고 진체를 드러내는 상징이 되기 위해서는 선의 생명력이 필요했던 것이다.

> 선(禪)의 미학(美學)이 우리의 구미에 쾌적한 것은 그 비합리주의와 반기교주의의 사고방식, 비상칭(非相稱) 불균정(不均整)의 형태미, 대담한 비약, 투명한 결정(結晶) 그런 것일 겝니다. 소박한 원시성, 건강한 활력성도 매력입니다. 생동하는 것을 정지태(靜止態)로 잡는 것은 신비한 트릭과도 같습니다.[15]

선(禪)의 '비합리주의'와 '반기교주의', '대담한 비약'과 '투명한 결정(結晶)'은 화

---

13) 劉若愚, 『中國詩學』, 이장우 역, 명문당, 1994, 147-158쪽.
14) 郭紹虞 교석, 『창랑시화』, 김해명·이우정 역, 소명출판, 2001, 35-58쪽.
15) 조지훈, 앞의 책, 223쪽.

려한 수사와 비유를 동원하지 않고 평범 속에서 비범을, 단면을 통해 전체를 형상화하려는 지훈의 시론과 정확히 부합한다. 좀 더 정확히 말한다면 그의 시론은 평범하고 간결한 언어 형식에 영원무궁한 우주적 생명 감성을 형상화하는 가장 이상적인 방법으로 선에 주목한 것이거나, 선의 방법과 지향을 시작과 시론에 도입한 것이라고 할 수 있다. "시의 형식적 본질인 단순성은 그 내용에다 '단면의 전체성'이라는 특질을 제약하는 것이다. 손바닥 위에서 세계를 보고 한 방울 이슬 속에 우주를 본다는 것은 이 세상의 모든 생명의 완성된 모습은 그대로 소우주(小宇宙)요, 개개의 태극(太極)이라는 것이다."[16] 지훈이 서경시를 주관시(서정시)와 객관시(서사시)의 종합으로 보고 중요한 시적 범주로 설정한 것은, 시의 서경이 '전체성을 드러내는 단면'으로 가장 유용하다고 판단했기 때문이다. 그때의 서경은 객관적인 형상으로 구성되어 있지만, 있는 그대로의 자연 상태를 묘사한 것이라기보다 '전체성을 드러내는 단면'으로서 제작된 제2의 자연인 셈이다.

지훈은, '경(사물)'과 '정(내심)', 객관과 주관을 분리하지 않고 그것의 교융을 통해 생명의 정서를 담아내는 한시의 형상사유의 전통을 계승하면서도 이를 선(禪)과 결합함으로써 하나의 '경(景)'이 우주적 진리, 그 전체를 드러내는 방법을 구상했다. '형상과 더불어 표현된 정서', '형상과 분리되지 않는 사유'보다 좀더 객관화된 '형상을 통해 드러나는 사유'를 지훈은 서경시를 통해 개진한 것이다. 서경시의 '경'은 형상 자체로 볼 때 객관적이지만 궁극적으로 시인의 사유를 담아낸 '경'이라는 점에서 주관적이다. 지훈의 서경시는 '경'과 '정'을 함께 그리되 그 둘을 상호 관련시키는 방식으로 구성되던 한시 전통을 창조적으로 갱신한 것이다. 물론 시의 문면에서 '정'을 배제하고 '경'을 형상화함으로써 '경'을 통해 '정'을 드러내는 한시들이 없던 것은 아니었지만, 그러한 '경'이 대체로 시인의 정서를 드러내는 형상이었다는 점에서 지훈의 서경과는 거리가 있다. 지훈의 서경은 시인의 개인적인 정감을 형상화한 것이라기보다 우주적 생명을 그리려 한 것이라는 점에서 한시의 전통과 차이가 난다. 이는 그가 서경의 방법으로 차용한 선(禪)의 지향처, 즉 궁극적인 우주적 본질이 지훈 시의 지향임을 시사하는 것이다. 지훈은 하나의 생명 현상에서 우주적 질서를 보고자 했으며, 이를 하나의 '경'을 통해 표현하고자 했다. 그의 '서경

16) 위의 책, 105쪽.

시'는 구체적인 형상을 통해 우주적 생명 감성을 형상화하려는 형상 사유의 한 궁극이라고 할 수 있다.

3. 지훈시의 서경의 성격과 의미

木魚를 두드리다
졸음에 겨워

고오운 상좌아이도
잠이 들었다.

부처님은 말이 없이
웃으시는데

西域 萬里ㅅ 길

눈 부신 노을 아래
모란이 진다.

—「고사(古寺) 1」 전문

지훈의 대표시로 꼽히는 「고사 1」은 지훈이 주장했던 서경시의 특질이 비교적 잘 드러나 있는 작품이다. 이 시의 문면에는 시인의 정서가 전혀 나타나 있지 않다. 시는 간결한 언어로써 최소한의 정보만을 제공하여 사찰의 풍경을 객관적인 형상으로 그리고 있다. 5연으로 구성된 시는 마지막 연을 제외하고 대체로 4음보의 리듬을 띠고 있고 정적인 사태를 그리고 있어서 사찰의 고요한 풍경을 단순 묘사하고 있는 듯이 보인다. 시는 전반적으로 정적인 상황을 그리고 있고, 3연과 5연만이 사물의 움직임을 담고 있다. 1·2연은 '상좌아이'를, 3연은 불상의 얼굴 형상을, 4연은 저녁(노을) 하늘을, 그리고 5연은 낙화하는 모란을 소재로 하고 있다. 이러한 구성의 형식으로 볼 때, 시의 의미는 움직임이 있고 형식상 파격이 나타나는 3연과 5연에서 본격적으로 생성된다. 특히 3연은 생전의 석가모니 일화[拈華微笑]를 연상시키면서 3연 이후에 시적 의미가 함축되어 있음을 암시한다. 아울러 근경과 세부를 묘사하는 시선이 4연에 이르러 우주적 성격을 띤 시선으로 극대화됨으로써 이 시가 형이상학적인 의미를 내포한 것임을 시사해 준다. 이러한 일련의 구성은 하나의 단면이 전체를 상징하는 형상으로 도약하게 하는 데 효과적으로 기여한다. 시는 이를 위해 선적 사유의 원천이 된 염화미소(拈華微笑)의 일화를 방법적으로 활용함으로써 마지막 연에 형상화된 낙화의 의미를 우주적 생명의 본원상으로 해석하게 한다. 정적인 사태와 안정된 리듬이 서서히 동감을 드러내며 형식적 파격을 이루는 지점에서, 시는 자신의 의미를 형상으로써 드러내는 것이다. 형상이 주는 묘오(妙悟)야말로 이 시의 의미를 풍요롭게 만드는 핵심 요인이라 할 수 있다.

위의 시는 평범 속에 비범을, 단면 속에 전체를 드러내고자 했던 지훈의 시적 이상을 매우 간결하고 함축된 표현을 통해 잘 드러내고 있다. 어찌 보면 염화미소의 삽화를 사찰의 풍경으로 옮겨놓은 듯하다. 다시 말해 이 시는 기존의 불교적[선적] 이미지를 활용함으로써 평범한 사찰의 정황을 순식간에 우주적인 풍경으로 도약하게 만들어 놓고 있다. 그러한 점에서 이 시의 비약과 묘오는 외부로부터 차용된 것이라고 할 수 있다. 평범과 순간에서 비범과 영원으로 도약하는 언어가, 언어의 진리 전달 불가능성을 웅변하는 불교적 삽화를 통해 표현되고 있는 것이다. 이 시가 불교적인 내용을 방법으로 삼아 전체를 드러내는 단면을 형상화하였다면, 다음과 같은 작품은 정제된 언어 자체의 함축을 통해 상징의 형상에 도달한다.

별 빛 받으며
발 자취 소리 죽이고
조심스리 쓸어 논 맑은 뜰에
소리 없이 떨어지는
은행 잎
하나.

—「정야(靜夜) 1」 전문

위의 작품은 6행으로 구성된 단련시(單聯詩)이다. 지훈 시 가운데 가장 간결한 시형을 취하고 있는 작품이다. 이 시는 시인의 움직임을 함축하고 있는 1~3행과 객관적인 상황을 묘사한 4~6행으로 구성되어 있는데, 시인과 관련된 부분의 서술 역시 '경'의 성격에 가깝다. 매우 정제된 어휘들로 구성된 작품은 3행을 기준으로 길어지다가 짧아지는 대칭 구조로 이루어져 있다. 시상이 종결부로 진행될수록 집중·압축된다는 점을 고려하면, 전반부는 후반부에 형상화된 '경'을 예비하는 정신적인 포즈로 볼 수 있는 것이다. 다시 말해 "은행 잎"이 떨어지는 "맑은 뜰"은 사실적인 풍경 공간이 아니라 시인의 정신에 마련된 '정신의 공간'에 가깝다. 김용태[17)]는 이를 "점수(漸修)의 공관상태(空觀狀態)를 표상하는 내관적(內觀的) 심성(心性)의 세계"라고 명명한 바 있다. 그러한 점에서 이 시에 형상화된 '경'은 시인의 의식이 구성한 '제2의 자연'인 셈이다.

화자에 의해 정밀(靜謐)한 공간이 마련되고 그 위에 "은행 잎 하나"가 떨어지는 현상은, 시인의 정신이 탄생시킨 의식의 풍경이다. 그런데 여기에서 눈여겨보아야 할 점은 은행잎이 "소리 없이 떨어진"다는 점이다. 시인의 의식에 의해 만들어진 내면 공간에 은행잎이 소리 없이 떨어지는 것은, 이 시의 자연 현상이 근원적 질서에 기초하고 있어 우주의 조화를 깨뜨리지 않으면서 동시에 자연의 원리를 생명 개체가 내면화하였음을 의미한다. 아울러 이 현상의 배후에는 가을이 자리하고 있다. 모든 개별 존재들은 이 운명을 홀로 살아야 하는 것이다. 하나의 대상에 집중하는 시인은 자신을 포함한 모든 생명 존재의 운명을 이 자연 속에서 정관하고 있는 것이다.[18)]

이 시는 사물과 시인이 하나의 '경' 속에 통합되어 우주적 생명의 본원상을 실현하고 있다. 여기에서 시인의 생명 감성은 '은행 잎'의 현상 속에 귀속되고 그 현상은 궁극적으로 시인의 내면이 창조한 주관이라는 점에서, 이 시는 객관시와 주관시를 온전히 통합한 서경시가 되는 것이다. 대담한 비약이나 파격은 없지만, 이 시의 서경은 단면을 통해 전체를 드러내는 상징적 형상이며 평범에서 우주적 질서를 나타내는 비범한 표상이라는 점에서 지훈 시론이 표방하는 핵심을 잘 구현하고 있다.

---

17) 김용태, 「조지훈의 선관(禪觀)과 시(詩)」, 김종길 외, 『조지훈 연구』, 고려대학교출판부, 1978, 87쪽.

18) 김문주, 「조지훈 시에 나타난 생명의식 연구」, 고려대 석사학위 논문, 1997, 29쪽.

4. 마무리

지훈의 서경시는 동아시아의 시적 전통인 형상 사유를 계승하고 선(禪)을 방법론적인 측면에서 수용함으로써 시인의 형이상학적인 의식 세계를 효과적으로 구현한 시적 범주라고 할 수 있다. 서경시를 서정시와 분리하여 별도의 범주로 분리시킨 것은, 개인적인 정서를 넘어서 개체 속에 분유된 우주적 감성 생명과 동아시아적 사유 세계를 시의 형상 속에 형상화하기 위한 의도였던 것으로 판단된다. 그것은 서구적 근대 서정시로는 충족시킬 수 없는 사유의 내용을 담기 위한 것이었으며, 지훈은 이를 서경시에서 찾았던 것으로 생각된다. '경'과 '정', 객관과 주관의 교융을 통해 시인의 정서나 의식 세계를 형상화했던 한시적 형상 사유의 전통과 선의 결합은, 지훈이 의도했던 시의 가장 적합한 모범이었던 것으로 생각된다.

이 글은 '서경시'를 서정시와 서사시의 중립 영역으로 평가하고 그 독자적인 가치를 높이 인정했던 지훈의 시관을 그의 시론과 작품을 통해 점검하였다. 이 글은 지훈의 '서경시'가 그의 시관(詩觀)의 핵심들을 통합하는 시적 범주이자 그의 시정신을 해명할 수 있는 주요 개념임을 밝히고, 그것이 한국시의 전통과 어떻게 접속하고 있는지를 구명하고자 하였다. 이는 지훈의 시와 시론이 지향하는 바와 한국 서정시의 뿌리를 함께 살피는 작업이었다고 할 수 있다.

지훈의 '서경시'는, 그가 시론에서 제시한 시작(詩作)의 원리—복잡의 단순화, 평범의 비범화, 단면의 전체화—가 구체적으로 실현된 시적 모범으로서, 객관과 주관, 대상과 자아가 합일되는 세계를 형상화한다. 아울러 그의 '서경시'는 객관적인 대상 세계에 시인의 사유를 담아내고자 했던 동아시아의 형상 사유의 전통을 계승하고 있으며, 개체의 생명 현상에서 우주적 생명을 발견했던 선종(禪宗)의 발상을 아우르는 시적 범주라고 할 수 있다. 지훈은 대상 세계를 통해 우주적 생명의 원리를 그리고자 했으며, 대상과의 합일의 순간을 통해 우주적 생명력을 향유하는 '생명 감성'을 형상화하고자 하였다. 하나의 생명 현상을 간결한 언어와 형식으로 그려내는 '서경시'는, 비범한 전체를 평범한 단면을 통해 형상화하고자 했던 지훈의 시정신을 함축한 시적 이상이라 할 수 있다. 이는 한국 서정시의 전통에 심연을 이루는 동북아시아의 미학적 자질과 닿아 있는 대목이다.

참고문헌

조지훈. 『조지훈 전집 1—시』. 나남출판, 1996.
______. 『조지훈 전집 2—시의 원리』. 나남출판, 1996.
______. 『조지훈 전집 3—문학론』. 나남출판, 1996.

김성기 편. 『모더니티란 무엇인가』. 민음사, 1994.
김종길 외. 『조지훈 연구』. 고려대학교출판부, 1978.
김현 편. 『수사학』. 문학과지성사, 1985.
심경호. 『漢詩』. 문학동네, 2006.
이병한 편. 『중국 고전 시학의 이해』. 문학과지성사, 1992.
정기철. 『상징, 은유 그리고 이야기』. 문예출판사, 2002.

郭紹虞 교석. 『滄浪詩話』. 김해명·이우정 역. 소명출판, 2001.
Aristoteles. 『시학』. 천병희 역. 문예출판사, 1984.
王國維. 『人間詞話(세상의 노래비평, 인간사화)』. 류창교 역주. 소명출판, 2004.
劉勰. 『文心雕龍』. 최동호 역편. 민음사, 1994.
劉若愚. 『中國詩學』. 이장우 역. 명문당, 1994.

김동리. 「문학운동의 2대 방향」. 『대조』, 1947. 5.
김문주. 「조지훈 시에 나타난 생명의식 연구」. 고려대 석사학위 논문, 1997.
이희중. 「오늘, 서정의 존재방식」. 『문예중앙』 112호(2005 겨울).
조지훈. 「정치주의 문학의 정체—그 허망에 대하여」. 『백민』, 1948. 4.

조지훈의 초기시 연구

엄성원

1. 서론

1939년과 그 이듬해에 걸쳐 시인 정지용에 의해 『문장』에 「고풍의상」, 「승무」, 「봉황수」 등이 순차적으로 추천되어 문단에 정식으로 등단한 조지훈은 그 이후 지사풍의 시인이자 학자의 길을 걸으면서 다양하고 활발한 문필 활동을 전개하였다. 1940년대 일제 식민지 말기의 혹독한 시대 상황을 견디어 내며 모국어로 시를 쓰기 시작한 그는 이후 이어지는 8·15 광복과 6·25 전쟁, 그리고 4·19 혁명과 5·16 정변 등 한국 현대사의 격동기를 체험하면서 '전통지향성'이라고 하는 일관된 시 세계를 제시하는 데에 성공한 시인으로 평가를 받고 있다. 이 연구는 이러한 조지훈의 시적 여정 가운데 상대적으로 조명을 덜 받았던 등단 전후 초기 습작기 시절의 창작물을 대상으로 논의를 전개하도록 하겠다.

지금까지 조지훈에 관한 논의는 많은 부분 그의 선(禪)적인 경향의 시나 자연을 소재로 한 시를 중심으로 전통지향적인 특성을 규명하는 데에 초점이 맞추어져 왔다.[1] 자연에 관한 관조적 자세와 동양적인 적멸의 서정, 혹은 불교 미학의 승화나 유교적 선비정신 등으로 그의 시를 해명하려는 수많은 시도가 바로 그것이다. 이러한 연구 성과들로 인해 조지훈은 흔히 전통지향성을 강하고도 일관되게 표출한 시인, 특히 유교적 세계관이나 선적이고 불교적인 통찰력을 지닌 형이상학적 시인으로 평가받고 있는데, 이 글은 그가 이와 같이 전통의 미학에 관심을 가지고 전념하게 된 계기를 초기시의 전개 양상을 통해 재구성하고자 하는 것이다.

그는 『조지훈 시선』 후기에서 "나의 시의 순차적 변천에 대하여서도 조금 언급해 두는 것이 나의 예의일 것 같다."[2]고 말문을 연 뒤, 자신의 시 세계를 통시적 관점에서 크게 다섯 부분으로 나누어 서술하였다.[3] 이 설명에 따르면 첫 번째 시기에 해당하는 작품으로는 「지옥기」의 시편들이 있는데, 그가 『문장』을 통해 정식으로 등단하기 이전 『백지』의 동인으로 활동하면서 발표한 습작기의 시들을 말한다. 두 번째는 등단 전후 자신의 시적 경향을 본격적으로 정립시키는 시기로 '사라져 가는 것에 대한 아쉬움'이나 '민족 정서에 대한 애착' 등을 주로 담은 「고풍의상」의 시편들을 가리킨다. 세 번째는 그가 오대산 월정사에 머무르며 시를 짓던 때를 말하는

---

1) 이러한 입장에서 논의를 전개한 주요 연구 성과로는 다음과 같은 논문이 있다.
김옥성, 「조지훈 시론의 선적 미학과 그 교육적 의미」, 『대동문화연구』 56집(2006); 현광석, 「선시의 미학적 대칭점」, 『한국학보』 29집 4호(2003); 김은정, 「조지훈 시와 전통미」, 『한국언어문학』 43집(1999); 신현락, 「조지훈의 선적 시관과 상상력에 관한 고찰」, 『청람어문학』 16집(1996); 주승택, 「전통문화의 지속과 단절이 갖는 문학사적 의미」, 『한문학논집』 12집(1994); 성기조, 「조지훈의 시와 자연, 그리고 선미」, 『청람어문학』 3집(1990); 주옥, 「'풀잎단장'류로 본 조지훈의 불교적 세계관」, 『서강어문』 3집(1983); 김용태, 「조지훈의 선관과 시」, 『수련어문논집』 3집(1975).

2) 박두진 외 편, 『조지훈 전집 1』, 일지사, 1973, 169쪽. 이하 조지훈의 시와 산문은 이 책에서 인용하되 『조지훈 전집』이라고 약칭하겠다.

3) 이러한 시인의 시적 변모에 관한 문학사적 의의는 오세영, 「조지훈의 문학사적 위치」, 『민족문화연구』 22집(1989), 24-30쪽 참조. 오세영은 이 글에서 조지훈의 시적 경향을 크게 '자연은둔적 세계 지향'과 '현실비판적 세계 지향'으로 양분하여 서술하였다.

데, 이 시기에는 「달밤」 등과 같이 주로 '소품의 서경시'나 '슬프지 않은 선미(禪味)와 관조의 시'를 창작하였다고 한다. 네 번째 시기의 작품으로는 조선어학회 활동을 하거나 낙향하여 경주 지역을 순례하는 등 방랑 생활을 하면서 '동양적 정서'를 노래하였던 「산우집」의 시편들이 있다. 마지막으로는 고향으로 돌아가 해방을 맞은 다음 사회적 혼란이 다소 가라앉은 이후 다시 쓰기 시작한 시편들이 있는데, '자연과 인생', '사랑과 미움에 대한 고요한 서정'을 주로 노래한 「풀잎 단장」의 시편들이 바로 그것이다.

이상에서 살펴본 바와 같이 시인 자신이 분류한 시 세계의 변화는 스스로 같은 지면에서 밝힌 바와 같이 "별로 변한 것이 없"는 것처럼 보일 수도 있다. 하지만 그의 텍스트를 통시적으로 자세히 살펴보면 습작기의 시기인 첫 번째의 시 세계와 이후 두 번째부터 다섯 번째까지의 시 세계는 서로 확연하게 구별이 되고 있음을 알 수 있다. 그가 "별로 변한 것이 없"다고 밝힌 부분은 엄밀하게 말하자면 두 번째 시기부터 다섯 번째 시기를 가리키고 있는 것이다.

첫 번째 시기와 그 이후 시기의 이러한 분명한 차이 때문에 많은 논자들은 시인의 첫 번째 창작 시기를 '습작기의 시'이거나 '모색기의 시'라고 간단하게 처리해 버린 채 지나치곤 하였다. 하지만 다양하고도 복잡한 시적 경향이 실험되는 습작기의 수련 활동이 평생의 창작 활동의 원천이자 토대가 되기 때문에 중요하다는 일반적인 이유 말고도, 한 시인이 자신의 시적 정체성을 확립해 나아가는 과정을 면밀하게 규명하기 위해서라도 그의 초기시의 위상은 간과하고 넘어갈 성질의 것이 아니라고 생각한다.

비록 초기 습작기의 작품들이 시적 세계관의 미숙과 미적 형상화의 미비로 인해 적지 않은 한계점을 보인 것도 사실이지만, 다양한 시적 도전과 실패 속에서 한 시인이 어떻게 자기만의 시 세계를 구축하여 가는지, 그리고 이러한 초기의 언어적 실험이 이후의 시작 과정에 어떠한 영향을 미치고 있는지 고찰해 보는 것도 의미가 있다고 여긴다. 이 연구는 이러한 전제하에 조지훈 초기시의 복합적인 양상과 그 변화를 그의 시와 산문을 통해 살펴보기로 한다.

2. 초기 모더니즘 경향의 시

일찍이 김윤식은 한국근대시사 내지는 문학사가 '전통지향성'과 '모더니티지향성'의 변증법적 과정을 거쳤다고 지적하였는데,[4] 이는 한국문학사 전체뿐만 아니라 조지훈이라고 하는 한 시인의 시적 모색의 과정을 추적하는 데에도 유용한 틀이 되고 있다. 조지훈은 자신의 시적 여정 중 첫 번째 시기의 특성을 다음과 같이 서술하고 있다.

> 내가 처음 시를 쓰기 시작할 때, 이를테면 습작시대의 바탕을 이루었던 작품세계와 그에 혈맥이 닿는 작품들을 제1부에 모았다. 「지옥기」의 시편이 그것이다.
>
> 동인지 『白紙』에 참가했던 무렵을 전후해서부터 지금까지 간헐적으로나마 지속되어 온 작품세계이니 나의 암울과 회의, 화사와 감각은 이 때부터 시작된 모양이다.[5]

그는 이 시기를 동인지 『백지』에 참가했던 무렵이라고 회고하고 있는데, 더 정확히 말하자면 이 때는 1939년 『문장』에 「고풍의상」이 첫 번째로 추천이 된 이후 별도로 『백지』 동인에 참여하면서 전통지향성과 모더니티지향성이라고 하는 상반된 경향의 시 사이에서 고민과 모색을 거듭하며 시 창작에 임하였던 시기를 말한다.

그는 자신의 시적 여정을 회고하는 글을 다수 남긴 바 있는데, 이러한 글들을 살펴보면 그가 처음부터 전통주의에만 몰두하여 시 창작에 매진한 것이 아니라 오히려 서구적 경향의 시에 더 많이 경도되어 있었다는 사실을 알 수 있다. 더욱이 인용문에서 그가 분명히 밝히고 있는 것처럼 이러한 성향은 나중에 완전히 사라져 버린 것이 아니라 그 이후에도 '간헐적으로나마 지속되어온 작품세계'라는 점에서 그 의

---

4) 김윤식, 『한국현대시론비판』, 일지사, 1975, 243-244쪽. "그것은 전통지향성과 모더니티지향성의 변증법적 과정이다. 서구의 충격을 모더니티지향성으로 규정할 수가 있다면, 한국시에서는 1910년대에서 1925년 무렵까지가 모더니티지향성 일변도의 작용 하에 있었다고 볼 수 있다. 이에 대해 전통지향성이 대두된다는 것은 당연한 일이며 (…) 그것은 첫째로 한국 고유의 자생적 시가인 '시조'의 부활, 둘째는 김소월·한용운 등의 민요적 리듬과 민족의식을 담은 서정시의 가락의 형성이다. 그 다음 단계는 1925년 성립된 KAPF에 의해 한국 문학 및 시는 현저히 모더니티지향성으로 규정된다."

5) 박두진 외 편, 『조지훈 전집』, 169-170쪽.

의가 있다고 하겠다.

> 내가 조선에서 자랐을 뿐 나의 마음의 고향은 한곳에 고요히 있는 것이 아니다. 괴에테와 하이네의 고향도 나의 마음의 고향이었다. 보오드렐의 퇴폐, 베르렌느의 비애, 랭보의 유현, 콕토의 기지가 사는 불란서의 하늘이 그리워 때로는 내 마음 새하얀 캡을 쓰고 스틱을 두르며 파리장이 되어 푸른 파리의 거리를 헤매는 것이다.[6)]

> 상경 후 내가 처음 탐독한 시인은 보들레르와 와일드였다. 사실주의 이후 주조 잃은 문예사조를 알아본다고 보들레르와 도스토예프스키, 플로베르를 읽고 나서 보들레르의 상징주의가 정통이라고 믿은 것도, 와일드의 탐미주의에 혹하여 『살로메』를 번역하여 본 것도 이 무렵의 일이었다. 나는 이내 그 당시의 모든 문학청년이 그랬던 것과 마찬가지로 일차대전 전후의 소위 아방가르드 문학에 열중하기도 하였다. 쉬르니 다다니 포오멀이니 하던 그날의 나의 습작은 보잘것없는 것이었으나 이 한때의 섭렵은 나의 시 공부에 무익한 것은 아니었다.[7)]

위의 인용문에서도 엿볼 수 있듯이 조지훈은 처음부터 동양적 관조의 미에 탐닉했던 것이 아니라 오히려 서구의 여러 문예사조들, 특히 보들레르, 베를렌, 랭보 등 프랑스 상징주의 시의 강한 영향력 아래 습작기를 보낸 것으로 나타나 있다. 몸은 식민지 조선의 하늘 아래 머물고 있었지만 마음만은 서구의 최첨단 조류가 유행하는 파리의 푸른 거리를 헤매고 있었다는 그의 고백은 비록 문학청년 시절의 일단을 보여주는 일화이기는 하지만 그를 전통주의나 동양주의의 시인으로만 규정하여 온 기존의 평가를 무색하게 만든다. 사실주의의 퇴조 이후 상징주의가 정통이라고 생각하였다는 그의 회고나 초현실주의, 다다이즘, 형식주의 등 아방가르드 문학에 열중하였다는 그의 언급은 당시에 발표하였던 작품들에서 쉽게 그 예를 찾아볼 수 있다.[8)] 우선 그가 「고풍의상」과 함께 『문장』에 투고한 「화련기(華戀記)」를 살펴보기로 한다.

---

6) 조지훈, 『시와 인생』, 신흥출판사, 1959, 320쪽.
7) 조지훈, 「나의 역정」, 『고대문화』 1집(1955. 12. 5), 『조지훈 전집 4』, 161쪽.

白孔雀이 파르르 날개를 떤다, 파란 電燈이 켜진다, 白蠟 같은 손가락을 빤다, 빠알간 피가 솟는다. 피는 孔雀夫人 가슴에 얼굴을 묻고 눈물도 아픈 즐거움에 즐거움은 가슴을 쪼다. 아 흰 꽃이 피는 빈 창밖으로 호로 馬車가 하나 은빛 어둠을 헤치고 北으로 갔다. 나어린 少女에게 義로운 피를 잃고 이름도 모를 屈辱에 값싼 웃음을 파는 賣春婦, 나는 貴族令孃의 淫樂의 奴隷란다. 하이얀 電燈을 부수고 하늘빛 구슬을 빨자. 알콜을 빨면 푸른 靜脈이 動脈이 된다. 바다가 된 陸地다. 破船된 寢室이다. 情熱이 過剩되면 生活은 모자라 슬픈 刺戟은 한밤의 戀劇을 낳는다. 나는 대체 죽었느니라.

—「화련기(華戀記)」 전문

'백공작', '파란 전등', '백랍', '마차', '매춘부', '하이얀 전등', '알콜' 등 이 시에 열거된 소재들은 한결같이 이국적이고 근대적인 도시의 서정과 풍광을 그 배경으로 하고 있다. 함께 투고하여 채택된「고풍의상」의 소재인 '부연', '풍경', '주렴', '반월', '두견이', '호장 저고리', '운혜', '당혜', '호접', '아미', '거문고' 등과 비교해 보면 그 차이를 극명하게 확인할 수가 있다.

그뿐만 아니라「고풍의상」에서는 고전적인 여인의 외면상을 고풍스러운 어조와 유장한 가락으로 묘사하고 있을 뿐 시적 주체의 개인적이고 내면적인 심정은 전혀 표출이 되고 있지 않은 것에 반해「화련기」는 격정적인 어조와 호흡으로 시적 주체의 내면적 욕망이 열정적으로 드러나고 있다. 내면성과 심미성 그리고 현대 도시문명의 감수성을 중시하는 상징주의 계열 모더니즘 문학의 특성이 그의 초기의 시들에서 발견되고 있는 것이다. 고독과 굴욕의 연속 속에서도 시적 주체는 이를 극복해 줄 초월적 존재를 찾아 지금 이곳이 아닌 다른 시간과 다른 장소에 속하는 미지의 세계를 동경한다.

자극적인 언어와 몽환적인 분위기로 '피'와 '알코올'과 '죽음'을 찬미하는 이 작품의 탐미주의적 성향은 그가 1951년[9]에 발표하였다고 전해지는「지옥기」[10]에서도 그대로 이어지고 있는데, 이를 통해 전통지향성 이외에 시인에게서 지속하고 있

8) 서익환은 이 시기 조지훈의 시적 경향을 '모더니즘 시'와 '심미주의 시'로 구분하였는데, 전자의 예로서「계산표」,「인쇄공장」,「진단서」,「재단실」 등을 들었고, 후자의 예로서「화련기(華戀記)」,「공작1」,「공작2」,「백접(白蝶)」,「부시(浮屍)」,「월광곡」 등을 제시하였다. 서익환,『조지훈 시와 자아·자연의 심연』, 국학자료원, 1998, 90-91쪽.

는 초기시의 서구적 잔상을 확인할 수 있다. 이밖에도 그의 초기 습작품의 경향을 계승하여 현대적 소재와 도시적 풍경이 감각적 형상화의 과정을 통해 생생하게 재현된 시들이 1950년대 중반 이후에도 꾸준히 창작되고 있다.

> 작은 나이프가 달빛을 빨아들인다. 달빛은 사과 익은 향기가 난다. 나이프로 사과를 쪼갠다. 사과 속에서도 달이 솟아오른다.
>
> 달빛이 묻은 사과를 빤다. 少女가 사랑을 생각한다. 흰 寢衣를 갈아입는다. 소녀의 가슴에 달빛이 내려앉는다.
>
> —「월광곡」 부분

> 鐵路 가에는 떨어져 나온 靑年의 팔 하나가 던져져 있었다. 그 피 묻은 손목에는 時計가 그대로 가고 있었다. 時計는 본래 主人이 없다. 항상 主人의 意志를 監視하는 者 그리고 反逆하는 者. 靑年은 왜 時計의 모가지를 비틀지 않고 저만 죽어 갔을까.
>
> —「손」 부분

위의 인용 시는 각각 1955년과 1956년에 발표된 작품 중 일부인데, 전통적 소재가 아닌 현대적이고 도회적인 소재가 선명한 시각적 심상에 의해 감각적으로 처리되고 있다. 특히 첫 번째 시의 관능성과 두 번째 시의 그로테스크한 묘사는 그의 다른 전통주의 시에서는 흔히 찾아볼 수 없는 상황이라는 점에서 이채를 띤다. 이처럼 조지훈의 초기시에 나타나는 모더니즘 경향의 시는 습작기에 잠시 나타났다 사라진 일회성의 현상이 아니었다. 그가 습작 활동을 시작하였던 1936년은 정지용뿐만 아니라 김기림과 김광균 그리고 이상 등 모더니즘 계열 시인들이 활발하게 활동

---

9) 최승호 편, 『조지훈』, 새미, 2003, 259-262쪽의 작품 연보 참조. 이하 조지훈 시의 작품 연보는 이 책을 따름.

10) 이 시의 제2연을 살펴보면 「화련기(華戀記)」의 발상법과 매우 유사하다는 사실을 알 수 있다. "여기에도 太陽은 있습니다. 太陽은 검은 太陽, 빛을 위해서가 아니라 차라리 어둠을 위해서 있습니다. 죽어서 落葉처럼 떨어지는 生命도 이 하늘에 이르러서는 눈부신 빛을 뿌리는 것, 허나 그것은 流星과 같이 이내 스러지고 마는 빛이라고 생각하십시오."

하였던 시기였기 때문에 그 역시 그들의 시풍에 영향을 받지 않을 수 없었던 것으로 보인다. 그의 습작기의 시에는 이러한 영향관계의 흔적이 비교적 분명하게 남아 있다.

> 六十七分의勞動代價一金五錢也. 막걸리一杯一金五錢也. 막걸리一杯快飮所要時間二十三秒. 六十七分과二十三秒의나의定價는五錢. 五錢에괴롭고五錢에즐거우니 六十七分에괴롭고二十三秒에즐거웁다. 이술이들어가면二十四時間後에 五臟六腑에서刺戟을攝取하고꿈을먹고남은뒤 모든 것에濾過當하여排出되리니 아— 六十七分의 過剩價値. 아니二十三秒즐거움의代價.
>
> —「계산표」 전문

위의 인용 시는 마치 초현실주의의 자동기술법이 사용된 이상의 시처럼 형태상의 특이성을 보인다. 내용상 난해하지는 않지만 형식상으로 띄어쓰기가 무시되고 있고 동일한 어구가 무의미할 정도로 반복되면서 시상이 교차되어 전개되고 있다. "쉬르니 다다니 포오멀이니 하던 그날의 나의 습작"[11]이라고 시인 자신이 표현했던 것처럼 그는 당시 아방가르드 문학의 형식 실험에 몰두하고 있었다. 또한 조지훈은 다른 시에서 "네 개의 거울 사이에서 나는 당황한다./네 개의 거울 사이에서 무수한 나를 찾아낸다.//이 無限한 나 속에서 나 같은 나를 찾으면/오른쪽 거울쪽으로 보이는 스물셋의 '나'/왼쪽 거울 속으로 보이는 스물셋의 '나'/스물셋의 나의 얼굴은 같지가 않다."(조지훈, 「재단실」 일부)고 노래하여 마치 이상의 「거울」과 유사한 시적 상상력을 전개하기도 하였다. 이러한 양상은 조지훈의 초기 습작기 시 도처에서 발견되고 있다.

> 애비 없는 아들보담도 애비의 자식됨이 더욱 서럽다. 하래비의 아들보담 遺産은 작아 슬픈 族譜를 뒤져보는 마음이여! 지나간 時節에는 그래도 名門의 後裔 신수좋은 얼골에 수염을 쓰다듬으면 大廳 사랑방 놋재떠리 소리가 요란했다.
>
> —「귀곡지(鬼哭誌)」 부분

---

11) 조지훈, 「나의 역정」, 『고대문화』 1집(1955. 12. 5), 『조지훈 전집 4』, 161쪽.

墳塚에계신白骨까지가내게血淸의原價償還을强請하고잇다. 天下에달이밝아서나는오들오들떨면서到處에서들킨다. 당신의印鑑이이미失效된지오랜줄은꿈에도생각하지안으시나요— 하고나는으젓이대꾸를해야겟는데나는이러케실은決算의函數를내몸에진인내圖章처럼쉽사리끌러버릴수가참업다.

— 이상, 「문벌(門閥)」 전문

모래밭을 스며드는 잔물결같이

잉크 롤라는 푸른 바다의 꿈을 물고 사르르 밀려갔다.

물새인 양 뛰어박힌 은빛 活字에 바야흐로 海洋의 傳說이 옮아간다.

흰 종이에도 푸른 하늘이 밴다. 바다가 젖어든다. 破裂할 듯 나의 心臟에 眞紅빛 잉크, 문득 고개 들면 유리창 너머 爛漫히 뿌려진 靑春, 복사꽃 한 그루.

— 「인쇄공장」 전문

一月의 大氣는/透明한 '푸리즘'//

나의 가슴을 막는/햇볕은 七色의 '테 – 프'//

玻璃의 바다는/푸른 옷 입은 季節의 化石이다.

— 김기림, 「'스케이팅'」 부분

한

노래

별 섬겨

꽃피는 밤

작은 葬送譜

가슴 가을되고

기쁜 노래 숨진 뒤

조촐히 사라진 白蝶

너는 갔구나 있히지 않는

하이얀 花瓣 고운 喪章아

병 들거라 아픈 가슴

가슴에 눈물지고
정가로운 눈물
고요히 지라
슬픈 피리
불다가
꽂진
밤

—「백접(白蝶)」 전문

이상의 인용에서 알 수 있듯이 1930년대 모더니즘 시가 조지훈의 습작기에 미친 영향은 무시하지 못할 수준에 이른다. 그는 위에 인용한 시에서처럼 모더니즘 시인들과 유사한 어조와 이미지를 구사하였을 뿐만 아니라 그들의 생소한 발상법과 독창적인 상상력의 전개 방식도 다수 차용하였으며 심지어 마지막 인용 시 「백접(白蝶)」에서처럼 포멀리즘의 기법까지도 시도하는 등 다양한 시적 실험에 몰두하고 있었다.

따라서 조지훈은 동양의 전통주의만을 고집한 시인이 아니라 서양의 다양한 기법까지도 섭렵하여 내면화시킨 시인이라고 평가할 수 있을 것이다. 시인은 이러한 자신의 성향을 '동서의 교착'이라고 표현하였다. 다시 말해 조지훈은 "시정신에 있어서만 동서가 교착되었던 것이 아니라 시의 방법에 있어서도 극단의 기교주의와 극단의 반기교주의를 동시에 받아들였던 것이다. 이 기교주의는 다분히 서구시에서 받은 영향이고 반기교주의는 선의 미학"[12]으로부터 수용한 것이다.

3. 전통주의로의 일원화

한국 근대시사를 살펴보았을 때 프랑스 상징주의 시의 압도적인 영향을 받은 1920

---

12) 조지훈, 「나의 시의 편력」, 『이상계』, 1965. 8, 332-337쪽. 여기서는 신용협, 「조지훈 연구」, 『문예시학』 11집(2000), 120쪽에서 재인용.

년대 초기의 시인들은 1925년을 전후로 하여 각기 다른 경향의 시 세계를 구축하며 나름의 변화를 도모하기 시작하였다. 시대 상황의 변화와 문학 내부의 필요성 때문에 시인들은 자동화된 상징주의 성향의 시를 폐기하고 새로운 문학적 신천지를 개척하기 위해 모색의 시간을 가진 것이다.

예를 들어, 홍사용은 초기 백조파 시절 산문시들에 나타난 낭만적이고 격정적인 어조가 1920년대 중반을 기점으로 전통적인 율조로 바뀌면서 민족적 정서가 두드러지게 나타나는 방향으로 변모하였다.[13] 또한 같은 『백조』 동인인 이상화의 경우에도 마찬가지로 초기에는 상징주의 시의 영향을 받아 거친 어조와 병적 관능이 시의 중심을 이루었지만, 그 후에는 국권을 강탈당한 민족적 분노가 담긴 저항시를 발표하였다. 박영희 역시 김기진의 권유로 감상주의와 탐미주의에 사로잡혀 있던 초기의 상징주의적 작품 세계를 폐기하고 계급적 자각을 기반으로 계급 대립의 실상을 사회주의적 리얼리즘으로 재현하는 프롤레타리아 문학의 길을 선택하게 된다.

요컨대, 이들은 상징주의의 영향이라고 하는 공통의 출발점을 가졌지만 그 이후에는 각기 처한 현실과 개인적 성향에 따라 민요시나 민족시 혹은 계급시 등의 새로운 작품 세계로 나아간 것이다. 바로 이러한 변화의 양상이 1940년대 조지훈의 경우에서도 동일하게 나타난다. 그가 선택한 새로운 길은 근원적인 '전통'으로의 완전한 합일을 지향하는 것이었다. 그가 이러한 선택을 하게 된 결정적인 계기는 『문장』의 신인 추천권을 지닌 시인이자 당시 최고의 명성을 유지하며 문인으로서 큰 영향력을 행사하고 있었던 정지용으로부터 비롯한 것이었다.

앞서 언급한 것처럼 조지훈이 『문장』에 투고했던 작품은 「고풍의상」과 「화련기(華戀記)」인데, 이 두 작품의 경향과 어조는 서로 판이하였다. 그는 내심 「고풍의상」이 아니라 「화련기(華戀記)」가 채택되기를 기대한 것으로 보인다. 하지만 결과는 반대였고 그는 당황하였을 것으로 짐작된다. 이러한 정황을 살펴보았을 때 "만약 「고풍의상」이 아니고 「화련기(華戀記)」가 선에 들어 제1회 추천을 받았다고 한다면 그 다음에 이은 추천 작품도 이러한 작품들 중에서 추려졌을 것"[14]이라는 추측은 충분히 설득력이 있다고 하겠다.

---

13) 김학동 편, 『홍사용 전집』, 새문사, 1985, 354쪽.
14) 정한모, 「초기작품의 시세계」, 김종길 외, 『조지훈 연구』, 고려대학교출판부, 1978, 29쪽.

「고풍의상」은 서구시를 모방하던 그 때까지의 나의 습작을 탈각하고 자신의 시를 정립하려고 한 첫 작품이었으나 실상은 강의시간에 낙서삼아 쓴 것을 그대로 우체통에 넣은 것이 뽑힌 것이다. (…) 이 계열의 작품은 그 때까지 「고풍의상」 한 편밖에 없었기 때문에 삼회 추천을 필요로 하는 나는 추천통과는 자연히 지연되지 않을 수 없었다.[15)]

그의 첫 번째 추천작은 부단한 형식 실험을 거친 후 심혈을 기울여 작성하였던 서구적 경향의 시가 아니라 낙서처럼 장난삼아 쉽게 쓴 고전풍의 시였던 것이다. 조지훈은 추천자인 정지용으로부터 "조지훈 군, 「화비기(華悲記)」도 좋기는 하였으나 너무도 앙징스러워서 「고풍의상」을 취하였습니다. 매우 유망하시외다."[16)]라는 평가의 말을 들었을 때 적지 않은 혼란을 느꼈을 것이다. 큰 기대 없이 쉽게 쓴 시가 선정되었을 뿐만 아니라 그러한 성향이 유망하다고 칭찬을 받았을 때에 그는 선택의 기로에 놓이게 된 것이다. 더욱 큰 문제는 이러한 경향의 시를 그는 이 「고풍의상」 한 편 말고는 더 이상 지니고 있지 않다는 사실에 있다.

그리하여 조지훈은 1940년 2월 "조군의 회고적 에스프리는 애초에 명소고적에서 날조한 것이 아닙니다. 차라리 고유한 푸른 하늘 바탕이나, 고매한 자기 살결에 무시로 거래하는 일말 운하와 같이 자연과 인공의 극치일까 합니다."[17)]라는 정지용의 상찬을 받으며 「봉황수」로 추천을 완료받기까지 모더니즘 경향의 시가 아니라 전통주의에 입각한 시적 형상화 노력에 매진하지 않을 수 없었을 것으로 보인다. 습작기의 다양했던 양식 실험이 전통주의 혹은 자연주의의 단일한 양상으로 일원화되면서 그의 시적 정체성이 비로소 확립되기 시작한 것이다. 이러한 변화의 상황에서 그가 가장 먼저 직면한 어려움은 무엇이었을까? 그것은 바로 자신의 시적 정체성을 확립하는 데에 조력과 참고가 될 만한 선배 시인의 사례를 찾는 일이었다.

그런데 이 순간에 바로 '영향의 불안'이 발생하게 된다. 후배 시인은 보통 선배 시인에게서 발견되는 독특한 소재나 주제 혹은 참신한 이미지나 모티프 등을 직접 차용하거나 눈에 띄지 않게 변용하여 흡수하려고 노력하기 마련이다. 하지만 해롤

15) 조지훈, 「나의 역정」, 『고대문화』 1집(1955. 12. 5), 『조지훈 전집 4』, 161쪽.

16) 정지용, 「시선후(詩選後)」, 『문장』 1권 3호(1939), 122쪽. 인용문의 작품명 「화비기(華悲記)」는 「화련기(華戀記)」의 오기임.

17) 정지용, 「시선후(詩選後)」, 『문장』 2권 2호(1940), 171쪽.

드 블룸에 의하면 바로 이 때에 "다른 시인의 시를 차용하는데 대한 끝없는 불안을 전제"[18]로 하는 '시적 영향에 대한 불안(anxiety of poetic influence)' 현상이 발생한다고 한다.

예를 들어 시인 월리스 스티븐스는 동료 시인에게 보내는 한 편지에서 시적 영향에 대한 부정적 입장을 다음과 같이 강한 어조로 이야기 한 바가 있다고 한다. "제 경우 그 누구의 영향을 받았다고는 생각지 않으며, 무의식적으로라도 그 무엇엔가 탐닉하지 않기 위해서 엘리어트나 파운드 같은 수준 높은 시인의 작품을 의도적으로 읽지 않으려고 했기 때문에 당신의 이와 같은 말씀은 저를 언제나 불쾌하게 합니다."[19] 하지만 이와 같은 단호한 부정의 발언은 오히려 영향에 대한 불안감을 역으로 더욱 강하게 표출시키는 역할을 한다. 수준 높은 시인의 작품을 의도적으로 읽지 않으려고 했던 행위 자체가 바로 영향력에 대한 불안을 반증하기 때문이다.

블룸의 논의에 의하면 후배 시인은 자신의 선구자, 즉 '아버지-시인(father-poet)'의 시편들에 사로잡혀 강한 자극을 받았을 때 비로소 상상력을 발휘하여 자신만의 독창적인 시 세계를 구축하려는 욕망에 휩싸인다고 한다. 이 때 불운하게도 선배 시인에 비해 늦게 태어나거나 나중에 등단하게 된 후배 시인들은 정신분석학의 유명한 명제인 '오이디푸스 콤플렉스'와 유사한 증상에 시달리게 된다. '오이디푸스 콤플렉스'의 구도에서 발생하는 아버지와 아들 사이의 복잡한 감정처럼 후배 시인들은 선배 시인에 대해서 사랑과 증오의 양가감정을 지니게 되는 것이다. 후배 시인은 선배 시인의 시 세계를 사랑과 존경의 시선으로 바라보면서도 동시에 자신의 상상적 공간을 먼저 성취한 점에 대해 질투와 반감과 증오를 표출하게 된다.

따라서 후배 시인은 '아버지-시(father-poem)'를 아무도 알아볼 수 없도록 변형시켜서 자신의 독창성과 자존감을 보호하려고 한다. 하지만 자신만의 고유한 시 세계를 구축하였다고 자신하는 순간 어쩔 수 없이 거기에는 아버지의 목소리가 왜곡된 채로 울려 퍼지고 있다는 사실 때문에 불안과 고통을 느낀다. 이러한 불안과 공포를 극복하여 아버지의 목소리와 닮았으면서도 차별적인 요소가 존재하는 목소리를 얻었을 때 마침내 한 명의 독창적인 시인과 그의 고유한 시 세계가 창조되는 것이다.

---

18) 해롤드 블룸, 『시적 영향에 대한 불안』, 윤호병 역, 고려원, 1991, 14쪽.
19) 위의 책, 16쪽에서 재인용.

조지훈 역시 이러한 영향에 대한 불안으로부터 자유로운 시인이 아니었다. 많은 습작기의 시인들이 체험하는 능력의 한계와 열패감을 동일하게 느끼면서 그는 다음과 같이 직설적으로 토로하기까지 한다.

> 샤를르 보들레르여 난 그대를 읽은 것을 뉘우치노라
>
> 오스카 와일드여 난 그대를 읽은 것을 뉘우치노라
>
> 李白이여 杜子美여 랭보여 콕토여
>
> 무엇이여 무엇이여 난 그대를 읽은 것을 뉘우치노라
>
> 뉘우치는 그것마저 다시 뉘우치는 날 들창을 올리고 담배를 피운다 담배를 피우며 창을 내린다.
>
> —「참회」 전문

이 시는 시인 자신이 습작기 시절 서구 모더니즘 경향의 시를 쓴 것에 대해 후회하는 심정을 노래한 작품이라고 볼 수도 있으나,[20] 보들레르나 와일드의 이름뿐만 아니라 이백과 두보의 이름 역시 거론되는 것으로 보아 반드시 그런 것만은 아니라고 할 수 있다. 그보다 그는 위대한 선배 시인이나 작가의 작품 세계를 접한 뒤 마치 앞서 언급했던 월리스 스티븐스의 우려처럼 영향에 대한 불안이나 그 극복 불가능성을 깨닫고 절망에 빠진 것으로 보아야 할 것이다. 결코 이들보다 더 나은 작품을 산출하지 못하리라는 절망감과 그렇기 때문에 그들의 영향을 받아서 겨우 아류작을 만들어낼 수밖에 없는 비참한 심정을 토로한 작품인 것이다.

그렇다면 조지훈에게 있어서 영향의 불안에 시달리면서도 그 영향의 자장에서 자유로울 수 없었던 '아버지-시인'은 누구였을까? 누구나 쉽게 유추할 수 있듯이 그는 바로 정지용이다. 조지훈은 '아버지-어머니-아들'로 이어지는 오이디푸스 콤플렉스의 삼각관계와 마찬가지로 '정지용-시-조지훈'으로 이어지는 역학관계 속에서 시인으로서의 독자적인 정체성을 찾기 위해 노력하지 않으면 안 되었다. 프로이트가 오이디푸스 콤플렉스를 극복한 사람만이 비로소 성인이 될 수 있다고 말한 것처럼 한 사람의 독창적인 시인으로 탄생하기 위해서는 '아버지의 법'을 따르면서

---

20) 신동인, 「조지훈 시 연구」, 『청람어문학』 13집(1995), 214쪽.

도 그 전복과 왜곡을 도모하는 전략이 필요하다.

이상의 논의를 정리하자면, 조지훈은 당대 최고의 시인이자 『문장』의 추천인으로서 절대적인 권력을 행사하는 정지용의 영향력 아래에서 자신의 초기시 세계를 확립하기 시작하였다. 후배 시인으로서 조지훈은 정지용의 시 세계를 경외하고 사숙하면서도 이를 전적으로 수용할 수는 없었을 것이다.[21] 왜냐하면 전적인 수용과 모방은 신진 시인으로서 자신의 존재가치를 부정하게 되는 셈이기 때문이다. 따라서 후배 시인으로서 조지훈은 자아의 상실과 아류작 양산을 방지하기 위해 의도적으로 선배 시인의 시를 비틀어서 수용한다.

그리하여 그가 선택한 자신만의 고유한 시 세계는 바로 고전적이고 전통적인 동양의 미를 근원적으로 재현하는 일이었다. 물론 조지훈의 전기적 측면을 살펴보면, 그에게 있어서 동양의 고전적 세계는 친숙한 것이어서 습작기 처음부터 쉽게 시적으로 형상화할 수 있었을 것이라고 생각한다. 그런데 그가 그러한 친숙한 세계를 초기에 외면해 버린 이유는, 당시 유행하고 있던 서구 문화에 대한 동경과 독서 체험 때문이기도 했지만 그보다는 "전통적 소재는 대안 부재의 회고 취미이거나 특히 그와 같은 사대부 집안 출신에게는 기득권에 대한 향수로 오해될 수 있는 소지가 많았"[22]기 때문이기도 하다.

하지만 모더니즘 경향의 시를 다양한 방식으로 실험한 이후 조지훈은 정지용의 권고를 받아들여 자신의 시에서 전통주의적 세계관을 정성껏 특화하기 시작한다. 하지만 조지훈의 그 전통은 정지용이 자신이 시에서 표현하고 있는 그 세계관과 변별이 된다. 이러한 사실을 확인하기 위해 아래 정지용과 조지훈의 두 시를 비교하여 살펴보기로 한다.

---

21) 이와 관련하여 조지훈은 「나의 시의 편력」에서 다음과 같이 고백한다. "「승무」에 대해서 선자(選者)는 언어의 다채다각과 미묘곡절로 시의 미적 수사를 위하여 찬란한 타개를 감행했다고 칭찬하면서도 여기서도 시어의 생략을 충고하였고 정신에의 경도를 경고하였다. 「고풍의상」이나 「승무」는 무용을 주제로 한 것이고 그 무용의 유장하고 미묘한 흐름은 언어의 생략으로는 도저히 그 선의 미를 표현할 수 없는 것이라고 생각하여 나는 선자의 충고에 내심 불복하였다." 조병춘, 「조지훈의 시 세계」, 『새국어교육』 31집(1980), 114쪽에서 재인용.

22) 윤석성, 『조지훈—전인적 삶의 시화』, 건국대학교출판부, 1997, 35쪽.

1

절정에 가까울수록 뻐꾹채 꽃키가 점점 消耗된다. 한마루 오르면 허리가 스러지고 다시 한마루 위에서 모가지가 없고 나중에는 얼굴만 갸웃 내다본다. 花紋처럼 版 박힌다. 바람이 차기가 함경도 끝과 맞서는 데서 뻐꾹채 키는 아주 없어지고도 팔월 한철엔 흩어진 星辰처럼 爛漫하다. 산그림자 어둑어둑하면 그렇지 않아도 뻐꾹채 꽃밭에는 별들이 켜 든다. 제자리에서 별이 옮긴다. 나는 여기서 기진했다. (…)

6

첫새끼를 낳노라고 암소가 몹시 혼이 났다. 얼결에 산길 백 리를 돌아 서귀포로 달아났다. 물도 마르기 전에 어미를 여읜 송아지는 움매 - 움매 - 울었다. 말을 보고도 등산객을 보고도 마구 매어달렸다. 우리 새끼들도 毛色이 다른 어미한테 맡길 것을 나는 울었다. (…)

9

가재도 기지 않는 백록담 푸른 물에 하늘이 돈다. 不具에 가깝도록 고단한 나의 다리를 돌아 소가 갔다. 쫓겨온 실구름 一抹에도 백록담은 흐리운다. 나의 얼굴에 한나절 포긴 백록담은 쓸쓸하다. 나는 깨다 졸다 祈禱조차 잊었더니라.

— 정지용, 「백록담(白鹿潭)」 부분

1

참나무 떡갈나무 잣솔나무 다옥히 우거지고 떨어진 잎새 폭폭 발목에 묻히도록 구수한 냄새. 눈 들어도 해 보이지 않고 꾀꼬리 뻐꾸기 콩새 쬐끄만 모맛 산새 우는 사이푸른 하늘이 구슬알처럼 구르고 가만히 듣기에도 절로 서러워지는 아리랑調 휘돌아가는 산골에 흰구름이 바람 따라 연신 소나무 가지로 떨어진다.

2

나무와 나무가지로 머루 다래 넝쿨 얽히고 칡덤불 탱탱이 기어 나갔는데 진달래 봉오리 반만 열렸고 푸른 남쪽 하늘 못 본 진달래 연분홍이 사뭇 새하야이. 썩은 나무 등걸 밑 다람쥐 달아나고 나는 松栮를 하나 따 들었다.

3

도라지 삽주꽃 핀 양지쪽을 돌면 落落長松이 있고 어둡기사 해도 어둠이야 온통 푸른 하늘빛 어둠. 산골 물소리 새뜻하기 이빨로부터 온몸이 스리다. 마른목 추기고 겸해 발도 씻고 다시 일어서면 푸른 어둠 속에 내가 난 줄도 몰라 새우는 소리 잎이 피는 소리 푸른 나무가 흔들리는 소리. 絶頂에 올라서면 東海바다가 쐐— 하고 부서진다.

4

새, 꽃, 풀, 나무가 七月달 별처럼 어울렸는데 내가 알던 새 이름 풀 이름이야 열 손도 못 다 꼽고 없어진다. 香氣는 麝香내 못지않으리. 지팽이 멈추고 네 활개 버리면 진정 나도 한 그루 나무로 잎새 우거질듯 싶은지고. (日月山)

—「밀림(密林)」 전문

주지하다시피 정지용의 후기 시편을 대표하는 첫 번째 인용 시 「백록담」에는 초기의 시 세계와 변별이 되는 독특한 시간과 공간의 의식이 드러나고 있다.[23] 주로 '바다'를 소재로 한 시인의 초기시들은 시적 주체의 원근법적 시각에 의해 일사불란하게 통제되면서 선명한 감각적 심상으로 표상되었다. 하지만 후기에 와서는 이러한 정제된 원근법적 구도가 허물어지면서 시적 주체가 직접 산의 정상을 향해 발걸음을 옮긴다. 시간적 흐름에 따라 대상과의 거리를 넓혔다 좁혔다 하는 과정을 반복하면서 주체와 객체 사이에 교감의 가능성을 타진한다.

정지용이 초기의 시에서 자주 활용하였던 원근법적 구도는 서구의 근대적인 세계 인식의 한 방식으로서 실세계의 3차원적 공간을 2차원적인 평면 위에 묘사하기 위해 고안된 시각상의 표현기법을 의미한다. 이러한 고정된 시선 때문에 하나의 소실점으로 모든 대상이 제어되면서 통일성과 균일화가 이루어지게 된다. 하지만 이러한 균일화된 공간은 상하경중의 위계 관계를 분명히 하기 때문에 하나의 소실점이라고 하는 중심에 의해 각 사물이 멋대로 재단되고 규정되는 결과를 초래한다.

---

23) 정지용 후기시에 나타난 시간과 공간의 특성에 관한 자세한 논의는 김종태, 「정지용 『백록담』의 공간 의식」, 『한국문예비평연구』 10집(2002)와 이상오, 「정지용 후기 시의 시간과 공간」, 『현대문학의 연구』 26집(2005) 참조.

다시 말해 이는 근대적 주체의 폭력적 시선에 의해 객체가 해체된 뒤 재구성되어 하나의 미적 합리화를 수행하는 일이 되지만, 이와 같은 구도는 객체의 자율성과 독립성을 박탈한 것이기 때문에 겉으로는 살아 있지만 속으로는 죽어 있는 하나의 박제로 전락시키는 것이다.

이러한 주체와 대상 간의 간극과 단절을 경험한 정지용은 후기에 이르러 이러한 근대의 원근법적 시각을 해체하기 시작한다. 소실점이 존재하는 서양화 기법을 버리고 시선의 중심이 부재하는 동양화의 세계로 회귀하는 것이다. 시적 주체의 고정된 시점이 우월한 위치를 점유한 채 대상을 포섭하고 속박하는 근대의 도구화된 합리성을 거부하고 대상 속에 함축되어 있는 각각의 고유성을 존중하는 동양적 사고방식은 정지용에게 있어서 새로운 시 세계를 열어주는 역할을 하였다.

이러한 선배 시인 정지용의 변화를 재빠르게 체득하고 이를 나름의 방식으로 전유한 후배 시인이 바로 조지훈이다. 시인이 일월산을 등반하면서 주변의 자연 풍경을 생생하게 묘사하고 있는 두 번째 인용 시 「밀림」은 정지용의 「백록담」과 어조나 발상법 혹은 시상 전개에 있어서 매우 유사한 면모를 지니고 있다. 한라산과 일월산이라는 지명의 차이만 있을 뿐 정지용의 「백록담」이나 조지훈의 「밀림」은 산 정상을 오르는 도정의 감회를 서경적으로 묘사하였다는 점에서 동일하다. 특히 객관적인 대상의 묘사 후 각 연의 말미에 자신의 감회를 짧게 첨언하는 전개 방식은 이 두 시의 친연성을 더욱 부각시켜 준다.

하지만 이 두 시인의 시에는 근본적인 차이가 존재한다. 조지훈은 선배 시인의 새로운 시 세계를 아무 변용 없이 그대로 차용한 것이 아니라 시적 주체의 세계 인식 태도에 있어서 변화를 주었다. 「백록담」에서 정지용 시의 시적 주체는 주체와 객체 사이의 물아일체적인 완전한 합일을 이루지 못하고 끊임없이 우울과 피로를 경험하고 있다. 인용 시의 밑줄 친 부분에서처럼 시적 주체는 "기진하거나, 울거나, 쓸쓸한 곳에서 깨다 졸다 하며 기도조차 잊는다." 뻐꾹채 꽃이나 별과 같은 자연의 대상과 깊이 있게 교감하지 못하고 겉도는 근대인의 피곤한 초상이 그의 시에는 반영되어 있다.

반면에 조지훈의 시에는 그러한 비애가 존재하지 않는다. 전통 시가에 나타나는 물아일체의 경지를 그는 완벽하게 재현해내고 있는 것이다. "꾀꼬리, 뻐꾸기, 콩새, 쬐끄만 모맛 산새" 등이 지저귀고 있는 산을 오르노라면 '구름'과 '바람'이 적극적으로 반응을 보여 시적 주체에게 존재감을 알리고, 송이 하나 따듣고 정상을 향하면 "푸른 어둠 속에 내가 나인 줄도 모르는" 일체감의 경지에 이르게 된다. 그리하여 조지훈 시의 시적 주체는 마침내 마지막 연에서 "나도 한그루 나무로 잎새 우거질듯 싶다"고 표현하면서 자연과의 일체감을 과시한다. 거기에는 정지용의 시에서 찾아볼 수 있는 우울이나 피로가 존재하지 않는다.

선배 시인 정지용의 전통적이고 자연친화적인 시 세계를 전유한 조지훈은 일견 어조와 율격과 구성법의 유사성으로 인해 동일한 세계관을 수용하고 있는 것처럼 보이지만 실상은 그렇지 않다. 영향의 불안의 시달리던 조지훈은 정지용과는 달리 좀 더 근원적이고 절대적인 전통과 자연을 수용하였다. 주체와 대상 사이의 거리를 무화시키면서 이 둘 사이의 자연스럽고도 완벽한 동화와 합일을 이루어낸다. 이 작품은 모더니즘 시에 경도되어 있던 초기 습작기의 시 세계가 「고풍의상」, 「승무」, 「봉황수」 등과 같은 전통주의적 시 세계로 갱신되는 과정의 한 사례라고 볼 수 있다.

4. 결론

이상의 논의를 요약 정리하면 다음과 같다. 시인이자 학자의 길을 걸으며 다양하고 활발한 문필 활동을 전개한 조지훈은 '전통지향성'이라고 하는 일관된 시 세계를 제시하는데 성공한 시인으로 평가받고 있다. 그리하여 지금까지 조지훈에 관한 논의의 대부분은 그의 선시나 자연시의 전통지향성을 규명하는 데에 초점이 맞추어져 왔다.

하지만 실상 그의 초기 습작기의 시편들은 강한 모더니즘 지향성 속에 일부 전통지향성이 혼재하고 있는 양상을 보였다. 이 연구는 이처럼 모더니즘 지향성에 경도되어 있던 조지훈의 초기 시 세계가 『문장』지 등단 전후로 해서 어떻게 전통지향성으로 급격히 전이되어 갔는지 추적해 보았다. 비록 그의 초기작들이 시적 세계관의 미숙과 미적 형상화의 미비로 인해 한계점을 보인 것은 사실이지만, 다양한 시적 도전과 실패 속에서 한 시인의 세계관이 어떻게 변화되면서 확고해져 갔는지, 그리고 이러한 초기의 언어적 실험이 이후의 시작 과정에 어떠한 영향을 미치고 있는지 고찰해 보는 것도 의미 있는 일이라고 판단했다.

이러한 사실을 추적하기 위해 우선 그의 모더니즘 경향의 시의 다양한 면모를 살핀 뒤 정지용의 영향으로 인하여 전통과 자연을 근원적인 차원에서 전유해 가는 과정을 '시적 영향의 불안'이라는 관점에서 살펴보았다. 따라서 조지훈은 처음부터 동양의 전통주의만을 고집한 시인이 아니라 서양의 다양한 기법까지도 섭렵하여 내면화시킨 뒤 이를 변증법적으로 승화시켜 고유의 전통미를 확립한 시인이라고 평가할 수 있다.

참고문헌

김문주.「풍경에 반영된 동서의 관점」.『우리어문연구』25집(2005).
김옥성.「조지훈 시론의 선적 미학과 그 교육적 의미」.『대동문화연구』56집(2006).
김용태.「조지훈의 선관과 시」.『수련어문논집』3집(1975).
김윤식.『한국현대시론비판』. 일지사, 1975.
김은정.「조지훈 시와 전통미」.『한국언어문학』43집(1999).
김종길 외.『조지훈 연구』. 고려대학교출판부, 1978.
김종태.「정지용『백록담』의 공간 의식」.『한국문예비평연구』10집(2002).
김학동 편.『홍사용 전집』. 새문사, 1985.
박두진 외 편.『조지훈 전집』. 일지사, 1973.
서익환.『조지훈 시와 자아·자연의 심연』. 국학자료원, 1998.
성기조.「조지훈의 시와 자연, 그리고 선미」.『청람어문학』3집(1990).
신동인.「조지훈 시 연구」.『청람어문학』13집(1995).
신용협.「조지훈 연구」.『문예시학』11집(2000).
신현락.「조지훈의 선적 시관과 상상력에 관한 고찰」.『청람어문학』16집(1996).
오세영.「조지훈의 문학사적 위치」.『민족문화연구』22집(1989).
윤석성.『조지훈—전인적 삶의 시화』. 건국대학교출판부, 1997.
이상오.「정지용 후기 시의 시간과 공간」.『현대문학의 연구』26집(2005).
조병춘.「조지훈의 시 세계」.『새국어교육』31집(1980).
조지훈.「나의 역정」.『고대문화』1집(1955. 12. 5).
조지훈.『시와 인생』. 신흥출판사, 1959.
주옥.「'풀잎단장'류로 본 조지훈의 불교적 세계관」.『서강어문』3집(1983).
주승택.「전통문화의 지속과 단절이 갖는 문학사적 의미」.『한문학논집』12집(1994).
최승호 편.『조지훈』. 새미, 2003.
해롤드 블룸.『시적 영향에 대한 불안』. 윤호병 역. 고려원, 1991.
현광석.「선시의 미학적 대칭점」.『한국학보』29집 4호(2003).
호미 바바.『문화의 위치』. 나병철 역. 소명출판, 2002.

조지훈의 비평의식과 서정시론 연구

하상일

1. '민족'의 재발견과 '근대주의'에 대한 대응

한국 근대시사에서 서정시론은 1920년대 민요시론, 1930년대 〈문장파〉의 전통론, 〈시문학파〉의 순수시론, 그리고 해방공간의 조지훈의 유기체시론으로 이어졌다. 이러한 서정시론은 근대적 시관(詩觀)에 대한 타자의식에서 비롯된 것으로 왜곡된 식민지 근대에 대한 철저한 반성과 대안으로 제시되었다고 할 수 있다. 당시 우리 시단의 현실은 서구의 근대적 문명과 의식에 압도되어 새로운 시의 형식과 음률에 집착하였고, 근대성의 두 축이었던 카프의 계급주의와 모더니즘의 기술주의에 맹목적으로 매달림으로써 서정시의 본래적 성격과 위상이 급격히 쇠퇴하였기 때문이다. 따라서 당시 서정시론의 방향은 민요시의 도입을 통해 서구시 수용의 한계를 뛰어넘는 새로운 시형을 모색하고, '조선적인 것'에 대한 관심으로 주체적 시관을 새롭게 정립하려는 역사철학적 대응 양상을 분명하게 보여주었다. 그 방향은 크게 두 가지로 정리될 수 있는데, 첫째는 '민족' 혹은 '전통'에 대한 재발견이었고, 둘째는 기계적 모더니즘으로서의 근대주의에 대한 비판적 성찰이었다.

조지훈의 시론은 해방 직후 좌우익 진영의 극심한 대립 속에서 민족의 위기에 대응하는, 즉 민족의 구원, 민족의 건설이라는 현실인식을 구체화하는 실천적 방법론으로 정립되었다. 다시 말해 그의 시론은 "민족은 하나이고 그것은 전체이지 부분으로 분리될 수 없다"는 "민족유기체"의 관점을 견지하였는데, 이는 "민족의 분열과 해체를 조장하고 있"다고 보았던 "계급주의에 대한 대응"으로서의 성격을 강하게 표방한 것이다.[1] 여기에 대해서는 긍정과 부정의 두 가지 입장이 팽팽히 맞서는데, 민족 문학의 측면에서 그의 시론을 높이 평가해야 한다는 긍정적 측면이 있는가 하면, 유물사관에 대한 대타적 입장으로서의 편향된 한계를 비판하는 부정적 측면이 있기도 하다. 특히 후자의 관점은 해방 직후 좌익문학과는 대립적인 지점에서 활동한 조지훈의 문단활동과 밀접한 관련이 있는데, 해방 직후 〈문학가동맹〉과의 이념적인 투쟁을 통해 형성된 '정치주의 문학의 배격'과 이를 실천하기 위한 조직체인 〈청년문학가협회〉의 활동이 조지훈에게 있어서 '민족'을 전유하는 외적 기반으로 작용했기 때문이다. 그 결과 그의 민족 담론은 '우리의 것'을 강조하는 고전탐구의 정신을 바탕으로 '전통'의 문제를 재인식하는 방향으로 나아갔는데, 이러한 태도는 1930년대 『문장』지가 표방했던 '상고주의(尙古主義)'를 발전적으로 계승한 것으로 평가할 수 있다.[2]

---

1) 이러한 인식과 태도는 "유물론의 기계론과 유기론의 생명론이 대립적인 관점에 서 있다는 철학적 바탕에서 비롯된다"(H. 화이트, 『메타역사』, 천형균 역, 문학과지성사, 1991, 26-35쪽)고 할 수 있다. 구모룡, 『한국문학과 열린 체계의 비평담론』, 열음사, 1992, 34-38쪽.

2) 고전론(古典論)은 이원조, 서인식으로 대표되는 '제3의 입장으로서의 고전론'과, '조선주의(朝鮮主義)'에 직결된 역사적 심정으로서의 『문장』지 중심의 직관적 복고주의(復古主義)로 나누어 볼 수 있다. 그런데 『문장』지의 고전 의식은, 고전이 현실 도피로 고발당하고, "고전은 다만 낡은 문화가 파탄되고 새로운 문화의 창조가 요구되는 역사적 전환기에 있어서 문화원리를 고찰하는 재료로서만 의의가 있다"(서인식)는 경고에도 불구하고 복고주의적 색채와 국수주의 혹은 민족주의적 이념으로 가장된 현실 도피적 느낌마저 없지 않았다. 동양정신의 반성이라는 배경을 업고 고전론으로서의 역사의식을 공분모로 하는 〈문장파〉의 상고주의는 조선

다음으로 조지훈의 시론에서 주목할 점은 모더니즘 문학을 강경하게 비판했다는 사실이다. 이는 당시 김기림을 비롯한 일련의 모더니즘론자들이 〈문학가동맹〉에 가담했다는 외적 사실과 모더니즘이 서구의 과학을 기반으로 삼고 있었다는 데서 그 이유를 찾을 수 있다. 즉 과학은 서구의 지성사에 토대를 두고 있을 뿐만 아니라 인위적인 변형의 산물[3]이라는 점에서, 또한 모더니즘은 과학을 우선시하면서 인간을 배제하는 문학적 성격을 드러낸다는 점에서, 그 논리가 어떻든 간에 결코 수용할 수 없다고 판단했던 것이다. 따라서 조지훈은 "전통에의 회귀는 문화의 전진을 위한 현대의 거점"이고, "지주(支柱)를 상실한 현대, 극도의 자기 분열에 떨어진 현대를 소생시키기 위하여 먼저 전통을 찾을 때가 왔다"[4]고 주장했다. 결국 그는 전통과의 연속성 속에서 새로운 의미를 발견하는 데서 모더니즘의 현재적 의의를 찾을 수 있다고 보았다.

2. 전통의 재인식과 고전 탐구의 현재성

조지훈의 모더니즘 비판은 '근대적인 것에 대한 거부와 전통주의로의 환원'[5]으로 요약할 수 있다. 여기에서 '전통'이란 과거로부터 현재까지 이어져 내려오는 동안에 현재의 삶에 지속적으로 영향을 미치는, 일정한 흐름을 형성하고 있는 유형무형의 모든 것을 일컫는다. 이처럼 전통은 세대적 연속성을 지니고 있지만, 그렇다고 해서 전통을 무조건 물려받을 수 있는 것으로 인식해서는 안 된다. 오히려 전통은 꾸준한 노력에 의해서만 성취될 수 있는 미래적 가치로 인식하는 것이 더욱 타당하다. 전통은 고정적인 것이 아니므로 과거의 것을 수용하면서 미래의 것에 작용하는

적(朝鮮的)이라는 한정사로 집약시킬 수 있는 것이다. 따라서 『문장』은 「한중록」(이병기), 「조선문학연구」(이희승), 「춘향가와 춘향전」(서두수) 등 고전문학에 대한 본격적인 소개에 상당히 많은 지면을 할애했다. 김윤식, 『한국근대문예비평사연구』, 일지사, 1976, 320-342쪽.

3) 허윤회, 「조지훈 시론 연구」, 『한국의 현대시와 시론』, 소명출판, 2007, 191-194쪽.

4) 조지훈, 「전통에의 회귀」, 『조지훈 전집 3—문학론』, 나남, 1996, 130쪽. 이하 『조지훈 전집』에서 인용한 경우 『전집』으로 약칭함.

5) 구모룡, 앞의 책, 30쪽.

이상적 질서라고 할 수 있기 때문이다. 결국 그 내용에 있어서 과거에 속하는 것이지만, 과거에 속하는 것 전부가 전통이 될 수는 없다는 점, 과거에서 현대로 이어져 현대 사회의 행동양식으로 변함으로써 인간의 '주체적 측면'을 구성하는 것이어야 한다는 점, 인간의 부정적 행위를 통하여 소멸하는 것이 아니라 갱생하여 사회적 행동과 인간의 현재적, 주체적 측면을 구상할 수 있어야 한다는 점이 전통의 특징이라고 할 수 있다.[6] 과거의 것은 현재를 위해서만 존재 의의가 있다는, 과거의 것에 대한 맹목적인 추구를 지양하는 미래지향적 논리로 전통의 본질과 특성을 이해할 필요가 있는 것이다.

이와 같은 관점에서 조지훈의 전통론은 '역사성'과 '시대성'을 아우르는 창조적 생성의 차원에서 정립되었다.

> 전통은 창조의 원천이요 그 형상의 질료이며, 창조는 전통의 의욕이요 그 계승의 방법이다. 그러므로, 전통 없는 창조는 공소(空疎)하고 허약하여 뿌리 없는 나무와 같고 창조 없는 전통은 침체하고 고루하여 인습의 폐풍(弊風)에 병들게 된다. 이와 같이 전통과 창조는 불즉불리(不卽不離)의 상관개념이기 때문에 오늘 우리가 당면한 새로운 민족문화의 수립이란 명제 앞에 전통심구(傳統深求)의 현대적 의의가 놓이게 되는 것이다.[7]

전통의 문제를 창조적 생성의 차원에서 바라보려는 조지훈의 관점은 조연현의 전통론으로부터 상당히 많은 영향을 받은 것으로 보인다. 조연현에 의하면, 전통은 민족의 창조적인 능력에 의해 좌우되는 것으로, 민족의 창조력과 결부되지 못한 전통은 단지 과거의 유물에 불과하며, 전통의 배경을 갖지 못한 창조력이란 단순한 혈기에 지나지 않는다. 따라서 전통과 창조력은 상보적인 위치에서 밀접한 연관성을 지니고 있는데, 전통은 고정된 내용이나 세계가 아니라 새로운 현실과 함께 부단히 변용되고 발전될 수 있는 현실이나 역사의 기본적인 생명이기 때문이다. 그러므로 전통이란 단순한 과거로부터의 축적된 가치나 역량만이 아니라 오히려 미래로 향해서 이념(理念)하는 산 생명이요 움직이는 힘이라고 보았던 것이다.[8] 조지

---

6) 『조선일보』, 1938년 10월. 본고에서는 김윤식, 앞의 책, 332-340쪽 참조.

7) 조지훈, 「『민족문화연구』 창간사」, 『전집 3』, 386쪽.

훈이 전통을 "창조의 원천"이나 "형상의 질료"로 파악한 것이나 전통 없는 창조를 "뿌리 없는 나무"에 비유한 것은 바로 이러한 전통에 대한 유기적 인식에서 비롯된 결과라고 하겠다. 따라서 그는 전통을 역사적, 문화적, 주체적 개념으로 파악하고, 한국문화, 민족 문화를 세계문화의 보편성 위에서 해석하려는 열린 의식과 태도를 분명하게 견지하였다. 그 결과 한국의 종교, 사상, 미술, 음악, 문학, 신화, 가요 등 우리 민족 문화 전반에 대한 총체적 연구서인 『한국문화사서설』(『전집 7』), 우리 민족의 이민족 투쟁의 역사와 민족의식의 발달 과정을 밝히면서 민족운동사의 기본 관점을 정립한 『한국민족운동사』(『전집 6』) 등의 저술을 남겼다.[9]

이와 같은 조지훈의 전통에 대한 재인식은 고전 탐구의 정신으로 이어진다. 그에게 있어서 고전은 "전통의 입상(立像)"으로, "생활의 의욕에서 형성되어 역사의 흐름 속에 지속하는 자요, 개성의 주체 속에 생탄하여 보편성의 객관에 용화되어 가는 자"로 인식된다. 따라서 그는 고전이 "한 민족문화가 카오스(Chaos)에서 코스모스(cosmos)로, 방산(放散)하는 관념에서 구체적 집결로 나아가는 비롯이 되기도 한다"[10]고 보았다. 그가 표방한 고전주의에서 무엇보다도 중요한 문제의식은 고전을 골동품이나 박물관의 진열창에 그냥 방치만 해서는 안 된다는 데 있다. '살아 있는 고전', '생활화된 고전'의 중요성을 특별히 강조하는 데서 알 수 있듯이, 그의 고전 탐구는 과거적인 것이 아니라 현재적인 의미를 지향하는 데서 그 의의를 찾을 수 있는 것이다.

> 고전주의의 가장 큰 위험성은 골동상(骨董商)적인 것과 박물관 진열창(陳列窓)적인 두 가지에 있다. 벽에다 화폭(畵幅) 하나를 걸어도 그림이 살도록 걸어야 하겠거늘 물상(物象)을 명시함으로써 만족할 바에는 고고학자가 곧 그대로 시인됨직한 일이요, 막연히 옛 것을 좋다 해서 놋화로, 놋촛대, 화류문갑, 거문고를 어루만진다 해도 생활에 침투되고 맞지 않아서는 박물관 진열창을 면하지 못하리라.[11]

---

8) 조연현, 「문학의 이상과 현실」, 권영민 엮음, 『해방 40년의 문학 4—비평』, 민음사, 1985, 91쪽.
9) 조지훈의 '민족문화론'에 대한 자세한 연구는, 남근우, 「조지훈의 '민족문화학'」, 『한국문학연구』 제18집(동국대학교 한국문학연구소, 1995년 12월) 참조.
10) 조지훈, 「고전주의의 현대적 의의」, 『전집 3』, 45쪽.
11) 조지훈, 「서창집」, 『전집 2』, 192쪽.

고전이 옛것이면서 오늘에도 규범이 되고, 남의 것이면서도 우리에게까지 존경받는다는 사실 하나만으로도 이미 고전에는 '초시간성(超時間性)'과 '초공간성(超空間性)'이 내포되어 있음을 안다. 이러한 영원성과 보편성이 본질이 된다는 것은, 바꿔 말하면 고전문학이 항시 "인간성의 일반성 공통성을 지향하고 있다"는 것을 증거함에 지나지 않는다. 그러기에 "자유방종의 시대정신의 반영이 아닌 건전한 사회생활의 암시", "미숙난잡(未熟亂雜)한 기교가 아니라 조화 통일의 구성", 이것이 고전문학의 한결같은 지향이 된다.[12)]

조지훈은 질서, 조화, 통일의 관점에서 고전의 규범적 가치를 무엇보다도 강조한다. 통시적 연속성과 공시적 보편성을 동시에 아우르는 전통과 이를 토대로 한 고전문학의 형식이야말로 오늘의 문학이 지향해야 할 '규범'으로 인식하였던 것이다. 따라서 조지훈의 고전론은 과거의 유산으로서의 전통이 아니라 미래의 발전을 위해 계승될 수 있는 전통을 재인식하는 데 있다. 즉 과거의 단순한 집적물이 아니라 새로운 창조의 바탕이 되는 것이 바로 '전통'이라는 것이다.[13)] 이러한 조지훈의 비평의식은 '모더니즘 비판'으로서의 성격을 내재하고 있어 주목된다.

> 현대시는 고대시를 계승하여 고대시를 부정하는 '현대의 시'이며 고전시에 항거하면서 새로운 고전을 형성하려는 '현대적 시'여야 한다. 그러므로, 현대 시는 어느 것이나 현대성—모더니티를 존중해야 한다. 그러나, 현대성의 지말(枝末)의 일면을 고집하는 '모더니즘'을 경계해야 한다. '모더니티'의 과도한 존중 곧 편중(偏重)이 모더니즘에의 전락(轉落)의 첩경이요, 모더니즘은 고전이 될 수가 없다. 모더니티의 과도한 경계 곧 증오가 매너리즘의 함정이요, 매너리즘도 고전이 되지는 못한다. 시(詩)는 '시(時)'! 되풀이하면서 항상 새로운 천도(天道)의 순환이 바로 시(詩)의 법(法)이다. 모더니티! 그것은 영원한 자의 자기 표현의 시대적 모습이다.[14)]

12) 조지훈, 「고전주의의 현대적 의의」, 『전집 3』, 47-48쪽.
13) 박호영, 「'문장'파의 전통주의」, 한계전 외, 『한국 현대시론사 연구』, 문학과지성사, 1998, 232쪽.
14) 조지훈, 「현대시의 문제」, 『전집 3』, 177쪽.

여기에서 조지훈은 현대시가 모더니티의 과도한 존중과 과도한 경계를 모두 비판함으로써 "고전시에 항거하면서 새로운 고전을 형성하려는 '현대적 시'여야 한다"고 주장했다. 이는 '고전주의의 현대적 의의'를 밝힌 것으로, '고전과 모더니티의 동시적 구현'으로 해석될 수 있다. 이러한 양가성은 그의 초기 시세계의 특징과도 일맥상통하는데, 그의 시세계의 출발이 전통지향적 서정주의와 모더니즘적 감각주의의 혼재상태에 있었다[15)]는 점에서 그 단초를 확인할 수 있다. 결국 조지훈의 모더니즘 비판은 전통과 유기적으로 결합되지 못한 맹목적인 현대성 추구와 감각적 기교주의에 대한 비판에 초점을 두고 있다. 다시 말해 현대시가 추구해야 할 모더니티의 방향은 전통과의 결합 속에서 실현되는, 즉 전통의 형식에 세련을 주는 유기적인 차원에서 실천되어야 한다고 보았던 것이다.

3. 유기론적 미학과 서정적 세계관

조지훈의 시론에서 가장 중요한 기초는 '자연'이다.[16)] 그는 자연을 두 가지 관점에서 이해하고 있는데, 첫째는 시의 제재로서의 자연이고, 둘째는 시정신으로서의 자연이다. 후자의 경우 자연은 그 자체로서 의미 있는 존재가 됨으로써 대상으로서의 자연을 압도하는 정신성을 획득한다. 이는 자연의 세계가 살아있는 세계일 뿐만 아니라 질서 있고 규칙적인 움직임의 세계라는 유기체적 자연관을 표방한 것이다. 조지훈에 의하면, 자연은 조화와 질서를 갖춘 완미(完美)한 것이므로, 이를 이용하고 지배하려는 문명적 사고는 오히려 부자연(不自然)의 상태를 초래하고 만다. 이러한

---

15) 조지훈은 「화련기(華戀記)」라는 모더니즘 계열의 시와 전통지향적인 서정시인 「고풍의상」 두 작품을 가지고 정지용에게 자신의 향방을 물었다. 그런데 정지용은 두 편의 시 가운데 「고풍의상」을 추천했는데, 이것이 그의 시세계가 서정주의적 방향으로 나아가는 결정적 계기가 되었던 것으로 보인다. 「약력과 느낌 두셋」이란 추천 소감문에는 이러한 그의 시의식이 잘 드러나 있다. "언구(言句)에 떨어지는 것이 흔히 사도(邪道)가 되고 이런 분위기에서 나는 현현(玄玄)한 나라를 꿈꿔봅네다. 미개(未開)에서 얻는 슬픔이야 과학에서 찾지만 과학에서 얻는 권태와 불안은 어디서 찾나요. 앙상한 분석을 거쳐 나는 다시 타고난 천품 통일된 세계인 우리의 고향 동양의 하늘로 돌아가겠습니다." 『문장』, 1940년 3월, 157쪽. 구모룡, 앞의 책, 30쪽.

16) 최원식, 「해방직후의 시론」, 『민족문학의 논리』, 창작과비평사, 1982, 269쪽.

그의 생각은 "동양의 혼은 자연과 혼일체(混一體)가 되는 곳에 있다. 자연을 정복하려는 생각은 조금도 없다"[17]고 말하는 데서 명확히 드러난다. 결국 조지훈은 자연을 살아 움직이는 생명체로 파악함으로써 "문학은 처음부터 끝까지 살아 움직이는 자연을 취재(取材)하고 그것을 양식(糧食)으로 하는 것"[18]이라고 보았던 것이다. 이러한 유기체적 자연관은 조지훈의 시론이 우주의 생명적 본질로 다가가는 중요한 통로로 작용한다.

> 생명은 자라려고 하는 힘이다. 생명은 지금에 있을 뿐 아니라 장차 있어야 할 것에 대한 꿈이 있다. 이 힘과 꿈이 하나의 사랑으로 통일되어 우주에 가득 차 있는 것이 우주의 생명이 아니겠는가. 우주의 생명이 분화된 것이 개개의 생명이요, 이 개개의 생명의 총체가 우주의 생명이라고 볼 것이다. 그러므로, 나는 '시는 자기 이외에서 찾은 저의 생명이요, 자기에게서 찾은 저 아닌 것의 혼(魂)'이라고 한다. 다시 말하면, '대상을 자기화하고 자기를 대상화하는 곳에 생기는 통일체 정신'이 시의 본질이라고 나는 믿는다. '인간 의식과 우주 의식의 완전 일치 체험'이 시의 구경(究竟)이라고 믿어진다는 말이다. 이런 뜻에서 우주의 생명적 진실을 수정(受精)함으로써 시를 생탄(生誕)시키는 것은 시인의 보편적 지향이라 할 것이다.[19]

조지훈의 시론에서 가장 중요한 것은 '생명'인데, 우주의 생명이 분화된 것이 개개의 생명이요, 이 개개의 생명의 총체가 우주의 생명이라고 보았다. 이는 그의 시론이 형성되는 중요한 정신적 토대가 되는데, 이와 같은 우주의 원리로부터 시의 본질, 시의 창작과정 그리고 시의 미학을 이끌어내고 있는 것이다. 그에 의하면 모든 생명현상은 개별성과 전일성의 관계로 설명된다. 전통적인 유기론은 모든 현상을 보편생명의 전체로 해석하고, 자연과 인간 그리고 인간의 문화적 성취를 생명의 전일적 상태로 인식한다. 그가 말하는 "인간 의식과 우주 의식의 완전 일치 체험"은 부분에서 전체로, 개체에서 보편으로의 내재적 관계에 의한 시의 원리가 되는

---

17) 조지훈, 「서창집」, 『전집 2』, 196쪽.
18) 조지훈, 「자연과 문학」, 『전집 3』, 41쪽.
19) 조지훈, 「시의 원리」, 『전집 2』, 26쪽.

것이다.[20] 이러한 우주론적 통합의식은 '질서와 조화의 세계'를 지향한다. 따라서 그는 "시의 세계는 질서와 조화의 세계이다. 하나의 우주이다"라고 말한다. 여기에서 우주는 시간과 공간을 포괄하는 통칭개념(通稱概念)으로, 질서 없는 혼돈이 질서와 통일과 조화를 이룬 것이 우주이듯이 하나의 광대한 도(道)로서 카오스가 코스모스로 나아가는 길이 시정신이 된다는 것이다. 다시 말해 '관념의 카오스'가 '시정신의 에로스'를 통하여 이루어지는 '시의 코스모스'가 바로 미(美)[21], 즉 '서정적 세계관'이라는 것이다.

이러한 관점에서 그는 시를 사물의 근본적인 원형인 대자연 다음의 "제2의 자연"이라고 명명했다. 즉 유기체인 자연에서 새로운 유기체인 제2의 자연으로 창조된 것이 바로 시라는 것이다.

> 대자연은 사물의 근본적인 원형으로서 여러 가지 의미를 실현하고 있다. 대자연의 일부인 사람은 그 자신 자연의 실현물(實現物)로서만 존재하는 것이 아니라 창조적 자연을 저 안에 간직함으로써 다시 자연을 만들 수 있는 기능을 가지는 것이다. 대자연은 자연 전체의 위에 그 '본원상'을 실현하지만 반드시 개개의 사물에 완전히 나타나는 것은 아니기 때문에 어느 의미에서 시인은 자연이 능히 나타내지 못하는 아름다움을 시에서 창조함으로써 한갓 자연의 모방에만 멈추지 않고 '자연의 연장(延長)'으로서 자연의 뜻을 현현(顯現)하는 하나의 대자연일 수 있는 것이다. 바꿔 말하면, 시는 시인이 자연을 소재로 하여 그 연장으로써 다시 완미(完美)한 결정(結晶)을 이룬 '제2의 자연'이라고도 할 수 있다.[22]

시가 대자연의 본원상을 현현한다는 것은 시가 하나의 소우주로서 우주의 보편원리를 표현한다는 것이다. 따라서 한 편의 시는 우주의 보편원리를 구현하는 차원에 이르게 되고, 시작은 하나의 소우주를 창조하는 행위가 된다. 앞서 시가 경험세

---

20) 이러한 시의 원리를 구모룡은 '제유의 시학'이라고 명명했다. 제유는 대상과 전체의 관계에서 통합적으로 표현된 내재성에 관한 어법이기 때문에 우주 전체를 부분과 전체가 잘 조화된 거대한 생명체로 인식하는 유기론적 세계관과 일치되는 것이다. 이에 대한 자세한 내용은, 구모룡, 『제유의 시학 』(좋은날, 2000)을 참조할 것.

21) 조지훈, 「시의 원리」, 『전집 2』, 27쪽.

22) 위의 글, 20-21쪽.

계의 혼돈으로부터 조화와 질서의 세계를 창조하는 것, 즉 "카오스의 코스모스화"라고 한 것은 바로 이러한 유기체적 생명사상, 우주의 조화와 질서의 원리에 그 바탕이 있는 것이다. 유기체론은 시를 살아있는 식물에 비유하는 시관으로 시와 시인의 본질을 생명현상의 관점에서 설명하는 것이다. 즉 시인은 주위 환경을 자기 내부로 동화시켜 그 내부의 생명적 원천으로 자라는 식물과 같이 시를 탄생시키며, 시인, 시적 의장, 구절, 운율 등은 씨앗, 꽃, 열매, 껍질, 수액 등으로 비유되는 관점이다. 이는 근본적으로 인간과 자연(우주)을 하나의 연속체로 보는 것으로, 자아에서 비롯된 합일(合一)과 일체(一體)를 중요시하는 시관이다.

이처럼 유기론은 우주를 정적 기계주의로 보지 않고 자라나는 식물과 같이 생명을 지닌 동적 유기체로 본다. 유기체란 이미 만들어진 그 무엇이 아니라 만들어지고 있거나 자라고 있는 그 무엇이기 때문이다.[23] 유기론은 우주의 원리에 대한 유비(analogy)적 사유형태이다. 유비적 사유 방법의 하나로 자연 유비는 우리의 전통적 사유형태에 속한다. 이는 인간과 자연의 조화와 일치에 대한 믿음에서 비롯된 것으로 인간 사회의 법규와 자연의 법칙 사이에 어떠한 분리도 없다는 사유이다. 즉 자연은 끊임없이 창조하는 전진의 과정이며 인간은 이 과정에 참여하는 또 하나의 창조자로 인식됨으로써 자연과 인간은 둘이면서 하나가 된다는, 그래서 생명 전체가 서로 융화하고 교섭하는 것으로 받아들여진다. 따라서 유기론적 사유와 방법은 오늘날 서정시론에 있어서 가장 핵심적인 세계관이 되지 않을 수 없다.

4. 시 창작의 생명성과 순수시론의 정립

조지훈의 서정시론은 시창작론을 중심으로 이루어진다. 이는 우리 시사에서 시 창작의 과정을 시론으로 정립시킨 1930년대 박용철의 시론에 영향을 받은 바 크다. 박용철은 시를 하나의 존재로 보고 시는 탄생 혹은 창조되는 것이라고 생각했다. 그것은 마치 나무가 그것을 둘러싼 자연환경과 조응하며 자라듯이, 시인을 둘러싼 세계에 대한 온갖 체험들을 시인이 자신의 피 속에 용해시키는 과정을 거쳐 수태(受

23) 구모룡, 『한국문학과 열린 체계의 비평담론』, 19쪽.

胎)를 하고 이것이 완전한 성숙을 통해 새로운 생명으로 창조된다는 것이다. 또한 이 생명의 탄생과정은 "교묘한 배합, 고안, 기술, 그리고 기다림"[24]과 같이 시적 변용의 과정을 거치는데, 이러한 변용의 과정, 즉 언어를 통한 존재전이의 과정을 통해 시는 창조된다는 것이다. 결국 박용철은 시 이전의 상태, 즉 선시적(先詩的)인 것에 애착을 가지고 있으면서 그것과 언어 표현의 기술이라는 두 관점 사이를 왕래하면서 상호 교섭의 작용을 천착했다고 할 수 있다.[25]

시 유기론에 있어서 중심이론은 시작의 과정에 관한 시 창작론이다. 조지훈은 시작 과정을 탄생의 비유를 통하여 설명하는데, '감성우위론'과 '생명적 진실론'의 두 가지 특성으로 나타난다.[26]

> 시는 처음에는 천진한 영아(兒)로서 감성의 젖을 먹고 자란다. 이 젖은 시를 잉태하던 순간에 유선(乳腺)에다 그 영양소의 준비를 요청한 것이기 때문이니 이 감성의 젖을 먹고 자라는 동안 지성을 배우고 윤리를 체득하는 것이다. 감성의 윤리는 양심의 발로요, 감성의 지혜는 사랑의 발로이다. 다만, 여기서 말하는 감성이란 지성과 이성을 포함하여 거느린 감성임을 알아야 할 것이다.

---

24) 박용철, 「시적 변용에 대하여」, 『삼천리문학』 창간호(1937년 1월). 본고에서는 시문학사 편, 『박용철 전집 2』(동광당서점, 1940), 4쪽에서 재인용.

25) 이 창작과정의 시론은 하우스만 시론의 수용뿐 아니라, 기교주의 논쟁의 과정에서 임화 시론과 김기림 시론에 대응하는 나름의 독자적인 시론을 제시하려는 의도의 산물이다. 즉 임화나 김기림의 시론이 간과하고 있는, 시의 생성과정에 작용하는 은밀한 비밀을 밝혀냄으로써 시의 본질을 천착하고자 한 것이다. 이는 근대 서정시론이 당시의 지배적 시론에 대한 반성으로 '서정적 주체의식'을 드러내는 것이란 점을 분명하게 보여준다. 그동안 박용철 시론과 조지훈 시론의 상관관계에 대한 집중적인 논의는 거의 없었다고 볼 수 있는데, 이에 대한 연구는 우리 근대 서정시론의 특성과 전개과정을 살펴보는 아주 유효한 맥락이라는 점에서 앞으로 구체적인 논의가 있을 필요가 있다. 오형엽, 『한국 근대시와 시론의 구조적 연구』, 태학사, 1999 참조.

26) 감성우위론은 시는 감성의 바탕 위에 지성과 이성이 유기적으로 통섭된다는 것이고, 생명적 진실론은 시는 시인의 생명의 본연상에서 생탄한 것이므로 생명적 진실의 표현이라는 것이다. 감성우위론은 가장 직접적이고 원초적인 감정의 표현이 서정시라 보고 이러한 서정시를 가치의 정점에 두는, 서정시 중심주의의 다른 표현이다. 시는 생명의 원초적인 본성의 표현이며 생명 그 자체이기 때문에 가장 진실된 것으로 인식된다. 구모룡, 『한국문학과 열린 체계의 비평담론』, 52쪽.

> 그러나 나는, 시란 무엇인가. 시는 어떻게 감수(感受)되는가, 시는 무엇으로 표현되는가를 다 잊어버리길 권한다. 왜 그러냐 하면, 이것을 다 몰라도 시를 사랑만 하면 시의 참뜻을 알 것이니 시를 사랑하는 마음은 천부(天賦)의 양심이기 때문이요, 시와 결혼한다면 절로 시를 낳을 것이니 시를 생탄(生誕)하는 육신은 생명의 본연상(本然相)이기 때문이다.[27)]

조지훈은 시 창작의 과정을 착상, 구성, 현상의 세 가지 과정을 통해 설명한다.[28)]

첫째, 착상단계는 우주의 생명적 진실, 즉 시정신을 인식하는 것으로, 이는 시에 앞서 있는, 시인과 자연 속에 내재하는 우주의 생명적 본성을 일컫는다. 그는 이것을 "모든 예술에 공통된 에스프리 곧 포에지"[29)]라고 하는데, 시인은 이것을 체득하여 형식의 제약 속에 시를 창조한다는 것이다. 또한 그는 착상의 두 가지 방법으로 '영감'과 '주의력'을 제시하는데, 영감은 우주 중심의 수동적 방법이고 주의력은 자아 중심의 능동적 방법으로 구분된다. 하지만 그는 이 두 가지 방법이 착상단계에서 별개의 것으로 작용하는 것이 아니라 상호작용하는 관계, 즉 영감과 주의력, 곧 천위(天爲)와 인위(人爲)의 자연적 동화를 지향한다고 보았다. 왜냐하면 영감만으로는 창조가 못 되고 반대로 주의력만으로는 시가 기술로 전락해 버릴 우려가 있기 때문이다. 이는 서정시가 세계의 자아화라는 일방적 통합이 아닌 자아와 세계의 동일화라는 상호동화 혹은 일체임을 나타낸다.

둘째, 구성단계는 착상된 시정신을 구체화하는 과정이다. 착상단계에서 수태된 시는 비로소 "정신적 육체적 성격"을 찾는 구성을 거치는데, 이 때 구성은 기교적, 기술적, 형식적인 것이 아니라 내면적, 내용적인 특성을 지닌다. 즉 "시인의 내부적 생명이 그 받아들인 내용인 '생의 의미'를 정리하고 변경하고 비약시키는 것이 구성"이라는 것이다. 따라서 구성은 수태한 아기가 태반에서 자라는 생명의 성장과정에 비유될 수 있다.

---

27) 조지훈, 「시의 원리」, 『전집 2』, 47쪽.

28) 위의 글, 66-124쪽.

29) 포에지는 시를 시인 내부의 본질과 연결시킴으로써 구체적인 작품이 아닌 어떤 정신이나 성질로 보는 것을 말한다. 동양시학에서는 시를 poem이라는 형식적인 측면에서 정의하지 않고, poetry라는 내용적 측면에서 정의하는데, 여기에서 poetry는 창작되기 이전의 '시정신'을 의미한다. 김준오, 『시론』, 삼지원, 1997, 19쪽.

셋째, 현상단계는 착상된 시정신이 구성단계를 거쳐 비로소 표현되는, 그래서 시의 형식인 언어의 육체를 가지게 되는 단계이다. 조지훈은 이 과정을 "혼돈의 질서화, 복잡의 단순화에서 비롯되는 것"으로 이해하면서 생략, 해조(諧調), 과장과 반복의 원리를 통해 설명한다. 이 또한 생명현상의 유기적인 관련성 속에 놓이므로 "기술을 통한 기술의 초탈", "천기(天氣)가 깃들이는 것", "생명 그대로의 시도(詩道)"라고 표현한다. 결국 시의 현상은 우주의 생명적 진실이 표면적으로 드러나는 과정으로, 그의 순수시론은 이러한 생명사상을 구현하는 서정적 주체의식을 드러낸 것이라고 할 수 있다.

> 시인은 민족시를 말하기 전에 그냥 시 자체를 알지 않으면 안 된다. 먼저 시가 된 다음 그것이 민족시도 되고 세계시도 될 수 있는 것이므로 시의 전통이 확립되지 못한 이 땅의 시가 민족시로서 세계시에 가담하기 위하여서 먼저 일어날 것은 순수시 운동이 아닐 수 없다. 순수시의 운동은 곧 시의 본질적 계몽운동인 동시에 그의 발전이 그대로 민족시의 수립이기 때문이다. 시(詩)가 시로서 가진바 그 본질의 가치와 사명을 몰각하고 시의 일부인자(一部因子)요, 오히려 그 부수성인 공리성을 추출 확대함으로써 시의 전체를 삼고 자신의 문학적 창조와 개성의 무력(無力)을 엄폐(掩蔽)하고 정치에의 예속, 정당과의 야합의 당위를 부르짖는 수다한 시인은 기실 시인이 아니므로 민족문학의 한 지류(支流)는커녕 정치의 부동세력(浮動勢力) 밑으로 추방될 성질의 것이다. 시는 시로서 저 자신과 민족과 인류에 기여할 것이니 시는 모든 사회현상의 가치로 더불어 홀로 설 수 있는 개성을 고수할 것이므로, 정치건 무엇이건 시의 개성을 굴복시키려는 유파(流波)가 있을 때만은 진실한 시는 언제나 순수시로써 그 정통을 유지하는 것이다.[30)]

조지훈의 시론은 당시의 비평가들 대부분이 시대와 현실을 문제삼아 시와 정치의 결합이라는 편협성을 드러내고 있음에 대한 비판적 담론의 성격을 지녔다. 즉 문학을 하나의 도구로 인식하고 있는 정치적인 문학의 한계성을 지적하면서, 〈조선문학가동맹〉의 결성 이후 좌익 문인들에 의해 주장된 '민주주의 민족문학'이라는 것이 실상은 공산주의 이념의 실천을 위한 선전도구에 지나지 않음을 분명히 하

---

30) 조지훈, 「순수시의 지향—민족시를 위하여」, 『전집 3』, 226-227쪽.

고 있는 것이다. 따라서 그는 문학정신의 문제가 그 독자성과 종속성의 한계를 인식하는 데 있음을 말하면서 문학이란 인간의 '생명적 요구'에 의해 나온 것이므로 문학 이외의 어떤 요구에 의해서도 종속될 수 없다는 '시의 독자성'을 강조한다.[31] 시의 독자성은 "시의 가치를 실현하는 사명과 방법"으로서의 기능적 측면과 관련된다. 시의 기능은 범박하게 말해 고유한 기능과 당위적 기능, 혹은 자율적 기능과 타율적 기능으로 구분되는데, 조지훈은 시의 고유한 기능이 무시되고 타율적 기능이 지나치게 부각되는 당시 우리 시단의 모습을 비판하고자 했던 것이다. 따라서 그는 시의 공리성만을 강조하는 문단세력에 맞서 공리성은 예술성에 종속된다는, 즉 예술성을 살리는 경우 자연스럽게 공리성을 얻을 수 있다는 점을 강조한다. 그러므로 위대한 예술은 공리성이 절로 부수되는 것이지 그 공리성이 위대한 예술의 일차적인 것은 결코 아니라는 것이다.

조지훈의 순수시론은 시의 예술성과 독자성, 그리고 개성의 중요성을 내세우는 것으로 시를 정치적 선전수단으로 이해하는 당시의 문단 주류에 대한 대항 담론으로서의 성격을 지녔다고 할 수 있다. 그에게 '순수시'란 '시다운 시', 곧 '사상이 완전히 혈액화되어 시 속에 따로 유리하지 않는 시'이다. 이는 무정치성이나 무사상성을 뜻하는 것이 아니라 진정한 '시정신'을 옹호하는 것이라고 할 수 있다. 결국 조지훈이 주장하는 순수시는 모든 사상과 이념을 폭넓게 수용하되 그것이 형상화의 과정을 제대로 거쳐 예술적으로 승화된 시를 가리킨다.[32] 주체적 전통론에 바탕을 둔 고전 탐구의 정신과 유기론적 미학에 입각한 서정시론의 정립은 바로 이러한 시적 실천을 모색하는 비평적 토대라고 할 수 있다.

---

31) 권영민, 「조지훈과 민족시로서의 순수시론」, 『한국 민족문학론 연구』, 민음사, 1995, 405쪽.
32) 정효구, 「유기체 시론의 의미」, 『시와 젊음』, 문학과비평사, 1989, 269쪽.

참고문헌

기본 자료

조지훈. 『조지훈 전집』 1~9권. 나남출판, 1996.

시문학사 편. 『박용철 전집 2』. 동광당서점, 1940.

단행본 및 논문

구모룡. 『제유의 시학』. 좋은날, 2000.

______. 『한국문학과 열린 체계의 비평담론』. 열음사, 1992.

권영민 엮음. 『해방 40년의 문학 4—비평』. 민음사, 1985.

권영민. 「조지훈과 민족시로서의 순수시론」. 『한국 민족문학론 연구』. 민음사, 1995.

김윤식. 『한국근대문예비평사연구』. 일지사, 1976.

김종길 외. 『조지훈 연구』. 고려대학교출판부, 1978.

김준오. 『시론』. 삼지원, 1997.

남근우. 「조지훈의 '민족문화학'」. 『한국문학연구』 제18집(동국대학교 한국문학연구소, 1995년 12월).

박호영. 「'문장'파의 전통주의」. 한계전 외. 『한국 현대시론사 연구』. 문학과지성사, 1998.

오형엽. 『한국 근대시와 시론의 구조적 연구』. 태학사, 1999.

정효구. 「유기체 시론의 의미」. 『시와 젊음』. 문학과비평사, 1989.

최원식. 「해방직후의 시론」. 『민족문학의 논리』. 창작과비평사, 1982.

허윤회. 「조지훈 시론 연구」. 『한국의 현대시와 시론』. 소명출판, 2007.

조지훈 시의 유기체적 상상력 연구

박남희

1. 문학적 삶의 총체성과 유기체 시관

우리 문학사를 더듬어 볼 때 문학과 삶이 하나로 통합된 모습을 보여주는 것은 매우 드문 경우에 속한다. 그 드문 예의 첫손가락에 꼽을 수 있는 것이 조지훈 시인이다. 조지훈 시인은 그의 삶의 총체적인 모습을 그의 문학에 정직하게 구현시킨 대표적인 시인이다. 더욱이 그의 문학은 민족의 존재 근거가 흔들리던 일제시대로부터 4·19, 5·16에 이르는, 개인과 민족의 정체성의 혼란기를 문학적 총체성으로 극복해보려 했던 노력의 산물이라는 점에서 의미를 지닌다. 이미 여러 논자들에 의해서 거론된 바 있듯이 그의 문학은 복합적인 성격을 지닌다.[1] 따라서 그의 시를 시기별로 명확하게 구분하기란 그리 쉬운 일이 아니다.

조지훈의 시는 일반적으로 서구적 유미주의에 천착한 습작기의 시들과 고전 취향의 시를 초기의 시로, 그가 월정사에 칩거하면서 쓴 일련의 선적 취향의 시와 해방 전후의 시를 중기의 시로, 그리고 해방 후 6·25 전쟁과 4·19, 5·16의 격동기를 거치면서 쓴 현실지향적인 시를 말기의 시로 나누어 볼 수 있다. 하지만 이러한 구분은 절대적이라고 볼 수 없다. 왜냐하면 그의 시는 엄밀히 말하면 시기별로 큰 변화가 없는 일정한 기조 위에서 씌어진 것이기 때문이다. 『조지훈 시선』 후기에서 시인 자신이 말한 "나의 시는 별로 변한 것이 없다"[2]는 고백이 이를 뒷받침해준다. 시인의 이러한 고백은 자신의 시가 스스로의 존재론적 가치관을 바탕으로 한 총체적인 중심축 위에서 일정하게 전개되고 있음을 암시해 주는 것이다.

초기 시부터 말기 시에 이르기까지 조지훈 시 전체를 관통하는 시관은 유기체 시관이다.[3] 유기체 시관은 단지 조지훈의 시론에 그치는 것이 아니라 그의 삶과 존재 전체를 아우르는 세계관이고 가치관이라는 점에서 보다 포괄적인 의미를 지닌다. 그것은 그의 시론의 집대성이라고 할 수 있는 『시의 원리』의 앞부분에서 이미 시인

---

1) 일반적으로 조지훈의 시세계를 시집의 간행 순서로 나누는 데는 문제가 있다. 박호영은 그의 논문에서 조지훈의 시를 시기별로 나누기보다는 시정신 별로 나누는 것이 타당하다고 보고 그의 시를 1) 습작기의 시 2) 자연관조적인 시 3) 현실참여적 경향의 시 4) 자아탐구의 시로 나누어 분석하고 있다.(박호영, 「조지훈 문학연구」, 서울대 박사학위논문, 1988)

2) 조지훈은 그의 세 번째 시집인 『조지훈 시선』을 간행하면서 그 후기에 자신의 시를 1부: 습작기를 중심으로 한 '지옥기의 시편', 2부: 해방기에 고향에서 쓴 시를 모은 '풀잎단장', 3부: 오대산 월정사 시기의 시를 모은 '달밤', 4부: 조선어학회 무렵의 시를 중심으로 한 '산우집', 문장지 추천 무렵의 시를 중심으로 한 '고풍의상', 해방과 6·25 전쟁 전후에 씌어진 시를 모은 '기려초'로 나누어 싣고 있음을 밝히고 있다. 하지만 이러한 분류는 시기별로 나눈 것이 아닐 뿐 아니라 스스로도 자신의 작품이 여러 계열이 뒤섞여 씌어졌음을 고백하고 있다.(조지훈, 『조지훈 전집 1』, 나남출판, 1996, 123쪽)

3) 필자는 이미 박용철, 정지용, 조지훈으로 이어지는 유기체시론의 흐름과 성격을 대비적으로 규명한 바 있다.(박남희, 「한국유기체시론 연구」, 『숭실어문』 18집, 2002 참조) 조지훈의 시를 관통하는 일정한 흐름을 필자는 1) 문학적 존재론 2) 친자연적 정신주의 3) 유기체 시관으로 요약하고, 이 세 가지를 아우르는 조지훈 시의 요체를 유기체적 상상력이라고 보았다. 일반적으로 조지훈의 문학관을 '전통론', '순수시론', '유기체시론' 등으로 나누어서 보는 관점(신현락, 『한국현대시와 동양의 자연관』, 한국문화사, 1998, 324쪽)이 있으나, 필자는 이들이 별개의 것이 아니라 유기체 시관에 하나로 포섭될 수 있다고 보았다. 유기체 시관이 어떻게 조지훈 시와 삶 전체를 아우르는 구심점이 되는지를 밝히는 것이 이 글의 목적이다.

과 시를 유기체적 자연의 일부, 또는 창조적 생명체로 바라보고 있는 데서도 드러난다.[4)]

> 시란 것은 진실한 생각, 진실한 느낌, 진실한 표현을 통하여 나오는 그 자신의 전인격적(全人格的) 체험에서만 스스로 체득할 수 있고 이와 같이 시를 체득한 시인의 생명의 결정인 작품을 통하여서만 그의 최상의 작시법(作詩法)을 듣는 수밖에 다른 길이 없는 것이다. (…)
>
> 대자연은 사물의 근본적인 원형으로서 여러 가지 의미를 실현하고 있다. 대자연의 일부인 사람은 그 자신 자연의 실현물(實現物)로서만 존재하는 것이 아니라 창조적 자연을 저 안에 간직함으로써 다시 자연을 만들 수 있는 기능을 가지는 것이다. 대자연은 자연 전체의 위에 그 본원상(本源相)을 실현하지만 반드시 개개의 사물에 완전히 나타나는 것은 아니기 때문에 어느 의미에서 시인은 자연이 능히 나타내지 못하는 아름다움을 시에서 창조함으로써 한갓 자연의 모방에 멈추지 않고 '자연의 연장(延長)'으로서 자연의 뜻을 현현(顯現)하는 하나의 대자연일 수 있는 것이다. 바꿔 말하면, 시는 시인이 자연을 소재로 하여 그 연장으로써 다시 완미(完美)한 결정(結晶)을 이룬 '제 2의 자연'이라고도 할 수 있다.
>
> 그러므로 시뿐 아니라 모든 예술은 자연을 정련(精練)하여 그것을 다시 자연의 혈통에 환원시키는 것, 곧 '막연(漠然)한 자연(自然)'에 특수한 의미를 부여함으로써 새로운 의미를 발견하는 것이라고 말할 수 있다.

이상의 진술을 종합해 보면 시인은 스스로가 대자연의 일부가 되어 자연이 미처 보여주지 못한 우주의 본원상을 새롭게 창조해서 자연에 특수한 의미를 부여해주는 전인격적인 존재인 것이다. 그런데 이 글은 우리에게 중요한 몇 가지 단서를 제공해준다. 그것은 시인의 시관이 우주적 존재론에 닿아있는 친자연적인 유기체 시관이라는 점이다. 이처럼 시인이 인간을 대자연의 일부로 보고 우주와 인간과 문학이 하나의 유기체로 연결되어 있다고 보는 것은 단순히 문학관의 차원에 머무는 것

---

4) 조지훈, 『조지훈 전집 2』, 나남출판, 1996, 19-21쪽.

이 아니다. 시인은 문학의 본질이 '문학정신'에 있다고 보고, 시인이 '문학정신'을 체득하는 "문학하는 태도는 문학을 생활화함으로써 하나의 문학적 인생관에 연결된다"고 하여, "문학관은 그의 예술관이요 인생관이며 세계관이기도 하다"고 말하고 있다.[5] 문학을 생활화한다는 것은 단순히 문학이 인생의 부수적인 것이 아니라 시인의 삶과 존재의 본질에 닿아있음을 말해주는 것이다. 이런 관점에서 볼 때 조지훈 시인에게 있어서 문학은 삶의 총체성을 아우르는 본질적인 것이다.[6] 그가 문학의 요체로서 문학정신을 강조하고 있는 것도 문학이 그의 삶의 총체성을 아우르는 핵심에 자리하고 있기 때문이다. 따라서 그의 문학의 핵심적 요체라고 말할 수 있는 유기체적 문학관은 문학을 포함한 그의 삶의 총체성을 아우르는 전일적(全一的)인 시관이라고 말할 수 있다.[7]

2. 우주적 존재론과 유기체 시관

조지훈의 초기 시에서 후기 시에 이르기까지 일관되게 나타나는 것이 그의 존재론적 문학관이다.[8] 물론 그의 존재론은 동양적 우주론에 닿아있다. 시인의 이러한 존재론적 관심은 처음부터 동양적인 정신주의에 닿아있었던 것은 아니다. 지훈의 습작기 시편을 가리키는 이른바 '지옥기'의 시편들은 「승무」나 「고풍의상」 계열의 등

---

5) 조지훈, 『조지훈 전집 3』, 17쪽.

6) 그는 「자연과 문학」이라는 제목의 글을 통해 "문학은 인간을 통해 나타나는 자연 총체의 결정이요 자연을 통해 나타나는 인간정신의 구경적(究竟的) 구현"이라고 말하고 있다.(『조지훈 전집 3』, 41쪽)

7) 구모룡은 그의 박사학위 논문에서 문학유기론이 과정이론, 존재이론, 가치이론, 역사이론 등의 영역을 갖는다는 점을 지적하면서 문학유기론이 인간의 삶의 총체성과 연결되어 있음을 설명하고 있다.(구모룡, 「한국근대문학유기론의 담론분석적 연구—조지훈·김동리·조윤제를 중심으로」, 부산대 박사학위논문, 1992, 17쪽)

8) 김문주는 그의 박사학위논문을 책으로 묶어 낸 『형상과 전통』에서 "조지훈 시는 줄곧 삶의 존재론적 문제들과 고투해왔다"는 점을 강조하면서 "우주의 운행원리 아래 놓인 개체의 운명을 수락하되 어떻게 생명의 의의를 발견할 것인가 하는 문제는 지훈의 시가 일관되게 고민해온 주제였"음을 지적하고, "우주적 자아로서의 존재에 대한 인식은 지훈 시세계 전체를 떠받치고 있는 시의식의 대전제"임을 말하고 있다.(김문주, 『형상과 전통』, 월인, 2006, 252쪽)

단기 시편들과는 달리 서구적인 발상과 감각에 바탕을 둔 보들레르나 오스카 와일드적인 탐미주의적 성향을 지닌 것들이다.[9] 그런데 이러한 서구 취향은 존재론적 자각을 그 바탕에 깔고 있음을 간과해서는 안 된다. 하지만 이 시기의 존재론적 자각은 진정한 의미의 자각이라기보다는 존재론적인 방황이라는 표현이 맞는다. 이 시기의 시들은 암담한 시대 상황에 대한 인식과 맞물려서 '어둠'이나 '죄의식', '단절' 등을 통해서 오는 불안의식이나 결핍의식이 주조를 이루고 있다. 등단 이전에 씌어진 시 「영상(影像)」은 같은 해에 씌어진 「월광곡(月光曲)」과 짝을 이루는 작품으로 시인의 존재론적 단절을 드러내 보여준다.

이 어둔 밤을 나의 창가에 가만히 붙어 서서
방안을 들여다 보고 있는 사람은 누군가.

아무 말 없이 다만 가슴을 찌르는 두 눈초리만으로
나를 지키는 사람은 누군가.

萬象이 깨여 있는 漆黑의 밤 감출수 없는
나의 秘密들이 파란 燐光으로 깜박이는데

내 不安에 질리워 땀 흘리는 수 많은 밤을
종시 창가에 붙어 서서 지켜 보고만 있는 사람

아 누군가 이렇게 밤마다 나를 지키다가도
내 스스로 罪의 思念을 모조리 殺戮하는 새벽에—

가슴 열어 제치듯 창문을 열면 그때사 저
薄明의 어둠 속을 쓸쓸히 사라지는 그 사람은 누군가.

---

9) 조지훈, 「나의 역정」, 『조지훈 전집 3』, 201쪽.

이 시는 누군가 밤마다 시적 화자가 잠 자는 창가에 와서 '가슴을 찌르는 눈초리'로 말없이 지켜보다가 박명의 어둠이 걷히는 새벽 무렵에 쓸쓸히 사라지는 모습을 '그림자' 즉 '영상'으로 표상해내고 있는 시이다. 그림자가 창밖에 서서 자신을 지켜보며 방안을 들여다보고 있다는 것은 시적 화자에 대한 관심의 표현이지만, 창문을 열거나 두드리지도 않고 새벽이면 말없이 사라진다는 점에서 사랑하는 사람인지 감시자인지 알 수가 없다. 그러므로 화자의 '불안'은 계속될 수밖에 없다. 그런데 "스스로 罪의 思念을 모조리 殺戮"한 후에야 사라지는 존재라는 점에서 서구의 기독교적 원죄의식을 연상시켜 준다.

그런데 이 시는 같은 시기에 씌어진 「월광곡」의 "부끄러운 곳을 가리지 못하도록 두 팔을 잘리운 '미로의 비너스'"로 표상되고 있는 욕망의 대상으로서의 관능적 소녀와 연결되어 '욕망'과 '죄'의 굴레를 벗어나지 못하는 인간의 한계를 상징적으로 보여준다. 두 시의 배경이 모두 밤이라는 것도 당시의 암담한 시대상과 무관하지 않은 것처럼 보인다. 이처럼 이 시기의 시들은 당시의 암담한 시대상을 반영하고 있으면서도 그 밑바닥에는 원죄론을 바탕으로 한 서구의 기독교적 존재론이 자리하고 있다. 이 두 시에 공통적으로 보이는 '창'은 '소녀'와 '화자' 사이를 단절시키는 매체로서 자아와 타자를 분리하여 생각하는 전형적인 서구적 발상의 산물이다. 따라서 이 시기의 시들은 시와 삶 전체를 유기적 관점에서 바라보는 조지훈 시의 한 이단아인 셈이다. 하지만 이러한 서구문화의 충격이 시인으로 하여금 형이상학적이고 존재론적인 고민을 하게 하여[10] 장차 그의 시가 동양적 형이상학의 세계로 나아가는 계기가 되는 것이다. 그러므로 조지훈의 등단작 「승무」가 여승의 아름다운 모습 뒤에 감추어져 있는 육체적 욕망과 번뇌를 우주의 '별빛'과 유기적으로 연결시켜 심미적 완결성을 지닌 시로 승화시키고 있는 것은 시사하는 바가 크다. 하지만 「승무」의 여승 역시 춤추는 그의 몸이 육체적 욕망과 구도정신의 갈등을 내포하고 있다는 점에서 「승무」 계열의 초기 시들은 그의 시가 온전한 동양적 유기체 시관으로 나아가는 노정에 있는 과도기적 산물이다.

조지훈의 초기 시들은 그것이 서구적인 색채를 띤 것이든 동양적인 것이든 공통

10) 김문주, 앞의 책, 195쪽.

적으로 인간의 문제에 집중되어 있다.[11] 이러한 양상은 그의 시가 처음부터 존재론적 관심에서 출발하고 있다는 것과 무관하지 않다. 조지훈의 시가 서구적인 환경에서 출발해서 동양적 전일(全一)의 세계로 나아가는 과정은 시인이 당시에 직면하게 되는 인간의 문제들을 자연과 도(道)의 총체성에 기대서 온전하게 극복해나가는 과정이었다.[12] 이처럼 시인이 동양 사상에 심취하게 되는 것은 그의 정신 지향적 성향과도 무관하지 않다. 그는 당시에 일정한 시류를 형성하고 있던 유물론을 염두에 두면서 쾌락이나 경제와 같은 자연물질가치(自然物質價值)는 동물의 범주를 벗어나지 못하는 것이므로 절대가치인 진·선·미를 추구하는 이상정신가치(理想精神價值)에 비할 바가 되지 못한다는 점을 강조하고 있다.[13]

이처럼 조지훈의 시가 그의 삶에서 나타나는 존재론적 모순을 극복해나가는 과정에서 쓰여진 것이라는 것은 너무나 자명한 사실이다. 그의 시가 해방을 기점으로 하여 자연과 세계에 대한 대응방식을 달리하게 되는 것도 시인의 이러한 문학관을 반영한 것이다.[14]

木蓮꽃 향기로운 그늘 아래
물로 씻은듯이 조약돌 빛나고

흰 옷깃 매무새의 구층탑 위로
파르라니 돌아가는 新羅千年의 꽃구름이여

---

11) 위의 책, 210쪽.

12) 조지훈은 시를 하나의 도라고 보고 인간 의식과 우주 의식의 완전 일치의 체험이기 때문에 인생의 괴로움을 자연의 사랑을 통해서 치유할 수 있다고 생각하고 있다. 따라서 그는 시를 쓰는 일, 즉 순수한 예술충동도 인간이 지닌 생명적 욕구라는 점을 강조하고 있다.(조지훈, 「시의 감성」, 『조지훈 전집 2』, 30쪽)

13) 조지훈, 「시의 감성」, 『조지훈 전집 2』, 31-32쪽.

14) 김종태는 조지훈의 시를 자아와 세계의 대응양상으로 살피면서 그의 시가 "해방 전에는 주로 비애와 우수의 정서에 젖어서 주로 자연의 소멸과 죽음을 시화하였다면 해방 후에는 영원한 생명의 진리를 응축하고 있는 자연에 몰입하여 현실의 고단함으로 인해 우울과 고독에 빠져 있었던 자아의 새로운 정서적 충일을 시화하였다."고 말하고 있다.(김종태, 「조지훈 초기 자연 서정시에 나타난 세계와 자아의 대응 양상」, 최승호 편, 『조지훈』, 새미, 2003, 214쪽)

한나절 조찰히 구르던
여흘 물소리 그치고
비인 골에 은은히 울려 오는 낮종소리.

바람도 잠자는 언덕에서 복사꽃잎은
종소리에 새삼 놀라 떨어지노니

무지개 빛 햇살 속에
의희한 丹靑은 말이 없고……

―「고사(古寺) 2」 전문

이 시는 「고사(古寺) 1」, 「산방(山房)」, 「산(山) 1」, 「산(山) 2」, 「앵음설법(鶯吟說法)」 등과 더불어 지훈이 오대산 월정사에 머물던 시기에 쓴 작품이다. 시인은 「나의 역정」이라는 글을 통해서 이 시기에 지훈이 월정사에 머물게 된 것은 어지러운 머리를 가누기 위함이었다고 말하고 있다.[15] 이때까지 지훈을 괴롭힌 것은 자기존재의 정체성에 대한 혼란이었다. 그러므로 자의반 타의반으로 머물던 월정사 시절은 시인에게 있어서는 자신의 정체성을 회복하던 자기침잠(自己沈潛)의 시기였으며 그에게는 매우 중요한 도정이기도 하였다. 이 시는 이 때 지훈이 얻은 '슬프지 않은 시 몇 편'에 속하는 것이었다. 하지만 이 시기의 시들에서 슬픔이 보이지 않는 것은 시인이 자연 속에 슬픔을 감추어 두었기 때문이다. 이러한 것을 가능하게 했던 것이 그의 '시선일미(詩禪一味)', '시선일여(詩禪一如)'의 시학이다.[16] 조지훈 시인은 시의 언어와 선의 언어가 비슷할 뿐 아니라 사물이나 우주의 근본 원리를 깨닫는 데 있

---

15) 조지훈, 「나의 역정」, 『조지훈 전집 3』, 202쪽.

16) 조지훈은 그의 글 「시선일미(詩禪一味)」에서 "시(詩)와 선(禪). 시(詩)가 마침내 선(禪)과 자리를 같이한다. 시도 또한 선이다."고 말하고 있다.(조지훈, 「시선일미(詩禪一味)」, 『조지훈 전집 2』, 202쪽) 시인은 이것을 시선일여(詩禪一如)라는 한마디 말로 요약하고 있다.(조지훈, 『조지훈 전집 2』, 222쪽)

어서 발상법이 비슷하다는 점을 깨닫고, 선의 미학을 직접 시 창작 원리로 원용하여 정착시킨 흔치 않은 시인에 속한다.[17)]

「고사(古寺) 2」는 자연과 역사의 아름다움을 간직한 고사(古寺)의 풍경을 매우 서경적인 필치로 그려 보여주고 있으면서도 문득문득 그 안에 시인의 마음을 앉혀놓는다. 1연과 2연이 자연과 역사의 아름다움을 부각시키고 있다면, 나머지 연은 자연 속에 스며든 인공의 소리를 통해서 시인의 마음의 평정이 깨지는 상황을 상징적으로 보여준다. 시 문면에서는 종소리에 놀라 떨어지는 것이 복사꽃이지만, 그 이면에 숨겨져 있는 것은 암울한 시대 상황 속에서 느끼는 시인의 불안 의식이다. 이런 관점에서 보면 '복사꽃'은 자연이면서 동시에 시인 자신의 내면적 등가물인 것이다. 따라서 말없는 단청 역시 시인의 마음을 상징적으로 대변해주는 매개물이라고 말할 수 있다. 따라서 이 시기의 시들을 선의 세계에 침잠한, 현실인식이 결여된 시로 바라보는 것은 잘못된 것이다.[18)]

실눈을 뜨고 벽에 기대인다 아무것도 생각할 수가 없다

짧은 여름밤은 촛불 한자루도 못다 녹인채 사라지기 때문에 섬돌 우에 문득 石榴꽃이 터진다

꽃망울 속에 새로운 宇宙가 열리는 波動 ! 아 여기 太古쩍 바다의 소리 없는 물보래가 꽃잎을 적신다

방안 하나 가득 石榴꽃이 물들어 온다 내가 石榴꽃 속으로 들어가 앉는다 아무것도 생각할 수가 없다

—「화체개현(花體開顯)」 전문

17) 신현락, 앞의 책, 336쪽.

18) 이 시기의 시들을 평하는 대부분의 글들은 이 시기의 조지훈의 시를 "선적 관조(禪的觀照)의 세계에 완전히 탐닉했던 사실"(김종균, 「조지훈의 문학비평」, 김종길 외, 『조지훈 연구』, 고려대학교 출판부, 1978)로 보는 등 일정한 편견을 가지고 바라보고 있다.

이 시는 해방 후인 1949년에 씌어진 작품으로, 1952년 발간된 『풀잎단장(斷章)』에서는 「아침」이었던 것이 1958년의 『조지훈 시선』에 이르러서는 「화체개현(花體開顯)」으로 제목이 바뀐 독특한 시이다.[19] 1949년은 해방 이후 대한민국정부가 수립되는 와중에서 민족이 좌익과 우익으로 갈려 갈등을 겪던 일종의 혼란기이다. 이 시는 언뜻 보면 무념무상의 몰아의 경지[20]만을 보여주는 것 같지만 실은 이 시의 초두에 시인의 고뇌가 엿보인다. 1연에서 시인이 실눈을 뜨는 행위나, 2연에서 촛불 한 자루도 못다 녹인 채 사라지는 짧은 여름밤은 당시의 혼란스러운 시대상과 맞물려 고뇌하고 있는 주체의 모습을 보여주는 것이다. 따라서 1연의 "아무것도 생각할 수가 없다"는 진술은 무념무상이라기보다는 오히려 시대적 불확실성을 상징하는 것으로 보는 것이 더 온당하다고 생각된다. 그리하여 시인은 불확실한 현실을 잊으려 "섬돌 우에 문득 石榴꽃이" 터지는 것에 주목하는 것이다.

이처럼 현실을 잊으려 자연에의 몰입을 감행한 시인은 꽃이 피는 모습에서 "꽃망울 속에 새로운 宇宙가 열리는 波動"을 온 몸으로 느끼게 된다. 그리하여 시인은 현재라는 시간을 초월하여 태고(太古)의 시간 속으로 들어가 바다의 소리를 듣고, 드디어 방안 가득 물들어 오는 석류(石榴)꽃 속으로 들어가 앉는다. 물아일체의 세계로 들어가게 되는 것이다. 그러므로 마지막 연에 나오는 "아무것도 생각할 수가 없다"는 진술은 무념무상을 가리키는 것으로 해석이 가능하다. 이 시에서 석류(石榴)꽃 이미지로 표상되고 있는 '꽃' 이미지는 조지훈 시에서 가장 자주 등장하는 중심적 심상으로서 그것이 단순한 현상세계의 작은 식물에 머무는 것이 아니라 현상세계 너머의 근원적 본질에 이르는 '미(美)의 흐름'으로 보고 있다.[21] 이러한 그의

---

19) 이 시는 1958년의 『조지훈시선(趙芝薰詩選)』에서는 '石榴'가 '柘榴'(자류)로 표기되어 있는데, 이것을 1996년에 나남 출판사에서 나온 『조지훈 전집 1(詩)』에서는 '石榴'로 다르게 표기하고 있다. 이를 처음으로 지적한 김문주는 '柘榴'와 '石榴'를 각 각 다른 나무로 보고 있으나 김종태는 같은 나무의 다른 이름으로 보고 있다.(김종태, 앞의 글, 205쪽) '柘榴'라는 이름이 들어가 있는 다른 시로는 백석의 「자류(柘榴)」가 있으나 대부분의 책에서 '柘榴'를 '石榴'와 동일한 나무로 보고 있으므로 김종태의 의견이 맞는 것으로 보인다. 하지만 조지훈이 『조지훈시선(趙芝薰詩選)』 이후에 쓴 필사본에는 '柘榴'를 '石榴'로 고쳐서 표기하고 있는 것으로 보아(김문주의 확인) '柘榴'는 조지훈이 '石榴'를 일시적으로 잘못 알고 쓴 것으로 추측되므로 나남에서 나온 『조지훈 전집 1(詩)』의 표기는 올바른 것이라 할 수 있다.

20) 정근옥, 『조지훈 시 연구』, 보고사, 2006, 232쪽.

상상력은 그의 동양적 유기체 시관에 닿아있음은 물론이다.

우리는 이 시를 통해서 시인의 고뇌하는 자아가 궁극적으로 도달하려는 곳이 물아일체의 경지인 우주의 세계임을 알 수 있다. 시인은 자연과 인간이 하나가 되는 유기체적 우주질서에 동참함으로써 유한한 인간존재의 한계를 극복해보려는 것이다.

3. 전통 지향적, 민족주의적 정체성과 유기체 시관

조지훈의 유기체 시관은 시와 시인을 유기체적 우주의 일부로 보는 문학유기론에 머물지 않고, 그의 전통 지향적이며 민족주의적인 가치관과 맞물려서 혼란한 시대를 살아가는 시인 자신의 정체성 회복에 중요한 구심점 역할을 하는 시관이라는 점에서 총체성을 지닌다. 조지훈 시인의 전통 지향성은 고전에 대한 관심으로 나타나게 되는데, 그가 고전을 중시하게 된 동기는 일차적으로는 전통에 대한 관심[22] 때문이었지만, 더 근본적인 이유는 동양고전을 통하여 자신의 정체성과 세계관을 새롭게 정립하려는 데 있었다. 따라서 그가 고전에 관심을 가진 것은 단순한 과거추수적인 성향이라기보다는 혼란한 현실을 타개해 나가려는 노력의 일환으로, 과거와의 단절이 아닌 연속선상에서 자주적이고 창조적인 전환의 계기를 마련해보려는 것이다.[23] 시인의 이러한 노력은 그가 유기적 문학관을 통해서 서구문학 중심의 전

---

21) 조지훈은 "장자가 본 도(道)의 편만(遍滿), 기독(基督)의 신(神)의 무소부재(無所不在),불교의 삼천실상(三千實相), 그것은 현상의 세계에 비친 미(美)의 흐름과 마찬가지니라. 옥경과(玉京)과 천당(天堂)과 극락(極樂) 호화장엄(豪華莊嚴)이 한송이 꽃에 피느니라."고 하여 현상세계의 꽃을 형이상학적 근원에까지 연결시키고 있다.(조지훈, 「서창집—역일시론」, 『조지훈 전집 2』, 190쪽)

22) 박호영은 조지훈의 전통주의를 논하면서 지훈의 전통에 대한 관심이 고전을 중요시하는 계기가 되었다고 말하고 있다.(박호영, 「조지훈의 전통주의」, 최승호 편, 『조지훈』, 새미, 2003, 94쪽)

23) 조지훈은 「민족적 자아발견의 겨울」이라는 글에서 "현실은 과거의 연속이요 그 누적의 결과인 동시에 미래의 단서요 그 전환의 계기(契機)이다. 그러므로 현실은 우리에게 전통적 창조의 동력과 누습(陋習)의 완강한 타성(惰性)을 줄 뿐 아니라 동시에 자주전환(自主轉換)의 무한한 가능성과 추수순응(追隨順應)의 야릇한 매력을 주고 있다"고 하여 고전주의가 이러한 양면적 모순을 극복하고 자주적이고 창조적인 전환의 계기가 되기를 소망하고 있다.(조지훈, 「민족적 자아발견과 겨울」, 『조지훈 전집 3』, 388쪽)

통단절론을 극복하려고 한 것과 궤를 같이하는 것이다. 왜냐하면 그에게 있어서 문학은 곧 민족이고 자아이며 우주이며 세계이기 때문이다. 그러므로 그의 고전을 통한 민족적 자아 찾기의 노력은 곧 시인 자신의 정체성 찾기와 다른 것이 아니다. 이런 관점에서 그의 전통 지향적인 초기 시를 보면 그의 전통 지향성이 단순한 취향의 차원을 넘어 그의 세계관에까지 닿아있음을 알게 된다.

> 벌레 먹은 두리기둥 빛 낡은 丹靑 풍경소리 날러간 추녀 끝에는 산새도 비둘기도 둥주리를 마구 쳤다. 큰 나라 섬기다 거미줄 친 玉座 위에 如意珠 희롱하는 雙龍 대신에 두 마리 봉황새를 틀어 올렸다. 어느땐들 봉황이 울었으랴만 푸르른 하늘 밑 甃石을 밟고 가는 나의 그림자. 佩玉 소리도 없었다. 品石 옆에서 正一品 從九品 어느 줄에도 나의 몸둘 곳은 바이 없었다. 눈물이 속된줄을 모를양이면 봉황새야 九天을 呼哭하리라.
>
> —「봉황수(鳳凰愁)」 전문

이 시는「승무(僧舞)」,「고풍의상(古風衣裳)」 등과 더불어 시인의 전통 지향적 시들 중 대표적인 작품이라고 말할 수 있다. 시인은 몰락한 왕조가 살았던 고궁을 둘러보며, 주변의 열강에 의해 사대주의적 수모를 겪을 수밖에 없었던 우리민족의 치욕의 역사를 돌이켜 보고 있다. “큰 나라 섬기다 거미줄 친 玉座 위에 如意珠 희롱하는 雙龍 대신에 두 마리 봉황새를 틀어 올렸다”는 진술은 지나간 과거의 치욕의 역사를 통해서 일제 식민지 하에 있는 시인의 현실을 직시해보려는 노력인 것이다. 그는 과거의 역사를 과거의 책임으로만 돌리지 않고 현재의 자신과 무관하지 않음을 “푸르른 하늘 밑 甃石을 밟고 가는 나의 그림자”라는 표현을 통해서 현재화시킨다. 하지만 그는 “品石 옆에서 正一品 從九品 어느 줄에도 나의 몸둘 곳은 바이 없었다”고 하여 과거로 되돌아가서 치욕적인 과거를 되돌릴 수 없는 자신의 무능력함을 한탄하고 있다. 물론 이러한 역사에 대한 한계의식은 식민지적인 현실을 반영한 것이다.

이 시를 통해서 우리가 알 수 있는 것은 과거의 역사를 똑바로 바라보려는 시인의 눈이 그의 존재론적 세계인식의 태도와 맞물려 있다는 점이다. 과거가 없이는 현재도 없는 것이고 미래도 있을 수 없다는 시인의 인식은 전통을 그냥 답습하는 것이 아니라 창조적으로 계승해 보려는 의지가 담겨있다. “전통은 창조의 원천이요 그 형상의 질료(質料)이며, 창조는 전통의 의욕이요 그 계승의 방법이다. 그러므로 전통없는 창조는 공소(空疎)하고 허약하여 뿌리 없는 나무와 같고 창조 없는 전통은 침체하고 고루하여 인습의 폐풍(弊風)에 병들게 된다."[24]고 한 조지훈의 말은 전통을 바라보는 그의 태도가 어떤 것인지를 알 수 있게 해준다.

眞珠구슬 오소소 오색 무늬 뿌려 놓고
긴 자락 칠색線 花冠몽두리

水晶하늘 半月속에 彩衣입은 아가씨
피리 젓대 고운 노래 잔조로운 꿈을 따라

꽃구름 휘몰아서 발 아래 감고
감은 머리 푸른 수염 네 활개를 휘돌아라

맑은 소리 품은 鼓 한송이 꽃을
胡蝶의 나래가 싸고 돌더니

풀밭에 앉은 나비 다소곳이 물러가고
꿀벌의 날개 끝에 맑은 청 鼓가 운다.

銀무지개 넘어로 작은 별 하나
꽃수실 채색무늬 花冠몽두리

—「무고(舞鼓)」 전문

조지훈의 「봉황수(鳳凰愁)」가 고전의 역사성에 주목하고 있다면 이 시는 역사성이라는 이데올로기보다는 미학적 차원에 더 관심을 가지고 있다. 사실 과거의 역사는 무수히 왜곡되고 변형되어서 그 정통성을 찾기가 쉽지 않지만, 전통의 아름다움은

24) 조지훈, 「민족문화연구 창간사」, 『조지훈 전집 3』, 386쪽.

천년의 시간을 건너와서 우리가 함께 공감할 수 있는 동질성을 가져다준다. 그것은 마치 천 년 전의 자연이 현재를 사는 우리에게 동일한 아름다움으로 다가오는 것과 같은 이치이다. 시인은 전통을 통해서 자연의 아름다움을 찾고 있는데, 이것은 전통을 자연의 영원성 위에 놓음으로써 전통적인 것과 현대적인 것이 동일하게 자연을 매개체로 교감할 수 있게 해주려는 의도인 것이다.

인용 시는 「무고(舞鼓)」라는 제목을 가지고 있지만 '북'에 대한 묘사보다는 '무의(舞衣)'와 '무희(舞姬)'에 대한 묘사가 주를 이루고 있다. 시인이 '북춤'이라는 고전적인 소재를 '꽃', '나비', '꿀벌'과 같은 자연 이미지를 통해서 비유적으로 묘사하고 있는 것은, 우리의 고전이 그냥 과거에 머물러 있는 죽은 것들이 아니라 지금도 우리 곁에서 살아서 꿈틀거리고 있는 것이라는 것을 환기시키기 위함이다. 시인에게 있어서 시가 제2의 자연이듯이 고전도 제2의 자연으로서 창조성과 생명성을 가지고 있는 것이다. 말하자면 고전도 현재에 살아서 우리와 유기체적으로 연결되어 있는 생명체와 같은 것이다. "전통은 새로운 생명의 원천으로서 좋은 뜻을 살려서 이어받아야 할 풍습이요 방법이요 눈인 것이다. 전통은 역사적으로 생성된 살아있는 과거이지만 그것은 과거를 위해서가 아니라 도리어 현실의 가치관과 미래의 전망을 위해서만 의의가 있는 것이다."[25]고 한 조지훈의 말은 전통이 과거뿐만 아니라 현재와 미래에까지 연결되어 있는 살아있는 생명의 원천임을 증명해준다. 시인은 또 다른 글에서 고전을 "하나의 위대한 '이상주의적 현실주의'"이며, "한 인류 문화가 원심운동에서 구심운동으로 상극(相剋)에서 상생(相生)으로 전환하는 계기"를 마련해준다고 하여[26] 고전이 현실의 한계를 극복하고 유기체적 상생의 이상적 세계로 나아가는 대안이 될 수 있음을 말하고 있다. 시인의 이러한 주장은 언뜻 보면 과장되고 허황된 감이 없지 않으나, 이 글이 씌어진 1949년이 좌우익의 극심한 분열과 혼란 속에 있었다는 점을 감안해보면 어느 정도 그 정황이 이해가 된다.

---

25) 조지훈, 「한국 문화사 서설 4. 한국 문화 논의」, 『조지훈 전집 6』, 314쪽.
26) 조지훈, 「고전주의의 현대적 의의」, 『조지훈 전집 3』, 53쪽.

4. 조지훈의 동양적 정신주의와 탈근대성

조지훈 시의 유기체적 상상력은 동양적 우주관을 바탕으로 하고 있지만, 그것이 단지 복고적 전통주의에 머무는 것이 아니라 서구의 기계주의적 상상력의 파편화된 이분법을 넘어서는 탈근대성을 지니고 있다는 점에서 의의가 있다.[27] 그것은 조지훈 시의 요체인 동양적 정신주의가 서양의 인간중심적 이분법을 넘어서는 탈중심주의에 까지 닿아있다는 점을 말해주는 것이다. 조지훈 시의 동양적 정신주의는 특히 억압과 폭력과 단절이라는 현실의 한계를 극복해보려는 전일적 유기체 시관에 바탕을 두고 있으며, 이는 그의 문학관이 소극적이기는 하지만 근대적 모순과 한계를 극복해나가려는 뚜렷한 전망 위에 존재한다는 것을 말해준다.[28] 이는 지용이 당시의 시대적 역경을 이기기 위해서 산수시의 세계로 나아갔던 것과 비슷한 맥락에서 이해될 수 있다.[29] 하지만 지용이 자연을 하나의 은둔적 도피처로 생각했다면, 지훈은 자연을 형이상학적인 도(道)의 경지로 끌어올려 억압되고 훼손된 당대적 현실을 총체적으로 회복하고자 하는 드높은 정신지향성을 보여주고 있다는 점에 차이가 있다. 특히 당시의 민족 간의 갈등과 개인적 억압의 양상이 주체 중심적 이분법을 바탕으로 한 근대성의 산물이라는 점을 감안해보면, 조지훈이 동양적 유기체 시관을 통해서 보여준 탈주체적 정신주의의 반근대적이며 탈근대적인 성격이 드러난다.

---

27) 구모룡은 그의 저서 『제유의 시학』에서 유기론이 근대성 체계에 대한 해체와 비판이라는 이론적이고 실천적인 문제와 관련된다는 점을 강조하면서, 자연과 만물에 대한 유기론의 제유적 인식은 근대의 기계론적 환유의 세계관을 극복하는 대안으로서의 탈근대성을 지니고 있다고 말하고 있다.(구모룡, 『제유의 시학』, 좋은날, 2000, 26쪽)

28) 데리다를 중심으로 한 서구의 해체론은 기존의 이성중심적 사유와 담론에 대한 해체이지만, 삶에 대한 근본적인 대안이 될 수는 없는 것이다. 이에 반해 유기론은 자연과 만물을 연속성을 지닌 하나의 생명체로 인식함으로써 기계론적 단절론을 넘어서고 있다.(위의 책, 25쪽.) 특히 근대의 유기론이 삶의 전체성이 확인될 수 없는 혼란의 시기에 생의 느낌들을 하나의 연속성으로 재구하려는 노력의 일환으로 등장했다는 점을 감안해보면 조지훈의 유기체 시관이 갖는 현실극복의 대안적 성격을 알 수 있다.(위의 책, 23쪽)

29) 최동호, 「산수시의 세계와 은일의 정신」, 『하나의 도에 이르는 시학』, 고려대학교출판부, 1997, 139, 147쪽. 최동호는 이 글에서 지용이 식민지적 억압을 피해 은둔적이며 도피적인 세계로 나아가 그의 산수시의 세계에 이르게 되었음을 밝히고 있다.(162쪽)

조지훈의 동양적 정신주의는 유가(儒家)의 주역과 불교의 선적인 가치관을 아우르는 폭 넓은 세계관을 지향하고 있지만 무엇보다도 그 중심에는 노장적 도(道)사상이 자리하고 있다. 노장 사상은 데리다를 중심으로 한 해체주의에서 강조하는 탈근대, 탈중심의 논리와 상통하는 점이 있다는 점에서 많은 관심의 대상이 되어왔다. 하지만 이 둘 사이에는 근본적인 차이점이 존재한다. 서구적 해체주의의 탈중심이 '중심 없음'이라면, 노장의 사유에서는 중심이 없는 것이 아니라 '없음이 중심'이 된다. 해체주의적 '중심 없음'은 중심을 통해 강요된 동일성의 해체를 통해서 성(聖)의 세계가 파괴된 세속화를 지향하지만, 노장적 '없음이 중심'이 되는 세계는 오히려 '없음'을 통해서 개별자와 전체가 통합되는 전일적 정신주의를 지향한다.[30] 서구적 해체주의가 카오스적이라면 노장사상은 오히려 코스모스적이다. 이것은 세계의 모든 것을 살아있는 유기체로 바라보는 조지훈의 유기체 시관의 바탕에 생명시학이 자리하고 있다는 것과 관계된다. 다음의 글을 읽어보자.

> 생명은 자라려고 하는 힘이다. 생명은 지금에 있을 뿐 아니라 장차 있어야 할 것에 대한 꿈이 있다. 이 힘과 꿈이 하나의 사랑으로 통일되어 우주에 가득 차는 있는 것이 우주의 생명이 아니겠는가. 우주의 생명이 분화된 것이 개개의 생명이요, 이 개개의 생명의 총체가 우주의 생명이라고 볼 것이다. 그러므로 나는 '시는 자기 이외에서 찾은 저의 생명이요, 자기에게서 찾은 저 아닌 것의 혼(魂)'이라고 한다. 다시 말하면 '대상을 자기화하고 자기를 대상화하는 곳에 생기는 통일체 정신'이 시의 본질이라고 나는 믿는다. '인간의식과 우주의식의 완전 일치의 체험'이 시의 구경(究竟)이라고 믿어진다는 말이다. 이런 뜻에서 우주의 생명적 진실을 수정(受精)함으로써 시를 생탄(生誕)시키는 것은 시인의 보편한 지향이라 할 것이다.[31]

이 글은 조지훈의 유기체 시학이 생명의식을 바탕으로 한 동양적 우주관에 닿아있음을 말해주고 있다. 지훈은 생명 속에 꿈이 있고 힘이 있음을 상기시키면서 "우주의 생명이 분화된 것이 개개의 생명이요, 이 개개의 생명의 총체가 우주의 생명

---

30) 이성희, 『무의 미학』, 새미, 2003, 120-121, 150쪽.

31) 조지훈, 『조지훈 전집 2』, 26쪽.

이라고" 말하고 있다. 그리하여 그는 자아와 타자가 분리되지 않는 '대상을 자기화하고 자기를 대상화하는 곳에 생기는 통일체의 정신'이 시의 본질이라고 믿고 있다. 그가 말하는 '인간의식과 우주의식의 완전 일치의 체험'이야말로 근대의 이분법적 갈등을 치유하는 대안이 될 수 있는 것이다.

다락에 올라서/피리를 불면

萬里 구름ㅅ길에/鶴이 운다

이슬에 함초롬/젖은 풀ㅅ잎

달빛도 푸른채로/산을 넘는데

물우에 바람이/흐르듯이

내 가슴에 넘치는/차고 흰 구름.

다락에 기대어/피리를 불면

꽃비 꽃바람이/눈물에 어리어

바라뵈는 紫霞山/열두 봉우리

싸리나무 새순 뜯는/사슴도 운다

—「피리를 불면」 전문(/표시는 필자)

이 시는 조국이 해방되기 전인 1941년 작품으로 조국이 주체성을 잃고 타자로 떠돌던 시대적 아픔을 시의 문면에 숨기고 있다. 즉 화자가 다락에 올라가서 피리를 불자 "꽃비 꽃바람이/눈물에 어리"는 것은 당시의 답답한 시인의 마음을 자연에 호소하려는 의도가 숨어있는 것이다. 그런데 이러한 시인의 마음은 학이 우는 행위와 이슬에 젖어있는 풀잎의 모습과 싸리나무 새순 뜯는 사슴이 우는 것을 통해서 자연과 일체화된 모습을 보여준다. 여기서 '울음'과 '젖음'은 피리를 불고 있는 시인의 마음의 표현이다. 이와 같이 시인과 자연이 하나가 되는 경지는 그의 유기체적 상상력을 통해서 가능해진다. 이러한 상상력은 같은 피리를 소재로 한 1947년도 작품인 「대금(大笒)」에서도 동일하게 나타난다. "어디서 오는가/그 맑은 소리//처음도 없고/끝도 없는데//샘물이 꽃잎에/어리우듯이//촛불이 바람에/흔들리누나//永遠은 귀로 듣고/刹那는 눈 앞에 진다//雲霄에 문득/기러기 울음//사랑도 없고/悔恨도 없는데//無始에서 비롯하여/虛無에로 스러지는//울리어 오라/이 슬픈 소리"가 전문인 이 시 역시 피리소리로 상징되는 인간의 마음과 자연의 소리인 기러기 울음이 상호 조응을 이루는 세계를 보여준다. "無始에서 비롯"한 것이 우주의 마음이라면 "虛無에로 스러지는"것은 인간의 마음이다. 따라서 허무(虛無)에 바탕을 둔 현실적 삶의 한계를 무시(無始)의 우주적 상상력을 통해서 치유해보려는 것은 해방 전이나 후나 마찬가지인 것이다.

내 오늘밤 한오리 갈댓잎에 몸을 실어 이 아득한 바다 속 蒼茫한 물구비에 씻기는 한점 바위에 누웠나니

生은 갈사록 고달프고 나의 몸 둘 곳은 아무데도 없다 파도는 몰려와 몸부림치며 바위를 물어뜯고 넘쳐나는데 내 귀가 듣는 것은 마즈막 물결소리 먼 海溢에 젖어오는 그 목소리뿐

아픈 가슴을 어쩌란 말이냐 허공에 던져진 것은 나만이 아닌데 하늘에 달이 그렇거니 수많은 별들이 다 그렇거니 이 廣大無邊한 宇宙의 한알 모래인 地球의 둘레를 찰랑이는 접시 물 아아 바다여 너 또한 그렇거니

내 오늘 바다 속 한점 바위에 누워 하늘을 덮는 나의 思念이 이다지도 작음을 비로소 깨닫는다

—「묘망(渺茫)」 전문

이 시는 해방 후에도 앞이 잘 보이지 않는 막막함 속에서 살아가는 불확실한 시인의 삶을 구체적으로 보여준다. 시인에게 있어서 "生은 갈사록 고달프고""몸 둘 곳은 아무데도 없"는 현실은 자신의 존재성마저 작아지게 만든다. 시인은 이러한 현실을 하늘의 달과 별에 자신을 투사시킴으로써 위로를 받는다. 지구를 한알 모래로, 바다를 접시 물로 축소시켜서 바라보려는 시인의 마음은, 그것이 단지 위로의 차원에 머물 뿐 근본적인 해결책이 되지는 못한다. 그가 자신의 삶의 비전으로 여겼던 동양적 정신주의도 당시의 혼탁한 현실을 헤쳐 나가는 이상적 대안이 될 수는 없었다. 그의 시가 해방 후에서부터 4·19, 5·16에 이르는 동안 긴장감을 잃고 산문화 되다가 급기야는 시를 거의 쓰지 못하는 단계에 이르게 되는 것도 이러한 사정과 무관하지 않다.

5. 결론

지금까지의 논의를 요약해보면 조지훈의 시의 요체는 동양적 정신주의에 바탕을 둔 유기체 시관이며, 이러한 시관은 그의 모든 시와 삶을 관통하는 그의 중심적 세계관이다. 이러한 논의는 조지훈의 문학관을 '전통론', '순수시론', '유기체시론' 등으로 나누어서 보는 종래의 관점을 넘어서 그의 문학의 총체성을 아우르는 시관이 유기체 시관임을 새롭게 입증해보려는 노력의 일환으로 이루어졌다. 그의 시는 유기체 시관을 바탕으로 처음부터 끝까지 존재론적 모색의 과정을 보여주었다. 말하자면 조지훈 문학의 핵심에 유기체 시관과 존재론이라는 커다란 두 개의 축이 자리하고 있는 셈이다. 이러한 시인의 노력은 당시의 서구중심의 문학적 풍토 속에서 문학의 전통단절론을 극복하고 민족의 정체성을 확립하려는 노력과 맞물려서 억압되고 훼손된 당대적 현실을 총체적으로 회복시키려는 드높은 정신지향성을 보여주었다. 이러한 지훈의 현실극복의지는 인간중심의 근대적 가치관을 허물고 탈중심주의적인 동양적 가치관을 지향함으로써 반근대성 내지는 탈근대성을 획득하게 된다. 이것은 그의 시가 단지 복고주의적 고전에 머무는 것이 아니라 근대를 넘어서려는 대안의 성격을 아울러 지니고 있었다는 것을 말해준다.

조지훈은 시를 도(道)의 차원으로까지 끌어올린 정신주의의 한 정상을 보여준 시인이다. 동양적 정신주의에 바탕을 둔 그의 문학은 그의 삶의 일부가 아니라 전부였으며, 그의 문학관은 인생관이고 세계관이고 우주관이었다. 따라서 그의 시가 걸어온 여정은 시인 자신의 총체적 가치관을 정립해 나가는 과정이었다. 이러한 그의 문학적 삶을 떠받치고 있었던 동양적 유기체 시관은 단순히 문학관의 차원에 머무는 것이 아니라 그의 삶의 총체성을 아우르는 시관이다. 유기체 시관은 그에게 있어서 자아와 세계의 단절을 허물고, 좌익과 우익, 과거와 현재, 현실과 이상의 벽을 허물어 궁극적 상생의 길로 나아가는 통로였다. 이러한 과정에서 그가 만난 것이 자연과 도(道)의 세계이다. 자연이 그의 시의 육체와 같은 것이었다면 도(道)는 정신이다. 육체와 정신이 하나가 되는 곳에 그의 시가 있다.

그는 문학의 궁극에 도(道)를 두고 지선의 가치를 두는 시인이지만 그의 관심은 이상세계에 있지 않고 현실세계에 있다. 따라서 그의 문학을 지나치게 형이상성이나 초월의식과 관련지으려는 기존의 논의들은 일면적이고 피상적인 감이 없지 않다. 조지훈이 불가에 귀의하지 않고 현실에 남아서 줄곧 민족의 해방과 통일을 염원했던 것도 이와 무관하지 않다. 그는 이상을 꿈꿈으로써 현실의 질곡을 넘어서려던 이상주의적 현실주의자인 셈이다. 그가 고전에 심취하게 된 것도 고전이 하나의 위대한 '이상주의적 현실주의'였기 때문이다. 고전을 포함한 문학은 그에게 있어서 살아있는 유기체이며 자연과 같은 것이다. 그가 자신의 문학관의 핵심에 유기체 시관을 둔 것도 유기체가 가지고 있는 생명성 때문이다. 시를 살아서 꿈틀거리는 유기체적 자연으로 바라보는 것은 시가 하나의 생동하는 자연이 되어서 단절되고 대립된 현실세계를 통합시켜주고 스스로 상처를 치유해 나가리라는 믿음이 그 안에 내재되어 있는 것이다. 비록 현실은 그의 문학적 이상과 달라서 그에게 끊임없는 고통과 슬픔을 가져다주었지만, 우리 시단에서 그가 보여준 지고한 정신주의 미학은 우리문학의 정체성 확립과 더불어 후세로 이어지는 정신주의 시학의 한 전범이 되어주었다는 점에 커다란 의의가 있다.

참고문헌

구모룡. 『제유의 시학』. 좋은날, 2000.

______. 「한국근대문학유기론의 담론분석적 연구—조지훈김동리조윤제를 중심으로」. 부산대 박사학위논문, 1992.

김문주. 『형상과 전통』. 월인, 2006.

김종균. 「조지훈의 문학비평」. 김종길 외. 『조지훈 연구』. 고려대학교출판부, 1978.

김종태. 「조지훈 초기 자연 서정시에 나타난 세계와 자아의 대응양상」. 최승호 편. 『조지훈』. 새미, 2003.

박남희. 「한국유기체시론연구」. 『숭실어문』 18집(2002).

박호영. 「조지훈 문학연구」. 서울대 박사학위논문, 1988.

______. 「조지훈의 전통주의」. 최승호 편. 『조지훈』. 새미, 2003.

신현락. 『한국현대시와 동양의 자연관』. 한국문화사, 1998.

이성희. 『무의 미학』. 새미, 2003.

정근옥. 『조지훈 시 연구』. 보고사, 2006.

조지훈. 『조지훈 전집』 1·2·3·6. 나남출판사, 1996.

최동호. 「산수시의 세계와 은일의 정신」. 『하나의 도에 이르는 시학』. 고려대학교출판부, 1997.

조지훈의 생태시학과 자아실현

김옥성

1. 서론

한국 현대시의 생태시학에 대한 연구가 활기를 띠기 시작한 것은 1990년대부터이다. 그러나 20세기 후반의 생태시학에 논의는 대체로 산업화시대 이후 시편에 대한 비평적 차원에서 이루어졌다. 비평적 차원의 논의들은 2000년대 초반까지 열기를 잃지 않으면서 놀랄 만한 성과들을 보여주었으나, 한편으로는 논의 대상이 산업화시대 이후 시편에 편향되어 문학사적 연속성에 대한 인식을 확보하지 못하는 한계를 보이기도 하였다.

2000년대 중반에 이르러서야 그러한 경향에 대한 성찰이 대두되면서 생태시학에 대한 학술적인 연구가 본격적으로 이루어지기 시작하였다. 그러한 연구는 대상을 산업화 시대 이전 시인들의 시편으로 확장하여, 생태위기의식이 대두되기 이전의 생태학적 상상력과 미학의 몇 가지 양상을 밝혀내었다.[1)]

그러나 산업화 시대 이전의 생태시학에 대한 연구는 아직 초보적인 단계에서 벗어나지 못하고 있다. 생태시학에는 전통과 근대가 맞물려있는 만큼, 이 시기 생태시학에 대한 보다 넓고 깊은 연구를 통해 근대이전의 전통에서 오늘날로 이어지는 다양한 생태시학의 계보를 파악할 필요가 있다. 그러한 성과를 토대로 한국 현대시의 생태시학이 생태위기의식으로부터 급조된 것이 아니라, 유구한 전통과 근대의 변증 과정을 거쳐 면면히 이어져온 것이라는 사실을 드러낼 수 있을 것이다. 글로벌한 차원에서 당면한 생태위기와 맞물려 생태시학이 21세기 시의 미래로 주목받는 상황에서 그러한 탐구는 큰 의미를 갖는다.

이 글은 조지훈의 시를 불교생태학적 관점에서 살펴보고자 한다. 이미 많은 연구가 이루어진 바와 같이 유가적 가풍과 불가적 학풍에서 성장한 사상적 전기[2)]와 무관하지 않게 조지훈의 시편에는 유가[3)]와 불가[4)]의 정신사가 도저하게 흐르고 있다. 유교와 불교에 다 같이 생태학적 사유가 내재된 것이 사실이다. 그러나 본질적으로 유교는 인간관계의 윤리학에 초점을 두는 반면, 불교는 만물의 평등한 관계 회복에

---

1) 이문재, 「백석 시의 생태학적 상상력 고찰」, 경희대 석사논문, 2004; 김성화, 「박용래 시의 생태적 상상력 연구」, 고려대 석사논문, 2004; 이혜원, 「살아 있는 관계의 회복을 실천하는 시—백석 시의 에코페미니즘적 이해」, 『생명의 거미줄』, 소명, 2007; 이혜원, 「박용래 시의 생태미학」, 『생명의 거미줄』, 소명, 2007; 김옥성,「한용운의 생태주의와 시학」, 『동양학』 41호(단국대 동양학연구소, 2007a); 김옥성, 「서정주의 생태사상과 그 시학적 양상」, 『한국문학이론과비평』 34호(한국문학이론과비평학회, 2007b).

2) 이에 대한 논의는 다음 글들에서 찾아볼 수 있다. 박호영, 「조지훈 문학 연구」, 서울대 박사논문, 1988; 서익환, 「조지훈 시 연구」, 한양대 박사논문, 1988; 박경혜, 「조지훈 문학 연구」, 연세대 박사논문, 1992; 조석구, 「조지훈 문학 연구」, 세종대 박사논문, 1994; 주승택, 「전통문화의 지속과 단절이 갖는 문화사적 의미」, 『한문학논집』 12호(근역한문학회, 1994); 박제천, 「조지훈의 인간과 사상」, 『한국문학연구』 18호(동국대 한국문학연구소, 1995); 김옥성, 『한국 현대시의 전통과 불교적 시학』, 새미, 2006, 20-21쪽; 송명희, 「조지훈의 수필문학연구」, 『한국문학이론과 비평』 35호(한국문학이론과비평학회, 2007).

3) 김용직, 「청록파의 초기시」, 『정명의 미학』, 지학사, 1986; 박호영, 「조지훈 문학 연구」, 서울대 박사논문, 1988; 최승호, 『한국적 서정의 본질 탐구』, 다운샘, 1998; 최승호, 『한국 현대시와 동양적 생명사상』, 다운샘, 1995, 191-200쪽; 오세영, 「선비정신과 자연의 의미」, 『한국현대시인 연구』, 월인, 2003.

대한 생태윤리에 관심을 둔다. 그렇게 볼 때 조지훈의 사회참여적 시학은 유교적 차원과 연결되며, 생태시학은 불교적 차원과 자연스럽게 이어진다.

최근 다양한 분야의 연구자들이 불교생태학에 큰 관심을 보이고 있다. 대부분의 종교들이 생태론적인 면을 구비하고 있지만, 특히 불교는 가장 생태적인 종교로 평가되고 있다. 한국 현대시의 불교생태학적 연구는 한용운, 서정주를 중심으로 이루어졌다.[5] 이 글은 한국현대시사에서 한용운, 서정주의 시학과 더불어 불교적 시학의 최고봉의 하나로 손꼽히는 조지훈의 시론과 시에 나타나는 생태론적 국면을 살펴보고 그 시사적 의의와 위상을 점검하고자 한다. 우선 불교생태학의 상위차원으로서 심층생태론적 관점에서 조지훈의 시론을 살펴보고 나서 그를 토대로 구체적인 작품에 접근한다.

2. 심층생태론적 시론과 사랑

1) 심층생태론의 자아실현

생명에 대한 태도를 돌아보면, 마르쿠제의 지적대로 근대인에게는 타나토스적 에너지가 지배적이었다.[6] 근대인들은 생명을 가까이하고 돌보는 대신 생명을 파괴하고 멀리 내쫓아왔다. 생명이 충만한 들판을 무자비하게 밀어내고 콘크리트와 아스팔트로 이루어진 무기체적인 도시를 건설하면서, 인간과 자연 사이에 벽을 쌓아

4) 김동리, 「자연의 발견」, 『문학과 인간』, 청춘, 1948; 박희선, 「지훈의 초기작품에 나타난 선취(禪趣)」, 『시문학』 47호(시문학사, 1975); 김해성, 「선적(禪的) 시관고(詩觀考)」, 『한국현대시비평』, 1976; 김용태, 「조지훈의 선관(禪觀)과 시」, 『수련어문논집(睡蓮語文論集)』 3호(1975); 현광석, 「한국 현대 선시 연구—한용운, 김달진, 조지훈, 고은」, 경희대 석사논문, 2000; 정형근, 「범아와 자아의 합일—조지훈의 선시(禪詩)에 대한 한 해석」, 『만해학보』 7호(만해사상선양회, 2004); 김옥성(2006).

5) 김옥성(2007a); 김옥성(2007b).

6) 마르쿠제는 프로이트의 에로스와 타나토스 개념을 사회학적으로 확장하여, 근대 사회의 타나토스적 속성에 대해 지적한다. 그에 의하면 근대적 개인의 내면과 그것의 사회화된 차원은 파괴적인 경향을 보이고 있으며, 그러한 파괴성은 오늘날의 생태위기와 직결되어 있다. H. Marcuse, 「정신 분석학적 생태학—생태학과 현대 사회 비판」, 문순홍 편, 『생태학의 담론』, 솔, 1999.

왔다. 그리고 과학과 기술을 내세워 자연에 개입하면서 생태계의 질서를 파괴하여 왔다. 오늘날 지구 온난화와 기상 이변, 생태계 교란 현상은 근대 이후 인류가 파괴적인 충동에 휩쓸려 전지구적인 공멸을 향해 달려왔다는 견해를 설득력 있게 만들어주고 있다.

마르쿠제는 생태 위기에 대한 근본적인 치유책으로 타나토스적 에너지를 에로스적 에너지로 전환할 것을 제안한다.[7] 살아있는 것을 보호하고 돌보는 생명의 본능으로서 에로스를 만개시킴으로써 죽음을 향한 항로에서 벗어날 수 있다는 것이다. 이는 생태위기에 당면한 후기산업사회에서 개인과 사회가 취해야할 정신적인 태도의 방향 전환에 관한 것으로 심층생태론의 견해와 유사한 점이 많다.

심층생태론자 네스는 생태위기를 넘어서기 위하여 무엇보다도 필요한 항목으로 자아실현(Self-realization)을 제시한다. 그가 말하는 자아실현이란 자아를 근대적 세계관에 기초한 협소한 자아(narrow self)로 받아들이는 것이 아니라, 생태론적으로 확장된 넓은 자아(Self)로 인정하는 인식론적 전환을 의미한다.[8] 자아실현은 결국 자아를 자연의 일부로 받아들이고, 나아가 자아와 자연을 생물권이라는 그물망의 차원에서 인식하는 삶의 한 방법이며 과정이다.

자아실현을 통해 우리는 자연과 자아를 동일화하게 된다. 로텐버그는 네스가 말하는 동일화란 결국 사랑의 일종이라고 말한다.[9] 여기에서의 사랑이란 마르쿠제가 제안한 에로스와 동궤에 놓이는 것으로서 자연에 대한 심층적인 생명의 충동이라 할 수 있다. 그러한 사랑을 통해서 심층적인 차원에서 자연을 향하여 넓게 확장된 더 큰 정체성을 확보할 수 있게 된다.

여기서의 사랑은 인간관계에 국한되는 것이 아니다. 그것은 나뭇잎, 햇빛, 동물과 식물 등 생태계의 모든 존재들에 대한 경외심을 바탕으로 하는 것이다. 그렇다고 해서 그것이 전적으로 비합리적인 것은 아니다. 자연에 대한 경외심은 자연의 상호 의존 관계에 대한 논리적인 추론에 의지하고 있다. 추론에 의하여 우리는 자연과 우리가 서로 연결되어 있으며, 결국 분리될 수 없는 한 몸이라는 사실을 인식

---

7) 위의 글, 63쪽.

8) A. Naess, *Ecology, community and lifestyle*, D. Rothenberg trans and ed., Cambridge: Cambridge University Press, 1995, pp. 171-181.

9) D. Rothenberg, "Introduction: Ecosophy T - from intuition to system", *ibid.*, p. 11.

하게 된다.[10] 그러한 인식에 기반하여 우리는 자연을 사랑하게 된다. 심층생태론자들은 결국 깊은 곳에서 우리의 의식이 변해야 한다고 말한다.

심층생태론의 자아실현과 동일화의 미학적 측면을 우리는 서정시의 동일성에서 찾아볼 수 있다. 서정시의 동일성은 미학적 '순간'에 관련되는 반면 생태론의 자아실현과 동일화는 삶과 인식의 '과정'에 해당된다는 점에서 차이가 있지만 양자는 많은 부분 겹쳐진다. 서정시의 동일성은 생태위기가 인식되기 이전부터 근대의 반생태적 세계관에 대한 항의를 표출해왔다.[11]

조지훈은 우리 문학사에서 심층생태론적 시론을 탐구한 대표적인 시인이다. 그는 자신의 시론에서 심층생태론적인 "사랑"을 미학적 개념으로 사용하면서, 생태론적인 시론을 전개한다.

2) 사랑의 시론

칸트의 예술철학에 토대를 두고 있는 근대 미학의 핵심적인 논리는 미적 자율성이다. 그것은 근대 미학이 주권성을 확보하는 데에 결정적인 기여를 하였다. 그러나 다른 한편으로는 예술의 고립화를 초래하였다. 근대의 속성으로서 파편화와 고립화는 생태위기의 결정적 요인이다. 따라서 미적 자율성 차원의 근대 미학은 반생태적인 길을 걸어올 수밖에 없었다.

칸트는 예술미와 자연미를 날카롭게 구분한다.[12] 칸트는 예술미의 경우는 도덕과 무관한 자율적인 것이지만, 자연미의 경우는 근본적으로 도덕법칙과 겹쳐진다고 보았다. 그에 의하면 자연의 미는 우주적인 도덕적 질서의 표상이며, 자연의 미에 대해 직접적인 관심을 갖는 것은 언제나 도덕적으로 선한 영혼의 징표이다.[13] 그렇게 볼 때 근대 미학의 반생태화는 예술미와 자연미의 분리와 밀접한 관련이 있

10) *Ibid.*, p. 10.

11) 가령, 근대 초기 낭만주의적 반동은 심층생태론의 근대적 기원이라 할 수 있다. 근대에 대한 낭만주의적 반동에 대해서는 다음을 참고할 수 있다. 김종서, 「과학과 종교, 그리고 환경」, 『종교와 과학』, 신장판, 아카넷, 2001, 218쪽; A. N. Whitehead, 『과학과 근대세계』, 오영환 역, 서광사, 2003, 119-149쪽.

12) I. Kant, 『판단력 비판』, 이석윤 역, 박영사, 1996, 175-180쪽.

13) M. C. Beardsley, 『미학사』, 이성훈 외 역, 이론과실천, 1989, 242-259쪽.

다. 예술가에 의한 창조물로서의 예술미는 어떤 것으로부터도 자유로운 것으로 인식되면서, 근대 미학은 자율성이라는 명목 아래에서 자연이나 우주, 도덕에 대해 적극적인 저항을 전개하기도 하였다. 현대시의 퇴폐와 관능, 위반과 해체의 경향은 그러한 근대 미학의 논리에 토대를 두고 있다.

조지훈 시론은 예술미와 자연미의 관계회복에 주안점을 두고 있다는 점에서 의의가 있다.[14] 조지훈은 "사랑"을 매개로 예술미와 자연미의 장벽을 허물어낸다. 조지훈 시론에서 "사랑"은 크게 두 가지 의미를 지닌다. 하나는 대자연의 생명으로서의 "사랑"이고, 다른 하나는 시인의 천분으로서의 "사랑"이다.

> 대자연의 생명을 현현(顯現)시키는 시인은 먼저 천분(天分)으로 뜨거운 사랑을 가진 사람이 아니면 안 되고 노력으로 사랑하고자 애쓰는 사람이 되지 않으면 안 될 것이다. 왜 그러냐 하면, 대자연의 생명은 하나의 위대한 사랑이요 그 사랑은 꿈과 힘을 지니고 있기 때문이다.[15]

조지훈 시론에서 대자연의 생명은 다음 몇 가지로 요약된다. 첫째는 상호 존중하는 정신이다. 둘째, 자라려고 하는 힘이다. 셋째, 장차 있어야 할 것에 대한 꿈이다. 대자연의 생명으로서의 "사랑"이란 그러한 생명의 제 차원들에 질서를 부여하여 우주에 생명이 가득하도록 유지하는 생명의 또 다른 차원이다.

다음으로 시인의 천분으로서의 "사랑"은 시정신에 관한 것이다. 조지훈은 그것을 "애(愛)"와 "모(慕)"가 나누어지지 않은 에로스적인 것으로 설명한다. 에로스는 이데아로서 '대자연의 생명'[16]으로서의 사랑을 포착하여, 제2의 자연으로서 시를 창조하게 된다. 조지훈이 말하는 에로스는 피상적으로는 플라톤적인 개념에 가까

---

14) 이에 대해 조지훈은 다음과 같이 말한다. "자연에 더 많이 통할수록 우수한 시며 실제에서도 훌륭한 예술작품은 하나의 자연으로 남는 것을 볼 수 있다. 이로써 우리는 '자연미(自然美)의 구극(究極)이 예술미에 결정(結晶)되고 예술미의 구극은 자연미에 환원된다'는 것을 알 수 있다." 조지훈, 『조지훈 전집 2』, 21쪽.

15) 위의 책, 26쪽.

16) 여기에서의 대자연의 생명이란, 위에서 살펴본 생명의 세 차원과 그것의 조절 기제로서의 사랑을 포괄하는 개념이다.

워 보이지만, 실상은 시를 자연보다 저급한 모방으로 보지 않는다는 점에서 플라톤의 모방론의 입장과는 변별된다.

조지훈의 시론에서 시는 자연의 모방이 아니라 "자연의 연장"[17]이다. 시인의 천분으로서 사랑에 의해서 시인의 생명은 대자연의 생명과 호흡이 맞물리게 되고, 시인의 생명은 다시 시의 생명을 낳게 된다. 그리하여 시인-시-자연은 하나의 생명으로서 "유일생명(唯一生命)"[18]으로 연결된다. 그러한 까닭에 그는 "인간 의식과 우주 의식의 완전 일치 체험이 시의 구경"[19]이라고 말한다.

이렇게 볼 때 조지훈 시론에서 시인의 사랑은 대자연의 생명을 포착하여, 자연의 연장으로서 시를 창조하게 된다. 그리하여 시인-시-자연은 각각 고립된 개체로 존재하는 것이 아니라, "유일생명"으로 묶인 통합된 전체로 존재하게 된다. 조지훈의 시론에서 자아는 사랑을 매개로 시와 자연으로 확장된 자아인 셈이다.

조지훈 시론의 사랑은 오늘날 심층생태론자들이 말하는 자아실현과 동일화를 선취한 것이다. 심층생태론의 자아실현과 동일화는 윤리적인 것이며 동시에 미학적인 것이기도 하다.[20] 우주와 자아를 심미적인 유대관계로 인식하면서, 윤리적인 실천을 추구하기 때문이다. 조지훈 또한 미학이 윤리와 독립된 것으로 보지는 않았다. 그는 미학은 지성과 윤리를 포용하여야 한다고 생각했다.[21] 따라서 조지훈의 시론은 심층생태론의 윤리적 측면과 미학적 측면을 포용하고 있는 것으로 평가할 수 있다.

---

17) 조지훈, 『조지훈 전집 2』, 21쪽.

18) 위의 책, 32쪽.

19) 위의 책, 26쪽.

20) 근대 미학은 종교와 윤리로부터 독립된 자기준거적인 영역을 확보하기 위하여, 윤리에 대하여 대단한 거부감을 보여 왔다. 그러나 순수하게 미적인 것만을 추구하는 견해는 근시안적인 것이다. 정화열이 지적하는 바와 같이 예술 혹은 미학적인 것은 문화적 공백에서 존재할 수도 없고 살아남을 수도 없다. 오늘날의 문화적 풍토에서 미학은 (생태)윤리를 강력하게 요청하게 되었다. 그러한 점에서 윤리적이며-미학적인 차원으로서 생태학은 새로운 미학의 가능성을 제시해준다. 생태학의 윤리적-미학적인 차원에 대한 견해는 다음을 참고할 수 있다. 장원철, 「자연, 생태, 그리고 문학—생태비평의 가능성」, 경상대 인문학 연구소 편, 『인문학과 생태학』, 백의, 2001, 151-152쪽; F. Guattari, 『세 가지 생태학』, 윤수종 역, 동문선, 2003, 56-57쪽; Hwa Yol Jung(정화열), 『몸의 정치와 예술, 그리고 생태학』, 이동수 외 역, 아카넷, 2006, 177-178쪽.

21) 조지훈, 『조지훈 전집 2』, 33쪽.

조지훈은 어느 단상에서 자기 시론의 사랑이 깊이 뿌리내리고 있는 전통을 추측해볼 수 있는 단서를 암시한다.

> 사랑(愛) 때문에 집착이 생긴다. 그것이 애착(愛着)이란 게다. 애착 때문에 슬픈 업보(業報)가 생긴다. 사랑(愛)을 버려라. 사랑(大悲)으로 해탈(解脫)의 공덕이 온다. 그것이 자비라는 게다. 자비 때문에 아름다운 정토(淨土)가 이루어진다. 사랑(悲)하여라. (…)
>
> 불타의 사랑은 자궁 없는 설움의 가엾은 모성애로다. 줌으로써 받고 받음으로써 주는 사랑이 아니라 줌으로써 주고 줌으로써 주는 사랑, 소애소욕(小愛小慾)이 아니라 대자대비(大慈大悲). 주고받는 사랑은 구경(究竟) 서로 빼앗고 빼앗기는 사랑이다.[22]

여기에서 조지훈은 "애착(愛着)"으로서 자기중심적인 편협한 사랑을 부정한다. 나아가 계산적인 사랑, 인간중심적인 사랑, 심지어는 인간관계의 절제된 사랑까지 넘어서고자 한다. 그러한 점에서 그가 말하는 사랑은 '근본적으로' 인간관계의 윤리에 국한된 유교의 인(仁)도 넘어서는 것이다. 그는 계산적이고 절제된 행위로서 주고받는 상호작용이 아니라 무조건적으로 줌으로써 성취되는 사랑으로서 불교의 자비를 제안한다. 자비는 대상의 제한이 없는 폭넓은 개념으로 생물과 무생물, 가상과 실체의 구분을 부정하는 불이론(不二論)에 토대를 두고 있다. 조지훈 시론의 사랑은 그러한 불교의 자비에 호흡을 대고 있기 때문에, 인간과 예술, 그리고 자연의 벽을 허물고 시인-시-자연을 하나의 생명으로 묶어놓을 수 있는 것이다.

조지훈의 생태시학은 그러한 사랑의 시론에 기반을 두고 있다. "자연시"로 일컬어지는 일련의 시편들에서 조지훈은 자연의 생명력을 포착하여 자아와 자연을 연결하고자 하는 심층생태론적 자아실현에 대한 집념을 보여주었다. 다음 장에서는 불교생태학적 관점에서 조지훈의 생태시학에 나타난 자아실현의 양상을 고찰하고자 한다. 먼저 초기 습작기 시편에서 어떻게 생태시학의 초석이 마련되는가를 살펴보고, 불교생태학적 차원에서 생태시학에 나타난 자아실현의 구체적인 양상과 그 시사적 의의를 탐구한다.

---

22) 조지훈, 『조지훈 전집 4』, 172쪽.

3. 근대적 실존 비판과 자아실현

1) 고립된 자아와 자연의 발견

널리 알려진 바와 같이 조지훈은 초기시에서 모더니즘의 수련과정을 보여주었다. 비록 습작기 시편이기는 하지만 시적 주체는 일관적인 지향성을 보여준다.[23] 최근의 연구 성과들에 의해 그의 초기 시편이 이후의 시편들과 자연스럽게 이어지는 내적 논리를 지니고 있음이 밝혀졌다. 여기에서는 초기 모더니즘적 시편들로부터 어떻게 생태시학의 생성 계기가 마련되는가를 살펴본다.

> 六十七分勞動代價一金五錢也. 막걸리一盃一金五錢也. 막걸리一盃快飮所要時間二十三秒. 六十七分과二十三秒나의定價는五錢. 五錢에괴롭고五錢에즐거우니 六十七分에괴롭고二十三秒에즐거웁다. 이술이들어가면二十四時間後에 五臟六腑에서刺戟을攝取하고꿈을먹고남은뒤모든것에 濾過當하여排出되리니 아-六十七分의 剩餘價値. 아니二十三秒즐거움代價
>
> —「계산표(計算表)」[24]

이 시는 숫자와 비문(非文)을 활용하여, 수량화되고 분열된 근대세계와 그 세계에 구속된 근대인의 모습을 암시해준다.[25] 근대는 자아와 세계에서 생명력을 탈취해가고 앙상한 숫자만을 남겨놓은 것이다. 수량화된 자아와 세계는 유기체적으로 통합되지 못하고 파편화된다. 시적 주체는 근대 세계 내의 자아를 외적 세계로부터 고립된 유폐적 실존으로 규정한 것이다. 수량화된 근대 세계에 유폐된 자아의 이미지는「재단실」에서는 사방의 벽이 거울로 이루어진 '재단실'에 사로잡힌 자아의 모습으로 변주되어 나타난다.

---

23) 최근에는 상대적으로 소홀하게 다루어져온 조지훈의 초기시에 대한 연구가 활발히 이루어지고 있다. 대표적인 논의로 다음을 참고할 수 있다. 김옥성(2006), 138-162쪽; 엄성원,「조지훈의 초기시 연구」,『한국문학이론과 비평』35호(한국문학이론과비평학회, 2007). 김옥성은 모더니즘 경향의 초기시에서 어떻게 불교적 시학이 형성되는가를 면밀히 밝히고 있다. 그러한 논의의 연장선에서 엄성원은 '시적 영향의 불안'이라는 관점에서 초기시를 검토하고 있다.

24) 조지훈,『조지훈 전집 1』, 372쪽.

25) "나의 定價는 五錢"은 단적으로 근대인의 수량화를 말해준다.

네 개의 거울 사이에서 나는 방황한다./네 개의 거울 사이에서 무수한 나를 찾아낸다./(…)어느 것이 진실眞實로 나인가./단 혼자 다가서는 나 앞에 있는 '나'/여럿이 숨어 있어도 볼 수 없는 '나'뒤에 있는 '나'/나를 찾아 맴돌면 나는 없어지고 만다.

—「재단실(裁斷室)」[26]

이상(李箱)의 시편에 나타나는 거울 이미지[27]와 마찬가지로, 이 시에서 거울은 근대라는 장벽의 기호로 해독할 수 있다. 근대의 장벽은 개인을 무기체적인 영역에 고립시켜 놓았다. 고립된 자아는 세계와 적절한 관계를 맺지 못하기 때문에 통합된 자기 정체성이 형성되기 어렵다. 따라서 이 시는 현대인의 가장 큰 특징 중의 하나로 지적되는 '자아상실'[28] 현상을 반영한 것으로 해독할 수 있다. 나아가 자아가 적극적으로 "나"를 찾아 헤매는 데에서 바람직한 자아상을 추구하는 시적 주체의 의지를 읽어낼 수도 있다.

「계산표」와 「재단실」의 수량화된 세계와 유리 감옥을 통해서 시적 주체는 무기체적 세계에 감금된 근대인의 정황을 비판한 것이다. 초기시에서 그와 같은 기술문명에 유폐된 근대인에 대한 인식은 비판에 머무르지 않고, 유토피아로서의 자연회복의 의지로 이어진다. 그러한 의지는 이상적인 자아상의 추구와 겹쳐진다.

모래밭을 스며드는 잔물결같이/잉크 롤라는 푸른 바다의 꿈을 물고 사르르 밀려갔다./물새인 양 뛰어박힌 은빛 活字에 바야흐로 海洋의 傳說이 옮아간다. 흰 종이에도 푸른 하늘이 밴다. 바다가 젖어든다. 破裂할 듯 나의 心臟에 眞紅빛 잉크, 문득 고개 들면 유리창 너머 爛漫히 뿌려진 靑春, 복사꽃 한그루.

—「인쇄공장(印刷工場)」[29]

숫자와 유리거울로 표상되는 근대의 감옥은 여기에서는 인쇄공장이라는 기술공간으로 제시된다. 인쇄공장에 유폐된 인쇄공인 "나"는 인쇄의 공정에서 자연을 연

---

26) 조지훈, 『조지훈 전집 1』, 297쪽.

27) 신범순, 「이상 문학에서 글쓰기의 몇 가지 양상」, 『이상리뷰』 3호(2004) 참조.

28) R. May, 『자아를 잃어버린 현대인』, 백상창 역, 문예출판사, 1997, 56-64쪽.

29) 조지훈, 『조지훈 전집 1』, 299쪽.

상하면서, 자연을 기술공간으로 대체한다. 화자는 기술 공간 안에 자신만의 기술-유토피아를 건설해 나가는 것이다. 그리하여 화자는 기술공간을 유토피아로 착각하게 된다.

그러나 "문득"고개를 들어 "유리창"과 그 너머를 발견하는 순간, 기술-유토피아의 꿈은 허무해진다. "청춘"으로 표상되는 생명이 부재하는 기술공간은 결코 온전한 유토피아가 될 수 없기 때문이다. 시적 주체는 기술공간에 포획된 근대인의 삶을 비판하면, 유리벽 너머의 "복사꽃"으로 표상되는 자연의 회복을 제안한 것이다.

초기의 모더니즘적인 시편에서 자아는 "유리창"으로 대변되는 기술공간에 갇혀있는 근대인의 표상이다. 초기시에서 조지훈은 그러한 근대인의 고립된 자아가 어떻게 유리창을 뚫고 자연으로 나아가 생명력이 충만한 삶을 회복할 수 있을 것인가에 대한 물음을 보여준다. 즉, 근대의 유리감옥 안에 고립된 자아가 어떻게 유리벽 너머의 자연 속에다가 자아를 실현할 수 있을 것인가에 관한 물음으로부터 조지훈의 생태시학이 생성되는 것이다.

2) 슬픔과 연기론적 상상력

초기시에 나타난 자아실현의 의지는 월정사 체류기 이후 시편에서 생태시학으로 구체화된다. 조지훈은 많은 시편들에서 자아와 자연, 자연의 유기적인 관계를 천착한다. 그렇다면 구체적으로 어떠한 방식으로 시적 주체가 자아를 자연 안에서 큰 자아로 실현하는지를 살펴보도록하자.

> 서역 만리ㅅ길/눈 부신 노을 아래//모란이 진다.
>
> —「고사(古寺) 1」 부분[30]

> 조심스리 쓸어 논 맑은 뜰에/소리 없이 떨어지는/은행 잎/하나.
>
> —「정야(靜夜) 1」 부분[31]

---

30) 위의 책, 32쪽.

31) 위의 책, 104쪽.

꽃이 지기로소니/바람을 탓하랴//(…)//꽃이 지는 아침은/울고 싶어라.

—「낙화(洛花)」 부분[32]

"모란이 진다", "떨어지는 은행 잎", "낙화" 등은 모두 소멸의 이미지이다. 조지훈의 많은 시편들에는 이와 같은 소멸의 이미지가 빈번하게 등장한다.「낙화(洛花)」의 "울고 싶어라"에서 확인할 수 있듯이 시적 자아는 그러한 소멸하는 대상에 대하여 슬픔의 감정을 드러낸다. 이 슬픔은 소멸하는 대상과 소멸할 존재인 자아의 동일화에서 비롯되는 것이다. 시적 주체는 슬픔을 매개로 자아와 자연 사이에 단단하게 결속된 매듭을 더듬어나간다.

이러한 슬픔은 유교적인 로고스로 해명하기 어렵다. 그것은 만물평등주의에 기초한 불교적 파토스로서, 생물은 물론 무생물까지도 자아의 연장선에서 섬기는 '동체대비(同體大悲)'[33]의 정신인 자비로 이해해야한다. 자비는 타자의 즐거움을 함께하고 배가시키는(與樂) '자(慈)'의 측면과 괴로움을 공감하고 덜어주는(拔苦) '비(悲)'의 측면으로 이루어진다.[34] 양자는 모두 자타불이의 동일성 윤리에 기초한 것인데, 조지훈 시에서 슬픔은 '비(悲)'의 측면이 강화된 것이다.

그렇기 때문에 조지훈 시에서 소멸과 슬픔은 부정적인 것이 아니다. 소멸에 대한 슬픔은 자아와 자연의 동일성에 대한 인식이라는 점에서 심층생태론적 자아실현으로 이어지는 감정이기 때문이다. 따라서 슬픔은 쉽게 즐거움으로 전환되기도 한다.

외로이 스러지는 生命의/모든 그림자와//등을 마주대고 돌아 앉아/말 없이 우는 곳//至大한 공간을 막고/다시 無限에 통하나니//내 여기 기대어/깊은 밤 빛나는 별이나//이른 아침/떨리는 꽃잎과 얘기하여라

—「창(窓)」[35]

32) 위의 책, 28-29쪽.

33) 고영섭,『연기와 자비의 생태학』, 연기사, 2001, 68-78쪽.

34) 김종욱,『불교생태철학』, 동국대학교출판부, 2004, 120쪽.

35) 조지훈,『조지훈 전집 1』, 52-53쪽.

개체적인 차원에서 모든 생명은 "외로이 스러지는 생명"으로서 슬픈 운명을 지니고 있다. 시적 자아는 유한한 자아와 유한한 생명들에 대해 동체대비로서 슬픔을 드러낸다. 그러나 그 슬픔은 개체적인 차원에 국한된 것이다. "등을 마주대고 돌아앉아 말없이 우는 곳"은 창(窓)으로 구획되어진 방안의 영역으로서 개체적 생명의 유한성을 의미한다.

시적 자아는 창밖의 "무한(無限)"을 인식하면서 슬픔을 해소한다. 그리하여 "별"이나 "꽃잎"과 이야기를 나누는 즐거움을 누리게 된다. 이것은 자비의 다른 측면으로서 "여락(與樂)"이 반영된 것이다.

자연의 개체적인 차원에 주목할 경우 슬픔의 비중이 커지지만, 개체들이 어울려 만들어내는 무한에 주목할 경우에는 즐거움이 커지게 되는 셈이다. 하지만, 이때의 슬픔이나 즐거움은 모두 자아와 타자의 동일성에 대한 인식에 기반하고 있다는 점에서 본질적으로는 같은 속성의 다른 측면이라고 말할 수 있다. 조지훈 생태시학에서 소멸과 슬픔, 그리고 무한과 즐거움은 본질적으로 불교의 연기론적 인식론[36]에 토대를 두고 있다.

> 다락에 올라서/피리를 불면//萬里 구름ㅅ길에/鶴이 운다//이슬에 함초롬/젖은 풀ㅅ잎//달빛도 푸른채로/산을 넘는데//물우에 바람이/흐르듯이//내 가슴에 넘치는/차고 흰 구름.//다락에 기대어/피리를 불면//꽃비 꽃바람이/눈물에 어리어//바라뵈는 紫霞山/열두 봉우리//싸리나무 새순 뜯는/사슴도 운다.
>
> —「피리를 불면」[37]

피리-학, 이슬-풀잎, 달빛-산, 물-바람, 내 가슴-흰 구름, 피리-꽃비 꽃바람, 꽃비 꽃바람-눈물, 새순-사슴 등으로 이어지는 만물의 상호조응은 온 우주의 유기체적인 관계를 보여주고 있다. 시적 주체는 자연(우주)의 구성원들을 고립된 실체가

---

36) 조지훈 시에 나타난 연기론적 인식에 대해서는 다음을 참고할 수 있다. 김옥성(2006), 228-265쪽.

37) 조지훈, 『조지훈 전집 1』, 30-31쪽.

아니라 서로 인연을 맺고 있는 관계로 파악하고 있다. 물론 이때의 인연은 직접적인 원인만을 고려하는 근대의 인과론적 개념이 아니라 직접적 원인으로서 인(因)과 간접적 원인으로서 연(緣)을 포용하는 연기론적인 개념이다.[38]

연기론은, 삼라만상은 직·간접의 무수한 조건들(衆緣, pratitya)이 서로 조화를 이루어(和合, sam) 형성되는 것(生氣, utpada)이라는 상호의존적 발생의 이치이다. 김종욱은 생태계의 상호의존성이란 결국 그러한 연기성과 통한다고 말한다.[39] 연기론적으로 볼 때 생태계는 헤아릴 수 없는 조건들이 인연의 무한한 연쇄를 이루며 끊임없이 순환한다. 「피리를 불면」에서 우주는 연기론에 기반한 연쇄성과 순환성으로 이루어져있기 때문에, 자아의 피리소리는 온 우주로 퍼져나간다. 그리하여 학이 울고, 학의 울음소리는 나의 눈물을 생성하고, 나의 눈물은 사슴의 울음소리를 생성한다. 동시에 "내 가슴에 넘치는"과 "눈물" 등에서 드러나듯이 자아의 피리 소리는 온 우주를 순환하여 다시 자아에게로 흘러들어온다.

조지훈 시에서 소멸은 조건들의 연쇄반응으로서 끝없는 생성과 소멸로 이루어지는 연기론적 순환에 토대를 두고 있기 때문에 무한으로 이어지는 것이다. 따라서 조지훈 생태시학에서 슬픔은 연기론적 순환 속의 소멸에 대한 인식에서 파생하는 자비에 가까운 개념으로 이해할 수 있다. 시적 주체는 그러한 슬픔을 매개로 자아와 대상을 동일화하면서 자연 속에 통합된 큰 자아를 실현하는 것이다.

3) "유일생명"과 윤회론적 상상력

조지훈의 생태학적 시론은 생명의 전일성이란 관점을 일관되게 유지한다. 그는 자연계에 흩어져 있는 다양한 개체적 생명들은 하나의 "유일생명"으로 연결된다고 보고 있으며, 훌륭한 시는 그러한 "유일생명"의 연장선에 놓인다고 주장한다.

조지훈의 생태시학은 그러한 시론에 토대를 두고 있다. 그리하여 시적 주체는 끊임없이 자연과 하나의 생명으로 연결된 큰 자아를 추구한다.

---

38) 송현주, 「불교의 역사」, 한국종교연구회 편, 『세계종교사입문』, 청년사, 1996, 141쪽.

39) 김종욱, 앞의 책, 86쪽.

아 우리들 太初의 生命의 아름다운 分身으로 여기 태어나//고달픈 얼굴을 마조 대고 나직히 웃으며 얘기 하노니//때의 흐름이 조용히 물결치는 곳에 그윽히 피어 오르는 한떨기 영혼이여

—「풀잎 단장(斷章)」[40]

이 시는 화자가 언덕에 올라서서 바람에 흔들리는 풀잎을 바라보며, 자신도 풀잎과 다름없는 존재라는 동일성에 대한 인식, 나아가 심층적인 차원에서 풀잎과의 신비적 합일에 이르는 과정을 담고 있다.[41] 여기에서 "태초의 생명"이란 모든 개체적 생명을 관류하는 전일적 생명으로서 "유일생명"을 의미한다. 현상적으로 풀잎과 자아는 독립적인 생명체이지만, 시적 자아는 그러한 독립된 개체로서의 풀잎과의 교감을 통해 "유일생명"으로서 전일성을 회복한다. 그리하여 조지훈의 생태시학에서 생명체들은 현상적으로는 독립적 실체로 존재하지만, 본질적인 차원에서는 "유일생명"으로 연결된다.

시적 주체는 생명의 전일성(wholeness)을 나타내기 위하여 연기론적 상상력과 더불어 윤회론적 상상력을 활용한다. 주지하는 바와 같이 불교사상에서 연기론은 가장 폭넓고 기초적인 관념이며,[42] 윤회론은 그 토대로부터 가지를 뻗어 나온다.[43] 윤회론은 특히 자기책임성으로서 개체성을 강조하는 관념이다.

조지훈은 윤회론적인 상상력을 활용하여 생명의 개체성과 전일성의 변증법적 인식을 확보한다. 그리하여 그의 시편에서 개체로서의 생명은 근원적인 생명("유일생명")으로부터 분화하여, 끊임없이 윤회하면서 몸을 바꾸는 것으로 표현된다. 따라서 모든 생명체들은 전일적인 "유일생명"의 "분신(分身)"들로서 개체이면서 하나의 생명으로 연결된다.

---

40) 조지훈, 『조지훈 전집 1』, 54쪽.

41) 이 시에 대한 보다 면밀한 분석은 다음을 참고할 수 있다. 이숭원, 「조지훈 시와 순수의 서정성」, 최승호 편, 『조지훈』, 새미, 2003, 112-115쪽; 김옥성(2006), 252-254쪽. 이숭원은 이 시에서 "대승적 생명 인식"을, 김옥성은 "동체대비심"을 읽어내고 있다.

42) 方立天, 『불교철학개론』, 유영희 역, 민족사, 1992, 193쪽.

43) 윤회론은 연기론의 한 측면으로 이해할 수도 있다. 김종욱, 앞의 책, 87쪽.

아무리 깨어지고 부서진들 하나 모래알이야 되지 않겠습니까. 石塔을 어루만질때 손끝에 묻는 그 가루같이 슬프게 보드라운 가루가 되어도 恨이 없겠습니다.//촛불처럼 불길에 녹은 가슴이 굳어서 바위가 되던 날 우리는 그 차운 비바람에 떨어져 나온 分身이올시다. 宇宙의 한알 모래 자꾸 작아져도 나는 끝내 그의 모습이올시다.//고향은 없습니다. 기다리는 임이 있습니다. 지극한 소망에 불이 붙어 이몸이 영영 사라져 버리는 날이래도 임은 언제나 만나뵈올 날이 있어야 하옵니다. 이렇게 거리에 바려져 있는 것도 임의 소식을 아는 이의 발밑에라도 밟히고 싶은 뜻이옵니다.//나는 자꾸 작아지옵니다. 커다란 바윗덩이가 꽃잎으로 바람에 날리는 날을 보십시오. 저 푸른 하늘가에 피어 있는 꽃잎들도 몇 萬年을 닦아온 조약돌의 化身이올시다. 이렇게 내가 아무렇게나 바려져 있는 것도 스스로 움직이는 生命이 되고자 함이올시다.//출렁이는 波濤속에 감기는 바위 내 어머니 품에 안겨 내 太初의 모습을 幻想하는 조개가 되겠습니다. 아— 나는 조약돌 나는 꽃이팔 그리고 또 나는 꽃조개.

—「염원(念願)」[44]

「염원」에는 윤회론적 사유가 분명하게 드러난다. "바위"가 "모래알"이 되고, "꽃잎"이 되어 날리며, 자아가 "조개", "조약돌", "꽃이팔", "꽃조개"로 환생한다는 사유는 윤회론에 기반한 것이다. "분신(分身)"과 "화신(化身)"등의 시어는 윤회론적 색채를 더욱 명백하게 드러낸다.

이 시에서 "바위"의 이미지는 「풀잎 단장」의 "태초의 생명"에 해당하는 근원적인 생명을 의미한다. 그 때문에 그것은 "임", "어머니" 등으로 변주되는 것이다. 모든 개체적 생명들은 거기에서 분화되어 나온 분신이며, 끊임없이 윤회하는 화신들이다. 개체적 생명은 결국은 서로 몸을 바꾸어 순환하기 때문에 종국에는 나와 너의 구분이 없는 하나의 전일적 생명체가 되어버린다.

이와 같은 윤회론적 상상력은 미당의 것과는 차이가 있다. 미당 시의 윤회론이 통시적인차원에서 자아의 영원성 형상화에 주력하는 반면, 조지훈 시의 윤회론은 공시적인 차원에서 자아와 자연의 유대감 회복을 지향한다. 즉, 시적 자아는 전일적인 생명을 매개로 그것의 분화인 모든 개체적 생명들과 신비적인 합일을 이루고

44) 조지훈, 『조지훈 전집 1』, 96쪽.

자하는 것이다. "내 어머니의 품에 안겨 내 太初의 모습을 幻想하는 조개가 되겠습니다"는 온전하게 자연 속에 융화된 자아의 상태에 대한 동경을 잘 드러내주는 대목이다. 시적 주체는 자아와 자연의 거리의 무화를 도모하면서, 태초의 상태로서 "유일생명"의 지평을 추구하는 것이다.

> 살아 있는 모든 것의/가슴 속 깊이//꽃다이 흐르는/한 줄기 鄕愁//짐짓 사랑과/미움을 베풀어//다시 하나에 통하는/길이 있고나//내 또한 아무 느낌 없는/한 오리 풀잎으로//고요히 한줌 흙에/의지하여 숨쉬노니//구름 흘러가는 언덕에/ 조용히 눈 감으면//나의 영혼에 連하는/모든 生命이//久遠한 刹那에/明滅하노라.
>
> ―「풀잎 단장(斷章) 2」[45]

"살아 있는 모든 것의 가슴 속 깊이 꽃다이 흐르는 한 줄기 향수"는 다름 아닌 "유일생명"의 지평에 대한 그리움이다. 그러한 그리움의 이면에는 근대의 기계적 세계관이 초래한 근대인의 고독이 깃들어있다. 근대의 유리감옥에 고립된 자아가 유리벽을 허물고 드넓은 자연을 향해 자아를 확장하고자 하는 것이다.

"하나에 통하는 길"은 바로 "유일생명"에 이르는 길이라 할 수 있다. 시적 자아는 "한 오리 풀잎"과의 교감에서 "모든 생명"과의 교감으로 나아간다. "나의 영혼에 연하는"에서 확인할 수 있듯이 시적 주체는 자아를 "모든 생명"이라는 큰 자아로 확장하는 것이다. 그러한 자아실현을 통해 삼라만상이 윤회론적으로 끝없이 생성소멸하는 우주의 영원한 시간은 찰나에 압축된다. "구원한 찰나"는 바로 자아와 우주(자연)가 신비적으로 합일을 이루는 명상의 순간을 함축하고 있다.

「풀잎 단장」과 「풀잎 단장 2」는 조지훈의 생태시학을 대변해주는 작품이라 할 수 있다. 시적 주체는 "풀잎"이라는 작은 생명체에 큰 관심을 보인다. 그러한 관심이 다름 아닌 사랑이라 할 수 있다. 사랑을 통해 자아는 풀잎, 나아가 모든 생명체와 교감을 형성한다. 그리하여 작은 자아를 넘어서 자연 속에 큰 자아를 실현하게 된다. 조지훈은 그러한 생태학적 상상력을 자신의 시편들에 고스란히 담아 넣을 때, 자연과 시가 "유일생명"으로 묶이게 된다고 생각한 것이다.

---

45) 위의 책, 289-290쪽.

4. 시사적 의의

1) 근대 미학과 생태시학

근대시 탄생기 가장 큰 소명 중의 하나는 종교와 윤리로부터 독립된 시의 주권성을 확보하는 일이었다. 그렇기 때문에 근대시의 큰 흐름의 하나는 종교와 윤리에 대한 강력한 거부의 태도를 취해왔다. 나아가 세계 자체를 부정하는 흐름을 낳기도 하였다. 현대시의 퇴폐적인 경향이나, 해체적인 경향, 무의미시적 경향 등은 그러한 계보에 속한다. 그러한 일련의 경향은 자율성에 편집증적으로 집착하면서 윤리적이고 의미 있는 세계로부터 자아를 내면에 고립시키는 에고이즘(egoism)으로 이어졌다.[46] 근대의 파편화와 고립화 현상을 반영하는 근대시의 에고이즘은 자아와 자연이나 우주와의 연대를 부정하기 때문에 반생태적이다. 그렇게 볼 때 극단적인 자율성의 논리가 근대시를 반생태적인 방향으로 몰아오면서, 근대사회의 파괴적 충동에 동참해왔다고 말할 수 있다.

그러나 근대시에서도 일련의 낭만주의나 전통주의적 경향은 자율성의 범주에 종교와 윤리를 끌어들이고자 했다. 그들은 근대의 에고이즘적인 경향에 저항하면서, 끊임없이 고대로부터 흘러내려오는 종교와 윤리의 생태학적 상상력을 수용하여 자아와 자연이나 우주와의 연대를 추구해왔다. 근대시의 에고이즘의 옆에는 언제나 에코이즘(ecoism)의 반작용이 유령처럼 달라붙어있었던 것이다.

시가 무한한 자유를 구가하며, 어떠한 가치도 시의 머리 위에 군림하기를 원하지 않는 오늘날에는 시의 자율성이 근대시 초기와 같은 큰 의미를 지니지 못한다. 특히, 그것은 생태문제가 인류의 가장 다급한 과제로 대두된 21세기에 시의 소명

---

46) 근대의 근본적인 속성은 개체, 자아중심주의로서의 에고이즘(egoism)이다. 에고이즘은 근대문화 전반에 걸쳐 파편화와 고립화 현상을 초래하였다. 미적 자율성이라는 개념도 사실은 그러한 근대의 파편화, 고립화 현상의 하나이다. 미학의 주권성 회복은 아이러니하게 미학을 스스로의 내면에 고립시키는 과정이었던 셈이다. 한편으로 근대라는 에고이즘에는 에코이즘의 반작용이 유령처럼 달라붙어 있었다는 점을 간과해서는 안 된다. 가령, 근대시사를 볼 때 낭만주의나 전통주의 등의 반동이 그것이다. 근대를 에고와 에코의 변증법으로 보는 견해는 윌버의 논의에서 단초를 얻은 것이다. K. Wilber, 『모든 것의 역사』, 조효남 역, 대원출판, 2004, 452쪽.

을 충족시키기에는 역부족이다. 우리가 결코 미학의 자율성을 전적으로 포기해서는 안 되고 포기할 수도 없지만, 오늘날에는 자율성이라는 논리에 의해 점차 밀려난 종교와 윤리의 소중한 가치들을 적극적으로 발굴하고, 수용하면서 자율성의 범주 내에서 새로운 시대의 요청에 걸맞는 시의 새로운 차원을 개척할 필요가 있다.

그러한 점에서, 한국 현대시사에서 에코이즘의 높은 봉우리를 점유한 조지훈의 시론과 생태시학은 우리에게 많은 점을 시사해준다. 조지훈 시론에서 "사랑"은 미학적이면서도 종교-생태-윤리적인 개념이다. 그것은 심층적인 차원에서 불교생태사상과 맞물려있다. 조지훈은 사랑을 매개로 시인-시-자연이 "유일생명"으로 연결될 수 있다고 보았다. 사랑을 매개로 시인으로서 주체는 시와 자연을 향해 자아를 확장할 수 있게 된다. 즉, 이 때의 자아는 근대의 고립된 자아가 아니라 자연과 생명을 향해 열린 자아이다. 조지훈은 그와 같이 자연 속에 자아를 실현하는 시학은 근대 미학에서 추방당한 자연미와 통하게 된다고 보았다.

조지훈의 생태시학은 근대에 대한 날카로운 비판에서 발아한다. 초기 시편에서 조지훈은 근대인을 숫자와 기술에 갇힌 고립된 존재로 파악한다. 시적 주체는 그러한 고립감의 근원을 자연으로부터의 단절에서 찾고 있다. 이는 근대인의 실존을 예리하게 포착한 것이다. 프롬에 의하면 인간은 계통발생학적으로나 개체발생학적으로 증대하는 자유를 경험하면서, 동시에 개체화(고립화)에서 오는 고독과 소외를 겪게 된다. 근대인은 무한한 자유를 확보한 것처럼 보이지만 한편으로는 그와 동시에 고립감을 경험하게 된다는 것이다. 프롬이나 메이 등의 정신분석학은 인간의 고독감과 소외감의 가장 중요한 근원의 하나를 자연과의 연대 상실에서 찾고 있다.[47] 따라서 현대인의 고독감과 소외감을 치유하는 방법의 하나로 자연과의 적절한 조화를 제안한다.

조지훈 또한 초기 시편에서 근대인을 감금된 실존으로 파악하고 있으며, 나아가 근대의 장벽 너머로 자연의 세계에서 자아를 실현하고자 한다. 조지훈 생태시학에서 자아실현은 주로 연기론적 상상력과 윤회론적 상상력으로 나타난다. 시적 자아는 자연의 소멸하는 대상에 대하여 슬픔을 보인다. 이 슬픔은 소멸하여야할 존재로

---

47) E. Fromm, 『자유에서의 도피·사랑의 예술』, 고영복 역, 학원출판공사, 1993, 37쪽; E. Fromm, 『인간 소외』, 김남석 역, 을지출판사, 1995, 188-189쪽; R. May, 앞의 책, 68-75쪽.

서의 자아와 대상과의 동일화에서 비롯되는 것이다. 그러나 이 때의 슬픔은 소멸이 생성으로 이어지는 연기론적 사유에 토대를 둔 것으로 부정적인 것은 아니다. 시적 자아는 연기론적 사유에 입각한 동체대비(同體大悲)로서 자비를 통해 대상과의 동일성을 확보한다.

한편으로 시적 주체는 윤회론적 상상력을 통하여 자아와 자연을 하나의 생명으로 묶어놓는다. 그것은 조지훈이 시론에서 일관되게 견지한 "유일생명"이라는 생명관의 시적 형상화라 할 수 있다. 미당 시학에서 윤회론이 자아의 영원성 탐구에 무게를 두는 반면, 조지훈 생태시학의 윤회론은 자아와 자연의 공시적인 일체감 형상화에 천착한다.

연기론이나 윤회론에 기반한 사유와 상상에 의하여 자아는 자연 속에 자아를 실현하게 된다. 그리하여 자아는 고립된 존재가 아니라 자연의 "유일생명"에 통합된 존재가 된다. 조지훈은 자연 속에 자아가 실현되는 세계를 담아내는 시의 미학은 자연미와 통한다고 보았다.

끊임없이 낯선 것, 새로운 것, 난해한 것을 요구하는 모더니즘 혹은 아방가르드의 견지에서 바라본다면, 조지훈 시학은 매우 평범하고 단순하다는 인상을 줄 수도 있다. 그러나 그러한 시각이 시를 보는 절대적 관점은 아니다. 오히려 시의 본질에서 멀리 떨어져 있는 관점이다. 조지훈은 모더니즘이나 아방가르드적 경향의 시를 추종하는 경향에 대하여 "이로써 잃는 것은 예술이요, 얻는 것은 예술가를 부질없는 流行兒로 만드는 일"[48]이라고 호되게 비판한다.

그리하여, 그는 현대시가 나아가야할 방향으로서 시의 본질을 '복잡의 단순화', '평범의 비범화', '단면의 전체화'라는 세 가지로 요약한다.[49] 조지훈의 생태시학이 표면적으로 평범하고 단순하다는 인상을 강하게 주는 것은 그와 같이 시론이 근저에서 작동하고 있기 때문이다. 조지훈은 평범함과 단순함 속에 우주의 비밀을 담아낼 수 있다고 보았다. 조지훈의 생태시학은 평범하고 단순한 미학 속에 우주의 비밀로서 자아와 자연 사이의 신비스러운 생명의 연대를 담아내고자 하였다. 그리하

---

48) 조지훈, 『조지훈 전집 2』, 220쪽.

49) 이 세 가지 미학에 대한 면밀한 논의는 다음을 참고할 수 있다. 김옥성, 「현대시와 선적 미학」, 『현대시의 신비주의와 종교적 미학』, 국학자료원, 2007, 138-149쪽.

여, 생명을 매개로 시와 자연을 연결하고자 하였다. 그러한 시학은 20세기 후반 생태위기의식과 세기말의식이 맞물리면서 황금기를 맞이한 우리 생태시학의 중요한 전사(前史)의 하나로서 큰 의미를 지닌다.

2) 불교생태시학사적 위상과 의의

한국 현대시사에서 조지훈의 생태시학의 시사적 위상과 의의는 불교생태시학의 차원에서 살펴볼 수 있다. 생태위기에 대한 인식이 강화되면서 불교는 가장 생태적인 종교로 주목받고 있다. 불교의 생태학적 차원에 주목한 불교생태학은 생태위기의 해결방안을 불교적인 지혜에서 모색하면서, 인간과 다른 생명체, 나아가 물질과 사물과의 평등하고 유기적 관계, 그리고 그 실천적 국면을 탐구한다.

기독교 사상이나 그와 연관된 사유구조인 목적론은 목적을 중시하여 부분을 전체에 그리고 하위체제를 상위체제에 종속시킨다. 그리고 근대의 기계론은 부분의 요소를 강조하여 전체를 부분으로 환원시키는 경향을 보인다. 그러한 사유구조는 근본적으로 생태론적 관점에 위배된다. 반면, 불교사상은 만물이 상호의존의 관계를 맺으며 평등하게 공존한다고 보는 점에서 생태학의 관점과 훌륭하게 조화를 이룬다.[50)]

불교사상의 생태론적 국면으로서 불교생태학에 맞닿아 있는, 한국 현대시의 불교생태시학사의 맨 앞에는 한용운이 놓인다. 그리고 그 뒤로는 조지훈과 서정주 등의 시학이 이어진다. 한용운과 서정주는 깊이 있는 생태사상을 전개한 바 있다. 만해의 "절대 평등"[51)] 사상이나 미당의 "중생일가관"[52)]은 오늘날의 심층생태학이나 영성생태학을 선취한 사상이었다. 이들은 그러한 생태사상을 토대로 자신들의 고유한 생태시학을 펼쳐보였다.

만해나 미당이 깊이 있는 생태사상을 전개했지만, 그것을 미학적으로 체계화된 시론으로 정립하지는 못한 반면, 조지훈은 자신의 생태사상을 시론에 녹여냈다는 점에서 큰 의의를 지닌다. 생태윤리를 미학과 변증시킨 조지훈의 시론은 예술미 중

---

50) 김종욱, 앞의 책, 116쪽.

51) 김옥성(2007a), 54-57쪽.

52) 김옥성(2007b), 124-126쪽.

심적이고, 자율성 편향적인 근대 미학을 넘어서는 탈근대 미학으로서 오늘날의 우리에게 많은 점을 시사해준다.

불교생태시학사의 차원에서 만해와 미당 사이를 잇는 자리를 점유한 조지훈의 생태시학은 자아와 자연의 유기적인 연대 회복, 즉 심층생태론적 자아실현에 관심을 집중하고 있다. 만해의 생태시학이 자연과 역사, 미당의 생태시학이 자아의 영원성과 정령론적 우주에 관심을 두고 있는 데에 반하여, 조지훈의 생태시학은 자연 속의 자아실현에 무게를 둔다는 점에서 변별점을 갖는다.

불교를 통해 근대를 바라보고, 자연과 역사의 동일성과 차이를 변증시킨 만해의 생태시학은 식민지 현실의 위계와 차별에 대한 저항의 논리로 작용할 수 있었다. 반면, 미당은 자아의 영원성과 정령론적 우주의 논리에 역사와 사회를 환원하면서 에코파시즘의 함정에 노출되었다.[53] 미당의 생태시학은 전후 황폐한 역사의 현실을 건너는 데에는 유효한 것이었으나, 한편으로는 경험적 현실의 차이를 생태론적 전일주의로 은폐하면서 미학과 역사의 균형을 잃었다.

조지훈의 생태시학은 일제 말기 상황에서 그 시대적 의미를 살펴볼 수 있다. 이 시기 조지훈은 은일의 방법론으로 역사와 사회에 괄호를 치고 자아와 자연의 관계 회복에 상상력을 집중하면서, 생태론적 전일주의가 역사와 사회의 차별성을 덮어씌울 수 있는 가능성을 차단하였다. 자아와 자연의 관계를 천착하는 조지훈의 불교생태시학은, 생명과 자연의 전일성을 역사와 사회로부터 분리하여 파악함으로서 에코파시즘의 덫을 피할 수 있었으며, 당위적 진실을 내세워 경험적 현실의 위계와 차이에 대한 저항의 논리를 확보할 수 있었던 것이다.

53) 위의 논문, 134-136쪽 참조.

참고문헌

[기본자료]

조지훈. 『조지훈전집』 1~9. 나남출판, 1998.

[단행본]

경상대 인문학 연구소 편. 『인문학과 생태학』. 백의, 2001.

고영섭. 『연기와 자비의 생태학』. 연기사, 2001.

김옥성. 『한국 현대시의 전통과 불교적 시학』. 새미, 2006.

______. 『현대시의 신비주의와 종교적 미학』. 국학자료원, 2007.

김종길 외. 『조지훈 연구』. 고려대학교출판부. 1978.

김종욱. 『불교생태철학』. 동국대학교출판부, 2004.

문순홍 편. 『생태학의 담론』. 솔, 1999.

이혜원. 『생명의 거미줄』. 소명, 2007.

최승호 편. 『조지훈』. 새미, 2003.

方立天. 『불교철학개론』. 유영희 역. 민족사, 1992.

Beardsley, M. C. 『미학사』. 이성훈 외 역. 이론과실천, 1989.

Fromm, E. 『자유에서의 도피—사랑의 예술』. 고영복 역. 학원출판공사, 1993.

______. 『인간 소외』. 김남석 역. 을지출판사, 1995.

Guattari, F. 『세 가지 생태학』. 윤수종 역. 동문선, 2003.

Hwa Yol Jung(정화열). 『몸의 정치와 예술, 그리고 생태학』. 이동수 외 역. 아카넷, 2006.

Kant, I. 『판단력 비판』. 이석윤 역. 박영사, 1996.

May, R. 『자아를 잃어버린 현대인』. 백상창 역. 문예출판사, 1997.

Naess, A. *Ecology, community and lifestyle*. Trans. and ed. by D. Rothenberg Cambridge: Cambridge University Press, 1995.

Wilber, K. 『모든 것의 역사』. 조효남 역. 대원출판, 2004.

[논문]

김옥성. 「한용운의 생태주의와 시학」, 『동양학』 41호(단국대 동양학연구소, 2007a).

______. 「서정주의 생태사상과 그 시학적 양상」. 『한국문학이론과비평』 34호(한국문학이론과비평학회, 2007b).

송명희. 「조지훈의 수필문학연구」. 『한국문학이론과 비평』 35호(한국문학이론과비평학회, 2007).

송현주. 「불교의 역사」. 한국종교연구회 편. 『세계종교사입문』. 청년사, 1996.

엄성원. 「조지훈의 초기시 연구」. 『한국문학이론과 비평』 35호(한국문학이론과비평학회, 2007).

조지훈 초기시의 운율과 구조

조창환

1. 머리말

청록파 세 시인의 문학적 공적은 단지 자연의 재발견에만 있는 것은 아니었다. 리듬과 이미지를 정제하여 시의 미적 완성도를 높이는 데 기여한 섬 또한 높이 평가하여야 할 것이다.

운율적 규범을 바탕으로 하면서 그 규범으로부터의 일탈과 재구성을 통해 이미지의 조형적 구상화를 이룩한 것이 박목월 시라면, 비슷한 방식으로 의미와 정서의 선율감을 살리고 산문의 자연스러운 어법으로 시의 미적 안정성을 살린 것이 조지훈 시의 특성이라 할 수 있다. 배제와 압축을 특성으로 하는 박목월 시의 언어에 비해 고백과 영탄을 위주로 하는 조지훈 시의 언어는 리듬감이 평이하고 내재적이어서 세련된 일상어에 가깝다.

조지훈 시에서 운율적 미감을 뚜렷이 지니고 있는 시들은 『청록집』[1]에 수록된 초기시며 시집 『풀잎단장(斷章)』[2] 이후의 시들은 운율적 특성이 내면화되고 가라앉아 있어 사색적인 산문의 문체에 가깝다. 본고에서는 조지훈 초기시를 대상으로 율격적 기저장치를 검증하고 율격장치의 구조적 특성을 분석하여 그의 시가 지닌 미학적 완성도를 측정해 보려 한다. 조지훈 시의 리듬이 지닌 구조적 성격을 규명함으로써 현대 한국시에서 일상어의 산문리듬에 가까이 접근해가는 운율적 변이과정을 밝히는 것이 본고의 목적이다.

2. 율격적 기저창치

1) 불균등 세마디율격의 계승

조지훈 초기시 가운데서도 운율적 규격성이 가장 두드러진 작품은 「고사(古寺) 1」이다. 이 시는 단순하고 명료한 율격적 질서를 바탕으로 하여 최소한의 변화를 가미한 형태다.

木魚를 두드리다
졸음에 겨워

고오운 상좌아이도
잠이 들었다.

부처님은 말이 없이
웃으시는데

1) 박두진·박목월·조지훈, 『청록집』, 을유문화사, 1946.
2) 조지훈, 『풀잎(斷章)』, 창조사, 1952.

西域 萬里길

눈부신 노을 아래
모란이 진다.

—「고사(古寺) 1」 전문

흔히 7·5조로 불리는 전형적인 불균등세마디율을 채용한 이 시는 조지훈 초기시의 율격적 원형을 잘 보여준다. 이 시는 제4연의 독립적인 '西域 萬里길'을 제외하고는 단순하고 분명한 3·4·5음 세마디율로 되어있다. 음절상으로는 예외라 할 수 있는 제2연 첫 어절의 '고오운 상좌아이'는 단순한 장음 처리에 의한 것이어서 율격적 규격성에서 벗어난다고 볼 수 없다. 조지훈 초기시의 선적(禪的)인 취향을 잘 드러낸 시로 평가받는[3] 이 시는 생동하는 것을 정지태로 파악하고 고적한 것을 생동태로 잡는 선가(禪家)의 인식방법을 바탕으로 하여[4] 정적감과 적막감 속에서의 여유와 흥을 표현한 것이다. 이 시로 대표되는 조지훈의 은거시는 한적하면서도 적막함을 보이는 것이 특징이며, 그런 적막함 속에서 세상으로부터 초탈해 있는 경지를 드러낸다고 볼 수 있다.[5]

고사(古寺)의 적요감과 적막감, 한적함과 화평의 세계를 그리면서도 정지된 사물이나 풍경 속에 움직임과 생명감을 지니게 하는 어법은 이 시의 율격적 흐름에서도 찾아 볼 수 있다. 단순하면서 명료한 세마디율의 율동감과 요적(謠的) 성격은 정적으로 가라앉아 있는 이 시의 평면적 풍경이 만드는 단조로운 분위기에 생동감과 흥겨움을 보태는 기능을 한다. 이 시의 리듬상의 백미는 독립적인 한 행으로 처리된 제4연의 "西域 萬里길"이다. 이 부분이 없다면 이 시는 1920년대 김소월류의 단조롭고 평이한 반복적 리듬을 답습할 뿐이라는 비판을 면치 못할 것이었다.

---

3) 장문평, 「지훈의 좌절」, 김종길 외, 『조지훈 연구』, 고려대학교출판부, 1978, 190쪽; 이동환, 「지훈시에 있어서의 한시 전통」, 위의 책, 236쪽 참조.

4) 이승원, 「한국현대시에 나타난 식물적 상상력에 대한 연구」, 『이두현교수 정년퇴임기념논문집』, 1989, 109쪽.

5) 최승호, 「1930년대 후반기 시의 전통지향적 미의식 연구」, 서울대 박사학위논문, 1994, 145쪽.

불균등세마디율의 특성상 각 율행은 느린 〈약-강·강-약〉의 전반부와 빠른 후반부로 구성되는데 이 억양은 노래의 성격이 강하지만 변화 없이 반복될 때는 평면적이고 지루한 느낌을 주기 쉽다. 이 리듬은 처음에 강한 인상을 주지만 두 번째는 규칙적인 느낌을 주고 세 번째는 변화를 기대하는 심리를 불러일으킨다. 네 번째 율행 이후에도 이 리듬이 변화 없이 반복된다면 단조롭고 지루하다고 느끼게 된다.

이 시는 잘 정돈된 불균등세마디율이 세 번 반복된 후, 짧고 강한 5음절의 한 행으로 된 연, "西域 萬里길"이 등장하여 리듬상의 변화를 주고 의미의 흐름에 있어서도 절정감을 불러일으키는 역할을 한다. 앞의 세 율행에서는 느리고 유장한 율독을 요구하는 전반부와 상대적으로 빠르고 급하게 끝맺어야 하는 후반부가 규칙적으로 반복되었는데, 한 행으로 처리된 제4연에서는 짧고 강한 2음절 후에 크고 인상적인 쉼이 개재하므로 이어지는 3음절이 부드럽고 평탄한 느낌을 주도록 되어있다. 이 부분은 시 전체의 리듬상의 굴곡에서도 강하고 인상적인 느낌을 주고 율독상 상대적으로 큰 쉼이 뒤따르게 마련되어 있다.

따라서, 긴장된 제4연 이후에 이어지는 마지막 연, "눈부신 노을 아래/모란이 진다"는 부드럽고 유장하여 이완된 느낌을 줄 수 있게 된 것이다. 극락정토를 환기시키는 '西域 萬里길' 이후에 화평과 법열의 경지를 암시하는 시의 결구에서 의미나 정서의 진행에 어울리게 리듬의 이완과 여운을 지니도록 배려되어 있다. 이 짧은 시, 「고사(古寺) 1」에 내재된 리듬과 의미의 호응과 상호연관은 조지훈 초기시가 지닌 형태적 정제미가 세심하게 배려된 시적 의장의 결과이다.

불균등세마디율을 율격적 기저장치로 채용하되 일상어의 자연스러운 어법에서 벗어나지 않으려 하는 것이 조지훈 초기시 리듬의 특성이다. 7·5조를 엄격히 따르는 것은 노래의 기능에 가까운 율동적 성격을 강화하지만 인위적이고 조작적 느낌을 주기 쉽다. 귀에 익은 세마디율을 바탕으로 하되 자주 변화와 파격을 주고, 평온한 네마디율에 가까운 일상어의 고백체 어투를 사용함으로써 불안정한 율동감을 가라앉히는 것이 조지훈 시의 기법이다.

외로이 흘러간 한 송이 구름
이 밤을 어디메서 쉬리라던고.

성긴 빗방울
파초잎에 후두기는 저녁 어스름

창 열고 푸른 산과
마주앉아라.

들어도 싫지 않은 물소리기에
날마다 바라도 그리운 산아

온 아침 나의 꿈을 스쳐간 구름
이 밤을 어디메서 쉬리라던고

—「파초우(芭蕉雨)」 전문

이 시는 앞의 「고사(古寺) 1」에 비하여 운율적 긴장감이 다소 풀어진 느낌을 준다. 압축과 배제의 형태적 정제미보다 자연스러운 독백의 어조에 가까운 리듬이라 할 수 있다. 불균등세마디율 2행씩으로 된 수미상관의 구성과 반복적 율격은 이 시에 율동적 인상을 강화하는 이점이 있는 반면, 이 때문에 상투적이고 진부한 느낌을 주기 쉽다는 문제점이 있다.

이 시의 세마디율은 단순한 7·5조로 규정하기 어려운 변화와 변조를 지니고 있다. 첫 연과 끝 연의 리듬은 단순한 반복인 것 같지만 첫 연 첫 행은 6·5음, 끝 연 첫 행은 7·5음으로 되어 있다. 6·5음으로 된 첫 연 첫 행 "외로이/흘러간//한 송이 구름"은 끝 연 첫 행 "온 아침/나의 꿈을//스쳐간 구름"에 비하여 리듬이나 억양의 굴곡이 완만하고 평이하다. 첫 연 첫 행은 전반부가 균등한 불균등세마디율("외로이/흘러간"이 3·3음으로 균등하므로)이어서 불안정 속에 부분적인 안정감을 포함한 리듬이고, 끝 연 첫 행은 전형적인 불안정 리듬(3·4·5음의 7·5조)이기 때문이다. 리듬상으로 첫 연 첫 행 "외로이/흘러간//한 송이 구름"과 맞서는 것은 제4연 2행의 "날마다/바라도//그리운 산아"이다.

연 단위로 보면 제1연과 제4연은 〈6·5/7·5〉음과 〈7·5/6·5〉음이 맞서는 대칭적 구조여서 형태상으로 정확한 회전이동에 해당한다. 따라서 이 시의 첫 연이 주는 리듬을 대칭구조로 마무리할 때는 제4연에서 끝나는 것이 적당하다. 이어지는 마지막 연의 수미상관 구조는 차라리 군더더기다. 그러나 제4연에서 끝맺기에는 시에 담긴 정서의 내용이 너무 소박하고 얕은 느낌을 준다. 마지막 연의 존재로 인하여 이 시는 정서적으로나 운율적으로나 여운과 안정감을 주면서 마무리될 수 있다.

제2연과 제3연은 이 시의 율격적 변조에 의한 리듬의 아름다움을 구현한 부분이다. 제2연 첫 행 "성긴 빗방울"을 독립적으로 처리하여 반복적 리듬의 단조로움을 깨트리고 이미지를 인상적으로 강조하면서 운율적 선율감을 이룩한다. 만약 이 부분을 이 시의 바탕이 되는 불균등세마디율에 맞추어 "성긴 빗방울/후두둑/떨어질 때"와 같이 처리하였다면 단조롭게 반복되는 율격적 진행 때문에 이 시의 시적 긴장미는 풀어지고 말 것이다. 또한 시의 중심이 되는 제3연은 "창 열고/푸른 산과// 마주 앉아라"와 같이 한 율행을 두 시행으로 갈라놓아 의미와 정서의 긴장감을 부여하고 리듬상의 절정부를 만들었다. 제2연의 첫 행에서 율독상의 강조점에 뒤이은 긴 쉼이 암시와 여운을 지니고 있어 긴장감을 준 후, 다음의 제3연은 이를 풀어주고 정돈하면서 시각적으로도 시 전체를 대칭적으로 안정시키는 기능을 한다. 이 시는 대칭적 균형감과 그 안에 내재한 변조와 파격의 리듬감이 두드러진다.

시행과 연의 배열에서 이러한 세심한 구성적 질서를 갖추도록 한 것은 조지훈 초기시가 지닌 운율적 특성이다. 율격적 기저장치에 얽매이지 않고 일상어의 자연스러움에 의한 리듬의 선율감을 살린 것이다.

비슷한 예를 「완화삼(玩花衫)」에서도 찾아볼 수 있다.

차운산 바위 우에 하늘은 멀어
산새가 구슬피 울음 운다.

구름 흘러가는
물길은 七百里

나그네 긴 소매 꽃잎에 젖어
술 익는 강마을의 저녁노을이여.

이 밤 자면 저 마을에
꽃은 지리라

다정하고 한 많음도 병인 양하여
달빛 아래 고요히 흔들리며 가노니……

—「완화삼(玩花衫)」 전문

형태상 이 시에서 눈에 띄는 것은 제2연과 4연이다. 두 시행씩으로 구성된 연 구분은 균등해 보이지만 율행 차원에서는 변화가 있다. 두 율행 단위로 된 제1, 3, 5연 사이사이에 끼워놓은 한 율행짜리 연으로 말미암아 이 시의 리듬은 이완과 긴장, 풀림과 맺힘의 리듬상의 굴곡을 지니도록 배려되어 있다. 이 시는 부드럽고 유장한 고백체의 서술적 어조를 바탕으로 하면서 응축된 강조점을 지녀 그 부분에 관심이 모이도록 배려된 것이다.

불균등세마디율 두 율행으로 구성된 제1, 3, 5연을 살펴보면 제1연은 〈7·5/6·4〉로 되어 있어 둘째 행이 상대적으로 짧으며 제3연은 〈6·5/7·5〉로 되어 있어 첫 행이 상대적으로 짧다. 대칭적인 두 연을 균형감이 개재하도록 배려한 후, 그 사이에 응축적인 네마디율을 끼워 넣은 방식을 취한 것이다. 이처럼 대칭과 균형감을 위주로 하는 형태적 틀을 바탕으로 일상어의 자연스러운 호흡과 어조에 약간의 인공적 기교를 가미하였다.

이 시 「완화삼(玩花衫)」과 화답시 박목월의 「나그네」를 비교해 보면 두 시인의 운율적 취향과 특성을 확인할 수 있다. 응축과 배제의 원리를 위주로 규격화된 7·5조를 따르고 있는 박목월 시 「나그네」에 비하여 조지훈의 「완화삼(玩花衫)」은 변화와 파격이 많고 다소 흐트러진 느낌을 주는 자연스러운 리듬을 취하고 있다. 주인공의 동적인 모습을 액자 속의 그림처럼 정적인 모습으로 바꾸어 놓으려는 시인의 의도가 강하게 작용한[6] 박목월 시는 정교한 기교적 인공미를 느끼게 한다. 이에 비하여 조지훈의 시는 자연스럽고 비기교적이어서 현대시의 산문적 어법에 가깝다고 말할 수 있다.

---

6) 조창환, 『한국시의 넓이와 깊이』, 국학자료원, 1998, 42-43쪽.

2) 율격장치의 2중구조화

시의 리듬감을 살리면서도 운율적 규격성에 얽매이지 않으려는 것이 조지훈 시의 특성이다. 세마디율을 활용하면서도 7·5조의 음수율적 규격성에서 벗어나려 한다거나, 불균등세마디율의 시행과 음수 및 쉼의 배치를 다양하게 변조하여 네마디율에 가깝게 처리하는 것, 혹은 세마디율과 네마디율을 섞어 사용하는 것 등을 찾아볼 수 있다.

보리이삭 밀이삭
물결치는 이랑 사이
고요한 외줄기 들길 위으로
한낮 겨운 하늘 아래 구름에 싸여
외로운 나그네가 흘러가느니.

(…)

솔나무 잣나무 우거진 높은 고개
아스라이 휘도는 길 해가 저물어
서늘한 바람결에 흰 수염을 날리며
서러운 나그네가 홀로 가느니

—「율객(律客)」 부분

이 시 「율객(律客)」은 첫 연과 끝 연에서 운율적 특성이 두드러진다. 첫 연은 "보리이삭/밀이삭//물결치는/이랑 사이"의 네마디율로 시작된다. 이 부분의 대칭적 리듬감이 강하기 때문에 이어지는 제3행의 "고요한/외줄기//들길 위으로"의 세마디율은 "고요한/외줄기//들길/위으로"의 네마디율처럼 읽히기 쉽다. 여기서 6·5조의 음수율은 7·5조의 변형이지만 율행 내부의 쉼의 성격이 강하고 균등하여 행 전체를 균등화하고 안정화된 리듬감으로 변화시킨다. 제4행은 변조의 성격이 강하다. "한낮 겨운/하늘 아래/구름에 싸여"의 세마디율로 읽는다면 의미의 흐름을 방해하므로 "한낮//겨운 하늘 아래/구름에 싸여"처럼 쉼의 크기가 불균등하고 이에 따른 율마디의 크기가 불균등한 리듬을 지니게 되어 율격적 기저장치로부터 크게 벗어난 부분이다. 다음의 제5행은 전형적인 7·5조의 불균등세마디율의 성격을 지닌다. 이처럼 이 시의 첫 연은 네마디율과 세마디율이 교차되거나, 네마디율의 성격이 가미된 세마디율의 리듬감이 느껴지도록 되어 있다.

끝 연은 안정감과 율동감이 교차되는 구조를 지닌다. 제1행과 3행은 "솔나무/잣나무//우거진/높은 고개"와 "서늘한/바람결에//흰 수염을/날리며"의 네마디율로 되어 있고, 제2행과 4행은 "아스라이/휘도는 길//해가 저물어" 및 "서러운/나그네가//홀로 가느니"의 세마디율로 되어 있다. 그러나 이 부분은 시 전체를 지배하는 네마디율의 강한 리듬감 때문에 "아스라이/휘도는 길/해가/저물어", "서러운/나그네가//홀로/가느니"의 네마디율처럼 읽어도 어색하지 않다. 음수율적 질서로는 〈6·7/8·5/7·7/7·5〉로 되어 있어 어느 것 하나 일치하는 것이 없다. 이런 면에서 조지훈은 시의 리듬을 인공적으로 조작하려 하지 않고 구어체의 자연스러운 일상어법을 따르려 하였다는 것을 알 수 있다. 세마디율과 네마디율의 교차를 통하여 율격장치의 2중구조화를 시도한 것이다.

닫힌 사립에
꽃잎이 떨리노니

구름에 싸인 집이
물소리도 스미노라.

단비 맞고 난초 잎은
새삼 치운데

볕바른 미닫이를
꿀벌이 스쳐간다.

—「산방(山房)」 서두

비교적 단조롭게 반복되는 리듬감을 지닌 이 시는 네마디율이 주조를 이룬다. 5·

7조로 된 첫 연 "닫힌 사립에//꽃잎이/떨리노니"의 리듬은 음량이 큰 율마디가 앞에 놓임으로써 이 부분을 둘로 나누어 "닫힌/사립에//꽃잎이/떨리노니"와 같이 율독하는 것도 가능하게 되어 있다. 이에 비하여 제3연은 뒷부분이 상대적으로 빠르게 읽혀 "단비 맞고/난초 잎은//새삼 치운데"로 읽는 것이 자연스럽다. 전형적인 7·5조의 제3행과 이를 뒤집어놓은 제1행을 비교하면, 불균등세마디율에서 상대적으로 음량이 큰 세 번째 율마디가 율행의 앞에 놓일 때는 그 안에 내재된 율격적매듭이 강화되어 쉼의 크기가 확대됨을 볼 수 있다. 이와 같이 세마디율의 율동감과 네마디율의 균형감이 미묘히 교차되어 율격적 특성을 모호하게 하면서 일상어의 리듬조직에 가깝게 한 것이 조지훈 시의 특성이기도 하다.

꽃이 지기로소니
바람을 탓하랴.

주렴 밖에 성긴 별이
하나 둘 스러지고

귀촉도 울음 뒤에
머언 산이 다가서다.

촛불을 꺼야 하리
꽃이 지는데

꽃 지는 그림자
뜰에 어리어

하이얀 미닫이가
우련 붉어라.

묻혀서 사는 이의

고운 마음을

아는 이 있을까
저어하노니

꽃이 지는 아침은
울고 싶어라.

—「낙화(落花)」 전문

외견상 단순하게 반복되는 듯한 이 시의 리듬은 첫 3연과 나머지 6연이 서로 다른 구조로 되어 있다. 첫 3연의 각 율행은 "꽃이/지기로소니//바람을/탓하랴", "주렴 밖에/성긴 별이//하나 둘/스러지고", "귀촉도/울음 뒤에//머언 산이/다가서다"와 같이 규칙적으로 균등하게 배분된 크고 작은 쉼에 의해 균형감과 안정감을 주는 유장한 느낌이 지배적인 네마디율이다. 이에 비하여 나머지 연들의 각 율행은 "촛불을/꺼야 하리//꽃이 지는데", "꽃 지는/그림자//뜰에 어리어", "하이얀/미닫이가//우런 붉어라", "묻혀서/사는 이의//고운 마음을", "아는 이/있을까//저어하노니", "꽃이 지는/아침은//울고 싶어라"와 같이 속도감과 율동감이 지배적인 세마디율로 되어 있다. 제4행 이하는 예외 없이 7·5조의 음수율을 취하는 전형적인 불균등세마디율인데, 율동감이 두드러진 이 율격은 음량이 상대적으로 큰 후반부에 의미나 리듬의 무게가 실리게 되어 있다.

이 시의 반복되는 리듬과 형태에 의한 균형감과 대칭감에 주목하여 한시적 발상에 가깝다고 하고, 그 안정감과 균형감으로부터 자연의 규범성을 느끼게 한다는 점에서 유가적 자연관에 닿아 있다고 본 논자가 있는가 하면,[7] 시상 전개 방식에 주목하여 시조와 유사한 구성상의 특성을 지니고 있다는 점을 지적한 논자도 있다.[8] 2행 1연의 규칙적 반복에 주목하면 한시적 발상이라는 설명이 가능하고, 각 연을 시조의 각 장처럼 낭송한다면 전체 9연으로 된 이 시는 시조 3수를 이어놓은 연시

7) 박호영, 「조지훈 문학 연구」, 서울대 박사학위논문, 1988, 86쪽.
8) 이승원, 앞의 글, 112쪽.

조를 풀어놓은 것처럼 볼 수도 있다.

리듬의 전개를 중심으로 볼 때는 첫 3연은 네마디율이 지배적이고, 나머지 6연은 세마디율이 지배적이라는 점에서 2중적 구조를 지닌다고 볼 수 있다. 이 시를 구문이나 의미 전개상 크게 세 단락으로 나눌 수 있다는 점에는 이의가 없을 것이다. 그런데 첫 3연의 유장한 안정감이 지배적인 리듬과 나머지 6연의 율동적인 속도감이 지배적인 리듬감의 차이를 마련한 것은 단순히 운율적 단조로움을 벗어나기 위한 것 외에 다른 의도도 개재하였음을 살필 수 있다. 은거하는 이의 고적감을 표현하기에는 안정과 균형의 리듬감이 어울리고, 그 고적감과 한적함 속에서의 자족적 여유와 흥그러움을 드러내기 위해서는 변화와 율동의 리듬감이 어울린다. 이 시의 율격적 2중구조화는 이러한 정서적 양면성을 표현하기 위하여 채용된 것이라고 볼 수 있다.

3. 운율적 구조의 미학적 성격

1) 교차구조의 미적 성취

조지훈 시는 유연하고 자연스러운 어조로 대상으로부터 포착된 정서적 감응을 고백하는 방식을 취하고 있다. 산문에 가까운 일상어의 호흡율을 존중하면서 리듬을 위한 배려가 표면에 드러나지 않도록 조정하고 있다. 미학적 성취를 이룩한 그의 시들에서 율격적 원형을 찾아내기 쉽지 않은 이유가 여기에 있다.

청록파 세 시인을 비교해 보면 박목월의 시에서는 잦은 시행과 연 구분을 통하여 리듬의 원형을 노출시키면서 암시와 여운이 깃든 이미지를 제시하는 방식을 취하고 있고, 박두진의 시에서는 격앙된 사설조의 연속적 리듬감이 두드러져 급박하고 긴장된 어조를 취하고 있음에 반하여, 조지훈의 시에는 보다 평온하고 유장하며 부드러운 리듬감이 지배하고 있음을 볼 수 있다. 이러한 리듬의 성격은 시의 기층에 자리 잡은 율격적 장치와 구조적 원형이 산문에 가깝게 풀어지고 늦추어진 까닭이다. 조지훈 시는 세마디율을 네마디율처럼 균형감 있게 조정하는가 하면 네마디율을 세마디율에 가깝게 불안정하게 사용하여 동적인 느낌을 준다. 지속감과 율동감의 교차 내지는 혼용을 통하여 무덤덤한 우리말의 억양과 흐름에 변화와 굴곡을 준 것이다.

얇은 紗 하이얀 고깔은
고이 접어서 나빌레라.

파르라니 깎은 머리
薄紗 고깔에 감추오고

두 볼에 흐르는 빛이
정작으로 고와서 서러워라.

빈 臺에 黃燭불이 말없이 녹는 밤에
오동잎 잎새마다 달이 지는데

소매는 길어서 하늘은 넓고
돌아설 듯 날아가며 사뿐히 접어올린 외씨보선이여.

까만 눈동자 살포시 들어
먼 하늘 한 개 별빛에 모도우고

복사꽃 고운 뺨에 아롱질 듯 두 방울이야
세사에 시달려도 煩惱는 별빛이라

휘어져 감기우고 다시 접어 뻗는 손이
깊은 마음 속 거룩한 合掌인 양하고

이밤사 귀또리도 지새는 三更인데
얇은 紗 하이얀 고깔은 고이 접어서 나빌레라.

—「승무(僧舞)」 전문

조지훈 초기시의 대표작인 이 시 「승무(僧舞)」는 리듬감이 뚜렷한 시이면서도 율격장치의 원형이 쉽게 정리되지 않는 특성을 지니고 있다. 짧은 시행과 긴 시행이 섞여 있고, 안정감과 율동감, 지속감과 속도감이 교차되는가 하면, 급박한 호흡과 유장한 여운이 공존하기 때문이다.

9연으로 구성된 이 시는 앞서 살펴본 「낙화(落花)」와는 전혀 다른 구조를 지니고 있다. 「낙화」는 3연 단위로 묶여진 균등한 3분단 구조를 취하고 있는데, 「승무」는 서두의 짧은 시행으로 된 제1, 2, 3연이 한 단위가 되고, 나머지 제4연부터 9연까지가 두 연씩 한 단위를 이루는 구조를 지닌다. 이러한 구조적 원형을 찾아 이 시의 시행과 연을 다시 배열하여 보면 다음과 같다.

I　1 얇은 紗 하이얀 고깔은//고이 접어서 나빌레라.

2 파르라니 깎은 머리//薄紗 고깔에 감추오고

3 두 볼에 흐르는 빛이//정작으로 고와서 서러워라.

II　1 빈 臺에 黃燭불이 말없이 녹는 밤에//오동잎 잎새마다 달이 지는데
소매는 길어서 하늘은 넓고//돌아설 듯 날아가며 사뿐히 접어올린 외씨보선이여.

2 까만 눈동자 살포시 들어//먼 하늘 한 개 별빛에 모도우고
복사꽃 고운 뺨에 아롱질 듯 두 방울이야//세사에 시달려도 煩惱는 별빛이라

3 휘어져 감기우고 다시 접어 뻗는 손이//깊은 마음 속 거룩한 合掌인 양하고
이밤사 귀또리도 지새는 三更인데//얇은 紗 하이얀 고깔은 고이 접어서 나빌레라.

위의 2분단 구조는 서로 다른 두 가지 리듬과 문체를 합쳐 놓은 것과 같은 형태를 취하고있다. 제I분단의 세 연은 비교적 시행이 짧고 율격적 규격성이 강한 반면, 제II분단의 여섯 연은 시행이 길고 산문체로 풀어진 리듬을 지니고 있어서 율격적 규격성이 약하게 느껴진다. 시의 도입부에 해당하는 처음 두 연은 "얇은 紗/하이얀

고깔은//고이 접어서/나빌레라", "파르라니/깎은 머리//薄紗 고깔에/감추오고"와 같은 분명한 네마디율로 되어 있다. 네마디율은 흔히 각 율마디의 음량이 비슷하고 경계표지가 되는 쉼의 크기가 균등하여 균형감과 안정감을 주는 것이 보통인데, 이 시의 경우는 독특하다. 균등한 대칭감을 주는 부분은 "파르라니/깎은 머리"뿐이고, 다른 부분은 모두 음량의 크기가 들쭉날쭉하다.

첫 율행은 〈3/5//5/4〉음절로 되어 있어 짧은 후 길어지고, 길어졌다가 짧아지는 형태를 취하고 있다. 따라서 "얇은 紗"와 "나빌레라"는 천천히 읽고, '하이얀 고깔은'과 '고이 접어서'는 빠르게 읽도록 되어 있다. 균형감과 대칭감을 깨트리는 것은 네마디율의 성격에 맞지 않는 것이지만, 이 시는 이러한 방식으로 리듬의 상투성이나 상식성을 벗어나 율동적 인상이 강한 네마디율을 만든 것이다. 그러나 처음 두 율행에서 사용된 리듬감이 세 번째 율행까지 반복되면 단조로운 느낌을 주기 쉬우므로 세 번째 율행에서는 "두 볼에/흐르는 빛이//정작으로 고와서/서러워라"혹은 "두 볼에/흐르는 빛이//정작으로/고와서/서러워라"와 같이 되어 있어 네마디율인지 아닌지 불분명하게 흐트러트려 놓았다. 여기서 '흐르는'과 '서러워라'의 'ㄹ'음의 반복이 주는 부드럽고 빠른 리듬감에 주목할 필요가 있다. 유성음의 반복에 의한 유려한 속도감의 영향으로 이 부분의 율마디 간 경계표지가 약화되어 쉼에 주의를 기울이지 않고 급속하게 붙여 읽도록 한 것이다. 이처럼 네마디율을 율격적 기저장치로 사용하면서도 율동적인 느낌과 속도감을 가미하여 율격적 특성에서 벗어나려한 것이 이 시의 리듬상의 특징이다.

균형과 안정감의 네마디율을 바탕으로 하되 율동감과 속도감을 가미하여 율격적 특성을 해체하는 방향으로 진행된 제I분단의 리듬감은 제II분단에 와서 더욱 확장되고 과격해진다. 시의 4, 5연에 해당하는 II의 1단락은 길어졌다 짧아지고, 짧아졌다 길어지는 두 시행씩으로 구성되어 대칭적 틀을 지닌다. 제4연은 "빈 臺에/黃燭불이//말없이/녹는 밤에"와 같은 네마디율인데, 앞의 제I분단과 달리 한 행으로 붙여 놓아 좀더 빠르고 속도감 있게 읽도록 하였다. 이어지는 행 "오동잎/잎새마다//달이/지는데"와 다음 연의 첫 행 "소매는/길어서//하늘은/넓고"는 상대적으로 길이가 짧아서 정돈된 느낌으로 호흡을 조절하도록 되어 있다.

제5연 2행 "돌아설 듯/날아가며//사뿐히 접어올린/외씨보선이여"는 이 시에서 음량이 가장 큰 율행이며, 확장되고 늘어진 의미와 정서의 진폭을 지닌 부분이다.

제II분단의 마무리에 해당하면서 시 전체의 절정부를 이루는 이 부분은 율행 전체의 음량이 파격적으로 크기 때문에 다른 행과 균형을 맞추어 읽으려면 말과 말 사이를 촘촘하게 붙여 읽으려는 심리가 작용한다. 따라서 이 부분은 율마디를 뚜렷이 나누기보다는 짧은 쉼에 이어 연속적으로 이어지려는 리듬감이 강하다. 경계표지가 되는 쉼의 성격이 약해져 가벼운 심리적인 단층만 지닌 채 사설조의 급박한 리듬을 지니도록 배려된 것이다. 앞의 두 행이 상대적으로 짧은 것은 이 절정부의 강한 속도감을 인상적으로 드러내기 위하여 준비된 유장한 리듬이라 할 수 있다.

나머지 제II분단의 2, 3단락은 이 리듬상의 절정부에 이어 이를 풀어주고 이완시켜주는 기능을 한다. 네마디율로 된 율행들은 심리적 지속감과 안정감을 주면서 사색적 분위기를 제시한다. 제6, 7연은 시행이 짧아졌다 길어진 후 길어졌다 짧아지는 형태를 취하고 있고, 제8, 9연은 이와 반대로 시행이 길어졌다 짧아지고, 짧아졌다 길어지는 형태를 취하여 부분적인 대칭미를 포함한 전체적 틀이 균형을 이루도록 되어 있다. 불균등한 네마디율로 안정감 속의 운동감을 지니면서 구조적 평형미를 반복적으로 제시함으로써 자연스럽게 어울리도록 한 것이다. 끝 율행은 첫 율행을 되풀이하지만 두 시행이었던 것을 하나로 묶어 놓음으로써 부분적으로는 제II분단의 리듬과 호흡에 어울리게 하는 한편, 시의 전체적인 마무리를 유장한 여운을 지니면서 끝맺는 기능을 한다.

이러한 지속감과 율동감의 교차적 리듬구조는 이 시가 표현하고자 하는 춤의 동작과 잘 어울린다. 유연하고 부드럽게 몸을 움츠렸다 펴고, 굽혔다 뻗고, 오므렸다 펼치는 승무의 동작을 묘사하면서 춤을 추는 사람과 감상하는 사람이 하나가 되어 명상적 지속감과 경쾌한 율동감을 번갈아 체험하는 것이다. 그것은 이 시의 모티브가 된 '얇은 紗 하이얀 고깔'에서 '나비'를 연상하는 것과도 연관된다. 춤추는 사람의 복장에서 유추된 나비의 이미지는 곧바로 나비의 동작을 연상시키고, 나비의 동작과 춤의 동작이 겹쳐지면서 시의 전체적인 분위기는 유연하고 섬약하고 애상적인 정조를 빚어낸다. 이미지나 정서의 흐름을 뒷받침하는 운율적 장치로 말미암아 이 시는 탁월한 미학적 성취를 이룩한 것이다.

2) 리듬구조의 산문율화

조지훈 초기시가 지닌 리듬상의 특성 가운데 하나는 유장한 산문체 어조의 여운이 지닌 아름다움이다. 조지훈은 시의 율격이나 억양이 지닌 리듬의 맛을 조심스레 살리면서 그 운율적 장치가 표면에 드러나 기계적이거나 인위적으로 조작된 느낌을 주지 않게 하려고 노력하였다.

① 하늘로 날을 듯이 길게 뽑은 부연 끝 풍경이 운다
처마 끝 곱게 늘이운 주렴에 半月이 숨어
아른아른 봄밤이 두견이 소리처럼 깊어가는 밤
곱아라 고아라 진정 아름다운지고
파르란 구슬빛 바탕에
자짓빛 호장을 받친 호장저고리
호장저고리 하얀 동정이 환하니 밝도소이다.

—「고풍의상(古風衣裳)」 서두

② 벌레 먹은 두리기둥 빛 낡은 丹青 풍경 소리 날아간 추녀 끝에는 산새도 비둘기도 둥주리를 마구 쳤다. 큰나라 섬기다 거미줄 친 玉座 위엔 如意珠 희롱하는 雙龍 대신에 두 마리 봉황새를 틀어올렸다. 어느 땐들 봉황이 울었으랴만 푸르른 하늘 밑 甃石을 밟고 가는 나의 그림자. 패옥 소리도 없었다. 品石 옆에서 正一品 從九品 어느 줄에도 나의 몸둘 곳은 바이 없었다. 눈물이 속된 줄을 모르량이면 봉황새야 九天에 呼哭하리라.

—「봉황수(鳳凰愁)」 전문

형태상 위의 「고풍의상(古風衣裳)」은 연 구분 없이 행 구분만 되어 있고, 「봉황수(鳳凰愁)」는 산문시로 되어 있지만 운율상으로 볼 때 두 시의 리듬감은 유사하다. 긴 호흡의 유장한 느낌의 어조는 여운이 깊은 동양적 사색의 분위기를 표현하는 데 적합하다.

「고풍의상(古風衣裳)」의 시행들은 율격적 규격성을 찾기 어려울 정도로 산문화된 문체를 지니고 있고, 경계표지가 되는 쉼의 존재가 불분명하여 의미나 정서의 전개에 따른 단순한 심리적 구획과 단층을 지니고 있을 뿐이다. 이 시의 첫머리를 "하늘로/날을 듯이//길게 뽑은 부연 끝/풍경이 운다"와 같이 율마디 구분하여 읽는 것은 자연스럽지 못하다. 이 시행은 '부연 끝' 다음에 가벼운 심리적 구획을 지닌 짧은 쉼을 주고 전체를 유려하게 붙여 읽는 편이 적합하다. 이어지는 행도 '처마 끝'과 '주렴에' 다음에 짧고 가벼운 쉼을 거치면서 전체를 부드럽게 연속적으로 읽어 나가는 편이 좋다. 이러한 리듬감이 제3행까지 계속된 후, 다음 행은 "곱아라/고아라/진정 아름다운지고"와 같이 강하고 인상적인 쉼이 개재하여 율마디 간의 경계를 분명히 한다. 이와 같은 운율적 짜임새는 이 시가 풀어진 산문화된 시행의 리듬감을 바탕으로 간간이 긴장과 매듭을 주는 방식을 취하고 있음을 의미한다.

흔히 산문율이라는 용어를 사용하지만, 엄밀한 의미에서 산문이란 율격적 규칙을 지니지 않은 문체를 말한다. 산문 형식의 문체에 리듬감을 살리기 위하여서는 부분적인 율격적 매듭이 개재하는 정도로 충분하고, 애매하고 중첩된, 불분명한 경계표지가 있을 따름이다. 이것은 다분히 심리적인 구획에 불과한 경우가 많고, 읽는 이의 개성이나 관습에 따라 달라질 수 있는 성격의 것이다.

「봉황수(鳳凰愁)」는 산문시이지만 뚜렷한 리듬감을 지니고 있다. "벌레 먹은 두리기둥/빛 낡은 丹靑//풍경 소리 날아간/추녀 끝에는//산새도 비둘기도/둥주리를 마구 쳤다" 식으로 율격적 구획을 분명히 하여 읽을 수 있다. 그러나 이러한 율격적 구획이란 운문을 읽을 때의 습성이 관여하는 것이어서 산문 문체의 원래 모습을 살린 것은 아니다. 시를 읽는다는 의식 때문에 일부러 운율적 질서를 만들려는 심리가 작용하는 것이다. 이러한 문체에서 리듬감을 강하게 느끼는 사람도 있고 그렇지 않은 사람도 있을 수 있다.

그럼에도 불구하고 이 시에는 맺음과 끊음, 이어짐과 풀어짐, 연속감과 단절감이 교차하는 운율적 성격이 느껴진다. 그 까닭은 조지훈 시의 운율적 특성이 우리말의 자연스러움과 유려함을 살리는 방향으로 전개되었기 때문이다. 조지훈은, 리듬감이 두드러진 시에서도, 운율적 규칙이 시상의 전개에 제약이 되는 것을 피하려고 노력하였다. 율격적 경계표지가 되는 쉼의 존재를 흐리고 불분명하게 처리하거나 이중적이고 중첩되게 처리한 경우가 많고, 네마디율의 안정성과 균형감 속에 세마디율의 불안정성과 율동감을 보태거나 세마디율의 불안정성과 율동감 속에 네마디율의 안정성과 균형감을 더한 경우가 많다. 조지훈 초기시가 지속감과 율동감을 교차시킨 중첩된 리듬을 지니고 있다는 점에서 그의 산문 문체가 지닌 비산문적 요소, 즉 운율적 특성을 찾아야 할 것이다.

4. 조지훈 초기시의 운율론적 의의

율격적 규격성이 표면에 드러나지 않게 하면서 일상어의 자연스러운 어법을 유지하되 유려하고 유장한 리듬감을 구현하여 시의 정서적 분위기를 효율적으로 살린 점이 조지훈 초기시가 지닌 운율적 아름다움이다.

불균등세마디율을 기저장치로 채용한 경우에도 변화와 파격을 주어 율동감의 바탕 위에 균형감이 깃들게 하는 한편, 운율적 질서를 의도적으로 흐트려놓아 자연스러운 산문적 어법을 지향한 점에서 그의 시가 지닌 현대적 성격을 엿볼 수 있다. 「고사(古寺)」, 「파초우(芭蕉雨)」, 「완화삼(玩花衫)」 등의 리듬을 분석하여 이를 확인하였다. 또한 율격장치의 2중구조화를 통하여 세마디율과 네마디율의 성격을 혼용하거나 중첩시킨 리듬을 구사한 점은 독특한 기법이다. 운율적 기층구조가 표면에 드러나지 않게 배려하면서 고적감과 한적한 분위기에 여유와 흥그러움을 주는 정서적 표현에 걸맞는 이러한 수법은 「낙화(落花)」, 「산방(山房)」 등의 시에서 찾아 볼 수 있다.

평탄하고 유장한 리듬감을 바탕으로 지속감과 율동감의 교차적 구조를 미적으로 차원 높게 성취한 예가 조지훈 초기시 가운데 대표작이라 할 수 있는 「승무(僧舞)」이다. 율행과 시행의 배치와 구성상의 분단과 결합에서 그 틀을 찾아볼 수 있고, 불균등한 네마디율로 안정감 속의 운동감을 부여하여 구조적 평형미를 구현한 점이 이 시의 탁월한 운율적 특성이다. 춤추는 이의 복장에서 연상된 나비의 이미지가 춤의 동작에 연결되도록 한 시상 전개를 뒷받침하는 것은 이 시에 구현된 미묘한 리듬구조가 중요한 역할을 한다. 대칭과 반복, 균형과 안정감을 바탕으로 자연스러운 율동미를 살린 점이 이 시가 지닌 아름다움이다.

운율적 규격성을 벗어나 우리말의 자연스러움을 살리려는 노력은 산문화된 문체를 지향한다. 「고풍의상(古風衣裳)」이나 「봉황수(鳳凰愁)」의 산문율은 율격적 경계 표지를 불분명하고 애매하게 하거나 중첩되게 하여 단지 심리적인 연속감과 단절감의 교차를 드러낼 따름이다. 이러한 측면은 현대시의 내면화된 심리적 리듬감을 추구한 것이며, 조지훈 시가 지닌 사색적 분위기와 어울린다.

조지훈 초기시가 지닌 유연하고 자연스러운 리듬감의 비밀을 분석한 이상의 작업은 현대시의 내재화된 운율을 탐구하는 기초로써 중요한 단서를 제공할 수 있을 것이다.

참고문헌

김종길 외. 『조지훈 연구』. 고려대학교출판부, 1978.

박목월·박두진·조지훈. 『청록집』. 을유문화사, 1946.

______. 『청록집 기타』. 현암사, 1968.

박호영. 「조지훈 문학 연구」. 서울대 박사논문, 1988.

서우석. 『시와 리듬』. 문학과지성사, 1981.

이승원. 「한국현대시에 나타난 식물적 상상력에 대한 연구」. 『이두현교수 정년퇴임기념논문집』. 1989.

조지훈. 「시의 원리」. 조지훈전집편찬위원회. 『조지훈 전집』. 일지사, 1973

조동일. 『한국시가의 전통과 율격』. 한길사, 1982.

조창환. 『한국 현대시의 운율론적 연구』. 일지사, 1986.

______. 「박목월 초기시의 운율과 구조」. 『한국시의 넓이와 깊이』. 국학자료원, 1998.

최승호. 「1930년대 후반기 시의 전통지향적 미의식 연구」. 서울대 박사논문, 1994.

조지훈 시의 유랑의식 연구

송기한

1. 정(靜)과 동(動)의 미적 긴장

청록파의 한 사람이자 우리 시단에 뚜렷한 족적을 남긴 조지훈이 사거한 지도 벌써 40년의 세월이 흘렀다. 그 오랜 세월만큼이나 그에 대한 연구 역시 많이 축적되어 왔다. 조지훈 하면 떠올려지는 것들이 한두 가지가 아니어서 그에 대한 꼬리표는 다양하게 그리고 많이 붙여져 있다. 정지용의 추천을 받은 『문장』파 출신의 시인, 박목월, 박두진 등과 함께 해방 직후에 펴낸 『청록집』의 시인, 「승무」의 작가, 그리고 「지조론」으로 대표되는 지사적 풍모 등등이 그를 에두르고 있는 대표적 목록들이라 하겠다. 그는 시인으로서, 학자로서, 지성인으로서 많은 발자취를 남겼지만, 고전의 감각을 현대적 맥락 속에서 되살려낸 「승무」의 시인이라는 사실은 너무 큰 것이어서 다른 어떤 연상적 틀로 대신하기는 어려운 것 또한 사실이다. 실상 조지훈은 해방 직후 한국 서정시단을 대표하는 시인이었다. 정치와 사상, 사회를 배제한 순수성이 시의 구경적 형식이라는 그의 논리는, 해방 직후 시를 사상적 도구나 현실의 기계적 반영으로 치환시키려는 리얼리즘 계통의 시단에 맞서는 주요 이론적 거점이 되었다. 비록 그의 순수 시론이 현실을 우회해서 그것을 초월하려는 안일한 도피주의나 현실추수주의라는 비판이 있긴 하지만, 요동치는 해방 공간의 혼돈 속에서 시의 서정성을 지켜낸 중요한 논리적 전거가 되었다는 사실은 부인하기 어려울 것이다.

지금까지 조지훈의 시나 산문을 검토한 대다수의 연구자들이 주목한 부분도 바로 이 지점이다. 사상과 이념이 배제된 조지훈의 순수시와 순수시론에 대한 분석이 있는가 하면, 그가 등단한 『문장』지와, 이 잡지의 구성원인 정지용 등이 보여준 자연시와의 연관성을 검토한 경우도 있다. 뿐만 아니라 시인의 성장 배경과 그 사상적 관련 양상에 주목하여 조지훈 시에서 드러나는 유가적 면모 등을 분석한 글 역시 상당 부분을 차지하고 있다. 조지훈의 시에 은둔적인 포즈와 탈속의 세계가 짙게 배어있다는 측면에서 보면 이러한 연구들은 어느 정도 타당성을 가지고 있다. 특히 그의 시의 궁극적 지향이 자연과 인간의 통합 혹은 조화이기 때문에 더욱 그러하다.

그럼에도 여기에는 몇 가지 문제점이 있다. 우선 이러한 분석들은 조지훈의 시를 지나치게 환경결정론으로 귀결시켜 그의 시에서 드러나는 자생적인 내면구조를 등한시하게끔 하는 결과를 가져왔다. 조지훈의 시들은 그러한 국면들이 덧씌워져 여러 가지 굴곡을 겪어온 것으로 보이는데, 가령 다음과 같은 것들이 그 주요 요인이다. 첫 번째는 그의 등단과정이다. 『문장』지의 추천을 받을 무렵 조지훈은 모더니즘 계통의 시와 소위 전통주의로 분류할 수 있는 계열의 시를 제출한 것으로 되어 있다. 그런데 추천자인 정지용에 의해서 전자 계열의 시들은 배제되고 이후 전통주의 계통의 시들만이 추천의 대상이 되었다는 것이다. 말하자면 조지훈의 시에서 드러나는 전통지향적 성향은 자율적 선택이 아니라 타율적 요인에 의해 만들어졌다는 논리인 것이다.[1] 다음으로는 조지훈의 성장 배경이다. 그는 영남 유생의 자제

1) 김용직, 「시와 선비의 미학」, 최승호 편, 『조지훈』, 새미, 2003 참조.

출신으로 신학문보다는 주로 서당교육을 받았다. 그가 받은 재래식 교육은 조지훈으로 하여금 서구 근대적 학문과는 거리를 두게 만들었다. 이러한 이유로 조지훈은 근대적 경험에 바탕을 둔 모더니즘 계통의 시보다는 전통지향적인 시를 제작하기에 이르렀다는 것이다. 거의 타율인 선택에 의해서 말이다. 그리고 이후 그의 시를 탐색한 대다수의 연구자들 역시 그러한 영향관계로부터 자유롭지 못했다. 조지훈의 시에서 동양적 사유인 정(靜)이나 선(禪)의 가락을 읽어내거나 자연의 은일한 미덕을 찾아내는 태도들은 모두 조지훈의 전기적 사실에 주목한 연구들이었다. 이를 한마디로 규정한다면 정(靜)의 미학이라 할 수 있다.[2)]

조지훈의 시가 정(靜)의 미학에 근거를 두고 있는 것은 틀림없는 사실이지만, 그럼에도 그의 시들을 단선적인 틀로 묶어내기에는 몇 가지 한계점이 노정된다. 그의 시에서 은둔이나 정의 미학으로만 설명할 수 없는 어떤 역동적 국면들이 분명 내재되어 있기 때문이다. 이는 다음 두 가지 측면에서 그러하다. 우선 조지훈이 모더니즘 계통의 시를 창작해내었다는 사실을 주목해야 할 것이다. 비록 타율적 요인에 의해 전통지향적 경향의 시로 경도되긴 했지만 그의 사유의 저변은 점증하는 근대의 세례로부터 자유롭지 못했을 것이라는 점이다. 습작기의 그는 서구 여러 시인들의 시와 사상가들의 서적을 탐독[3)]했을 뿐만 아니라 등단을 전후 해서는 근대식 교육을 받았기 때문이다. 실제로 조지훈은 등단 초기뿐만 아니라 그 이후에도 모더니즘 계통의 시를 꾸준히 창작한 것으로 되어 있다.[4)] 물론 한 시인의 시세계가 어느 하나의 국면으로 고착되어서 단일한 경향의 시만을 담아낼 수만은 없을 것이다. 그럼에도 조지훈의 경우, 이 두 가지 상반되는 시세계의 공존이야말로 그의 시세계를 새롭게 탐색해 들어가게 하는 좋은 단서라 할 수 있다. 그것은 그의 시가 정(靜)의 세계에만 머물 수 없는 역동적 측면을 담고 있었다는 점에서 그러하다. 점증하는 근대의 불안과 갈등으로 말미암아 동양적 고요를 뒤흔드는 시적 고뇌가 조지훈의 내면 속에서 끊임없이 요동치고 있었던 것이다. 이른바 정의 미학과 대비되는

---

2) 오세영, 「조지훈의 문학사적 위치」, 위의 책.

3) 조지훈, 『시와인생』, 신흥출판사, 1959. 조지훈은 이 글에서 습작기 시절 보들레르나 랭보 등을 비롯한 프랑스 모더니즘이나 상징주의 계통의 시를 탐독했다고 말하고 있다.

4) 엄성원, 「조지훈의 초기시 연구」, 『한국문학이론과 비평』 35집(한국문학이론과 비평학회, 2007. 6).

동(動)의 미학이 조지훈의 시에 자리할 근거가 마련되는 순간이다. 다른 하나는 조지훈의 존재론적 고독이다. 물론 이 고독은 조지훈 혼자만의 고유한 것이라 할 수는 없을 것이다. 그것은 이 세상에 피투된 존재라면 누구나 감내하고 겪어야 하는 것이기 때문이다. 그럼에도 조지훈에게 이러한 고독의 의미는 매우 각별한 것으로 보인다. 동양적 은일이나 침잠의 세계에는 존재에 대한 고독이나 끈끈한 삶의 욕망이 느껴지지 않는 것이 보통이다. 조지훈의 시들이 초기부터 동양적 침잠이나 무위자연과 같은 비욕망적 사유로 폐쇄되어 있었다면, 존재에 대한 내적 물음은 애초부터 없었을 것이다. 그러나 조지훈의 시를 읽어보면 금방 알 수 있는 것처럼, 그의 시들에는 내면에의 고독과 헤매임의 의식들이 촘촘히 박혀 있다. 이는 그의 시들이 지극히 동적이라는 사실과 무관하지 않는 단면들이다.

문학은 상상력을 기반으로 하고 있는 자율적 체계이다. 어느 특정 이념이나 영향에 크게 좌우되지 않는 그 나름의 독특한 내적 구조를 작품 속에 담아내고 있는 것이다. 이런 논리에 설 경우, 조지훈의 시를 보는 시각에 약간의 변화가 필요하다. 그는 처음부터 동양의 정적 세계에 머물러 있지만은 않았다는 사실이다. 그에게는 근대에 대한 모색과 존재에 대한 끊임없는 고민을 자신의 시 속에 담아내고 있었던 것이다. 특히 그의 시에서 그러한 역동성은 어떤 흐름과 움직임의 이미지로 나타나는데, 그것이 곧 '나그네'로 표상되는 유랑의식이다. 이는 조지훈 시를 규정지어 왔던 동양적 완미의 세계라든가 선의 가락과 같은 정적 이미지와는 거리를 두고 있는 경우이다. 그러한 동적 이미지에 대한 문제의식이야말로 조지훈 시의 본질에 새롭게 접근하는 방식이 될 것이다.

2. 자아의 모색과 '나그네' 의식

조지훈의 시를 유랑의식으로 접근하는 것은 매우 낯설어 보인다. 그것은 그의 시가 어떤 정적인 이미지와 너무나도 깊이, 그리고 견고하게 결합되어 있다는 느낌을 주고 있었기 때문이다. 그러나 앞서 언급한 대로 조지훈은 초기부터 근대적인 것과 전통적인 것 사이에서 많은 시적 갈등을 느끼고 있었다. 비록 정지용의 타율적 선택에 의해서 전통적인 성향의 시세계로 나아갔어도 조지훈은 근대의 여러 영향으로부터 자유롭지 못했던 것으로 판단된다. 이는 조지훈이 모더니즘의 경향의 시를 끝까지 포기하지 않고 후기까지 계속해서 창작해내었던 사실과도 무관하지 않은 일이다.[5] 조지훈의 그러한 시적 자의식은 근대의 부산물인 자아에 대한 인식에서 쉽게 발견된다. 어느 곳에서도 안주할 수 없었던 자아, 그리하여 실존적 안주를 위해 끊임없이 자기모색을 해야 했던 자아는 결국 시인으로 하여금 한곳에 머물지 못하게 하는 유랑의식을 표출하게끔 만든다.

근대는 자아에 대한 발견을 특징으로 한다. "나는 생각한다 고로 존재한다"라는 데카르트의 코기토는 근대를 상징하는 대표적인 담론이거니와 그러한 자아에 대한 지나친 강조가 역으로 인간 자신을 파멸로 몰아간 하나의 계기가 되었다. 자아의 인식과 자아에 대한 반성적 재인식이라는 이 역설이야말로 근대의 슬픈 자화상이 아닐 수 없었던 것이다. 이렇게 인간을 파탄시킨 자아에 대한 새로운 관계설정이야말로 근대가 제기한 반성적 과제의 하나였다. 자아에 대한 지나친 강조와 그러한 자아를 어떻게 멸각시킬 것인가에 대한 문제는 이렇듯 근대라는 삶의 터전에 뿌리를 내리고 있던 인간들에게 당면한 최대 고민거리였다.

물론 이러한 과제에 직면할 때, 가장 쉬운 모색점은 자아를 멸각시키거나 자아를 사상시키는 방법을 찾아내서 그에 기투하면 그만일 것이다. 그런데 그 방법과 매개가 무엇일까하는 것에 직면하게 되면 문제는 매우 복잡해진다. 나라마다 시대마다 처해진 상황에 따라 그 방법적 인식들은 얼마든지 달라질 수 있는 것이기 때문이다. 그럼에도 그러한 인식적 여로들은 어떤 공통성을 보여왔는데, 가령 우리의 경우는 자연이 그 대표적 사례로 사유되어 왔다. 모더니즘의 역사적 전통이 미흡하고 그 인식적 사유가 깊지 않은 우리의 현실에서 아마 자연만큼 적절한 매개도 찾아보기 힘들었을 것이다. 그러나 서구의 경우는 우리와 매우 다른 인식적 사유를 보여주었다. 가령 모더니스트였던 엘리어트가 영국 정교에서 인식의 완결성을 찾은 것에 알 수 있듯이 서구인들은 주로 역사적인 맥락에서 찾아왔다. 그러한 역사적 전통에서 자아모색의 사례를 찾기 힘들었던 우리의 경우는 주로 자연이 그 방법적 대상이 되어 왔던 것이다. 자연은 그만큼 쉽게 대면할 수 있는 대상이었고, 근대적 인

5) 위의 논문 참조.

식구조에서 자연만큼 완벽한 인식체계를 보지한 경우도 드물었다. 또 자연이라는 거대한 마법 속에서 작동되는 자아야말로 가장 비인간화되고 비개성화된 자아이기에 그러했다. 한편 만물의 질서와 우주의 이법을 표상하는 자연을 어떻게 받아들이느냐에 따라 시적 자의식은 여러 갈래로 분기되어 왔다. 가령 비교적 근대 초기의 작가였던 소월의 사례를 보면, 그는 이러한 자연을 완전히 자기화시키지 못하고 '저만치' 그저 바라만보고 있었다. 소월 시의 특색인 '한'의 미학적 근거도 그러한 거리에서 찾고 있긴 하지만 어떻든 그는 '자연'을 자신의 내적 근거로 받아들이지 못하고 '저만치' 떼어 놓고 있었다.

그런데 소월에 의해 분리된 자연은 이후 다른 면모를 띠고 나타난다. '문장'파에 이르면 그 사정이 매우 달라지기 때문이다. '문장'파는 소월과 달리 자연을 본연 그대로의 모습으로 회복시켜 놓았다.[6] 정지용은 자신의 명편 「백록담」에서 자아멸각의 뛰어난 감수성을 너무도 잘 알려주고 있지 않은가.

그러면, 정지용의 추천으로 등단한 조지훈의 시세계는 어떠한가. 조지훈에 대한 연구는 크게 두 가지 시각으로 진행되어 왔던바, 고전 혹은 전통에 관한 것이 그 하나라면,[7] 자연에 관한 것이 다른 하나이다. 후자의 경우 연구자들은 조지훈의 자연이 선적인 것이라거나 관조적인 것이라는 데 대부분 동의하고 있다.[8] 즉 주관이 배제된 자연을 마치 풍경화처럼 읊고 있다는 것이다. 조지훈 시에서 드러나는 자연의 의미가 시적 정서가 배제된 객관적 포즈를 취하고 있다는 측면에서 보면 이들의 판단이 크게 틀린 것이라고는 할 수 없을 것이다. 조지훈의 시에서 자연은 일차적으로 응시의 대상, 관조의 대상이기 때문이다.

닫힌 사립에
꽃잎이 떨리노니

구름에 싸인 집이

---

6) 최승호, 『서정시와 미메시스』, 역락, 2006, 112쪽.
7) 박호영, 「조지훈의 전통주의」, 최승호 편, 『조지훈』, 새미, 2003.
8) 최승호, 『한국 현대시와 동양적 생명사상』, 다운샘, 1995.

물소리도 스미노라.

단비 맞고 난초잎은
새삼 치운데

볕바른 미닫이를
꿀벌이 스쳐간다.

바위는 제자리에
옴짝 않노니

푸른 이끼 입음이
자랑스러라.

아스럼 흔들리는
소소리바람

고사리 새순이
도르르 말린다.

—「산방(山房)」 전문

인용 시는 봄이 오는 산의 변화 모습을 사실적으로 묘사하고 있다. 어떤 규범이나 직관, 통찰에 의해서가 아니라 봄이 다가올 때 변화해가는 산의 모습을 카메라의 눈으로 그리고 있는 것이다. 그런데 주관이 배제된 이러한 자연에 대한 묘사는 우리 시사에서 매우 예외적인 것이라 할 수 있다. 자연묘사의 시들에서 흔히 발견되던 '자아'의 모습을 인용시에서 찾아보기란 쉽지 않기 때문이다. 인용시는 자연을 벗하며 그것과 더불어 유유자적하던 강호가도의 세계나 소월의 경우처럼 비애에 젖은 자연의 모습과는 거리를 두고 있는 것이다.[9] 이를 두고 자연에 대한 관조나 새롭게 창조된 자연이라고 평가하는 것은 당연한 귀결이고, 어느 정도의 정당성 또한 확보하고 있다고 하겠다. 봄에 대한 이러한 인상적 묘사는 박목월이 탐색하고 발견해낸 자연과 상호 불가분의 관계에 놓여 있는 것이기도 하다.

조지훈의 시에서 자연이 이렇게 거리화되어 있다는 것은 그의 작품 세계를 이해하는 데 몇 가지 시사점을 제공해준다. 우선 자아에 대해서 극명한 자기인식을 하고 있다는 것이 그 하나이다. 이러한 자아 인식 행위는 작품 속에서는 거의 감각되지 않는다. 자연은 저기 있고 나는 여기에 있을 뿐이다. 그러한 자연의 무감각화는 '자연'과의 융합에 의한 소멸도 아니고, '자아'와 '대상' 사이의 팽팽한 긴장관계를 통해 얻어진 자연스런 합일도 아니다. 가령 「백록담」의 경우처럼, 등산을 하면서 서서히 잃어가는 자아의 모습은 여기서는 찾아볼 수 없다. 이 작품 속에 자아란 애초부터 존재하지 않는다. 자연을 보는 시선만이 있을 뿐이고 이에 걸맞게 자연의 풍경을 있는 그대로 제시해주고 있을 뿐이다. 따라서 이 작품에서 자연은 원거리화된 대상 이상의 의미를 갖고 있지 못한 셈이다.

다른 하나는 그렇게 타자화된 자연에 자아가 언제든지 틈입할 수 있는 개연성을 열어놓고 있다는 점이다. 자아는 자연과 거리를 둔 채 올곧게 자기 울타리를 치고 있다. 근대화된 인식구조 속에 편입되는 자연이 아니라고 한다면, 자아 역시 그러한 사유의 틀 속에서 운동하지 않을 것이다. 그러나 조지훈은 이미 근대의 세례를 흠뻑 받은 터였다. 서구 모더니스트들의 시를 접해왔고, 또 그 영향하에서 모더니즘 경향의 시를 제작해낸 바 있다. 그러한 경험성들로부터 그는 자유롭지 못했을 것이다. 근대적 체험을 도외시한 채 문학사적으로 자리매김되는 시의 경우도 자아의 성격적 측면에서는 마찬가지이다. 정(情)과 경(景)의 융합이나 그 교융(交融)으로 귀결되는 조지훈의 '전체시' 역시 자아의 영향은 거의 절대적이라 할 수 있을 것이다.

자연에 대한 거리화는, 어쩌면 조지훈의 시를 역동적 실체로 나아가게 하는 하나의 단초 역할을 했을 것으로 판단된다. 그는 소월처럼 자연을 '저만치' 두면서 감상성에 젖지도 않았고, 정지용의 경우처럼 자연을 관념적 초월의 형상으로 받아들이

9) 조지훈 초기시의 자연과 소월의 자연은 거리화라는 측면에서 어느 정도 동질성을 갖고 있다. 그러나 소월의 자연이 다가갈 수 없는 비애의 자연이라면, 조지훈의 자연은 소월처럼 감상성에 젖은, 거리화된 자연이라기보다는 감정이 절제된 관조화된 자연이라는 점에서 차이가 있다.

지 않았다. 정지용의 자아가 '고향', '가톨릭시즘', '자연'과 같은 관념의 단위들로 널찍널찍하게 건너뛰면서 백록담 깊은 곳으로 함몰되어 갔다면, 조지훈의 그것은 좀더 구체적인 경험의 틀 속에서 재구성시키면서 자연을 탐색해 들어갔다. 그것이 시인으로 하여금 유랑의 기나긴 여행길에 오르게 만들었던 것으로 보인다. 그러한 의식들은 조지훈의 시에서 '나그네' 의식으로 표상된다.

① 차운산 바위 우에 하늘은 멀어
산새가 구슬피 울음 운다.

구름 흘러가는
물길은 칠백리

나그네 긴 소매 꽃잎에 젖어
술 익는 강마을의 저녁노을이여.

이 밤 자면 저 마을에
꽃은 지리라.

다정하고 한 많음도 병인 양하여
달빛 아래 고요히 흔들리며 가노니……

—「완화삼」 전문

② 외로이 흘러간 한 송이 구름
이 밤을 어디메서 쉬리라던고,

성긴 빗방울
파초잎에 후두기는 저녁 어스름

창 열고 푸른 산과

마주앉아라.

들어도 싫지 않은 물소리기에
날마다 바라도 그리운 산아

온 아침 나의 꿈을 스쳐간 구름
이 밤을 어디메서 쉬리라던고.

—「파초우」 전문

①은 박목월과 상호 화답한 시로 유명한 「완화삼」이다. '흘러가는', '물길', '흔들리며', '가노니' 등등의 시어에서 알 수 있듯이 여기에는 동적인 흐름이 나타나고 있다. 이를 대표하는 시어가 '나그네'이다. 이러한 시어들은 조지훈 시 하면 흔히 떠올려지는 정적 이미지들과는 무관하다. 이 작품에서도 자연은 비교적 멀리 떨어져 있다. "차운산 바위 우에 하늘은 멀어"에서 보듯 자연은 시적 화자와 근거리에 있지 않은 까닭이다. 그렇다고 「산방」의 경우처럼 완전히 관조된 자연이라고는 할 수 없다. "달빛 아래 고요히 흔들리며" 가는, 어느 정도 자연 가까이에 있는 자아이기 때문이다. 「산방」의 거리화된 자연과는 다른, 인접된 「완화삼」의 자연은 어떤 의미가 있는 것일까.

'나그네' 의식이란 범박하게 말하면 떠돌이 의식이고, 어느 한곳에 정주하지 못할 때 발생하는 의식이다. 자아와 합일할 대상, 인식을 통합할 대상을 만나지 못한 의식이기에 강한 주관성 내지 욕망으로부터 자유롭지 못하다. 그런데 이러한 의식이 성립되기 위해서는 다음 두 가지 전제가 필요하다. 하나는 역동적 힘이 덧붙여져야 한다는 것이고, 그에 걸맞는 목적성이 부가되어야 한다는 것이다. 만약 그러한 목적과 힘이 없는 나그네라면, 단순한 여행자 혹은 무기력한 산책자의 이미지에서 벗어나지 못할 것이다. 즉 쉽고 안온한 감수성만으로는 나그네 의식을 설명하는 것이 불가능하다는 뜻이다. 사실 「완화삼」은 목월과의 교우라는 구체적 사실과 더불어 시 자체에서 드러나는 한가한 감수성 때문에 매우 낭만적으로 받아들여지기 쉬운 시이다. 특히 "술 익는 강마을의 저녁노을"이나 "달빛 아래 고요히 흔들리며 가노니"라는 구절들이 더욱 그러하다. 그저 목적없는 방랑객 정도의 나그네 이미지를 강하게 풍기고 있는 것이 사실이다. 그런데 이 시를 그러한 낭만적 한가함 정도로 해석하고 나면 이 시의 존재의의는 더욱 무력화된다. 이 시가 씌어진 때가 일제 식민지 시기라면 더더욱 그러하다. 압제의 사슬을 하루속히 벗어나야 할 절체절명의 강점기에 한가하게 '술 익는 마을'을 배회하거나 '구름에 달 가듯이' 사뿐사뿐이 갈 수는 없기 때문이다. 그러나 이 작품은 그러한 평가로부터 벗어날 수 있는 근거를 작품 속에 내재시키고 있다. 그것은 화자가 "다정하고 한 많은 병"을 가진 자아이기 때문이다. 그러한 한이 직접적인 현실의 질곡에서 오는 것인지, 아니면 '저만치' 떨어진 자연에 다가갈 수 없는 소시민적 비애에서 오는 것인지는 알 수 없지만, 어떻든 이 작품 속에 구현된 자아는 자연을 조용히 완상하는 그러한 자아는 아니다. 이 작품의 자아는 어떤 '한'의 실체를 찾아서 떠도는 자아이다.

이렇게 유동하는 자아는 시 ②에 이르면 좀더 구체적인 모양새를 띠고 나타난다. 이 작품은 「완화삼」의 경우보다 떠돌이 의식이 보다 분명하게 나타나는 경우이다. "외로이 흘러간 한 송이 구름"이나 "이 밤을 어디메서 쉬리라던고"와 같은 담론들에서 보듯 나그네 의식이 강화되어 나타나는 것이다. 특히 그러한 방랑의식들은 객수감과 단절감이라는 하강적 이미지에 덧붙여져서 더욱 비애스러운 것이 된다.

그리고 이 작품은 그의 방랑의 원인이 무엇이고 그 뿌리가 무엇인지에 대해 어떤 실마리를 제공해주고 있다는 점에서 주목을 요하는 시이다. 자아는 왜 유동하면서, 흔히 정적으로 알려진 조지훈의 시세계와는 정반대의 입장에 서 있는 것일까.

우선 작품 속의 자아는 정주할 곳을 발견하지 못하고 어느 산골 마을의 저녁에 잠시 머물면서 휴식을 취한다. 그런 다음 "창 열고 푸른 산과 마주 앉"는다. 자연을 자아의 내면 공간으로 끌어들임으로써 그것과의 합일을 꾀하고 있는 것이다. 자연과의 그러한 마주함은 조지훈에게 있어 매우 소중한 것이라 할 수 있다. 시인 역시 점증하는 근대의 세례로부터 자유롭지 못했고, 또 그에 합당한 자신의 내밀한 인식적 통일을 완성하지 못한 터였다. 여기에다 세계 내에 던져진 피투된 존재들이 가져야 할 근원적인 고독 역시 그의 주변을 맴돌고 있었다. 그러한 자의식적 충동이 시인으로 하여금 유랑으로 유도했거니와 그에게는 그에 대한 대항담론 또한 필연적으로 요구되고 있었던 까닭이다. 인용시에서 자연과의 조우는 그 연장선에 놓여진 것이라 할 수 있다.

이 작품에서 시적 자아는 의도적으로 "창을 열고" 산을 마주한다. 그러한 자연은 언제 들어도 싫지 않은 물소리이며, 날마다 바라보아도 그리운 산으로 표상된다. 그럼에도 이 작품에서 시적 자아의 자연과의 교통은 시도 동기 그 이상의 의미를 갖고 있지 못하다. 그리움과 기대, 희망과 예찬의 대상인 자연은 시인에게 아직도 저멀리 존재하고 있기 때문이다. "이 밤을 어디메서 쉬리라던고"에서 알 수 있듯 시적 자아의 인식적 완결성은 꿈으로 남아있을 뿐이다.

嶺 넘어 가는 길에
임자 없는 무덤 하나
주막이 하나

시름은 무거운데
주머니 비었거다

하늘은 마냥 높고
枯木가지에

서리 까마귀 우지짖는
저녁 노을 속

나그네는 홀로 가고
별이 새로 돋는다

嶺 넘어 가는 길에
산 사람의 무덤 하나
죽은 이의 집

—「고목(枯木)」 전문

「고목(枯木)」은 조지훈 시의 나그네 의식이 가장 극렬하게 드러난 작품이다. 시인의 작품 가운데 유랑의식을 읽어낼 수 있는 단어들이 가장 많이 발견되기 때문이다. 가령. '嶺'과 '임자없는 무덤'이 그러하고, '주막', '시름'이 그러하다. 또한 '서리 까마귀'나 '저녁 노을', '나그네'뿐만 아니라 '홀로', '별' 등등도 마찬가지이다. 조지훈의 시에서 유랑적 의미나 동적 이미지들이 이 작품만큼 세세하게 그리고 포괄적으로 드러낸 사례도 없을 것이다.

시인의 이러한 '나그네' 의식은 물론 근대적 자아를 소멸하고 그러한 불안을 희석시켜 보려는 지난한 자기열망에서 온 것이다. 자아와 세계가 합입되지 않고 점점 고양되는 자아의 확고한 의식이야말로 근대적 불안의 가장 큰 요인이었을 것이다. 게다가 이 작품에는 시대적 의미도 덧붙여진다. 가령 "산 사람의 무덤"이나 "죽은 이의 집" 등은 시대나 현실을 우회해서는 설명하기 어렵기 때문이다. 게다가 시인의 그러한 나그네 의식은 시인의 전기적 경험에서도 찾아볼 수가 있다. 시인은 두 번에 걸쳐 은거를 한 것으로 알려져 있다. 첫 번째 은거는 1942년 월정사 불교강원에서이고, 두 번째 은거는 해방 직후까지 보냈던 고향에서이다. 그가 은거한 것은 시대적 불운과 환경에 의한 것이긴 하지만 이러한 육체적, 정신적 방황은 그의 시에 어느 정도 영향을 미친 것으로 생각된다.

이렇듯 쉽게 정주하지 못하는 시인의 유랑의식은 매우 복합적인 것이어서 어느 하나의 국면만을 문제삼을 수는 없을 것이다. 그 가운데에서도 인식을 완결하고자 하는 시인의 의도를 어렵지 않게 읽어낼 수 있다. 주체를 소멸시키려는 의지, 비인간적인 것을 인간적인 것으로 되돌리려는 노력, 욕망을 희석시키고자 하는 희구, 순간성을 넘어 영원성으로 나아가려는 열망 등등이 근대적 인식 구조 속에서 작동하는 사유라면, 그러한 사유체계 속으로 편입하려는 조지훈의 나그네 의식이야말로 시대에 부합하는 매우 정합적인 것이라 할 수 있을 것이다. 그러나 그러한 도정이 당위적인 것임에도 불구하고 쉽지만은 않다. 그렇기에 그 나그네 길은 고독하고 서러울 수밖에 없다. "흰 수염 바람에 날리며/서러운 나그네 홀로 가야"(「율객」) 하고, "바람이 부는 벌판을 가야"(「풀밭에서」) 한다. 비주체화를 위한 길, 인간적인 길, 영원성으로 가는 길이기에 숙명처럼 받아들이고 가야만 하는 것이다.

3. 유동하는 자아와 세계와의 대응

시를 자아와 세계의 갈등이나 화해할 수 없는 모순이라 정의할 경우, 가장 문제시되는 것이 자아의 문제이다. 이때의 자아는 그러한 간극을 좁힐 수 있는 대상이나 매개와 조우하기 위하여 가열찬 탐색을 전개한다. 그러한 길에의 도정을 흔히 시정신의 치열이나 시의식의 투철로 설명한다. 시를 읽거나 감상할 때 느껴지는 팽팽한 긴장감이란 흔히 여기서 기인한다. 자의식적 팽창을 미적 특징으로 하는 모더니즘 계통의 시에서 이러한 감수성이 더욱 강하게 느껴지는 것도 이와 무관하지 않다. 그만큼 대상과의 팽팽한 긴장관계야말로 시의 역동성을 살리는 근본 매개가 아닐 수 없는 것이다.

조지훈 시의 긴장도 그 연장선에 놓인다. 그의 나그네 의식 역시 근대라는 제반 모순 속에서 편입되고 길러진 미적 자의식이기 때문이다. 그럼에도 조지훈의 시에서는 자아와 대상 사이에 일어나는 치열한 갈등 양상을 간취해내기가 쉽지 않다. 그의 시들은 유유자적 하는 강호가도의 자연시나 목가적 상상력에 의한 전원시가 아님에도 불구하고 치열한 시의식이 표출되지 않기 때문이다. 적어도 표면적으로는 그렇다는 뜻이다.

앞의 분석에서처럼, 조지훈 시의 특색은 일차적으로 동적인 것에 있다. 그의 시를 두고 정적이니 고요한 것이니 하는 것은 결과론적인 해석에서 온 것일 따름이다. 조지훈의 시에서 자아와 세계의 갈등이나 현대성에 대한 탐색들은 다른 어떤 시인 못지않게 치열하게 나타난다. 그런데 그러한 모색들이 모두 동적인 흐름으로 뒤엉켜져 있다. '나그네' 의식이 그러하지 않은가. 이렇듯 정신적 긴장들이 모두 행동의 이면에 드리워짐으로써 긴장의 강도가 매우 약화되어 있다. 조지훈의 시에서 어떤 팽팽한 시적 긴장감을 느낄 수 없는 것은 바로 이 때문이다.

조지훈의 시에서 정신의 치열성이 감각되지 않는다고 해서 시인의 방랑이 폄하되어서는 안된다. 시인이 옮기는 발걸음 속에는 역동적 힘이 표출되기 때문이다. 이 힘들은 근대라는 틀 속에 편입된 사유구조에 그 뿌리를 두고 있다. 그래서 조지훈의 시에서는 안온 속에 긴장이 있고, 평화 속에 갈등이 느껴진다. 이러한 미적 긴장의 끝에 자연이 놓여져 있다. 이 자연은 완상의 자연, 저멀리 떨어진 자연이 아니라 근대의 사유 속에 편입된 자연이다. 시인의 길고 긴 여정은 그곳으로 나아가고 있다.

실눈을 뜨고 벽에 기대인다 아무것도 생각할 수가 없다

짧은 여름밤은 촛불 한 자루도 못다 녹인 채 사라지기 때문에 섬돌 우에 문득 석류꽃이 터진다

꽃망울 속에 새로운 우주가 열리는 波動! 아 여기 太古적 바다의 소리 없는 물보래가 꽃잎을 적신다

방안 하나 가득 석류꽃이 물들어온다 내가 석류꽃 속으로 들어가 앉는다 아무것도 생각할 수가 없다

—「화체개현(花體開顯)」 전문

인용 시는 이미 많은 사람들이 언급한 바대로 조지훈의 명편에 속하는 작품이다. 시인이 행해 온 유랑의 끝이 여기가 아닐까 생각될 정도로 이 작품에서는 근대적 주체로서의 자아의식이 거의 감각되지 않는다. "내가 생각하기에 존재한다"는 근대적 주체관이 허무하게 무화되어 나타나 있다. "아무것도 생각할 수 없기에" 나는 존재하지 않는 것이다. 그러한 자아 소멸은 입몽과 각성, 그리고 다시 입몽의 형식으로 이루어진다. 다시 말하면 무의식→의식→무의식의 과정을 거치고 있는 것이다. "실눈을 뜨고 벽에 기대이는 것"은 가수(假睡) 상태이다. 이는 반쯤 잠든 상태로서 의식과 무의식의 경계에 놓인 상태이다. 그러나 판단이 제거된 것이기에 거의 무의식에 가깝다. 무의식이란 의식이 거세된, 반자아의 상태이다. 근대가 만들어 놓은 자아나 주체, 의식 등이 희석됨으로써 개체적 감각이 사라지게 되는 형상이다. 이러한 정점에서 시적 자아는 자연과 자연스럽게 만나고, 자연과 교융하며, 결국은 자연의 일부로 회귀하게 된다.

이 시의 진행은 이렇게 구성된다. "석류꽃이 섬돌 위에 떨어지는 행위"나 "물보래가 꽃잎을 적시는 행위"는 의식에 가까운 것이지만 그러나 곧 그러한 의식적 장치들은 무의식 속에 묻히고 만다. "방안 가득 석류꽃이 들어오고 내가 석류꽃 속에 묻히면서" 다시 "나는 아무것도 생각할 수 없"는 상태가 되기 때문이다. 시인은 그러한 열락의 상태, 황홀경을 "우주가 열리는 파동"과 "태고적 바다"로 인식하고 있다. 곧

모든 사물들이 개체분화를 하지 않은 상태인 원시의 모양으로 되돌아가는 것이다. 자연과 인간의 이러한 교합, 우주 속의 하나됨, 개체 발생 이전의 태고의 모습으로 환원되는 이러한 서정적 황홀의 정점이야말로 조지훈의 시의 구경적 정점이라 할 수 있다. 이곳에 이르러 비로소 시인의 유랑적 발걸음은 멈추게 된다. 치열한 고민과 방황이 자연이라는 대상 속에 완전히 틈입하면서 완전히 종결되는 것이다.

아무리 깨어지고 부서진들 하나 모래알이야 되지 않겠습니까. 석탑을 어루만질 때 손끝에 묻는 그 가루같이 슬프게 보드라운 가루가 되어도 한이 없겠습니다.

촛불처럼 불길에 녹은 가슴이 굳어서 바위가 되던 날 우리는 그 차운 비바람에 떨어져 나온 분신이올시다. 우주의 한 알 모래 자꾸 작아져도 나는 끝내 그의 모습이올시다.

(…)

나는 자꾸 작아지옵니다. 커다란 바윗덩이가 꽃잎으로 바람에 날리는 날을 보십시오. 저 푸른 하늘가에 피어있는 꽃잎들도 몇 萬年을 닦아온 조약돌의 화신이올시다. 이렇게 내가 아무렇게나 바려져 있는 것도 스스로 움직이는 생명이 되고자 함이올시다.

출렁이는 파도 속에 감기는 바위 내 어머니 품에 안겨 내 태초의 모습을 환상하는 조개가 되겠습니다. 아— 나는 조약돌 나는 꽃이팔 그리고 또 나는 꽃조개.

—「염원(念願)」 부분

인용 시 역시 자아의 소멸이라는 방법적 탐색의 측면에서 보면 「화체개현(花體開顯)」과 별반 다를 것이 없다. 이 작품에는 자연과의 자연스러운 합일이 아니라 의식적으로 자아를 소멸시키고자 하는 시인의 강렬한 열망만이 담겨져 있을 뿐이다. 시인은 스스로를 자꾸 낮추고 있다. 자신을 '조약돌', '꽃잎', '꽃조개'로 축소시키는가 하면, '모래알'과 '가루'와 같은 미세한 단위로 치환하기도 한다. 하지만 그 궁극의 목적은 '나를 작게 만드는 것', 그리하여 '인간이라고 하는 계몽적 주체, 이성적 주체'를 비인격적 주체로 환원시키는 데 있다. 가령, "내 태초의 모습을 환상하는 조개"와 같은 것이 바로 그것이다.

조지훈의 시에서 우주와 자아의 완전한 동화는 어머니의 품과도 같은 태초의 상태에서 이루어진다. 「화체개현(花體開顯)」에서의 태고와 동일한 상상력인데, 이러한 정점은 두 가지 시사점을 제공해준다는 점에서 그 의미가 있다. 하나는 미적 긴장의 문제이다.[10] 조지훈의 시는 정적이면서 동적인 특성을 갖고 있다. 그러한 긴장은 나그네 의식이라는 역동적 국면이 자연이라는 정적 국면을 찾아가는 여로에서 생성된 것이다. 이러한 긴장 관계는 우리 시사에서 매우 드문 경우이다. 그것은 어떤 동적 흐름 속에서 정적 상태를 탐색해가는 사례를 문학사에서 찾아보기가 매우 힘들기 때문이다. 그리고 다른 하나는 근원주의에 대한 것이다. 특히 일반 서정시인 뿐 아니라 대다수 모더니스트들이 나아가는 곳이 이 근원주의이다. 그것은 존재론적 고독에의 완성이나 인식론적 통일을 매개해주는 것이 이 인식소이기 때문이다. 따라서 조지훈의 경우도 여기서 예외일 수는 없다. 다만 그 방법적 인식에 있어서 차이가 있을 뿐인데, 조지훈은 그것을 자연 속에 틈입되는 자아의 몰입 속에서 찾고 있다. 시인은 그러한 자연과 인간의 온전한 결합을 시의 궁극적 목적이자 생명으로 파악하고 있다.

> 생명은 자라려고 하는 힘이다. 생명은 지금에 있을 뿐 아니라 장차 있어야 할 것에 대한 꿈이 있다. 이 힘과 꿈이 하나의 사랑으로 통일되어 우주에 가득 차 있는 것이 우주의 생명이 아니겠는가. 우주의 생명이 분화된 것이 개개의 생명이요, 이 개개의 생명의 총체가 우주의 생명이라고 볼 것이다. 그러므로, 나는 '시는 자기 이외에서 찾은 저의 생명이요, 자기에게서 찾은 저 아닌 것의 魂'이라고 한다. 다시 말하면, '대상을 자기화하고 자기를 대상화하는곳에 생기는 통일체 정신'이 시의 본질이라고 나는 믿는다. '인간의식과 우주의식의 완전 일치의 체험'이 시의 究竟이라고 믿어진다는 말이다.[11]

인용문은 자연과 인간을 하나의 통일체로 파악하는 조지훈의 문학관이 잘 드러나 있는 글이다. "대상을 자기화하고 자기를 대상화하는 곳"에서 생기는 것이 '통일체 정신'이고, 그것이 곧 시의 본질이 된다는 것이다. 그리고 조지훈은 그 구체적인 사례로서 인간과 우주의 완전한 통일을 들고, 그것이 시의 존재 의의라고 인

10) 조지훈의 시를 전반적으로 다루면서 한 장을 미적 긴장으로 분석한 경우로 김재홍을 들 수 있다. 김재홍, 『한국 현대 시인 연구』, 일지사, 1986, 436-441쪽.

11) 조지훈, 『조지훈 전집 3』, 일지사, 1973, 15쪽.

식한다. 곧 "인간의식과 우주의식의 완전 일치의 체험"이 시의 구경이라는 것이다. 물론 이러한 사유는 「화체개현(花體開顯)」 등의 작품에서 보여준 인식과 동일한 것이다. 자아를 축소시켜 대자연의 일부로 보는 사고, 그 극점이 태초라는 시원적 사고야말로 조지훈 시가 지향했던 궁극의 형식이었던 것이다.

다음으로 조지훈의 시의 다른 한축을 차지하고 있는 참여시의 문제를 검토해 보아야 한다. 실상 조지훈의 현실비판적인 시도 그의 긴 시적 여정에서 보면, 외따로 존재하는 것으로 생각되지 않는다. 이러한 시들 역시 그의 나그네 의식의 연장선으로 보아야 하기 때문이다. 조지훈의 시세계에서 중요한 것 가운데 하나가 모색하는 자아이다. 이 자아는 근대의 세례로부터 자유롭지 못한 자아이든 보편적 인간들이 공유하는 존재론적 자아이든 간에 조지훈의 시에 있어서 근간에 해당되는 시도 동기에 해당된다. 그것이 유랑의식으로 표출된 것임은 두말할 필요도 없는 것이거니와 이 내적 방랑이야말로 외적 동기들과 언제든 합일할 수 있는 여지 또한 갖고 있었다. 그 하나가 앞에서 살펴 본 것처럼 근원주의였다. 근대적 주체를 사상하고 자연이라는 본원적 주체와 하나되는 것이 바로 근원주의로의 회귀의식이다. 조지훈의 자아는 기본적으로 모색하는 자아이다. 그러한 가열찬 탐색이 인식적 완결체인 자연을 만나고 그것과 합류했다. 조지훈의 표현대로 "인간의식과 우주의식의 완전 일치의 체험"이었다. 그의 참여시들 이런 맥락에서 이해해야 하리라고 본다.

너희 그 착하디착한 마음을 짓밟는
不義한 권력에 저항하라.

사슴을 가리켜 말이라 하는 세상에
그것을 그런 양하려는
너희 그 더러운 마음을 고발하라.

보리를 콩이라고 짐짓 눈감으려는
너희 그 거짓 초연한 마음을 침 뱉으라.
모난 돌이 정을 맞는다고?
둥근 돌은 굴러서 떨어지느니—

병든 세월에 포용되지 말고
너희 양심을 끝까지
小人의 칼날 앞에 겨누라.

먼저 너 자신의 더러운 마음에 저항하라.
사특한 마음을 고발하라.

그리고 통곡하라.

—「잠언(箴言)」 전문

조지훈은 이승만 정권 말기부터 현실지향적인 의식을 강하게 드러냈다. 「지조론」 등과 같은 산문 형식을 통해서 독재에 맞서 항거했다. 이때부터 그의 글쓰기는 시 양식보다는 산문 양식으로 현저히 경도된다. 현실에 대응하기 위해서는 아마도 율문보다는 산문이 보다 적합한 것으로 판단한 듯싶다.

인용 시는 객관적 현실의 열악한 상황을 읊은 시이다. 현상의 혼란을 본질의 순수로 극복하고자 하는 의지를 강렬히 표출한 작품인 것이다. 그런데 이 작품은 참여시 일반에서 흔히 볼 수 있는 작품과 좀 색다른 구석이 있다. 추악한 현상보다는 정의롭지 못한 내밀한 자아에 더 초점이 맞추어져 있기 때문이다. 이는 조지훈이 비참여시 계열에서 보여주었던 갈등하고 모색하는 자아와 분리시켜 논의하기 어렵게 만드는 부분이다. 전일적 자아와 통일시키기 위하여 근대적 자아를 사상시키려 했던 것과 동일한 차원에 놓이는 것이 아닐 수 없다. 고민하고 갈등하는 자아가 우주의식과 일체화되는 상태를 갈망했다면, 「잠언(箴言)」의 자아는 건강한 현실과의 화해를 희망한다고도 볼 수 있겠다. 요컨대 모색과 갈등으로 점철된 조지훈의 나그네 의식은 한편으로는 우주와 일체화되는 자아로 나아가고, 다른 한편으로는 건강한 현상에의 희구로 나아갔다고 생각된다. 그러한 합일체에의 지향들이 그가 탐색해 온 나그네 의식의 구경이 아니었겠는가.

4. 유랑의 구경적 의미

조지훈의 시는 정적인 것으로 알려져 있다. 그를 이렇게 규정하게 된 배경에는 여러 가지 원인이 있겠으나 무엇보다 그의 시들이 자연을 완상하고 관조했다는 데에서 기인한다. 뿐만 아니라 그의 성장배경이 유교적 전통과 밀접하게 관련이 있는 지역이라는 사실도 한 몫을 했다. 조지훈 시에 대한 이러한 평가나 이해들이 전혀 근거가 없는 것은 아니다. 조지훈을 비롯한 청록파에 이르러 비로소 자연이 근대적 사유 구조 속에 편입되기 시작했기 때문이다. 특히 청록파 시인들의 시가 근대성을 거부하고 철저하게 반근대 지향적인 면모들 드러내고 있다는 데에서 그러한 의미화들은 더욱 공고히 되었다.

그럼에도 조지훈의 시들이 정적 세계에만 머물러 있었던 것은 아니다. 자연에 대한 막연한 관조나 예찬에서 머물지 않고 그것을 끊임없이 자기화하려고 노력했기 때문이다. 그것이 그의 시에서 드러나는 유랑의식이었다. 조지훈에게 있어 이러한 유랑의식은 보편적으로 사유되는 존재론적인 것이기도 하지만, 근대의 세례를 받은 자의 불구화된 의식이기도 하다는 것이다. 조지훈은 자신의 시세계를 확립하는 첫걸음인 습작기뿐만 아니라 후기에 이르러서도 꾸준히 모더니즘 계통의 시를 쓴 것으로 알려져 있다. 이는 단순한 습작의 차원에 머무르는 것이 아니라 시인에게는 방법상의 문제였던 것으로 판단된다.[12] 어떻든 모더니즘 계통의 시를 끊임없이 붙들고 있었다는 사실은 그의 시정신의 여로가 완결지향적인 것이 아니었다는 단적인 증거라 할 수 있다. 그것이 조지훈 시에 있어서의 나그네 의식이다.

조지훈 시에서 나그네가 주는 의미는 여러 가지이다. 우선 이 의식은 그의 시들이 정적인 멋에 머무르지 않았다는 하나의 예가 될 뿐만 아니라 그의 시의 특색 가운데 하나인 정의 시학과 긴장을 불러일으키는 매개 역할도 했다. 그러나 무엇보다 중요한 것은 그러한 유랑의식이 분열된 인식을 완결시키기 위한 동기였다는 사실이다. 조지훈은 그 여로에서 새롭게 사유되는 자연의 의미를 발견한다. 근대의 사

12) 이런 측면에서 조지훈의 모더니즘 계통의 시 단지 형식상의 방법이 아니라 정신상의 방법이었다는 점이 강조되어야 할 것으로 판단된다. 이승원은 이를 단지 형식상의 방법으로만 규정했다. 이승원, 『20세기 한국 시인론』, 국학자료원, 1996 참조.

유 속에서 편입되는 새로운 자연을 자신의 분열된 의식으로 끌어들인다. 그리하여 조지훈은 인간의식과 우주의식의 완전 일치의 체험이 시의 구경(究竟)이라는 결론에 도달한다. 이러한 순일한 조화의 정점에서 그의 유랑의식은 종결된다.

조지훈의 참여시 역시 자아와 대상의 완전한 합일이라는 논리로 그 설명이 가능하다. 그것은 모색하는 자아와 건강한 현실의 자연스런 만남이지 어느 한순간에 표출된 자의식의 과잉이 아니었다. 결국 모색과 갈등으로 점철된 조지훈의 나그네 의식은 한편으로는 우주와 일체화되는 만남이면서 다른 한편으로는 건강한 현실과의 만나는 예비된 의식이라 생각된다. 그러한 합일체에의 지향들이 그가 지향해 온 나그네 의식의 구경이라 할 수 있을 것이다.

조지훈 시의 애상성 연구*

애상적 시어의 출현 양상과 의미를 중심으로

이희중

1. 문제 제기

조지훈은 마흔여덟 해라는 길지 않은 생애 동안 다면적인 풍모를 보여주었다. 선비, 지사, 논객, 학인 등의 풍모를 지탱한 지성의 넓이와 깊이, 그리고 기개와 지조는 당대의 존경과 기대를 족히 감당할 만했다고 볼 수 있는데, 이민족 지배와 해방, 그리고 국토의 분단과 동족상잔, 이어진 혁명과 그 좌절 등 격변으로 점철된 한국 현대사의 흐름과 함께 한 그의 생애는 제몫대로 평가되어야 옳을 것이다. 그러나

* 이 논문은 2007년 5월 조지훈의 고향인 경북 영양에서 개최된 '지훈 문학제'의 일환으로 열린, 일반 대중을 대상으로 한 행사에서 요약 강연한 내용을 개고, 확대한 것임.

당대의 공동체적 운명과 그 변전이 비범한 자질을 지닌 한 개인에게 요청한 책무와 사명에 의연하게 응답한 사회적, 역사적 부면의 압도적 힘에 가리어 그 인간적 정체성의 내면을 간과해온 측면은 없는가를 돌아볼 필요가 있다. 시인으로서 조지훈의 풍모와 그 미학적 성취의 내막에 대한 기존의 연구는 양적인 측면에서 부족하다 말하기 어렵다. 그러나, 질적인 측면에서도 충분하게 또 요령 있게 그 전모를 살폈다고 말할 수 없다. 이 논문은, 시인으로서 조지훈이 시작 기간 내내 견지했던 중요한 미학적 특성 가운데, 그 동안 별로 주목받지 못했던 한 갈래를 들어 그 의의를 가늠할 단서를 살펴보는 데 소임을 둔다. 그 단서의 한 가지는 이른바 '애상'의 측면이다.

'애상'은 본격적인 비평 용어라고는 할 수 없으나 시 비평에서 규정어로 널리 사용되어 왔으며, 특히 '교과서' 비평에서 자주 접할 수 있다.[1] 대개 이 용어의 용례를 살펴보면 부정적인 함의가 없지 않다.[2] 국어사전이 이 말을 "너무 슬퍼하여 마음을 상함"이라고 풀이하고 있는 데서 보듯이, 특정 시편 또는 시구를 '애상적'이라고 규정하는 것은, 해당 시편 또는 시구가 슬픔과 유관한 데서 나아가 그 정도가 다소 넘침을 의미하는 것으로 항용 받아들여진다. 그러나 이 논문에서 이 용어는 일단 가치 판단을 유보한 채, 사실 판단의 용어로만 사용하고자 한다. 이는 발생론적으로 서정 장르에 '슬퍼하는 마음', 즉 이 논문에서 의미를 한정하게 될 '애상'과 상관하는 측면이 있으며, 특히 근대 이전의 서정시에서 더욱 그러하다고 판단하기 때문이다.[3]

살펴보면 '애상(哀傷)'이라는 조어의 연원은 『논어』의 「관저」 장구에 출현하는 "樂而不淫 哀而不傷"에서 짐작해 볼 수 있다. 주지하다시피 이 구절은 시경의 첫 작

---

1) '교과서 비평'은 중등학교 교과서에 수록된 작품을 중심으로 행해지는, 편찬한 측 또는 참고서의 해설을 가리키는 것으로, 여기서 사용되는 용어와 개념은 학문적 영역에서 사용하는 용어와 그 개념과 다르게 사용되는 수가 왕왕 있다. 대개 학문의 영역에서는 유동적이고 미확정된 개념이 여기서는 규범화하고 교조화하는 특성을 띤다.

2) 과거 군사독재 하에서 행해졌던 대중가요 사전 심의에서 가사의 내용이 '애상'이라는 판정을 받으면 금지곡이 되었다는 사실은 그 극단적인 예이다.

3) 서정시의 맹아는 토로하고자 하는 격렬한 내향적 감정이라고 할 수 있는데, 애상이 기반하는 슬픔이나 울음은 이에 매우 가깝다. 오늘날의 서정시에서도 애상 또는 감상의 측면은 중요하게 작용하는 예가 많다. 다만 과거에 비해 좀더 기술적으로 은닉되고 절제되고 있을 뿐이다.

품인 관저를 긍정적으로 평가한 공자의 어사이다. 대구의 맥락을 보아 '樂'과 '哀'는 긍정적인 의미로, '淫'과 '傷'은 부정적인 의미로 사용되었음을 알 수 있다. '哀'는 긍정적이거나 적어도 가치중립적인 슬픔을 가리키며, '傷'은 부정적 가치판단이 개재된 슬픔인 것이다. 요컨대 공자의 시각에서 '哀'는 시에 권장할 만한 것이며, '傷'은 경계해야 할 것이었다. 그러므로 요즘 우리가 사용하는 비평 용어, '애상'의 전거가 『논어』라면 이 조어의 방식이 썩 온당한 것이라 말하기는 어렵다. 즉 공자의 용례에서 선명하게 분간되는 고전 비평의 두 가지 개념이 하나의 용어로 부당하게 뭉뚱그려진 혐의가 있다. 이 논문에서 선택하여 중용하고자 하는 개념은 구체적으로 말해 '哀'이다. 그러나 이 말에 핵심을 두는 적절한 비평 용어를 찾을 수 없다. 서양어 센티멘탈(sentimental), 센티멘탈리티(sentimentality)에 대응하는 비평 용어로 널리 사용되어 온 '감상(感傷)'은 '傷'에 의미의 중심이 있어 적절하지 않으며, '애련(哀憐)' 같은 어휘도 '憐'이 '哀'와 병렬된 구조라서 의미상의 간섭이 없지 않다.[4] 따라서 이 논문은 부득이 재래의 용어 가운데 가장 가깝다고 판단되는 '애상'을 사용하기로 한다.

또한 이 논문은 조지훈의 시에서 '애상'의 존재 양상을 살피기 위해 '울음'의 계열 어휘군을 상정한다. 여기서 '울음'은, 단순히 어휘의 측면에서, 동사 '울다'와 그 명사형 '울음'정도를 함의하는 데서 나아가, 형용사 '서럽다', '섧다', '슬프다'와 명사 '눈물' 등의 의미 영역을 넓게 아우르는 의미로, 그 의미 영역을 대의하는 말로 사용하기로 한다. 여기에 이들 우리말 어휘들에 대응하는 한자, '哀', '悲', '哭', '淚'가 들어간 한자어도 포함시킨다. 그러나 논의의 방만을 피하기 위해 '외롭다'와 '쓸쓸하다' 등은 배제한다. 이들은 '서럽다', '섧다', '슬프다'보다 '울음'에서 뜻이 더 멀기 때문이다. 또 새나 악기 따위를 주어로 삼은 '울다'도 제외한다. 이 경우는 조지훈의 시에서나 한국어 전반에서나 분별이 모호한 용례가 없지 않으나, 일차적 분별에서 이는 '哭', '泣'의 '울다'가 아니라 '鳴'의 '울다'로 보아야 하기 때문이다.

이렇게 규정할 때 울음은, 도리 없이 애상적, 감상적 태도의 발로로 취급될 수 있

---

4) 애련(哀憐)의 조어는 '슬프다/슬퍼하다 + 불쌍히 여기다'로 보는 길이 평범하다 할 수 있으나, '불쌍히 여기다'라는 뜻의 동의어 조합으로 볼 수도 있을 것이다. '哀'에 '불쌍히 여기다'라는 뜻이 있기 때문이다. "哀而不傷"에서도 '哀'를 이와 같이 보아 "불쌍하게 여기되 스스로 다치지는 않는다"라고 볼 수도 있을 듯한데, 통상적인 해석과 거리가 있다.

다. 그러나 이 논문의 논점에서 '애상성(哀傷性)', '감상성(感傷性)' 등 성상을 규정하는 고착적 용어를 전면화하지 않는 까닭은 이 말들이 이미 널리 확보하고 있는 부정적 선입견을 비껴가기 위함이다. 애상성과 감상성은 근대 특히 1920년대 이후 우리 근대시의 극복과제가 되었는데, 이와 같은 태도와 분위기는 지금도 여전하다.[5] 그러나 몇 개의 문제적 어사와 태도로 유형화된, 한국 근대시의 극복 과제로서 애상적, 감상적 태도는 동서고금의 문학사에서 배척의 대상이 된 지 그리 오래되었다고 할 수 없다.[6] 요컨대 이 논문은 부정적 선입견을 유보한 상태에서, 특히 조지훈의 시에서 '슬퍼하는 마음' 즉 애상이 가지는 의미를 살펴보려는 시도의 산물이다.

나아가 이 논문은 조지훈의 시작 전 시기에 걸쳐서 애상이 중요한 흐름을 이루고 있다는 가정 아래 진행된다. 이 논문의 가설대로라면 애상의 측면이 그동안 별로 주목받지 못한 이유는 무엇일까. 이 논문은 그 이유의 일단을 이런 접근 태도가 불경해 보일 수 있다는 염려 때문으로 추정한다. 한 시대의 큰 선비이자 스승에게 '애상의 시인', '울음의 시인', '눈물의 시인'이라는 호칭은 발설하기에 불편한 것이 아니었을까. 물론 조지훈의 시가 지닌 면모 중, 이른바 애상의 부면을 뛰어넘어 전통미와 선미, 그리고 그 현실 참여적 태도에 그간 우리의 눈길이 모아져 온 것은 중요도의 분별에 기초한, 연구 주체의 가치판단과 합당한 선택의 결과일 수 있다. 그렇다 하더라도 이제 그의 시에 포함된 이른바 애상의 부면, 곧 섬세한 서정시인의 면모를 살필 때가 되었다고 이 논문은 판단한다.

지금까지 제출된 조지훈의 문학에 대한 논의의 축적은 평론 형태가 20여 편, 학술 논문의 형태가 90편 안팎, 학위 논문의 형태가 80편 안팎, 모두 200편 정도로 정리된다. 많은 연구자들이 조지훈 문학의 자연친화적 성격, 전통 취미와 회고 취미, 불교 또는 선적 취향, 사회 참여적 경향, 시어 선택의 성향과 언어 감각, 시의식, 역사의식, 변모과정, 선비정신 등을 초점에 두고 다각적으로 관측해왔으나, 애상과 유사한 범주를 논제에 담은 연구 성과는 발견되지 않았으며, 관련 작품의 분석에서도 상관 어휘를 치중하여 분석한 경우는 쉽게 발견되지 않았다.

5) 1920년대에 유행했던 이른바 퇴폐적 낭만주의에서 그러하며, 이후 슬픔과 토로와 영탄은 극복의 대상으로 논의되어왔다.

6) 현대시에서 항용 미덕으로 평가되는 균형과 절제는 이러한 애상의 극복과 밀접한 관계에 있다고 판단된다.

초기 연구 업적 중에서 조지훈 시의 감상적 측면을 발견하거나 경계한 글들을 몇 편 찾을 수 있다. 박두진은 「고풍의상」, 「승무」, 「봉황수」가 쓰여진 시기를 '고전과 회고의 시기'라고 명명하고 "고전과 민속 그 자체의 시미(詩美)를 회고의 바탕에서 깔축없이 형상화함으로써 여기에 따르기 마련인 시대적 민족적 감상성과 그 저항성을 잘 극복하고 있다"고 평했는데 이러한 판단의 자세한 이유와 과정을 밝히지는 않았다.[7] 정한모는 「승무」에서 "서정적 표현이 정감에 치우쳐 자칫 감상에 기울어질 위험성이 없지 않"음을 지적하고, 구체적 시행을 들어 경계하였는데, 특히 "두 볼에 흐르는 빛이/정작으로 고아서 서러워라"에서 감상의 위험성이 농후하다고 하였다. 그러나 이러한 위험성이 묘사적 표현의 성취에 의해 균형을 얻게 된다고 보았다.[8] 이러한 유의 지적과 우려가 주목하는 표현이나 성향 중 중요 어사는 이 논문이 살피고자 하는 그것과 겹치는 것이 사실이나 논점은 다르다. 이러한 시어에 대한 시인의 취향을 이 논문이 '감상'으로 보는 길을 피하고자 하며, 따라서 위험하거나 부정적인 것이라고 보지 않는다는 점에서 그렇다.

2. 애상적 시어의 출현 양상

앞서 말한 바와 같이 이 논문에서 '슬퍼하는 마음', 즉 애상의 구현물로 상정한 '울음'의 부면은 동사 '울다'뿐만 아니라 형용사 '서럽다', '섧다', '슬프다'와 명사 '눈물'의 용례와 문맥을 아우른다. 살펴보면, 동사 '울다'가 의미하는 행동은, 형용사 '서럽다', '섧다', '슬프다'가 의미하는 상태가 발전한 결과이며, 명사 '눈물'이 의미하는 사물은 '울음'이라는 행동의 결과물이다. 다시 말해 서럽고 설운 감정이 우는 행동을 낳으며, 우는 행동이 '눈물'과 '우는 소리'를 낳는다. 물론 울음으로 이행하지 않는 서러운 감정이 있을 수 있으며, 눈물을 발생시키지 않는 울음도 있을 수 있다. 우선 간단한 통계 조사로 애상을 구현하는 '울음' 계열 어휘가 등장하는 시의 양상을 살펴보자.

---

7) 박두진, 「조지훈의 시세계」, 『사상계』 통권 183호(1968. 7).

8) 정한모, 「초기작품의 시세계」, 김종길 외, 『조지훈 연구』, 고려대학교출판부, 1978, 21쪽.

[표1] 발표 단위별 출현 작품 비율

	단위[9]	신작 편 수[10]	'울다'계열 어휘 출현 시편 수	비율
시집	『청록집』(1946)	12	5	42%
	『풀잎단장』(1952)	26	11	42%
	『조지훈 시선』(1956)	36	20	56%
	『역사 앞에서』(1959)	47	38	81%
	『여운』(1964)	28	7	25%
시집 외	'바위송'	27	12	44%
	'계명'	18	9	50%
	'비조단장'	14	7	50%
계		208	109	52%

[표2] 어휘별 출현 작품 빈도[11]

대표어휘	어휘	빈도	군별 계
울다	울다	67	77
	哭	10	
슬프다	서럽다	24	85
	섧다	10	
	슬프다	43	
	哀	1	
	悲	7	
눈물	눈물	55	56
	淚	1	
총계		218	218

9) 공동시집 『청록집』과 개인시집 네 권에서는 재수록이 아닌 신작만을 대상으로 했으며, 시집 미수록 작품은 편의상 『조지훈 전집』(나남출판, 1996)의 편제를 따랐다. 단, '하늘을 지키는 젊은이들', '어린이에게'라는 소제 아래 수록된 작품과 창작한 시, 한시 번역은 제외하였다.

위의 자료를 보면, '울음' 계열의 어휘가 1회 이상 나타나는 작품의 수는 조지훈이 창작한 총 시편의 절반이 넘는다는 사실과 애상을 구현한 어휘들이 작품당 평균 1회 이상 출현함을 알 수 있다. 아울러 조지훈의 시 세계에서 '울음' 계열 어휘를 선택하는 성향이, 젊은 날 한때에 그치지 않고 지속적으로 유지되었음을 알려준다. 〈표1〉에서 흥미로운 점은 『청록집』부터 세 번째 개인시집인 『역사 앞에서』에 이르기까지 단계적으로 설움과 울음과 눈물이 출현하는 작품의 비율이 증가한다는 사실이다. 그러나 실상을 보자면 『역사 앞에서』에 이르러 보이는 용례의 증가는 큰 의미를 지닌다고 말하기 어렵다. 이 시집에는 한국 전쟁의 참상을 목도한 기록과 소회가 대종을 이루고 있다. 유미주의자를 자처하던 조지훈은 이 파괴적 사건을 통해 미학의 추구라는 예술적 이상이 증발해버리는 '역사적 현실'과 대면하지 않을 수 없었던 것이다.[12] 몇몇 시와 서문에서 비치고 있는 바이지만 이와 같은 현실 앞에서 시인은 내면에서 상당히 괴로워했던 것으로 보인다. 내용과 주제가 승한 시를 쓰면서 자연히 형식의 이완과 기법의 상투화에서 벗어나기 어려워졌고, 비참한 현실의 모습을 그려내면서 '서러움', '울음'과 '눈물'의 시편들이 양산되었던 것이다. 그러나 이 갈등의 단계는 시집 『역사 앞에서』를 낼 무렵 대개 마감된 것처럼 보인다. 마지막 시집 『여운』에서 낮은 비율이나마 '울음'의 시편들이 존재하는 것은 『역사 앞에서』를 압도했던 '역사 앞' 시편 중 남은 몇 편 때문이다. 그렇지 않은 시편에서 조지훈의 시는, 더 이상 '설움'과 '울음'과 '눈물'의 시를 쉽사리 보여주지 않았

10) 수록 편 수가 아닌, 신작 편 수를 기재한 이유는 조지훈이 펴낸 일련의 시집들이 신작만을 수록하지 않고 출간 당시 이미 시집에 수록된 작품을 선별 재수록하는 형식을 취하고 있기 때문이다. 이는 매우 특이한 사례로 보이는데, 범박하게 보아 조지훈이 시적 행로가 순탄한 것이 아니었다는 사실 또는 최소한 스스로 순탄한 것이 아니라고 생각하고 있었다는 사실을 우리에게 알려준다. 시집 편찬에서 보이는 이와 같은 특징을 앞서 지적하고 이 점에 유의하여 그 의미를 살핀 논자는 김종길이다. 김종길, 「지훈 시의 계보」, 『교양』 제5집(고려대 교양학부, 1968)(김종길 외, 『조지훈 연구』, 고려대학교출판부, 1978에 재수록).

11) 1회 출현이 관찰된 다음과 같은 어휘 또는 관용구는 통계에 포함하지 않았다. '애처럽다', '목이 메다', '눈시울이 더워진다', '베갯머리 적시다', '애닯다', '눈알에 이슬 맺히다'.

12) 유미주의에 몰입했던 젊은 날에 대한 회고는, 조지훈, 「나의 역정」, 『조지훈 전집』 제4권, 일지사, 1973, 161쪽. 참조. 문우의 증언은, 정태용, 「조지훈시」, 『현대문학』 183호(1970년 3월)(김종길 외, 『조지훈 연구』, 고려대학교출판부, 1978에 재수록, 98쪽 참조).

다. '울음' 계보의 시를 살필 때 마지막 시집 『여운』에서 조지훈의 시는 크게 달라진 모습을 보여주었다. 이 시집을 펴내고 4년이 지나 시인은 세상을 하직했다. 이 결과를 알고 보자면 세상 사람들이 말하기 좋아하는 '예감론'으로 사태가 어느 정도 설명될 것이나, 장차 전혀 새로운 시 세계로 진입하는 변화의 계기를 읽어낼 여지도 없지 않다. 작고 직전 보인 변모를 수긍한다면, 그의 생애가 더 연장되지 못했음은 크게 아쉬워할 일이 된다.

3. 애상의 구현과 전개 양상

『청록집』에서 먼저 살펴볼, '울음'의 시편은 맨 앞에 실린 「봉황수(鳳凰愁)」이다.

> 어느땐들 봉황이 울었으랴만 푸르른 하늘 밑 甃石을 밟고 가는 나의 그림자. 佩玉 소리도 없었다. 品石 옆에서 正一品 從九品 어느 줄에도 나의 몸둘 곳은 바이 없었다. 눈물이 속된줄을 모르량이면 봉황새야 九天에 呼哭하리라.
>
> —「봉황수(鳳凰愁)」(1939)의 후반부, 『청록집(青鹿集)』(1946)[13)]

망한 왕조의 궁궐을 돌아보며 착잡하고 비통한 심정을 노래한 이 시에서 우선 눈여겨 볼 구절은 "패옥 소리도 없었다. 품석 옆에서 정일품 종구품 어느 줄에도 나의 몸둘 곳은 바이 없었다"이다. 화자는 망한 왕조의 폐궁을 무심한 제3자의 눈으로 구경하지 않고, 그곳에서 자신의 자리를 찾고 있다. 말하자면, "이 왕조가 망하지 않았다면, 나는 여기 신하의 자리에 서 있을 것이다"라는 생각이 여기에 반영되어 있다. 오히려 눈여겨보아야 할 것은 이와 같은 설정과 태도가 이 시의 미학적 완성에 어떤 효과를 거두고 있는가이다. 망한 왕조에 대한 애도의 수준에서, 이 시가 발표된 1939년 당시에 위에 표현된 수위 이상이 허용되었을까 하는 문제도 짚어볼 필요가 있다. 이 시는 왕조 사회의 한계를 인정하고, 화자를 초시대적 자리에 세움

---

13) 인용 텍스트는 『조지훈 전집 1—시』를 따름. 아래 같음.

으로써 그 애석함을 극대화하고 있다. 이 애석함은 곧 나라 잃은 처지에 대한 각성과 무관하다고 하기 어렵다.

이 논문이 관심을 두고 있는 맥락에서 더 유심히 살펴야 할 구절은 "눈물이 속된줄을 모르량이면 봉황새야 구천에 호곡하리라"라는 마지막 구절이다. 조건의 절은 "눈물이 속된 것은 모른다면"으로 쉽게 풀이된다. 이 구절의 바탕에는, "사실 눈물은 속된 것이다"라는 이성적 판단이 있다. 주절의 통사적 구조는 좀 더 복잡하다. "봉황새야"에서 조사 '-야'의 의미적 정체와 "호곡하리라"에서 종결어미 '-리라'의 의미적 정체가 서로 엇물려 복잡한 통사구조를 드러낸다. 전자를 호격으로 보아, 감탄문을 구성하면서 부수적으로 호곡의 주어임을 암시하는 쪽으로 읽는 쪽이 옳아 보인다. 후자는 "호곡할 것이다"의 뜻으로 보아, 단순 추측 또는 단순 영탄으로 읽는 길이 열려 있다. 다른 하나의 가능성은 "호곡하여라"라는 명령형으로 읽는 길인데, 이는 "봉황새야"를 돈호로 보는 길과 잘 호응하나 문법 정합의 저항이 만만치 않다. 정리하면, "봉황새가 눈물이 속되다는 사실을 모른다면 구천에 호곡할 것이 분명하다"와 "봉황새야, 눈물이 속되다는 사실을 모른다면 구천에 호곡하거라"라는 양자의 해석이 가능하다. 문법적 이해의 곤경에 비해 그럴싸한 풀이는 오히려 간단할 수 있는데, 문맥의 도움을 받으면 후자의 해석이 그렇다.

좀 더 살펴볼 것은 화자가 보이는 이중적인 태도이다. 봉황새가 모종의 조건이 맞으면 울 것이라고 화자가 말하고 있기 때문이다. 문면 아래에는 눈물이 속된 줄을 아는 이는 호곡하지 않는다는 판단이 개재해 있다. 그러면서 화자 자신은 눈물이 속된 줄을 알기 때문에 울지 않음을 넌지시 밝힌다. 그러나 시인의 이런 설정에도 불구하고 독자는, 정작 울고 싶은 사람이 화자 자신임을, 나아가 시인 자신임을 알게 된다. 시인은 이와 같은 방식으로 울고 싶은 자신의 속마음을 간접적으로 드러냈다. 이 구절에서 눈여겨볼 지점은 '울음'의 미학적 쓸모와 위상이다. 이 시에서 시인은 작품의 결구에 '울음'을 두었다. 이는 울음 계보의 어휘들이 단순한 수식이나 부수적인 묘사에 사용되는 예와 달리, 시어의 차원을 넘어 전체 시 자체의 주제와 직접 상관하는 조지훈의 시편들에서 자주 살필 수 있는 사례이다. 조지훈은 자주 '울음'의 강렬한 감정적 색채를 흔히 시의 후반부 또는 결구에 있는 시상의 절정에 위치시켰다. 역시 결구에서 '울음'을 볼 수 있는 작품으로, 7·5조의 운율에 대체로 유의하면서 쓰인 단아하고 정제된 작품 「낙화」가 있다.

꽃이 지기로소니/바람을 탓하랴.//
주렴 밖에 성긴 별이/하나 둘 스러지고//
귀촉도 울음 뒤에/머언 산이 다가서다.//
촛불을 꺼야 하리/꽃이 지는데//
꽃 지는 그림자/뜰에 어리어//
하이얀 미닫이가/우련 붉어라.//
묻혀서 사는 이의/고운 마음을//
아는 이 있을까/저허하노니//
꽃이 지는 아침은/울고 싶어라.

—「낙화(落花)」(1943) 전문, 『청록집(靑鹿集)』(1946)

전체에서 선경후정(先景後情)의 구도를 드러내고 있으나 세부에서 정(情)의 개입은 헤아리기 어렵다. 내용을 중심으로 분절하자면 세 개 연씩 묶어 세 덩어리가 된다. 첫 분절에서는 딱히 무엇 때문이라고 할 수 없는 이유로 꽃이 지며, 화자가 자세히 보지 못할 사정에 처한 별이 스러지고 있다. 여기까지는 부정적 조건을 비교적 명료하게 읽을 수 있으나, 제3연은 다소 모호하다. '귀촉도 울음 뒤에 먼 산이 다가서'는 상황이 울음을 배경으로 해서 산이 더 가까이 느껴진다는 것인지, 울음이 그친 뒤 산의 조용함 또는 쓸쓸함이 보인다는 뜻인지 선택하기 어렵다. 그러나 결구에서 이 시의 배경이 아침이라는 정보를 얻고 이를 거슬러 읽으면, 별이 스러지는 것이나 먼 산이 다가서는 것은 날이 밝아오기 때문임을 알 수 있다. 그러므로 앞 세 개 연은 꽃이 진다는 사실을 밝힌 후 아침이 밝아왔음을 알려준다고 할 수 있다. 이로 미루어 화자는 밤을 새웠는데 그 까닭은 꽃이 진다는 사실과 관련이 있음을 알 수 있다. 화자가 밤을 꼬박 새웠다는 사실은 이어지는 연의 "촛불을 꺼야 하리"에서 바로 확인된다. 화자는 꽃이 지리라는 심려 때문에 촛불을 켜 놓고 밤새 잠을 자지 않았다. 같은 연의 남은 구절 "꽃이 지는데"는 앞 구절보다는 이어지는 다음 연과 연결되는 것으로 보는 것이 자연스럽다. 이제 새벽빛으로 꽃 지는 그림자가 뜰을 가득 채우고 뜨락과 실내의 경계인 '미닫이'도 뚜렷이 보이는데 그 또한 꽃 지는 착잡한 분위기에서 자유롭지 못하다. 이제 마지막 세 연의 묶음에서 시인은 여명처럼 어렴풋하게 또는 어눌하게 늘어놓은 경(景)과 정(情)의 구체적 의미를 드러낸다. 마지막 묶음 첫 구절의 "묻혀서 사는 이의 고운 마음"은 앞서 조심스럽게 보여준, 꽃이 지는 것이 마음 아파 촛불을 켜고 밤을 꼬박 새운 화자의 마음을 가리키는 것이다. 세상이 그 마음을 알지 못할 것임을 화자는 걱정한다. 이렇게 읽을 때 결구의 기능은 일단 이중적이다. '울고 싶'은 마음의 이유가, 꽃이 지리라는 심려와 자신의 마음을 아는 이 없음에 대한 우려에 다 걸리기 때문이다. 그러나 이 작품의 배면에 흐르고 있는 은유는 '지는 꽃'과 '묻혀 사는 이'가 서로 다른 것이 아님을 암시하고 있다. 화자가 밤을 새워 지는 꽃을 지킨 것은 그 개화와 낙화를 지켜보고자 함이었고, 이 지켜봄은 아무도 돌아보지 않은 채 묻혀 사는 자신의 처지와 상관하는 보상심리 때문이라고 할 수 있을 것이다.

역시 이 논문의 맥락에서 유의할 점은, 이 시의 미학적 절정이 예의 '울음'에 맡겨져 있다는 사실이다. 기억할 만한 사실은 조지훈의 시에서 '꽃-지다'라는 연계심상이 자주 '울음'과 상관한다는 점이다. 이들 시편에서 '지는 꽃'은 유한한 생명의 최후를 의미한다. 울음은 저항할 수 없는, 돌이킬 수 없는 운명적 상황 앞에서 생기는 인간의 감정적, 행위적 반응이다. 『청록집』에 실린 작품 중 또 하나의 대표작인 「승무」도 '울음'의 시편으로 분류될 수 있다.

> 두 볼에 흐르는 빛이 정작으로 고와서 서러워라
>
> —「승무(僧舞)」(1939) 여덟 연 중 제2연 제2행, 『청록집(靑鹿集)』(1946)

'곱기 때문에 서럽다'는 표현 방식은 조지훈의 정서적 특색을 잘 보여준다. 이 또한 유한한 아름다움이기 때문일 것이다. 위 구절에서 '서럽다'가 한 번 출현하는 점을 주목해 「승무」가 '눈물'의 시편이라고 말하기는 어렵다. 문제가 되는 것은 시상의 절정에 위치하고 있는 다음과 같은 구절이다.

> 복사꽃 고운 뺨에 아롱질 듯 두방울이야
> 세사에 시달려도 煩惱는 별빛이라
>
> —「승무(僧舞)」의 제6연 제2행, 『청록집(靑鹿集)』(1946)

유명한 구절, 특히 교과서를 통해서 애송자가 세습되고 있는 잘 알려진 시의, 역시 잘 알려진 구절이다. 첫 줄의 '두 방울'을 '눈물'로 보는 해석과 '눈망울'로 보는 해석이 있다. 후자의 해석은 앞 연 "까만 눈동자 살포시 들어/먼 하늘 한개 별빛에 모두오고"에 유인되었을 가능성이 있다. 여기에 딱히 '두' 방울이라고 한 것이 이 해석을 부추겼다고 판단된다. 그러나 이 해석은 '뺨'과 '아롱질 듯'과 어울리지 못한다. 우리는 '두 눈이 뺨(위)에 있다'라고 말하지 않으며, '두 눈이 아롱질 듯 곱다'라고 말하지도 않는다. 어쨌든 두 방울을 눈물이라고 읽을 수 없다면, 이 시는 '울음'의 시편 가운데서 차지하는 비중은 낮아질 것이며, 이 논문의 논점에서 이 시는 배제되어야 할 것이다.

1959년에 나온 시집 『역사 앞에서』에 수록됨으로써 비로소 세상에 알려졌지만, 내용으로 보아 해방 전 소작임이 확실해 보이는 「동물원의 오후」도 '울음' 계열 어휘의 반영 정도가 아주 높은 사례이다.

마음 후줄근히 시름에 젖는 날은/動物園으로 간다.//
사람으로 더불어 말할 수 없는 슬픔을/짐승에게라도 하소해야지.//
난 너를 구경오진 않았다/뺨을 부비며 울고 싶은 마음./
혼자서 숨어앉아 詩를 써도/읽어 줄 사람이 있어야지//
쇠창살 앞을 걸어가며/정성스리 써서 모은 詩集을 읽는다.//
鐵柵 안에 갇힌 것은 나였다/문득 돌아다 보면/
四方에서 창살틈으로/異邦의 짐승들이 들여다 본다.//
"여기 나라 없는 詩人이 있다"고/속삭이는 소리……//
無人한 動物園의 午後 顚倒된 位置에/痛哭과도 같은 落照가 물들고 있었다.

—「동물원(動物園)의 오후(午後)」 전문, 『역사(歷史) 앞에서』(1959)

첫 연은 정황 정보이다. 이로써 독자는 화자가 유쾌하지 않은 마음 상태에서 일부러 동물원을 찾았음을 알 수 있다. 이는 모종의 위로나 자조를 위한 선택으로 일단 추정되는데, 이는 다음 연에서 '하소'라는 단어로 뒷받침된다. 이 둘째 연을 미루어 볼 때 화자는 이미 자신의 슬픔이 다른 사람들과 나눌 수 없는 종류의 것임을 알고 있다. 이 단계에서 화자가 동류들과 소통 장애의 상황에 처한 이유는 아직 밝혀지지 않는다. 화자는 깊고 큰 슬픔을 동물원의 짐승에게 전하고 그들과 나누고자 한다. 이어 셋째 연에서는 짐승들과 "뺨을 부비며 울고 싶은" 심사를 밝힌다. 그는 숨어서 시를 쓰던 사람이다. 자신이 숨어서 쓴 시를 사람들에게 읽어 줄 수 없었던 그는 짐승들 앞에서 시집을 읽는다. 그리고 화자는 자신이 오히려 창살 속에 갇혀 있으며, 짐승들이 자신을 구경하고 있음을 깨닫게 된다. 이어 짐승들이 "여기 나라 없는 시인(詩人)이 있다"고 속삭이는 소리를 듣는다. 이 구절에서 우리는 이 시가 쓰인 시대를 알게 된다. 이제 거슬러 올라가 이 시의 앞머리에서 화자가 고백한 소통 장애의 상황이 1940년대 초반 역사적 조건의 소산임을 짐작할 수 있다. 화자는, 짐승들이 자신의 하소를 받아주기보다는 자신을 비웃거나 동정하고 있다고 생각하는 데까지 나아가는데, 이는 일종의 상황적 아이러니이다. 그리고 결구의 첫줄 "무인(無人)한 동물원(動物園)의 오후(午後) 전도(顚倒)된 위치(位置)에"에서 시인은 이 시에서 화자가 도달한 비극적 상황을 직설적으로 설명한다. 이 '위치의 전도'라는 서글픈 사건의 배경에 저녁노을이 휘황한데 화자는 이를 '통곡'과 같다고 본다. 이 작품은 '슬픔'과 '울음', 그리고 울음의 격한 형태인 '통곡'이 함께 엮인 예이다. 이 작품과 같은 시집에 처음 발표된 작품인 「그대 형관(荊冠)을 쓰라—미(美)의 사제(司祭)가 부르는 노래」는, '울음'의 계열 어휘를 통해 애상을 구현한 시편이라는 점은 앞서 살핀 작품과 공통되지만 지향이 판이하다.

> 눈물 이슬이 되어 풀잎에 맺히고/良心의 太陽 하늘에 빛내고저//
> 그대 너그러운 덕이여/소란한 세사에 내리라.//
>
> —「그대 형관(荊冠)을 쓰라—미(美)의 사제(司祭)가 부르는 노래」 열한 연 중 제4, 5연, 『역사(歷史) 앞에서』(1959)

인용한 부분의 앞 세 연에서 화자는 '그대'라고 부르는 이에게 성스럽고 고귀한 옷차림과 처소를 버리고 '이 땅'으로 내려오라고 명령한다. 부제를 참조하면 '그대'는 '미(美)'이다. 그런데 화자는 그의 '사제'라고 했으므로 '미'는 추상명사가 아니라 신(神)의 고유명사가 된다. 감히 사제가 자신이 모시는 신에게 명령하고 있는 것이다. 이런 뜻밖의 상황에는 이유가 있을 것이다. 화자가 묘사하는 '이 땅'은 메마르고 거친 곳으로, 새도 꽃도 없다. 그래서 '그대'가 간절히 필요하게 되었다. 위의 인용에서 보듯이 사제인 화자는 신에게 '눈물'로 '이슬'을 만들어 풀이 자라게 하고, '양심의 태양'을 달라고 한다. 이어 인용하지 않은 구절에서 자신이 신전을 이탈한 사제임을 돌려 말하면서, 신전으로 돌아가지 못하는 이유가 '그대의 법도' 곧 신의 가르침 또는 계율 때문임을 밝힌다. 이 가르침의 내용이 곧, "사악의 얽힘 속에 괴롬의 쓴 잔을 들고/불의에 굽히지 않는" 것이다. 그리고 다시 신에게 가르침을 요청하는데, 이제 가르침의 장소는 신전이 아닌 '여기 황야' 곧 이 땅이다.

그대 약한 자의 벗,/맨발 벗고 이 가시밭길을 밟으라//
여기 荒野에 나를 이끌어/목놓아 울게 하라//
이 세상 더러움/오로다 나로 하여 있는 듯/
오늘 呻吟하는 무리 앞에/진실로 죄로움을//
제 눈물을 적시어 씻게 하느니/오오 詩여 빛이여 힘이여!

—「그대 형관(荊冠)을 쓰라—미(美)의 사제(司祭)가 부르는 노래」 제8연 이후,
『역사(歷史) 앞에서』(1959)

화자는 이제 신에게 자신을 황야로 이끌어 "목놓아 울게 하라"고 명령한다. 그리고 마지막 두 연에서 이전까지 진행된 시의 분위기와 많이 다른, 격정적인 말투로 시인의 내심을 대신 전한다. 이 부분에서 제1인칭의 '내'와 대명사 '제'가 누구인지는 다소 모호하다. 전자는 화자 또는 '무리'로 읽을 수 있으며, 후자는 '무리' 또는 신으로 읽을 수 있다. 여기서는 연을 나눈 의도를 중시하여, 사람들이 세상의 더러움이 자신의 탓인 양 괴로워하고 있는데, 이들의 자책을 스스로의 눈물로 씻게 하는 권능을 지닌 신, 그가 바로 '시'이며 '빛'이며 '힘'이라고 읽는 길을 선택한다. 이 시는 예술의 자기 목적성과 사회성 사이에서 번민하고 갈등한 시인의 태도 표명이다.[14] 이 점에서 이 시는 한용운이 타고르에게 '할 말'을 담은, 「타고르의 시 'Gardenisto'를 읽고」를 떠올리게 한다.[15] 화자 즉 조지훈은 자신이 선택한, 역사를 직면하는 시의 길이 시를 배신하는 길이 아니라고 주장한다. 이는 오히려 시의 할

14) 이 시를 '미학의 전향선언문'이라고 평한 논자도 있다. 문덕수, 「민족시의 방향과 주체적 미학의 정립」, 김종길 외, 『조지훈 연구』, 고려대학교출판부, 1978, 114쪽.

15) 이 작품에 대한 필자의 소견은 「타고르와 한용운의 비교연구—『園丁』과 『님의 沈黙』을 중심으로」, 『현대시의 방법 연구』, 월인, 2001, 302-303쪽 참조.

일을 넓히는 길이며, 시가 떳떳함을 얻는 길이라는 것이다. 그러나 조지훈으로 하여금 스스로를 '신전을 떠난 사제'라고 여기게 한 신은 시인이 스스로 선택한 존재이기도 하다. 그것은 1930년대라는 찬란하고 뒤틀린 기교의 시대에 성장한 그의 비애일 수 있다. 한용운과 이육사의 신은 이 시의 신과는 달랐다.

이 시에서 조지훈은 자신이 선택한 시의 길에 대한 자신감을 유감없이 표출하고 있으나, 늘 이 시의 화자가 보인 입장처럼 편하고 떳떳해 보이지는 않는다. 시집의 표제로 발탁된 제목의 시, 「역사 앞에서」에서 시인은 비슷한 문제 앞에서 신중한 태도를 보여준다.

> 滿身에 피를 입어 높은 언덕에/내 홀로 무슨 노래를 부른다/
> 언제나 찬란히 티어 올 새로운 하늘을 위해/敗者의 榮光이여 내게 있으라.//
> 나조차 뜻 모를 나의 노래를/허공에 못박힌 듯 서서 부른다./
> 오기 전 기다리고 온 뒤에도 기다릴/永遠한 나의 보람이여//
> 渺漠한 宇宙에 고요히 울려 가는 설움이 되라.
>
> —「역사 앞에서」 전문, 『역사(歷史) 앞에서』(1959)

온몸에 피를 묻힌 화자가 노래를 부르는 언덕은 앞서 살핀 시에서 '이 땅'과 같다. "찬란히 틔어 올 새로운 하늘"은 '내'가 노래를 하는 목적을 설명한다. 그러나 화자는 이런 숭고한 목적에 봉사하는 자신의 노래가 떳떳하지 않다. "무슨 노래", 나아가 "나조차 뜻 모를 나의 노래"라고 말한다. 이와 같은 모순이 "패자의 영광"이란 역설을 낳았다. "영원한 나의 보람"도 "오기 전 기다리고 온 뒤에도 기다릴", 끝나지 않는 기다림이라고 말하는 것도 같은 맥락이다. 그리고 결구, "묘막한 우주에 고요히 울려 가는 설움이 되자"는 결정적인 비장미를 보여준다. 이 구절은 아름답고도 서럽다. 조지훈은 이 시집 서문에서 이렇게 썼다.

> 내 시가 걸어온 바탕으로서 또는 내 정신이 지나간 路程으로서의 회상을 위하여 나는 이들 시편을 초고대로 싣게 하고 다시 손을 대지 않았다. 이것은 우리들 슬픈 세대의 공동한 배경—우리 시가 두 번 다시 이런 슬픈 역사 앞에 서지 않게 되기를 비는 마음 간절하다.
>
> —「서문」 마지막 문단, 『역사 앞에서』(1959)

짧은 산문에서 '슬픈'이 두 번 나온다. "초고대로 싣게 하고 다시 손을 대지 않"는 일은 조지훈 시의 본령과 거리가 있어 보인다. 이 구절에서 우리는 바로 앞에서 읽은 두 편의 시에 짙게 드리워져 있던 시인의 번민을 다시 본다.

가장 많은 작품을 수록하고 있고, 그래서 가장 긴 시대를 아우르고 있는 시집 『역사 앞에서』에서 조지훈의 '울음' 시편은 일정한 마감의 과정을 겪는 것으로 판단된다. 이 시집에 처음 수록한 시편들의 창작 순서를 정교하게 분별하는 일은 불가능해 보이지만, 「마음의 태양」과 같은 작품이 그 마감의 자리 언저리에 있다고 볼 수 있다. 마침 이 시는 시집 속에서 생경하고 직정적인 현실 대면의 기록 시편들 바로 앞에 자리 잡고 있다. 이는 비교적 현실 기록의 측면이 약한 시의 마지막이라는 말과 뜻이 같다.

꽃다이 타오르는 햇살을 향하여
고요히 돌아가는 해바라기처럼
높고 아름다운 하늘을 받들어
그 속에 맑은 넋을 살게 하라.

가시밭길을 넘어 그윽히 웃는 한 송이 꽃은
눈물의 이슬을 받아 핀다 하노니
깊고 거룩한 세상을 우러르기에
삼가 肉身의 괴로움도 달게 받으라.

괴로움에 짐짓 웃으량이면
슬픔도 오히려 아름다운 것이
苦難을 사랑하는 이게만이
마음 나라의 圓光은 떠오르노라.

푸른 하늘로 푸른 하늘로
항시 날아오르는 노고지리같이
맑고 아름다운 하늘을 받들어

그 속에 높은 넋을 살게 하라

—「마음의 태양(太陽)」 전문, 『역사(歷史) 앞에서』(1959)

이 작품은 앞서 살핀 애상의 시편들과는 다른 태도를 보인다. 첫 연에서 보는 바와 같이 햇살은 보기 좋게 타오르고 있으며, 해바라기 또한 보기 좋게 해를 향한다. 그리고 이와 같은, 해를 향한 꽃의 생태처럼 사람도 살자고 권유한다. 둘째 연에서는, 현재 당당하고 여유롭게 피어 있는 "그윽히 웃는 한 송이 꽃"이 '가시밭길'이라는 시련을 이겨낸 자리에 있으며, 그 자양이 또한 '눈물의 이슬'임을 밝힌다. 이어 "육신의 괴로움을 달게 받"아들일 수 있는 근거가 "깊고 거룩한 세상"에 대한 공경임을 강조한다. 이제 '눈물'은 '꽃'을 피울 수 있으므로 뜻깊은 것이 되었다. 이어 셋째 연에서 화자는 훨씬 더 구체적으로 현실의 고통과 슬픔도 이를 다루는 자세에 종속된 문제임을 밝히고 있다. 즉 부정적 조건도 받아들이는 태도에 따라 전혀 다른 성격을 띠게 된다는 주장이다. '괴로움', '슬픔', '고난'을 넉넉히 받아들일 수 있다면 내면의 성취를 기할 수 있는데, 그것이 "마음 나라의 원광"이라는 것이다. 마지막 연은 하늘을 향한 상승의 비유물로 새를 선택하여 다시 하늘을 받드는 자세를 강조하고, 육신의 고통보다 정신의 높이를 취하기를 권고한다. 네 개의 연에서 일관하여 반복되는 명령조와 그 내용으로서 건전한 삶을 위한 교조 때문에 이 작품이 시인 자신을 위로하고 스스로 새로운 다짐을 되새기는 측면을 놓쳐서는 안 될 것이다.

이 작품은 우리가 확인할 수 있는 애상의 구현으로서 '울음' 계열 어휘를 함유하는 시편의 마지막에 위치한다. 일면 무거운 교훈적 주제를 무겁지 않은 시에 담았다는 점에서 문학성의 함량이 떨어지는 '역사 앞' 시편, 즉 사회적 시편의 계보와 멀지 않은 거리를 확인할 수도 있지만, 시작의 전 시기에 걸쳐 빈번히 선택해 온 '눈물'과 '슬픔'을 다른 시각에서 다루고 있음에 유의할 필요가 있다. 눈물이 정신의 안정과 여유를 얻는 데 도움이 될 수 있고, '슬픔'이 아름다움이 될 수 있다는 표현은 미의식의 변모로 읽을 여지가 충분하다.

4. 결론

본론의 논의를 통해 이 논문은, 시인으로서 조지훈이 견지했던 중요한 미학적 특성 가운데, 지금까지 별로 주목받지 못했던 면모인, '슬퍼하는 마음' 즉 '애상'의 측면에서 살피면서 그의 시작 전 시기에 걸쳐서, 이 특성이 중요한 흐름을 이룬다는 점을 밝히고자 하였다. 본론에서는 먼저 '애상'의 어원과 어의적 전제를 간략히 점검한 후, 그의 존재 양상을 살피기 위해 '울음'의 계열 어휘군을 상정하고 간단한 통계 조사로 '울음' 계열 어휘가 등장하는 시의 형편을 살펴보았다. 이를 통해 '울음' 계열 어휘가 1회 이상 나타나는 작품의 수가 조지훈이 창작한 총 작품 수의 절반이 넘는다는 사실과 이 어휘들이 작품당 평균 1회 이상 출현함을 알 수 있었으며, 이러한 성향이 특정한 기간에 그치지 않고 지속적으로 유지되었음을 알게 되었다.

이어 '울음' 계열 어휘가 중요한 역할을 하는 시편들을 창작된 순서대로 분석함으로써 시인의 내면에 자리 잡은 작품의식의 실질과 그 변모의 도정을 살펴보았다. 『청록집』의 단계에서 「봉황수(鳳凰愁)」, 「낙화」, 「승무」 등의 작품을 분석하면서, 시인이 자주 '울음'의 강렬한 감정적 색채를 흔히 시의 후반부 또는 결구에 있는 시상의 절정에 위치시켰다는 사실과, 작품의 미학적 절정을 자주 '울음'이라는 문제적 행위에 맡겼다는 사실 등을 알게 되었다. 이어, 『역사 앞에서』에 수록되었으나 해방 전에 쓴 것으로 추정되는 「동물원의 오후」를 소상히 분석하였으며, 같은 시집 소재의 「그대 형관(荊冠)을 쓰라」, 「역사 앞에서」 등의 시에서는, 자신이 선택한 사회적 발언에 치중한 시편들에 대한 자신감을 유감없이 표출하면서도, 다소 불편하거나 아쉬운 마음을 드러내는 변화에 주목하였다. 또한 과정상 '울음' 시편의 마감에 있는 것으로 판단되는 「마음의 태양」을 분석하면서 '눈물'이 정신의 안정과 여유를 얻는 데 도움이 될 수 있고, '슬픔'이 아름다움이 될 수 있다는 시인의 생각을 찾아내고 이것이 미의식의 중요한 변모임을 논구하였다.

그러나 조지훈 시 가운데 애상의 특성을 '울음' 계열 어휘들을 통해 확인할 수 있는 시편들이 모두, 『봉황수』와 『동물원의 오후』처럼 역사적, 공동체적 명분에 치중하거나, 『승무』처럼 미학적, 객관적 거리를 유지하거나, 『그대 형관을 쓰라』와 『역사 앞에서』처럼 예술적 지향과 현실적 삶 사이의 틈새와 부딪힘을 노래하고 있다고 할 수는 없다. 다만 이 논문은 일차적으로 조지훈의 시 가운데 그 완성도와 문학적 성취를 인정받은 작품들에서 '애상'의 미학이 중요하게 개재해 있음을 확인하고, 나아가 이 작품들을 애상의 맥락을 따라 검토하고자 하였다. 이 논문에서 소상히 거론하지 않은 작품 중, 상당수의 애상 시편들은 섬세한 서정시인의 내향적 고뇌와 번민을 담고 있다. 이를테면 독자와 평자들로부터 별다른 주목을 받지 못한, 개인적 사랑의 좌절과 아픔을 노래한 애상 시편들은 독자와 연구자들에게 좀 더 정밀한 독법을 요청하고 있다고 판단된다. 조지훈은 선비의 유풍을 보여준 지사이며, 중대한 역사적 결절에서 공적, 사회적 소임을 다하고자 애쓴 논객이며, 국학에서 장대한 업적을 보여준 학인이지만, 그 인간적 규모의 핵심에는 섬세한 서정 시인이 자리 잡고 있음을 그가 남긴 시편들은 증언하고 있다. 이 논문은, '울음'을 놓지 않은 서정 시인으로서 조지훈의 진면목을 탐구할 때 그의 시 세계가 더욱 빛을 발할 것이라는 제일차 명제를 논증하고자 했다. 설사 조지훈 시 다시 읽기가 종국적으로, 역사와 대면하는 과정에서 그의 서정시적 가능성이 훼손되어 미처 꽃피지 못하고 중단되었음을 밝히게 되더라도 주저할 일이 아닐 것이다.

다만, 애상의 시어들이 뚜렷한 맥락으로 조지훈의 시 세계에서 출현하고 있음을 확인한 후 이 논문은 그 애상의 심층 의미를 탐구해야 마땅한 일이었으나 이 논문의 단계에서 다 이루지 못하였다. 애상의 고전적 맥락과 실존적 의미, 나아가 선비적 미의식과 맺고 있는 상관성의 탐색은 다른 논문으로 미룬다.

참고문헌

김종길. 「지훈 시의 계보」. 『교양』 제5집(고려대 교양학부, 1968). (김종길 외, 『조지훈 연구』, 고려대학교출판부, 1978에 재수록)

문덕수. 「민족시의 방향과 주체적 미학의 정립」. 김종길 외. 『조지훈 연구』. 고려대학교출판부, 1978.

박두진. 「조지훈의 시세계」. 『사상계』 통권 183호(1968. 7).

이희중. 「타고르와 한용운의 비교연구—『園丁』과 『님의 沈默』을 중심으로」. 『현대시의 방법 연구』, 월인, 2001.

정태용. 「조지훈시」. 『현대문학』 183호(1970년 3월). (김종길 외, 『조지훈 연구』, 고려대학교출판부, 1978에 재수록)

정한모. 「초기작품의 시세계」. 김종길 외. 『조지훈 연구』. 고려대학교출판부, 1978.

조지훈. 「나의 역정」. 『조지훈 전집 4』. 일지사, 1973.

조지훈의 등단 추천작과 그 시적 전개

최동호

1. 머리말

지훈(芝薰) 조동탁(趙東卓)은 1921년 1월 11일(음력 1920년 12월 3일)[1] 경북 영양군 일월면 주실 마을에서 출생하여 1968년 5월 17일 작고하였다. 유년시절 조부 조인석 선생으로부터 한학을 가학으로 전수받은 그는 1928년 영양보통학교를 졸업하고 1938년 혜화전문학교 문과에 입학하여 1941년 동교를 졸업하였다. 혜화전문학교에 재학 중이던 1939년 4월 『문장』지에 「고풍의상」을 처음 추천받는 것을 시작으로 12

1) 조지훈의 출생연도에 대해서는 최동호, 「조지훈 시의 초기 판본에 대하여」, 『한국문예비평연구』 제30집(2009. 12), 191-111쪽을 참조할 것.

월 「승무」 그리고 1940년 2월 「봉황수」와 「향문」 등 모두 네 편을 추천받아 3회 추천 과정을 완료하였다.

조지훈의 시를 문단에 추천한 시인은 당시 한국 시단을 대표하던 정지용이었는데 조지훈의 최종 추천작에 대한 지용의 찬사는 처음 등단한 신인에 대한 통상적인 평이라기보다는 동료 시인의 신작을 고평하는 것 같다는 느낌을 줄 정도이다. 아마도 『문장』의 시 부문 추천위원이 되어 첫 추천자 중의 한 사람이었던 지훈에 대한 기대가 컸을 것이라 짐작되지만 무엇보다 시인으로서 지훈이 가진 남다른 개성도 작용하였을 것이다. 지용이 추천한 조지훈의 시 네 편은 이후 지훈을 대표하는 시로 독자들에게 받아들여진다는 것을 볼 때 지용의 신인 추천은 뛰어난 혜안을 발휘한 것이라고 해도 과언이 아니다.

그러나 그동안 지훈의 추천시에 대한 심도 있는 논의가 전개되지 못했으며 특히 이 과정에 지훈의 시적 진로에 대한 고심과 시인으로서 자기 발견의 과정은 크게 다루어지지 않은 것으로 판단된다. 이러한 시적 모색에는 지용의 명민한 추천사가 크게 작용하였으며 이는 미지의 신인에 대한 길잡이로서 그의 역할 또한 높이 평가해야 할 부분이라 하겠다. 이 글에서 필자는 지훈의 3회에 걸친 추천시 네 편에 대해 분석적 논의를 전개하는 한편 지용의 선후평도 이와 관련하여 유기적으로 살펴봄으로써 지훈의 초기시에 대한 이해를 좀 더 심화시켜 볼 것이다. 이러한 이해를 통해 초기 지훈시를 포괄적으로 살펴볼 수 있게 되는 것은 물론이지만 앞으로 출현할 미래의 신인들에게도 이러한 연구가 시인으로서 자신의 진로를 결정하는 데 중요한 참고사항이 될 것이라 기대한다.

2. 제1회 추천작 「고풍의상(古風衣裳)」

종합문예지 『문장』은 1939년 1월 창간되었으며 창간과 더불어 소설에 이태준, 시에 정지용 그리고 시조에 이병기 등을 추천위원으로 내세워 신인 작품 공모에 들어갔다. 이는 당시 등단을 갈망하던 문학 지망생들로부터 열띤 호응을 받기에 충분한 것이었다. 창간호에 이미 소설에 이광수의 「무명」, 이효석의 「산정」, 이태준의 「영월영감」과 시에 박종화의 「석굴암」, 김상용의 「어미 소」, 모윤숙의 「잠든 눈」 그리고 이태준의 「문장 강화」 등 당대의 문단의 중진대가들의 작품을 수록하여 문단의 중심이 된 종합문예지였던 까닭에 신인들의 작품을 공모하니 문학을 지망하는 젊은이들에게 커다란 반향을 불러일으키는 것은 당연한 일이었는지도 모른다. 조지훈은 이런 상황에서 김종한, 황민과 더불어 당당하게 시 부분에서 처음으로 추천을 받게 되었다. 아마도 이는 지훈의 생애에서 잊기 어려운 사건이었음에 틀림없다.

지용의 추천사와 함께 지훈의 「고풍의상(古風衣裳)」이 발표된 것은 1939년 4월이니 문단 내외에서 새로 등장하는 신인의 작품이 호기심 어린 눈길을 받는 것은 자연스러운 일이었다.

> —하늘로 날을 듯이 길게 뽑은 부연 끝 풍경이 운다—.
> 처마끝 곱게 늘이운 珠簾에 半月이 숨어
> 아른아른 봄밤이 杜鵑이 소리처럼 깊어가는 밤
> 곱아라 고아라 진정 아름다운지고
> 파르란 구슬빛 바탕에 자지빛 호장을 받친 호장저고리
> 호장저고리 하얀 동정이 환하니 밝도소이다.
> 살살이 퍼져나린 곧은 線이 스스로 돌아 曲線을 이루는 곳
> 열두 폭 기인 치마가 사르르 물결을 친다.
> 초마 끝에 곱게 감춘 雲鞋 唐鞋
> 발자취 소리도 없이 대청을 건너 살며시 문을 열고
> 그대는 어느 나라의 古典을 말하는 한 마리 胡蝶
> 胡蝶이냥 사푸시 춤을 추라 蛾眉를 수기고……
> 나는 이 밤에 옛날에 살아 눈 감고 거문고ㅅ줄 골라보리니
> 가는 버들이냥 가락에 맞추어 흰 손을 흔들어지이다.[2]

이 시의 화자는 일단 대상을 바라보는 소묘적인 시선으로 일관하고 있다. 그러나 사물을 관찰하고 이를 표현하는 화자의 날카로운 시선을 보여 준다는 점에서 지용의 눈길을 끌기에 충분했을 것이다. 물론 지훈은 이 한 편의 작품을 투고한 것 같

---

2) 조지훈, 「고풍의상」, 『문장』 제1권 제3호(1939년 4월), 128-129쪽.

지는 않다. 지용의 추천사도 그러하지만 지훈 자신도 처음부터 이런 경향의 작품에 노력을 집중한 것 같지는 않다.

다음과 같은 지훈의 회고에서도 나타나고 있는 것처럼 당시 그는 서구의 탐미주의적인 작품에 탐닉하고 있었으며 「고풍의상(古風衣裳)」류의 작품에 적극적으로 탐구한 것은 아니기 때문이다.

> 「고풍의상(古風衣裳)」은 서구시를 모방하던 그 때까지의 나의 습작을 탈각하고 자신의 시를 정립하려고 한 첫 작품이었으나 실상은 강의 시간에 낙서삼아 쓴 것을 그대로 우체통에 넣은 것이 뽑힌 것이다. 그러나 이는 민족문화에 대한 나의 애착, 그 중에서도 민속학 공부에 대한 나의 관심이 절로 돌아나온 작품이었음을 알 수 있다. 이 계열의 작품은 그 때까지 이 「고풍의상(古風衣裳)」 한 편밖에 없었기 때문에 삼회 추천을 필요로 하는 나의 추천 통과는 자연히 지연되지 않을 수 없었다.[3)]

초기 서구시를 모방하던 지훈의 시적 탐색은 지용이 첫 추천작으로 「고풍의상(古風衣裳)」을 선택함으로써 크게 일변하게 된다. 지용이 초현실적이며 탐미적인 취향을 지닌 「지옥기」 시편[4)]을 택하지 않았던 것은 그 나름으로 「고풍의상(古風衣裳)」에서 응모자의 번득이는 시재를 발견하였기 때문일 것이다. 지용은 다음과 같은 추천사와 함께 『문장』의 시 부문 첫 추천자의 맨 앞자리에 지훈을 두게 된다.

> 「華悲記」도 좋기는 하였으나 너무도 앙징스러워서 「古風衣裳」을 택하였습니다. 매우 유망하시외다. 그러나 당신이 美人圖를 그리시랴면 以堂 金殷鎬畵伯을 당하시겠읍니까. 당신의 詩에서 앞으로 생활과 호흡과 年齒와 생략이 보고 싶습니다.[5)]

지용의 선후기를 읽어 보면 당시 시 부분 응모작은 모두 100여 편이었음을 알 수 있다. 이는 『문장』의 신인추천에 대한 문단 내외의 뜨거운 반응을 말해 주는 것이

---

3) 조지훈, 「나의 역정」, 『고대문화』 제1집, 109쪽.

4) 초기 습작시대의 시편을 이렇게 명명하고 분류한 것은 지훈 자신에 의해서이다. 조지훈, 「후기」, 『조지훈시선』, 정음사, 1956, 179쪽 참조.

5) 정지용, 「시선후」, 『문장』 제1권 제3호(1939년 4월), 132쪽.

라고 하겠다. 이 중에 세 편의 추천자 중의 한 사람으로서 그리고 세 사람 중 첫 소개자로서 지훈에게 주어진 화려한 조명은 문단의 이목을 집중시켰을 것이다. 그런데 위의 추천사는 간명한 것이지만 문학을 지망하던 당시 지훈이 처한 상황을 선명하게 보여 준다. 일단 지용이 지훈의 문학적 재능을 매우 유망하게 보고 있다는 사실이 확인되며 투고 작품에 「고풍의상(古風衣裳)」 외에도 「화비기(華悲記)」라는 제하의 작품이 있었음을 알 수 있다.

응모규정에 3편 이내라고 한정하고 있었던 것으로 보아 다른 2편의 작품이 더 있었을 것으로 짐작되는데 「화련기(華戀記)」, 「비련기(悲戀記)」 등의 2편이 여기에 해당되는 시가 아닐까 한다. 『조지훈 전집』(일지사, 1973)에는 「華悲記」라는 단일 제목의 시가 보이지 않는다. 그러나 이를 오식이라고 보기[6]보다는 이 두 편의 시를 응모할 당시에 「華悲記」라고 제목을 수정하지 않았을까 생각해 볼 수 있다. 그 내용으로 보아 참고로 「화련기(華戀記)」, 「비련기(悲戀記)」 두 편은 모두 젊은 청년의 연애실패담을 의식의 흐름 수법으로 산문시로 표현한 것인데 당시 문학 지망생으로서 지훈이 탐닉하던 서구의 악마주의적이며 탐미적인 성향의 조금은 문청 취향이 나타나는 제목의 시라고 하겠다. 이런 경향의 시에는 「오감도」(『조선중앙일보』, 1934년 7월 24일 첫 발표)로 세간에 큰 반향을 불러일으킨 이상 그리고 산문시를 지향하던 정지용의 「장수산」(『문장』 1권 2호, 1939. 3) 「백록담」(『문장』 1권 3호, 1939. 4) 등의 선행한 작품들의 영향도 일부 엿볼 수 있다. 참고로 작품을 인용하면 다음과 같다.

> 白孔雀이 파르르 날개를 떤다, 파란 電燈이 켜진다, 白蠟 같은 손가락을 빤다. 빠알간 피가 솟는다. 피는 孔雀夫人 가슴에 얼굴을 묻고 눈물로 아픈 즐거움에 즐거움은 가슴을 쪼다. 아 흰 꽃이 피는 빈 창밖으로 호로 馬車가 하나 은빛 어둠을 헤치고 北으로 갔다. 나어린 少女에게 義로운 피를 잃고 이름도 모를 屈辱에 값싼 웃음을 파는 賣春婦, 나는 貴族令孃의 淫樂의 奴隷란다. 하이얀 電燈을 부수고 하늘빛 구슬을 빨자. 알콜을 빨면 푸른 靜脈이 動脈이 된다. 바다가 된 陸地다. 破船된 寢室이다. 情熱이 過剩되면 生活은 모자라 슬픈 刺戟은 한밤의 戀劇을 낳는다. 나는 대체 죽었느니라.[7]
>
> —「화련기(華戀記)」 전문

---

6) 윤석성, 『조지훈』, 건국대학교출판부, 1997, 35쪽.

아마도 젊은 청년의 여성 체험이 의식의 흐름 수법으로 표현된 것이 아닌가 하는 혐의가 나타난다고 할 수 있는데 이 시에 비해 복고적이기는 하지만 「고풍의상(古風衣裳)」이 작품으로서 완성도가 높다는 것은 의문의 여지가 없다. 당시 조지훈 개인은 이런 서구 취향의 시편에 더 집착이 많았을 것이라 짐작되지만 지용의 언급대로 젊기는 하지만 앙증스럽다고 해야 할 것이다.

그러나 「고풍의상(古風衣裳)」에도 간과할 수 없는 약점이 있다. 지용이 언급한 대로의 '생활과 호흡과 연치(年齒)와 생략'이 필요하다는 것이다. '생활과 호흡과 연치(年齒)'라는 것은 실제 체험이 부족하다는 것이며 '생략'이라는 말은 언어적 수사가 과다하다는 지적일 것이다. 실제 체험의 결여와 생략을 요구하고 있는 지용의 언급은 지훈의 장단점을 날카롭게 지적한 것이라고 하겠다. '곱아라 고아라 진정 아름다운지고'와 같은 시행이나 '그대는 어느 나라의 고전(古典)을 말하는 한 마리 호접(胡蝶)/호접이냥 사푸시 춤을 추라 아미(蛾眉)를 수기고……'와 같은 시행은 특히 생략이 요구되는 부분이라 할 것이다.

그럼에도 사물을 응시하고 이를 심미적으로 파악하여 새로운 고전을 창조하는 시적 능력에 있어서 지훈의 시재는 추천자인 지용의 마음을 움직이기에 충분한 것이었다고 하겠다. 오히려 지용 시의 재기발랄한 시가 앙증스럽다면 유장한 운치를 지닌 지훈의 시는 장중하다고 느껴진다. 위의 시에서 '곧은 선(線)이 스스로 돌아 곡선(曲線)을 이루는' 것처럼 유장한 선의 미학이 지훈 시가 지닌 남다른 개성이라고 하겠다.

3. 제2회 추천작 「승무(僧舞)」

「고풍의상(古風衣裳)」이 추천된 직후 조지훈은 이어서 작품을 『문장』에 투고한 것으

---

7) 조지훈, 「화련기(華戀記)」, 『조지훈 전집 2』, 일지사, 1973, 42쪽. 시 제목 「화련기(華戀記)」는 전집에 의거한 것이며 「화비기(華悲記)」는 문장 신인상 투고할 당시 수정한 제목일 가능성이 있다. 이 글에서 일지사판을 사용한 것은 1996년 간행된 나남출판사 전집에서 한자를 많이 제거해 원문이 약화되었기 때문이다.

로 보인다. 1939년 5월호에 게재된 「시선후」에서 정지용이 '조지훈 군은 이번 시는 지저분하니 기구만 많았지 전 것만 못하고'[8]라고 한 것으로 보아 『문장』의 추천위원 지용의 눈길을 넘어서는 것이 만만한 과정이 아니었음을 알 수 있다. 지훈의 시 「승무(僧舞)」가 『문장』에 추천된 것은 1939년 12월호였다. 첫 회 추천으로부터 8개월 뒤였다.

이 기간 동안 지훈이 추천의 벽을 넘어서기 위해 노력한 것은 비장한 것이었다. 「승무(僧舞)」의 창작 과정에 대해 그 자신이 밝힌 바에 따르면 첫 착상으로부터 완성에 이르기까지 대략 일 년 가까이 소요된 것으로 보인다. '어떻든 구상한 지 열한 달 집필한 지 일곱 달 만에 겨우 이루어졌다'[9]고 지훈이 말하고 있는 것으로 보아 「고풍의상(古風衣裳)」보다 먼저 「승무(僧舞)」를 시화하려는 의도를 가지고 있었지만 작품의 완성은 그 뒤로 미루어졌으며 그만큼 쉽게 쓸 수는 없었지만 지훈이 애착을 가지고 공들인 작품이라고 말할 수 있을 것이다.

지훈의 회고를 통해 볼 때 그가 처음 승무를 본 것은 '열아홉 살 가을'에 '수원 용주사'에서였다고 하니 이 시기는 1938년 가을로 추정된다. 만약 이 추정이 맞는 것이라면 『문장』지에서 신인 추천 작품을 모집하기 전에 승무를 보고 이를 시로써 표현하고자 하는 의욕을 불태운 것이라고 할 수 있다. 그러나 그가 열정을 가지고 집중할수록 쉽게 작품을 완성할 수 없었을 것이다. 1939년 봄이 지나고 첫 여름이 될 무렵 처음 종이에 올려 초고를 만들게 되었던 것이다. 그러나 완성작은 쉽게 이루어지지 않았다. 이때의 고심참담한 심정을 지훈은 다음과 같이 기록해 놓았다.

> 나는 이 초고를 몇 날 만지다가 그대로 책상 우에 버려둔 채 환상이 가져오는 소위 시수에 빠지게 되었으니 이 승무로 인하여 떠오르는 몇 개의 시상을 아낌없이 희생하기까지 하였으나 종시 그 뜻을 이루지 못하였던 것이다. 그러면 나는 용주사의 춤과 김은호의 그림을 연결시키고도 왜 시를 형성하지 못했던가? 이는 오직 춤을 세밀하게 묘사하면 혼의 흐름의 표현이 부족하고 혼의 흐름에 치중하면 춤의 묘사는 죽는, 말하자면 내용과 형식, 정신과 육체, 무도와 회화의 양면성을 초극하지 못하기 때문이다.[10]

---

8) 정지용, 「시선후」, 『문장』 제1권 제4호(1939년 5월), 153쪽.
9) 조지훈, 「시의 비밀」, 『시의 원리』, 산호장, 1953, 159쪽.

지훈이 춤과 혼의 양면성을 극복하고 한편의 작품을 만들기까지는 몇 달의 시간이 더 필요하였다. 그 계기가 된 것은 1939년 10월 '이왕직 아악부의 영산회상의 한 가닥'이었다고 지훈은 회고하였다. 이는 「승무(僧舞)」의 명구 '세사에 시달려도 번뇌는 별빛'이라는 구절과 관련이 있을 것으로 여겨지는데 영산회상의 깊은 울림을 주는 가락을 듣는 순간 춤의 궁극적인 지향점이 '세사의 번뇌를 별빛으로 승화시키는 것'이라는 영감이 지훈의 가슴을 스쳐갔을 것이다. 춤의 묘사와 혼의 흐름이 하나로 승화된 시를 쓴다는 것은 시력이 높은 대가의 경우에도 쉽지 않은 일이라고 할 수 있는데 시인을 지망하는 초보자가 이를 극복한 시를 쓴다는 것은 여간해서는 성취하기 어려운 일이었을 것임에 틀림없다.

> 영산회상은 궁중뿐 아니라 민간 상류층에서 풍류로서 연주되던 대표적인 정악곡이다. 이 곡의 본 가락인 상령산이 20박의 느린 한배로 장중하게 가다가 둘째 장 중령산에 가면 같은 박을 좀 몰아 관악기를 내세우고 세 번째 세령산에 이르면 반으로 짜른 10박 한배의 가벼운 선율을 타다가 가락 덜이에서 가락을 조금 단촐하게 던 채로 연주하고, 상현 도드리에 이르러 돌장 한 장단을 가락덜이 10박으로 연주하고 경쾌한 도드리장단으로 거칠 것이 없이 미끄러져 내려가다 하현도드리에 이르면 잠시 한 배를 늦추고 가락 또한 상령산을 변주시켜 타다가 염불도드리에 넘어가면 급류로 쓸리듯 사정없이 볶고, 그 여덟 번째 악장 타령에서 느리면서도 건드렁내고 마지막 군악에서 쾌활하고 꿋꿋하게 음을 세워 연주하여 끝을 맺으니 아악곡의 최고봉이다.[11)]

아악곡 최고봉이라고 하는 「영산회상」의 장중하고 느린 가락이 지훈의 「승무(僧舞)」의 배경에 깔려 있다는 사실은 시를 해석하는 중요한 단서가 된다. 유장하면서도 꿋꿋한 음율이 길게 전개되는 「영산회상」처럼 「승무(僧舞)」의 시적 과정은 세속의 번뇌가 극복하고 별빛으로 승화되는 심적 발전과정을 내포하고 있다는 점에서 주목할 필요가 있다. 기본적으로 유장하지만 때로는 급박하고도 빠른 「영산회상」의 가락이 청년 지훈의 심금을 울려 시적 영감의 실마리를 풀어나가는 계기를 만들

---

10) 위의 글, 156-157쪽.

11) 김호성·이강조, 『한국의 전통 음악』, 국악보급진흥회, 1985. 6, 43쪽.

어 주었다는 사실은 새삼 음미할 가치가 있다. 춤의 묘사와 혼의 흐름을 감지할 수 있는 계기가 영산회상의 깊은 울림을 주는 가락에서 포착되었다는 것은 이런 점에서 시인을 지망하던 지훈의 오랜 숙원을 한 단계 넘어서게 하는 단초가 되었을 것이다.

「영산회상」의 가락을 듣고 시적 전율을 느낀 지훈은 사흘 동안 밤낮을 가리지 않고 퇴고에 퇴고를 거듭하여 「승무(僧舞)」를 완성하였으니 그로서는 오랜 산고 끝에 이루어 낸 완성의 기쁨이 매우 컸을 것이다. 특히 그 동안 제2의 추천 관문을 여러 달 동안 뚫지 못하고 있던 그로서는 전인미답의 길을 개척한 것과 같은 느낌을 가졌을 것이다.

지훈이 「승무(僧舞)」를 쓰는 동안 느꼈던 시적 고뇌를 서정시의 삼각형이라는 구도 속에서 도식화하면 다음과 같이 될 것이다.

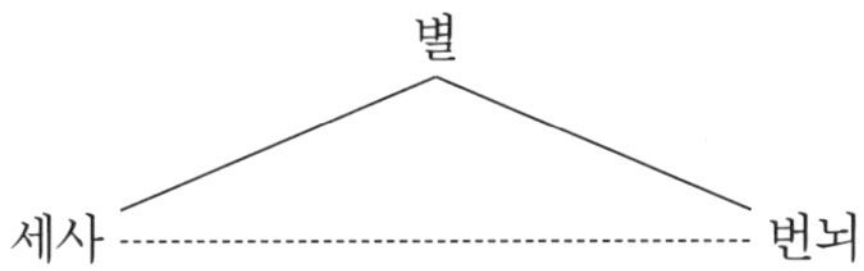

이 삼각형 구조는 시 속에서 나타나는 심리적 갈등을 말해 준다. 승무를 추고 있는 시 속의 인식 대상의 주체는 세사에 시달린다. 화자는 이 삼각형의 구조 밖에서 이를 객관적으로 관찰하는 자이다. 물론 이 양자가 엄격하게 구분되는 것은 아니다. 화자의 고뇌와 춤추는 자의 고뇌가 전혀 다른 것이라고 말하기가 어렵기 때문이다. 어떻든 화자가 말하고 있는 춤추는 자는 그 자신의 번뇌로 인해 일어나는 심한 갈등에 시달리게 되고 그는 어떻게 하면 이를 극복할 수 있을 것인가 모색한다. 그를 이러한 번뇌로부터 해방시켜 주는 것은 초월적 세계를 나타내는 별빛이다. 이미 필자는 윤동주의 시 「또 다른 고향」에서 이 삼각구도의 전형적 구도를 제시한 바 있다.[12)] 갈등이 크면 클수록 시적 긴장감은 커질 것이며 시적 긴장이 약할수록 갈등의 진폭도 약할 것이며 시적 공감도 약해질 것이다. 특히 위의 시에 나타나는 삼각형의 구도를 보다 일반화시켜 보면 다음과 같다.

---

12) 최동호, 『한국현대시와 물의 상상력』, 서정시학, 2010, 165쪽.

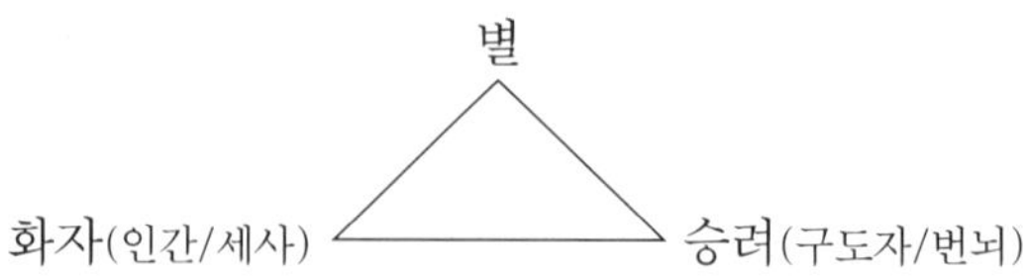

「승무(僧舞)」에서 화자와 구도자 사이에 개재된 갈등을 '별'이라고 표현하지 않고 '별빛'이라고 한 것은 육체를 지닌 인간의 번뇌를 표현하기 위해서일 것이다. 승무자의 볼에 흐른 복사빛 얼굴이야말로 청년 시인 지훈의 고뇌가 가미된 그리고 약관의 그가 지닌 육체적 갈등을 조명하는 독특한 시선일 것이다. 어둠의 세계에서 방황하는 속세의 중생들의 길을 밝혀주는 것은 삼경의 깊은 어둠을 지키며 적막한 무대에서 타오르는 황촉불이다. 황촉불이 인간의 고뇌를 상징하는 빛이라면 별빛은 그 고뇌를 극복하게 하는 동기를 불어넣는 불이다. 그것은 불이 아니라 빛으로 표현되어야 하며 젊은 구도자의 볼에 흐른 빛 또한 황촉불을 매개로 세속에서 별빛에 이르는 것이라고 할 수 있을 것이다.

시적 진로를 모색하는 고뇌의 과정은 지용의 지적대로 시에 '생활과 호흡과 연치(年齒)'를 불어넣기 위한 시적 탐색이라고 할 수 있을 것이다. 특히 그가 고심한 것은 묘사에 있어서는 정지와 동작의 연속성이었으며 내용에 있어서는 단순한 미인도의 아름다움이 아니라 승화된 인간적 고뇌를 여기에 불어넣는가 하는 것이었다고 하겠다.

얇은 紗 하이얀 고깔은 고이 접어서 나빌네라.

파르라니 깎은 머리 薄紗 고깔에 감추오고
두 볼에 흐르는 빛이 정작으로 고아서 서러워라.

빈 臺에 黃燭불이 말없이 녹는 밤에
오동잎 잎새마다 달이 지는데

소매는 길어서 하늘은 넓고
돌아설 듯 날아가며 사뿐이 접어올린 외씨보선이여.

까만 눈동자 살포시 들어
먼 하늘 한 개 별빛에 모도우고

복사꽃 고운 뺨에 아롱질 듯 두 방울이야
세사에 시달려도 煩惱는 별빛이라

휘여져 감기우고 다시 접어 뻗는 손이
깊은 마음속 거룩한 合掌인냥 하고

이밤사 귀또리도 지새는 三更인데
얇은 紗 하이얀 고깔은 고이 접어서 나빌네라.[13)]

8연 15행으로 이 작품이 탄생하기까지 지훈은 여러 차례 첨삭을 거듭하였는데 특히 8줄이나 되는 4연을 2행으로 집약시킨 것은 장삼의 미묘한 동작을 살리기 위해 선택한 결단이었을 것이다. 이 시를 2회 추천작으로 한 지용은 다음과 같은 「선후기」를 남겼다.

> 언어의 남용은 결국 시의 에스프리를 해소식히고 마는 것이겠는데 언어의 긴축 절제 여하로써 시인으로서 일가를 이루고 안이룬 것의 일단을 엿볼 수 있는 것인 줄로 압니다. 그러나 이런 詩作的 생장 과정은 年齒와 부단한 습작으로서 자연히 발전되는 것이요 一朝의 老成然으로 되는 것은 아닙니다. 언어의 多彩 多角 미묘 곡절 이러한 것이야말로 청춘 시인의 美質의 散火가 아닐 수 없읍니다. 청년 趙君은 시의 장식적인 일면에 향하여 얼마나 찬란한 打開를 감행한 것일지! 그러나 시의 美的勤勞는 구극에 생활과 정신에 傾倒할 것으로 압니다.[14)]

---

13) 조지훈, 「승무」, 『문장』 제1권 제11호(1939년 12월), 119쪽.
14) 정지용, 「시선후」, 『문장』 제1권 제11호(1939년 12월), 147쪽.

지용의 「선후기」에서도 논점이 되는 것은 결국 언어의 긴축 절제 여하라고 하겠다. 이는 지훈 자신도 노심초사한 부분이기도 하다. 「승무(僧舞)」에서 포착되는 언어적 탁마를 지용은 '청춘시인의 미질(美質)의 산화(散火)가 아닐 수 없습니다'고 하고 이어 '청년 조군(趙君)은 시의 장식적인 일면에 향하여 얼마나 찬란한 타개(打開)를 감행한 것일지!'라고 하여 높이 평가하였지만 단서 조항을 덧붙이는 것을 잊지 않았다. '그러나 시의 미적 근로(美的勤勞)는 구극에 생활과 정신에 경도(傾倒)할 것으로 압니다.'고 한 것이다. 이렇게 본다면 지용은 일단 지훈이 「승무」에서 보여 주는 언어적 탐구에 찬사를 보내면서도 지나치게 화려한 언어의 남용이 에스프리를 약화시키는 것이 아닌가 하는 우려를 나타내고 있다고 여겨진다. 지용의 본심은 '시작적(詩作的) 생장 과정은 연치(年齒)와 부단한 습작으로서 자연히 발전되는 것이요 일조(一朝)의 노성연(老成然)으로 되는 것은 아닙니다'에 있었던 것이 아닌가 한다. 초회 추천에서 '당신의 시(詩)에서 앞으로 생활과 호흡과 연치(年齒)와 생략'이 보고 싶다고 한 지적은 여전히 유효하지만 어떻든 '시의 장식적인 일면에 향하여 얼마나 찬란한 타개(打開)를 감행한 것'인지 잘 알기 때문에 추천했다는 뜻으로 해석된다.

이에 대해 지훈이 훗날 「승무」의 창작 과정을 서술한 글에서 다음과 같이 말하고 있는 것으로 볼 때 내심 지용의 지적에 완전히 동의한 것 같지는 않다.

> 그 때 어떤 선배는 나의 시에서 언어의 생략을 충고하였으나 유장한 선을 표현함에 짧고 가벼운 언어만으로써 도저히 뜻할 수 없어 오히려 리듬을 위해서는 부질없는 듯한 말까지 넣지 않을 수 없었다. 자연한 해조를 이루는 빈틈없는 부연은 생략보다 어렵다는 것을 나는 여기서 절실히 느꼈다.[15)]

이 글에서 말한 선배가 꼭 지용이라고 단정할 수는 없다. 그러나 전후한 문맥으로 볼 때 지용이 선후평에서 '언어의 긴축 절제 여하'를 지적했던 것을 돌이켜 보게 되는데 이에 대한 지훈의 솔직한 심경을 기술한 것이라고 하겠다. 지훈이 강조한 유장한 선의 표현은 확실히 재기 발랄한 언어를 구사하던 지용과 지훈의 차이를 말해 주는 것이라고 하겠다.

---

15) 조지훈, 「시의 비밀」, 앞의 책, 160쪽.

4. 제3회 추천작 「봉황수(鳳凰愁)」와 「향문(香紋)」

조지훈의 마지막 추천작 「봉황수」는 1940년 2월호 『문장』에 발표되었다. 추천자 지용의 말처럼 괴팍한 시어머니의 엄정한 심사를 거쳐 최종 관문을 통과하였으니 작품의 완성도는 남다른 것이었다고 할 수 있을 것이다. 「고풍의상(古風衣裳)」이나 「승무(僧舞)」에서 지용이 부족하다고 지적하였던 생활과 연치의 문제도 극복한 작품이 「봉황수」였다고 할 것이다.

> 벌레 먹은 두리기둥 빛 낡은 丹靑 風磬 소리 날러간 추녀 끝에는 산새도 비둘기도 둥주리를 마구 쳤다. 큰나라 섬기든 거미줄 친 玉座 우엔 如意珠 희롱하는 雙龍 대신에 두 마리 봉황새를 틀어올렸다. 어느 땐들 봉황이 울었으랴만 푸른 하늘 밑 추석(秋石)을 밟고 가는 나의 그림자. 佩玉 소리도 없었다. 品石 옆에서 正一品 從九品 어느 줄에도 나의 몸둘 곳은 바이없었다. 눈물이 속된 줄을 모를 양이면 봉황새야 九天에 呼哭하리라.[16)]

실제로 『문장』지에 추천된 시는 「봉황수」와 「향문(香紋)」 두 편이었다. 이 중에서 「봉황수」에 주목하는 것은 먼저 수록되었던 것도 하나의 이유가 되겠지만 망국의 비분강개가 동시대인은 물론 후대의 사람들에게도 심금을 울리는 바가 있기 때문일 것이다. 「향문(香紋)」이 깨진 질그릇에 대한 섬세한 관찰을 보여 준다면 「봉황수」에는 식민지 시대 청년문사의 고뇌와 울분이 격정적으로 표현되어 있다. 지용의 관점에서는 「봉황수」와 「향문(香紋)」 두 편의 응모작을 보고 나서야 더 이상 미룰 것이 아니라고 판단하고 지훈의 추천을 완료할 수 있었을 것이다. 특히 지용의 마지막 추천의 말은 그 동안 말을 아끼던 그로서는 아낌없는 찬사라고 하여도 과언이 아니다. 이는 그동안 지용으로서도 일 년 가까이 지훈의 시를 유심히 관찰하고 있었다는 뜻일 것이다. 과연 유장한 언어 감각을 지닌 미지의 신인 지망생이 이 관문을 무사히 통과할 것인가는 그에게도 관심사였을 것이다.

> 작년 삼월에 누구보다도 먼저 당선하야 금년 이월 이래 열한달 만에 괴팍스런 『문장』

---

16) 조지훈, 「봉황수」, 『문장』 제2권 제2호(1940년 2월), 156-157쪽.

추천制를 돌파하시는구료. 미안스러워 친히 만나면 사과할 각오가 있읍니다. 그러나 무릇 도의적인 것이나 예술적인 것이란 그것이 치열한 것이고 보면 불행한 기간이나 환경이란 것이 애초에 없는 것이외다. 잘 견디고 참으셨읍니다. 撰者의 못난 시어미 노릇으로 趙君을 더욱 빛나게 하였는가 하면 어쩐지 撰者도 한목 신이 납니다. 趙君의 회고적 에스프리는 애초에 名所古蹟에서 捏造한 것이 아닙니다. 차라리 고유한 푸른 하늘 바랑이나 고매한 磁器 살결에 무시로 去來하는 一抹雲瑕와 같이 자연과 인공의 극치일가 합니다. 가다가 명경지수에 細雨와 같이 뿌리며 나려앉는 悲哀에 artist趙芝薰은 한머리 白鷺처럼 도사립니다. 詩에서 것과 쭉지를 고를 줄 아는 것도 天成의 기품이 아닐 수 없으니 詩壇에 하나 〈新古典〉을 소개하며……뻐라보우![17)]

조지훈에 대한 지용의 마지막 「선후기」는 신인에게는 과분한 극찬이다. 마치 지훈에게서 「봉황수」와 같은 작품을 기대하고 있었다는 느낌이 들 정도이다. 지용은 지훈의 추천 응모작들을 예의 주시하고 있었음에 틀림없다. 왜냐하면 지용이 처음부터 지훈의 시재를 알아보고 지훈이 자신의 목소리를 찾아내기를 바라는 마음으로 최종 추천시를 기다리고 있었다고 생각된다. 선뜻 추천하지 않고 지훈의 응모작을 기다리고 있던 중에 지훈이 「봉황수」와 「향문」을 투고하자 신인에게는 과분하다고 할 만한 격찬을 보낸 것이 지용의 반응이었다. '시단(詩壇)에 하나 「신고전(新古典)」을 소개하며……뻐라보우!'라고 한 것은 신인의 추천사치고는 예외적인 것이라고 하겠다. 지용은 지훈의 회고적 에스프리에 대해 '고유한 푸른 하늘 바랑이나 고매한 자기(磁器) 살결에 무시로 거래(去來)하는 일말운하(一抹雲瑕)와 같이 자연과 인공의 극치일가 합니다'라고 말하고 있는데 아마도 이는 「향문」을 두고 말한 것이 아닌가 여겨진다. 바꾸어 말하면 「향문」을 그만큼 중시하였다는 뜻인데 이 작품과 함께 있을 때 「봉황수」도 빛나는 것이라고 보지 않았을까 한다.

성터 거닐다가 주서온 깨진 질그릇 하나
닦고 고이 닦아 열올은 두 볼에 대어보다

---

17) 정지용, 「시선후」, 『문장』 제2권 제2호(1940년 2월), 171쪽.

아무렇지도 않은곳에 무르녹은 옛향그라
질항아리에 곱게그린 구름문의가
금시라도 하늘로 피어날듯 아른하다

눈감고 나래펴는 향그로운 마음에
머언그옛날 하라버지 힌수염이
아주까리 등불에 비최어 자애롭다

꽃밭에 놓고 이슬받아 책상에 올리면
그밤 내벼개머리에 옛날을 보리니
옛날을 봐도 내사 울지 않으련다.—

—「향문」 전문[18)]

「향문」은 「봉황수」에 비해 더 복고적인 시각을 보여준다. 동시에 형태적인 면에서도 전통적인 음수율을 고수하고 있다. 그런 까닭에 시행의 운용이 규칙적이고 시적 정서를 펼치는 과정이 자연스럽다. 「봉황수」의 격한 어조가 어느 정도 안정을 취하고 있다는 점에서 지용은 신인 투고자로서 지훈의 기본적인 실력을 안심하고 인정했을 것이다. 「향문」에서 드러나는 자연스러운 생활 감정이 관념의 치달리기 쉬운 성향을 지닌 지훈의 시를 들뜨지 않게 만들 것이라고 지용은 보았을 것이다. 명승고적에서 날조한 것이 아니라 '고매한 자기(磁器) 살결에 무시로 거래(去來)하는 일말운하(一抹雲瑕)와 같이 자연과 인공의 극치일가 합니다'라는 지적은 이를 두고 한 말이라고 하겠다. 지용이 거듭 지적한 대로 「향문」은 지훈의 다른 추천시와 달리 '생활과 호흡과 연치(年齒)'에서 우러나온 시라고 할 수 있다는 것이다. 「고풍의상」이나 「승무」와 비교할 때 더욱 그러할 것이다.

새롭기만 하거나 격정적이기만 한 시편은 언제나 불안정한 것이며 후속되는 시작의 지속도 보장하기 어렵다. 격정이 사라지거나 관심의 소재가 달라지면 전혀 다

18) 조지훈, 「향문」, 『문장』 제2권 제2호(1940년 2월), 157-158쪽.

른 모습으로 변하기가 쉽기 때문이다. 평범한 소재이기는 하지만 「향문」이 보여 주는 안정감은 선자인 지용에게 신뢰감을 주었을 것이라 판단된다.

「봉황수」에서 느낄 수 있는 파격적 특징은 표현 형태이다. 종전에 추천된 「고풍의상」이나 「승무」는 자유시 형식이었는데 「봉황수」에서 지훈이 택한 방법은 이와 다르게 산문 형태를 취하고 있다는 점에서 주목을 요한다. 단조로운 자유시 형태에서 느낄 수 있는 시적 절제력이 이지적인 통어에 의해 촉발되는 것이라면 「봉황수」와 같은 시는 형태는 줄글이지만 시적 감정이 무르녹아 내재율로서 외형에 통제되는 자유시를 뛰어넘는 시적 효과를 발휘하고 있다는 점에서 적절한 선택이라고 할 수 있을 것이다. 고전적 소재를 다루면서 오히려 당시로서는 새로운 시의 형태라고 할 수 있는 산문시 형태를 취했다는 것은 아마도 형태에 참신성을 불어넣기 위한 의도가 작용했을 것으로도 생각된다. 그리고 이는 첫 추천에서 배제된 「화련기」나 「비련기」 계통의 산문시적 형태가 「고풍의상」이나 「승무」를 거쳐 「봉황수」를 통해 새롭게 변신한 것이라고 볼 수 있을 것이다. 산문적 형태의 「봉황수」가 지닌 '의도적인 3보격과 4보격의 사용'[19]을 지적한 것은 김용직이다. 그의 지적처럼 「봉황수」가 형태적으로는 자유시형으로 해체되어 있지만 산문적 형태에 율문적 요소를 용해시킨 결과이다.

「봉황수」가 세인의 주목을 받게 되자 이에 대한 비난의 화살도 날아든다. 광복 직후 좌우의 대립이 극에 이른 상황에서 다음과 같은 인신 공격성의 비판이 제기된 것은 차라리 다행한 일인지도 모른다.

> 이 파의 젊은 시인 조지훈씨는 역시 고궁을 건일면서 「봉황수」(아마 덕수궁 내의 중화전 천장에 색여 있는 악작을 봉황으로 잘못 알았을것이다—필자)란 시 1편을 읊조리는데 「정 一品 從九品 어느 줄에도 나의 몸둘 곳을 바이 없었다」하고 라고 한탄했으며 (…)[20]

청량산인 즉 프로비평가 이원조가 「봉황수」에 대해 가한 이러한 비판은 유물사관에 입각한 민족 정통파에 대한 당파적인 비판이었을 것이다. 이원조는 이 글에서

---

19) 김용직, 「전통미학의 세계—조지훈론」, 『한국현대시사 2』, 한국문연, 1996, 487쪽.

20) 청량산인, 「民族文化論」, 『文學 』 제7호(1948), 96쪽.

유물사관의 시각에서 박종화, 김동리와 더불어 조지훈을 함께 비판하고 있는데 이 글에서 구체적으로 논의된 것은 두 가지이다. 하나는 사실의 문제이고 다른 하나는 시인의 내적 욕망에 대한 것이다. 덕수궁의 중화전에 그려진 것이 악작이냐 봉황이냐 하는 문제는 사실에 해당되는 것이라고 하겠는데 이에 대해 지훈은 다음과 같이 답했다.

> 덕수궁에서 임금이 조회(朝會)를 받던 곳은 중화전(中和殿)이나, 중화전 천장에 그려져 있는 것은 악작(鸑鷟)이라는 새가 아니라, 옥좌(玉座) 위에 금으로 새긴 쌍룡(雙龍)이 틀어 올려 있다. 중국의 속국이었던 시절의 옥좌의 하나인 창경궁 명정전(明政殿)에는 아직도 악작이 남아 있음에 비하여 소위 청(淸)에의 복속을 벗어난 대한제국 시종(始終)의 궁궐 중화전에는 쌍룡을 틀어 올렸다는 사실 앞의 아무 의의(疑義)도 가질 수 없는 것이어늘, 봉황새가 없는 중화전을 두고 두 마리 봉황새를 틀어 올렸다는 시가 지어졌으리라는 논단은 어디서 오는 것일까[21]

이와 같은 지훈의 답변은 사실의 지적이라기보다는 이원조의 고전에 대한 무지를 고발한 수준에 해당된다. 「봉황수」를 쓴 시인이 벼슬욕을 가지고 있다고 지적한 것은 작품에 표현된 내용을 가지고 논한 것이 아니라 표현되지 않은 시인의 마음속에 내재된 욕망을 지칭하고 있다는 점에서 올바른 작품 비평이라고 할 수 없다. 이는 오히려 정치적 목적을 지닌 비평가로서 이원조 자신의 욕망을 표현한 것이라고 해도 과언이 아니다. 이에 대한 지훈의 응수는 의연하다.

> 시가 쓰여진 시대와 시인의 세계관 내지 인간성에 대한 천착이 없이 함부로 논단을 내린다면 민족의 슬픔이 하나의 건물에 호소되는 것, 봉건의 유물이 민족의식의 탐구에 상징되는 것을 관료(官僚)의 자리 없음을 한(恨)하는 속물로 보든 말든 나의 아랑곳은 아니다.[22]

---

21) 조지훈, 「봉황의 시름」, 『시와 인생』, 박영사, 1950, 188쪽.

22) 위의 글, 189쪽.

지훈의 이러한 답변은 더불어 논할 필요가 없는 사람과는 자리를 함께 하지 말라는 공자의 말을 연상시킨다. '시가 쓰여진 시대와 시인의 세계관 내지 인간성에 대한 천착'이라는 지훈의 말은 보편적 진리에 가까운 말이기도 하지만 어떤 점에서는 추상적으로 느껴지는 일면도 있을지 모르겠다. 그런 점에서 이후 지훈의 삶에서 이에 대한 답을 찾는다면 훨씬 구체적이고 실증적일 것이다. 광복 직후의 격한 소용돌이가 분단으로 치달리고 결국 6·25의 비극적 동족상잔의 시대가 지나간 다음 다가온 자유당 정권의 부정과 비리에 대해 지훈이 1960년 「지조론」에서 보여 준 단호한 비판 의지와 이후의 행동은 그가 결코 벼슬살이를 목표로 한 사환욕에 사로잡힌 시인이 아니었음을 입증하는 결정적 사례가 될 것이다.

여기서 우리는 「봉황수」에 대한 다음과 같은 후대의 평가에 겸허하게 귀 기울여 보아야 할 것이다.

> 당시의 상황에 대한 구체적인 실감을 갖지 못한 사람들이 일황이나 그 거처 사진을 실은 것을 두고 친일 운운하는 것은 몰라도 한참 모르는 처사이다. 우리는 「봉황수」 같은 서정시 쓰기 힘든 시대에 나온 격조 높은 서정시를 음미하면서 서정시의 의미를 다시 새기고 동시에 선인에 대한 응분의 경의를 표해야 할 것이다.[23)]

당대적 상황에 대한 고려 없이 지나간 시대를 일방적으로 폄하하는 것은 역사의 전개를 되돌려 정치적으로 비판하는 성급한 판단이다. 역사에 대한 이해의 깊이에 따라 발전의 동력을 가진다는 것은 지나간 시대의 역사가 입증하고 있다. 역사는 자신의 선입견만으로 판단할 수 있는 좁은 시야를 받아들이지 않는다는 사실은 분명한 일이라고 하지 않을 수 없다.

---

23) 유종호, 「생존의 치욕을 넘어서—21세기에 읽는 청록집」, 『시와 말의 사회사』, 서정시학, 2010, 210쪽.

5. 마무리

조지훈의 신인 등단 과정은 그 자체가 후대의 한 전범이 될 만큼 고난의 과정이었다. 11개월에 이르는 전력투구의 과정은 물론이고 추천작 한 편을 쓰기 위해 공들인 노력의 과정 역시 쉽게 등단하고 쉽게 사라지는 오늘의 상황에서 돌이켜 보면 당시의 까다로운 등단 절차는 하나의 교훈적인 사례라고 할 것이다. 시인 지망생의 습작 과정에서 공들인 노력은 말할 것도 없고 추천자로서 지용이 보여 준 선정 과정에 대한 지도편달은 후대의 추천자들이 가져야 될 모범적인 태도일 것이다.

이 과정을 마친 지훈이 발표한 등단 소감은 다음과 같다.

> 본명은 조동탁 나이는 갓 스물 신유년 1월 11일부터 경북영양군 주곡이 나의 고향이 되었습니다. 시를 쓴 것은 한해하고 다섯 달, 시를 씀으로 또 하나 나의 비극은 자라기 시작했습니다. 화려한 도피에서 명랑한 슬픔을 지니기에 나는 화려한 비애를 먹고 삽니다. (…) 시가 이렇드시 사상성을 지니기에 크나큰 난관이 있지만 고귀한 사상을 온전히 자기화하기 전엔 기운생동하는 시는 이루어지기 힘들 것입니다.[24]

사상성을 지니되 기운 생동하는 시를 쓰고자 하는 지훈의 소망은 「승무(僧舞)」를 쓰기 위해서 일 년 넘게 고통스러운 시 쓰기의 과정을 겪어야 했던 시절 그가 처절하게 극복해야 했던 것으로서 온전하게 자기화한 시를 써야 한다는 깨달음의 표현이기도 할 것이다. 시인 지망생들은 미처 그 자신의 개성을 잘 깨닫지 못할 수 있다. 이를 일깨우고 자신의 목소리가 담긴 시를 쓰도록 하는 것은 선배 시인들이 후배 시인들에게 보여 주어야 할 문학사적 기여라고 할 것이다. 지용은 『문장』의 시부문 추천위원으로서 조지훈을 비롯하여 박두진, 박목월 등을 문단에 등단시켜 광복 후 문학사에 '청록파'라는 유파를 형성하게 하였으니 그 문학사적 기여는 가히 기념비적이라고 하지 않을 수 없다.

지용과 지훈은 그 시적 개성이 다르다. 공통점이 있다면 고전적인 소재에서 현대

---

24) 조지훈, 「약력과 느낌 두 셋」, 『문장』 제2권 제3호(1940년 3월), 157쪽.

시의 새로운 길을 모색했다는 점일 것이다. 그러나 재기발랄한 지용과 유장한 아악곡의 미학을 지닌 지훈은 스승과 제자로서 각기 그 남다른 개성을 발휘하였고 이를 통해 한국문학의 풍요로움에 크게 기여하였다.

지훈이 살았던 시대를 전체적으로 돌이켜 볼 때 광복 후 좌우의 소용돌이 속에서 광복 직후 민족시의 정도를 밝히고 1950년대 후반 독재정권의 부패와 지식인들의 변절에 대해 「지조론」으로 경세의 종을 울린 지훈이 확고한 태도를 일관되게 견지한 것은 어쩌면 시인으로서 그 자신의 품성을 각고의 노력을 다해 계발한 결과인지도 모른다.

참고문헌

[기본 자료]

『문장』 제1권 제3호(1939년 4월).

『문장』 제1권 제4호(1939년 5월).

『문장』 제1권 제11호(1939년 12월).

『문장』 제 2권 제2호(1940년 2월).

『문장』 제 2권 제3호(1940년 3월).

조지훈. 『조지훈시선』. 정음사, 1956.

______. 『조지훈 전집 1』. 일지사, 1973.

______. 『조지훈 전집 2』. 일지사, 1973.

______. 『조지훈 전집 5』. 일지사, 1973.

[논문·저서]

청량산인. 「民族文化論」. 『文學 』 제7호(1948).

조지훈. 『시와 인생』. 박영사, 1950.

______. 『시의 원리』. 산호장, 1953.

______. 「나의 역정」, 『고대문화』(1955).

김용직. 『한국현대시사 2』. 한국문연, 1996.

김호성 · 이강조. 『한국의 전통 음악』. 국악보급진흥회, 1985.

윤석성. 『조지훈』. 건국대학교출판부, 1997.

유종호. 『시와 말의 사회사』. 서정시학, 2010.

최동호. 「조지훈 시의 초기 판본에 대하여」. 『한국문예비평연구』 제30집(2009).

______. 『한국현대시와 물의 상상력』. 서정시학, 2010.

지훈의 한시 연구

최태호

1. 서론

필자는 1992년에 『만해·지훈의 한시』라는 책을 출판하였다. 한용운과 조지훈의 한시를 정리하여 출간한 것이다. 특히 조지훈의 한시는 은사인 김종균 교수로부터 한시번역 의뢰를 받아서 원본에 가깝게 복원하였으나, 아쉽게도 원본은 망실되었다. 김종균 교수로부터 원본에 가깝다는 인정을 받고 출판한 것이라 나름대로 복원에 의미를 두었다. 그러나 그 후 지훈의 한시에 대한 연구를 학위 논문 이후 별로 다루지 않았다. 근자에 서점에서 우연히 『한국현대시와 한시의 상관성』[1]이라는 책을

1) 윤동재(2002).

접하고 필자의 노력이 결실을 맺고 있는 것 같아 다행스러워하였다. 윤 박사의 노고에 힘입어 다시금 지훈 한시를 돌아보게 되었고, 그동안 잊었던 지훈의 시세계를 살펴볼 기회를 얻었다.

지훈(1920-1968)의 한시는 현재 34제 35수가 전하고 있다. 지훈의 경우도 만해와 마찬가지로 현대시에 가려 한시에 대한 연구가 미진한 편이다.

지훈의 한시에 관한 논문은 많지 않다. 김종길,[2] 김종균,[3] 최태호,[4] 최병준,[5] 윤동재[6] 등이 있다. 그 외에도 김명인(1990), 김용직(1996) 등이 논문에서 조금씩 다루었다. 특히 만해와 지훈의 한시에 관해서는 필자의 박사학위 논문에서 구체적으로 다루었으나 범위가 넓어 세밀하게 다루지 못한 회한이 있어 금번에 지훈 한시를 세밀하게 고찰해보고자 한다. 윤동재의 연구가 최근 것으로 나름대로 면밀하게 검토하였으나 오일도와 김종길 등과 함께 다루는 통에 현대시와의 상관성에서는 업적을 남겼으나 지훈의 한시에 대한 면밀한 검토는 조금 부족한 것 같아 필자가 다시 첨언하게 된 것이다.

금번 연구의 대상은 『유수집』에 들어있는 작품 34수를 모두 보기로 한다. 작품 수가 많지 않고 절구와 율시 등 이미 구분하여 정리가 되어 있기 때문에 전수를 연구대상으로 삼는다.

지훈은 이육사와 함께 경상좌도 영남학파의 후예로서 정통 한문교육과 근대교육을 동시에 받은 사람이다.[7] 영남학파라 하면 퇴계의 학통을 그대로 전수받은 학파라 할 수 있다. 일제 강점기하에서 많은 문인들이 훼절했을 때 지훈은 절필을 선언하고 월정사로 들어갔으니 퇴계의 보수성과도 깊은 연관이 있다.

지훈은 1925년부터 1928년 간에는 영양보통학교를 다녔으며, 서당식 교육을 하던 향리의 월록서당에도 동시에 다녔다.[8] 지훈은 신학문과 한학을 동시에 공부한

---

2) 김종길 외(1978).

3) 김종균(1980); 김종균(1984) 참조.

4) 최태호(1994).

5) 최병준(1997).

6) 윤동재(2002).

7) 윤동재(2002), 17쪽.

8) 졸저(1992), 연보 참조.

소년이었고, 이 때 익힌 한문 소양이 나중에 고전 국역 및 역경 번역에 참여하는 자질이 되기도 하였다. 그만큼 지훈은 이미 한시적 소양을 갖추고 있던 인물이다. 그러므로 한시를 통하여 그의 시에 나타난 자연관과 시대관과 세계인식을 찾아보는 것도 의미있는 작업이 될 것이다.

2. 물아일체의 자연관

조지훈은 현대시인으로는 드물게 한시집을 갖고 있는 사람이다. 『유수집(流水集)』이 그것인데 아쉽게도 원본은 분실되었고, 필자가 김종균 교수의 도움으로 1992년에 번역 출판하였다. 그 안에는 34제 35수의 한시가 들어 있다. 아쉬운 점은 근체시만 들어 있어서 짤막한 내용들로 구성되었다는 것이다. 옛 시인들이 고체시를 통해 장황하게 자신의 소회를 푼 것과는 비교가 된다.

사실 근체시를 짓는 작업은 고체시를 짓는 일보다 쉬운 일은 아니다. 정해진 틀, 짧은 구조 안에 자신의 감정을 모두 풀어야 하기 때문이다. 그만큼 근체시를 짓는 것은 어렵다. 특히 압운과 평측을 맞추기는 더욱 힘들다. 그럼에도 불구하고 조선조의 문사들은 근체시를 즐겨 썼다. 지훈 역시 그들과 차이가 없이 전통적인 작품군을 선호했다는 것을 알 수 있다. 사대부적인 성향이 강하다는 말을 대변한다. 근체시를 즐겨 쓰는 이유 중의 하나는 시상의 전개가 자연스럽게 넘어간다는 것이다. 선경후정의 묘사와 기승전결의 틀이 조선조를 관류하여 지훈까지 내려왔음이다. 자신이 선비임을 자각하고 선비적 범주에서 그들의 형식을 구사하고 있음이 그것을 말해준다. 다음으로 자연을 통해 은둔자적인 삶의 모습을 보여주는 것이다. 특히 일제강점기라는 시대적 암울함을 자연을 통해 은일자적인 모습을 보여주기도 하였다.

조지훈의 시세계를 말하는 자리에서 박두진은 조지훈의 시적 지향을 ① 고전에 대한 민족문화적 애착과 희원, ② 자연에 대한 허탈한 관조와 방랑, ③ 자아의 내면 추구와 철학적 탐색[9] 등으로 설명한 바 있다. 자연에 대한 허탈한 관조와 방랑에서

9) 이건청(1987), 114쪽(재인용).

비롯된 조지훈의 시들은 암울했던 시대상황의 소산이라고 할 수 있다.[10] 그리고 그 대표작으로 「산방」, 「파초우」, 「낙화」를 들었다.

외로이 흘러간 한 송이 구름
이 밤을 어디메서 쉬리라던고

성긴 빗방
파초ㅅ잎에 후득이는 저녁 어스름

창 열고 푸른 산과
마조 앉아라

들어도 싫지 않은 물소리기에
날마다 바라도 그리운 산아

이 아츰 나의 꿈을 스쳐간 구름
이 밤을 어디메서 쉬리라던고

—「파초우」

지훈은 국문시에서도 자연에 대한 전원적 꿈을 지니고 있었다. 전원이나 자연은 조선조 시인들의 마음을 통괄해 온 시정신이다. 산을 통해 사람의 기준을 삼아보려는 것이다. 조지훈은 『나의 시적 편력』[11]에서 도연명, 이백, 두보, 한산, 백락천, 소동파, 육방옹, 왕어양 등의 시를 탐독했다고 했다. 특히 그의 한시를 보면 두보의 영향을 많이 받은 흔적을 보인다. 위의 시는 도연명의 시 「음주이십수」 중 기오(其五)에 있는 "동쪽 담 울타리 밑 황국을 따서/유연히 남산을 바라보노라(采菊東籬下 悠然見南山)"를 적절히 환골탈태한 모습을 볼 수 있다. 도연명은 전원시인임을 자처하고

10) 위의 책.
11) 조지훈(1965).

전가락사(田家樂事)를 시화(詩化)하여 생활문학의 진면목을 보여주었는데, 지훈은 그런 면을 따르고자 한 흔적이 역력하다.[12)]

塵世意難合 속된 세상과는 뜻이 안 맞아
歸來便一旬 돌아온 지 문득 십여 일
心閒山色遠 마음은 한가로와 산색은 멀고
夜靜水聲隣 밤은 고요해 물소리 가깝네
功名正蝸角 공명은 진실로 작은 것
富貴貪魚鱗 부귀를 탐음은 부질없는 것
眞味菜香淡 나물향기 담백함에 참 맛이 있는데
恐知權勢人 하마 세도가가 알까 두렵네

—「귀향」[13)]

지훈이 위의 시를 지은 시기가 갑신년(1944)으로 밝혀져 있다.[14)] 그의 나이 24세 때의 일이다. 젊은 나이에 나물향기의 담백함을 이미 알고 있다. 이것은 자연친화적인 그의 진면목을 보여주는 일면이다. '권세가가 알까 두렵다'는 말은 일제강점기하에서 수탈이 심하므로 여유를 즐기는 삶마저 빼앗아갈까 두렵다는 것이다. 지훈은 1943년 9월에 낙향하였다. 건강이 좋지 않아 여러 곳을 전전하다가 고향에서 휴식하게 된다. 징병검사에도 불합격하고 자아탐구의 시적 경향을 보이기 시작하였다.[15)] 위의 시를 통해 속된 세상을 멀리하고 부귀와 공명도 멀리하는 전형적인 조선시대 시인의 모습을 보여주고 있음을 볼 수 있다. 속된 세상과 뜻이 안 맞아 낙향한 것이 도연명의 생각과 비슷하다. 다만 도연명은 벼슬살이를 조금 하였고, 지훈은 몸이 약한 것으로 인해 낙향한 것이 다르다. 일제강점기하에서 벼슬살이하는 것은 어찌 보면 도연명의 시대보다 더 암울할 것이다. 자연친화적인 모습이면서 귀

12) 졸고(1994), 160쪽.
13) 이하 인용하는 시는 졸저, 『만해 지훈의 한시』(은하출판사, 1992)에서 인용하고 본문에는 제목만 쓰기로 한다.
14) 졸저(1994), 160쪽.
15) 위의 책, 227쪽.

전원(歸田園)하고자 하는 의도가 엿보인다. '와각(蝸角)'은 달팽이의 뿔로 지극히 작은 것을 의미하고, '어린(魚鱗)'은 물고기의 비늘로 보잘것없는 것을 뜻한다.[16] 일제 강점기를 지훈은 달팽이 뿔 위의 싸움으로 본 것이다. 대자연의 눈으로 볼 때 보잘것없는 일이다. 부귀나 공명은 물고기의 비늘과 같이 부질없는 일이니 자연의 섭리대로 나물 먹고 물 마시며 사는 삶이 지훈에게는 필요했던 것이다. 평이한 시어를 사용하면서 적절히 용사(用事)를 섞어 자신의 자연관을 표출하였다. 인간은 자연의 일부이지 지배할 수는 없는 것이다. 인간사 모두는 와각과 어린에 불과함을 논리적으로 펼쳤다. '나물 향기 담백함에 참맛이 있는데 하마 세도가가 알까 두렵다'는 말로 마무리하였다. 나물향기는 자연의 순박함을 모두 담고 있는 시어다. 권세인은 세상에 물든 사람들이다. 나물향기의 담백함보다는 콩고물과 고기 맛에 이미 젖어버렸으니 나물의 향을 잊었을 것이고, 이 맛을 알게 되면 그것도 빼앗아갈까 두려워하고 있다. 자연 속에서의 삶의 맛을 충분히 느낄 수 있다. 국문시가 자연을 관조하는 하나의 창이라고 보았을 때 한시는 자연과 일체가 되고자 하는 자연합일의 모습을 볼 수 있다.

松扉人跡少　솔사립문에 인적은 드물고
石逕落花多　돌길엔 꽃잎도 많더라
巖下泉聲細　바위 아래 샘물소리 아련한데
時聞採藥歌　어디선가 들리는 약초 캐는 소리

—「방선승불우(訪禪僧不遇)」

한시의 전형적인 맛을 살리고 있는 작품이다. 선경후정의 멋과 시중유화(詩中有畵) 화중유성(畵中有聲)의 맛을 모두 포함하고 있다. 기(起)·승(承)구의 그림은 한 편의 동양화를 보는 듯하다. 솔사립문과 꽃잎이 흩날리는 돌길은 전형적인 시골 산속 움막을 느낄 수 있다. 여기에 물소리와 약초 캐는 소리를 삽입하여 청각적 심상을 충분히 살리고 있는 작품이다. 서경적인 면으로 흐르다가 약초 캐는 노래소리를 통해 시각과 청각이 어우러진 공감각적 이미지로 자연스럽게 넘어가고 있다.

---

16) 졸저(1994), 162쪽.

지훈의 자연은 약초 캐는 은일자의 풍모를 담고 있는 것이다. 가도가 만났던 선승과 지훈이 추구한 자연 속에서 약초 캐는 선승은 같은 세상을 살고 있는 자연인이다. 현대 사회에서 화학적인 양약만을 추구하고 있음과 상당히 대조적이다. 생계를 위한 수단이라기보다는 인술을 펼치기 위한 선승의 모습을 볼 수 있다. 지훈은 자연을 동경의 대상으로 보았고, 무한한 혜택을 주는 어머니로 파악하였다. 김종균은 지훈의 자연관에 대해 다음과 같이 말했다.

> 그 삶이 멋을 지니고, 그 시가 전아하며, 선적 한미를 지닌다 해도 그 기본적인 지훈의 입장은 자연을 위한 자연이 아니고 어디까지나 인간의 입장에 선 자연의 이해였으니, 자연과 문화와의 조화를 이룩하려는 그 노력이 우리에게 인식된 것뿐이다.[17)]

김종균은 지훈의 자연을 인간의 입장에서 본 자연이라고 하였지만 그의 시에 전반적으로 흐르는 자연은 조선시대의 그것과 큰 차이가 없다. 관조하면서도 일체가 되는 합일된 자연의 모습이 더 강하다. 지훈은 조화의 상징으로 인간과 자연을 조명하였고, 지모신적인 면을 중요시하였다. 어머니와 자식 간의 조화는 최상의 아름다움이다. 지훈의 자연의 그가 체험한 삶 전체를 포괄하는 자연[18)]이었던 것이다. 자아와 자연은 상보적인 관계에 있으며 지훈은 그것을 간파하여 시에 적용하였다. 20세 이후에 한시를 지었기 때문에 심적 동요를 일으키는 일은 별로 없이 그의 자연관은 일맥상통하게 이어지고 있다.

長年林下不求仙　장년에 숲속에 신선을 구하지 않고
花落花開摠自然　꽃 피고 지는 것은 모두 자연이로다
默默終生眞是術　묵묵히 생을 다함은 진실로 이 방법이니
枕書閒臥百雲天　책 베고 흰구름 아래 한가롭게 눕도다

—「선(蟬)」 이수 중 기이

---

17) 김종균(1982), 166쪽.
18) 서익환(1991), 18쪽.

대부분의 인간은 신선이 되기를 구한다. 장년에 신선을 구하지 않는다는 것은 그냥 자연의 삶에 안주하겠다는 의미다. "꽃이 피고 지는 것이 다 자연"이라고 했듯이 자연은 '스스로 그런 것'이다. 억지로 구하여 되는 것이 아니다. 가뭄에 비가 오라고 기우제를 지낸다고 해서 비가 오는 것이 아니고 때가 되면 장마가 지는 것이다. 인간의 삶은 다툼이 많으니 묵묵히 생을 다 하도록 자연에 맡기는 것이 좋다. 자연을 다스리려고 하지 말고 자연과 더불어 살아가려고 노력해야 한다. 섭리에 순응하는 것이 제일 평화롭다. 책을 읽어도 책 속에는 흥망구가 있고, 삶의 질곡이 드러나 있으니 읽던 책을 베고 한가롭게 흘러가는 구름을 보는 편이 자연스럽다. 지훈의 자연은 퍼스나와 일체가 되는 근원이다. 시의 근원이고 생명의 근원이다. 그래서 백철은 지훈을 논할 때

> 조지훈은 직접 자연으로 가지 않고, 그 자연과 동화되어 있는 한국적인 고전을 대상했는데, 그만큼 지훈에게 있어서도 자연은 딴 세계가 아니고 시인이 그 고전세계의 문을 나서면 그대로 통하고 있는 세계였다는 것을 알 수 있다.[19]

고 하였다. 고전적인 자연과 일치하면서 그 속에 동화된 지훈을 발견할 수 있다. 백철은 국문시를 중심으로 논했는데 이러한 경향은 한시에서도 비슷함을 알 수 있다. 문학의 암흑기 시절 청록파는 자연을 희구하면서 절필하였다. 이른바 조선문인보국회 소속 문인들과는 차별화된 시인들이다. 특히 지훈은 월정사로 들어가 승속을 넘나들며 자연을 벗하며 경전을 연구하기도 하였다. 그에게 있어서 자연은 마음의 안식처였던 것이다. 그래서 지훈의 한시에 보면 자연과 관련된 시어가 다른 것에 비해 월등히 많다. 예를 들면 '山'과 '雲'이 19회로 가장 많이 나타났고, 그다음으로 '花'가 17회, '月'이 12회, '日'이 10회 등[20]이다. 부정어 '不'(5회), '非'(5회), '無'(8회) 등에 비해 높게 나타났다. 백거이처럼 쉬운 시어[21]를 활용하면서 자연을 기리고 있는 모습을 볼 수 있다.

---

19) 백철(1989), 566쪽.

20) 졸저(1994), 145쪽.

21) 백거이는 노구능해(老嫗能解)할 수 있는 시만을 고집했다. 시골 할머니가 이해하지 못하면 시가 아니라고 하여 평이한 시어를 쓸 것을 주장했다.

지훈은 자연을 은일자적인 측면에서도 접근하였고, 평이한 시어를 활용하여 쉽게 접근할 수 있는 대상으로 확인하였다. 국문시에서는 인간의 입장에서 자연에 접근하기도 하였으나, 한시에서는 자연 속에 몰입하여 혼연일체가 되는 모습을 보여주기도 하여 동양적인 자연관에서 어긋나지 않고 있음을 알 수 있다.

3. 신라회고(新羅回顧)와 문약(文弱)

지훈은 일제강점기하에서 시를 지었고, 광복 후 대학에서 교편을 잡고 있을 때까지도 한시를 지었다. 국문시를 짓는 틈틈이 한시를 지은 것이다. 특히 일제강점기하에서 그는 절필하고 경주를 방문하는 것을 시작으로 방랑생활을 하게 된다. 그의 방랑벽은 암울했던 시대상황의 소산이라고 할 수 있다.[22] 조지훈의 그때의 형편을 다음과 같이 술회하였다.

> 이와 같은 시대적 상황 속에서 나의 방랑시편이 나왔고 그것은 곧, 산암해정 사이를 떠도는 내 역정의 기록이기도 한 것이다. 다정다한의 하염없는 애수와 정조, 운수심성 떠도는 그림자를 읊은 영탄조의 가락은 나의 생애 중 가장 잊히지 않은 절실한 추억들을 지니고 있다. 〈파초우〉, 〈완화삼〉, 〈낙화〉, 〈낙엽〉, 〈고목〉 등이 이 시기의 작품이다.[23]

일제강점기하에서 지훈은 현실을 벗어나고자 전원으로 향했다. 자연 속에서 소요하고자 했지만 꿈일 뿐이고 현실은 그를 방랑으로 이끌었다. 목월을 찾아 경주에 다녀온 후(1942년 3월)에는 신라에 대한 회고의 정이 두드러지게 나타나기도 하였다. 그 후 경주를 여러 번 찾아가기도 하며 신라의 찬란한 문화를 통해 현실의 어려움을 잊어버리고자 하기도 하였다. 「계림애창」의 서두에 그는 이렇게 말했다.

> 임오년 이른 봄 내 불현듯 서라벌이 그리워 표연히 경주에 오니 복사꽃 대숲에 철 아닌

---

22) 서익환(1991), 114쪽.

23) 조지훈(1965), 132쪽.

봄눈이 뿌리는 4월일레라. 보름 동안 옛터를 두루 놀제 계림에서 한 수(首)를 얻으니 대개 마의태자의 혼으로 더불어 운을 밟음이라. 조고상금의 하염없는 탄식일진저[24)]

신라의 흥망은 현실의 안타까움과 일치한다. 지훈은 현대시를 통하여 저항의 정신을 표출하지는 않았다.[25)] 그러나 한시를 통해서는 신라를 회고하는 형식을 취하여 나라의 흥망에 관해 다수의 작품을 지었다.

鮑石亭址植杖時　포석정 앞에 지팡이 꽂던 때에
興亡歷數思依依　흥망은 하염없고 생각은 의구해
曲水流觴遺迹是　굽이 물에 띄운 술잔 자취는 여전한데
鶯歌燕舞主人無　조흥 노래 고운 춤 주인이 없더라
千年王業金樽酒　천 년의 왕업은 술잔 속에 덧없고
一代榮華血流衣　일대의 영화는 피눈물로 옷깃을 적시네
灘聲猶咽羅朝恨　간난에 목메임은 신라의 한
獨依寒巖望落暉　홀로 한암에 올라 지는 해를 보노라.

―「포석정지(鮑石亭址)」

1
보리 이랑 우거진 골 구으는 조각돌에
서라벌 즈믄 해의 수정 하늘이 걸리었다.

무너진 석탑 우에 흰구름은 걸리었다.
새소리 바람소리도 찬 돌에 감기었다.

잔 띄우던 굽이물에 떨어지는 복사꽃잎
옥적(玉笛) 소리 끊인 골에 흐느끼는 저 풀피리

---

24) 졸저(1994), 174쪽(재인용)(조지훈 시 전집, 74쪽).
25) 위의 책, 175쪽.

비가 오나 눈이 오나 첨성대 우에 서서
하늘을 우러르는 나의 넋이여

2
사람 가고 대(臺)는 비어 봄 풀만 푸르른데
풀밭 속에 주추조차 비바람에 스러졌다.

돌도 가는구나 구름도 같으온가
사람도 가는구나 풀잎과 같으온가

저녁 놀 곱게 타는 이 들녘에
끊쳤다 이어지는 여울물 소리

무성한 찔레 숲에 피를 흘리어
얼우라 울어라 새여 내 설움 울어라 새여!

—「계림애창(鷄林哀唱)」

「계림애창」은 한시 중 율시를 번역해 놓은 것과 흡사한 형식을 보여준다. 지훈은 국문시를 쓰고 있으면서도 한시의 형식을 유지하고 있음이 특징이다. 국문시를 통해 세월의 무상함을 노래했다면 한시를 통해서는 신라의 한을 읊조리고 있다. 마의태자의 한에 가탁하여 흥망의 덧없음[26]을 읊었다. 신라의 망함은 일제강점기하의 대한제국의 망함과 비견된다. 경주에서 덧없는 인생사와 국가의흥망을 보며 국문시에서는 무상함을 노래했고, 한시에서는 신라를 회고하며 망한 나라의 한을 곱씹고 있다. 국문시와 한시를 혼용하면서 시대상황을 전개하고있다. 1943년을 전후하여 방랑생활의 절정을 맞고 그이 시 또한 절정을 이루었다. 「파초우(芭蕉雨)」, 「완화삼(玩花衫)」, 「고목(枯木)」 등의 가편이 이 시기에 이루어졌다. 한시 또한 「동도회고

26) 졸고(1994), 177쪽.

(東都懷古)」, 「포석정지(鮑石亭址)」 등을 비롯해서 1944년에 「증(贈)」, 「여회(旅懷)」, 「용화동천청두견(龍化洞天聽杜鵑)」 등 다작을 내고 있다. 일제가 종국을 향해 치닫고 있을 때 지훈의 시편 또한 절정을 이루고 있다. 운수심성(雲水心性)의 방랑과 망국의 한이 한시와 현대시를 동시에 창작하게 된 계기를 마련하였다. 상보적인 관계로 국문시로 다 하지 못했던 것을 한시로 펼쳐 보인 것이다. 포석정에서의 놀이는 과거 찬란했던 신라의 문화와 함께 조선의 풍성한 문화를 의미한다. 그러나 이러한 찬란한 문화도 피눈물로 옷깃을 적실 정도로 한에 서려 있다. 놀이로 인해 나라가 망한 것이고, 탁상공론으로 조선이 무너진 것을 중의적으로 나타내고 있다. 「계림애창」에서도 "무너진 석탑 우에 구름이 걸리었다"고 하여 신라의 망국의 한을 표출하였다. "잔 띄우던 굽이물에 떨어지는 복사 꽃잎/옥적(玉笛) 소리 끊인 골에 흐느끼는 저 풀피리"라고 했으니 세월의 무상함과 한이 들어 있다. 옥피리가 풀피리로 바뀐 것이다. 옥피리는 찬란했던 신라의 문화요, 풀피리는 현금의 백성의 소리다. 군신들이 모여 세월을 희롱하던 자리에는 복사꽃잎만 떨어지고 목동의 풀피리가 세월의 무상함을 대변한다. 「동도회고(東都懷古)」에서 망국의 한은 절정에 이른다.

鷄林王業一荒邱　계림의 왕업은 한 바탕 거친 언덕
萬古興亡水自流　흥망은 숱한데 물은 절로 흐르네
半月城空花落雨　반월성은 텅 비고 꽃 지고 비오니
瞻星臺屹麥登秋　첨성대 위서 보니 보리 익는 때로세
鮑石暮宴舞姬散　포석정 저녁 잔치 무희는 흩어지고
臨海三更王氣收　임해정 한밤중 왕기를 거두네
國難當時誰死節　국난 당시 그 누가 순절했던고
滿天雲濕客登樓　하늘 가득 구름 안개 객은 누각에 오르네

—「동도회고(東都懷古)」

「계림애창」을 지은 것은 1942년이고 「동도회고(東都懷古)」를 지은 것은 1944년의 일이다. 2년 후 다시 경주를 찾아서 국문시로 다 할 수 없었던 술회를 한시를 통하여 다시 표출하였다. 시적 분위기는 「계림애창」과 별반 차이가 없다. 다만 한시에서는 직설적인 화법을 사용하고 있다는 것이 다르다. '계림의 왕업이 한바탕의 거

친 언덕'이라고 하고, 반월성, 첨성대, 임해정, 포석정 등 구체적인 장소를 거론하면서 국가의 흥망을 말했고, 더욱 직설적으로 '국난 당시 그 누가 순절했더냐'고 반문한다. 나라가 위태로울 때 목숨 바쳐 충성할 수 있는 사람을 그리워하며 구름 안개 가득한 누각에 오른다. 사람을 찾으려는 것이다. 구름 안개는 아득한 현실을 은유적으로 나타낸 것이다. 앞을 볼 수 없는 현실과 미래가 보이지 않는 상황을 안개에 가탁하였다. 일제강점기하에서 나라를 위해 순절할 수 있는 그 누구를 찾아 누대에 올라 보는 지훈의 심정을 헤아릴 수 있다.

다음으로 6·25 당시 어려운 현실을 통탄하는 시를 보자.

回顧平生恨益新　평생을 회고하니 한은 더욱 새로워
浮沈滄海一葦身　너른 바다 헛된 꿈 부질없는 이 몸이라
萬古興亡何日始　만고의 흥망은 어느 날에 비롯됐나?
百年風雨到今頻　백년의 풍우는 지금 더욱 잦아라
從傷國家偸閑客　나라의 상흔따라 흘러온 객은
自樂琴書半廢人　거문고와 책만 읽는 반폐인일세
揮漏長嘯鳴匣劒　눈물뿌린 긴 한숨에 갑속의 칼은 울고
川涯遐想倚腥塵　하늘가 높은 이상 부질없이 되었구나

―「술회(述懷)」

이 시는 1953년 육이오 사변 중에 지은 것이다.[27] 일제강점기를 경험하고, 4·19를 겪고 다시 6·25를 경험하고 있다. 흥망이 자심하고 풍우가 잦은 것이 서러울 수밖에 없다. 자신의 문약(文弱)함을 안타까워하고 있다. 지훈은 삶에 한이 많았다. 한이 날로 새로워진다고 했다(回顧平生恨益新). 풍우가 잦은 현실이 서러워 만고의 흥망이 비롯된 날을 탓하고 있다(百年風雨到今頻). 그의 국문시 「묘망(渺茫)」에서도 "생은 갈사록 고달프고 나의 몸둘 곳은 아무데도 없다"고 했다 문약한 자신의 모습이 국문시에도 동일하게 나타나고 있지만 한시에서는 펼칠 수 없었던 자신의 꿈을 갑 속

27) 졸고(1994), 181쪽.

에 든 칼(揮漏長嘯鳴匣劍)이라 하여 야망을 접고 현실에 휘둘리고 있는 모습을 그렸다. 이상은 높지만 티끌처럼 부질없는 것이 되어 버렸음을 한하고 있다.

전반적으로 지훈의 시대인식을 살펴보면 시대의 아픔을 함께 느끼기는 하지만 일제강점기하에서는 신라의 부흥과 멸망에 빗대어 한을 표출하였고, 한국동란 중에는 문약한 자신의 모습을 자기비하적인 측면에서 접근하였다. 윤동주처럼 스스로 자책하고 있는 것이다.

4. 방랑과 초월

시를 통하여 시인의식을 찾는 작업은 쉬운 일이 아니다. 평론이나 산문에는 현실인식을 담아서 시작법을 논하기도 하였지만 지훈의 시 속에서 시인의식을 찾는 일은 더욱 어렵다. 지훈의 한시 35수에 나타난 시를 중심으로 그의 시정신을 살펴보고자 한다.

우선 그는 백거이 스타일의 쉬운 시어를 통해 민족의식을 나타내고자 했다. 시의 제재나 주제도 무거운 것보다 생활 속에서 찾은 것이 많다. 조선 시대 선비들이 생활의 여기(餘技)로 한시를 즐긴 것과 비슷하게 지훈은 국문시를 쓰는 틈틈이 한시를 통해 토속적인 정취가 풍기는 시를 지었다. 그래서 그이 시는 친구와 목동, 기녀 등 우리 주변에서 흔히 볼 수 있는 자연인들이 등장한다. 그의 시에는 용사(用事)도 별로 없다. 그는 어려서부터 조부로부터 한학을 배웠고, 월정사에 숨어 살 땐 당시(唐詩)를 탐독했다.[28] 당시(唐詩)에서 의취를 취하되 용사도 하지 않고 한국적인 한시를 즐겨썼다. 시제목을 보더라도 「기녀(妓女)」, 「급녀(汲女)」, 「세녀(洗女)」, 「채녀(菜女)」 등 토속적인 여인들을 소재로 한 것이 많다. 물론 이백의 「자야오가(子夜吳歌)」나 「월녀사(越女詞)」 등을 흉내내어 지어본 것[29]이지만 한국적 미의식을 충분히 살리고 있다.

전술한 바와 같이 박두진은 조지훈의 시인의식에 관해 고전에 대한 애착과 희원,

---

28) 한국문학평론가협회 편(1991), 166-167쪽.

29) 김종균(1984), 8쪽.

자연에 대한 관조와 방랑, 자아의 내면추구와 철학적 탐색을 들었다. 청록파 시인들의 시대가 암울했기 때문에 이러한 시가 양산되었다고도 할 수 있다. 지훈은 한시를 통해서도 방랑의 모습을 보여주고 있다. 특히 경주를 유람하면서 지은 작품이 많고, 월정사 등 산사를 방랑하면서 지은 작품도 있다. 지훈은 그러한 시대적 상황을 통해 방랑시를 지었음을 밝히기도 했다.[30] 운수심성(雲水心性)이 그의 방랑벽을 대변해 준다. 식민지적 상황하에서 벗어나기 위해 방랑을 택한 것이다. 「방화류수정(訪花隨柳亭)」, 「방선승불우(訪禪僧不遇)」, 「동도행(東都行)」, 「불국사도중(佛國寺途中)」, 「귀향(歸鄕)」, 「알한암대선사(謁漢巖大禪師)」, 「등오대산비로봉(登五臺山毘盧峰)」, 「방류일수군(訪柳一壽君)」, 「여회(旅懷)」 등의 시편이 모두 방랑벽을 담고 있는 작품이다.

山深無一客　산은 깊어 찾는 이 없고
流水性相親　흐르는 물은 내 맘과 같구나
碧藏雲外寺　푸르름 깊은 곳 구름 밖에 절이 있는 듯
紅露雪邊春　흰 눈이 녹아 울긋불긋 봄빛이 돋네
苔路鐘聲古　이끼 낀 돌에 종소리는 예스럽기만
竹立鳥語新　대숲 속 새소리는 새롭기만 하여라
釋仙吾不識　석가의 참 뜻을 내 알지 못해
天地太虛眞　천지태허가 모두가 참이어라

—「불국사도중(佛國寺途中)」

『유수집(流水集)』이라는 시집 제목과도 상통하는 작품이다. 자연과 더불어 흘러가는 대로 살아가고자 하는 시인의 의지가 드러나 있다.[31] 그래서 소재 또한 자연과 연관된 것이 많고, 내용 또한 물처럼 거침없이 흘러가는 지훈의 모습이 많이 나타난다. '흐르는 물은 내 맘과 같구나(流水性相親)'라는 말이 결국 시집의 제목이 되었다. 결국 일제강점기하에서 방랑을 업으로 삼던 지훈의 시의식이 모태가 되어 탄생한 것이 『유수집(流水集)』이라 하겠다. 위의 시에는 지훈의 시적 심상이 잘 드러나

30) 이건청(1987), 114쪽(재인용).
31) 졸저(1994), 143쪽.

있다. 수련(首聯)에서는 산이 깊고 그 속에 몰입해 있는 서정적 자아를 볼 수 있다. 함련(頷聯)에서는 푸른색, 붉은색, 흰색 등의 색감을 조화롭게 배치하여 시각적인 맛을 살리고 있다. 그 속에 들어앉은 절은 마치 선계(仙界)에 있는 것 같은 느낌을 준다. 경련(頸聯)에서는 다시 청각적 심상을 극대화하였다. 종소리는 은은하게 들리고 새소리까지 어우러지니 산중의 고요함과 적절한 대조를 이루고 있다. 끝으로 미련(尾聯)에서는 일체유심조(一切唯心造)와 중생즉불(衆生則佛)의 멋으로 결론을 내리고 있다. 석가의 참뜻은 잘 알 수 없으나 천지태허가 모두 참이라고 했으니 천하만물(天下萬物) 개유불성(皆有佛性)의 이치를 깨달은 것이다.

이 시를 통해서 지훈의 시인의식을 도출해 보면 방랑 속에서 자연의 이치를 통달하고 만물에 다 불성이 있음을 깨달았음을 볼 수 있다. 지훈의 시는 불교적 성향이 강하다. 전원에 들어서도 자꾸 역마살에 견딜 수 없어 하면서도 그 속에서 불성을 찾아보고자 하는 시인의 모습을 볼 수 있다. 지훈은 전통적인 선비적 시의식을 지니고 있었다. 은둔적 처세관이나 자연을 벗하면 살면서 자족하는 삶의 모습은 전형적인 선비의 모습이다. 불교적 성향과 선비적 기질이 정통유학자적인 모습은 아니지만 조선조를 관류하는 한국적 사상이라는 것은 부정할 수 없다. 그의 시 중 이러한 방랑과 불교적 성향을 드러낸 작품으로는 「방화류수정(訪花隨柳亭)」, 「방선승불우(訪禪僧不遇)」, 「동도행(東都行)」, 「불국사도중(佛國寺途中)」 등 17수가 있다. 또한 그는 실제로 산수에 은거하며 살기도 했다. 월정사에 은거하면서 살던 것이 대표적이다. 은일자중하는 시인의식은 이 시기에 절정을 이루었다.

尨睡碧山廬　삽살개는 푸른 산 속 오두막에서 졸고
南風抑卷書　마파람은 글 읽는 뜻을 누르네
尋雲兼採藥　약초캐러 깊은 구름 속에 들면
帶月或看書　어쩌다 달밤에 글 읽곤 했지
鱖肥携兒釣　쏘가리 살찌면 아이와 낚싯대 메고
麥長共婦鋤　보리가 자라면 아내와 김매러 가네
拙計還成樂　부질없는 계획이 도리어 즐거움 되니
遺氓意有餘　미천한 몸 이만하면 족하고 남지

―「여침처상인념운공부(與枕處上人拈韻共賦)」

자연친화적인 모습을 볼 수 있는 작품이다. 전원에 은거하며 안빈낙도하는 모습이 눈에 보이는 듯하다. 여유로운 풍경에 글 읽는 것도 잊고(南風抑卷書), 아이들과 쏘가리 잡고 아내와 김매며 사는 모습(鱖肥携兒釣/麥長共婦鋤)이 한 편의 동양화를 보여준다. 산중으로 들어온 부질없는 계획이 오히려 인생의 즐거움을 주는 계기를 마련해 주었다. 그의 시정신은 자연에 순응하며 세월을 관조하는 것이다. 세월이 좋으면 책을 놓고, 달밤이 밝으면 다시 글을 읽기도 하는등 자연의 순리에 맞게 활동하면 된다. 결국 자연인의 삶을 그대로 유지하자는 것이다. 국문시와 다르게 인간 중심의 자연이 아니고 더불어 사는 인간의 모습이 강하다.

또한 그의 시 형식을 보아도 전형적인 근체시를 이루고 있음을 볼 수 있다. 고체시를 쓰면 내용을 풍부하게 펼칠 수 있지만 근체시는 정해진 분량 내에서 의취와 심상 등을 모두 표현해야 한다. 선경후정(先景後情)의 정취와 공감각적 이미지(시각과 청각의 어우러짐)의 묘사 등은 조선조의 것을 그대로 답습하고 있다. 현대시를 쓰면서도 한시를 즐겨 쓴 것도 현대시와 한시의 상관성을 잇는 중요한 자료가 되지만 전통적인 시작법을 활용하면서 현대시를 병용한 것도 시의 현대화와 국문학의 일원성을 맺어주는 중요한 자료가 된다. 특히 한시를 번역하여 『청록집』에 실어 놓은 「송행(送行)1」[32]은 시사하는 바가 크다.

5. 결론

지훈의 한시를 통하여 자연관과 시대관 및 시인의식을 살펴보았다.

우선 의의 자연관은 전통적인 유가의 선비적 성향을 그대로 답습하고 있다고 본다. 은일자중하는 모습이 나타나 있고, 쉽게 접근할 수 있는 자연임을 알았다. 국문

---

32) 그대를 보내나니/푸른 산ㅅ길에//자욱히 꽃잎이/흩날리노라//가고가면 꽃비 속에/백일은 지리//날 두고 그대 홀로/떨치고 간 소매가//쉽지 않으랴
「送人(송인)」 送子青山路/滿山花政飛/行行白日暮/應悔振衣非 "그대 떠난 푸른 산길에/온 산에 꽃잎이 흩날리누나/가고 가니 해는 저물어/응당 못 떨치고 떠나온 것 후회하노라"
위의 두 시를 비교하면 번역의 차이일 뿐이지 의취가 같음을 알 수 있다.

시에서는 인간중심의 모습이 보이기도 하지만 한시에서는 은둔의 모습이 더 많이 나타나고 있어 국문시와 차별화되었다. 즉 한시는 주로 젊은 시절에 쓴 것으로 전통을 고수하고자 하는 모습이 젊은 시절에 많이 나타났다는 것을 의미한다. 한시와 국문시를 병행하여 지으면서 때론 인간중심의 모습을 보이기도 하고 때로는 자연과 일체가 되고 싶은 심성을 보이기도 하였다.

다음으로 시대인식을 살펴본 결과 일제강점기로 인하여 방랑의 벽이 생겼다. 많은 문인들이 조선문인보국회에 가입하여 일제에 곡학아세(曲學阿世)하고 있을 때 지훈은 절필하고 산으로 들어갔다. 경주를 유람하기도 하였다. 이 때에 지은 시편들이 신라의 흥망을 회상하면서 망국의 한을 복선에 깔아놓은 것들이다. 또한 국문시로 표현할 수 없었던 울분을 한시를 통하여 대신하기도 하였다. 나라를 위하여 순절할 인물을 찾기도 하고 한국전쟁 당시에는 문약한 자신의 모습을 한탄하면서 국가의 위기가 자신의 무능력함으로 인한 것인 양 고뇌하기도 하였다. 이것이 노후에 신라 연구의 바탕이 되었다고 본다.

끝으로 시인의식을 살펴본 결과 방랑을 통해서 체득한 내면의 철학을 시로 승화할 것을 말하였다. 내면의 철학이란 불교적인 싱상과 자연친화적인 시상을 포괄하고 있다. 불교적 심상과 유가적 선비의식을 동시에 내포하고 있는 시인이다. 한시와 국문시를 병행하여 지음으로써 한국 현대시와 한시의 상관관계를 이어주는 역할을 하였다. 국문학의 단절론을 타파하는 중요한 단초가 된다. 시의 형식에 있어서 전통적인 면을 고수하였고, 현대시로 가는 길목에서 연결고리 역할을 하였다.

참고문헌

기본 자료

박목월·박두진·조지훈. 『청록집』. 을유문화사, 1946.

조지훈. 『풀잎단장』. 창조사, 1952.

______. 『조지훈시선』. 정음사, 1956.

______. 『사상계』, 1965.

______. 『조지훈 전집』 1~6. 일지사, 1973.

최태호. 『만해, 지훈의 한시』. 은하출판사, 1992.

단행본

김상홍·양광석·신용호 편. 『한국문학사상사』. 계명문화사, 1991.
김용직. 『한국현대시사』. 일지사, 1982.
김재홍. 『한용운문학연구』. 일지사, 1982.
金鍾均. 『매천·만해·지훈의 시인의식』. 박영사, 1982.
김종길 외. 『조지훈 연구』. 고려대학교출판부, 1978.
백철. 『신문학사조사』. 신구문화사, 1989.
서익환. 『조지훈 시 연구』. 우리문학사, 1991.
윤동재. 『현대시와 한시의 상관성』. 지식산업사, 2002.
이건청. 『한국전원시 연구』. 문학세계사, 1986.
전형대 외. 『한국고전시학사』. 홍익사, 1979.
최병준. 『조지훈 시 연구』. 한국문화사, 1997.
최태호. 『현대시와 한시』. 은하출판사, 1994.
憑友蘭(평유란). 『中國哲學史(중국철학사)』. 정인재 역. 형설출판사, 1998.
한국문학편찬위원회 편. 『한국문학개설』. 형설출판사, 1985.
한국문학평론가협회 편. 『한국현대시인연구 1』. 백문사, 1991.

논문

김기중. 「지훈시의 이미지와 상상적 구조」. 『민족문화연구』 22집(고려대학교 민족문화연구소, 1989).
김용직. 「현대시와 전통의 계승—조지훈의 경우」. 심상, 1973.
김용태. 「조지훈의 선관과 시」. 『조지훈 연구』. 고려대학교출판부, 1978.
김종균. 「한국 근대 시인의식 연구」. 고려대학교 박사학위논문, 1980.
______. 「조지훈 한시연구—유수집을 중심으로」. 『한국외국어대학교 논문집』 17집(한국외국어대학교, 1984).
윤석성. 「조지훈론」. 동국대학교 대학원 석사학위논문, 1980.
______. 「조지훈론—초기시를 중심으로」. 태학사, 1989.
이종은 외. 「고려중기 도교의 종합적 연구」. 『도교문화연구』 3집(한국도교문화학회, 1989), 27-106쪽.
조석구. 「조지훈문학연구」, 세종대학교대학원 박사학위논문, 1995.
조지훈. 「나의 시의 편력」. 『청록집』. 삼중당, 1975.
최태호. 「만해, 지훈의 한시 연구」, 한국외대 박사학위논문, 1994.

감정의 절제와 여운

조지훈의 「승무」론

김종훈

1. 「승무(僧舞)」의 위상과 조지훈의 고심

조지훈(1920-1968년)은 주지하듯 시인뿐만 아니라 학자로서 일가를 이룬 문사이다. 그의 관심사는 한 분야 내에서도 어느 하나로 모여 있기보다는 넓게 포진되어 있어 그의 종합적인 면모를 파악하기 어렵게 한다. 가령 학자로서 그는 동서양의 시 이론을 종합하여 자신의 이론을 정립한 『시의 원리』를 집필하는 한편, 민속학, 민족운동사, 한국학, 국어학 등에 다방면의 분야에 심혈을 기울인 바 있다. 시도 그러하다. 그의 시에 대해 언급한 여러 연구들은 하나의 시풍으로 범주화하기 어렵다는 것을 토로하듯 몇 가지 성향으로 분류하곤 했다. 자연과 참여, 불교와 유교, 전통과 실험 등으로 분류되는 그의 시들은 조화를 이루기보다는 각각의 독립성을 유지한다.

조지훈이 다양한 관심 분야 모두에서 일정한 성과를 이룬 까닭으로는 개척자로서의 사명감에 꼽을 수 있을 것이다. 그러나 시로 범주를 좁히자면 시적 방황을 배제하기는 어렵다. "20년 세월을 시를 써 오는 동안에 나의 작품 세계는 그 변이가 매우 심해서 도저히 한 권의 시집 속에는 같이 앉힐 수 없는 것이" 많았다는 그의 회고뿐만 아니라, 정지용이 그를 추천하는 과정에서 했던 말, "조지훈군. 당신의 시적 방황은 매우 참담하시외다. 당분간 명경지수(明鏡止水)에 일말백운(一抹白雲)이 거닐 듯이 한아(閑雅)한 휴양이 필요할가 합니다"를 상기해도 그렇다.[1] 또한 동향의 후배 문인이자 후에 같은 학교에 재직하게 되는 김종길도 조지훈의 시적 특성으로 다양성을 지목한 바 있다. 그는 조지훈의 초기시 경향을 다섯 가지로 나누었다. "하여튼 해방 전의 지훈시에 있어서의 이 두 경향(사변적 특성과 감각적 특성—인용자)은 확연히 두 갈래로 나뉘어져 있어 본격적으로 융합된다든가 하는 일은 없었던 것 같다"고 전제한 뒤 "다시 말하면 평생 동안 남달리 모색과 방황을 거듭한 시인이었던 것이다"고 평가하기도 했다.[2]

조지훈이 지닌 여러 면모 중 최근 부각을 받는 분야는 학문 영역이다. 특히 『시의 원리』에 내재되어 있는 여러 시 담론이 2000년대 들어 집중적으로 재조명되고 있는데, 이와 같은 현상은 그가 지닌 다양한 면모의 반대편에 있는 것이라서 주목을 끈다.[3] 『시의 원리』에서는 항구성과 보편성 등의 미적 가치가 강조되었다.[4] 2000년대 시가 지닌 다양한 실험들에 내적 준거를 마련하거나 거리를 두고 성찰하려는 욕망을 자극했기 때문에 지속적으로 그의 시론이 호출되고 있을 것이다. 주의해야 할 것은 시 이론가로서의 면모가 강조된다고 해서 시의 시효가 다 하지는 않았다는 점이다. 그의 시편은 여전히 곱씹을 만한 의미를 생성하고 있다는 판단 아래, 이 글에

---

1) 조지훈, 「조지훈 시선 후기」, 『조지훈 전집 1 시』, 나남출판사, 1996, 120쪽; 정지용, 「시선후」, 『문장』 1권 8호(1939년 9월), 128쪽.

2) 김종길, 「지훈시의 계보」, 『교양』, 1968; 『시에 대하여』, 민음사, 1986, 250-253쪽.

3) 오형엽, 「조지훈 시론의 보편성 연구」, 『한국언어문화』 42(2010), 275-303쪽; 이찬, 「20세기 후반 한국현대시론 연구」, 고려대 박사학위논문, 2004; 최승호, 「조지훈의 시학에 있어서 형이상학적 관점」, 『관악어문연구』 16(1991), 233-251쪽; 이미순, 「조지훈의 유기체론」, 최승호 편, 『조지훈』, 새미, 2003; 임곤택, 『전후 한국현대시와 전통』, 서정시학, 2012; 주영중, 「조지훈과 김춘수 시론 비교 연구」, 『어문논집』 59(2009), 489-516쪽.

4) 졸고, 『한국 근대 서정시의 기원과 형성』, 서정시학, 2010, 232-255쪽 참조.

서는 조지훈의 대표작 「승무(僧舞)」를 대상으로 그 의미에 다각적으로 접근하려고 한다.[5)]

「승무」는 3회로 추천이 완료되는 『문장(文章)』의 2회 추천작이자 뒤이어 『청록집』에 실린 시이다. 이와 같은 사실은 이 시가 조지훈의 초기작에 속해 있다는 것을 알려주는 동시에 그 안에 정지용의 영향력이 스며 있음을 방증한다. 선자가 정지용이라는 것이 널리 알려져 있기 때문에 응모자가 추천 받기 위해서는 그의 취향을 고려하고 그의 조언을 되새길 필요가 있다. 조지훈의 경우 그것이 전통적인 제재를 간결하게 표현한 시로 나타났다. 실제로 『청록집』에 실린 「산방」과 같은 시는 2행 1연의 반복이나 표현되는 시어들에서 명징하고 감각적인 정지용의 시를 환기한다.[6)]

『청록집』에는 총 세 번에 걸쳐 추천된 시 세 편에 또 다른 아홉 편을 보태 총 열두 편의 조지훈 시가 실려 있다. 이 중 「승무」가 지닌 위상은 특별해 보인다. 정지용이라는 선자의 영향력은 시집에 실려 있는 조지훈의 시에 2행 1연이 반복된 형태나 줄글 형태의 질서를 부여했다. 그런데 「승무」에는 이 보이지 않는 질서를 따를지 어길지에 대한 고민의 흔적이 담겨 있다. 『문장』에 수록된 시의 형태와 『청록집』에 수록된 시의 형태, 그리고 이후에 발행한 시집에 수록된 형태에서 미세한 차이를 보임으로써, 시인은 이를 수용하고자 하는 태도와 거부하고자 하는 태도 사이에서의 갈등을 선명히 드러내고 있는 것이다. 조지훈이 이 시를 통해 지향하고자 했던 것이 어떻게 변했는지 거기에 도달하기 위해 어떠한 고뇌를 겪었는지도 이 글이 주목하는 차이에서 입체적으로 드러날 것이다. 「승무」의 판본 변이 과정에 내재된 시인의 의도를 추적하기 위해 선행해야 할 작업은, 시어와 구절의 기본적인 의미를 고찰하여 분석의 난항을 겪는 문제들에 초점을 맞추는 일일 것이다.

---

5) 조지훈의 「승무」에 대한 연구는 최동호에 의해 최근까지 지속적으로 제출되고 있다. 최동호, 「조지훈의 「승무」와 「범종」」, 『민족문화연구』 24(1991); 최동호, 「조지훈 시의 초기 판본에 대하여—「승무」의 판본과 출생 기록 등을 중심으로」, 『한국문예비평연구』 30(2009); 최동호, 「조지훈의 등단 추천작과 그 시적 전개」, 『한국시학연구』 28(2010).

6) 정지용과 조지훈의 관계를 살펴본 연구는 다음과 같다. 송희복, 「한국시의 고전주의—정지용과 조지훈」, 『오늘의 문예비평』 10(1993. 8), 153-168쪽; 김문주, 「풍경에 반영된 동·서의 관점—정지용과 조지훈 시의 형상을 중심으로」, 『우리어문연구』 25(2005. 12), 95-117쪽; 최동호, 「시문학파의 문학사적 의미망과 정지용」, 『한국시학연구』 34(2012. 8), 277-307쪽.

2. 판본별 특징과 정본 텍스트

얇은 紗 하이얀 고깔은 고이 접어서 나빌네라

파르라니 깎은 머리 薄紗 고깔에 감추오고
두볼에 흐르는 빛이 정작으로 고와서 서러워라

빈 臺에 黃燭불이 말 없이 녹는 밤에
오동잎 잎새마다 달이 지는데

소매는 길어서 하늘은 넓고
돌아설듯 날아가며 사뿐이 접어올린 외씨보선이여

까만 눈동자 살포시 들어
먼 하늘 한개 별빛에 모도우고

복사꽃 고운 뺨에 아롱질듯 두방울이야
세사에 시달려도 煩惱는 별빛이라

휘여져 감기우고 다시 접어 뻗는 손이
깊은 마음 속 거룩한 合掌인양 하고

이밤사 귀또리도 지새우는 三更인데
얇은 紗 하이얀 고깔은 고이 접어서 나빌네라

—「승무(僧舞)」[7]

「승무」에는 낯선 시어가 많이 쓰였으나, 이들의 뜻에 대해서는 이견이 많아 보이

7) 조지훈, 『조지훈 전집 1 시』, 나남, 1996.

지는 않는다. 『문장(文章)』판에 수록된 최초의 표기 형태 중에서 현대 표기 규정과 다르기 때문에 이해하기 어려웠던 시어들은 이후 판본에서 대부분 뜻을 가늠할 수 있는 형태로 정착되었다. 사전에 등재되지 않은 1연의 "나빌네라", 4연의 "외씨보선" 등이 비교적 뜻을 헤아리기 어려운 시어라고 할 수 있다. '외씨보선'은 오이씨처럼 날렵하고 맵시 있는 버선으로 풀이된 '외씨버선'을 시인이 다듬은 말이다. '나빌네라'는 '나비'에 의고적 감탄어 '-ㄹ네라'가 붙은 것으로 이해되어 왔으며 이에 대한 이견은 거의 없는 듯하다.

이를 토대로 시의 내용을 간추리면 다음과 같다. 얇은 사(紗)로 만든 고깔을 곱게 접으니 마치 나비 같구나. 파르스름한 빛이 감도는 머리를 얇은 사로 만든 고깔에 감추고 두 볼에 흐르는 빛은 고와서 서러워 보인다. 빈 무대를 밝히는 황촉불, 즉 촛불이 소리 없이 녹고 있는 밤에 경전 밖의 오동나무 잎들에 비친 달빛이 스러지고 있다. 밤늦게까지 승무를 추는 여승의 소매는 길게 늘어져 있고, 그 긴 소매를 다 받아내는 하늘은 넓은 배경을 제공한다. 여승이 고개를 들어 까만 눈동자로 하늘의 별빛을 쳐다본다. 복사꽃 색의 홍조를 띤 고운 뺨에 두 방울의 눈물이 흐른다. 세상사에 시달려도 번뇌는 별빛을 닮아 있기 때문이리라. 휘어져 감기고 다시 접었다가 뻗는 손동작이 흡사 깊은 마음속의 거룩한 합장과 같다. 어느새 귀뚜라미가 우는 삼경으로 밤은 깊어가고 얇은 사로 만든 고깔을 곱게 접으니 나비 같구나.

「승무(僧舞)」의 판본은 크게 두 가지 계열로 나뉜다. 1968년 생존할 때까지 조지훈은 자신의 시집 여러 곳에 「승무」를 실었으며, 사후에 두 차례 발간된 전집에는 이 중 하나의 형태를 취해 수록되어 있다. 「승무」가 실려 있는 시집은 크게 『문장(文章)』(1939) – 『풀잎 단장』(창조사, 1952) – 『조지훈시선』(정음사, 1956) – 『조지훈 전집』(나남, 1996) A 계열과 『청록집』(을유문화사, 1946) – 『조지훈전집』(일지사, 1973) B 계열로 나뉜다.[8] 생전에 시가 수록된 지면이 네 곳이고 사후에 전집 형태로 발간된 지면이 두 곳이다. 생전의 지면 세 곳과 사후 전집 한 곳이 함께 문장판 A 계열을 이루고 있고, 생전의 지면 한 곳과 사후 전집 한 곳이 함께 청록집 B 계열을 이루고 있

8) 최동호, 「조지훈 시의 초기 판본에 대하여」, 101쪽. 최동호는 이 논문에서 「승무」 판본을 『문장』 계열과 『청록집』 계열로 나눈 뒤, 맥락상 『문장』 – 『풀잎단장』 – 『조지훈시선』 – 『조지훈 전집』(나남)을 한 계열로 묶고, 『청록집』 – 『조지훈전집』(일지사)을 다른 한 계열로 묶는다.

다. 생존 시에 『청록집』을 제외하면 시인은 A 계열을 계속 고수하고 있었으나 사후에 첫 번째 나온 전집은 시인의 마지막 의도와는 다르게 B 계열을 따른 것이다. 따라서 다시 출간된 나남판 전집은 결과적으로 생존 시의 의도를 따르고 있다고 할 수 있다. 특히 나남판 전집이 중시한 판본은, 시인 생존 시의 최종본 「승무」가 실린 『조지훈시선』(정음사, 1956)이었다. 이를 달리 생각해 보면 시인의 마지막 판단은 나남판 전집에 이르러서야 존중 받게 된 것이라고 할 수 있다. 이 글도 나남판을 분석 텍스트로 삼고 있는데, 참고로 B 계열 중 A 계열과 견주어 차이가 가장 많이 나는 부분은 다음과 같다.

얇은 紗 하이얀 고깔은
고이 접어서 나빌네라.

파르라니 깎은 머리
薄紗 고깔에 감추오고

두볼에 흐르는 빛이
정작으로 고와서 서러워라.[9]

A 계열의 시가 총 8연 15행인 반면, B 계열은 9연 18행이다. 연과 행 수에 차이가 있는 까닭은 인용 부분에 있다. A 계열 1연은 한 행으로 되어 있으나 B 계열 1연은 그 행을 나눠 두 행으로 처리했다. A 계열 2연은 두 행으로 되어 있으나, B 계열 그 두 행을 각각 나눠 두 연으로 갈라놓았다. A 계열의 2연이 B 계열의 2, 3연이 된 것이다. 같은 분량의 길이인데 행과 연을 나누면 호흡이 느려진다. 이 느려진 호흡은, 2행 1연의 다른 부분과 연계되며 안정감을 확보한다.[10] 즉 안정감을 어디까지 추구

---

9) 조지훈 외, 『청록집』, 을유문화사, 1946, 1-3연.

10) 2음보와 4음보의 기본 율격을 띠고 있는 점이나 마지막 연 첫 구절이 주위를 환기하는 "이밤사"로 시작하는 부분은 시조나 가사의 형식을 떠올리게 한다. 홀수 음보보다 안정감을 더 느낄 수 있는 짝수 음보의 활용은 많은 선행 연구에서 이미 지적한 것이다. 그러나 기본 율격이

하는가에 따라 A와 B 계열로 나뉜 것이다.

가장 눈에 띄는 부분은 인용한 부분의 형태상 차이이다. 그러나 다른 부분의 차이가 없는 것은 아니다. 같은 계열이라도 마침표가 있고 없고의 차이, 그리고 7연의 "合掌인양"의 표기 차이("合掌이냥"), 8연의 "지새우는"의 표기 차이("지새는"/"울어새는") 등 미세한 차이들이 나타난다.[11] 형태가 하나로 정착되지 않고 변화하는 까닭을 생존 시에는 시인의 고민 때문이라 여기면 되지만 사후에는 어떻게 이해해야 하는가. 여기에 대해서는 조지훈을 문학사의 중요한 위치에 올린 처음 계기가 『청록집』이라서 이 영향력이 사후에도 영향을 끼쳤을 것이라는 의견이 이미 제출된 바 있다.[12] 이 글이 그럼에도 불구하고 A 계열을 분석 텍스트로 삼은 까닭은 시인의 생존 시 마지막에 시를 선택하고 퇴고하여 발간한 시집이 『조지훈시선』이기 때문이다. 또한 의미 전개와 호흡이 자연스럽게 전개되고 있는 것도 분석 텍스트라 판단했기 때문이기도 하다. 지금까지의 논의를 정리해서 여섯 가지 판본을 다시 표로 정리해 보면 다음 쪽과 같다. 이는 다음 장에서 진행할 의미 분석과 연결된다.

판본대조표를 펼친 후에 새삼 환기되는 점은 시인의 사후에 출간된 전집이 어떤 판본을 정본으로 삼았는가이다. 1973년에 발간된 일지사판은 『청록집』을 대상으로 했다. 단지 행과 연의 형태뿐만 아니라 마침표의 위치, "지새는"의 표기 형태를 고려해도 그러하다. 이는 결과적으로 시인이 생존 시에 『풀잎 단장』, 『조지훈시선』에서 고려했던 고민이 누락되었음을 뜻한다. 한편 나남판 『조지훈 전집』의 경우 시인이 생존했을 당시 마지막에 발행한 『조지훈시선』을 대상으로 했다. 각 연과 행의 형태는 『문장』이나 『풀잎 단장』과 같지만, 마침표나 느낌표가 없다는 데에서 『문

시조나 가사에 있다는 점 그 자체가 의의의 전부가 아니다. 더욱 주목해야 할 점은 『문장』 계열에서 『청록집』 계열로 바뀌었다가 다시 회귀한 사실이 이 형태상의 리듬 문제와 직결된다는 것이다. 이와 같은 논지와 직접 연관은 없으나 조지훈 시의 리듬을 집중적으로 다룬 대표적인 연구로는 조창환, 「조지훈 초기시의 운율과 구조」(『한국문예비평연구』 25, 2008, 5-28쪽)가 있다.

11) 최동호, 「조지훈 시의 초기 판본에 대하여」, 105-107쪽. "합장인양", "지새는"의 판본별 차이와 그 의미 분석에 대해서는 이 글의 뒤에서도 다루었으나 본격적인 논의는 최동호의 논문에 자세히 제시되어 있다.

12) 위의 글.

	『문장』(1939)	『청록집』(1946)	『풀잎 단장』(1952)	『조지훈시선』(1956)	『조지훈 전집』(일지사, 1973)	『조지훈 전집』(나남, 1996)
행과 연	8연 15행	9연 18행	8연 15행	8연 15행	9연 18행	8연 15행
마침표	서러워라.(2-2) 나빌네라.(8-2)	나빌네라.(1-2) 서러워라.(3-2) 외씨보선이여.(5-2) 나빌네라.(9-2)	없음	없음	나빌네라.(1-2) 서러워라.(3-2) 외씨보선이여.(5-2) 나빌네라.(9-2)	없음
느낌표	외씨보선이여!(4-2)	없음	없음	없음	없음	없음
지새는(8-1)	지새는	지새는	울어새는	지새우는	지새는	지새우는

* 띄어쓰기와 맞춤법 통일과 관련된 부분은 제외, 괄호 속 숫자는 차례로 연과 행 표시.

장』과 갈라지고, "울어새는"이라는 표기를 따르지 않았다는 점에서 『풀잎 단장』과 갈라진다. 무엇보다도 "지새우는"이라는 표기가 사용됨으로써, 『조지훈시선』 이외의 것과 변별되는 것이 나남판 『조지훈 전집』이다. 이는 결국 조지훈이 생존했을 당시 마지막까지 숙고한 결과를 반영한다는 뜻으로 이해할 수 있다.

3. 판본 비교와 미적 지향점

1) 길이와 문장 부호

앞에서 논의한 어휘 풀이와 판본의 차이는 「승무」의 의미 형성 과정을 추적하는 데 토대가 된다. 「승무」의 선행 연구는 크게 나누어 리듬을 중심으로 한 형태상의 문제를 다루거나 비유를 중심으로 한 의미상의 문제를 다루고 있다. 이 글은 형태상의 문제와 의미상의 문제가 긴밀히 연관되어 있다는 전제 아래 리듬의 문제부터 다루되 그동안 논의에서 소외되었던 문장 부호의 변이까지 주목하여 각각에 담긴 의미들을 추적하려 한다.

이와 관련하여 주목해야 할 점은 시의 형태가 『문장』 계열에서 『청록집』 계열로 바뀌었다가 다시 회귀한 사실이다. 즉 그는 8연 15행에서 9연 18행으로 수정했다가 왜 다시 8연 15행으로 고쳤는가, 리듬의 문제는 이 질문으로 요약할 수 있다. 여기에 대해서는 『청록집』 발간 당시 여러 정황상 정지용이나 동료 청록파 시인의 영향력을 추정할 수 있고, 또한 그렇게 고려되어 왔다.[13] 4음보의 전통적인 율격을 계승했기 때문이기도 하지만, 이와 더불어 2행 1연의 당대 유력한 시의 형식을 활용했기 때문에 「승무」의 리듬이 안정되었다는 것이다. 안정된 형태를 지향한 것이 『청록집』의 B계열이다. 이와 견주어 『문장』의 A계열은 1행 1연의 형태를 쓰고 있다. 이는 불안정감, 즉 생동감을 지향하고 있다고 말할 수 있을 것이다.

안정감에서 생동감으로의 변이는 행과 연의 형태 변화에서 쉽게 파악된다. 그런데 문장 부호의 쓰임새에 주목했을 때에도 미세하게 차이가 드러난다. 앞의 기준은 A와 B계열만 구분할 수 있으나 문장 부호의 쓰임새는 같은 계열 안에서의 판본까지도 구분한다. 『문장』에서는 2연과 8연의 끝에 마침표가 있으며 춤의 절정 부분인 4연 마지막에 느낌표가 있다. 특히 느낌표가 찍힌 곳("외씨보선이여!")은 그 때문에 명확히 춤의 절정이자 감정의 절정으로 보이게 된다.

시의 구조와 관련해서 문장 부호의 쓰임새를 이해하면 『문장』판 8연의 마침표는 시가 끝났다는 뜻이다. 2연의 마침표는 춤 장면에서 무대 장면으로 장면의 전환을 뜻한다. 도입부가 정리되는 것이다. 4연의 느낌표는 동작의 절정을 뜻하면서 곧바로 정지된 장면이 등장하는 것을 고려하면 국면의 전환을 뜻한다. 이 국면의 전환은 전체 시의 중간에 해당한다. 전반부에는 동적인 장면이 주로 등장하고 후반부에는 정적인 장면이 주로 등장한다. 문장 부호는 장면이나 국면의 전환이 이뤄질 때 쓰이고 있다. 즉, 『문장』판에서는 시인이 문장 부호를 활용하여 구조적인 변곡점에 나타나는 감정의 변화를 가시화했다고 볼 수 있다.

『청록집』의 「승무(僧舞)」는 그와 반대이다. 우선 도입부가 늘어나면서 절정 부분이 상대적으로 줄어들었고, 그와 동시에 늦게 등장한다. 가령 감정의 절정이자 위치상 가운데를 차지했던 "외씨보선이여" 구절은 총 9연의 5연 마지막에 등장하며

---

13) 위의 글, 104쪽과 각주 6 참조.

뒤로 밀려났다. 최초 판본과 견주면 균형이 깨어진 것이다.

마침표는 1, 3, 5, 9연 마지막에 있다. 이 중 3과 9연의 마침표는 앞 판본의 형태와 같으며, 5연의 마침표는 앞의 느낌표를 대신한 것이다. 느낌표는 감정의 절정을 북돋운 반면 마침표는 '마침'이라는 말뜻에 표시되어 있듯 감정의 흐름을 갈무리한다. 절정의 감정이 앞에서는 여운을 남기며 지속된다면, 여기에서는 곧바로 단절되는 것이다. 1연의 마침표는, 종결어미 다음에 붙는 관례를 따랐거나, 9연 마지막 "나빌레라"에 붙인 것을 참조하여 찍은 것처럼 보인다. 한편 9연 마침표의 경우, 똑같은 형태가 1연 마지막에 등장하고, 두 번밖에 쓰이지 않았던 마침표가 네 번 쓰이게 되면서 대단원의 의미가 상대적으로 줄어들고 있다. 『청록집』의 문장 부호는, 장면의 전환이나 감정의 높낮이를 뜻하는 의미상의 기능보다는 문법적인 기능, 즉 문장이 종결되었다는 표시나 2행 1연 형식의 완결성을 지향하고 있는 것이다.

『문장(文章)』의 「승무(僧舞)」가 내면의 욕망을 반영하려 했다면 『청록집』판은 주어진 틀에 시형을 맞추고자 했다. 이후 조지훈은 다시 『문장』 계열로 돌아간다. 그러나 그것이 『문장』 형태로의 회귀를 뜻하지는 않았다. 행과 연의 형태는 이전과 같았으나 텍스트 위에 문장 부호가 사라졌다는 면에서 그러하다. 1952년 발행한 『풀잎 단장』부터 출현한 이와 같은 형태는 1956년 발행한 『조지훈시선』에서도 반복된다. 형태적 완결성을 도모했던 문장 뒤의 마침표도 내면의 욕망을 가장 잘 드러내었던 느낌표도 자취를 감추고 제3의 길을 찾는 모색의 시간이 찾아왔다. 그리고 그렇게 얻어낸 결과는 이후에도 변하지 않았다.

문장부호가 사라지며 부각되는 것은 화자와 여승, 감정과 대상의 거리이다. 느낌표가 찍혀 있던 4연 2행의 "돌아설 듯 날아가며 사뿐이 접어올린 외씨보선이여"를 보자. 느낌표가 사라지자 감정이 잦아든다. B 계열에 있던 마침표도 사라지자 여운이 깊어진다. 그 자리에 대신 들어 찬 적막하고 깊은 여운은 화자가 감정과 의지를 거두며 조성된 것이다. 이와 관련하여 주목할 것은 일인칭의 권능이 막강한 시 장르라 할지라도 조지훈은 이 시에서 말하는 주체 이외의 다른 대상에 감정과 의지를 덧씌우지 않고 있다는 점이다. 감정을 표현한 주체도, 감정을 풀어 놓은 대상도 여승이 아니라 자기 자신이다. 여승의 내면은 화자에 의해서 직접 서술되지 않고 추후 외관 묘사를 거쳐 간접적으로 추측된다. 여승과 화자 사이의 거리가 언제나 전제되어 있는 것이다.

이 최소한의 거리는 감정이나 생각을 직접 드러내는 고백의 어조나 내적 독백의 화법을 쓰지 못하게 하는 데 일조한다. 감정이 고조되면 대상과 자기와의 거리를 지워 대상의 내면에 감정을 투사하여 마치 자기 자신이 여승인 것처럼 말할 법도 한데, 이 시에서는 그와 같은 모습이 보이지 않는다. 가령 5연에서 별빛을 쳐다보는 장면만 제시하면 화자와 여승이 함께 보는 것으로 인식될 텐데 "까만 눈동자"를 명시하며 여승의 눈동자를 바라보는 화자를 설정하게 한다. 6연의 "번뇌는 별빛"이라는 말도 화자와 여승의 번뇌로 함께 읽을 수 있는 것인데 "복사꽃 고운 뺨"을 제시하며 그 번뇌를 문법적으로는 여승에 한정시킨다. 이와 같이 경계가 뚜렷해지자 주체와 대상 사이의 간격도 명확해진다. 이 간격은 관찰의 거리이면서 동시에 의미 생성의 자리이기도 하다. 역동적인 모습 뒤의 정적인 국면을 헤아리고, 안정적인 모습 뒤의 비장미를 헤아리게 되는 까닭도 표현 그대로를 믿지 못하는 의심의 거리이자 반성의 거리가 확보되었기 때문이다.

판본별로 「승무(僧舞)」에 쓰인 문장부호가 지닌 특징에 대해 정리해 보면 다음과 같다. 『문장(文章)』에는 느낌표와 마침표가 있다. 이들은 장면의 전환이나 감정의 높낮이를 표현하는 데 밀접하게 개입하고 있었다. 여승의 내면과 춤동작에 대한 화자의 감정을 적극적으로 표현하고 있는 것이다. 『청록집』에는 대부분의 문장 끝에 마침표가 찍혀 있다. 느낌표까지 대체한 마침표는 2행 1연의 완결성을 추구한 결과라고 할 수 있다. 또한 문장 단위의 마지막에 찍힌 것이므로 이는 문법적인 기능에 충실한 결과라고도 할 수 있다. 그 결과 여승이건 화자이건 내면의 감정과는 멀어지게 되었다. 대신 바깥에서 주어진 형식의 압력이 강하게 감지되는데, 그 압력의 실체는 계승된 전통 시가 형식뿐 아니라 정지용이나 박목월 등 동시대 시인의 시 형식이었다. 『풀잎 단장』 이후부터는 문장 부호가 아예 지워졌다. 문장부호가 의미했던 느낌표의 감정, 마침표의 단절과도 결별한 것이다. 즉 텍스트 내에 있는 화자나 여승의 내면이나 텍스트 바깥에서 주어진 형식과도 멀어진 것이 이후의 판본이었다. 이를 적막하고 깊은 여운의 세계로 요약할 수 있는데, 이와 같은 독자적인 세계는 한 순간을 제외하고는 화자가 여승과 일정한 거리를 유지했기 때문에 확보할 수 있는 것이었다.

2) '번뇌는 별빛'의 상징과 비유

『청록집』의 「승무(僧舞)」는 문법적인 기능이나 2행 1연의 완성미를 추구한 결과 대부분의 문장 단위마다 마침표가 찍혀 있다고 했다. 그런데 주목할 점은 『청록집』에도 문장이 종결된 구절 중 한 곳은 마침표가 찍히지 않았다는 것이다. 그곳이 "번뇌는 별빛이라"라는 구절 뒤이다. 여기에 마침표가 찍히지 않았던, 또는 못했던 까닭은 무엇인가. 다른 시인의 영향이나 문법적 기능을 따르지 못하게 한 시 내부의 요인이 있었던 것은 아닐까. 독자는 그곳에서 마침표로 단절할 수 없는 내부의 힘을 감지할 수밖에 없다.

「승무」의 긴장을 이루는 중요한 기제인 빛과 어둠에 주목하면, 천상에는 빛이 있고 고뇌를 대변하는 어둠은 지상에 있다. 이 둘의 간격은 여승의 춤으로도 쉽게 좁혀지지 않는다. 여승은 '종교적 진리'를 추구하는 '인간'이고, 무용은 '인간'의 몸이 곧 '예술'로 승화되기를 기원하는 행위이다. 승무는 지상에 얽매인 운명이 자신의 운명을 초극하고자 하는 의지의 표현이라고 할 수 있다. 시에서는 이와 같은 의지가 모두 관철되지는 않는다. 실패를 예감하는 단서가 뺨에 흐르는 "두 방울"의 '눈물'이다. 여기에서 "별빛"은 소망의 대상을 상징하는데, 이것이 없으면 고뇌도 없겠지만 삶의 이유 또한 없을 것이다. "번뇌가 별빛이라"는 그와 같은 운명을 감당하는 표지이자, 지상의 것이 천상의 것과 일치할 수 있다는 가능성의 표현이다.

'별빛'을 무대의 황촉불의 반경으로 제한한 것은 지상의 굴레를 강조한 의견이고, 시를 관통하는 핵심 구절로 파악한 것은 승화한 예술에 주목한 의견이라고 할 수 있을 것이다.[14] 현실의 고뇌와 초극의 이상 사이의 긴장을 확인할 수 있는 곳은 많다. 우선 바로 앞부분 "고와서 서러워라"와 같은 구절이 그러하다. 또한 역동적인 춤사위는 지상에서 연출되고 적요한 별빛은 천상에서 비추고 있는 점에서도 환기된다. 이와 같은 요소를 모두 포함한 "번뇌는 별빛이라"의 여운은 전체 시에서

---

14) 김기중, 「지훈시의 이미지와 상상적 구조」, 『민족문화연구』 22호, 169쪽: "이 작품에서 빛/어둠의 대립은 그러한 내면 지향의 내부 공간과 세계인식의 외부 공간이 형성하는 심층적 의미망을 보여준다. 별빛을 지향하는 승무의 춤은 〈황촉불〉이 밝히는 만큼의 빛의 공간에서 이루어진다."; 최동호, 「조지훈의 「승무」와 「범종」」, 207쪽: "이 시의 구성을 떠받치고 있는 것은 빛의 이미지이다. 별빛과 달빛은 하늘에 있고 황촉불과 춤추는 여승의 눈빛은 지상에 있다. 별빛이 눈빛을 마주치게 하기 위해 달빛과 황촉불이 매개가 된다. 까만 눈동자가 응시하는 별

가장 오래 지속되고 깊다고 할 수 있다. 좌절과 희망을 동시에 안겨주는 이와 같은 점이 어떠한 판본에서도 이곳에서 마침표를 찾을 수 없게 한 까닭일 것이다.

이 구절을 핵심 구절로 추정하는 원인 중 다른 하나가 여기에 쓰인 비유이다. 은유의 형태를 띠고 있는 구절은 「승무」에서 여기밖에 없다. 이와 같은 언술 구조에서 두드러지는 것은 일상 지각에서 멀리 떨어진 수레(vehicle)와 취지(tenor)를 묶어 새로운 관계를 형성하는 주체의 힘이다. 대상과 주체의 거리가 전제되어 있고 관찰자의 시선이 줄곧 유지되고 있는 「승무」에서, "번뇌는 별빛이라"는 그 둘 사이의 거리가 사라지고 대상에 투사된 주체의 정념을 읽을 수 있는 유일한 구절이다. 「승무」의 화자는 관찰자의 시선으로 여승과 간격을 유지하고 있는 데에 주력한다. 이와 같은 간격이 지속적으로 유지되다가, 이 구절에서 일회적으로 사라지는 것이다. 이는 도취의 광경이면서 동시에 지상과 천상의 거리가 지워지는 한 순간이다. 그것이 한 순간만 이뤄진다는 면에서 여승의 비극적 인식이 그곳에 있으며, 한 순간이라도 이뤄진다는 면에서 시 전체를 관통하는 빛의 예술적 승화 장면도 그곳에 있다.

3) 시어와 정황의 차이

「승무(僧舞)」의 판본 변화 과정을 통해 시인이 겪었던 고뇌를 생생히 읽을 수 있었으며 비유의 쓰임을 통해 여승의 고뇌와 예술적 승화의 일면을 섬세하게 읽을 수 있었다. 그러나 이 시의 시적 의미가 여기에서만 발생하는 것도 아니며 해석상의 난맥상도 여기에만 있는 것은 아니다. 앞에서 다룬 문제들과 견주었을 때 사소해 보일 수도 있으나 무시할 수 없는 문제들에 대해 간략하게나마 다루고자 한다.

첫째, "복사꽃 고운 뺨에 아롱질듯 두방울이야"에서 '두 방울'의 정체이다. 이를 속세의 번뇌를 표상하는 '눈물'로 보는 것에 대해 이견은 거의 없다. 하지만 주목

빛이야말로 지상적 존재인 인간이 자신의 고뇌를 별빛으로 초탈시키고자 하는 의지의 상징적 대상물이다. 그런데, 여기서 간과하지 말아야할 것은 이 시 전체를 지배하는 것이 '내면의 빛'이라는 점이다. 하이얀 고깔을 투시하고 두 볼에 흐르는 빛을 응시하는 내면적인 빛을 간과한다면, 이 시에 구사되는 시행들은 아마도 산만한 수사로 전락해버렸을 것이라는 점을 상기해보라. 이 내면의 빛을 전제로 별빛을 응시하는 눈동자가 번뇌의 초탈이라는 정신적 내면성을 획득하게 된다는 것이다."

해야 할 점은 이를 명시하지 않았다는 것이다. 리듬 등 여러 가지를 감안한 결과이겠지만, 이를 명시했을 경우 얻는 것보다는 잃는 것이 더 많아 보인다. 개인적인 센티멘털을 주로 대변하는 '눈물'이 명시될 경우 시의 전체적인 의미에서 예술적 고뇌보다는 개인적인 감상이 두드러지게 된다. 즉 보편성보다는 특수성이 전면에 등장하는 것이다. 따라서 "두방울"과 어울리지 않는 땀방울로 해석될 수 있는 여지를 감수하고서라도, '눈물'을 문면에서 지운 듯하다.

둘째, 휘어졌다 감기고 다시 접어 뻗는 손에 주목한 다음 등장하는 "깊은 마음 속 거룩한 合掌인양 하고"의 정황이다. 합장은 손동작을 마친 뒤 한 것인가, 손동작 자체를 뜻하는가. 이 구절 앞에서 시인은, 외씨버선의 역동적 움직임에서 눈동자와 별빛의 고요한 정적으로 이어지는 장면의 전환을 시도했다. 이 구절을 움직임에서 정지 동작의 재반복으로 받아들이면, 정황은 손동작을 끝낸 다음 합장을 한 것이 된다. 춤사위는 이때 지상에 얽매인 운명과 극복의 시도와 상응하고 합장은 종교적 구원이나 예술적 승화와 상응한다. "깊은 마음 속 거룩한"을 제외하고 이해하면 그렇게 읽을 수도 있다. 하지만 "마음 속 거룩한"은 "합장"을 수식하고 있고, 다시 "합장"은 "인양," 즉 의미상 '처럼'이라는 어미와 결속되어 있다. 앞의 경우처럼 읽으면 '합장인 것처럼'의 원관념을 찾을 수 없게 되는 것이다. 문장 구조상 "합장인양"과 호응하고 있는 부분은 손동작이다. 앞부분의 손동작 자체가 합장이라는 뜻인데, 역동적인 움직임이 끝나고 합장을 하는 것이 아니라 역동적인 움직임 자체가 합장이라는 것을 의미한다. 이와 같은 해석에서는 비록 역동성 끝에 정적인 순간이 찾아온다는 맥락은 희생되더라도 지상의 행위가 곧 종교적 구원이라는 시의 전체적인 주제는 재확인된다.

셋째, 마지막 연 첫 행 "이밤사 귀또리도 지새우는 三更인데"의 "지새우는"이 처음 『문장』판에서는 "지새는"이었다가 『풀잎 단장』에서 "울어새는"으로 바뀌었다가 『조지훈시선』에서 "지새우는"으로 교체된 이유이다. "지새는"이 "지새우는"으로 바뀐 이유는 이미 제출된 바 있다.[15] '밤을'이 생략되어 있을 수밖에 없는 문장 구조를 고려하면 자동사보다 타동사가 쓰이는 것이 자연스럽다는 견해이다. 한 가지 더 주목을 끄는 부분은 "울어새는"이 일순간 등장했다가 사라진 까닭이다. "울

15) 최동호, 「조지훈 시의 초기 판본에 대하여」, 106-107쪽 참조.

어새는"이 등장했다는 것은 시인이 "지새는"에 아쉬움이 있었다는 것을 방증한다. 결과적으로 "지새우는"으로 그 아쉬움은 해소되었으나, 그 전까지 시인은 "울어새는"을 내세웠던 것이다. "울어새는"은 '울다'와 '새다'가 합쳐진 말로서 "지새는"보다 생동감이 더하다. 둘 다 긴 시간을 필요로 하지만 '지새다'에는 '울어새다'가 담을 수 있는 귀뚜라미의 구체적인 모습이 배제되어 있다. "울어새는"을 선택한 화자는 대상을 관찰하는 객관적 시선을 여전히 유지하고 있지만 "지새는"과 견주었을 때 둘 사이의 거리는 한층 좁혀졌다. 화자가 귀뚜라미의 심경을 헤아릴 수 있거나 자신의 마음을 귀뚜라미에 투사할 수 있을 정도로 가까워지게 되는 것이다.

하지만 조지훈은 이 선택을 곧바로 철회하였다. 그 까닭은 여러 가지일 것이다. 우선 '눈물'을 텍스트에 드러내지 않은 까닭과 비슷하게 신파를 경계하고 객관적 거리를 유지하고자 하는 뜻이 작용했을 가능성이 크다. '울어새다' 속에 있는 '울음'이 신파처럼 느껴졌을 수 있는 것이다. 또한 시가 마무리되는 부분에서 생동감을 돌출시키기보다는 정적인 분위로 끝내는 것이 전체적인 시의 흐름에 어울린다는 판단이 작용했을 가능성도 크다. 무엇보다 고뇌의 시간이 장시간 지속되었다는 것을 표시하는 "삼경"이 "울어새다"를 사용할 경우 고립되는 문제가 발생한다. "지새다"는 "삼경"의 의미에 고뇌가 축적되는 시간의 지속성을 더하지만, "울어새다"는 생동감이 부각된 나머지 "삼경"을 단순히 시간적 배경으로 머물게 한다. 이러한 고민들이 시인으로 하여금 "울어새다"를 철회하고 "지새우다"를 선택하게 한 것은 아닐까. 시인의 선택은 정적의 순간을 부각하여 여운이 깊어지는 마무리였다.

이 장에서는 주로 판본 변화 과정에 주목하여 의미 형성 과정과 시인의 의도를 짚어보았다. 판본에 따라 문장 부호도 바뀌고 시인이 감정이 잦아들었다. 대신 두드러진 것은 화자와 여승 사이에 가로놓인 심연이었다. 둘 사이의 간격은 「승무」의 주제이기도 한 현실과 이상의 간극을 환기했다. "번뇌는 별빛이라"는 어느 판본이건 마침표가 찍혀 있지 않은 구절이자 은유를 구사하여 이 간격이 유일하게 무화된 순간이었다. 이 단 한 번의 예외가 현실과 이상의 간극을 지우는 순간을 연출했다. 그 밖에 판본 변화와 함께 의미 변화를 일으킨 구절은 마지막 연 "지새우다"이다. "울어새다"가 쓰였을 때보다 "지새우다"가 쓰일 때 시간의 지속성이 강조되며 "삼경"은 단순히 시간적 배경의 역할에 그치지 않고 번뇌가 축적된 시간의 의미를 담을 수 있었다.

4. 나가며

이 글은 조지훈의 등단 추천작 중 한 편이자 그의 대표작인 「승무」를 집중적으로 읽은 시도이다. 이 시는 그가 생존했을 당시 출간된 『문장』, 『청록집』, 『풀잎 단장』 『조지훈시선』에 네 번 각각 다른 형태로 수록되었고, 사후의 전집 두 곳에도 다른 형태로 실려 있다. 특히 시인이 생존했을 당시 발간된 시집의 판본별 차이는 이 글의 분석에 중요한 자료를 제공하였다. 발표와 개고 당시 구체적인 시인의 고뇌를 그곳에서 짐작할 수 있었으며, 그 결과 시가 최종적으로 지향했던 미적 가치를 추적할 수 있었기 때문이다.

판본별 차이는 크게 길이, 표기, 부호에서 발생했다. 길이는 행과 연의 수를, 표기는 시어를, 부호는 마침표나 느낌표의 쓰임새를 뜻한다. 구체적으로 1, 2, 3연의 길이를 어떻게 처리하는가에 따라 8연 15행과 9연 18행의 시로 나뉘었다. 표기는 "지새는→울어새는→지새우는" 순으로 변화했다. 부호의 경우 느낌표가 등장했다가 곧 사라졌으며, 마침표는 확산했다가 사라졌다. 주목할 점은, 마침표가 전 문장 단위에 찍혀 있던 판본에도 찍지 못했던 특별한 구절이 "번뇌는 별빛이라"였다는 것이다.

이와 같은 사실에서 확인할 수 있었던 것은, 『문장』 판본에서는 승무의 장면에 적극적으로 화자의 감정이 개입되었다는 점이다. 『청록집』 판본에서는 전통의 시가 양식과 당대 의식하지 않을 수 없었던 시 형태가 시인의 내적 규율에 깊숙이 개입되었다는 점을 확인할 수 있었다. 이후 그는 시인의 감정을 내세우지도 외부의 영향을 따르지도 않으면서, 「승무」의 독자적인 세계를 형성했다. 그것은 적막하고 깊이 있는 여운의 세계로 요약할 수 있는데, 한 순간을 제외하고는 화자가 여승과 일정한 거리를 토대로 관찰의 시선을 유지하는 것에서 확보될 수 있었다.

참고문헌

『문장』 1권 8호(1939년 9월호).
『문장』 1권 11호(1939년 12월호).
조지훈 외. 『청록집』. 을유문화사, 1946.

조지훈, 『풀잎 단장』. 창조사, 1952.
______. 『조지훈시선』. 정음사, 1956.
______. 『조지훈 전집』. 일지사, 1973.
______. 『조지훈 전집』. 나남출판사, 1996.

김기중. 「지훈시의 이미지와 상상적 구조」. 『민족문화연구』 22호(1989. 2), 163-190쪽.
김문주. 「조지훈 시의 형이상적 성격과 현실주의」. 『한민족어문학』 59(2011. 12), 337-368쪽.
______. 「풍경에 반영된 동·서의 관점—정지용과 조지훈 시의 형상을 중심으로」. 『우리어문연구』 25(2005. 12), 95-117쪽.
______. 『형상과 전통』. 월인, 2006.
김종길. 『시에 대하여』. 민음사, 1986.
김종길·정한모·인권한·박노준 외. 『조지훈 연구』. 고려대학교출판부, 1978.
김종훈. 『한국 근대 서정시의 기원과 형성』. 서정시학, 2010.
박순원. 「『문장』의 신인 추천제 연구」. 『한국근대문학연구』 20(2009. 10), 67-94쪽.
박제천. 「조지훈의 인간과 사상」. 『한국문학연구』 18(1995. 12), 5-14쪽.
방민호. 「조선어학회 사건 전후의 조지훈」. 『우리문학연구』 30(2010. 6), 29-32쪽.
송재영. 「조지훈론」. 『창작과비평』 22호(1971년 가을), 718-731쪽.
송희복. 「한국시의 고전주의—정지용과 조지훈」. 『오늘의 문예비평』 10(1993. 8), 153-168쪽.
오형엽. 「조지훈 시의 청각적 이미지와 시의식」. 『한국언어문화』 40(2009), 127-158쪽.
______. 「조지훈 시론의 보편성 연구」. 『한국언어문화』 42(2010), 275-303쪽.
이경수. 「조지훈 시의 불교적 상상력과 선미(禪味)의 세계」. 『우리어문연구』 33(2009. 1), 327-356쪽.
이찬. 「20세기 후반 한국현대시론 연구」. 고려대 박사학위논문, 2004.
이희중. 「조지훈 시의 애상성 연구」. 『비평문학』 30(2008. 12), 131-152쪽.
임곤택. 『전후 한국현대시와 전통』. 서정시학, 2012.
조창환. 「조지훈 초기시의 운율과 구조」. 『한국문예비평연구』 25(2008), 5-28쪽.
주영중. 「조지훈과 김춘수 시론 비교 연구」. 『어문논집』 59(2009), 489-516쪽.
최동호. 「시문학파의 문학사적 의미망과 정지용」. 『한국시학연구』 34(2012. 8). 277-307쪽.
______. 「조지훈 시의 초기 판본에 대하여—「승무」의 판본과 출생 기록 등을 중심으로」. 『한국문예비평연구』 30(2009. 12), 91-111쪽.
______. 「조지훈의 「승무」와 「범종」」. 『민족문화연구』 24(1991. 7), 203-222면.
______. 「조지훈의 등단 추천작과 그 시적 전개」. 『한국시학연구』 28(2010. 8), 389-411쪽.
최승호. 「조지훈의 시학에 있어서 형이상학적 관점」. 『관악어문연구』 16(1991), 233-251쪽.
최승호 편. 『조지훈』. 새미, 2003.

조지훈의 「완화삼」과 박목월의 「나그네」의 상호텍스트성 연구

고형진

1. 서론

조지훈의 「완화삼」과[1] 박목월의 「나그네」는 한국 현대시의 수많은 명편 중에서 각별히 조명해야 할 작품이다. 두 작품은 청록파를 대변하는 두 시인의 초기 시를 대표하는 것일 뿐만 아니라, 보통의 작품과는 다른 특이한 창작배경을 지니고 있다. 조지훈의 「완화삼」은 제목에 붙은 '목월에게'라는 부제에서 알 수 있듯 시인이 박

1) 「완화삼」의 원제는 「완화삼—목월에게」이며, 「나그네」의 원제는 「나그네—술 익는 강마을의 저녁노을이여 - 지훈」인데, 작품 인용에서만 원제를 쓰고, 본문에선 편의상 부제를 빼고 주 제목만 쓰도록 한다.

목월에게 건네는 형식으로 쓴 작품이다. 그리고 박목월의 「나그네」는 여기에 화답하여 쓴 작품이다. 이 시에도 '술 익는 강마을의 저녁노을이여 - 지훈'이라는 부제가 붙어 있다. 조지훈의 「완화삼」은 박목월과의 연관 속에서 탄생한 것이고, 박목월의 「나그네」는 지훈의 「완화삼」과의 연관 속에서 탄생한 것이다. 조지훈의 「완화삼」처럼 문우나 지인에게 보내는 형식의 작품은 이전에도 있었지만, 이에 대해 화답하여 쓴 작품은 박목월의 「나그네」가 처음이다. 「나그네」는 한국 현대 화답시의 원조 작품이자, 한국의 화답 시 형성에 큰 영향을 끼친 작품이다.

그런가 하면 「완화삼」은 특정인에게 보내는 형식을 취하고 있을 뿐만 아니라 특정인과 함께 나눈 체험이 시의 바탕을 이루고 있어 이 유형의 다른 작품들과 차별된다. 특정인에게 보내는 형식을 지닌 기존 작품의 경우, 대개 상대방에게 자신의 근황을 전하거나, 또는 그를 기리는 내용으로 짜여진 것이 일반적이다. 하지만 「완화삼」은 지훈이 목월과 함께 나눈 특별한 체험을 바탕으로 하고 있다. 조지훈의 「완화삼」엔 박목월의 흔적이 상당히 드리워져 있다.

이처럼 두 시인의 두 작품이 서로 간에 밀접히 관련되어 각각의 작품이 탄생한 것은 종전의 우리 시사에선 그 유래를 찾기 어려울 만큼 특이한 일이다. 게다가 서로 간에 그토록 깊은 영향을 주고받으면서도 각각 자기 개성과 정체성을 뚜렷이 드러내며 뛰어난 시적 성취를 거둬 두 작품의 연관성과 독창성에 비상한 관심을 갖게 만든다.

하지만, 이러한 특수한 관계에도 불구하고, 실제 작품의 이해과정에선 두 작품을 각각 별개의 작품으로 간주해 살펴본 것이 그간의 연구 관행이었다. 지훈의 「완화삼」에 '목월에게'라는 부제가 붙어 있고, 목월의 「나그네」가 이에 대한 화답시라는 것을 지적하면서도, 막상 작품 이해의 단계에선 두 작품을 분리해 다루곤 하였다. 심지어 작품의 부제를 빼고 작품을 인용하거나, 그런 작품을 사화 집에 수록하는 경우도 많다. 두 작품의 연관관계를 살피면서 작품을 이해하는 글들이 더러 있긴 하나 그 경우도 단편적인 언급에 머물고 있을 뿐이다.[2] 이 두 작품 사이의 긴밀한 상관관계만큼 작품 이해의 과정에서도 그런 상호텍스트의 관점이 전면적으로

2) 지훈의 「완화삼」과 목월의 「나그네」를 비교해 살펴본, 주목되는 최초의 논자는 정한모인데, 간략하고 단편적인 언급에 그치고 있다. 정한모, 『현대시론』, 민중서관, 1974, 300-302쪽.

적용되어야 작품의 의미가 보다 정확하게 밝혀질 것이다. 뿐만 아니라 이런 시각의 적용은 두 작품의 창작과정까지 엿보게 해 한층 생동감 있게 작품을 이해하게 해준다. 또 두 시인 간에 벌어진 영향 관계의 파악은 두 시인의 특징을 단적으로 확인시켜 준다. 창작과정상 서로 주고받고 배제하는 시적 행위 속에서 두 시인이 추구하는 시적 태도와 세계가 뚜렷이 드러나게 되는 것이다. 그리하여 이 두 작품의 상호텍스트적 관점에 입각한 작품 분석은 두 시인이 간직하고 있는 시적 특징의 전반을 일목요연하게 파악하게 해 주는 성과까지 얻게 될 것이다.

2. 지훈의 「완화삼」과 목월

1) 지훈 시의 개성, 한국의 멋과 선비의 풍류

조지훈의 「완화삼」은 1946년 4월 『상아탑』 5호에 발표되었고, 그 후 시집 『청록집』(1946년, 6월)에 수록되었는데, 실제 이 작품이 쓰인 것은 해방 이전의 일제 말기였다. 지훈은 1939년 4월 『문장』지에 「고풍의상」이, 그해 12월에 「승무」가, 그 이듬해인 1940년 2월에 「봉황수」가 추천되면서 당시의 3회 추천 절차에 따라 시단에 나왔다. 「완화삼」은 지훈이 등단 이태 후인 1942년 봄 무렵에 쓴 작품인데, 이 시기는 일제 말기로서 우리말로 된 작품을 발표할 기회가 거의 상실된 때였다. 그리하여 이 작품은 지훈의 품에 간직되어 있다가 해방 직후 우리말을 되찾으며 도서 출판이 활발하게 이루어지던 1946년에 잡지와 시집을 통해 발표된 것이다.

지훈의 초기 시인 이 작품엔 그의 정체성과 개성이 물씬 배어 있다. 이 시엔 그의 등단작인 「승무」, 「고풍의상」, 「봉황수」 등에 담겨 있는 한국적인 멋과 아름다움, 그리고 선비 정신과 기질이 깊게 나타나 있으며, 특유의 고아한 언어들이 유려한 문체에 실려 격조 있게 구사되고 있다. 여기에다 이 시는 이러한 시적 특성들이 시인 화자의 목소리에 실려 전해져 자기 정체성을 강렬히 드러내고 있다. 이 시엔 일인칭 화자가 시의 문면에 명시되어 있지 않으나, '완화삼-목월에게'라는 부제가 붙은 제목을 통해 나그네 화자가 시인 자신임을 뚜렷이 전하고 있다. 그리하여 이 시는 지훈 초기 시의 미학과 정신을 스스로 천명하는 그의 '시론 시'로 읽히기도 한다. 이 시에 나타난 지훈 시의 미적 특성과 정신세계를 구체적으로 알아보자.

차운산 바위우에 하늘은 멀어
산새가 구슬피 울음 운다.

구름 흘러가는
물길은 七百里

나그네 긴 소매 꽃잎에 젖어
술 익는 강 마을의 저녁노을이여

이 밤 자면 저 마을에
꽃은 지리라.

다정하고 한 많음도 병인 양하여
달빛 아래 고요히 흔들리며 가노니……

—「완화삼(玩花衫)—목월(木月)에게」 전문[3]

1연은 자연 풍경에 대한 묘사이다. 시의 배경을 이루는 자연의 모습을 묘사하는 것으로 작품이 시작되는데, 여기서 자연 풍경의 정취와 묘사의 기법은 전통 시가에 접맥되어 있다. '차운산'을 뜻하는 '찬산'은 한시에 '한산(寒山)'이란 말로 자주 구사되는 이미지이고,[4] '바위', '먼 하늘', '구슬피 우는 산새'는 시조에서 흔히 구사되는 이미지이다. 그것은 가깝게는 소월의 시 「산」에서 "산새도 오리나무 위에서 운다/산새는 왜 우노/시메산골 영넘어 갈라고 그래서 울지"라는 시 구절에 맞닿아 있다. 2연에서도 풍경 묘사가 이어진다. '구름'과 '물길'은 그 다음 연부터 본격적으로

---

3) 박목월·조지훈·박두진, 『청록집』, 을유문화사, 1946.

4) 이 점은 정끝별이 지적한 바 있고, 그에 앞서 정민은 이 시의 첫 행이 두목(杜牧)의 「산행(山行)」1구, "遠上寒山石經斜"(차운 산 기운 돌길 위로 멀리 오르는데)를 떠올린다고 말한 바 있다. 정끝별, 『시심전심』, 문학동네, 2011, 171쪽; 정민, 「목월시의 의경과 한시적 미감」, 『한국언어문화』 36권(한국언어문화학회, 2008), 139쪽.
한편 이 시와 한시와의 관련성은 김종길이 최초로 지적한 바 있다. 김종길은 이 시가 한시로

등장하는 '나그네'의 이미지를 함축하는데, 이러한 수사는 전통 서정시에서 흔히 구사되던 것이다. 정처 없이 떠다니는 나그네의 모습을 구름과 물길에 빗대는 것은 한시, 시조, 서정시에서 공히 구사되던 일종의 수사패턴이다.

그런데 이 시에서 그 풍경은 '구름이 비친 물길의 흐름'으로 그려짐으로써 풍경의 세부가 사뭇 달라지고, 그 이미지도 보다 깊어진다. 구름이 물길에 비쳐 구름과 물길이 함께 흘려감으로써 그 형상은 훨씬 한가하고 평온하고 고요한 느낌을 전해준다. 게다가 구름이 비치는 형상은 아련한 모습을 띠면서 은은한 미감을 창출한다. 이처럼 물체가 비치는 형상은 이어지는 3연에서 나그네 적삼에 꽃잎이 젖는 모습과 호응한다. 이 역시 물체가 비치는 형상의 표현이다. 전자는 물길에 구름이 비치는 것이고, 후자는 적삼에 꽃잎이 비치는 것이다. 시의 문면에 적삼의 종류와 빛깔이 나와 있진 않지만, 꽃잎이 옷에 젖는 느낌이 들려면 그 적삼은 흰빛이어야 할 것이다. 시에 나타난 정황과 정서상 나그네가 입은 적삼의 이미지는 무명옷이다. 물결이나 무명옷이나 모두 수수하고 소박하면서 부드러운 느낌을 준다. 무명옷은 물결과 달리 투박한 촉감을 지니지만 그 질박함이 한편으로 부드러운 느낌을 유발한다. 이렇게 볼 때 이 시는 흰빛, 또는 무색의 소박하고 부드러운 물질에 구름과 꽃잎이 비치는 형상을 하고 있는 것이다. 이 모습은 전통 한옥의 창문을 장식하고 있는 하얀 창호지에 달빛과 꽃잎이 비쳐 은은한 아름다움을 뿜어내는 것과 같은 한국의 멋과 아름다움을 전해준다.

한편 꽃잎에 젖어든 상태는 아름다운 자연의 흥취에 빠져 있는 나그네의 내면을 환기한다. 이 시의 문면에 꽃의 종류와 빛깔이 나와 있는 것은 아니지만, 옷에 꽃잎이 젖는 느낌이라면 그 꽃은 짙은 색깔이어야 할 것이다. 꽃에 젖어 있는 나그네 화자가 서 있는 곳은 '술 익는 강마을'이다. 술과 어울리는 꽃의 빛깔이라면 아무래도 붉은 빛일 것이다. 이 시에서 꽃과 술은 서로 병치되면서 다 같이 붉은 빛을 띠게

발상된 것으로 이 시의 일부가 지훈 시의 "苔封路石寒山雨/酒熟江村暖夕暉"와 연관된다고 말한 바 있다. 이 한시의 제목은 「여회(旅懷)」로서 지훈의 한시집인 『유수집(流水集)』에 수록되어 있다. 김종균은 이 시가 1944년 작으로 「완화삼」(1942년) 이후에 쓰여진 것으로 보고 있다. 김종길, 『진실과 언어』, 일지사, 1974, 148쪽; 김종균, 「조지훈 한시 연구—"유수집"을 중심으로」, 『한국외국어대학교 논문집』 17권(1984), 110쪽.

되며 나그네의 흥취를 한껏 돋아주는 이미지로 환기된다. 여기에 '강마을'이란 장소는 나그네의 흥취를 드러내기에 적절한 시의 배경이 되고 있다. '꽃'과 '술'은 '강물'과 어우러질 때 도락의 순간을 극대화한다. 물가에서 배를 타고 꽃을 즐기며 술을 마시는 것은 옛 선비들이 즐기던 풍류의 하나였다. 이 시에서 시인이 물가에서 배를 타고 있는 것은 아니지만 강마을이 지닌 물의 이미지는 꽃과 술이 환기하는 풍류의 정취를 확실히 고조시킨다. 그런가 하면 '강마을'은 한시에서 '강촌(江村)'이란 시어로 자주 나오는 이미지로서[5] 특유의 한가하고 여유로운 풍경을 보여 준다. 그 느낌 역시 나그네의 풍류를 고조시킨다.

물과 꽃과 술이 어우러져 빚어내는 나그네의 흥취는 '저녁노을'의 이미지에서 절정을 이룬다. 저녁노을도 꽃, 술과 함께 붉은 빛을 띤다. 천상에 뿌려진 붉은 노을빛은 꽃과 술이 뿜어내는 붉은 도취의 기운이 하늘로 올라간 빚어진 것이다. 꽃잎과 술에 연이어서 그려진 저녁노을은 천상에 깔려 있는 꽃잎이며, 하늘 위에서 감도는 술기운이다. 여기서 나그네의 흥취는 절정에 이른다. '저녁노을이여'라는 감탄의 서술 어미는 도취의 절정에 이른 나그네 화자의 마음을 여실히 보여주는 언어 형식이다.

꽃의 아름다움과 술의 도취는 절정의 순간을 지나면 조락의 길을 걷는다. 꽃과 술기운과 저녁노을은 그 아름답고 달콤한 순간이 곧 저물기 시작하는 시점이다. 그것은 지상에 존재하는 모든 생명체의 운명이기도 하다. 4연은 그러한 존재의 운명을 전하는 것이고, 마지막 5연은 그런 세상이치에 대한 나그네 화자의 심경토로이며, 그런 마음을 안고 길을 걸어가는 나그네의 초상이다.

이 시의 시상을 요약하며 끝을 맺는 마지막 대목은 우리의 옛 시조 두 수에 접맥되어 있다. 하나는 이조년의 시조이고, 또 하나는 월산대군의 시조이다. "다정하고 한 많음도 병인 양하여"가 이조년의 시조 '다정가' 종장의 인유라는 것은 널리 알려진 사실이다.[6] 이조년의 이 대목이 한 밤의 배꽃과 달빛과 소쩍새 울음소리에 취

---

5) 두보의 시 「강촌(江村)」과 지훈이 한역한 바도 있는 임규의 「강촌야흥(江村夜興)」을 비롯해 '강촌(江村)'은 한시에서 자주 구사되는 이미지이다.

6) 이 시와 한시, 시조와의 관련성은 양왕용의 글이 주목된다. 양왕용, 「조지훈의 시」, 김종길 외, 『조지훈 연구』, 고려대학교출판부, 1978.

해 터져 나온 것이듯이, 지훈의 이 대목 역시 꽃에 취한 나그네 화자가 달빛 속에서 토해내는 육성이다. 그 나그네 화자의 초상을 서정적으로 그리고 있는 이 시의 마지막 행은 월산대군의 시조 종장인 "무심한 달빛만 싣고 빈 배 저어 가노라"에 접맥되어 있다. 이 시조는 추강의 낚시에 고기는 못 낚고 빈 배에 달빛만 잔뜩 싣고 돌아간다는 것이고, 「완화삼」은 다정다한의 심정으로 달빛 속을 걸어간다는 것이므로 시의 전언과 정서는 서로 다르다. 하지만 화자가 감상(感傷)에 젖어 달빛을 맞으며 나아가는 장면을 그리고 있으며, 그 장면이 화자의 정서를 매우 서정적으로 물들인다는 점에서 이미지의 유사성을 갖는다. 「완화삼」의 이 마지막 시행은 깊은 감상에 젖어있는 나그네 화자의 슬프고도 아름다운 모습을 운치 있게 보여 준다. 우리는 이 풍경 속의 나그네에게서 옛 선비의 풍모를 자연스럽게 떠올리게 된다.

이 시는 길게 늘어지는 진술을 자주 보이고, 또 화자의 감정이 노출되는 서술어미를 자주 구사하는데, 이것은 선비의 풍류와 멋을 그대로 드러내기 위한 언어장치이다.[7] 이 시는 나그네 화자의 선비적 풍모를 짙게 드러내며, 그런 인물을 '완화삼' 이란 이미지로 그리고, 그 아래에 '목월에게'라는 부제를 붙여 그가 바로 지훈 자신임을 명시하고 있다. 이 시는 지훈이 자신의 정체성을 뚜렷이 드러내며 나그네의 심정을 밝히고, 그런 마음을 목월에게 전하고 있는 작품이다.

2) 목월과 경주 체험

1942년 봄에 쓰여진 「완화삼」은 지훈이 당시 경주에 있는 목월을 만나 그와 함께 보낸 체험을 바탕으로 쓴 작품이다. 이 시가 쓰여진 전후의 사회상황과 지훈의 근황, 그리고 이 시가 쓰여진 계기가 된 목월과의 만남과 그와 함께 보낸 경주에서의 생활 등은 다음과 같은 지훈의 글에서 자세히 확인할 수 있다. 「완화삼」의 창작배경을 알려주는 지훈의 아래 글은 이 시에 드리워진 목월의 흔적을 짐작하게 해준다. 이제 이 창작배경을 토대로 「완화삼」을 목월과의 관련 속에서 읽어 보도록 하자.

7) 정한모는 지훈의 「완화삼」과 목월의 「나그네」를 간명하게 비교하는 자리에서, 지훈 시는 풍류적이고 유려하며, 장식적인 미감의 표출이 눈에 띈다고 설명한 바 있다. 정한모, 앞의 책, 299쪽.

내가 목월을 처음 만난 것은 1942년 이른 봄이었다. 그 전 해 가을에 나는 절간에서 일본의 진주만공습을 들었고 『문장』 폐간호를 받았다. 그해 겨울 과음한 탓으로 빈사의 몸이 되어 서울로 와서 소위 『국민문학』이 발간된 것을 보았고 몇 달을 누워 있다가 이듬해 봄에 '조선어학회'의 『큰사전』 편찬을 돕고 있을 때였다. 일본서 돌아오는 초면의 시인이 하나 화동에 있는 조선어학회를 찾아와서 오는 길에 목월을 만나고 왔다는 말을 전했었다. 그때까지 경주를 못 보았을 뿐만 아니라 겸하여 목월도 만나고 싶고 해서 나는 그 이튿날 목월에게 편지를 썼다. …… 철에 이른 봄옷을 갈아입고 표연히 경주에 내린 것은 저녁어스름—분분한 눈송이와 함께 봄비가 뿌릴 때였다. 목월은 초면의 서울나그네를 맞으려 '박목월'이란 깃대를 들고 건천(乾川)까지 마중을 나왔었다는 것이다. 그 밤 여사(旅舍)에서 목월이 나에게 보여준 시는 「밭을 갈아 콩을 심고」란 시였다. "장독앞에 모란 심고 장독뒤에 더덕심고"의 구절과 "꾹 구구구 비둘기야"라는 후렴구는 아직도 기억에 남아있다. 외롭고 슬픈 내 노래의 마음을 세상에 알아주는 이가 목월이라는 처음 보는 눈이 크고 맑은 시인밖에 없는 상 싶어 미덥고 서럽던 생각! 목월이 출장 다닐 때 걸어가는 길가에서 들은 비둘기 울음, 혹은 살살 날리는 어스름과 산그늘도 그의 소개로 나는 듣고 보았다. 석굴암 가던 날은 대숲에 복사꽃이 피고 진눈개비가 뿌리는 희한한 날씨였다. 불국사 나무 그늘에서 나는 찬술에 취하여 떨리는 봄옷을 외투로 덮어주던 목월의 체온도 새로이 생각난다. 그리하여 나는 보름동안을 경주에서 머물었고 옥산서원의 독락당에 눕기도 하였으며 「완화삼」이란 졸시를 목월에게 보내기도 하였다. 목월의 시 「나그네」는 이 「완화삼」에 화답하여 보내준 시이다.[8)]

이 자서에 의하면 지훈은 먼저 경주에 있는 목월에게 편지를 띄우고 그의 반가운 회신에 따라 경주역에서 초면의 목월을 만나 그와 함께 경주의 이곳저곳을 둘러보았으며, 이곳에서 보름 정도 지냈고, 여기서 「완화삼」이란 시를 써 목월에게 건네준 것이다. 이렇게 볼 때, 「완화삼」의 중심 이미지인 나그네는 지훈이 목월을 만나러 경주로 떠나 나그네의 처지가 된 상황에서 촉발된 것이다. 지훈의 경주 나들이와 목월과의 만남이 「완화삼」의 나그네 이미지를 낳은 것이다. 물론 '나그네'는 예부터 전해 오던 문학의 보편적인 이미지이긴 하다. 하지만, '목월에게'라는 부제에

8) 조지훈, 「박목월 시집 『산도화』 발문」, 박목월, 『산도화』, 영웅출판사, 1995, 113-115쪽.

서 확인되듯 이 시는 지훈이 서울을 떠나 경주로 목월을 만나러 가는 여정 속에서 탄생한 것이므로, 이 시의 나그네 이미지는 특별히 목월과의 경주 체험에서 비롯된 것이다. 그리하여 이 시에 나타난 구체적인 정황 등은 상당 부분 경주 체험과 긴밀히 연관된다.

이 시의 자연배경을 이루는 '칠백리의 물길'은 낙동강 길이의 수치와 일치한다. 조명희의 소설 「낙동강」에 "낙동강 칠백리"라는 어구가 나오고, 또 당시 유행하던 민요 중 "낙동강 칠백리 공굴놓고 하이칼라 잡놈이 손찔한다"[9]는 것이 있다. '칠백리의 물길'은 바로 이러한 작품들의 구절과 겹쳐 읽힌다.[10] 낙동강은 경상북도를 남북으로 관통하는 이 지역의 대표적인 강이다. 낙동강은 경주를 찾아가는 나그네 화자의 여정에서 가장 인상 깊은 그 지역 인근의 강물이며, 그 지역에 접어든 화자의 여정에서 가장 길게 뻗어있는 강물인 것이다. 목월을 만나러 가는 경주 여행이 '나그네'와 '칠백리'의 이미지를 낳은 동인이라고 할 수 있다.

지훈이 「완화삼」을 쓴 정확한 시점에 대해서는 당사자들의 회고가 다소 엇갈려 정확히 단정하기 어려운데,[11] 위에 인용한 지훈 자서의 문맥에 따라 이 시가 경주에 머물러 쓴 것이라고 본다면, 이 시에는 경주 체험이 더 드리워져 있는 것으로 볼 수 있다. 가령 '강마을'은 경주에 있는 하천인 '건천'과 겹쳐 읽히며,[12] '구슬피 우는 산새'는 지훈이 목월 시와 경주에서 인상 깊게 보고 들었던 비둘기 울음소리와 겹쳐 읽히고, '적삼에 젖은 꽃'은 지훈이 목월과 함께 석굴암으로 가는 길의 대숲에

9) 유종호, 『시란 무엇인가』, 민음사, 1977, 159쪽.

10) 정민도 '칠백리 물길'이 아마도 낙동강 7백 리를 염두에 둔 듯하다고 말한 바 있다. 정민, 앞의 글, 139쪽.

11) 목월은 「처음과 마지막—지훈에의 회상」(『사상계』 통권 183호, 1968. 7)에서 경주역서 지훈을 만난 날 밤 지훈이 자신에게 「완화삼」을 보여주었다고 적고 있다. 목월의 회상에 위하면 「완화삼」은 지훈이 서울서 써 간 것이 된다. 목월의 회상기엔 몇 몇 착오가 눈에 띈다. 목월이 경주로 자신을 찾아 온 것이 1940년(지훈은 1942년이라고 함)이라고 한 점, 또 이 때 그의 나이가 31세(실제론 23세이며, 목월이 회상한 1940년을 기점으로 하면 21세임)라고 한 것 등이 그것이다. 또 목월은 지훈이 경주에 일주일쯤 머물렀다고 적고 있는데, 지훈은 위의 자서에서 보름 동안 머물렀다고 적고 있다.

12) 지훈은 위의 자서에서 확인되듯 목월이 '건천'으로 자신을 마중 나온 것에 대해 각별한 기억을 갖고 있다. 여기서 건천은 경주에 있는 '건천역'을 가리킨다. '건천읍'이란 마을이 있으며, '건천'은 그 인근에 있는 하천이다. 하천 주변으론 마을이 형성되어 있다.

서 보았던 복사꽃과 겹쳐 읽힌다.[13)] 강마을과 산새울음과 꽃은 전통적인 심상이지만, 그것이 경주 체험을 통해 구체적인 시적 이미지로 거듭난 것으로 볼 수 있다.[14)]

이 시엔 이렇듯 목월과 경주 체험이 작품 곳곳에 스며있는데, 지훈은 이 체험을 한국의 멋과 아름다움이 물씬 묻어나는 시적 이미지로 승화시켰고, 이를 통해 자신의 개성과 정체성이 뚜렷이 드러나는 작품으로 만들어냈다.

3) 제목 "완화삼—목월에게"의 의미

이 시의 제목은 지금까지 살펴본 시 「완화삼」의 성격을 압축해 보여 준다. 먼저 '완화삼'이란 주 제목은 시인 자신을 가리키며, 부제인 '목월에게'는 말 그대로 목월에게 전한다는 뜻이다. 그러니까 이 시의 제목은 '지훈이 목월에게', 즉 '내가 목월에게'라는 뜻이다. 지훈 자신을 가리키는 말을 '완화삼'으로 삼음으로써, 이 시의 제목은 풍류와 멋을 아는 선비 이미지가 전면에 부각된다. '완화삼(玩花衫)'이란 한자어는 '완화(玩花)'와 '삼(衫)'을 띄어서 어석해야 시의 정확한 의미와 부합된다. '완화(玩花)'는 말뜻 그대로 꽃을 완상한다는 것이며, '삼(衫)'은 무명옷을 함축한다. 여기서 전자는 풍류를, 후자는 선비를 함축한다. 제목의 문면에서 선비는 풍류의 멋만을 즐기는 자이지만, '삼(衫)'이란 말이 뒤에 나옴으로써 선비의 이미지가 따로 부각된다. 선비가 즐기는 풍류와 풍류를 즐기는 선비와는 뉘앙스에 차이가 있다. 전자는 풍류에, 후자는 선비에 의미의 무게가 놓인다. '삼'이란 기표가 지닌 입이 닫히며 말소리가 끝나는 발음은 모종의 단호함을 전해주고, 그 느낌은 고상한 한자 조어와 함께 선비의 위엄을 환기시킨다. 이 말은 뒤에 살펴볼 목월의 '나그네'라는 제목과 여러모로 대조된다. '나그네'라는 말은 순우리말로서 은은한 소릿결을 지니며, 부드러운 모음에 뒤가 열려 있는 발음을 지니고 있다. '완화삼'이란 주 제목엔 이 시의 바탕과 얼개와 정신에 한국의 전통시가와 멋과 아름다움, 그리고 선비적 기질이 담겨 있음을 보여 주는 것이다.

---

13) 「완화삼」의 꽃잎과 지훈이 경주에서 본 복사꽃과의 관련성은 정끝별이 말한 바 있다. 정끝별, 앞의 책, 171쪽.

14) 목월의 회상에 의한다면 「완화삼」과 목월과의 관련성은 '나그네'와 '칠백리' 이미지에만 한정될 것이다.

'목월에게'라는 부제는 주 제목 '완화삼'이 지훈 자신을 가리키므로 지훈이 목월에게 전하는 안부나 감사의 표시가 된다. 지훈은 처음 목월에게 편지로 경주 여행을 타진했고, 여행을 마치며 목월에게 다시 시로서 감사표시를 한 셈이다. 목월에게 전하는 두 번째 글인 것인데, 편지가 아닌 시로서 감사표시를 했으니 시인으로서 할 수 있는 최상의 예의를 갖추고, 스스로도 품격 있는 행동을 취한 것이다.

박목월이란 성명에서 성을 빼고 목월이란 이름만 쓴 것은 우리말의 호칭 관행상 친근함의 표시이다. 초면의 사람과 단 보름을 같이 지내고 나서 이름만을 부른다는 것은 그만큼 둘 사이에 깊은 마음의 교류가 있었음을 고백하는 것이고, 그런 문우에게 정겹고 따뜻한 마음을 전하는 것이라고 할 수 있다. 이름 뒤에 '에게'라는 조사를 붙인 언어형식은 이 호칭을 한결 다정한 것으로 만든다. 게다가 '목월'이란 기표가 지닌 음성의 조합은 부드럽고 온화한 느낌을 불러일으켜 '목월에게'라는 호명형식이 불러일으키는 다정한 느낌을 한결 따뜻하게 만든다. 시의 감정이 전면에 묻어있는 이 시의 특성이 제목에서부터 나타나 있는 것이다.

3. 목월의 「나그네」와 지훈의 「완화삼」

1) 「완화삼」의 시어와 이미지들

박목월의 「나그네」는 1946년에 간행된 『청록집』에 실려 있는 작품인데, 이 시도 실제 쓰여진 시기는 앞서 살펴본 지훈의 글에서 확인되듯 해방 이전이다. 목월이 지훈으로부터 「완화삼」을 건네받은 이후 그리 길지 않은 시점에 「나그네」라는 화답 시가 씌어졌을 것으로 짐작된다. 지훈이 경주에서 목월과 함께 보내며 돈독한 우정을 쌓은 일을 바탕으로 「완화삼」을 쓴 것인 만큼, 그에 대한 목월의 화답 시 역시 그 시에 바탕으로 두고 쓰여지게 된다. 사실, 모든 화답 시가 자신에게 보낸 시를 바탕으로 쓰는 것이겠지만, 지훈의 시가 목월과의 각별한 체험 공유를 바탕으로 한 것이기 때문에 목월의 화답 시가 지닌 지훈 시와의 친근성은 더욱 크게 나타날 수밖에 없다. 그리하여 목월의 「나그네」엔 지훈의 「완화삼」에 쓰인 시어와 이미지들이 많이 구사된다. 목월의 「나그네」는 부제부터 지훈 시의 한 구절을 달고 있다. '술익는 강마을의 저녁노을이여'란 부제의 한 구절은 「완화삼」의 3연 2행을 그대로 따온 것이다. 이런 맥락에서 보면, '나그네'란 주 제목도 「완화삼」에서 수용한 시어이자 이미지라고 할 수 있다. 「완화삼」에서 '나그네'는 시의 중심 이미지이고, '술익는 강마을의 저녁노을이여'는 그 나그네의 내면을 드러내는 구절로서 역시 이 시의 핵심 이미지이다. 이 점에서 목월 시 「나그네」의 착상은 「완화삼」이라는 작품의 내용에서 비롯된 것으로 볼 수 있다. 「나그네」와 「완화삼」과의 친근성은 시의 본문에서도 계속된다. 「나그네」에 나타난 「완화삼」의 시어와 이미지들을 더 구체적으로 살펴보자.

江나루 건너서
밀밭 길을

구름에 달 가듯이
가는 나그네

길은 외줄기
南道 三百里

술 익는 마을마다
타는 저녁 놀

구름에 달 가듯이
가는 나그네

「나그네—술 익는 강마을의 저녁노을이여 - 지훈」[15] 전문

먼저 시의 주 제목에 쓰인 '나그네'란 시어는 시의 본문에도 그대로 나온다. 또 부제에 쓰인 「완화삼」의 한 구절 중 '술'과 '저녁놀'이란 말도 시의 본문에 그대로 나온다. '저녁노을'이 '저녁놀'로 줄어들어 운율 효과가 다르긴 하나 이미지는 동일

---

15) 박목월·조지훈·박두진, 『청록집』, 을유문화사, 1946.

한 것이다. '구름'이란 말도 「완화삼」에서 구사된 말이다. 이들은 모두 명사인데, 동사도 같은 말이 눈에 띈다. 「나그네」에 구사된 동사 가운데 '가다'와 '익다'가 「완화삼」에서 구사된 말이다.

이 외에 「나그네」엔 「완화삼」에서 약간의 변형을 보인 시어들이 여럿 구사된다. '강나루', '길', '달', '삼백리' 등이 그것들이다. 이들은 각각 「완화삼」의 '강마을', '물길', '달빛', '칠백리'의 변형 어휘들이다. 「나그네」는 매우 정제된 형태의 짧은 시로서 구사된 시어도 몇 개 되지 않는다. 그럼에도 불구하고 5개의 시어가, 그것도 핵심적인 시어들이 「완화삼」의 시어와 겹치며, 또 4개의 시어가 부분적으로 겹친다. 동사의 경우 「나그네」에 쓰인 3개의 동사 가운데 2개가 「완화삼」에서 구사된 것들이다. 「나그네」와 「완화삼」과의 이런 시어 유사성이 시인이 실제로 의도한 것인지, 아니면 우연의 일치인지 알 길은 없다. 하지만, 시인의 의도여부와는 별개로, 「나그네」엔 「완화삼」에 구사된 시어들 중 상당 부분이 겹치고 있는 것이 엄연한 사실이다.

「나그네」의 시적 정황도 큰 틀에선 「완화삼」의 그것과 유사하다. 「나그네」도 「완화삼」과 마찬가지로 길 떠나는 나그네의 모습을 그리고 있으며, 그 길을 둘러 싼 배경도 유사한 점이 많다. 두 작품 모두 길 주변에 강물이 흐르고, 술 익는 마을이 있으며, 하늘엔 저녁노을이 펼쳐져 있다. 「나그네」도 「완화삼」과 마찬가지로 아름답고 낭만적인 농촌마을을 배경으로 나그네의 길 떠나는 모습을 그리고 있는 것이다.

그런데 「나그네」에서 환기되는 시의 정서와 의미는 「완화삼」과 사뭇 다르다. 같거나 유사한 시어가 많고 시의 얼개가 비슷함에도 불구하고 시의 느낌이 크게 다르고 시의 전언도 많이 다르다. 농촌 마을의 정경이 유사하긴 하나 그 안에서 환기되는 정서가 다르고, 나그네 화자가 길 떠나는 것이 유사하긴 하나, 그 모습과 내면정서가 크게 다른 것이다. 이것은 어디서 연유하는 것인가?

2) 목월 시의 개성, 감정의 절제와 정제된 운율미

「나그네」엔 「완화삼」의 시어와 이미지들이 많이 수용되고 있지만, 그럼에도 불구하고 「나그네」로 옮겨 오지 않은 시어들이 있다. 그 중 대표적인 것이 '꽃'이다. 이 밖에 '차운산', '바위', '하늘' 등이 빠져 있고, 또 '다정함', '한', '병' 등이 빠져 있다. 대신에 '밀밭', '남도', '외줄기'란 시어가 새로 들어갔다. 이처럼 빠지고 새로 들어간 시어, 그리고 변형된 시어들에서 목월의 시 「나그네」의 독창성이 발휘된다.

'꽃'은 「완화삼」이란 시제의 일부를 이룰 만큼 「완화삼」의 핵심 이미지이다. 「완화삼」을 이끄는 대표적 이미지가 '나그네'라면 그 나그네를 구체화하는 핵심 이미지가 바로 '꽃'이다. 「완화삼」의 나그네 화자는 꽃잎의 짙은 빛깔에 젖어 자연의 아름다움에 흠뻑 빠져 있고, 또 한편으로 그 꽃의 조락에서 존재의 숙명적 소멸을 깨닫고 애상에 젖는다. 마지막 연에서 나그네 화자가 다정하고 한 많음이 병이라고 토로하며 달빛을 정처 없이 걸어가는 것은 꽃에서 촉발된 이러한 두 갈래의 심정을 요약해 진술한 것이다.

이처럼 「완화삼」의 핵심 정서를 이루는 '꽃'이 「나그네」에선 구사되지 않으며, 그런 맥락에서 그 꽃의 이미지를 뒷받침하는 '다정함', '한', '병' 등의 시어들도 「나그네」에선 잇따라 제외되고, 같은 정서의 연장선상에 있는 '구슬피 우는 새'도 「나그네」엔 빠져 있다. 이러한 시어들의 배제로 화자의 정서가 시의 전면에 짙게 노출되는 「완화삼」의 특징이 「나그네」에선 현저히 사라지게 된다. 그런가 하면 '꽃', '차운산', '바위', '하늘' 등은 모두 한시와 시조에 접맥되어 있는 고전적인 이미지들이며, 그런 이미지의 구사가 「완화삼」의 중요한 개성을 이루고 있는데, 그것이 「나그네」에서 사라지게 된다. 이로써 「완화삼」의 정체성이 「나그네」에서 희미해지게 된다. 이제 그 빈자리에 목월의 발명 시어와 변형 시어들이 새로운 시의 조형에 적극 가담하면서 「나그네」는 독창적인 시로 거듭난다. 목월의 새로운 시어들은 「나그네」라는 시의 건축을 설계하는 데 어떤 역할을 할까?

먼저 '밀밭'이란 시어를 보자. 이 말은 시 「나그네」에서 소릿결의 아름다움을 조성하는 데 적극 기여한다. 이 시의 1, 2, 5연은 'ㄱ'음의 반복이 두드러지고, 또 'ㄴ' 'ㄹ' 'ㅁ'의 유성자음과 모음의 반복이 두드러진다.[16] 이러한 소리들은 은은하고 부드러운 음가를 지니고 있으며, 그런 소릿결은 유유히 흘러가는 나그네의 모습을 생생히 환기시킨다. 이런 언어 환경에서 '밀밭'이라는 말은 그 소리 효과를 최대치로 끌어올린다. '밀밭'이란 말은 이 시 소릿결의 바탕인 'ㅁ'과 'ㄹ'의 유성자음을 보

16) 이 시는 의미구조보다 음성구조가 더 상위에 놓인 작품이며, 이 시에 유성자음이 많이 구사된다는 것은 이승원이 앞서 지적한 바 있다. 이승원, 「환상의 지도에서 존재의 탐색까지」, 박현수 편, 『박목월』, 새미, 2002, 97쪽.

유하고 있다. 게다가 '밀밭'이란 단어의 첫 음절 '밀'은 그 소리가 말의 원래 뜻이나 이미지와는 별개로[17] 부드러운 감촉을 전해주면서 앞으로 밀듯이 나아가는 동작을 연상시킨다. 시의 서두에 쓰인 이 말은 마치 스케이트가 출발선상에서 미끄러지며 앞으로 나아가듯 유유히 출발하는 나그네의 동작과 감촉을 느끼게 만든다.

이 시에 새롭게 추가된 유일한 동사 '건너서'도 이러한 소릿결의 조성과 긴밀히 연관된다. '건너서'라는 동사엔 'ㄴ'음 두 개와 'ㄱ'음 하나가 들어있다. 이 말이 지닌 이러한 자음의 조합은 '나그네'란 말의 그것과 정확히 일치한다. '나그네'는 'ㄴ'음 두 개와 'ㄱ'음 하나를 보유한 말이다. '건너서'는 '나그네'와 함께 배치되어 절묘한 소리반복을 일으키는 것이다. '건너서'와 '나그네'에서 발생되는 'ㄱ'와 'ㄴ'음의 반복은 '강나루'에서도 일어난다. '강나루'도 'ㄱ'와 'ㄴ'음을 보유한 말이다. '강나루'는 「완화삼」의 '강마을'이 변형된 말인데. 이러한 변형어의 구사를 통해 'ㄱ'와 'ㄴ'음의 소리 반복이 크게 나타나고 있는 것이다.

그런가 하면 또 하나의 새로운 시어 '남도'는, 그 위 시행인 '길은'의 두 음절과 율격 호응을 이룬다. '길은'에서 '길'은 「완화삼」의 '물길'의 변형 어휘인데, 두 음절이 한 음절로 줄어든 형태를 띠고 있다. 「완화삼」의 변형 어휘들인 '강나루', '길', '달', '삼백리' 등의 시어들은 '강나루'를 제외하면 모두 말이 줄어 든 형태를 띤다. '물길'이 '길'로, '달빛'이 '달'로 변형된 것은 음절의 축소이고, '칠백리'가 '삼백리'로 변형된 것은 의미의 축소이다. 목월은 「나그네」를 쓰면서 말을 축약하고, 의미를 단출하게 만들고 있는데, 이러한 시적 태도가 변형 어휘에 그대로 나타난다. 목월은 '물길'에서 '길'로 말을 줄이고, 여기에 조사 '은'이 붙어 생성된 '길은'이란 2음절의 말과 율격을 맞추기 위해 '남도'란 2음절의 말을 쓴 것이다. 또 다른 목월의 새로운 시어 '외줄기'는 '칠백리'의 변형 어휘인 '삼백리'와 각운을 형성한다. 의미자질이 크게 다른 말이면서도 두 단어의 끝음절에 '기'와 '리'의 각운이 조성되어 운율의 효과가 크다. 우리말의 특성상 좀처럼 나타나지 않는 각운의 효과가 목월의 발명 시어를 통해 발휘되고 있는 것이다.

17) '밀밭'은 푸른빛을 내는 풀밭의 형상을 지닌다. 이 시에서 '밀밭'은 이러한 형상이 지닌 이미지를 내뿜기도 하나, 그 이전에 인접한 시어들과의 관계 속에서 소릿결의 효과가 훨씬 두드러지게 나타난다.

이렇게 볼 때, '밀밭', '가다', '외줄기', '길은', '강마을', '남도' 등 목월이 「나그네」에 새로 추가하거나 변형한 어휘들은 모두 시의 운율 조성에 큰 역할을 하고 있음을 알 수 있다. 이러한 언어 활용으로 「나그네」는 정제된 형식에 유려한 운율이 작동하는 시로 거듭나고 있으며, 이러한 운율의 미감으로 유유히 떠나가는 나그네의 모습이 더없이 감각적으로 전해지고 있다.

「나그네」의 독창성은 이러한 정제된 운율 미에다 독자적 의미의 생성이 보태짐으로써 비로소 완결된다. 1연 첫 구절의 '강나루'는 '강마을'의 변형어로서 '건너서'란 말과 함께 배치되어 소릿결이 반복되는 효과를 나타낸다고 했는데, 이러한 말의 변형은 동시에 의미의 변화를 수반한다. '강마을'이 '강나루'로 바뀌면서 '江村'에서 연상되는 한시풍이 탈색되며, 강마을에서 풍기는 특유의 한가하고 여유로운 정서도 특별히 일어나지 않는다. 시 첫 구절에 나타난 이런 변화는 이 시를 절제된 감정의 담백한 시로 출발시킨다. 이 시에서 '나그네'는 「완화삼」의 나그네 화자처럼 어떤 정서에 함몰하지 않고, 처음부터 지극히 고요한 상태에서 유유히 길을 걸어가는 모습을 띤다. 그리고 그런 나그네의 모습은 바로 이어지는 2연의 시적 비유에서 아주 감각적으로 환기된다. 이 시에서 두 번 반복되는 '구름에 달 가듯이/가는 나그네'라는 구절은 이 시의 핵심을 이루는 표현이다. 이 비유적 표현에 구사된 개별 어휘들은 모두 「완화삼」에서 온 것이지만, 목월의 독창적인 사물인식과 감각으로 완전히 다른 의미와 느낌으로 전환된다. '강물'이 누락되면서 강물에 비친 구름 대신에 하늘 위에 떠 있는 구름이 지목되고, 땅 위를 비추는 달빛 대신에 역시 하늘 위에 떠 있는 달이 시의 대상으로 선택된다. 강물과 달빛이 누락되면서 서정적인 정조가 탈색되고 물길에 비치는 형상이 사라지면서 은은한 한국의 멋도 사라진다. 대신에 하늘 위에 떠다니는 구름과 달의 모습만이 부각되고, 그 둘의 운행이 결합되면서 천상의 물체가 이동하는 감각만이 생생히 전해진다. 그것은 무중력 상태에서의 물체의 이동을 연상시켜 유유자적하게 길을 떠나가는 나그네의 모습에 대한 최적의 비유가 되고 있다.

3연에 나타난 '외줄기'와 '삼백리'라는 목월의 또 다른 독창적 시어는 그런 나그네의 내면에 일렁이는 마음의 무늬를 전해준다. '외줄기'와 '삼백리'는 길의 모습이지만, 이 시에서 나그네는 길 위에 서 있는 존재이므로 길의 정서는 곧 화자의 정서를 대변한다. '외줄기'라는 말은 말뜻 그대로 외로움과 단출함과 호젓함을 불러일으킨다. '삼백리'에서도 이와 비슷한 정서가 환기된다. '삼백리'에서 '삼'이라는 작은 홀수는 외로움과 단출함을 연상시킨다. 오와 칠은 많고, 일은 삼보다 더 작은 홀수지만, 여기서 '일'은 '일백리'란 말이 되어서 꽉 찬 느낌을 준다. '삼백리'는 '칠백리'의 변형어로서 길이가 줄어든 것인데, 그것은 단지 길이의 축소만이 아니라 '칠백리'에서 발생하지 않는 나그네의 외로운 정서를 강하게 뿜어내는 것이다.[18)]

4연에선 그 외로운 마음의 나그네가 걸어가는 길 주변의 마을에 대한 묘사가 이어진다. 이 대목은 「완화삼」의 한 구절을 그대로 따온 것이지만, 그 과정에서 꽃은 제외되어 있다. 꽃이 누락되면서 이 대목은 「완화삼」을 차용한 것이면서도 전혀 다른 느낌으로 전환된다. '저녁노을을 배경으로 한 술 익는 마을'은 한 폭의 아름다운 풍경만을 우리에게 보여 준다. 꽃잎에 적삼이 젖은 화자가 등장할 때, 술과 저녁놀은 흥취와 도취의 정서를 뿜어내지만, 꽃과 그 꽃에 젖어있는 화자가 누락됨으로써 그것은 단순한 풍경화로 바뀐다. '저녁놀'이란 간명한 명사의 시행 종결과 '저녁노을이여'라는 늘어지는 어휘에 서술어까지 첨가된 시행 종결은 객관적 어조의 풍경묘사와 주관적 정서가 듬뿍 배어나는 풍경 묘사 사이의 차이를 여실히 보여주는 언어형식이다. 「나그네」의 풍경에서 「완화삼」과 공유되는 어떤 정서가 풍기고 있다면, 그것은 넉넉하고 평화롭고 낭만적인 정서 정도일 것이다. 목월은 「나그네」에서 「완화삼」의 한 대목을 따오며 그 정도의 시적 교감을 나누고, 나머지는 지훈 시의 몫으로 남겨 놓았다. 그리고 그 자리에 자신만의 나그네 풍경과 정서를 그려놓은 것이다.

「나그네」에서 시의 정서는 풍경 안으로 스며있다. 이 시는 매연이 명사로 종결되어 화자의 감정이 절제되는 언어 형식을 취하고 있을 뿐만 아니라, 화자의 감정을 드러내는 형용사와 부사의 쓰임 자체가 아예 없다. '저녁노을이여', '꽃은 지리라', '흔들리며 가노니…' 등 시종일관 화자의 감정을 노출시키는 서술어를 시행 말미에 구사하고, '구슬퍼', '다정도 병인양 하여' 등, 감정어들을 거침없이 구사하는 「완화삼」과는 크게 대조된다. 「나그네」는 감정을 극도로 절제한 채 나그네가 길 떠나는 모습을 풍경으로만 보여 주는데, 그 그림 같은 풍경이 낭만적이고 평화로우며 호젓

18) '칠백리'에서 연상되는 '낙동강'이란 특정 지명에 대한 연상도 당연히 사라진다.

하고 외로운 느낌을 품고 있다. 그 느낌은 풍경에 묻어 있는, 또는 그 풍경이 안고 있는 것이기에 독자들은 그것을 고요히 전해 받게 된다. 우리는 이「나그네」의 풍경에서 나그네의 보편적인 운명을 조용히 음미하게 된다.

은은한 말소리의 화음으로 우주를 유영하듯 고요히 길 떠나는 나그네 화자의 발걸음을 전하고, 그림 같은 풍경화로 낭만적이나 외로운 나그네의 심사를 고요히 전함으로써 목월은「완화삼」이 제시한 나그네의 이미지를 새로운 미적 형식으로 재구성하며 보다 보편적인 나그네 이미지로 승화시켜 놓았다.

3) 제목 '나그네—술 익는 강마을의 저녁노을이여 – 지훈'의 의미

이 시의 제목 역시「완화삼」과 마찬가지로「나그네」라는 작품의 내용과 성격을 압축해 보여 준다. '나그네'란 말은 특정인이 아닌 익명의 인물을 가리킨다.「완화삼」이 특정한 옷을 입고 특정한 마음의 상태에 젖은 인물을 가리키며, 그 인물이 시인 자신을 지칭하는 것과 달리, '나그네'란 말에는 인물의 특정 성격이 묻어 있지 않다. 또 '나그네'란 말은 순우리말이다. '완화삼'이란 말이 한자어인 것과 대조된다. '나그네'라는 순우리말은 특정 계층과 신분을 연상시키지 않는다. '완화삼'이란 한자어가 지식인을 연상시키고, 그 고상한 조어가 선비를 연상시키는 것과 대조적으로 '나그네'란 순우리말은 그냥 보통의 한국 사람을 연상시킨다.

또 이 말은 특정한 느낌의 소릿결을 갖고 있다. 두 번 반복되는 'ㄴ'음과 세 음절에 모두 받침이 없는 이 단어의 음성은 부드러운 소릿결을 발산한다. 그리고 마지막 음절의 열린 모음은 이 단어를 긴 발성으로 만들며, 그런 음성은 나그네의 긴 여정을 연상시킨다. '나그네'란 말의 소릿결은 서정적인 느낌까지 불러일으켜 여러모로 나그네의 이미지와 잘 들어맞는다.

부제인 '술 익는 강마을의 저녁노을이여 – 지훈'에서 '지훈'이란 인명 앞의 구절은「완화삼」의 한 대목을 그대로 따온 것이다. 이 구절은「완화삼」의 절정 부분에 해당한다. 바로 이 대목을 따온 것은 목월의 높은 시적 안목을 보여주는 것이면서, 이 시가「완화삼」에 대한 충실한 화답시이며, 이를 통해 지훈에게 시인으로서 진실한 우정을 보낸다는 것을 알리는 것이다. 다소 긴 상대 시의 한 구절을 서술 어미까지 그대로 따오며 부제로 삼은 것은 상대 시에 대한 최대한의 예의표시라고 할 수 있다.「나그네」엔 이처럼 화자의 감정이 노출되는 서술어는 구사되지 않는다. 이런 말투는 목월의 시와는 거리가 있는 것이다.[19] 그럼에도 불구하고 부제에서 이런 말투를 그대로 쓴 것은 지훈 시에 대한 존중이 그만큼 크다는 것을 보여주는 것이다.

여기서 또 하나 주목해야 할 것은 '지훈'이란 호칭의 구사이다. 이 호칭은 지훈이 「완화삼」의 부제에서 구사한 호칭인 '목월에게'와 대조된다. '목월에게'란 호칭이 상대를 가리키는 조사를 붙여 다정한 느낌을 자아내는 것과는 달리 '지훈'이란 호칭엔 조사가 생략되어 어떤 느낌도 조성되지 않는다. 목월이 쓴 말엔 부제의 호칭에서부터 감정의 절제가 드러나 있는 것이다. 이처럼 목월은 상대 시의 핵심구절을 있는 그대로 수용하되 자기감정이 표출되는 부분에선 최대한 절제를 하고 있다. 감정을 절제하고 시어와 이미지의 미감에만 충실하려는 목월의 시적 태도가 제목에서부터 강하게 나타나 있는 것이다.

4. 결론

이 글은 목월에게 전하는 형식으로 쓰인 조지훈의 시 「완화삼」과 이에 대한 화답의 형식으로 쓰인 박목월의 시 「나그네」를 상호텍스트의 관점에서 분석한 것이다. 지훈의 「완화삼」은 한시, 시조, 전통 서정시 등 우리 전통 시가의 표현기법을 수용하면서 이를 새로운 이미지로 승화시켜 한국적인 멋과 풍류를 격조 있게 그려낸 작품이다. 이 시에서 나그네 화자는 선비의 풍모를 짙게 드러내며, 그런 인물을 완화삼의 이미지로 나타내고, 그 아래에 '목월에게'라는 부제를 붙여 그가 바로 지훈 자신임을 명시하고 있다. 이 시는 지훈이 자신의 개성과 정체성을 뚜렷이 드러내며 나그네의 심정을 밝히고, 그런 마음을 목월에게 전하는 작품이다.

한편 이 시엔 목월과 지훈의 경주 체험이 드리워져 있다. 지훈의 경주 나들이가

---

19) 『청록집』(을유문화사, 1946)에 수록될 때 붙어 있던 「나그네」의 부제가 그 후 개인 시집 『산도화』(영웅출판사, 1955)에 수록될 때에는 빠져 있고, 그 후에 간행된 『박목월자선집』(삼중당, 1974)엔 다시 붙어 있다. 『산도화』에 부제가 빠져 있는 것이 편집 과정에서 일어난 누락인지 목월의 의도적인 삭제인지는 알 길이 없다. 만약 후자라면 자기 시의 정체성에 맞게 긴 서술의 부제를 뺀 것으로 짐작해 볼 수 있다.

바로 이 시의 '나그네'와 '칠백리'의 이미지를 낳았다. 또 이 시가 지훈의 자서대로 경주에서 쓴 것이라면, '강마을', '구슬피 우는 산새', '적삼에 젖은 꽃' 등의 이미지들은 각각 경주에서 목월을 통해 보고 들었던 '건천', '비둘기 울음소리', '복사꽃'과 일정한 관련이 있는 것으로 볼 수 있다.

이 시의 의미와 성격은 작품의 부제에 그대로 투영되어 있다. '완화삼'이란 한자어와 뒤가 닫치는 단어의 발음은 이 시의 화자가 선비임을 알리고 그의 위엄을 느끼게 한다. 그리고 '목월에게'라는 호명형식은 부드럽고 온화한 느낌을 불러일으킨다. 시의 감정이 전면에 묻어 있는 이 시의 특성이 제목에 그대로 나타나 있는 것이다.

목월의 「나그네」엔 지훈의 「완화삼」에 쓰인 시어들이 많이 나온다. '나그네', '술', '저녁놀', '가다', '익다' 등의 시어가 「완화삼」에서 구사된 것들이며, '강나루', '길', '달', '삼백리' 등의 시어는 「완화삼」의 '강마을', '물길', '달빛', '칠백리' 등이 변형된 말들이다. 또 「나그네」의 시적 정황도 「완화삼」 매우 유사하다. 이처럼 「나그네」는 「완화삼」과 매우 깊은 친연성을 지니지만, 시의 정서와 의미는 크게 다르다.

그것은 「나그네」가 「완화삼」의 시어를 수용하면서도 한편으로 누락시킨 말과 새로운 발명시어들, 그리고 변형어들의 독특한 시적 활용에 의한 것이다. 「완화삼」의 핵심 시어 중 「나그네」에 나오지 않는 대표적인 시어는 '꽃'이다. 이 말이 빠지면서 나그네 화자의 감정노출과 풍류가 현저하게 탈색되며, 이와 접맥되어 있는 감정어들이 「나그네」에선 모두 누락된다. 이리하여 「나그네」엔 「완화삼」의 정체성이 사라지게 되고, 그 자리에 목월의 발명어들이 들어가면서 새로운 시로 거듭난다. 목월의 발명어들은 「나그네」에서 한결같이 운율의 조성에 적극 기여한다. 「나그네」는 여기에 독자적 의미생성이 보태져서 독창성을 완결시킨다. 「나그네」는 '구름에 달 가듯이 가는 나그네'란 비유어를 통해 마치 무중력 상태에서 물체가 이동하듯 유유자적하게 흘러가는 나그네의 모습을 감각적으로 전해주며, 극도의 감정절제를 통해 나그네의 길 떠남을 풍경화로 보여준다. 그리하여 독자들에게 그 풍경에서 촉발되는 나그네의 평화롭고 외로운 마음을 조용히 음미하게 해 준다. 목월은 「완화삼」에서 제시된 나그네의 이미지를 새로운 미적 형식으로 재구성하여 보다 보편적인 나그네 이미지로 승화시켜 놓았다.

이러한 이 시의 의미와 성격은 제목에 그대로 함축되어 있다. '나그네'란 말은 익명의 인물을 가리키며, 그 말소리에서 나그네의 여정을 느끼게 해준다. 또 부제에서 다정한 느낌을 불러일으키는 호칭의 조사를 생략하고, 지훈 시의 한 구절을 그대로 따오기만 하여 시어 자체의 미감만을 중시하는 시적 태도를 그대로 드러내고 있다.

지훈의 「완화삼」은 목월과의 만남에서 탄생하였고, 목월의 「나그네」는 지훈의 「완화삼」으로부터 비롯되었지만, 두 작품은 각각 개성이 물씬 묻어 있는 독자적인 명편으로 빛나고 있다. 두 작품은 가장 이상적인 영향관계를 드러낸 시의 전범으로 한국 현대시사에 길이 남을 것이다.

참고문헌

기본 자료

박목월·조지훈·박두진. 『청록집』. 을유문화사, 1946.
박목월. 『산도화』. 영웅출판사, 1955.
______. 『박목월자선집』. 삼중당, 1974.

논문 및 단행본

김석환. 「청록집의 기호학적 연구—산의 기호작용과 의미를 중심으로」. 『명지대예체능논집』 9집(1996. 2).
김종균. 「조지훈 한시 연구—"유수집"을 중심으로」. 『한국외국어대학교 논문집』 17권(1984).
김종길 외. 『조지훈 연구』. 고려대학교출판부, 1978.
김종길. 『진실과 언어』. 일지사, 1974
박목월. 「처음과 마지막—지훈에의 회상」. 『사상계』 통권 183호(1968. 7).
______. 『보라빛 소묘』. 신흥출판사. 1958.
박현수. 『박목월』. 새미, 2002.
서익환. 『조지훈 시 연구』. 우리문화사, 1991.
송희복. 「풍류를 아는 시인의 내면풍경—지훈과 목월」. 『문학사상』 237호(1992. 7).
오탁번. 「지훈시의 의미와 이해」. 『현대문학산고』. 고려대학교출판부, 1976.
유종호. 『시란 무엇인가』. 민음사, 1997.
이남호. 『이 쓸쓸한 뜰에 저 어지러운 구름 그림자』. 현대문학, 2003.
이상호. 「박목월 시의 이본과 결정판의 확정에 관한 연구」. 『돈암어문학』 23권(2010).
정민. 「목월시의 의경과 한시적 미감」, 『한국언어문화』 36권(한국언어문화학회, 2008).
정한모. 『현대시론』. 민중서관, 1974.
정끝별. 『시심전심』. 문학동네, 2011.
조창환. 「박목월 초기시의 음운과 구조」. 『인문논총』 1집(아주대학교 인문과학연구소, 1990. 12).

최승호 편. 『조지훈』. 새미, 2009.
최승호. 「"청록집"시의 풍경 연구」. 『한국문예비평연구』 41집(2013. 8).
최태호. 『현대시와 한시—만해, 지훈의 한시를 중심으로』. 은하출판사, 1994.

사라진 것에 대한 향가와 조지훈 시의 정서

박노준

「모죽지랑가」와 「찬기파랑가」는 화랑을 찬모한 향가라는 점에서 서로 공통점이 있다. 화랑을 기리되, 구성진 가락으로 읊고 있다는 점에서도 두 노래는 성향을 같이 한다. 작자인 득오와 충담사가 그들의 시에 올린 죽지랑과 기파랑은 그때 역사의 장막 뒤로 사라져가는 인물이었다. 이런 이유 때문에 「모죽지랑가」와 「찬기파랑가」는 찬모와 함께 아쉬움과 우수의 정서에서 벗어날 수 없었다.

사라져가는 존재에 대하여 안타까움을 금치 못하면서 조상한 노래가 어찌 신라시대의 향가에만 있었겠는가. 그 이후로도 시대에 따라 여러 장르를 통하여 여러 내용의 수많은 회고·추모·애도의 작품이 산출되었음을 우리는 잘 알고 있다. 특히 20세기, 일제강점기에 많은 시인들에 의해서 꾸준히 창작된 일련의 '님의 노래'들이 바로 사라진 나라를 조상하며 그리워한 작품들이었다는 사실도 우리는 익히 알고 있다.

그러한 시인들 중에는 일제 말기에 등단한 조지훈도 있었다. 지조의 시인으로 불리는 그는 향가를 비롯하여 신라 문화 및 역사에 조예가 깊었다. 그의 시에는 신라의 멸망에 의탁하여 일제 치하 망국의 슬픔을 빗대어서 노래한 작품도 있고, 조선 왕조가 외적의 침탈에 의해서 무너진 비극을 통탄하며 일제 식민지 시대를 떠올리게 한 시도 여러 편 있다.

이 글은 지훈의 그런 내용의 초기 시 몇 편을 읽으면서 유사한 사연을 내장하고 있는 예의 두 편의 향가와 견주어 보는 데 목적이 있다. 사라져가는 것에 대한 향가의 안타까움과 슬픔이 현대 시인인 지훈의 시에 이르러 어떤 모습으로 실현화되었으며 특히 상호 맥락을 연결하는 데 무리가 없는지를 주로 탐색키로 하겠다.

고전 시가와 현대시의 시대적인 거리, 그리고 장르의 상이 등과 같은 것에 필자는 괘념치 않는다. 잠재적인 민족 정서는 시대와 장르를 초월하여 표출된다는 사실에 유의할 따름이다.

후설하겠지만 지훈의 '신라애착심(新羅愛着心)'은 다른 시인들에게서는 쉽게 찾아볼 수 없는 그만의 특별한 일면이었다. 일제 치하 비극의 시대를 애상하며 울분을 토해낸 적지 않은 시인들의 작품이 있으나 그 중에서 지훈의 시를 택한 이유를 굳이 밝힌다면 향가와의 대비를 전제로 할 때 시와 학문에 두루 인연을 맺은 그의 신라에 대한 관심이 특기할 만하기 때문이다.

「모죽지랑가」와 「찬기파랑가」는 특정 인물을 찬모한 작품인 데 반하여 지훈의 같은 계열의 서정시는 인물이 아닌 왕조를 노래한 것이다. 그런들 어떠랴. 우리가 찾아서 읽고자 하는 것은 인물이든 국가든 사라진(또는 사라지는) 것에 대한 시인의 마음인 것이다.

향가와 지훈의 시를 주·종의 관점에서 살피는 것은 온당치 않다. 시간적인 거리와 상관없이 둘을 수평선상에 가지런히 놓은 상태에서 각각의 목소리를 듣는 것이 마땅하다. 다만 향가는 2편뿐인 데 반하여 지훈의 시는 여러 편이기 때문에 자연히 그에 대하여 상대적으로 더 많은 지면을 할애해 가면서 언급할 것이라는 점, 미리 밝혀둔다.

1. 「모죽지랑가」, 「찬기파랑가」의 비애

득오의 「모죽지랑가」는 통삼(通三) 직후인 32대 효소왕 때에 지어진 작품이다. 35대 경덕왕 때 낭승인 충담사의 「찬기파랑가」와 더불어 우리의 시가문학 전사를 통틀어서 '사람을 기린 시(詩)'로서는 가장 일찍 생산된 노래라 하겠다.

간 봄 그리매
모든 것이 울 이 시름
아름다움 나타내신
얼굴 주름살을 지니려 합니다

여덟 줄로 된 전문 중에서 앞부분 넉 줄을 옮겨 놓은 것이다. 상사인 죽지랑의 화려했던 옛 시절을 시름에 잠겨 돌이켜보는 화자의 심사가 꾸밈없이 드러나 있다. 노쇠하여 아름다움을 잃어버린 낭(郎)의 현재 시간의 처량한 모습이 화자로 하여금 안타까움에 잠기게 한다.

'사라지는 것에 대한 비애'—이렇게 규정하는 것이 전반부에 대한 가장 적절한 정의가 될 것이다. 시적 화자인 득오가 우수에 잠긴 까닭은 문면에 나타나 있는 바를 그대로 읽는다면 사모의 대상인 죽지랑이 노경(老境)에 처하여 한창 시절의 활기찬 모습과 기력을 상실하고 있기 때문이다. 바꿔 말하자면 육신의 쇠락 때문이다.

그러나 이러한 독법은 피상적인 읽기에 불과하다는 점을 필자는 이미 오래전에 지적한 바 있다. 요컨대 이 부분은 이 노래가 자리를 잡고 있는 『삼국유사』, 「효소왕대 죽지랑」조의 산문 기록과 연계시켜서 읽어야만 그 온전한 뜻을 파악할 수 있다. 이에 관한 필자의 기존 연구를 여기서 소상하게 밝힐 여유는 없고, 다만 본고를 작성하는 데 필요한 내용만 발췌하여 옮긴다면 '삼국 통일 이후 화랑단의 기세는 급격히 하강 국면으로 접어들었음—이는 전쟁이 끝남에 따라 청년 무사 단체가 감수할 수밖에 없는 시대적인 상황에서 기인된 추세였음—그런지라 통일 전쟁 시기에 큰 공을 세운 왕년의 노화랑인 죽지랑의 명성과 세력도 활력을 잃고 실세하여 희미한 옛 추억의 과거 속에 묻히게 되었음'으로 간추릴 수 있다. 「모죽지랑가」의 앞부분은 바로 이와 같은 낙척의 화랑사가 죽지랑의 외면 묘사를 통해 에둘러 표현된 것이다. 따라서 거기에는 비유의 기법이 작용하고 있거니와 그렇게 해서 작자가 드러내고자 한 바는 동어반복컨대 시대의 변천에 따라 화랑 및 화랑단 전체의 전성기가 사라져서 슬픔을 이기지 못하겠다는 점이다.

「찬기파랑가」는 「모죽지랑가」가 지어진 때로부터 약 반세기쯤 경과된 뒤에 나온 향가다. 그러므로 두 작품 사이에 시간적인 간격이 거의 없다고 보아도 무방하다. 이 말은 「모죽지랑가」에서 읽을 수 있는 쇠락한 화랑단의 시대적인 위상이 그대로 유지되고 있다는 뜻이기도 하다. 「찬기파랑가」의 작자는 노래의 전반부에서 다음과 같이 피력하고 있다.

열치고
나타난 달이
흰 구름 좇아 떠가는 것 아닌가
새파란 냇물 속에
耆郎의 모습이 있어라

충담사는 뛰어난 비유의 기법을 활용하여 현재 시간의 기파랑의 모습을 형상화하고 있다. 여기서도 역시 찬모의 대상인 기파랑은 '사라져가는 존재'로 묘사되고 있다. 「모죽지랑가」는 시의 주인공이 누렸던 찬란한 과거를 울먹이면서 회상한 뒤 현재 시간의 초라한 모습을 비애에 젖어 묘사하고 있지만 「찬기파랑가」의 화자는 지난날의 일에 대해서는 함구한 채 오직 지금의 상태만을 진술하고 있다. 이 노래를 갈무리하고 있는 『삼국유사』 「경덕왕·충담사·표훈대덕」조에는 창작 동기나 배경 등의 기록이 전혀 등재되어 있지 않아서 기파랑이 어떤 삶을 살아 왔는지를 짐작조차 할 수 없다.

그런 점을 제외한다면 두 노래의 밑바탕에 흐르고 있는 정서라든가, 읽으면서 느낄 수 있는 분위기는 서로 대차가 없다.

시적 화자는 기파랑을 천상의 달로 치환시켜 놓음으로써 존귀하고 지고지선한 존재로 떠받들고 있다. 달은 하늘에만 떠 있는 것이 아니라 지상의 새파란 냇물에도 잠겨 있다. 그리하여 천지간에 두루 편재(遍在)하는 존재로 거듭 태어난다. 그러나 실로 안타까운 것은 작자의 구원(久遠)의 표상인 천상의 달이 흰 구름이 흘러가는 길을 따라 함께 사라져 간다는 사실이다. 시야에서 멀어져 간다는 것이다. 「찬기파랑가」의 앞부분에서 충담사가 아쉬움에 겨워 토설하고자 한 요점은 바로 이것이다.

'기파랑=달'이라는 등식에서 멈추지 않고 "흰 구름 좇아 떠가는 달"로 점점 옮겨가는 장면을 지켜보는 화자의 심정은 과연 어떤 것이었을까. 「모죽지랑가」의 경우처럼, 그 또한 우수와 울울한 심사에서 벗어날 수 없었을 것이라는 점, 촌탁하기에 어렵지 않다. 속사정은 서로 조금씩 다를지라도 어쨌거나 사라져 가는 인물을 아쉬워하며 슬퍼하는 마음만은 양자가 함께 공유하고 있는 터, 그런 현실 앞에서 득오와 충담사는 동일한 감상에 젖어 있었다는 뜻이다.

2. 「계림애창」의 울음과 향가

화제를 돌려서 옛 향가의 고장인 경주를 노래한 지훈의 「계림애창(鷄林哀唱)」을 살펴보기로 하자. 일제강점기가 그 종막을 고하기 수년 전인 1942년 임오년(壬午年) 이른 봄, 지훈은 서라벌이 그리워 경주를 찾았다. 때에 그의 나이 만 22세였고 『문장』지를 통해 등단한 지 두 해가 지난 뒤였다. 그곳에서 그가 느낀 감회와 정서는 '조고상금(弔古傷今)의 하염없는 탄식', 바로 그것이었다. 신라로 대표되는 역사상의 모든 옛 왕조, 옛 시대에 대한 슬픈 그리움이었다. 역사의 무대에서 신라 왕조가 자취를 감춘 지 자그마치 천년 세월이 흘러갔음에도 시인이 고도(古都)에서 길어 올린 것은 사그라지지 않은 서러움과 아픔이었다. 그만하면 잊을 만도 한데 그렇듯 상심에 사로잡힌 것은 오로지 지나치게 예민한 시인의 감각과 여린 정감이 작용하였기 때문이었을까. 그때 그가 읊은 노래인 「계림애창」은 다음과 같다.

[1] 보리이랑 우거진 골 구으는 조각돌에/서라벌 즈믄 해의 水晶 하늘이 걸리었다//무너진 石塔우에 흰 구름이 걸리었다/새소리 바람소리도 찬 돌에 감기었다//잔 띄우던 구비물에 떨어지는 복사꽃잎/玉笛 소리 끊인 골에 흐느끼는 저 풀피리//비가 오나 눈이 오나 瞻星臺 위에 서서/하늘을 우러르는 나의 넋이여!

[2] 사람가고 臺는 비어 봄풀만 푸르른데/풀밭 속 주추조차 비바람에 스러졌다//돌도 가는 구나 구름과 같으온가/사람도 가는구나 풀잎과 같으온가//저녁놀 곱게 타는 이 들녘에/끊쳤다 이어지는 여울물 소리//무성한 찔레 숲에 피를 흘리며/울어라 울어라 새여 내 설움에 울어라 새여!

옛 왕조에 대한 그리움과 아쉬움이 이렇듯 절절할 수 있을까. '조고'의 정서는 실로 이와 같았다. 곱씹으며 읽지 않고 그냥 죽 일별하는 것만으로도 시인의 애상은 마치 손에 잡힐 듯 선명하게 느껴진다.

그런데 이 시를 읽는 우리는 그때 그곳 서라벌 옛 터에서 그가 부른 애가(哀歌)가 단지 신라 왕조의 멸망을 애상하는 심정 때문에 생산되었다고는 해석하지 않는다. 시인인지라 감각과 정감이 보통 사람과 달리 예리하고 여렸기 때문에 그런 구슬픈 노래를 지었다고도 보지 않는다. 짐짓 옛 서라벌을 조상(弔喪)하는 듯 자세를 취하면서 일제 치하의 민족적인 비극과 나라 잃은 백성의 참담한 심정을 거기에 빗대어서 토해냈다고 이해한다. 실인즉 상금(傷今)을 위해서 조고(弔古)의 트릭을 썼다고까지 생각한다.

맞다. 「계림애창」은 천년을 사이에 두고 자취를 감춘 신라와 조선왕조, 두 시대의 슬픈 역사를 함께 애도한 중의성이 뚜렷한 작품이다. 그렇지만 시인의 아픈 마음은 '금(今)'에 놓여 있었다.

지훈은 그의 초기 작품(1940년 『문장』지 추천 완료 이후 광복 전후의 시기까지)의 중요한 몇 편이 "사라져가는 것에 대한 아쉬움의 애수(哀愁), 민족정서(民族情緒)에 대한 애착"(『조지훈시선(趙芝薰詩選)』 후기(後記))에 놓여 있었다고 직접 피력한 바 있다. 위에서 인용한 「계림애창」도 그중의 하나임은 물론이다. 식민지 치하의 암흑기를 살면서 시인은 어쩔 도리 없이 시대가 강요하는 비극을 감내해야만 하였고 막막한 현실 앞에서 한숨을 내뿜으며 상실감에 사로잡힐 수밖에 없었다. 그나마 위로가 되는 것이 바로 시작(詩作)이었고, 그 가운데서도 옛 시대를 회고하거나 조상하는 행위를 통하여 현재의 박탈감, 허탈감을 겨우 진정시킬 수 있었다.

시인이 「계림애창」에서 나열해 놓은 옛 흔적들, 곧 '조각돌 – 무너진 석탑 – 잔 띄우던 구비물 – 목적 소리 끊인 골 – 첨성대 – 풀밭 속 주추' 이런 것들은 모두 다 '신라'의 표상이요 편린들이다. 그러한 역사의 조각들이 한갓 핏기 잃은 유물로 남아서 시인으로 하여금 슬픈 상념에 잠기게 하고 있음을 우리는 목도하고 있다.

복받치는 서러움을 참다못한 시인은 마침내 "무성한 찔레 숲에 피를 흘리며/울어라 울어라 새여 내 설움에 울어라 새여"라고 외친다. 고려 속요 「청산별곡」의 2연처럼 시인 자신의 울음을 새의 울음에 전이시키고자 하는 데서 서러움의 확장도 읽을 수 있고, 대치(代置) 혹은 치환의 미학도 감지할 수 있다.

그때의 울음을 우리는 향가 어느 대목에서 찾을 수 있을까. 「모죽지랑가」에서 득오는 죽지랑이 누렸던 찬란한 시절(간 봄)을 처연한 마음으로 떠올리면서 "모든 것이 울 이 시름"이라고 고백한다. 향가의 이러한 울음과 시름, 지훈의 현대시에서도 듣는 울음소리 그 둘 모두가 사라진 것(또는 사라지는 것)을 조상한 끝에 터진 오열이요 통곡이라는 점을 우리는 용이하게 느낄 수 있다.

지훈은 "돌도 가는구나 구름과 같으온가/사람도 가는구나 풀잎과 같으온가"라고 말하면서 한숨을 내쉰다. 옛 왕조의 흔적으로 남아있는 주추가 풀밭 속에 파묻혀 있음을 보고 그는 영고성쇠의 무정한 자취와 마주하게 된 것이다. 구름이 흘러가듯 돌조차 역사 속으로 가버렸고, 뿐이겠는가 풀잎이 시들 듯 당대의 인걸도 또한 역사의 뒤란으로 사라진 지 오래되었음을 애통해하면서 울먹이고 있는 것이다.

이와 통할 수 있는 장면을 향가에서 찾는다면 어느 대목을 들 수 있을까. 충담사는 그의 노래에서 "열치고/나타난 달이/흰구름 좇아 떠가는 것 아닌가"라고 차탄조(嗟歎調)로 읊으면서 안타까운 심경을 토로했다. '달'로 비유된 기파랑이니 이 구절이 무엇을 뜻하는지는 설명이 필요치 않다. 요컨대 딱한 노릇이 아닐 수 없다. "흰구름 좇아 떠가는 달", 그것은 "구름이 가뭇없이 흘러가듯 풀에 파묻힌 옛 돌"과 유사한 것이고, "계절 따라 모습을 감춘 풀잎처럼 그렇게 가버린 사람"과 일치하고 있음을 어렵지 않게 이해할 수 있다.

정리하면 「모죽지랑가」·「찬기파랑가」, 이 두 편의 향가와 지훈의 「계림애창」은 깊은 분석이나 천착의 과정을 거치지 않고서도 시의 세계 전반에 걸쳐서 서로 통하고 있음을 알 수 있다. 그런 바탕에서 일부 대목을 발췌하여 이를 연결고리로 삼아서 서로를 견주어 본즉 역시 그 사유(思惟)와 진술이 유사함을 또한 확인할 수 있었다.

그렇다고 두 편의 향가와 지훈의 시가 모든 면에서 여합부절하다고 말할 수는 없다. 그렇게 완전히 일치된다는 것은 있을 수 없다. 무엇보다도 현저하게 드러나는 상이점은 시의 정조(情調)에서 찾을 수 있다. 향가는 애이불상(哀而不傷)을 연상하리만큼 슬퍼하되 격하게 반응하지 않고 안으로 삭이는 모습을 보여주고 있다. 지훈의 「계림애창」은 그와는 다소 다르다. 천 년 전에 무너진 신라를 되살려 놓고 거기에다 일제의 식민지를 덧씌운 뒤 시인은 그가 전제한 바 '조고상금'의 심사를 여한 없이 한껏 토로하고 있다. 인물의 사라짐과 나라의 사라짐은 실로 차원이 다른 것이거늘 그 때문에 정조의 격차가 불가피하였을 것이다.

3. 「봉황수」의 상실감과 향가

「계림애창」과 호흡이 통하는 작품이 지훈에게 또 있다. 「봉황수(鳳凰愁)」가 바로 그것이다.

> 벌레 먹은 두리기둥 빛 낡은 丹靑 풍경소리 날러간 추녀 끝에는 산새도 비둘기도 둥주리를 마구쳤다. 큰 나라 섬기다 거미줄 친 玉座위엔 如意珠 희롱하는 雙龍 대신에 두 마리 봉황새를 틀어 올렸다. 어느 땐들 봉황이 울었으랴만 푸르른 하늘 밑 甃石을 밟고 가는 나의 그림자 佩玉 소리도 없었다. 品石 옆에서 正一品 從九品 어느 줄에도 나의 몸 둘 곳은 바이 없었다. 눈물이 속된 줄을 모를 양이면 봉황새야 九天에 呼哭하리라

일별만으로도 비가임을 알 수 있다. 색깔로 비유하자면 작품 전체가 흑색이거나 회색빛이요 가락으로 치자면 계면조를 연상케 한다고 말할 수 있으리라. 신라의 고도 계림에서 비통함을 토해내더니 이번에는 장소를 바꿔서 조선 왕조의 심장인 궁궐을 찾아가 망국의 슬픔을 피력하고 있다. 겉으로는 멸망한 조선 왕조를 조상하고 있으나 내막적으론 일제의 침탈을 슬퍼하며 애도하고 있음을 쉽게 간파할 수 있다. 사실인즉 그게 그것이 아니겠는가. 앞서의 「계림애창」과 마찬가지로 중의성을 띠고 있는 노래라는 점, 번거로운 설명을 필요로 하지 않는다.

망해버린 나라의 옛 대궐에다 시의 공간을 설정한 것부터가 시인의 의도가 심상치 않음을 느낄 수 있으리라. 그곳에서 싫도록 슬퍼하고 지치도록 울고 싶은 것이 시인의 마음이었을 것이다. 그런 마음에서 시는 지어졌거니와 개구일성(開口一聲)인

즉 '벌레먹은 두리기둥'이다. 그 뒤를 "빛 낡은 단청(丹靑) (…) 산새도 비둘기도 둥주리를 마구 쳤다"와 "거미줄 친 옥좌(玉座)"가 문맥을 잇고 있다. 「계림애창」에서 읽은 폐허보다 더 심하고 자극적이다. 궁궐이 어떤 곳이며 용상이 어떤 자리인가. 하늘같은 나랏님이 신료들과 함께 정사를 베푸는 장소가 아닌가. 수많은 궁녀와 내관들이 법도에 따라 분주하게 오고 가는 금궐(禁闕)이 아니던가. 어느 한 순간도 쉼이 없이 움직이는 나라의 심장, 그곳이 폐허를 연상하리만큼 퇴락해 있는 장면을 시인은 그의 노래의 모두(冒頭)에 얹어 놓았다.

망국의 실상을 찾기로 말하자면 조선 땅 어디를 가도 쉽게 접할 수 있지만 그러나 시인은 작심한 양 막바로 대궐로 찾아가 망국의 민낯이 과연 어떤 것인지를 직접 체험하면서 허탈감에 빠진다. 폐가처럼 되어버린 5백 년 왕조의 궁궐, 그것은 바로 나라 잃은 시인의 처량한 신세를 규정짓는 요인이었다.

임금이며 비빈 궁녀와 내관들이며, 벼슬이 높고 낮은 신하들이며 모두가 떠난 텅빈 대궐에 패옥소리가 들릴 리 없다. 품석이 남아있다 한들 어느 누구도 몸 둘 곳이 바이 없거늘 그리하여 시인은 "봉황새야 구천(九天)에 호곡(呼哭)하리라"라는 말로 그 자신의 참담한 심경을 드러내고 있다. 「계림애창」에서 "울어라 울어라 새여 내 설움에 울어라 새여"라고 하면서 감정을 터뜨린 바를 여기서 다시 본다. 사라진 것에 대한 아쉬움, 그것은 단순한 아쉬움이 아니라 피를 토하며 통곡을 해도 시원치 않은 비분강개 바로 그것이라 하겠다.

이제 지훈의 「봉황수」를 「모죽지랑가」와 「찬기파랑가」의 옆자리에 놓고 견주어 보기로 하자. 세 편 모두가 계면조 가락을 연상케 하고 있음을 쉽게 느낄 수 있다. 처량하고, 구성지고, 우울하고, 비창하고, 아쉽고, 서운하고, 허탈하고…… 이렇듯 어두운 어휘를 이들 작품에서 떠올리는 까닭은 사라져가는(사라진) 것에 대한 시적 화자들의 슬픈 정서가 예의 어휘들을 통해 자연스럽게 유로되었기 때문이다.

「모죽지랑가」는 저명한 한 화랑의 찬란했던 과거를 회상하며 기력이 쇠잔한 오늘의 초라한 모습에 탄식을 금치 못한다.

「봉황수」는 '큰 나라 섬기면서'도 왕조의 독립(品石)이 유지되던 옛 대궐을 거닐며 이제는 그 화려했던 시대가 가뭇없이 사라진 현실 앞에서 통곡하고 싶은 심정을 가누지 못한다. 슬픔에 잠기되 전자는 비교적 차분하다. 후자도 맨 끝에 놓여 있는 한 줄의 문장이 있기까지는 담담하게 진술하고 있다. 그러다가 도저히 참아내기 어려워 말미에 이르러서 마침내 가슴 깊은 데서 치밀어 오르는 격정을 터뜨리고 만다. 「계림애창」과 향가에서 이미 확인한 바 있듯 그런 농도의 차이는 분명히 있다. 그러나 사라진 것에 대한 본질적인 상실감이나 박탈감에는 양자 성향을 같이 한다. 실인즉 「모죽지랑가」에서도 울고 싶은 심정을 감추지 않았으니 「봉황수」의 감정과 통하는 점이라고 하겠다. 사람의 감정이나 정서는 시대가 다르다고 해서 그 근본마저 변질되는 것이 아니거늘 신라 시대의 득오나 현대의 지훈이 자신들의 노래를 통해서 세월을 뛰어넘어 서로 만나는 장면을 우리는 「모죽지랑가」와 「봉황수」에서 볼 수 있다.

「찬기파랑가」의 경우는 또 어떤가. 이 노래는 '사라진 것'이 아니라 '사라져 가는 것을' 넋 놓고 바라보면서 우수에 잠겨 있는 순간을 포착해 놓은 것이다. 「모죽지랑가」보다 더 담담하며, 무엇보다도 '시적(詩的)'으로 진술하고 있다. 모든 시는 시적인 표현에 의존하는 것이 정상이거늘 굳이 이 노래를 놓고 새삼스럽게 '시적'이라고 언명하는 까닭은 서정시가 도달할 수 있는 최고의 경지에까지 이르렀다는 사실을 극대화하기 위해서다.

「봉황수」는 이미 '사라진 것'을 애도한 노래라는 점에서 「찬기파랑가」와 변별된다. 하지만 이러한 차이점은 지엽적인 것에 불과하다. 어떤 순간을 어떤 기법과 언술로 표현하였는가를 따지는 것도 중요하지만 그보다는 시인의 마음 바탕에 관심을 두는 것이 더욱 긴요하다. 전후 사정을 감안하여 헤아려 볼 때 충담사가 천여 년 뒤에 태어나서 식민지 치하의 퇴락한 궁궐을 거닐었다면 그의 어법으로 보아 「봉황수」의 시정에 잠겼을 터이고 지훈이 그 반대로 세월을 거슬러 올라가서 역사의 무대로부터 퇴장하는 기파랑의 모습을 지켜보았다면 지조를 중히 여기는 그의 정신으로 보아 「찬기파랑가」의 시심에 잠겼을 것이다.

4. 향가의 지절(志節)

화려했던 옛 시절의 죽지랑을 기억하면서 애달프게 그리워하던 득오는 그의 노래 후반부에서 이렇게 읊고 있다.

눈 돌이킬 사이에나마
만나 뵙도록 (기회를) 지으리
낭이여 (당신을) 그리워하는 마음의 가는 길
다북쑥 우거진 구렁텅이에 잘 밤 있으리

앞의 두 줄의 진술로 보아 지금 작자는 그의 상사와 떨어져 있음을 알 수 있고, 그리하여 잠깐만이라도 면대하기를 갈망하고 있다. 어찌하여 두 사람이 만나기조차 어려운 지경에 이르렀는지 그 내막을 밝히는 일은 생략하기로 한다. 다만 사라진 과거는 모든 것을 앗아가 버리고 마침내 해후의 기회조차 쉽게 허용치 않는다는 세사(世事)의 무정함만을 기억키로 한다.

「모죽지랑가」 후반부의 핵심은 끝의 두 줄, 곧 7, 8행에 놓여 있다. 죽지랑의 처지가 아무리 딱한 상태에 놓여 있을지라도, 그리하여 화자의 심정이 감내하기 어려운 괴로움과 비감에 젖어 있을지라도 상사를 기리며 따르는 그의 마음은 변할 수 없다는 고백, 이 확고한 다짐이야말로 「모죽지랑가」를 평범한 찬모가의 수준에서 더 높은 지절가(志節歌)로 승화시키는 결정적인 계기를 마련해 주었다. 향후, 작자가 낭(郎)을 그리워하며 걸어가는 마음의 도정에는 '다북쑥 우거진 구렁텅이'와도 같은 험난한 형극의 길도 있을 것이지만 이를 피하지 않고 헤쳐나가겠다는 그의 비장한 결의, 그것이야말로 가장 고귀한 인간 정신의 극점이라고 할 수 있다. 뜻을 굽히지 않고, 바꿔 말해서 어떠한 어려운 상태에서도 초심을 잃지 않고 지조를 지키는 일, 그것이 어느 시대를 막론하고 얼마나 어려운 일인지를 모르는 사람이 없다. 「모죽지랑가」를 높이 평가하는 까닭은 사라진 것에 대한 아쉬움과 우수의 상태에 머물지 않고 이윽고 지절의 노래에까지 도달하였기 때문이다.

「찬기파랑가」의 후반부는 또 어떠한가. 흰구름이 흘러가는 길을 따라 가뭇없이 사라져가는 달(기파랑)을 넋 놓고 바라보던 화자는 다시 정신을 차리고 이렇게 속내를 드러내고 있다.

逸烏 냇물의 조약돌이
낭이 지니신
마음의 끝을 좇과저

아으 잣가지 높아
서리 모르올 花判이여

찬모의 대상인 기파랑을 천상의 달로 비유한 작자는 그 자신을 한갓 보잘것없는 냇물가의 조약돌로 낮추어 설정한다. 이러한 구도로 보아 작가에게 있어서 기파랑은 절대자·초월자와 같은 존재임을 알 수 있다. 그렇듯 존귀한 존재에 대하여 작자는 다시 "아으 잣가지 높아/서리 모르올 화판(花判)이여"라고 찬탄한다. 기파랑의 정신 세계가 얼마나 올곧고 드높았으면 이러한 영탄이 나올 수 있었을까. 그러한 고귀한 인물이 그 자취를 감추고 있으니 얼마나 애석했을까.

이런 생각을 하는 것도 이 노래를 읽는 과정에서 당연히 거쳐야 할 절차이지만 그러나 후반부의 중심이 7, 8행, 곧 "낭이 지니신/마음의 끝을 좇과져"에 자리를 잡고 있다는 점을 간파하는 것이 더욱 중요하다. 그렇다. 「찬기파랑가」는 찬모의 대상을 미화시키고, 사라져가는 그를 처연한 목소리로 그리워하는 것에 무게를 두고 있지만 더 큰 무게는 바로 7, 8행 두 줄에 두고 있음을 아무도 부인할 수 없다. "낭이 지니신/마음의 끝"을 좇겠다는 다짐은 곧 서릿발조차 뒷걸음치며 물러나는 백수(柏樹)의 정신을 계승하겠다는 고백이다. 그 고백은 "다북쑥 우거진 구렁텅이"에 자는 밤이 있을지라도 사모하는 님을 잊지 않고 따르겠노라고 다짐한 지절(志節)의 노래인 「모죽지랑가」와 맥이 통하고 있음을 우리는 익히 알고 있다.

정리하면 「모죽지랑가」와 「찬기파랑가」의 주제는 현실의 세계에서 역사의 무대로 사라져가는 위대한 인물의 드높은 정신과 숭고한 뜻을 계승하겠노라는 굳은 맹세라고 하겠다.

5. 지훈 시의 지절(志節)

그러면 향가와 마찬가지로 사라진 것을 조상한 지훈의 「계림애창」·「봉황수」에도 그와 같은 서맹(誓盟)이 있는가, 없다. 처음서부터 끝마무리에 이르기까지 오로지 '조고상금'으로 일관하고 있을 따름이다. 뒤에서 다룰 시에서는 그 나름대로의 마음가짐과 지향이 드러나겠지만 위에서 읽은 두 편의 노래는 단지 옛날을 조상하고 오늘을 슬퍼하는 것으로 시종하고 있다. 그러한 그리움과 상심이 응어리진 끝에 타개할 방도를 찾지 못하고 좌절과 무력감에 빠져서 토해낸 시가 바로 아래의 것이다.

마음 후줄근히 시름에 젖는 날은
動物園으로 간다

사람으로 더불어 말할 수 없는 슬픔을
짐승에게라도 하소해야지

난 너를 구경오진 않았다
뺨을 부비며 울고 싶은 마음
혼자서 숨어앉아 詩를 써도
읽어 줄 사람이 있어야지

쇠창살 앞을 걸어가며
정성스리 써서 모은 詩集을 읽는다

鐵柵 안에 갇힌 것은 나였다
문득 돌아다 보면
四方에서 창살틈으로
異邦의 짐승들이 들여다본다

"여기 나라 없는 詩人이 있다"고
속삭이는 소리……

無人한 動物園의 午後 顚倒된 位置에
痛哭과도 같은 落照가 물들고 있었다

「동물원(動物園)의 오후(午後)」 전문(全文)이다. 경주에서, 그리고 대궐에서 일차 '조고상금'의 쓰리고 아픈 체험을 맛본 시인은 동물원으로 개장(改裝)되어 격하된 창경궁을 찾아가서 그동안 쌓이고 쌓인 참담한 심경을 토해낸다. 앞서의 작품과는 달리 여기서는 드러내놓고 자신을 나라 없는 시인이라고 밝힌다. 이런 기가 막힌 비가(悲歌)가 또 있을까. 이런 절망과 암담함이 또 있을까. "사람으로 더불어 말할 수 없는 슬픔을/짐승에게라도 하소" 하고자 동물원을 찾은 망국의 시인. 그는 철책 안에 갇힌 것은 동물이 아니고 그 자신이라고 진술한다. 이렇듯 어처구니없이 전도된 고백이 또 있을까. 시인은 그때 마침 서쪽으로 기울던 햇빛을 '통곡과도 같은 낙조'라고 하였다. 어디 서쪽으로 지는 해뿐만인가. 시 전문이 피를 토하며 우는 통곡이라고 해야 마땅할 것이다.

실인즉, 「계림애창」 등의 두 편은 '상금(傷今)'의 슬픔을 에둘러 진술한 노래들이라고 언급하였다. 그러한 간접적인 표현이 「동물원의 오후」에 와서 직접적인 화법으로 바뀌면서 이윽고 통곡과 고통스런 아픔의 절정을 이루게 된 것이다.

이런 점에서 「동물원의 오후」는 작품의 질적인 수준 여부와 별도로 시인의 감정, 혹은 정서와 속내를 매우 강한 어조로 드러내고 있다는 점에서 예의 두 편의 시를 압도한다. 하지만 여기서도 시인은 「계림애창」·「봉황수」 등과 마찬가지로 향가의 말미 부분에 놓여있는 '정신의 계승 – 추수(追隨)'의 높은 차원에는 진입하지 못한다. 시종 슬퍼하고 탄식하고, 그리고 통곡할 뿐이다. 이 점에서 우리는 지훈의 시에 잠시 낙담하고 실망한다. 더군다나 이 지점에서 만해(萬海)의 낙관적인 전망을 담아낸 희망찬 시편들을 상기한다면 더욱 아쉬움과 안타까운 심경을 피력치 않을 수 없다.

하지만 "낭이여(당신을) 그리워하는 마음의 가는 길/다북쑥 우거진 구렁텅이에 잘 밤 있으리"라든가 "낭이 지니신 마음의 끝을 좇과저/아으 잣가지 높아/서리 모르올 화판(花判)이여"라든가 또는 "아아 님은 갔지만 나는 님을 보내지 아니하였습니다"(만해)라고 천명하는 것이 의지와 결의에 가득 찬 지사적인 삶의 태도요, 그렇기 때문에 많은 사람들에게서 외경과 상찬의 대상이 되고 있는 점, 모르지 않으나 그렇다손 치더라도 시인이 그 자신의 소견을 천명함에 있어서 이런 방법 이외 상황에 따라 다른 방향으로 갈 수 있다는 점도 우리는 온전히 인정하여야 할 것이다. 더군다나 위에서 읽은 지훈의 시는 그 진술의 흐름으로 보아 서원(誓願)을 담아낼 유형이 아니라는 점을 인식할 필요가 있다.

사라진 것에 대하여 비탄의 소리만 낼 뿐 향후 어떻게 하겠다는 다짐이 없다는 이유로 지훈의 시에 잠시 실망하여 유감의 뜻을 표했지만 다른 관점과 시각에 의한 방식이 허용되는 이상 우리는 아래의 작품을 조명하면서 그가 '상금(傷今)'에 머물지 않고 이를 어떤 방식으로든 전환시키고자 노력한 모습을 대면할 수 있다. 「동물원의 오후」는 작품의 성향만을 놓고 볼 때 그렇게 모색하는 과정에서 생산된 과도기적인 작품에 해당된다고 하겠다.

성터 거닐다 줏어온 깨진 질그릇 하나
닦고 고이 닦아 열오른 두 볼에 대어 보다

아무렇지도 않은 곳에 무르녹는 옛 향기라
질항아리 곱게 그린 구름무늬가
금시라도 하늘로 피어날 듯 아른하다

눈 감고 나래 펴는 향그로운 마음에
머언 그 옛날 할아버지 흰 수염이
아주까리 등불에 비쵀어 자애롭다

꽃밭에 놓고 이슬 받아 책상에 올리면
그 밤 내 벼개 머리에 옛날을 보리니
옛날을 봐도 내사 울지 않으련다

「향문(香紋)」의 전문이다. 「봉황수」와 함께 『문장』지에 최종 추천작으로 고선(考選)된 작품이다. 「봉황수」는 전편이 우수에 잠겨 있으나 이 노래 「향문」에는 그런 어두운 그림자가 드리워져 있지 않다. 외려 옛 유물에 대한 향수와 애정을 비교적 담담하고 차분한 언어로 나타내고 있다.

'옛 유물'이라고 거창하게 지칭하였으나 사실인즉 성터에 나뒹굴던 '깨진 질그릇' 조각에 불과한 것이다. 그렇듯 아무것도 아닌 것을 '옛 향기'가 무르녹아 있는 것으로 알고 고이 다룬 시인의 마음을 존중하여 '옛 유물'이라고 부르기로 한 것이다. 그 깨진 질그릇 하나를 놓고 시인은 옛날로 돌아가는 회고의 기쁨에 젖는다. 그리고는 「계림애창」이나 「봉황수」에서 한 것과는 전혀 달리 "옛날을 봐도 내사 울지 않으련다"라고 천명한다. 암울·비탄·좌절·절망·낭패·통곡으로 점철되어 있는 앞선 작품세계로부터 지훈은 이윽고 벗어나 강인함과 평상심을 유지할 수 있는 상황을 마련한다. 그것이 곧 더욱 확장되고 심화된 복고 취향의 시 짓기이다. 전통의 계승과 상고주의(尙古主義), 이것이 바로 일제 식민지 치하에서 그가 견지한 정신세계다.

하잘것없지만 옛 향기가 무르녹아 있는 깨진 질그릇 조각을 두 볼에 대어 보기도 하고 책상 위에 올려놓고 완상하기도 하는 그 마음은 무엇인가. 그 파편에서 옛날을 보겠노라고 고백하는 그 진술의 뜻은 무엇인가. 나라는 망하고, 그리하여 옛날의 모든 자취는 멀리 멀리 사라졌지만 그나마 남아있는 질그릇 조각을 통해서 민족의 정기와 아름다움을 읽어내고 이를 고이 간직하여 내면화하겠다는 얘기가 아닌가. 「모죽지랑가」와 「찬기파랑가」의 끝부분과 뜻이 통하는 언술이 아닌가. 사라진 것으로 인하여 마음에 깊은 상처를 입고 괴로워하며 방황하던 지훈의 헝크러진 정신을 바로잡아 준 것은 새삼 천명하거니와 「향문」, 그리고 워낙 널리 알려진 시라서 본고에서는 인용하지 않은 「승무」, 「고풍의상」 등 우리의 현대시사(現代詩史)에 뚜렷한 족적을 남긴 일련의 절창들이다. 이러한 복고 취향의 작품에서 우리는 옛것에 대한 시인의 애정과 집착을 읽게 된다. 득오와 충담사가 어떠한 역경에서도 죽지랑과 기파랑의 정신을 이어가겠다고 다짐한 그 마음은 지훈에게 이르러 특정 인물에서 비켜나 성터에 나뒹굴던 깨진 옛 질그릇 하나, 어느 때던가 오랜 옛날부터 전해오는 춤사위(僧舞), 어느 나라의 고전(古典)을 말하는 한 마리 호접(蝴蝶)인 양 문득 '민족'의 모습을 떠올리게 하는 옛 의상(古風衣裳), 이런 것을 통해 재현되고 있다고 해석하는 데 우리는 아무 어려움을 느끼지 않는다. 동물원에서 토해낸 구슬픈 사설은 이제 옛 것을 어루만지며 내일을 내다보는 언어로 서서히 바뀐다.

고운 임 먼 곳에 계시니
내 마음 애련하오나

먼 곳에서나마 그리운 이 있어
내 마음 밝아라

설은 세상에 눈물 많음을
어이 자랑 삼으리

먼 훗날 그때까지 임 오실 때까지
말 없이 웃으며 사오리다

부질없는 목숨 진흙에 던져
임 오시는 길녘에 피고저라

높거신 임의 모습 뵈오랑이면
이내 시든다 설을리야……

어두운 밤 하늘에
고운 별아

「기다림」의 전문이다. 이 또한 곱씹으며 읽지 않고 일별하는 것만으로도 내용을 금세 알 수 있다. 고운 님이 먼 곳에 있어서 애련(哀憐)하나 그럴지언정 님이 존재하고 있다는 그 자체에 시인은 안도하면서 마음이 밝다고 말한다. 울음 섞인 목소리로 '님의 부재(不在)'만을 되뇌이며 절망에 빠져있는 상황과는 본질적으로 다른 장면이 전개되고 있다. 이런즉 임이 오실 때까지 입 다물고 웃으며 기다림의 세월에 기꺼이 몸을 맡기는 것은 당연한 각오라 할 것이다.

암흑과도 같은 시대, 사라진 것 때문에 조고상금의 슬픔을 품고 살던 시대에 지훈의 시는 방황(?)을 거듭한 끝에 이윽고 「기다림」이라는 이름의 항구에 입항한다. 이 글의 결론은 여기서 끝내도 좋다. 다만 사족 삼아 한마디를 보태자면 이와 같다. 즉 오랜 여정 끝에 정박한 「기다림」의 시세계는 결코 현란하지도, 별스럽지도 않은 범상한 언어로 장식되어 있다. 고려 속요 이후 조선 시대의 시조나 근·현시에서 숱하게 접할 수 있는 평균적인 수사(修辭)와 진술의 수준에 머물러 있다.

그런들 어떠랴. 야단스러운 진술이나 화사한 표현이 오히려 시인의 진정성을 훼손시키는 예를 우리는 자주 본다. 그와는 달리 예사스러운 말씨에서 절절한 심사를 읽는 기회를 우리는 또한 만난다. 만해(萬海)의 『님의 침묵(沈黙)』 전 편이 여기에 해당된다. 지훈의 시 「기다림」에서 겉모습을 보지 않고 그 속살에 접근하려는 이유가 바로 여기에 있다. "부질없는 목숨 진흙에 던져 ……"라고 진술하고 있는 5연의 속뜻을 음미하면 새로운 경지가 열림을 알 수 있다.

6. 지훈 시의 향가적 인자

이 글에서 우리가 읽은 지훈의 시는 모두 5편이다. 그중에서도 특히 관심이 가는 시는 맨 먼저 살핀 「계림애창」과 「봉황수」다. 창작연대 순에 따른다면 「봉황수」(1939)가 앞에 오고 그 뒤에 「계림애창」(1942)이 놓여야 마땅하지만 위에서 필자는 시대순에 구애받지 않고 역순으로 읽었다.

그런데 이제 와서 되짚어 보면 그렇듯 창작연대의 선후를 마냥 무시할 일이 아니라는 생각이 든다. 그래서 글을 마감하는 단계에서나마 연대의 앞뒤를 중시하면서 두 편의 시를 새로 연결시켜 보기로 하겠다.

지훈은 「봉황수」를 지으면서 사라진 조선 왕조를 애도하며 일차 조고상금의 지극한 비감(悲感)에 젖는다. 그리고 같은 시기에 옛 것을 그리워하는 심정을 담아낸 「고풍의상」, 「향문」 등의 작품을 짓는다. 그런 뒤 두 해쯤 지나 경주로 내려간다. 그때 그의 경주행이 목월(木月)과의 첫 만남을 위한 나들이라는 것은 이미 오래전부터 널리 알려진 문단의 이면사에 해당되는 사건(?)임을 우리는 잘 알고 있다. 거기서 「계림애창」을 지어서 읊는다.

이렇게 연대순에 따라 정리해 놓고 보니 조선 왕조의 붕괴를 조상한 그의 비통한 그 마음이 그대로 유지된 상태에서 경주에 이르렀고 그곳 고도(古都)에서 다시 신라의 멸망을 새삼 떠올리며 애도하는 마음으로 연결되었음이 명료하게 드러난다. 그러니까 「계림애창」을 읊을 때 시인은 한 왕조가 아닌 두 왕조가 소멸된 비통한 역사에 더욱 마음을 가누지를 못하였을 터이고 따라서 사라진 왕조에 대한 아쉬움과 미련, 그리고 비애의 감정은 더욱 고조되었으리라고 단언하여도 무방할 것이다. 이 두 편의 비가(悲歌)가 마치 2연(聯) 1편(篇)의 노래인 양 겹쳐진 상태에서 시인의 마음이 과연 어땠었는지를 헤아려 보는 것은 결코 어렵지 않다.

여기서 다시 「계림애창」을 끄집어내어 더듬어 보기로 하겠다. 지훈은 이 시의 제목 밑에 다음과 같은 제발(題跋)을 달았다. 위에서 인용해야 할 글을 여태껏 묵혀 두었다가 이제야 아래에 옮긴다.

> 壬午年(1942) 이른 봄 내 불현 듯 徐羅伐이 그리워 飄然히 慶州에 오니 복사꽃 대숲에 철 아닌 봄눈이 뿌리는 四月일네라, 보름 동안을 옛 터에 두루 놀제 鷄林에서 이 한 首를 얻으니 대개 麻衣太子의 魂으로 더불어 같은 韻을 밟음이라, 弔古傷今의 하염없는 嘆息일진저!

지훈이 남긴 시는 약 250여 편쯤 된다. 그 가운데 위에서와 같은 제발을 달고 시작한 노래는 아마도 6·25전란 중에 지은 「청마우거유감(靑馬寓居有感)」과 이 「계림애창」뿐인 것으로 알고 있다. 매우 드문 예라 하겠다. 작품만으로도 능히 그 자신의 생각이나 정서를 드러낼 수 있을 터인데 굳이 '단문(短文)의 해설' 격인 제발을 올려놓은 까닭은 무엇일까. 요컨대 본시(本詩)만으로는 심경을 밝히는 데 충분치 못하기 때문에, 또는 창작배경을 설명하여 독자의 이해를 도울 필요가 있기 때문에 첨부하였으리라. 이 말은 결국 하고 싶은 말이 많다는 뜻이며 또한 그런 사정을 명기할 수밖에 없는 특별난 시라는 의미로도 해석할 수 있다. 시인 자신이 이 시를 세심하게 다룬 작품으로 규정하였다고 풀이하여도 큰 잘못은 아니라는 뜻이다.

그런 함의가 들어있는 이 제발에서 가장 핵심 되는 구절은 어느 대목인가. 위에서 여러 번 언급한 바로 "조고상금(弔古傷今)의 하염없는 탄식(嘆息)일진저!"라고 차탄(嗟歎)한 한 줄의 문장이다. 겉으론 조고(弔古)의 노래이나 실인즉 상금(傷今)의 비통함을 묵직하게 담아냈으니 읽는 이들은 이 점을 놓치지 말라는 당부가 그 짧은 해설문의 핵심이라는 뜻이다.

끝자락에 놓여 있는 이 한 줄의 문장은 또한 그 바로 앞에서 피력한 "마의태자(麻衣太子)의 혼(魂)으로 더불어 같은 운(韻)을 밟음이라"는 설명에 이끌림에 따라 그 주지(主旨)를 더욱 분명하게 부각시키고 있다. 자, 이제 「계림애창」의 저변을 관류하고 있는 시인의 마음을 다시금 포착키로 하자. 그는 막연하게 조고상금에 빠지지 않았다. 마의태자의 혼을 불러내어서 자신의 심정과 일치시켜 「계림애창」을 빚어냈다. 그러므로 중요한 것은 '마의태자'의 혼이다. '마의태자의 혼'은 무엇이었던가. 신라 천 년의 역사와 그 안에 담겨있는 찬란한 모든 것이 한순간에 소멸되는 것에 대한 참을 수 없는 아픈 마음, 비통한 심경, 바로 그것이 아니었던가.

'마의태자의 혼→조고상금의 탄식'이 말하고 있는 속뜻을 이렇게 정리해 놓고 여기에 필자의 임의에 따라 이 시를 지을 때 작용되었으리라고 짐작되는 시인의 상상력을 보태기로 하자. "한순간에 소멸된 신라의 천년 역사와 그 안의 모든 것"에는 '라(나)인상향가자상의(羅人尙鄕歌者尙矣)'라고 일연(一然)이 증언한 신라의 향가도 포함될 수 있으리라. 신라는 향가의 나라가 아니던가. 그런즉 지훈이 「계림애창」을 읊으면서 '마의태자의 혼'이라고 밝힌 부분을 다른 말로 확장시킨다면 "득오(「모죽지랑가」)와 충담사(「찬기파랑가」)의 혼으로 더불어 같은 운(韻)을 밟음이라"라는 말로 치환시켜도 큰 하자가 없을 것이다. 서론에서 잠깐 언급한 바와 같이 지훈은 '신라'에 대해서 일찍부터 관심을 가지고 학술적으로 연구한 바 있다. 그렇게 천착한 결과 신라국호에 관한 논문은 1955년 『고대 오십주년기념논문집(高大五十周年紀念論文集)』에, 신라가요(향가)를 심도 있게 성찰한 연구물은 1964년 『민족문화연구(民族文化研究)』 1집에 게재하여 학계에 보고되었다. 발표 연대는 1955년 이후 1960년대 중반으로 이루어졌지만 연구의 계획과 시작, 자료 수집 및 분석, 목록 작성과 논지의 수립 등의 작업은 이미 그의 나이 20대인 1940년대, 그러니까 「계림애창」이 생산되던 무렵에 시작되었다. 「신라(新羅)의 원의(原義)와 사뇌가(詞腦歌)에 대하여」라는 논문을 1943년 『춘추(春秋)』지(誌) 4-1에 발표한 사실이 이를 입증한다.

이런 사실도 감안하여 참고한다면 상술한 바 「모죽지랑가」와 「찬기파랑가」의 시적 환경과 정신이 「계림애창」에 자연스럽게 연동되었으리라는 결론에 우리는 쉽게 도달할 수 있을 것이다.

매듭을 짓는다. 「모죽지랑가」 + 「찬기파랑가」의 묶음과 「봉황수」 + 「계림애창」의 묶음, 이 두 묶음은 내용상으로나 정서적으로나 서로 통한다. 그 점은 위에서의 작품 분석을 통해서 입증되었다. 두 묶음은 시대를 초월하여 같은 공간에 어깨를 나란히 하면서 놓인다.

지훈 시의 다른 인용 작품 3편에 대한 재론은 이 마무리 장(章)에서는 생략하여도 무방하다고 판단하여 건너뛰기로 한다.

조지훈의 전통론과 순수시론

한국 현대시론에서의 '전통' 문제와 그 계보 연구를 위한 시론(試論)

김윤태

1. 머리말

한국 근대문학의 성립 과정을 이야기할 때 자주 인용되는 개념 가운데 '모더니티 지향성'과 '전통지향성'[1]이라는 개념이 있다. 모더니티를 문화수용으로 간주하는 문화인류학적 관점 위에서 이 개념들은 의미를 갖는바, 외부로부터 수용된 문화를 모더니티(외래문화)로 파악하고 자생적 전통문화와 대립되는 요소로 이해한다. 이

1) 이 개념들은 김윤식이 사용한 용어로서, 이 개념들로 한국 근대문학의 역사적 전개과정을 설명하는 것이 이론적으로 타당한 것인가에 대해서는 별도의 논의를 필요로 하며, 이는 본고의 목적이 아니다. 김윤식, 「한국문학의 두 가지 지향성의 변증법」, 『한국 근대작가론고』, 일지사, 1974, 446쪽 참조.

두 요소는 상호 작용을 통해 시대에 따라 주기적인 반복 과정을 거치는 것으로 보고 있다. 가령 근대문학 초창기에 육당과 춘원, 김동인, 주요한 등이 전자에 해당한다면, 단재의 문학은 후자에 속한다. 1920년대 프로문학과 민족주의 문학의 대립, 1930년대 김기림·이상 등의 모더니즘 문학과 김영랑·이병기 등의 문학의 대조적인 면모도 그 지향성들의 반복으로 설명된다.

물론 이 두 가지 지향성만으로 한국 근대문학사를 이해하는 일은 지극히 도식적인 한계를 지닌다. '모더니티'와 '전통'이 서로 모순되거나 대립되는 개념이 아니란 점도 우선 전제되어야 하겠거니와, 한편 문학사의 전체 상을 그리려고 할 때 그 사적인 흐름을 이해하는 데에는 상당한 의미를 지니기도 한다. 외부의 힘에 의해 세계 자본주의적 근대체제에 편입되지 않을 수 없었던 한국 근대사의 파행적 과정을 고려한다면, 외부로부터의 충격(모더니티)은 한국사 이해의 중요한 요소가 된다. 이로써 모더니티, 즉 '근대성'에 대한 논의는 오늘날 학계에서 자주 언급되는 보편적인 과제로 떠오르게 되었다.

필자 역시 '근대성'이란 개념을 통해 한국 현대시론의 양상을 고찰한 바 있다.[2) 1930년대 임화와 김기림의 시론(詩論)을 근대성의 측면에서 상호 비교하면서, 이들 시론과 경쟁하였던 박용철의 시론이 근대 미달임을 지적하였던 것이다. 즉 1930년대에 들어 한국 근대시의 전개 양상은 크게 세 가지 방향으로 나타났다. 그 첫째는 1925년 카프 결성 이래 강한 경향성을 띠고 등장했던 프롤레타리아 시문학이다. 이들은 1931년 카프의 제2차 방향전환(볼셰비키화 방침)과 더불어 이전 시기보다 더 전투적인 형태를 띠게 된다. 둘째는 김기림을 중심으로 한 모더니즘 시이다. 이들은 서구의 이미지즘과 주지주의 문학 이론을 일본을 통해 수용하면서, 새롭게 나타난 도시문명의 감수성을 창작적 원천으로 삼고자 한 일군의 시인들이었다. 셋째는 『시문학』(1930) 창간과 함께 순수시를 주창하며 나타난 예술지상주의적 경향이다. 이들은 언어에 대한 세심한 배려와 문학에서 사상·이념을 배제하는 순문학적 관점을 취하였다.

이 세 가지 시적 경향 가운데서 전자의 두 경향(첫째와 둘째)은 외래적일 뿐만 아니라 근대적인 것이다. 프롤레타리아 시문학은 사상적으로는 사회주의 이념에 기

2) 김윤태, 「1930년대 한국 현대시론의 근대성 연구」, 서울대 대학원, 1999.

반하고 있으며, 사회주의 혁명에 성공한 러시아의 프롤레타리아 문학과 그에 영향을 받았던 일본의 프롤레타리아 문학의 영향 아래 전개되었던 것이다. 또 김기림이 추구했던 모더니즘 문학은 서구의 모더니즘 가운데서도 특히 영미 계통의 주지주의 및 이미지즘의 영향 아래 전개된 문학적 경향으로, 사상적으로는 자유주의에 기반하지만 문명비판적인 태도와 예술성을 강조함으로써 우리 문학사에서 새로운 흐름을 형성하였던 것이다.

반면 후자(셋째)의 순수시 경향은 부분적으로는 서구의 낭만주의 문학이론과 상당한 상관관계를 지니기도 하지만, 한편으로는 우리의 전통적 정서와 문학정신에 근거하고 있기도 하다. 즉 후자는 근대 이전의 농촌공동체적 세계 질서에 기반한 토착 부르주아지(지주)의 보수적인 세계관 위에 놓인 현실도피적이고 감상적인 낭만주의의 문학적 경향을 보였다. 서구에서 낭만주의는 그 자체로는 근대적 인식의 산물이지만, 후자의 경우 근대성의 경험에 대한 미적 대응으로서는 '비근대' 혹은 '근대 미달'로 파악할 수 있을 것이다.[3] 다시 말해 이 순수시의 방향은 인식론적 차원에서 '근대성'에 접근한 것이 아니고, 오히려 우리 문화(혹은 문학)의 '전통성'과 더 친연성을 갖는다고 하겠다.

본고는 한국 현대시론 가운데 후자의 경향을 '전통'이라는 관점에서 살펴보고자 한다. 본고의 주된 논의 대상은 조지훈의 시론이다. 아울러 조지훈의 시론을 이해하기 위해서는 선대의 유사한 시론을 밝혀 그 흐름을 파악할 필요가 있다. 즉 1930년 『시문학』지가 창간되고 그 중심 멤버였던 김영랑의 시 창작과 박용철의 순수시론이 개진되던 점과 더불어, 1930년대 후반 『문장』지를 중심으로 이병기·정지용·이태준이 활약하던 이른바 '문장파'의 고전 정신을 조지훈의 시론은 충실히 이어온

3) 흔히 '비(몰)근대' 혹은 '반근대'라는 용어가 사용된 선행 연구들이 있다. 가령 김윤식이 김동리의 문학을 규정할 때 '비(몰)근대'로 파악하는 것은 그 좋은 예이다. "'구경적 삶의 형식'으로 요약되는 김동리의 문학과 그 논리는 철저한 비근대성이었다. 만일 반근대라면 그것 역시 근대성에 내포된 사상일 터이지만 이상하게도 김동리의 논리는 몰근대이거나 비근대여서 어떤 근대성 논의도 여기서는 제로화되고 마는 것처럼 보였다."(김윤식, 「나의 삶, 나의 추구」, 『동아일보』, 1995. 12. 18. 참조) 또한 김동리 문학을 '반근대'로 규정한 사례는 매우 많다. 미적 자율성으로서의 순수문학론과 반근대는 그 자체로는 서로 모순되는 것이지만, 김동리에게서 이것들은 혼효되어 있는 것으로 이해된다.

것이다. 시문학파나 문장파의 시론이 조지훈에게로 계승되어 온 점에 주목하여, 그들의 논리를 전사(前史)로 놓고 조지훈의 시론을 검토하는 방식으로 본고는 진행될 것이다.

그동안 한국 현대시론과 관련된 '전통' 연구는 거의 없다. 그것은 한국의 현대시론에 대한 연구가 현대시의 다른 연구 분야에 비해 아직 덜 개척된 것과 관련된다. 한국 현대시론에 대한 종합적이고 체계적인 연구는 한계전 교수의 『한국 현대시론 연구』(일지사, 1983)가 있다. 이 연구는 1920년대 한국 근대 자유시론, 신경향파의 시론, 또 1930년대의 박용철 시론과 김기림의 모더니즘 시론 등이 비교문학적으로, 그리고 문학사적으로 꼼꼼하게 정리되어 있는바, 이는 해당 분야 연구의 선편을 쥔 것이었다. 이후 개별적으로 현대시론에 대한 연구가 산발적으로 이루어져 오다가, 1990년대에 이르러 『한국 현대시론사』(모음사, 1992)와 『한국 현대시론사 연구』(문학과지성사, 1998) 등에서 한국 현대시론에 대한 체계적인 정리 작업이 있었다. 이 연구들은 해당 전문연구자들이 다수 동원되어 한국 근현대시론의 전개 양상을 역사적으로 조망하고 있다는 점에 의의가 있다. 또한 오형엽 교수의 『한국근대시와 시론의 구조적 연구』(태학사, 1999)는 1930년대 한국 현대시론을 미적 근대성의 관점에서 접근한 귀중한 연구 성과로서, 본고의 문제의식에 자극을 준 매우 주목할 만한 업적이라 하겠다.

조지훈 시론에 관한 연구 역시 그리 많지 않은 편이다. 최승호의 『한국 현대시와 동양적 생명 사상』(다운샘, 1995)에서는 문장파의 문학적 이념에 대한 논의 연장선에서 조지훈의 시론을 다루고 있다. 또 최승호의 『한국적 서정의 본질 탐구』(다운샘, 1998)은 조지훈에 관한 연구논문을 중심으로 하여 이병기·정지용 등 문장파의 시와 시론에 관한 연구로 구성되어 있다. 그는 이들 저서를 통해 전통적인 서정시학이 형이상학적이고 본질적인 시학 탐구라고 규정하고, 그것이 이데올로기화하게 되면 온건 보수주의의 미학으로 귀착된다고 주장한다. 본고는 이러한 성과들 위에서 조지훈의 시론과 전통론이 어떻게 연관지어지는가를 살피고자 한다.

2. 전통론과 조지훈의 미의식

1) 전통론과 '문장파'의 전통주의

조지훈의 문학 세계를 설명할 때 '전통적'이란 수식어가 곧잘 붙어 나온다. 보통 그 말은 과거의 문화유산을 통칭하는 개념으로 쓰이지만, 유산 자체를 말하지는 않는다. 사전적 개념에서는 과거의 유산을 존중하고 그것을 고수하려는 보수적인 경향을 전통주의(傳統主義, traditionalism)라고 한다. 일반적으로 우리가 전통주의라 할 때, 그것은 혁신에 반대하고 고래로부터 이어져오는 가치나 방법을 고집하는 태도를 지칭한다. 이는 외부로부터 유입된 새로운 미지의 것에 대한 경계심을 드러낸다는 점에서 어느 정도 보수주의와 상통한다. 그러나 보수주의가 의식적인 차원에서 특정 전통의 가치를 적극적으로 주장하는 정치적 이데올로기로서의 의미로 한정되게 사용될 때, 전통주의는 이와 구별하여 심리적인 반응이란 의미로 한정적으로 사용하기도 한다. 그러므로 전통주의는 유산의 단순한 보존과 고수, 외래적인 것에 대한 생리적 거부와 고집스러운 저항의 의미를 지닌 수구적 태도와는 달리, 미래에 대한 나름의 전망을 담고 있는 경우에 해당한다. 그것은 마치 보수주의가 단순히 과거로의 퇴각이나 전통의 고수(이는 흔히 반동이라고 한다)가 아닌, 점진적인 변화 위에 옛것을 존중하고 전통적 가치를 유지를 하려는 것과 마찬가지다. 즉 보수가 수구나 반동과 다르듯, 전통은 복고나 묵수(墨守)와는 다른 것이다.

한국 근대문학사에서 전통이란 개념이 문제시되는 것은 민족주의 문학론과 깊이 관련을 맺고 있다. 1920년대 민족주의 문학파들은 사회주의 이론으로 무장하고 프롤레타리아국제주의를 외치며 등장한 카프와 맞서기 위하여 '조선심'·'조선혼'·'조선얼' 등의 개념을 가지고 민요시운동이나 시조부흥운동 같은 것을 전개해 나갔다. 전통이란 이름 하에 행해졌던 이 운동들은 그러나 다분히 복고적이고 국수주의적인 경향을 띠는 것이었고, 위에서 밝힌 '전통' 개념과는 다소 거리가 있는 것이다.

또한 1930년대에 '조선학' 정립과 관련한 '고전부흥운동'은 민족 정체성의 재확인이라는 1920년대 이래의 민족주의적 정향을 여전히 답습하고 있고, 민족의 독자적인 문화가 갖는 우월성이라는 과거의 영화에 기대어 가혹한 현실을 비껴가려는 패배적이고 허무주의적인 태도를 여전히 껴안고 있는 것이다.[4] 그러나 그 운동이 과거 우리 것에 대한 미학적 재전유라는 문학적 전통주의의 새 조류를 일구었고,

개인적인 작가의 차원에서 풍성한 문학적 결과를 낳고 있다는 사실만은 부정키 어려운 측면도 있다. 가령 이태준이나 정지용이 이끌었던 『문장』지가 그 사례일 것이다. 그들의 문학적 태도는 오히려 우리 언어에 대한 다양한 예술적 모색이란 점에서, 그리고 동양적인 고전정신에 충실하고자 한 점에서 '전통'에 값하는 의미를 지닌다고 본다.

식민지 시대 한국 문학사에서 전통주의는 단순히 고착되고 박제된 개념이 아니라 일종의 전망[5]이라고 할 수 있다. 미래에 대한 전망이 불투명한 경우 현실로부터 도피하거나 은둔하는 경향이 강한데, 그러한 무전망의 태도 또한 그 나름의 현실타개책인 셈이다. 1930년대 후반부터 1945년 해방에 이르기까지 일제의 폭압은 극에 달하고 전쟁마저 수행하고 있던 마당에, 그러한 현실을 견디어내는 일은 당시 문학인들의 중대한 과제이기도 했다. 적극적이든 소극적이든 대부분의 문인들이 부일협력하지 않을 수 없었던 상황에서, 절필하거나 저항하거나 순국하는 등 여러 형태로 문인들의 저항이 있었다. 우리말과 글을 지켜야 한다는 신념으로 일제에 저항한 대표적인 경우가 '문장파'라 할 수 있을 것이다. 그들이 공통적으로 보여준 상고취미나 고전전통에 대한 심취는 나름대로의 미래적 전망과 관련되는 것들이고, 또한 그것은 일제의 근대주의에 대한 '반근대주의' 혹은 '비근대주의'로서 의미를 갖는다.

『문장』지의 멤버들이 난초나 도완(陶翫) 따위에 깊은 관심과 애정을 기울인 상고취미자였음은 잘 알려진 사실이다. 가령 상허가 "고완(古翫) 취미를 당자나 은자의 도일(度日)거리로만 보는 것은 속단이다. 금력으로 수집욕을 채우는 것은 오락에 불과한 것이요 또 제힘에 불급(不及)하는 것을 탐(貪)내는 것도 허영이다. 직업적이어선 취미도 아니려니와 상심낙사(賞心樂事)란 무위와 허욕과 더불어서는 경지를 같이하지 않을 것이다"[6]라고 하는 것은 그러한 취미가 단순한 호사가 아니요 일종의 도

---

4) 차원현, 「1930년대 중후반기 전통론에 나타난 민족이념에 관한 연구」, 『민족문학사연구』 24호(2004. 3), 122쪽.

5) 박호영, 「'문장'파의 전통주의」, 한계전 외, 『한국 현대시론사 연구』, 문학과지성사, 1998, 217쪽.

6) 이태준, 「古翫」, 『조선일보』, 1938. 7.

(道)로 파악하고 있음을 알 수 있다. 또 가람이 시조와 난초 가꾸기를 평생의 업으로 삼아 살았다는 것은, 그것이 한낱 귀족적 취향의 포즈만이 아니고 선비정신이라든가 도의 경지라든가 하는 것과 깊은 연관을 지닌다. 난초에 꽃이 피었다고 하여 가람의 집으로 그것을 보러 갈 만큼,[7] 이들의 취미는 그러했다.

문장파의 이런 취향은 의고(擬古)주의적 냄새가 아니 나는 것은 아니나, 그것은 한편 일제 강점기의 암울한 상황을 나름대로 견디어내고 넘어서려는 의지적인 측면도 없지 않다. 이들은 이같은 상고 취미와 더불어 언어와 문장에 대한 미적인 탐구를 자신들의 중요한 과제를 삼았다. 미문(美文)주의를 표방한 이태준의 유명한 『문장강화』가 그러하고, 정지용의 『문학독본』이 그러하다. 고전으로의 퇴각과 탈정치적 예술주의로 위장하여 일제 탄압의 예봉을 피하고 새로운 미래에 대한 희망을 포기하지 않으려는 것이 그들의 전략이었던 것이다.

2) 조지훈의 미의식과 전통론

상고주의와 선비정신으로 요약되는 문장파의 이같은 전통지향성은 조지훈에게 잘 계승되고 있다고 흔히 평가된다. 그러나 조지훈에게서는 문장파와 같이 유유자적하며 난이나 골동품을 완상할 만큼의 한가로운 취미는 별로 엿보이지 않는다. 취미가 단순히 기호 차원이 아니라면, 즉 취미가 칸트적 의미에서 하나의 미적 능력이나 미의식과 관련된 것이라고 하면, 그의 수필 「돌의 미학」(『사상계』, 1963.12)은 주목해볼 가치가 있는 글이다. 조지훈이 수석 취미를 가지고 있었는가는 굳이 따질 필요가 없다. 왜냐하면 그것은 조지훈이 '돌'에 대해 갖는 관심이 단순한 호사 취미가 아닌, 일종의 도(道)의 차원이기 때문이다. 그는 다도(茶道)보다 오대산의 바위에서 더 미적인 '취미'를 감지했던 것이다. 이 글에서 그는 '돌'에 대한 미의식을 세 가지 차원으로 인식한다. '예지와 정감과 의지의 혼융체'로서의 돌의 미학은 조지훈이 도달한 미의식의 정수이자, 동시에 그것을 넘어서 하나의 사상으로 발전한다.

또 하나 조지훈에게서 중요한 미의식은 '멋'의 미학이다. 장문의 논문 「'멋'의 연구」(1964)에서 그는 이 '멋'을 한국적 미의식과 결부시킨다. 멋에 대해서, 그는 "미

---

7) 이태준, 「雪中訪蘭記」, 『시와 소설』, 1936.

적인 것의 한 특수한 형상으로서 한국 민족의 예술적 생활의 표현 목표와 이념, 또는 미가치(美價值)의 한 표준"[8]으로 규정한다. 멋과 관련된 여러 어휘들에 대하여 먼저 언어학적으로 상세하게 접근하여, 멋을 규정하여 '초격미(超格美)'라 하고 '격에 들어가서 다시 격에서 나오는 격(變格而合格)'이라 설명하고 있다. 대단히 형이상학적이고 어떤 면에선 현학적이기조차 한 이 '멋'의 연구는 조윤제·이희승·신석초·조용만 등 당대의 석학들과 한편 논쟁하고 한편 공감하면서 멋에 대한 학술적 고찰을 심화시킨다. '멋'이란 단어가 우리말에만 존재하는, 어떤 외국어로도 번역이 불가능한 언어개념이라는 전제 아래, 그는 멋의 특수적 의미를 한국만이 가진 미의식 또는 미가치로서의 멋의 의미로 규정한다. 조지훈에게서는 '멋'은 도의 경지와 통하는 것이다. 요컨대 "멋은 특수미로서 도리어 진(眞)의 가치, 미(美)의 가치를 종합하고 넘어서 성(聖)의 가치에 도달한 것"[9]이라는 주장이다.

조지훈이 학술적인 탐구를 통해 밝혀낸 '멋'의 미학 연구가 그에게 중요한 의미를 지니는 것은 전통 연구와 결부되어 있다는 점 때문이다. 그는 멋을 "민족미의식의 집단적·역사적 동일 취향성에 말미암은 것으로, 원시 이래 지금에 관류하는 하나의 전통"이라 파악하고, 그것이 이념으로서 성립한 시기를 통일신라 전후로 잡는다. 따라서 그것은 화랑도인 셈이며, 달리 말하면 풍류(風流)란 것이다. 다시 이 풍류를 시(風月)와 연결지어 자연과의 조화의 미를 이루는 생활이라고 하였으며, 그 구체적인 문학적 관련으로 시조와 판소리를 제시하였다.[10] 결국 그에게서 멋에 대한 연구는 한국적인 것·민족적인 것 혹은 전통적인 것과 결부된 것임을 알 수 있다. 나아가 전통에 대한 조지훈의 관심은 민속학과 역사 연구로 발전하게 된다.

그러면 조지훈이 생각하는 '전통'이란 어떤 것인가? 그는 "전통은 새로운 창조의 재료요, 방법이며, 전통은 새로운 창조의 주체요 가치"라고 규정하고,[11] 나아가 전통을 역사적·문화적·가치적·집단적·주체적 개념으로 파악한다. 그 위에서 전통의 계승은 옛것과 같으면서 항시 새로운 양상으로 창조될 때만이 가능하다고 함으로

8) 조지훈, 『조지훈 전집 8』, 나남출판사, 1996, 357쪽. 이하 『조지훈 전집』에서의 인용은 『선집』으로 줄임.
9) 위의 책, 441-442쪽.
10) 위의 책, 442-443쪽.
11) 조지훈, 『전집 7』; 「전통의 현대적 의의」, 『한국문화사서설』, 탐구당, 1989, 215쪽.

써, 그는 전통과 창조와의 관계를 설정한 다음 전통이 모방과 다름을 밝힌다. 또한 그는 순수-한국적인 것의 모색을 경계한다. 한국문화-민족문화는 세계문화 안의 한국적 양식의 발견과 형성에 있는 것이라 하여, 전통과 보편주의의 관계를 해명하고 국수주의적인 태도를 배격한다.

이러한 전통에 대한 이해는 1920년대 민족주의 문학파들이나 1930년대의 고전 부흥운동에 나타난 복고주의나 패배적 민족주의와 변별되는 것이다. 바로 이 지점에서 조지훈 특유의 '보수주의'가 돋보이는데, 나아가 그는 전통 논의의 연장선에서 고전을 중시하는 특유의 정신주의를 드러낸다. 그에 의하면 고전은 전통의 입상(立像)이다. 고전은 생활의 의욕에서 형성되어 역사의 흐름 속에 지속되는 자요, 개성의 주체 속에 생탄하여 보편성의 객화에 융합되어 가는 자이며, 따라서 한 민족문화가 카오스에서 코스모스로, 방산(放散)하는 관념에서 구체적 집결로 나아가는 비롯이 된다고 한다.[12] 아울러 그가 전통론에서도 언급한 것과 마찬가지로, 고전의 추구가 골동상이나 박물관 진열창에 그치는 것이 되어서는 안 된다고 하면서, 살아 있는 고전·생활화된 고전을 강조하였다. 조지훈의 이러한 생각은 정지용이 고전적인 것과 진부한 것을 구별하여 역사적으로 살아 있는 과거로 인식한 견해[13]와 크게 다르지 않다.

이러한 전통과 고전에 대한 이해 위에서 조지훈이 학문적 실천 영역으로 나아간 것은 민속학과 역사 연구이다. 그의 민속 연구에는 팔목(八目)놀이나 서낭당(성황당)에 관한 것과, 사뇌가(산유화가)에 관한 것 등이 있다. 특히 민속에 대한 관심은 문학 창작으로 반영되어 나타나기도 하였는데, 그의 데뷔작인 「고풍의상」이나 「승무」 같은 작품들이 바로 그 적절한 예이다. 시 「고풍의상」의 창작 배경에 대하여 "민족문화에 대한 나의 애착, 그 중에서도 민속학 공부에 대한 나의 관심이 감성 안에서 절로 돌아나온 작품이었음"[14]을 스스로 밝히고 있는 데서도, 그의 이 같은 전통지향성은 능히 감지된다.

---

12) 조지훈, 『전집 3』, 45쪽.

13) 정지용, 『문학독본』, 동지사, 1949, 213쪽.

14) 조지훈, 『전집 3』, 201쪽.

3. 순수시론

1) 전사(前史)로서의 순수시론—박용철과 정지용의 시론

한국 근대문학사에서 순수시론을 가장 먼저 제기한 문인은 김영랑과 더불어 『시문학』(1930)을 창간했던 박용철이다. 그는 1930년대 '시문학파'의 대표적인 이론가로서, 김기림과의 논쟁을 통해 창작시론으로서의 '존재(혹은 생리)의 시론'을 제기하였으며, 임화와의 논쟁을 통해서는 '변설 이상'의 시론을 주장하였다.[15]

이들 세 사람 사이에서 벌어진 논쟁이 바로 '기교주의 논쟁'이다. 박용철은 김기림이 내세우는 "새로움의 의식적 탐구"에 대해 비판하면서, 자신은 "전생리에 있어 이미 선인과 같지 않기에 새로히 시를 쓰고 따로이 할 말이 있기에 새로운 시를 쓴다"라고 전제하고 "우리는 우리의 생리적 필연 이외에 한 줄의 시를 더 쓸 필요도 인정하지 않는다"라고 하여 이른바 '생리'의 시론을 주장하였다. 김기림의 시론이 기교를 통한 의식적 제작으로 새로운 시에 접근해간 것과는 달리, 박용철은 "표현될 무엇이 먼저 존재"해야 한다면서 그 '무엇'이란 바로 "예술 이전이라고 부르는 표현될 충동"이라고 하여 선시론(先詩論)을 제기하였던 것이다. 박용철이 선시적이라고 한 것은 단순히 소재의 차원에 머무는 것만이 아니라 일종의 포에지(poesie)에 해당하는 것이라 볼 수 있다. 이것이야말로 낭만주의가 내세우는 천재의 영감과 같은 것이지 않을 수 없다. 이는 곧 박용철이 비유적으로 말한 "심두에 한 점 경경한 불"이며, '무명화'인 것이다.[16] 그에게서 시의 창조는 시인의 체험을 시인의 피 속에서 용해시키는 과정을 거쳐 외부의 영감이 잉태되기를 기다리고 그 수태가 완전한 성숙에 이르렀을 때 비로소 이루어지는 것으로 보았다. 그래서 시에서 가장 중요한 것은 언어의 절차탁마인 것이요, 마음의 순정성을 노래하는 것이 시의 궁극이라고 그는 생각한 것이다.

또 한편 시인의 사회적 임무와 역할을 강조한 임화와의 논쟁에서, 박용철은 시인을 현실의 인지자이자 영혼의 체험자로 규정하고 시인의 능력은 곧 시적 변용의 능력이라는 주장을 시론의 핵심 문제로 파악한다. 이어 박용철은 '변설 이상의 시론'

---

15) 한계전, 『한국 현대시론 연구』, 일지사, 1983, 135-153쪽.

16) 이상은 박용철, 『박용철 전집 2』, 시문학사, 1940에서 인용.

을 제기하면서, 시 창작과정의 비밀을 해명하고 시인은 단지 그것을 말하는 자로 규정하였다.

그러나 박용철이 제기한 순수시론은 서구의 순수시 개념과는 반드시 일치하는 것이 아니다. 서구에서 순수시 개념은 발레리와 보들레르로 대표되는 프랑스 상징주의에 의해 제기된 것으로, 시의 의미 요소 배제를 통해 시어에서 직접적인 음악성을 구현하려 했던 것이다. 이와는 달리 박용철의 순수시는 현실도피적 성격을 강하게 띤다. 사회적이고 효용적인 요소가 없는 시 일반을 지칭하는 개념으로 사용된 그의 순수시 개념은 당시 카프를 중심으로 한 내용이나 의미 위주의 시적 경향, 즉 사회현실에 대하여 적극적인 개입을 표방하고 선전선동을 목적으로 하는 계급문학에 대해 대타적인 성격을 갖는 것이었다. 물론 시어에 대한 조탁을 통해 시에서의 음악성을 강화하였다는 측면에서는 서구적 의미의 순수시와 전혀 무관한 것은 아니었으나, 시문학파의 대표 시인인 김영랑이나 박용철이 보인 현실도피 내지는 보수적인 관점이나 귀족주의적인 풍모는 어느 정도 유가적 선비의 전통에도 잇닿아 있다고 본다. 김영랑의 시에서 풍겨나는 남도적 가락이나 기질은 다분히 윤선도나 정철의 시조를 연상케 하는 측면이 있지 않은가.

이러한 박용철의 순수시론은 근대 이전의 농촌공동체적 세계질서에 기반한 토착 부르주아지(지주)의 보수적 세계관 위에 놓인 현실도피적이고 감상적인 낭만주의로 표상된다. 이 점에서 낭만주의가 그 자체로는 칸트의 예술적 자율성을 이론적 근간으로 태어난 근대적 인식의 산물이지만, 박용철의 경우 근대성의 경험에 대한 미적 대응으로서 근대성 미달[17] 내지 '비근대'에 지나지 않는다고 본다.

한편 정지용의 경우[18]는 박용철의 생리의 시학, 변용의 시학을 그대로 수용하는 듯이 보인다. 시를 '고덕(高德)'으로 인식한다거나 '시적 회임 내지 출산'이라는 언급에서 보이듯이 거의 대부분 박용철의 논리를 답습하고 있다. 그러나 정지용은 단순한 아류가 아니다. 박용철이 시를 절대시하는 데 비해, 정지용은 신앙이나 고전과 같은 정신적인 것을 강조한다는 점에서 서로 다르다. 그는 시란 언어예술일 뿐이며 다만 그 완성을 위한 부단한 노력이 강조된다는 것, 그리고 노력 이상으로 정

17) 김윤태, 앞의 논문, 91쪽.

18) 정지용, 『시와 산문』, 깊은샘, 1983.

신적인 것을 길러야 한다는 교양주의적 태도를 지니고 있다.[19] 이는 앞서 살펴본 정지용의 고전론과 상통하는 것이라 하겠다.

2) 조지훈의 순수시론

앞에서 이미 조지훈이 문장파의 이념과 정신을 충실히 계승하였음을 지적하였다. 그는 단순한 계승자가 아니라 그 정신을 심화·발전시킨 시인이자 시 이론가이자 문화사가였다. 그가 계승한 것은 유교적 교양의 바탕 위에 이루어진 상고주의와 선비정신으로 특징지어지며, 아울러 시론의 측면에서는 '순수시론'으로 나타났다. 흔히 시인 조지훈의 대표작으로 「승무」를 꼽곤 한다. 승무를 추는 여승의 슬프면서도 우아한 자태에서 생의 번뇌를 예술적으로 승화시켰다고 평가되는 이 시는 그의 데뷔작인 「고풍의상」과 더불어 고전적 소재와 전통 무용에 대한 시적 탐구라 할 만하다.

조지훈이 문단에 등장한 것은 1939년 4월 『문장』지에 정지용의 추천을 받아 「고풍의상」(1회 추천작)을 발표하면서부터다. 「고풍의상」과 함께 투고했던 작품은 「화비기(華悲記)」였는데, 이를 선(選)했던 정지용으로부터 "「화비기」도 좋았으나 너무 앙징스러워서 「고풍의상」을 택하였다"라는 평가를 받기도 했다. 이후 몇 차례 서구적 경향의 시를 보냈으나 연속 낙선하여 잠시 투고를 중단하였다가 다시 동양고전적 기풍의 시들을 보내 마침내 등단하였다. 즉 같은 해 11월에 「승무」를 2회 추천, 이어 1940년 2월에 「봉황수(鳳凰愁)」를 3회 추천받아 등단하였다. 「승무」에 대해서는 "언어의 다채다각(多彩多角)과 미묘곡절(微妙曲折)로 시의 미적 수사를 위하여 찬란한 타개를 감행했다"라고 칭찬하는 한편 시어의 생략을 지적하기도 했다. 「봉황수」 역시 운문적 가락을 산문의 형태로 왜형축략(歪形縮略)한 조격(調格)을 지닌 점과, 회고적 에스프리가 자연과 인공의 극치로 나타난 점을 높이 평가받았다.

해방 후에 조지훈과 더불어 『청록집』을 펴냄으로써 이른바 '청록파'라는 명칭을 얻게 된 박두진과 박목월도 바로 이 무렵 『문장』지를 통해서 등단하였다. 1939년 정지용이 『문장』지에 박두진을 추천하면서 "시단에 하나 신자연을 소개한다"라고

---

19) 이명찬, 「시의 언어에 대한 새로운 자각」, 한계전 외, 『한국 현대시론사 연구』, 문학과지성사, 1998, 165-170쪽.

했듯이, 이들 세 사람의 시풍은 당시 유행하였던 시적 경향인 도시적 서정(모더니즘 문학)이나 정치적 목적성(프롤레타리아 문학)과는 달리, 거기에서 벗어나 자연으로 귀환하는 고전적 정신의 부활로 요약된다.

잘 알려진 바대로 『문장』은 고전정신을 대변하는 잡지였다. 이 잡지는 주간인 상허 이태준을 주축으로 가람 이병기와 정지용이 중요한 역할을 맡았는데, 특히 한국문학 고전의 발굴과 수록에 힘썼으며 정치성이나 친일적 색채를 띠지 않은 순수문학지였다. 가람의 경우는 진란(眞蘭)에 대해 애착을 가지고 시조에 대해 남달리 심혈을 기울여 시조부흥운동에 기여한 바가 컸으며, 상허의 경우는 골동품이나 서화에 깊은 관심을 보이는 등, 이들은 각기 나름의 상고(尙古) 취미를 지니고 있었다. 『문장』지의 이러한 고전적 분위기를 감안하면 역시 고전풍의 조지훈의 시적 감성은 그것에 잘 화합되는 것이었다.

그러나 해방 후에 이르면 사정이 좀 달라진다. 『문장』지를 이끌었던 이태준과 정지용은 임화와 김남천이 중심이 된 '조선문학건설본부'(1946년 8월 16일 창립)에 가담하고 이어 '조선문학가동맹'(1946년 12월 13일 창립)의 주요 간부로 활동하게 된다. '조선문학가동맹'의 부위원장을 지낸 이태준은 결국 월북하여 「해방 전후」란 작품으로 제1회 해방문학상을 수상하는가 하면, 방소문화사절단의 일원으로 소련을 다녀오기도 하였다(1946년 10월). 이후 상당한 지위까지 오르기도 했으나 임화 등의 남로당계가 숙청당한 후 몰락의 길을 걸었다. 한편 정지용은 해방 직후엔 거의 시는 쓰지 않고 시사적(時事的)인 산문을 주로 쓰며 사회비판적인 발언을 서슴지 않다가 1949년경 보도연맹에 가입하면서 본의 아니게 전향서를 써야 했고, 이로 인해 한국전쟁 초기 서울 녹번동 자택에 있다가 점령해 있던 북한의 정치보위부에 자진 출두했던 것이 납북으로 이어졌고, 결국 행방불명 내지 폭사(爆死)로 생을 마감하고 말았다.

반면 정지용의 추천을 통해 『문장』지로 등단했던 청록파 시인 세 사람은, 스승이 '조선문학가동맹'에 참여하고 신랄한 정치비평을 쓰며 좌파에 경도되어 갈 즈음에, 그에 반대되는 지점에 서서 순수문학을 옹호하였다. 임화·김남천·이원조 등이 이끌었던 조선문학가동맹을 중심으로 한 좌익 노선이 해방 정국의 문단판을 주도해가자, 조지훈은 이에 맞서 우익계의 '전국문필가협회'에 참여하였고 특히 비교적 젊은 문인들이 참여하여 결성한, 우익 문단의 행동대라고 할 수 있는 '청년문학가협회'에 적극적으로 가담하였다. 순수시를 주창하며 전통을 강조한 「해방 시단의 과제」라는 그의 글은 바로 1946년 4월 4일 청년문학가협회의 창립대회에 발표된 것이다. 이로써 그는 박두진·박목월·김동리·서정주·조연현·유치환 등과 더불어 반공·민족주의로 무장하여 사회주의 문학론의 목적성에 적극 대항하였던 것이다.

조지훈 스스로 평가하듯이, 청록파의 시는 "문단 전체가 좌경했던 당시에 그 사상의 격류 속에 반립하여 시의 고독을 같이 지키고자 했고 작품 경향이 다같이 민족애를 기조로 한 전통적 율격이 짙었"[20]던 것이다. 이처럼 그는 문학이 정치에 복무하는 것을 배격하면서 순수한 시정신을 고수할 것을 강조하였다. 해방 후에 나타난 시의 대다수가 소재를 단지 나열하거나 미감과 사상이 유리되어 있다고 비판하면서, 그는 모든 불순한 야심과 음모를 버리고 진정한 시정신을 옹호해야 한다는 주장을 제기하였다. 이 시정신의 옹호가 바로 시의 순수성이며, 그것이 사상성이나 정치성이 되어서는 안 된다는 것을 분명히 하였다. 그가 말하는 시의 사상은 예술성에 기초한 것으로, 그 일례로 '기운생동(氣運生動)'이라는 동양의 미학이 사상성의 예술화임을 지적하였다. 따라서 그에게서 시정신(포에지)이란 가장 중요한 창작적 원천으로서, 시류의 격동 속에 흔들리지 않는, 변하면서도 변하지 않는 영원히 새로운 것이다. 즉 "높은 시는 이런 때(혼탁한 시대 - 인용자)일수록 더욱 맑은 것이니 그 탁류의 밑바닥을 흐르는 한 줄기 맑은 강물"이 바로 시라는 인식이다.[21]

이렇듯 조지훈의 시론은 박용철과 정지용의 순수시론을 이어받은 것이다. 조지훈이 습작 시절 시문학파의 영향을 받았음[22]을 인정한 것도 이와 무관하지 않을 듯싶다. 그러나 그의 순수시론은 문학 자체의 내적 논리로부터 도출된 것이라기보다는 문학과 정치와의 관계 설정에서 제기된 해방 직후 좌파 문학이론에 대한 대결의식의 소산으로 보아야 할 것이다. 즉 순수성의 시학을 내세움으로써 경향시에 맞서고자 한 것이다. 문학에서의 정치성·사상성을 강조하고 그것의 실천을 도모하는 사회주의 계몽문학에 대한 명백한 반대는 그의 시론에 내재된, 또 하나의 정치적 관점이라 할 수 있을 것이다. 조지훈이 내세운 순수문학이 탈정치주의에 그치는 소

---

20) 조지훈, 『전집 3』, 207쪽.

21) 위의 책, 229쪽.

22) 위의 책, 200쪽.

극적인 것이 아니라 정치주의에 맞서는 적극적인 의미의 문학이기 때문이다. 이를테면 조지훈이 "오늘 논의되는 순정(純正)문학이 그들(정치주의 문학론자 – 인용자)이 역선전하는 사회성과 절연을 기도하는 자가 아니요 정당주의에 반항함으로써 문학의 독자성 옹호를 그 주안으로 삼는 것이며, 일제 봉건 국수에 대한 반립으로만 서는 것이 아니라 유물사관에 대하여까지 반립으로써 출발"[23]하는 것이라고 주장하는 데서 분명히 확인된다.

따라서 이러한 조지훈의 순수시론은 생명문학론과 시 자율성론이라는 두 가지 이론적 토대 위에 서 있다고 평가할 만하다.[24] 그는 바람직한 민족시 수립을 위해 순수시를 써야 한다고 했는데, 그 순수시는 바로 보편생명에 닿아 있어야 한다는 것이다. 전 인류의 한 개성으로서 한 민족의 생명에 충실할 것, 그것이 바로 전 인간의 공감성에 이어지는 것으로 그는 파악하고 있다. 여기서 전 인간의 공감성은 보편생명에서 나오는 것으로, 이는 곧 '기운생동'이라는 동양의 미학에 기초한 것이다. 그리고 그는 문학을 '제2의 자연'으로 보고 있는데, 이는 자연을 하나의 유기체로 파악하는 동양의 기(氣) 사상에 뿌리를 둔 것이다. 전체이면서 부분인 자연 및 인생의 진수를 직관하는 것이 바로 시정신이라는 주장이다.

4. 맺음말

이상에서 살펴본 박용철의 순수시 경향이나 정지용의 고전 정신, 조지훈의 전통주의와 순수시론은 '비근대'를 지향한다는 점에서, 근대성에 기반했던 김기림의 모더니즘 문학이나 임화의 계급주의 문학과는 대비된다. 그들의 비근대주의는 '전통'의 문제에 연결된 것으로, 이후 1950년대의 전통 논의와 1970년대 민족문학 논의에서 나타났던 '전통단절론'이나 '이식문화론'의 극복이라는 과제를 푸는 하나의 방법이 될 수 있다는 점에서 충분히 문제적이다.

---

23) 조지훈, 『전집 5』, 268쪽.

24) 최승호, 「조지훈 순수시론의 몇 가지 이론적 근거」, 『한국적 서정의 본질 탐구』, 다운샘, 1998, 97쪽.

한국 현대시론을 전통과의 연관성 속에서 파악하려는 시도는 여전히 개별적이고 분산적인 차원에서 머물고 있다. 근자에 이르러 '근대성' 논의에 대칭하여 '전통' 문제를 다루는 논자들이 점차 늘어가고 있는데, 이같은 연구경향은 현대시론을 다룰 때에도 균형 잡힌 시각을 제공할 수 있는 계기가 될 것이라고 본다. 또 한편 오늘날 우리 사회는 여러 탈근대적 징후를 보이고 있지만, 어떤 점에서는 여전히 전근대 내지 반근대적인 요소 또한 적지 않다. 20세기 막바지부터 유행하고 있는 한국문학에서의 근대성 연구는 근대의 완성과 근대의 극복이라는 이중적 과제와 연결되어 있다. 자발적인 근대화 과정을 겪지 못하고 개항과 동시에 서구 자본주의 열강에 의해 '근대'를 열 수밖에 없었던 우리의 근대사를 감안하면, 근대의 완성이라는 것이 여전히 분단국가로 남아 있는 우리 민족에게 부과된 숙명적인 과제가 아닐 수 없다. 동시에 1980년대 말 이래 세계사적 대변환을 거치는 동안, 우리 사회 곳곳에서 나타나고 있는 탈근대적 현상은 근대의 극복이라는 과제를 더욱 복잡하고 어렵게 만드는 구석이 있다. 이 점은 한국 사회가 매우 중층(혹은 다층)적 구조를 지닌 사회임을 반증하는 것이다. 이 중층성을 극복하는 일은 아주 지난한 일이기도 하거니와, 우리에게 부여된 필연적인 숙제가 아니겠는가.

이러한 상황들을 고려할 때, '전통'에 대한 관심과 연구는 지난 시절의 전통 논의와는 달리, 근대성의 의미와 함께 파악되면서 새롭게 우리 사회 및 문화적 현상을 설명할 수 있는 하나의 개념틀이 될 수 있을 것이다. 어느 것이나 마찬가지이지만 하나의 문화 현상 안에는 새로운 것과 전통적인 것이 섞여 있기 마련이고, 때로는 그 두 요소들이 상호 보완하거나 반대로 상호 충돌하면서 드러나는 것이다. 한국의 현대시에서도 예외는 아니다. 전통적인 요소와 외래적인 요소가 혼효되어 있을 뿐 아니라 상호 경쟁하는 가운데 발전해 나가고 있는 것이다. 어느 하나의 일방적인 우위가 지속될 경우, 그 사회는 걷잡을 수 없는 대변환과 혼란 속에 빠질 수 있다. 우리에게 이제 요구되는 것은 균형감각일 것이다. 지난 시절, 가령 1980년대는 진보와 변혁 같은 정치적 열풍이나 거대담론 및 서사적 담론, 또 이항대립의 긴장과 갈등 등이 시대적 특징이었다면, 1990년대는 반대급부적으로 보수적인 분위기와 미시적인 담론, 감각과 이미지 중심, 다양성의 추구와 퓨전적 사고방식(전자통신매체의 발달은 이를 더욱 가중시켰다) 등이 시대적 화두가 되었다. 이제 새로운 21세기의 패러다임은 균형과 조화가 중시되는 방향으로 나아가야 할 것이다.

참고문헌

김용직 외. 『한국 현대시사의 쟁점』. 시와시학사, 1991.
김우창. 『궁핍한 시대의 시인』. 민음사, 1977.
김윤식. 『한국 근대 문학사상』. 서문당, 1974.
______. 『한국 현대시론 비판』. 일지사, 1975.
김윤식. 『한국 근대작가론고』. 일지사, 1974.
김윤태. 「한국 현대시론의 근대성 연구」. 서울대 대학원, 1999.
______. 「조지훈」. 『역사비평』 57호(2001년 겨울).
김종길 외. 『조지훈 연구』. 고려대학교출판부, 1978.
김학동. 『정지용 연구』. 민음사, 1988.
김흥규. 『문학과 역사적 인간』. 창작과비평사, 1980.
오세영. 『한국 근대문학론과 근대시』. 민음사, 1996.
______. 『20세기 한국시 연구』. 새문사, 1989.
오형엽. 『한국근대시와 시론의 구조적 연구』. 태학사, 1999.
조지훈. 『조지훈 전집』. 나남출판사, 1996.
최승호. 『한국 현대시와 동양적 생명 사상』. 다운샘, 1995.
______. 『한국적 서정의 본질 탐구』. 다운샘, 1998.
한계전. 『한국 현대시론 연구』. 일지사, 1983.
한계전 외. 『한국 현대시론사 연구』. 문학과지성사, 1998.

조지훈 시의 헤테로토피아 양상 연구

서철원

1. 서론

조지훈의 시에는 일제강점기 현실적인 삶의 지평, 식민지 상황에 던져진 비애와 연민, 존재와 생명에 대한 믿음, 미래지향적인 역사의식, 민족 혹은 전통과 연관된 내적 상황이 형상화되어 있다.

그의 시가 현재까지 많은 독자와 연구자들의 입에 오르내릴 수 있는 이유는 텍스트 내부의 독특한 공간 구성에 있다. 조지훈 시의 은유는 시인의 상상 혹은 주관에 의해 발현된 가상 세계이지만, 그곳은 시의 텍스트 내부에 건설된 공간인 동시에 시인에 의해 주체적으로 고안된 공간에 해당된다.

인간이 시를 짓고 노래하는 것은 물질의 공간만이 세상에 존재한다는 망상을 버리고 보이지 않는 정신 공간의 이질적이면서도 허구화된 공간을 존재 가능한 세계로 믿기 때문이다. 이처럼 시의 텍스트에 고안된 공간성은 물질세계 너머 정신세계로 확장될 수 있으며, 이것은 유토피아 개념이 시의 내적 공간까지 포괄하는 것을 의미한다.

푸코(Michel Foucault)의 경우, 인간의 삶을 둘러싼 공간에 대한 개념을 "헤테로토피아(Heterotopia)"[1]로 정의하고 있다. 헤테로토피아는 눈에 드러나는 외부 혹은 물질세계의 공간을 넘어 시인이 건설한 텍스트 내부의 공간을 포함한다. 텍스트 내적 공간은 "시인의 정신·심리·의식과 무의식이 투영된 공간"[2]을 의미하며, 시적 화자(인물·사물 등)가 살아가는 실존적 '장소'에 해당된다.

조지훈은 일제강점기 식민지 상황에 처한 시인의 감성과 저항적 의지를 축으로 한 심리적 공간, 즉 내적인 사유의 유심(唯心)을 추구해왔다. 그의 선적·불교적 유심의 공간은 현실 저편의 헤테로토피아의 공간에 속하며, 이곳은 감성적 분할에 의한 내적 저항이 중첩된 공간이기도 하다. 그만큼 "식민지는 어떤 환상을 실현하려 들기에는 어딘가 순진한 헤테로토피아"[3]로 구성되어 있으며, 식민지 상황에서의 심리적 아카이브의 구체적 실현은 '환상'이 아닌, 현실 그 자체를 발판으로 할 때 '다른 공간'으로서의 내적 헤테로토피아가 가능해진다는 것이다.

이와 같이 인간 영역의 고유한 공간 개념인 헤테로토피아는 이질적이면서도 주

---

1) 인간에 의해 상상과 실재가 혼합된 헤테로토피아(Heterotopia)는 실제로는 양립할 수 없는 '다른 공간들'(espaces différents) 또는 '이질적인 공간'(espace hétérogène)의 여러 위상의 공간들에 대한 근간을 제시한다. 공간의 중첩성은 부정적이든 긍정적이든 어느 시대, 어느 장소를 막론하고 존재할 수밖에 없는 장소성을 극복한다는 점에서 푸코의 헤테로토피아는 의학용어인 '이소성(異所性)'의 제한적 의미를 유토피아 개념에 접목하여 공간에 대한 방대한 철학적 원리를 새롭게 정의했다. 미셸 푸코, 『헤테로토피아』, 이상길 역, 문학과 지성사, 2014, 14-15쪽.

2) 시의 전유물로서 시인이 창조한 텍스트 내부에는 일정한 공간이 존재하기 마련이다. 이것은 시인의 정신·심리·의식과 무의식 사이의 탄력적이며 생동감 있는 내면적 관성이 작용하기까지의 공간력에서 비롯된다. 생래적으로 인간 자체에 실린 공간력은 신체를 포함한 사유의 영역까지 확장될 수밖에 없다. 이것은 이미 라캉, 프로이트, 융 등이 인간의 정신·심리·의식·무의식 영역에 대해 비과학이 아닌, 과학적 근거를 기반으로 이질적이면서 무한에 가까운 '다른 공간성'의 의미를 부여해 왔기 때문이다. 이런 이유들로 하여 인간은 존립하면서부터 신체와 함께 사유가 미치는 공간영역까지 헤테로토피아의 근간을 구성한다고 볼 수 있다.

3) 푸코, 앞의 책, 26쪽.

체의 공간이라는 점에서 시인이 창조한 시의 내적 공간에도 적용된다. 그 경계는 엄중하고 엄격하게 적용되어야 하며, 엄밀히 "이 개념을 과도하게 확장해서 어디에나 쓸 수 있는 만능도구"[4)]로 사용해서는 안 된다.

조지훈 시의 내부에서 발견되는 헤테로토피아 시관(詩觀)은 시의 대상으로서 인간과 세계의 문제를 공간적·심미적으로 접근하는 데서 찾을 수 있다. 모든 대상 공간의 실체적 인식은 인간 삶의 흔적으로서 추억·상처·억압·피해 등의 내면적 사유와 필연적으로 연결된다. "고도의 심상성으로 공공성을 획득한 공적인 장소들이 반드시 순수"[5)]하지는 않지만, '심상'이 발생하는 근원적인 시점은 시인만의 유토피아로서 공적인 장소와 결부된다. 왜냐하면, 인간 삶이 진행되는 공적인 장소에 직면하여 시의 텍스트 내부에 고안된 인물·사물들의 개별적 공간력은 방대한 인간 사유의 결정지로서 감성적 분할을 통해서만 실체화되기 때문이다.

이와 같은 측면에서, 조지훈 시의 내적 흐름을 주도하는 "시적 화자의 경우 단지 풍경을 관조하는 시선으로만 존재하며, 관조는 곧 현상계 너머의 근원적 본질을 직관하기 위한 하나의 방법"[6)]이 된다. 한편, 조지훈 시의 내적 공간은 "인간의 먼 계층에서 가까운 계층으로 이동하는 축소지향의 성격"[7)]을 보여주고 있으며, 그의 자연관조차 "떠도는 자의 정서적 공간"[8)]으로 정의되면서 텍스트 내부에 자리 잡은 공간성을 일정한 유형으로 개념화하고 있다.

텍스트 내부에 자리 잡은 공간은 매우 추상적이므로, 그 공간의 궤적을 탐구하는 것은 불모의 영역을 개척하는 것과 같다. 따라서 조지훈 시에 대한 탐구는 현상학을 넘어 텍스트 내부에서 감지되는 "그토록 멀리 나아가려고, 그토록 깊이 내려가려고 하기에, 방법상의 의무로 하여 감정적인 반향의 차원을 넘어서야 한다"[9)]는 데

---

4) 박기순, 「푸코의 헤테로토피아 개념—미학적 기원에 기초한 미학적 해석」, 『美學』 제83권 1호(2017), 107쪽.

5) 에드워드 랠프, 『장소와 장소상실』, 김덕현·김현주·심승희 역, 논형, 2005, 89쪽.

6) 이슬아, 「조지훈 시 연구—미적 정서로서 한(恨)을 중심으로」, 고려대학교 석사학위논문, 2019, 86쪽.

7) 김정연, 「Metaphor의 공간 연구—조지훈을 중심으로」, 이화여자대학교 석사학위논문, 1987, 22쪽.

8) 이건청, 『한국전원시 연구』, 문학세계사, 1986, 114-119쪽.

9) 가스통 바슐라르, 『공간의 시학』, 곽광수 역, 동문선, 2003, 50쪽.

동의할 수밖에 없다. 왜냐하면, 조지훈이 염원한 희구의 결정이 시의 개별적 창조 이전에 인간 해방과 조국의 광복에 있기 때문이며, 이것은 그의 시 내부적으로 '다름'과 '저항'의 특수성에 기인한 공간적 설계와 구성이 말해준다.

이와 함께 조지훈의 시 작품에 나타난 내적 공간은 "현실적 공간이거나 기하하적 공간이 아닌, 시의 내부에 표현된 시인의 고유한 의식내재적 공간, 즉 체험의 공간이며, 새로운 정신의 통로를 선택·창조하는 무대"[10]를 가리킨다. 이처럼 "시의 내부에 고안된 시간과 공간이 인간의 삶을 반영하는 문학작품의 형상화에 기여하는 것은 자연스런 귀결이며, 현실 이외의 다른 세계(정신 공간)를 빌려 안주의 시간과 공간을 확보하려는 노력은 시의 영원성 획득을 위한 인간정신의 내면적 힘"[11]을 고려한 결과로 이해된다. 이와 같은 조지훈 시의 내적 공간성은 "선비정신에서도 발견되며, 그의 시정신은 시대적 저항의식과 지사적 자의식"[12]을 바탕으로 한 텍스트 내부에서의 존재의 재발견으로 귀결된다.

이 연구에서 주목하는 것은 조지훈 시의 내적 공간 양상에 대한 논의이며, 궁극적으로는 존재를 둘러싼 공간에 대한 사유의 결과물로서 '어느 세계'를 지향하는 유토피아의 근원에 관해서이다. 소소하지만 확실한 우주로서의 유토피아, 유토피아 너머 유토피아의 근원, 근원에 대한 근원으로서의 조지훈 시가 지향하는 '다름'과 '저항'의 공간에 대한 헤테로토피아의 규명이 이 연구의 본질이다.

2. '다름'과 '저항'의 공간, 온세계

문학 작품으로서 시를 접할 때, 연구자와 창작자의 관계는 언어 능력과 지각 능력을 갖춘 개인적·의식적·비평적 사유에 의한 '독해'의 공여자로서 공간의 일정 부분을 공유하게 된다.

푸코는, "나를 흥미로 이끄는 것은 이후로도 오랫동안 침묵 속에 남게 될 이 말없는 역사적 사실"[13]을 통해 '말'의 시간과 공간성에 대한 '광기'의 의문을 제기했

---

10) 강양희, 「조지훈 시의 시간과 공간 연구」, 충남대학교 박사학위논문, 2002, 22쪽.

11) 박진환, 『한국시의 공간구조 연구』, 경운출판사, 1991, 10-11쪽.

12) 김경희, 「조지훈 시의 정신사적 연구」, 동국대학교 석사학위논문, 1996, 2쪽.

다. 역사가나 비평가들의 달변을 지적하고 있는 이 역설은 '말의 광기'와 '언어의 덧없음'에 근접하여 시의 사회적 압축성과 텍스트의 공간적 함의성에 대한 '말' 혹은 '언어'의 물리적 공간력을 선언한다. 그만큼 시의 내적 공간은 고도의 침묵 끝에 생성된 시인만의 특별한 기술이라는 점을 말하고 있으며, 이것은 말의 시간적 유희와 텍스트의 공간적 밀도 사이에 존재하는 상이한 간극에 대한 언어적 회의이자 엄정한 자기검열에 해당한다.

조지훈의 시편에서도 언어가 지닌 시간적·공간적 엄정성은 예외가 아니다. 그가 그토록 염원한 시의 영원성은 '전통'과 '민족 정서'를 수용한 영토에서 출발하며, 이것은 텍스트 내부의 공간으로 형상화된다. 따라서 "문학의 공간은 제도화된 허구일 뿐만 아니라 원칙적으로 모든 것을 말할 수 있게 해주는 제도"[14]의 긍정적 가능성과 공간적 한계성을 지적하면서, 시의 내적 공간이 조망하는 유토피아는 단순히 '언어'의 우연성이나 '말'의 파편성에 의존할 성질이 아님에 유의할 필요가 있다.

다음에 제시된 시를 통해 '시어'의 '우연성'·'파편성'이 시의 내적 공간 건설과 관련하여 어떤 방식으로 전개되는지 살펴보자.

> 무르익은 果實이
> 가지에서 절로 떨어지듯이 종소리는
> 虛空에서 떨어진다. 떨어진 그 자리에서
> 종소리는 터져서 빛이 되고 향기가 되고
> 다시 엉기고 맴돌아
> 귓가에 가슴 속에 메아리치며 종소리는
> 웅 웅 웅 웅 웅……
> 三十三天을 날아오른다 아득한 것.
>
> 종소리 우에 꽃방석을
> 깔고 앉아 웃음짓는 사람아

---

13) 미셸 푸코, 『문학의 고고학—미셸 푸코 문학 강의』, 허경 역, 인간사랑, 2015, 62쪽.
14) 자크 데리다, 『문학의 행위』, 데릭 애트리지 엮음, 정승훈 외 역, 문학과지성사, 2013, 53쪽.

죽은 者가 깨어서 말하는 時間
산 者는 죽음의 神秘에 젖은
이 텡하니 비인 새벽의
空間을
조용히 흔드는
종소리
너 향기로운
과실이여!

—「범종(梵鐘)」 전문

「범종(梵鐘)」은 윤회사상을 기본 바탕으로 하고 있다. 허공, 즉 무(無)에서 시작된 생명이 지상의 '과실(果實)'이 되어 떨어지는 순간 생명은 사멸된다. 사멸된 생명은 '빛'과 '향기'로 전이되면서 '삼십삼천(三十三天)'의 공간에 이르러 무한의 윤회를 반복한다. 죽은 자와 산 자가 '허공(虛空)'을 메우는 공간적 속성은 조지훈의 불교적 이상향을 의미하면서도, 사멸된 생명의 해방과 존재의 회귀를 기다리는 윤회의 공간으로 존재한다.

이 시의 내적 공간과 새로운 공간을 잇는 매개는 새벽의 '공간(空間)'이지만, 그와 대칭을 이루는 '삼십삼천(三十三天)'은 대체 가능한 공간으로서 "온세계(alternative world)"[15]의 범주를 갖는다. '온세계'는 완전한 세상을 의미하진 않는다. 모두에게 보편타당한 세계로서 인간의 이상성이 뒷받침된 세계를 말한다. 따라서 이 시의 '허공(虛空)'이 표상하는 '이상세계'는 시인의 현실에 직면해서는 결코 실현되지 않는 세계인 것에 반해, 텍스트 내부적으로 고안된 심리적·이상적으로 실현 가능한 세계로서 "텍스트 실제 세계(text actual world)"[16]로 작용한다.

---

15) '온세계(alternative world)'는 지금까지 텍스트 세계라고 불렀던 것에 대한 새로운 정의를 내린다. '완전한 세계'에 이를 수 없는 인간 삶의 모순을 보편적인 세계의 방식으로 전환하면서, 불완전하지만 심리적으로 '온전한 세계'를 표상하는 원리 · 의미를 개념화 한 것이 '온세계'이다. 이론적으로 '온세계'는 실제라고 간주되는 '중심 영역'과 함께 비실제로 간주되는 '대체 가능 세계'의 다양한 공간성을 포괄한다. 제라드 스틴·조안나 개빈스, 『인지시학의 실제비평』, 양병호 외 역, 한국문화사, 2014, 159쪽.

한편, 무르익은 '과실(果實)'에서 연원한 '허공(虛空)'은 종소리 떨어지는 현실 공간에서의 사건으로 연결된다. 즉 '허공=빛'으로부터 '향기=종소리'로 이어지는 긍정의 세계를 지향하는 동시에 '허공(虛空)'에 대한 추상적 이미지가 '빛'과 '향기'의 '삼십삼천(三十三天)'으로 진입함으로써 현실적으로 계측 가능한 이상향의 공간을 제시한다.

따라서 '허공(虛空)'에 해당하는 텍스트 내적 공간은 비실제적 기원 영역인 '온세계'의 일부로 작용하며, 이것은 불가능한 이상향이 실제적 이상으로 연결되는 공간적 분할을 의미한다. 결국 삶과 죽음이 공존하는 우주의 불멸은 계측 불가능한 거리에 머물러 있으나, 시인의 심상은 '삼십삼천(三十三天)'의 '허공(虛空)'을 통해 새로운 공간을 제시하고 있다.

「범종(梵鐘)」은 언어의 추상성과 맞물린 불교적 세계의 단자를 '범종'이라는 구체화된 사물로 형상화하면서 시의 내적 공간으로 안내하고 있다. 이 시의 내적 구조물로서 공간 이미지는 폐허가 된 식민지 현실에 대한 회복의 '다른 공간'으로 나타나며, 그곳은 유토피아 이전의 유전적 '고향'으로서의 공간을 의미한다.

다음 시편에서 발견되는 헤테로토피아 양상은, "서로 양립이 불가능한 복수의 공간, 복수의 배치를 하나의 실제 장소에 나란히 구현"[17)]하는 이질성의 공간 정체성과 관련이 깊다.

> 眞玉구슬 오소소 오색 무늬 뿌려놓고
> 긴 자락 칠색線 花冠몽두리.
>
> 水晶하늘 半月 속에 彩衣 입은 아가씨
> 피리 저ㅅ대 고운 노래 잔조로운 꿈을 따라

---

16) 헤테로토피아의 '다른 공간'과 무관하지 않은 '가능 세계(Possible worlds)'는 텍스트 세계의 실현 가능한 영역으로서 '텍스트 실제 세계(text actual world)'로 정의된다. 반면 텍스트상으로든 실제상으로든 실현되지 않은 세계의 경우 '텍스트의 대체 가능 세계(textual alternative possible world)'로 개념화하며, 이것은 허구적인 것과 비허구적인 텍스트를 구별하는 기초를 제공한다. 위의 책, 155쪽.

17) 미셸 푸코, 『헤테로토피아』, 52쪽.

꽃구름 휘몰아서 발 아래 감고
감은 머리 푸른 수염 네활개를 휘돌아라

맑은 소리 품은 鼓 한송이 꽃을
蝴蝶의 나래가 싸고 돌더니

풀밭에 앉은 나비 다소곳이 물러가고
꿀벌의 날개 끝에 맑은 청 鼓가 운다

銀무지개 너머로 작은 별 하나
꽃수실 채색 무늬 花冠몽두리.

—「무고(舞鼓)」 전문

「무고(舞鼓)」는 현실의 '북'을 매개로 하여 이상세계의 '호접(蝴蝶)'과 접목하기 위해 텍스트 내부적으로 무수한 일탈의 반복과 이상세계의 투사를 조율한다. '북'은 현실에 자리잡은 비생명으로 억눌린 존재에 해당된다. '나비'는 시의 내적 공간에 고안된 식민지 현실의 기율(奇慄)에 대한 회복과 극복을 염원하는 시인의 정신을 표상한다.

현실적으로 이 두 가지 요소는 결코 합쳐질 수 없는 것들이다. 그럼에도 조지훈은 무생명의 '북'을 시의 내적 공간을 통해 생명을 지닌 '나비'로 형상화하면서 이질화된 '다른 공간', 즉 개별적 유토피아 공간에서의 질긴 생명력을 담아낸다. 이와 같이 "유토피아는 실재하는 장소(공간)를 갖지 못한다 해도, 고르고 경이로운 공간에서 펼쳐지며, 비록 공상을 통해 접근"[18]할 수 있을지라도 억압의 현실에 던져진 언어적 내용과 사물의 관계는 현실 자체를 벗어나고자 하는 보편성과는 멀지 않은 곳에 머물러 있다.

이러한 지점이 '북'과 '나비'가 하나로 연결되는 이상향의 공간으로서 헤테로토피아가 된다. 다른 공간, 현실과 동떨어진 공간 이행은 순간적인 착시가 아닌, 시의

18) 미셸 푸코, 『말과 사물』, 이규현 역, 민음사, 2012, 11쪽.

내부에 건설된 정밀한 공간적 전경을 딛고 유토피아로서 시적 이상향은 실현된다. 여기에 더해 '북'은 인위 작용에 의해 울리거나 소리를 내는 비생명의 사물이라는 데 이상향에 대한 근원적인 담론이 형성된다. 그와 반대로 '나비'는 저 자신의 날갯짓에 의해 날아오르는 생명체를 의미한다. 생명/비생명의 소임과 질서는 자연적이거나 인위적일 때 가능하지만, 여기서 '북'과 '나비'의 본질은 결국 무위자연, 즉 물질과 정신으로부터 해방된 존재를 가리킨다.

이 시에서의 무위자연은 '호접(蝴蝶)'이 지향하는 이상세계의 '다른 공간'에서 그 근거를 찾을 수 있다. '호접(蝴蝶)'은 필연적으로 '꿈'을 통해서만 실현되지만, 시적 화자는 '다른 공간'으로의 통로인 '잔조로운 꿈'을 따라 '호접(蝴蝶)'의 나래에 다가간다. 나비의 나래에 실린 가벼움은 현실적 억압과 굴레를 벗어던진 자유, 즉 무위자연의 이상향을 의미한다.

이처럼 조지훈은 「무고(舞鼓)」의 '나비'를 통해 억압적인 현실을 벗어나 '다른 공간', 즉 유토피아로 분화된 시적 공간에 접근하고 있으며, 이것은 텍스트 내부적으로 고안된 공간의 정체성이 인간 사유와 존재를 증명하는 한 가지 단서로 작용하고 있음을 시사한다.

이와 함께 탈중심화된 공간 영역으로서 "그노시즘적이고 카발라적인 우주관을 기본으로 한 보르헤스의 '보편적 존재관'"[19]을 수용하는 헤테로토피아 양상은 다음 시편의 내적 공간성과 긴밀하게 연결된다.

바다가 보이는 언덕에 서면
나는 아직도 작은 짐승이로다.

人生은 항시 멀리
구름 뒤에 숨고

---

19) 그노시즘(Gnosticism)과 카발라(Qabalah)의 우주관을 기본으로 한 보르헤스의 자아 개념은 무한히 복사되고 투사된 신성의 한 형태로서의 인간상을 제시한다. 이러한 인간상에서는 개별자의 정체성을 확인할 방법이 없으므로, 개별자의 정체성은 그 중요성을 상실하고 보편자의 원형만이 희미하게 남게 된다는 것이다. 김수진, 『보르헤스 문학의 헤테로토피아—고갈되지 않는 문학의 가능성』, 한국학술정보, 2008, 162쪽.

꿈결에도 아련한
피와 고기 때문에

나는 아직도 짐승이로다.

모래밭에 누워서
햇살 쪼이는 꽃조개같이
언젠가 무덤을 헤매는 亡靈인 듯
가련한 거이와 같이

언젠가 한번은
손들고 몰려오는 물결에 휩싸일

나는 눈물을 배우는 짐승이로다
바다가 보이는 언덕에 서면.

—「바다가 보이는 언덕에 서면」 전문

「바다가 보이는 언덕에 서면」은 '나-짐승'의 은유 기법을 통해 시인이 지향하는 '바다가 보이는 언덕'이라는 새로운 장소로서 '다른 공간'을 제시한다. 이 시는 현재 시점에서의 '언덕'과 내적 공간으로서의 '언덕'이 동시에 나타나며, 억압의 현실로부터 멀지 않은 미래에 다가올 해방의 유토피아에 대한 이상향을 보여준다.

특히 이 시는 "시간의 분할"[20]과 직결되는 헤테로토피아의 정반대편에 위치한 헤테로크로니아(heterochronie)의 불길한 공간을 해체하면서 피해와 억압의 해소 공간인 '바다가 보이는 언덕'으로서 내적 유토피아를 지향한다.

이 시에서 시간의 분할에 따른 헤테로토피아의 공간적 단서는 '언젠가 한번은'

---

20) 헤테로토피아는 대개 '시간의 분할(découpages du twmps)'과 연결되며, 이것은 그 반대편에 위치한 헤테로크로니아(heterochronie)를 향해 열려 있다. 예를 들면, 불길한 공간, 식민지 피해·억압의 장소, 개인의 죽음과 유관한 묘지의 경우 헤테로크로니아의 기이한 공간은 고도의 헤테로토피아를 보여준다. 미셸 푸코, 『헤테로토피아』, 53쪽.

에서 찾을 수 있다. 언젠가 한번은 '물결에 휩싸일' 짐승의 장소, 즉 '바다가 보이는 언덕'이라는 내적 공간을 통해 시적 화자는 '피와 고기'가 떠다니는 꿈결의 언덕을 지나 '눈물을 배우는 짐승'이 살아갈 '언덕'으로서 '다른 공간'을 형상화하고 있다.

또한 이 시의 중심공간으로서 '인생(人生)'은 구름 뒤에 숨어 보이지 않는 공간에 놓여 있으며, 구름의 이미지는 현실적 허무를 심상으로 한 내적 공간의 결정체로 작용한다. 눈으로 볼 수 있어도 손으로 잡을 수 없는 현실적 무력감은 시적 화자로 하여 결국 '짐승'으로 살아갈 수밖에 없는 실제적 공간을 제공하면서도, 그곳은 어제와 오늘, 심지어 내일로 이어질 '인생(人生)'의 공간으로서 '바다가 보이는 언덕' 인 것이다.

이런 측면에서 시적 화자의 심상은 헤테로토피아의 '꽃조개'와 헤테로크로니아의 '망령(亡靈)'의 대비를 통해 깊고 광활한 '온세계'의 공간에 접근하고 있다. 시의 내적 공간으로서 완전할 수 없는 '온세계'는 시적 화자의 현실적 조건을 구상하는 공간 모델로서 과감하며 은밀한 헤테로토피아로 연결된다.

따라서 「바다가 보이는 언덕에 서면」에서 시적 화자 앞에 직면한 '온세계'는 현실을 기반으로 하여 텍스트 내부적으로 고안된 공간을 구성하며, 이것은 '바다가 보이는 언덕'을 통해 도달하고 있다. 그곳은 피해와 억압의 현실을 벗어나 '온세계'로 지칭되는 불완전하지만, 심리적으로 온전한 세계를 지향하는 시적 화자의 정신세계와 긴밀하다.

위의 시편들에서 조지훈 시의 내적 헤테로토피아 양상은 폐허가 된 식민지 현실의 억눌린 공간을 벗어나 일상적이며 화해의 국면을 맞이한 장소로서 '다른 공간'을 의미한다. '다른 공간'은 결국 불완전하지만, 심리적으로 평온한 '온세계'와 긴밀히 연결되며, 이 공간을 발판으로 하여 인간성 회복과 삶의 안정을 위한 '다름'과 '저항'의 헤테로토피아를 지향하는 것을 알 수 있다.

3. '치유'와 '회복'의 주체, 헤테로토피아

1) 역동의 공간

시의 영역에서 텍스트 내부에 건설된 '내적 공간'은 매우 중요한 의미를 지닌다.

여기에는 시적 이미지로서 공간을 기획하는 시인의 능력뿐만 아니라, 시인이 창조한 공간에 대해 "상상하거나 소망하며, 추측하는 등의 분석자의 이해 능력"[21]까지 포함된다.

이와 함께 한 편의 시는 독자 혹은 분석자로 하여 텍스트 내부에 건설된 공간성의 체험이 실제 있을 법한 설득력을 제공하는 데 의의가 있다. 이것은 대개 "시각 이미지의 가치를 회화적·공간적 요소로 간주"[22]하는 리차즈(I. A. Richards)의 입장과는 변별되며, 문학 텍스트의 "공간기호론적(空間記號論的)"[23] 의미에서의 시각 이미지 요소와 병치되거나 혹은 텍스트 내부 이미지에 의한 회화적·공간적 요소와는 다른 성격으로 분류된다.

일반적으로 시의 내적 구조는 "공간세계의 자아화"[24]에 기초하며, 텍스트 내부적으로 발생하는 시의 공간에 대한 이해는 무엇보다 중요하다. 여기에는 시인의 시세계가 구성하는 다양한 정보와 상황을 담아낼 수 있는 공간적 '용기(container)'를 전제로 하며, 물리적으로 설명 불가능한 텍스트 내부에 고안된 공간성은 시인의 심리적·정신적 "경험 기반주의"[25]에 입각할 때 실제적인 추론과 설명이 정당화된다.

---

21) 텍스트 이해에서 중요한 양상은 텍스트 내부에 건설된 세계적·공간적 상황의 관계를 구성하는 의미 체계의 인지적 표현이다. 이것은 텍스트 내부에서 '유발한' 세계의 정신 공간일 뿐만 아니라, 텍스트 세계를 조직화하고 구조화하는 공간의 의미를 수반한다. 제라드 스틴·조안나 개빈스, 앞의 책, 155쪽.

22) I. A. Richards, *Principles of Literary Criticism*, London: Routledge & Kegan Paul Ltd, 1955. 이어령, 「문학작품의 공간기호론적 독해」, 『한국문학과 구조주의』, 문학과 비평사, 1988, 21쪽 재인용.

23) 문학 텍스트를 읽을 때 떠오르게 되는 '심안(心眼) 속의 그림(pictures in the mind's eye)'은 오랫동안 시적 언어의 역할을 해왔고, 메시지를 전달하는 자연언어와 구별되는 기준으로 여겨왔다. 이른바 '회화적인 시(ut pictura poesis)'를 내세우는 시론들이 모두 그러했으며, 그 회화적인 시각 이미지의 가치는 자연히 '생생함(vividness)'이나 '완연함(resemblance)'과 같은 감각적 효과에 의미를 두고 있다. 위의 책, 22-24쪽.

24) 일반적으로 서정시의 가장 두드러진 특징은, 시인의 내적인 공간세계와 외적인 공간세계가 결합하거나 충돌하는 관계에 놓여있다. 이때 주관적인 정서와 객관적인 사물의 교감에 의하여 빚어지는 결과를 '창조'라고 말한다. 또한 분석자의 입장에 따라 주관과 객관, 자연과 인간, 세계와 자아, 객체와 주체 등의 대응관계를 말하기도 한다. 중요한 것은 시인의 내면적인 의지가 외부적인 세계와의 긴장이나 마찰에 의해 내적 공간으로서 유토피아를 조망하는 데 있다. 홍문표, 『현대시학』, 양문각, 1995, 444-445쪽.

조지훈의 시는 현실 공간을 바탕으로 하면서도 이상적으로 분화된 내적 공간으로서 '다른 공간'을 지향한다. 일찍이 여러 연구자들에 의해 규명된 식민 현실의 극복, 생명과 존재의 해방, 자연과 전통의 미학 원리를 벗어나 다른 차원의 유토피아로서 공간을 추구한다는 점에서는 이의를 제기할 수 있다.

이와 같은 측면에서 조지훈의 시가 조망하는 내적 이미지 혹은 내적 공간을 설명하는 데는 탈구조화된 영역에 대한 구조적이며 역동적인 검증 원리를 필요로 한다. 또한 조지훈 시의 헤테로토피아에 대한 검토는 일정한 유형 내지 질량으로서의 텍스트 내적 구조물에 대한 의미체계의 투사 원리가 적용될 수밖에 없다. 이를 위해 당대에 직면한 시인의 삶과 시를 통한 문학적 말하기의 정합성을 찾아가는 여정은 조지훈 시의 내적 공간성을 해명하는 필수적인 과정에 해당된다.

다음 시편을 통해 조지훈 시의 내적 공간 분할에 대한 다른 차원으로의 '공간 이행'을 확인할 수 있다.

얇은 紗 하이얀 고깔은
고이 접어서 나빌네라

—「승무(僧舞)」 부분

이 시행에 대한 내적 공간 형상은 다음 쪽의 〈그림1〉[26]로 구조화할 수 있다. 포코니에의 분석 이론에 의하면, 이 시행의 구조는 "'기본공간'과 '새로운 공간'"[27]이라는 두 개의 내적 공간을 형성하고 있다.

---

25) '경험 기반주의'는 인간의 신체적·정신적 경험이 의미를 가지고 있다는 데서 설명된다. 이것은 인간의 사유 체계가 신체뿐 아니라 정신적 경험에서 나온 것이며, 인간의 신체는 정신작용에 의한 활력을 통해 위상화되는 것을 의미한다. 질 레이코프, 『인지의미론-언어에서 본 인간의 마음』, 이기우 역, 한국문화사, 1994, 9-10, 432-434쪽.

26) 제라드 스틴·조안나 개빈스, 앞의 책, 167쪽 참조.

27) '기본 공간'은 텍스트의 여러 공간들에 대한 각각의 네트워크 시작점으로 기능하며, '새로운 공간'은 기본 공간에서 파생된 공간 건설자로부터의 새로운 공간을 의미한다. 이러한 측면에서 포코니에의 공간 개념은, 푸코의 헤테로토피아가 지향하는 '다른 공간'의 범주와 이질적인 성질을 보여주면서도 '기본 공간'과 '새로운 공간' 사이에 발생하는 이질화된 공간적 분할은 오히려 '다른 공간'으로의 이행에서 푸코의 헤테로토피아와 맞물린다고 볼 수 있다. 같은 글.

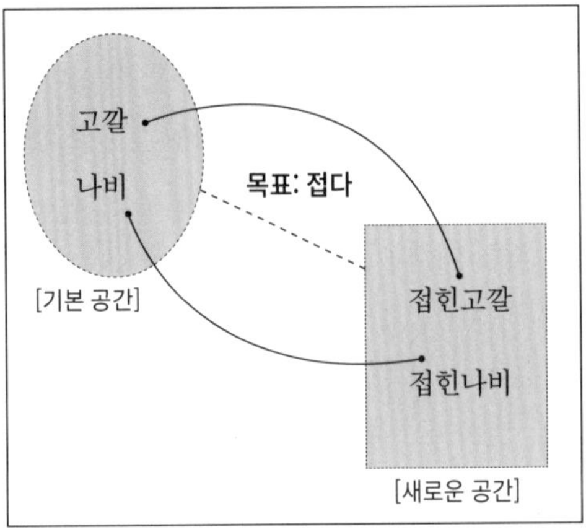

〈그림1〉「승무(僧舞)」의 내적 공간 형상

'기본공간'은 시의 원형 공간으로, 기본 요소 '고깔'과 '나비'라는 두 인자를 구성한다. 이 공간은 일반적인 '고깔'과 '나비'의 실제적 정보와 연관되며, 폐허가 된 식민지 현실의 생명/비생명을 수용한다. 여기서 '고깔'과 '나비'가 지닌 원형 공간은 유토피아의 근원적 공간에 해당되며, '새로운 공간'은 시의 내부에 구성된 '다른 공간'을 의미한다.

이 공간의 특징은 '고깔'과 '나비'가 보여주는 대비적 상관성에서 시작된다. '고깔'의 속성이 '무생명성'이라고 하면, '나비'의 속성은 '생명성'에 근거한다. 무생명의 인자가 생명의 인자로 은유되기까지 '접히는' 과정의 대비적 속성은 식민지 현실의 무력감을 이탈하고자 하는 반대/배반의 영역으로서 '다른 공간', 즉 '새로운 공간' 건설을 촉발하게 된다. 여기에는 공간 간 교량 역할을 담당하는 '접어'의 행위가 시적 화자의 내면과 관련하여 '새로운 공간'을 구성하는 주요 인자로 작용한다.

이러한 공간 이행 상황은 포코니에의 "접근 원리(accecc principle)"[28]에 의해 설명되며, 기초 단계의 '고깔'과 '나비'로부터 '다른 공간'의 '접힌 고깔'과 '접힌 나비'라는 두 존재를 공존의 의미로 파악할 때 가능해진다. 왜냐하면 생명/비생명의 결속은 "한 사회의 물질적 혹은 정신적 원리, 한 시대의 다양한 현상들에 공통되는 의

28) '접근 원리(accecc principle)'는 정신 공간 내부에 자리 잡은 '기본공간'과 '새로운 공간'의 연결주(connector) '교량:접다'에 의해 연결되며, 이는 곧 교량(고깔)=교량(접힌 고깔)의 등식이 성립되는 것을 알 수 있다. 즉 '접힌 고깔'은 대응관계 '고깔'을 명명하거나 기술, 혹은 지칭함으로써 '접힌 고깔'의 정체를 밝혀나간다. 따라서 '기본공간'의 '고깔'은 욕망(desire) 및 요청(request)과 관계되어 있고, '새로운 공간'의 '접힌 고깔'의 공간은 '기본공간'의 '고깔'에 대한 협조 공간(cooperation)으로서 관계되므로, 두 공간은 '기본공간'의 의도성과 '새로운 공간'의 접근원리에 의해 융합된다. 조숙환, 「한국어 생략적 목적어의 해석과 역동적 심성공간이론」, 『언어학연구』 제26호(2013), 254-257쪽.

미 작용과 이들의 응집력을 이해하도록 만드는 법칙"[29]에 따라 '다른 공간'에서 새롭게 복원되기 때문이다. 따라서 이 시행의 내부에 자리 잡은 공간 이행은 유토피아의 근원으로서 '고깔'과 '나비'가 처한 현실적 무력감이 '접힌 고깔'과 '접힌 나비'로부터 소소하지만 확실한 유토피아로서 '새로운 공간'의 헤테로토피아를 보여주고 있다.

여기에 대한 근거는, 물질·사물의 경우 인간의 삶과 결부된 사유 이전에는 스스로 '장소성'을 확보할 수 없으나, 이러한 장소성 개념과는 별개로 물질·사물은 세상에 존재하면서부터 '공간의 역사'를 지니는 데서 그 의미를 찾을 수 있다. 따라서 이 시행의 기본공간 '고깔'과 '나비'에서 '접힌 고깔'과 '접힌 나비'로의 '새로운 공간' 이행은 비생명의 '고깔'에서 생명의 '나비'로의 환유 과정을 거치는 과정에 인간적인 해방과 더불어 자연 사물에 대한 '치유'의 공간으로 연결되는 역동의 헤테로토피아가 형성된다.

2) 심미의 유토피아

조지훈은 문학적 생산 국면마다 자연 상태의 공간을 소재로 하여 시적 미의식을 추구해온 시인이다. 그의 시에서 자연은 "하나의 질서 속에 형성된 세계를 넘어 관조의 주체"[30]로 작용한다. 이는 오랜 시간 사유의 '공간적 전환(spatial turn)'을 거친 의식의 내용물로서 텍스트 내적으로는 '다른 공간'에 해당된다. 이러한 공간과의 교감은 심리적 관조에서 벗어나 조지훈의 내면세계를 표상하는 언어적·세계적·정신적 풍경이라 할 수 있다.

조지훈 시의 방대한 영역에 대한 공간성의 적용은, 시의 구조적인 측면에서 인간·자연·사물 등이 구성하는 공간적 역사와 조건이 텍스트 내부에 존재하는 '모든 것'에 대한 이의제기에 해당하며, 이러한 존재성 자체가 시인의 정신세계를 포함한

---

29) 허경, 『미셸 푸코의 『지식의 고고학』 읽기』, 세창미디어, 2016, 62쪽.

30) 조지훈에게 '자연'은 구체적인 공간에 속한 것이면서 심리적인 원리가 작용하는 공간 세계이다. 일반적으로 시인의 내면을 표현하기 위해 동원되는 자연은 관조의 목적으로 운영되는 세계일 수 있으나, 조지훈의 자연에 대한 관조는 일반적인 견해와 달리 관조하는 주체가 상면하고 있는 대상으로서의 세계만이 아닌, 관조하는 주체의 운명까지를 포함하는 공간 세계를 말한다. 김문주, 『형상과 전통』, 도서출판 월인, 2006, 20-21쪽 참조.

내외부적 공간과 긴밀한 연관성을 지닌다. 이것은 사고의 분할에 의존한 이중화의 의미로 나타나며, 여기에는 필수적으로 시인의 사고·사유에 근접하여 "대상 텍스트의 이미지에 대한 정신적 울림의 상상력과 현상에 대한 역설"[31]이 포함된다. 특히 문학으로서 "우리가 친숙하게 느끼는 것에 대한 구분은 그 자체로 반성의 범주, 분류의 원리, 규범적 규칙, 제도화된 유형들에 대한 분석과 의심해 보아야 하는 것들에 관한 '담론적 사실'(faits des discours)"[32]의 이해를 근거로 할 때, 시의 공간적 구조·구성에 대한 접근이 가능해진다.

경험주의적 관점에서, 살아가는 과정의 사회적 제반 문제들을 인간이 만들어낸 시간적 범주가 아닌, 자연적으로 형성된 공간적 범주에서 파악할 수밖에 없는 "공간적 문제 설정"[33]은 삶의 과정에 겪어야 할 "'물리적 공간'만을 요구하는 것이 아닌, '상상의 공간'과 두 공간을 합친 '제삼의 공간'에 대한 '체험된 공간'(lived space)"[34]을 포함한다.

이런 관점에서, 조지훈의 시는 자연 사물을 대상으로 하여 '다른 공간들'의 심미적 형상화에 기여하고 있으며, 이를 위해 텍스트 내적으로 일정한 질량의 유토피아, 유토피아 이전의 실제적인 담론으로서 '체험된 공간'을 제시한다. 그동안 의식과 무의식의 한 부분에 내재되어 왔던 추상적인 유토피아가 시인의 내적 심화로서 충일한 변화와 '공간적 전환'을 보여주기까지 '인간 삶의 문제'는 공간을 둘러싼 시간의 틀을 깨트리지 않고서는 가능하지도 않았다. 차별의 시간을 견뎌내고 억압의 공간과의 결별을 준비하면서, 시인은 스스로 시를 짓는 과정 자체를 텍스트 내에서의 공간 설계와 공간의 구성을 인식하게 된 것이다.

한편, "문학을 개별적 특수성과 연대기적 자료들이 영향력을 갖지 못하는 동질적이고 가역적인 공간으로 간주하는 견해로부터 보편적인 문학의 무시간적이고 무인칭적인 '정신'의 우연한 체현에 불과"[35]한 시인의 경우, 텍스트 요소에 자리 잡은

---

31) 가스통 바슐라르, 앞의 책, 45쪽.

32) 허경, 앞의 책, 78쪽.

33) 에드워드 소자, 『공간과 비판사회이론』, 이무용 역, 시각과언어, 1997, 103-112쪽.

34) 구연정, 「상상과 실재 사이—헤테로토피아로서 베를린—발터 벤야민의 「1900년경 베를린의 유년시절」에 나타난 도시 공간을 중심으로」, 『카프카연구』 제29집(한국카프카학회, 2013), 125쪽.

공간 구성력은 시의 내적 공간 분할에 역동적으로 참여할 수밖에 없다. 유토피아란 결국 허구에 대한 진위보다 보이지 않는 인간적 믿음과 욕망을 우선으로 하기 때문에 때로 이분법적인 참과 거짓의 중용에 놓일 수 있는 것이다.

다음 시는 「고목(枯木)」의 부분이다. 이 시에서 발견되는 내적 공간 양상은 「승무(僧舞)」에서의 공간 양상에 비해 다소 복잡한 구조를 보여준다. 이 시행에서 드러나는 조지훈 시의 내적 공간성은 다음과 같다.

서리 까마귀 우지짖는
저녁 노을 속

나그네는 홀로 가고
별이 새로 돋는다

—「고목(枯木)」 부분

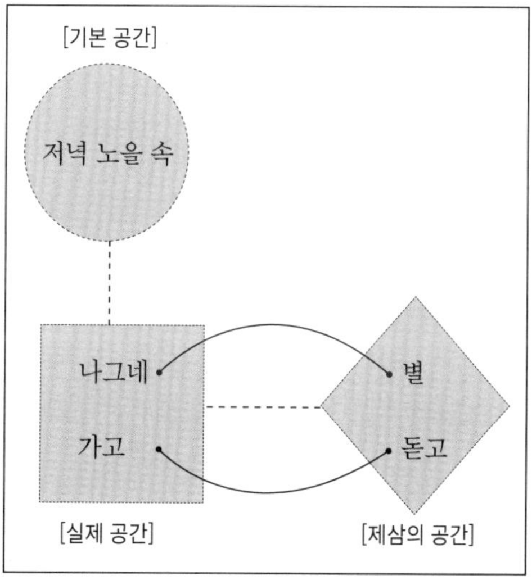

〈그림2〉 「고목(枯木)」의 내적 공간 도식

이 시행에 대한 내적 공간 도식은 〈그림2〉[36]로 나타낼 수 있다. 여기에는 '저녁 노을 속'이라는 '기본공간'에서 '나그네는 홀로 가고'의 '실제공간'이 새로운 '제삼의 공간'과 연결되면서 다차원적인 공간력과 네트워크를 구성한다.

이 시의 '기본공간'은 시적 화자의 시선에 투사된 객관적 시공간을 보여준다. 여기에는 까마귀 울어대는 쓸쓸한 전경이 시간과 공간을 지

35) 제라르 주네트, 「문학의 유토피아」, 『보르헤스』, 김춘진 엮음, 이성훈 역, 문학과 지성사, 1996, 160쪽.
36) 제라드 스틴·조안나 개빈스, 앞의 책, 172쪽 참조.

배하는 심상으로 작용하며, 그곳은 해 저무는 산간 기슭의 공간으로서 피폐한 식민지 현실을 가리킨다.

'실제공간'은 '기본공간'과 새로운 '제삼의 공간'를 매개하는 실재물인 동시에 사실적 공간으로 작용한다. 이 공간은 시적 화자인 나그네가 직접 길을 걸어가면서 겪는 식민지 현실(기본공간)과 '별이 새로 돋는' 이상향의 공간(제삼의 공간) 사이의 교량 역할을 담당한다. '제삼의 공간'은 시인이 지향하는 이상향의 공간으로서 크게는 식민지 조국의 해방에서 소소하게는 개인의 피해와 상실로부터 인간성 회복을 가리킨다. 따라서 '제삼의 공간'의 파생은 시적 화자의 심상을 바탕으로 하여 시의 내부에 고안된 '다른 공간'으로서의 헤테로토피아를 의미한다. 이것은 물리적으로 확인할 수 없으며, 상상 너머 고도로 심미화된 시인의 영역에 해당한다.

이런 측면에서, 시의 텍스트가 도달하는 최종 공간으로서의 '제삼의 공간'은 다양한 연결지점이 형성된다. 여기에는 시간적 역동, 전통적 향수, 억압의 극복, 피해의 치유 등이 '제삼의 공간'을 생성하는 주요한 단자로 작용한다. 이 단자들은 유토피아로서 '다른 공간'을 의미하면서도, 실제적으로는 '체험된 공간'의 화자로서 '나그네'와 '가고'에서 파생된 '별'과 '돋고'의 공간을 가리킨다. 이로써 '실제공간(나그네, 가고)'은 보다 더 충실한 이상향의 공간성을 드러내게 되며, 심미적인 층위에서의 '제삼의 공간(별, 돋고)'으로 자리 잡게 된다. 이러한 관계성은 시적 화자의 시선에 맺힌 '저녁 노을 속'으로부터 파생된 '기본공간'에서 시작되며, 이때 '실제공간'과 '제삼의 공간'의 관계는 상하 서열이 가려진다.

이를 바탕으로 할 때, 이 시에서 가장 높은 위치의 서열을 지니는 요소는 '별'로 간주되며, 그 이유는 '나그네'가 '별'인 동시에 '홀로 가'는 것 또한 별이기 때문이다. 여기서 '별'은 단순히 홀로 길을 가는 나그네 머리 위를 비추는 보조 장치로서 별이 아니라, 폐허가 된 식민지 현실에서의 이상향을 의미하는 동시에 인간 삶의 근원적 복귀를 함의하는 공간을 시사한다. 또한 '별'은 불멸을 상징하며, 이것은 결국 조지훈 시의 내부에 건설된 '다른 공간'으로서 현실적 억압·상실에 대한 '치유'와 '회복'의 심미적 유토피아를 가리킨다.

3) 피해와 상실의 안식처

시의 텍스트가 구성하는 내적 공간은 허구적 세계이자 가공의 세계를 의미한다.

텍스트 내부의 공간은 추론과 유추, 가정과 가설의 다양한 내용적 체계화를 통해 실현되는 결과물이다. 여기에는 시인의 시세계가 구성하는 내적 공간의 객관성·타당성·적정성이 확보되어야 하며, 대중적으로 소통 가능한 공간적 구조를 지녀야 한다. 이를 통해 시인의 시세계가 그려나가는 공간 좌표에 대한 구조적 설명이 유연해지며, 텍스트가 지닌 내적 공간으로서 '다른 공간'에 대한 접근과 헤테로토피아로서 이미지 재현이 가능해진다.

헤테로토피아에서 재현되는 시적 이미지는 허구와 실재가 그물망처럼 연결된 형상을 보여준다. 여기에는 다양한 시 공간의 병렬이 가능하고, 현실과 상상의 경계가 모호하면서도 공간성의 제한이 없다. 그래서 헤테로토피아는 '꿈의 공간' 혹은 '다른 공간'의 이미지와 이미지 사이의 영역을 의미한다.[37] 이처럼 시 공간은 인간 삶의 근원적 공간인 동시에, 텍스트 내부적으로 은밀한 공간은 유토피아의 근원을 포함하면서도 피폐한 현실에 대한 도피의 안식처가 되기도 한다.

조지훈은 선비적·지사적 정신과 심리를 발휘하여 일제로부터 침탈당한 식민지 조국의 회복을 시로 형상화한 시인이다. 사회적·국가적 '타자성'에 의해 삶의 터전과 안식의 '공간'이 노출된 시인의 경우, 정신의 '집'과 신체의 '대지(大地)'에 대한 회귀를 꿈꿀 수밖에 없다. 따라서 '집'은 인간의 신체적·정신적 안식을 제공하는 공간의 의미로 작용하며, '주거'는 곧 인간 삶의 본능적이며 구체적인 모형이 진행되는 최초의 장소로서 공간을 의미한다. 그 때문에 '집'을 잃는다는 것은 삶의 원형을 상실하는 것과 다르지 않으며, 국권을 상실한다는 것은 삶의 줄기와 기둥과 뿌리를 기획하는 땅의 공간을 빼앗기는 것과 같다.

인간 공통의 거주지이자 본래의 공간으로서 '대지(大地)'는 위계화 되지 않고 분할되지 않은 '최초의 방대한 장소'라 할 수 있으며, 그 자체가 유토피아적 의미를 함의하는 자연적 근원성을 지닌다. 따라서 공간의 위계와 장소의 분할은 자연과 인간, 인간과 인간의 분리라는 사회적 현상과 밀접한 관련을 갖는다.[38] 이처럼 조지

37) 윤수하, 「이상 시의 거울과 헤테로토피아」, 『현대문학이론연구』 제75집(현대문학이론학회, 2018), 205쪽.

38) 엄경희, 「헤테로토피아(heterotopia)의 장소성에 대한 시학적(詩學的) 탐구」, 『국어국문학』 제186집(국어국문학회, 2019), 401쪽.

훈은 시의 대상과 인간의 문제를 양분하지 않은 통합의 단계에서 텍스트 내부에 고안된 '다른 공간들'에 대한 주거와 안식의 문제, 전통의 문제, 인간의 문제, 식민지 조국의 문제를 주체적이며 심미적으로 접근하고 있다.

다음 시는 「고풍의상(古風衣裳)」의 부분이다. 이 시에서 발견되는 내적 공간 상황은 「승무(僧舞)」와 「고목(枯木)」에서의 공간 양상에 비해 '집'을 둘러싼 인간 삶의 원형으로서 공간성을 보여준다. 제삼의 공간 너머 '다른 공간'으로서 헤테로토피아의 공간 이미지를 재현하는 이 시행의 내적 공간 형상화는 다음과 같다.

발자취 소리도 없이 대청을 건너 살며시 문을 열고
그대는 어느 나라의 古典을 말하는 한 마리 蝴蝶
蝴蝶이냥 사푸시 춤을 추자 蛾眉를 숙이고……
나는 이 밤에 옛날에 살아
눈 감고 거문고ㅅ줄 골라보리니
가는 버들이냥 가락에 맞추어
흰 손을 흔들지어다.

—「고풍의상(古風衣裳)」 부분

이 시행의 내적 공간 도식은 〈그림3〉[39]으로 형상화할 수 있다. 이 시에는 주거의 본격 무대인 '대청'의 '기본공간'에서 발화한 여러 층위의 시간적·공간적 에피소드가 발견된다.

우선 '기본공간'인 '대청'은 '어느 나라의 고전(古典)'을 매개로 하여 텍스트 내부에 고안된 '실제공간', 즉 '호접(蝴蝶)'으로 이어진다. 여기서 '대청'과 '호접(蝴蝶)'의 상관성은 '어느 나라의 고전(古典)'을 통해 연결되지만, 실상 '호접(蝴蝶)'이 생산하는 양가적 의미는 꿈의 왜곡과 꿈 이전의 진실에 있다. 어느 것은 참이 될 수 있지만, 어느 것은 거짓이 되는 '호접(蝴蝶)'의 속성은 '사푸시'와 '눈 감고'를 기점으로 양 갈래 공간 영역인 '제삼의 공간' 지대로 진입한다. 여기서 한 갈래는 '사푸시' 풀

39) 제라드 스틴·조안나 개빈스, 앞의 책, 178쪽 참조.

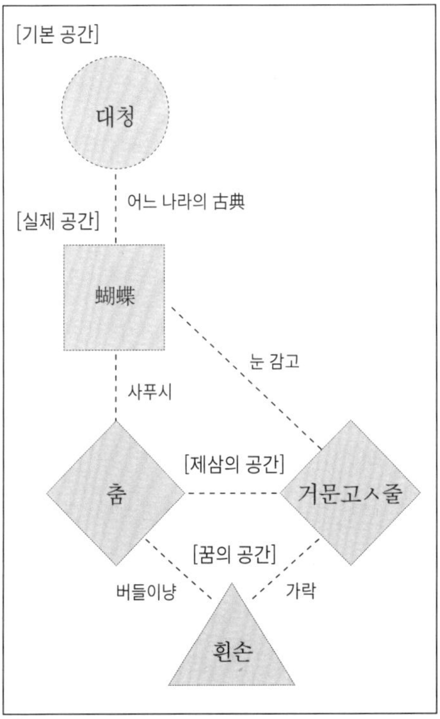

〈그림3〉「고풍의상(古風衣裳)」의 내적 공간 도식

어내는 '춤'으로 이어지며, 다른 갈래는 '눈 감고' 고르는 '거문고ㅅ줄'로 연결된다.

인간 삶의 무대인 '대청'에서 발원한 시의 내적 공간 구성은 '제삼의 공간' 지대인 '춤'과 '거문고ㅅ줄'에 이르러 현실적 상상 공간과 인식의 '다른 공간'의 새로운 차원과 공간적 질서를 요구한다.

'제삼의 공간' 지대의 '춤'에서 이어지는 '버들'은 '흰손'을 연결하는 매개어로 작용한다. '춤'사위는 필수적으로 무대(공간)가 주어져야 하며, '춤'의 위상은 공간을 지배하며 공간을 창조하는 역동에 있다. '춤'사위 속에 들어 있는 고아(高雅)한 품격은 무작정 나올 수 없는 동작으로, 오랜 시간 외형적 '흰손'을 수단으로 하여 내적으로 길러온 전통을 근간으로 한다. 이것은 '춤'을 연행하는 자의 의상에서 풍기는 고풍스러움이 춤동작과 한데 어우러진 결과물로, 시의 내적 공간을 형성하는 원초적이며 근원적인 생명과 직결된다.

한편, '거문고ㅅ줄'과 '흰손'을 이어주는 매개로는 '가락'의 역할이 무엇보다 강조된다. '춤'을 통한 '꿈의 공간'으로 이끄는 원동력은 '거문고ㅅ줄'에서 튕겨져 나온 '가락' 없이는 불가능하다. '춤'은 어느 공간에서든 '가락' 없이는 공간의 지배뿐 아니라 공간의 창조에도 무기력할 수밖에 없다. '거문고ㅅ줄'이 만들어내는 '가락'의 공간 역시 '흰손'에 이르러 완결을 이루며, 최종적인 '꿈의 공간'으로 이어지는 과정으로서 '거문고ㅅ줄'은 '춤'과 분리될 수 없는 역동의 공간을 보여준다.

이와 같이 조지훈의 「고풍의상」은 죽은 듯 정지된 옷자락이 아니라, 육신과 정신이 혼연일체가 되어 폐허가 된 식민지 현실의 시공을 초월하려는 일생일대의 기획이다. 따라서 '춤'-'버들'과 '거문고ㅅ줄'-'가락'의 공간 구성은 '흰손'의 역동적인 동작(춤사위)을 보여줄 때 신명에 오를 수 있다. 결국 신명난 '춤'사위는 거문고를 바탕으로 할 때 진정한 의미로서 '고풍의상'의 가치가 드러나며, '휜손'의 '꿈의 공간'에 이르러 '고풍의상'이 지닌 헤테로토피아는 완성될 수 있는 것이다.

'존재하지 않는 공간'으로서의 유토피아를 가공의 장소로만 이해하거나 가상의 이야기를 전달하기 위한 허구의 개념으로만 단정할 수 없다. 유토피아란 과거와 미래에 인간이 탐색하고 도달할 장소이다. 토머스 모어(Thomas More) 이후 유토피아에 대한 열망은 이상적 장소가 현실에 실현될 수 있다는 가능성이 이어져 왔기 때문이다.[40] 이처럼 시인의 상상력과 삶의 반경을 공간적으로 확장한 문학적 의미에서의 유토피아, 즉 텍스트 내부의 '다른 공간들'이 바로 헤테로토피아인 것이다.

결과적으로 조지훈 시가 보여주는 텍스트 '내적 공간'은 폐허가 된 원형으로서 식민지 현실 공간에 대한 유토피아적 치유이자 회복을 의미한다. 해방 공간을 꿈꾸는 자의 전통은, 그 스스로 억압과 속박의 공간으로부터 벗어나고자 하는 '자유'의 염원에서 시작된다. '다른 공간들'로서 시의 원형질에 대한 심각한 희구와 그로부터 생성되는 상실의 치유, 전통의 복원, 인간성 회복의 '안식처'로서 이를 기획하고 구성하는 내적 공간성에서 조지훈 시의 헤테로토피아는 발견된다.

4. 결론

지금까지 조지훈 시의 텍스트 내부에 구조화된 헤테로토피아 양상에 대해 살펴보았다. '변형된 공간'이자 '열린 공간'으로서 다차원적 '다른 공간들'로 구성된 조지훈 시의 헤테로토피아는 인간 삶의 무대를 중심으로 하여 주체적 접근과 심미적 탐색을 보여주었다.

먼저 「범종(梵鐘)」은 '범종'을 매개로 하여 실현 불가능한 공간영역인 '온세계'의 범주 내에서 죽은 자와 산 자가 공존하는 '허공(虛空)' 자체가 사멸된 생명의 해방과 살아 있는 존재의 회귀를 기다리는 윤회의 공간으로 작용하였다. 또한 윤회사상의

---

40) 정익순, 「문학적 유토피아와 철학적 상상력」, 『비교문학』 제55집(한국비교문학회, 2011), 167-167쪽.

단자를 '범종'이라는 구체화된 사물로 형상화하면서 시의 내적 구조물로서의 공간 작용이 식민지 현실에 대한 치유와 회복의 헤테로토피아를 보여주었다.

「무고(舞鼓)」의 경우 현실의 '북'을 접점으로 하여 이상세계의 '호접(蝴蝶)'과 접목하면서 텍스트 내적으로 견고한 공간 성원을 드러냈다. 이는 생명으로서의 '나비'와 비생명으로서 '북'을 통해 억압적인 현실에서 해방된 '다른 공간', 즉 유토피아로 분화된 공간에 접근하고 있으며, 시의 텍스트 내적으로 고안된 공간의 정체성 자체가 인간 사유와 존재를 증명하는 단서로 작용하였다.

「바다가 보이는 언덕에 서면」은 '나-짐승'의 은유 기법을 통해 시인이 지향하는 '바다가 보이는 언덕'으로서의 '다른 공간' 양상을 드러냈다. 특히 이 시는 '시간의 분할'과 연결된 헤테로토피아의 정반대 지점에 위치한 헤테로크로니아의 불길한 공간을 해체하면서 피해와 억압의 해소 공간인 '바다가 보이는 언덕'을 통해 유토피아적 공간으로서의 '다름'과 '저항'의 헤테로토피아를 보여주었다.

한편, 「승무(僧舞)」는 시적 화자의 신체와 연결된 '춤'의 역동적인 공간 구성을 보여주었으며, 그 원리는 '고깔'과 '나비'에서 연원한 '접힌 고깔'과 '접힌 나비'의 이분화된 공간에서 찾을 수 있었다. 특히 이 시행의 내부에 자리 잡은 공간 이행은 '고깔'과 '나비'가 처한 현실적 무력감이 '접힌 고깔'과 '접힌 나비'를 포함한 근원적인 유토피아로서 역동적인 헤테로토피아의 반전을 보여주었다.

「고목(枯木)」의 텍스트 내부에 건설된 헤테로토피아 범주는 시적 화자의 시선에 따라 다각적인 층위의 네트워크를 구성하였다. 이 시의 공간성은 시적 화자인 나그네가 길을 걸어가면서 겪는 식민지 현실(기본공간)과 '별이 새로 돋는' 이상향의 공간(제삼의 공간) 사이의 교량 역할을 담당하면서, 시인이 지향하는 이상향의 공간으로서 제삼의 공간은 인간성 회복의 의지와 식민 상황의 해방을 염원하는 공간성을 보여주었다. 특히 시의 최상위에 해당하는 '별'은 불멸을 상징함으로써 시의 내적 공간을 형성하는 근간으로서 유토피아적 공간으로 작용하였다.

「고풍의상(古風衣裳)」은 삶의 본격 무대인 '대청'에서 발화하여 '호접(蝴蝶)'-'춤'-'휜손'으로 이어지는 공간 갈래와 '호접(蝴蝶)'-'거문고ㅅ줄'-'휜손'의 '꿈의 공간'으로 회귀하는 헤테로토피아 양상을 보여주었다. 이 시에서 '꿈의 공간'으로 이끄는 원동력은 '춤'을 중심으로 전개되었으며, '춤'사위는 '거문고ㅅ줄'에서 튕겨져 나온 '가락'에 의존하면서 '가락'과 더불어 '버들'이 '휜손'에 이를 때 헤테로토피아는 완결을 이루었다. 결국 이 시의 헤테로토피아는 '꿈의 공간'으로서 폐허가 된 식민지 현실 공간에 대한 유토피아적 치유이자 회복을 의미하였다.

문학은 개인의 감성적 특수성과 사회적 현상을 바탕으로 한 연대기적 자료들의 동질적이고 가역적인 공간에 대한 일반적인 견해의 산물에 해당한다. '보편적인 문학으로서 무시간적이고 무인칭적인 정신의 우연한 체현에 불과'한 문학에 대해서만큼은 용기 있는 견해를 드러낼 때 문학으로서 의미심장한 담론이 보장될 것이다. 따라서 조지훈 시의 텍스트 내부에 자리 잡은 공간 구성력은 개인의 유토피아를 지나 대중으로부터 공감과 연대를 형성할 때 의미가 있다. 유토피아란 상상과 허구의 진위보다 인간적 믿음과 사회적 의미를 중시하므로, 개인 조지훈의 시는 인간적으로든 사회적으로든 시사하는 바가 크다 할 것이다.

헤테로토피아의 범주는 추상적인 언어 국면을 지양하고, 구체적이며 실제적인 삶의 '다른 공간들'에 대한 규명으로서의 인간 실존성과 긴밀할 수밖에 없다. 결과적으로 조지훈 시의 내적 공간에 내재된, 어둡고 암울한 식민지 현실의 극복을 위한 희망과 긍정, 생명과 존재의 해방으로 귀결되는 기존의 주제적·내용적 본질에 대해서만큼은 분명히 확인되었다. 여기에 대한 이의제기는, 조지훈의 시가 가리키는 이상향의 본성이 과거부터 현재에 이르기까지 식민의 상황에서 유리되거나 이질적으로 변질될 수 없다는 데 있다. 왜냐하면, 일제강점기 당대로부터 주체적으로 각인된 시인의 본성과 시의 함축적 의미는 시간적 연대기에 따라 다양해질 수는 있으나, 근본적으로 사라질 수 없는 피해와 억압의 시간·공간이 내재되어 있기 때문이며, 이것은 시대 저편에서 이어져온 '새로움의 이질성'에 대한 공간의 역사가 말해준다.

궁극적으로 조지훈 시의 내부에 존재하는 '다름'과 '저항'의 헤테로토피아는, 인간과 공존하는 자연사물에 대한 존재론적 의미와 함께, 시의 원형질에 해당하는 '상실의 치유', '전통의 복원', '인간성 회복'으로 나타날 수밖에 없으며, 이를 통해 조지훈 시관의 전통적 해명에 대한 구체적 확인과 그에 대한 경외에 본 연구의 의의가 있다.

참고문헌

강양희.「조지훈 시의 시간과 공간 연구」. 충남대학교 박사학위논문, 2002.
구연정.「상상과 실재 사이—헤테로토피아로서 베를린—발터 벤야민의「1900년경 베를린의 유년 시절」에 나타난 도시 공간을 중심으로」.『카프카연구』 제29집(한국카프카학회, 2013).
김경희.「조지훈 시의 정신사적 연구」. 동국대학교 석사학위논문, 1996.
김문주.『형상과 전통』. 도서출판 월인, 2006.
김수진.『보르헤스 문학의 헤테로토피아—고갈되지 않는 문학의 가능성』. 한국학술정보, 2008.
김정연.「Metaphor의 공간 연구—조지훈을 중심으로」. 이화여자대학교 석사학위논문, 1987.
데리다, 자크.『문학의 행위』. 데릭 애트리지 엮음. 정승훈 외 역. 문학과지성사, 2013.
랠프, 에드워드.『장소와 장소상실』. 김덕현·김현주·심승희 역. 논형, 2005.
레이코프, 질.『인지의미론—언어에서 본 인간의 마음』. 이기우 역. 한국문화사, 1994.
바슐라르, 가스통.『공간의 시학』. 곽광수 역. 동문선, 2003.
박기순.「푸코의 헤테호토피아 개념—미학적 기원에 기초한 미학적 해석」.『美學』 제83권 1호 (2017).
박진환.『한국시의 공간구조 연구』. 경운출판사, 1991.
소자, 에드워드.『공간과 비판사회이론』. 이무용 역. 시각과언어, 1997.
송재영.「조지훈 論」.『창작과 비평』 제22호(1971년 가을).
스틴, 제라드·조안나 개빈스.『인지시학의 실제비평』. 양병호 외 역. 한국문화사, 2014.
엄경희.「헤테로토피아(heterotopia)의 장소성에 대한 시학적(詩學的) 탐구」.『국어국문학』 제186집 (국어국문학회, 2019).
윤수하.「이상 시의 거울과 헤테로토피아」.『현대문학이론연구』 제75집(현대문학이론학회, 2018).
이건청.『한국전원시 연구』. 문학세계사, 1986.
이슬아.「조지훈 시 연구—미적 정서로서 한(恨)을 중심으로」. 고려대학교 석사학위논문, 2019.
이어령.「문학작품의 공간기호론적 독해」.『한국문학과 구조주의』. 문학과 비평사, 1988.
정익순.「문학적 유토피아와 철학적 상상력」.『비교문학』 제55집(한국비교문학회, 2011).
조숙환.「한국어 생략적 목적어의 해석과 역동적 심성공간이론」.『언어학연구』 26호(2013).
주네트, 제라르.「문학의 유토피아」.『보르헤스』. 이성훈 역. 문학과 지성사, 1996.
푸코, 미셸.『말과 사물』. 이규현 역. 민음사, 2012.
______.『헤테로토피아』. 이상길 역. 문학과 지성사, 2014.
______.『문학의 고고학—미셸 푸코 문학 강의』. 허경 역. 인간사랑, 2015.
허경.『미셸 푸코의『지식의 고고학』 읽기』. 세창미디어, 2016.
홍문표.『현대시학』. 양문각, 1995.

Richards, I. A.. *Principles of Literary Criticism*. London: Routledge & Kegan Paul Ltd, 1955.
Soja, Edward. *Thirdspace. Journeys to Los Angeles and Other Real-and-Imagined Places*. Malden, MA: Blackwell, 1996.

조지훈 시의 미학적 원천 연구

청각성과 존재성의 미학을 중심으로

오형엽

1. 서론

조지훈(1920-1968)은 1939년 『문장』에 「고풍의상(古風衣裳)」과 「승무(僧舞)」가, 1940년에 「봉황수(鳳凰愁)」가 정지용에 의해 추천됨으로써 등단했으며, 『청록집』(1946), 『풀잎 단장(斷章)』(1952), 『조지훈 시선』(1956), 『역사 앞에서』(1959), 『여운(餘韻)』(1964) 등의 시집을 간행했다. 또한 그는 시론집 『시의 원리』(1953)를 비롯한 문학론, 수필집 『지조론』(1962) 등의 에세이, 그리고 『한국문화사서설』(1964)을 비롯한 민족문화학 연구서를 집필하는 등 다방면의 활동을 보여주었다. 1968년 조지훈이 영면한 이후 시를 포함한 그의 저술들을 모아 전 7권의 『조지훈 전집』(일지사, 1973)이 간행되었고, 다시 전 9권의 『조지훈 전집』(나남출판, 1996)이 간행되었다.[1] 조지훈은 시인이

자 민족문화학의 초석을 닦은 학자이며 사회적·역사적 현실에 적극적으로 개입하는 실천적 지성인이기도 했다. 조지훈은 왕성한 시 창작 활동 못지않게 민속학·역사학·지성사를 세 축으로 하는 민족문화학 연구를 개척했으며, 1950년 한국전쟁에 종군 문인으로 참전하고 1960년 4·19 혁명을 위시한 역사의 흐름에 지사적 논객으로 개입하는 등 행동하는 지성의 표본을 보여주었다. 이처럼 전인적 인격으로 다방면에 선구적 자취를 남긴 조지훈의 문학적·학문적·사회적 업적은 그동안 수많은 연구의 대상이 되어 왔는데, 이 글은 조지훈의 시 세계[2]를 중심으로 고찰을 진행하고자 한다.

조지훈 시에 대한 선행 연구들을 주제나 관점별로 유형화하여 정리해 보자. 선행 연구의 범주를 시적 변모에 따르는 순차적 범주와도 결부시킨다면, 조지훈의 시를 생애·학문·한국적 미의식·사상 등의 종합적 관점에서 고찰한 연구,[3] 조지훈 시에 대한 문학사적·계보적 연구,[4] 「지옥기」 시편 및 등단작을 비롯한 초기 시에 대한 연구,[5] 「고풍의상」·「승무」 등으로 대표되는 민족 정서 및 선(禪)적 세계에 대한 연구,[6] 서경시·생태시·서정시·향가와의 관련성 등 시의 양식적 특성에 대한 연구,[7]

---

1) 조지훈의 등단과 저서 소개는 졸고, 「조지훈 시의 청각적 이미지와 시 의식」, 『한국언어문화』 제40집(한국언어문화학회, 2009), 128쪽 참고.

2) 조지훈의 작품 세계를 시적 변모를 따라 순차적으로 범주화한다면, 크게 다음의 7가지 유형을 설정할 수 있다. 습작 시기의 작품과 그에 혈맥이 닿는 작품들인 「지옥기(地獄記)」 시편, 『문장』의 추천을 받을 무렵 「고풍의상」·「승무」 등으로 대표되는 민족 정서에 대한 애착과 사라져가는 것에 대한 애수의 세계, 선미(禪味)와 관조에 초점을 두고 슬픔이 배제된 서경시(敍景詩)의 세계, 낙향 중의 방랑 시편으로서 한만(閑漫)한 동양적 정서의 세계, 「풀잎 단장」으로 대표되는 자연과 인생, 사랑과 미움에 대한 고요한 서정의 세계, 해방·한국전쟁·4·19 혁명 등 한국 현대사의 흐름에 지사적 정신으로 개입하는 사회 시편, 귀로(歸路)의 정서에 기대어 휴식의 여훈을 남기는 제4시집 『여운』 이후의 시편 등이 그것이다.

3) 김인환, 「조지훈론」, 『다른 미래를 위하여』, 문학과지성사, 2003, 124-165쪽.

4) 김종길, 「지훈 시의 계보」, 『조지훈 연구』, 고려대학교출판부, 1978, 9-18쪽; 오세영, 「지훈 시의 문학사적 위치」, 『민족문화연구』 제22호(고려대 민족문화연구소, 1989), 23-54쪽.

5) 김흥규, 「조지훈의 초기 작 「지옥기」 시편에 대하여」, 『한국현대시사연구』, 일지사, 1983, 523-532쪽; 김명인, 「지훈 시의 초기 시고(考)」, 『경기어문학』 제7집(경기대 국어국문학회, 1986), 216-219쪽; 엄성원, 「조지훈의 초기 시 연구」, 『한국문학이론과비평』 제35집(한국문학이론과비평학회, 2007), 59-83쪽; 최동호, 「조지훈의 등단 추천작과 그 시적 전개」, 『한국시학연구』 제28호(한국시학회, 2010), 389-411쪽.

이미지와 시적 상상력에 대한 연구,[8] 운율적 특성에 대한 연구,[9] 「범종(梵鐘)」을 비롯한 후기 시에 대한 연구,[10] 조지훈의 한시에 대한 연구,[11] 다른 시인과의 상호텍스트성 연구[12] 등을 들 수 있고, 조지훈 시에 대한 종합적 연구로서 학위논문[13]에 이르기까지 광범위한 영역에서 조지훈의 시 세계가 규명되어 왔다.[14] 이 글은 선행 연구의 성과들을 토대로 조지훈 시의 미학적 원천에 대해 새로운 관점의 탐색을 시

---

6) 김동리, 「자연의 발견」, 『문학과 인간』, 1952, 69쪽; 오탁번, 「지훈 시의 의미와 이해」, 『현대문학산고』, 고려대학교출판부, 1976, 177-178쪽; 정한모, 「초기 작품의 시 세계」, 『조지훈 연구』, 고려대학교출판부, 1978, 21-22쪽; 서준섭, 「불교적 소재의 시적 변용과 그 의미」, 『한국대표시평설』, 정한모·김재홍 편, 문학세계사, 1983, 252-258쪽; 김종훈, 「「승무」의 판본 비교와 조지훈의 미적 지향점」, 『한국문학이론과비평』 제60호(한국문학이론과비평학회, 2013), 367-386쪽.

7) 김문주, 「조지훈의 '서경시'에 함축된 시적 전통의 성격」, 『한국문학이론과비평』 제35집(한국문학이론과비평학회, 2007), 9-29쪽; 김옥성, 「조지훈의 생태시학과 자아실현」, 『한국문학이론과비평』 제37집(한국문학이론과비평학회, 2007), 199-224쪽; 이숭원, 「조지훈 시의 내면구조」, 『20세기 한국시인론』, 국학자료원, 1997, 295-309쪽; 박노준, 「사라진 것에 대한 향가와 조지훈 시의 정서」, 『향가여요종횡론』, 보고사, 2014.

8) 김기중, 「지훈 시의 이미지와 상상적 구조」, 『민족문화연구』 제22호(고려대 민족문화연구소, 1989), 23-54쪽; 박남희, 「조지훈 시의 유기체적 상상력 연구」, 『한국문예비평연구』 제24집(한국현대문예비평학회, 2007), 5-28쪽; 송기한, 「조지훈 시의 유랑 의식 연구」, 『한중인문학연구』 제23집(한중인문학회, 2008), 19-39쪽; 이희중, 「조지훈 시의 애상성 연구」, 『비평문학』 제30호(한국비평문학회, 2008), 131-152쪽; 졸고, 「조지훈 시의 청각적 이미지와 시 의식」, 『한국언어문화』 제40집(한국언어문화학회, 2009), 127-158쪽; 서철원, 「조지훈 시의 헤테로토피아 양상 연구」, 『비평문학』 제70호(한국비평문학회, 2020), 125-155쪽.

9) 조창환, 「조지훈 초기 시의 운율과 구조」, 『한국문예비평연구』 제25집(한국현대문예비평학회, 2008), 5-28쪽.

10) 김윤식, 「심정의 폐쇄와 확산의 파탄」, 『한국현대작가논고』, 일지사, 1974; 『조지훈 연구』, 고려대학교출판부, 1978, 134-152쪽; 송재영, 「조지훈론」, 『조지훈 연구』, 고려대학교출판부, 1978, 153-172쪽; 최동호, 「조지훈의 「승무」와 「범종」」, 『평정의 시학을 위하여』, 민음사, 1991, 66-84쪽.

11) 최태호, 「지훈의 한시 연구」, 『한국학논집』 제36집(근역한문학회, 2013), 285-305쪽.

12) 고형진, 「조지훈의 「완화삼」과 박목월의 「나그네」의 상호텍스트성 연구」, 『한국문예비평연구』 제42집(한국현대문예비평학회, 2013), 133-160쪽.

13) 박호영, 「조지훈 문학 연구」, 서울대 박사학위논문, 1988; 서익환, 「조지훈 시 연구」, 한양대 박사학위논문, 1989; 김기중, 「청록파 시의 대비 연구」, 고려대 박사학위논문, 1990; 최승호, 「1930년대 후반기 시의 전통지향적 미의식 연구」, 서울대 박사학위논문, 1994.

14) 조지훈 시의 선행 연구에 대한 검토는 졸고, 앞의 글, 129-130쪽 참고.

도하고자 한다. 필자는 조지훈 시의 미학적 특성으로서 지금까지 주로 시각적 이미지에 의한 회화적 상상력과 색채·풍경·율동 등에 대한 묘사가 중시되어 왔지만, 이것을 원천적으로 뒷받침하면서 동시에 그것과 혼융되는 음악적 선율에도 주목해야 한다고 주장한 바 있고,[15] 그 연장선에서 조지훈 시의 청각적 이미지를 '자연의 소리', '악기의 소리', '침묵' 등의 세 가지 계열로 구분하고 시 의식과의 상관성을 고찰한 바 있다.[16] 이 글은 이 두 연구를 토대로 조지훈 시의 미학적 특성과 그 원천에 대해 좀 더 예각적으로 고찰하고자 한다.

이 글은 조지훈의 시 세계를 선행 연구들이 주로 제시한 시각성의 미학을 보완하기 위해 청각성의 미학과 존재성의 미학이라는 두 가지 층위에서 고찰하고, 이 둘이 결합되면서 상호 조응하는 양상을 통해 조지훈 시의 미학적 원천에 근접하고자 한다. 이를 위해 조지훈 시의 청각성의 미학으로서 '소리의 배음'과 '적막의 여운'을 추출하고 존재성의 미학으로서 '밤의 아우라'와 '승화의 거점'을 추출한 후, 이 두 가지 미학이 결합되면서 상호 조응하는 양상을 통해 조지훈 시의 미학적 원천을 규명하려 한다. 그동안 선행 연구에서 조지훈 시의 미학은 주로 「고풍의상」·「승무」 등의 민족 정서에 대한 애착과 애수의 세계, 선미와 관조에 초점을 두는 서경시 등에 대한 탐구를 통해 시각적 형상화에 의한 색채·형태·풍경·율동 등의 묘사가 중심을 이루어 왔다. 이 글은 이러한 시각성의 미학을 표면적 미학으로 인정하면서도 심층적인 영역에서 원천으로 작용하여 표면적 미학을 생성시키는 동시에 그것과 혼융되는 특성을 '소리'가 '적막'과 결부되는 청각성의 미학에서 발견하고, 이를 토대로 조지훈 시의 첫 번째 미학적 원천을 '소리의 배음'과 '적막의 여운'이라는 개념으로 해명하고자 한다. 한편 그동안 선행 연구에서 조지훈 시의 미학은 핵심적인 상징들 중에서 '꽃'·'촛불'·'별' 등의 해석을 동반하며 진행되었는데, '밤'에 대해서는 주목하지 않거나 단순히 시간적 배경이나 어두운 현실이라는 통상적인 의미로 해석되어 왔다. 이 글은 이러한 해석 방식에 이의를 제기하면서, '밤'의 상징이 보다 심층적인 영역에서 미학적 원천을 이루면서 시각성의 미학 및 청각성의 미학뿐만 아니라 '세속적 욕망의 승화와 초월'을 가능케 하는 시적 주체의 존재론적 상황

15) 졸고, 「매체와 시적 시선—1960년대 시의 문화 인식」, 『서정시학』 41(2009 봄), 29-50쪽.

16) 졸고, 「조지훈 시의 청각적 이미지와 시 의식」, 127-158쪽.

이자 미학적 거점(據點)이라는 사실을 확인하고, 이를 토대로 조지훈 시의 두 번째 미학적 원천을 '밤의 아우라'와 '승화의 거점'이라는 개념으로 해명하고자 한다. 그리고 이 두 가지 특성이 결합되면서 상호 조응하는 양상을 통해 조지훈 시의 미학적 원천을 규명하고자 한다.

2. 청각성의 미학—소리의 배음(背音)과 적막의 여운

제1시집 『청록집』(1946)에 수록된 「봉황수」는 조지훈이 『문장』의 추천을 받을 무렵 민족 전통에 대한 애착과 애수의 세계를 보여주는 동시에, 나라 잃은 슬픔을 장엄한 어조로 진술한다는 점에서 지사적 풍모가 잘 나타난다.

> 벌레 먹은 두리기둥 빛 낡은 丹靑 풍경소리 날러간 추녀 끝에는 산새도 비들기도 둥주리를 마구 쳤다. 큰 나라 섬기다 거미줄 친 玉座 위엔 如意珠 희롱하는 雙龍 대신에 두마리 봉황새를 틀어 올렸다. 어느땐들 봉황이 울었으랴만 푸르른 하늘 밑 甃石을 밟고 가는 나의 그림자. 佩玉 소리도 없었다. 品石 옆에서 正一品 從九品 어느 줄에도 나의 몸둘 곳은 바이 없었다. 눈물이 속된줄을 모를량이면 봉황새야 九天에 呼哭하리라.
>
> —「봉황수(鳳凰愁)」 전문(1939)[17]

이 시는 주제 의식의 측면에서 민족 전통에 대한 애착, 사라져가는 것에 대한 애수뿐만 아니라 나라 잃은 회한, 위정자의 사대주의에 대한 비판 등을 표현한다는 점에서, 조지훈의 등단작이면서도 시 세계 전체를 관통하는 전반적 특성을 함축하고 있다. 반면 이 시의 특이성은 시적 형태 및 어법의 측면에서 산문시 및 진술을 구사하는 점에서 발견된다. 조지훈이 『청록집』에 수록한 12편의 작품들 중 이 한 편만이 산문시 형태이고, 이후 시편들에서도 산문시가 간헐적으로 나타난다는 점에서, 조지훈의 시 세계에서 산문시가 가지는 위상을 점검할 필요가 있다. 제2시집

17) 조지훈, 『조지훈 전집 1—시』, 나남출판, 1996, 25쪽. 이하 이 글에서 다루는 조지훈의 시는 모두 이 책에서 인용하고, 괄호 안에 창작 연도를 표시한다.

인 『풀잎 단장』의 「풀밭에서」(1949)와 「절정」(1949), 제3시집인 『조지훈시선』의 「지옥기」(1952)와 「손」(1948) 등의 산문시들을 살펴보면, 공통적으로 추상적이고 관념적인 내용을 직설적인 진술로 표현하는 어법을 보여주는데, 그 방식은 대부분 의식과 무의식이 교차하는 내면적 흐름을 제시하고 있다. 조지훈의 시 세계에서 민족정서 및 선적 세계, 서경시, 서정시 등에서 자유시가 주류를 이루면서 산문시가 실험적으로 시도되는 것은, 시적 기법 및 어법의 측면에서 시각적 이미지를 통한 색채·형태·풍경·율동 등의 묘사가 중심을 이룬다는 사실과 연관될 수 있다. 요약하면, 시적 형태 및 어법의 측면에서 조지훈 시의 주류를 이루는 것은 자유시와 묘사인데, 이때 묘사는 시각적 이미지를 활용하여 회화적으로 형상화하는 기법을 동반한다. 인용한 시의 경우는 전반부의 장면 묘사가 후반부에서 화자의 내면 정서 표출로 이어지면서 시적 어법이 묘사에서 진술로 전이되는 과정을 보여준다.

그런데 이 시에서 색채·형태·장면 등의 시각적 묘사와 함께 청각적 이미지의 묘사가 중요한 비중을 차지한다는 점을 주목할 필요가 있다. '벌레 먹은 두리기둥 빛낡은 단청', '여의주 희롱하는 쌍용 대신에 두마리 봉황새', '푸르른 하늘 밑 추석을 밟고 가는 나의 그림자' 등의 시각적 이미지들은 민족적 전통 및 권위에 대한 애착과 그 상실에 대한 회한이라는 주제를 표현하는 효과적인 형상화 방식이지만, '풍경소리 날러간 추녀 끝'에서 '어느 땐들 봉황이 울었으랴만', '패옥 소리도 없었다' 등을 거쳐 "눈물이 속된줄을 모를량이면 봉황새야 구천에 호곡하리라"에 이르는 청각적 이미지들도 중요한 형상화 방식으로 제시된다. 시각적 이미지의 묘사가 전통이 상실되고 훼손된 흔적을 제시한다면, 청각적 이미지의 묘사는 그것에 대한 회한과 염원까지 제시하고 있다. 조지훈의 시에서 청각적 이미지의 묘사가 차지하는 중요성은 선행 연구들에서 간과되어 왔는데, 후기 시에 속하는 다음의 시를 통해 청각성의 미학에 대해 검토해 보기로 하자.

무르익은 果實이
가지에서 절로 떨어지듯이 종소리는
虛空에서 떨어진다. 떨어진 그 자리에서
종소리는 터져서 빛이 되고 향기가 되고
다시 엉기고 맴돌아

귓가에 가슴 속에 메아리치며 종소리는
웅 웅 웅 웅 웅 ……
三十三天을 날아오른다 아득한 것.
종소리 우에 꽃방석을
깔고 앉아 웃음짓는 사람아
죽은 者가 깨어서 말하는 時間
산 者는 죽음의 神秘에 젖은
이 텡하니 비인 새벽의
空間을
조용히 흔드는
종소리
너 향기로운
果實이여!

—「범종(梵鐘)」 전문(1964)[18]

제5시집 『여운』(1964)에 수록된 「범종」은 조지훈 시의 구조화 원리를 이루는 묘사적 기법을 선명하게 보여준다. 이 시는 초기 시의 「승무」와 함께 민족적 전통 및 선적 상상력을 보여주는 후기 시의 대표작으로 평가될 수 있다. 하강과 상승, 비움과 충만이 상호 교차되는 우주적 생성론의 차원, 혹은 유와 무를 통합하는 불교적 상상력의 차원을 소리와 빛과 향기로 가득 찬 시적 감각의 구도 속에 완벽하게 결합하고 있기 때문이다. 여기서 중요한 부분은 '범종'이 근본적으로 시각적 형태가 아니라 청각적 소리로서 인식되고 있다는 점이다. 작품의 전체적 구성은 네 개의 문장으로 이루어지는데, 각 문장의 주어가 공통적으로 '종소리'라는 점을 주목할 수 있다. 이 시의 기본적 구도는 '종소리'를 '과실'에 비유함으로써, 청각적 이미지('종소리')가 시각적 이미지('빛')와 후각적 이미지('향기')로 전이되는 변용의 과정으로 이루어진다. '과실'로 비유된 '종소리'의 하강과 상승, '죽은 자'와 '산 자', '깨어서 말하는 시간'과 '죽음의 신비'가 상호 교차되는 '텡하니 비인 새벽의/공간'은 조

18) 위의 책, 219쪽.

지훈 시 의식의 원형질을 함축하고 있으며, 우주적 생성론이라는 주제 의식이 감각과 사유의 조화 가운데 변증법적으로 통일되어 있다.

앞에서 분석한 두 편의 시, 즉 조지훈의 등단작인 「봉황수」(1939)와 마지막 시집 『여운』에 수록된 「범종」(1964) 사이에는 25년의 시간적 격차가 존재한다. 조지훈 시 세계의 거의 전체를 관통하는 여정 동안 큰 비중을 차지하는 미학적 방법론은 표면적 미학인 시각적 이미지의 묘사를 원천에서 뒷받침하면서 동시에 그것과 혼융되는 심층적 미학으로서 청각적 이미지의 묘사이며, 따라서 소리나 선율은 민족적 전통에 대한 애착과 그 상실로 인한 애수, 죽음과 탄생이 상충하면서 생성시키는 공허와 무한의 세계 등을 형상화하는 미학적 원천으로서 작용한다고 볼 수 있다. 이 가설을 검증하기 위해서 제2시집 『풀잎 단장』에 수록된 「앵음설법」(1941)과 제3시집 『조지훈 시선』에 수록된 「대금」(1947)을 차례로 살펴보기로 하자.

> 벽에 기대 한나절 조을다 깨면 열어제친 窓으로 흰구름 바라기가 무척 좋아라
>
> 老首座는 오늘도 바위에 앉아 두눈을 감은채로 念珠만 센다
>
> 스스로 寂滅하는 宇宙 가운데 몬지 앉은 經이야 펴기 싫어라
>
> 篆煙이 어리는 골 아지랑이 피노니 떨기남ㄱ에 우짖는 꾀꼬리 소리
>
> 이 골안 꾀꼬리 고운 사투린 梵唄소리처럼 琅琅하고나
>
> 벽에 기대 한나절 조을다 깨면 지나는 바람결에 속잎 피는 古木이 무척 좋아라

— 「앵음설법(鶯吟說法)」 전문(1941)[19]

이 시에서 수행승으로 보이는 화자는 '두눈을 감은채로 염주만' 세는 '노수좌'와는 달리, '흰구름'과 '바람결'과 '고목'으로 형상화되는 자연의 풍경을 완상(玩賞)한

---

19) 위의 책, 62쪽.

다. '고목'에 '속잎 피는' 모습, 즉 생명이 발현하는 자연 현상의 근원적 자리에는 '스스로 적멸하는 우주'가 존재한다. '적멸'은 일체의 번뇌에서 해탈한 불생불멸(不生不滅)의 높은 경지인 '열반(涅槃)'을 의미하므로, '적멸하는 우주'는 세속적 욕망의 고뇌와 갈등에서 벗어난 우주적 무한의 세계라고 볼 수 있다. 무(無)인 동시에 충만한 무한의 세계는 '흰구름'과 '바람'의 이동을 통해 근접할 수 있는 세계인데, 화자는 '속잎 피는 고목'을 통해 불완전하게나마 그 세계를 엿볼 수 있다. 이러한 인간적 노력과 한계가 '꾀꼬리 고운 사투린 범패소리처럼 낭낭'하다는 표현에서 중첩되어 형상화된다. '꾀꼬리 소리'와 '범패소리'는 공통적으로 세속적 욕망의 고뇌와 갈등을 정신적 승화를 통해 해소함으로써 우주적 생명의 근원에 근접하려는 노력 및 그 불완전성이라는 의미 맥락을 가지기 때문이다.[20] 특히 주목할 만한 부분은 주제의식을 형상화하는 방식이 표면적으로 '흰구름'과 '속잎 피는 고목'의 시각적 이미지로 형상화되지만, 더 핵심적인 위상을 차지하는 것은 '꾀꼬리 소리'와 '범패소리'라는 청각적 이미지라는 점과, 이 청각적 이미지를 '적멸하는 우주'의 '적막' 가운데 묘사함으로써 유현(幽玄)한 깊이를 배후에서 발생시킨다는 점이다.

어디서 오는가
그 맑은 소리

처음도 없고
끝도 없는데

샘물이 꽃잎에
어리우듯이,

촛불이 바람에
흔들리누나

---

20) 졸고, 「조지훈 시의 청각적 이미지와 시 의식」, 137-138쪽 참고.

永遠은 귀로 듣고
刹那는 눈 앞에 진다

雲霄에 문득
기러기 울음

사랑도 없고
悔恨도 없는데

無始에서 비롯하여
虛無에로 스러지는

울리어 오라
이 슬픈 소리

—「대금(大笒)」 전문(1947)[21]

이 시는 그동안 선행 연구들에서 분석 대상이 되지 못했지만, 조지훈 시의 핵심적인 주제와 그것을 형상화하는 미학적 방식이 결부되어 나타난다는 점에서 주목할 만하다. 화자는 '어디서 오는'지 알 수 없고 '처음도' '끝도 없는' '맑은 소리'를 들으며 '촛불이 바람에/흔들리'는 모습을 본다. '대금' 소리의 청각적 이미지와 '촛불'의 시각적 이미지가 조응하는 양상인데, "영원은 귀로 듣고/찰나는 눈 앞에 진다"라는 문장이 조지훈 시의 주제 의식과 그 형상화 방식을 동시에 응축한다. 조지훈의 시 세계에서 '찰나'는 삶의 충동과 세속적 욕망이 교차하는 현실적 고뇌 및 유한의 세계와 연관되고, '영원'은 정신적 정화와 승화를 통해 지향하는 형이상학적 무한의 세계와 연관된다. 따라서 시인이 현실에서 경험하는 고뇌 및 유한의 세계는 시각적 이미지로 형상화되면서 '눈 앞에' 지듯이 하강의 속성을 가지며 변전되는 반면, 정신적 승화를 통해 지향하는 무한의 세계는 청각적 이미지로 형상화되면서

21) 조지훈, 앞의 책, 118-119쪽.

'귀로 들'듯이 상승의 속성을 가지며 보존된다. '귀로' '듣고'가 아니라 '들고'라고 표현하는 부분은 시 의식 및 표현의 특이성을 노출하면서 '대금' 소리의 청각적 이미지가 '영원'으로 표현되는 우주적 무한의 세계로 상승하는 지향성을 가짐을 확인시킨다. '들고'는 '진다'와 대구를 형성하면서 상승과 하강의 대비적 구도를 형성하기 때문이다.

여기서 중요한 부분은 조지훈 시의 미학적 원천을 이루는 청각적 이미지가 '고요'나 '침묵'에 가까운 '배음'으로 형상화되면서 '적막의 여운'을 형성한다는 점이다. 시의 전반부에서 '대금' 소리는 '어디서 오는'지 알 수 없고 '처음도' '끝도 없는' '맑은 소리'라는 점에서 '배음'으로 형상화되는데, 이로 인해 '샘물이 꽃잎에/어리우듯이' '촛불이 바람에/흔들리'는 여운의 미학이 형성된다. '소리의 배음'과 '적막의 여운'은 조지훈 시의 심층적 영역에서 미학적 원천을 이루어 시각적 이미지의 묘사라는 표면적 미학을 생성시키는 동시에 전통에 대한 애착과 애수를 동반하면서 우주적 무한의 세계에 대한 염원과 회한을 형상화한다. 시의 후반부에 등장하는 '기러기 울음'이라는 청각적 이미지도 '무시(無始)에서 비롯하여/허무에로 스러지는' 세계, 즉 무인 동시에 충만한 무한의 세계로 진입하는 '슬픈 소리'로 형상화되고 있다. 이 점에 주목하여 앞에서 인용한 시들을 재음미하면, 「봉황수」에서 '풍경소리', '봉황'의 '울'음, '패옥 소리' 등의 청각적 이미지는 침묵의 방식으로 묘사되고, 「범종」에서 '종소리'는 '아득한 것', '텡하니 비인 새벽의/공간을/조용히 흔드는' 것으로 묘사되며, 「앵음설법」에서 '범패소리처럼 낭랑한' '꾀꼬리 소리'는 시 전체를 지배하는 '적멸하는 우주'의 적막 속에서 묘사되고 있음을 확인할 수 있다.

3. 존재성의 미학 — 밤의 아우라와 승화의 거점

제1시집 『청록집』(1946)에 수록된 「완화삼」은 조지훈 시의 전체적 의미 구조를 응축하고 있으며, 시적 깊이와 밀도뿐만 아니라 형상화의 수준 및 구성적 완결성의 측면에서도 높이 평가할 수 있는 작품이다.

차운 산 바위 우에
하늘은 멀어
산새가 구슬피
우름 운다

구름 흘러가는
물길은 七百里

나그네 긴 소매
꽃잎에 젖어
술 익는 강마을의
저녁 노을이여

이 밤 자면 저 마을에
꽃은 지리라

다정하고 한 많음도
병인양하여
달빛 아래 고요히
흔들리며 가노니……

—「완화삼(玩花衫)—목월(木月)에게」 전문(1942)[22]

이 시의 1연에는 전체적 배경으로서 '산 바위'(지상)와 '하늘'(천상)의 이원적 구도가 제시되고, 그 사이에 '우름' 우는 '산새'(생명)가 등장한다. '구슬피/우름' 우는 '산새'는 극복할 수 없는 이원적 간극으로 인해 슬픔에 빠지는 존재를 표상한다. 1연이 지상과 천상의 거리를 보여주는 수직적 구도를 가진다면, 2연은 천상의 '구름'과 지상의 '물길'이 나란히 흘러가는 수평적 구도를 가진다. 3연에는 '나그네'와 더

22) 위의 책, 34쪽.

불어 '꽃잎'과 '저녁 노을'이 등장한다. '꽃잎'은 조지훈 시의 핵심적 상징들 중 하나로서 생명의 잠재성이 현실화된 모습을 표상하는데, 따라서 '산새'와 '나그네'로 표상되는 시적 주체가 고뇌와 슬픔에 찬 유랑에서 환희와 위안을 얻을 수 있는 대상이다.[23)]

이 시에서 중요한 부분은 '산새'의 '우름'이 드러내는 청각적 이미지가 '꽃잎', '저녁 노을', '달빛' 등이 형성하는 시각적 이미지를 배후에서 뒷받침하는 미학적 원천이 된다는 점과, '밤'이 내포하는 정체 및 의미이다. '저녁 노을'은 일견 '꽃잎'의 절정이자 최후라고 해석할 수 있다. 생명이 자신의 잠재력을 최대한 발휘하는 순간은 절정의 순간이자 죽음에 직면하는 순간이기 때문이다. 그런데 화자는 왜 "이 밤 자면 저 마을에/꽃은 지리"라고 예감하는 것일까? '밤' 동안 생명의 잠재성이 현실화된 '꽃잎'이 피어있는 상태가 유지되다가 아침에 진다면, '밤'이 어떤 상황을 의미하는지 확인할 필요가 있다.

누구가 부르는듯
고요한 밤이 있습니다.

내 영혼의 둘렛가에
보슬비 소리 없이 나리는
밤이 있습니다.

여윈 다섯 손가락을
촛불 아래 가즈런히 펴고

紫檀香 연기에 얼굴을 부비며
울지도 못하는 밤이 있습니다.

하늘에 살아도

---

23) 졸고, 「조지훈 시의 청각적 이미지와 시 의식」, 132-133쪽 참고.

우러러 받드는 하늘은 있어
구름 밖에 구름 밖에 높이 나는 새
창턱에 고인 흰빰을
바람이 만져 주는
밤이 있습니다.

—「밤」 전문(1942)[24)]

이 시에서 '밤'은 '고요'하고 '보슬비'도 '소리 없이' 내린다. '밤'의 '고요'는 일견 고독과 슬픔의 세계를 형상화하는 듯하지만, 화자가 '영혼의 둘렛가'에서 무한의 경지를 대면하거나 엿볼 수 있는 존재론적 상황을 의미한다고 해석할 수 있다. '촛불'과 '자단향(紫檀香) 연기'가 '우러러 받드는 하늘', 즉 궁극적 무한의 세계를 염원하는 화자의 태도를 암시한다면, '울지도 못하는' 것은 현세적 갈등과 고뇌를 정화하고 무한의 세계로 진입하는 것이 고통스럽고 지난한 일이라는 사실을 말해준다. 5연에서 '하늘에 살아도/우러러 받드는 하늘'이 "있어" '구름 밖'으로 '높이' 나는 '새'는, 화자의 또 다른 자아로서 '나그네'의 한계를 넘어 무한의 세계에 근접하는 존재라고 간주할 수 있다. 6연의 '바람'은 '구름 밖'으로 날지 못하는 화자의 '창턱에 고인 흰빰'을 위로함으로써 화자와 '새' 사이의 간극을 연결시키는 이미지라고 볼 수 있다.[25)]

「완화삼」에서 '달빛 아래 고요히/흔들리며 가'는 화자와 함께 '꽃잎'의 개화가 유지되는 '밤', 「밤」에서 '구름 밖에 높이 나는 새'와 함께 '촛불'이 존재하는 '밤' 등을 통해 '밤'의 속성을 유추할 수 있다. 두 작품에 등장하는 '꽃'과 '촛불'은 세속적 고뇌와 갈등을 정화하고 승화시켜 정신적 무한의 세계로 진입하려는 상승적 지향성인데, '밤'은 이 지향성을 성립시키는 시적 주체의 존재론적 상황이자 미학적 거점을 의미한다고 볼 수 있다. 조지훈 시에 나타나는 '밤'의 정체와 의미에 근접하기 위해 다음의 작품을 살펴보기로 하자.

---

24) 조지훈, 앞의 책, 51쪽.
25) 졸고, 「조지훈 시의 청각적 이미지와 시 의식」, 152쪽 참고.

꽃이 지기로소니
바람을 탓하랴

주렴 밖에 성긴 별이
하나 둘 스러지고

귀촉도 울음 뒤에
머언 산이 닥아서다.

촛불을 꺼야하리
꽃이 지는데

꽃 지는 그림자
뜰에 어리어

하이얀 미닫이가
우련 붉어라.

묻혀서 사는 이의
고운 마음을

아는 이 있을까
저허하노니

꽃이 지는 아침은
울고 싶어라.

—「낙화(洛花)」 전문(1943)[26]

---

26) 조지훈, 앞의 책, 28-29쪽.

지금까지 이 시에 대해 많은 분석 및 해석이 행해졌는데, 이 글은 '밤'과 '아침'의 대립적 구도를 중심으로 새로운 해석을 시도해 보고자 한다. 1연의 '꽃', 2연의 '별', 4연의 '촛불' 등은 상호 친연성을 가지는 이미지 계열을 이룬다. '별'이 우주적 무한의 세계와 연결되는 통로를 상징한다면, '꽃'은 생명의 잠재성이 현실화된 존재를 상징하고, '촛불'은 존재가 무한의 세계에 근접하기 위해 시도하는 인간적 정화와 승화를 상징한다고 해석할 수 있다. 따라서 '꽃이 지'고 '별'이 스러지며 '촛불'을 끄는 것은 무한의 세계로 진입하는 연결고리가 끊어지고 소멸되는 현상인데, '바람을 탓'할 수 없는 이유는 '바람'으로 인해 '꽃이 지'는 것이 아니기 때문이다.[27] 이 시에서 '꽃이 지'는 원인은 '아침'의 도래와 관련성이 깊다고 볼 수 있다. 1연의 '꽃이 지'고 2연의 '별'이 '스러지'며 3연의 '촛불'을 '꺼야하는' 것은 9연의 '꽃이 지는 아침'에서 보이듯, 모두 '아침'이 오는 상황과 밀접히 연관된다. '별', '촛불' 등과 친연성을 가지는 '꽃'은 '아침'이 오기 때문에 지는데, 이때 발생하는 것이 3연의 '귀촉도 울음'과 9연의 화자의 '울고 싶'은 마음이다.

여기서 중요한 부분은 '묻혀서 사는 이의/고운 마음'의 의미와 위상이다. 무한한 생명의 근원과 연결되는 통로인 '별'과 그것에 근접하기 위한 존재의 정신적 승화로서 '꽃' 및 '촛불'은 모두 '밤'의 세계에서 존재한다. 따라서 '밤'은 단순히 시간적 배경이나 어두운 현실이라는 통상적 의미가 아니라, 무한의 세계를 추구하는 '묻혀서 사는 이'의 거처로서 존재론적 상황을 의미하는 것이다. 즉 '묻혀서 사는 이의/고운 마음'은 '아침'이 오면 소멸하는 '밤'의 세계이고, '꽃'과 '촛불'이 '별'의 통로를 통해 무한의 세계를 염원하는 화자의 내면 공간이다. 8연의 "아는 이 있을까/저허하"는 화자의 두려움은 무한으로 연결되는 이 '밤'의 세계가 화자 내면에 존재하는 은밀한 심층의 세계임을 암시한다. 그렇다면 앞에서 분석한 「완화삼」의 '밤', 「밤」의 '고요한 밤'뿐만 아니라 「대금」에서 '촛불'이 등장하는 '밤'도 이와 유사한 주체의 존재론적 상황으로서, 슬픔과 고뇌의 세계에서 우주적 무한의 세계로 비약

---

27) 「앵음설법」의 '바람'("지나는 바람결에 속잎 피는 고목"), 「대금」의 '바람'("샘물이 꽃잎에/어리우듯이,//촛불이 바람에/흔들리누나"), 「밤」의 '바람'("창턱에 고인 흰빰을/바람이 만져 주는") 등을 참고하면, '바람'은 근원적 생명과 무한의 세계에 근접하는 동력을 제공하기도 하고, 그 정화와 승화의 지향성이 좌절될 때 위안을 주는 모습으로 나타나기도 한다.

적으로 진입하는 정화 및 승화의 미학적 거점(據點)을 형성한다고 볼 수 있다.[28] 결국 '밤의 아우라'는 우주적 무한의 세계를 추구하는 주체의 존재론적 상황이자 '승화의 거점'이 되면서 조지훈 시의 미학을 배후에서 뒷받침하는 원천을 이루는 것이다.

4. 청각성과 존재성의 결합 — '적막 속 소리'와 '밤을 통한 승화'의 상호 조응

조지훈의 시에서 청각성의 미학은 '소리의 배음'과 '적막의 여운'을 중심으로 표면적 미학인 시각성의 미학을 생성시키는 동시에 그것과 혼융되면서 전통에 대한 애착과 애수, 무한의 세계에 대한 염원과 회한 등을 형상화한다. 그리고 존재성의 미학은 '승화의 거점'인 '밤의 아우라'를 중심으로 무한의 세계를 추구하는 주체의 존재론적 상황으로 형상화된다. 이 두 가지 심층적 미학 즉 '적막 속 소리'와 '밤을 통한 승화'가 결합되어 상호 조응함으로써 조지훈 시의 미학적 원천을 이룬다.

하늘로 날을듯이 길게 뽑은 부연끝 풍경이 운다
처마끝 곱게 늘이운 주렴에 半月이 숨어
아른 아른 봄밤이 두견이 소리처럼 깊어가는 밤
곱아라 고아라 진정 아름다운지고
파르란 구슬빛 바탕에 자주빛 호장을 받친 호장저고리
호장저고리 하얀 동정이 환하니 밝도소이다
살살이 퍼져나린 곧은 선이 스스로 돌아 曲線을 이루는 곳
열두폭 기인 치마가 사르르 물결을 친다
초마 끝에 곱게 감춘 雲鞋 唐鞋
발자취 소리도 없이 대청을 건너 살며시 문을 열고
그대는 어느 나라의 古典을 말하는 한마리 蝴蝶
蝴蝶인양 사푸시 춤을 추라 蛾眉를 숙이고……

---

28) 졸고, 「조지훈 시의 청각적 이미지와 시 의식」, 142쪽 참고.

나는 이밤에 옛날에 살아 눈 감고 거문곳줄 골라보리니
가는 버들인양 가락에 맞추어 흰손을 흔들어지이다

— 「고풍의상(古風衣裳)」 전문(1939)[29]

시적 화자는 일차적으로 중심 제재인 '호장저고리'의 색채와 '선' 등 외관을 묘사하면서 '춤'의 율동을 권유한다. 기(1-3행)-승(4-8행)-전(9-12행)-결(13-14행)의 구성 속에서 '승'과 '전'에 해당하는 부분이 '고풍의상'의 외관에 대한 시각적 묘사와 춤에 대한 권유를 표현하는 부분이다. 여기서 주목할 부분은 '기'와 '결'에 제시된 일련의 청각적 이미지의 특성이다. "풍경이 운다", '두견이 소리' 등의 자연의 소리(기)와 '거문곳줄', '가락에 맞추어' 등의 악기의 선율(결)은 의상에 대한 시각적 묘사(승)와 춤에 대한 권유(전)를 발생시키는 미학적 원천인 동시에, 이러한 풍경 및 율동과 분리되지 않고 혼융되어 조지훈 시의 미학적 구조를 완성시키는 중요한 요소로 작용한다.[30] 의상의 외관과 춤의 율동에 대한 시각적 묘사를 배후에서 뒷받침하는 미학적 원천인 소리와 선율은 '아른 아른 봄밤이 두견이 소리처럼 깊어가는 밤'에서 보이듯, '적막의 여운'과 결부되어 현묘(玄妙)한 아우라를 생성시킨다. 그래서 '거문곳줄'의 '가락'은 '두견이 소리'와 더불어 유한한 현세적 고뇌와 갈등을 통과하여 무한한 생명의 근원을 추구하는 예술적 노력으로 형상화된다.

또 하나 주목할 부분은 이러한 '소리의 배음'과 '적막의 여운'이 '밤'이라는 시적 주체의 존재론적 상황이자 정화 및 승화의 거점과 긴밀히 결합하여 상호 조응하면서 형상화된다는 점이다. '고풍의상'의 화려한 색채와 우아한 율동에 대한 묘사는 '반월'의 조명에 의해 '곱'고 '아름다'움, '환하'고 '밝'음 등이 현상되지만, '나'가 "이밤에 옛날에 살아 눈 감고 거문곳줄 골라"보는 모습을 통해 '밤'이 현실의 고뇌를 예술적으로 정화하는 존재론적 상황이자 승화의 거점이 됨을 확인할 수 있다. 결국 「고풍의상」은 표면적 미학인 외관과 율동에 대한 시각적 묘사뿐만 아니라 그것을 배후에서 생성시키는 청각성의 미학인 '소리의 배음'과 '적막의 여운'을 형상화하고, 여기에 시적 주체의 존재론적 상황이자 '승화의 거점'인 '밤의 아우라'까지

29) 조지훈, 앞의 책, 26쪽.
30) 졸고, 「조지훈 시의 청각적 이미지와 시 의식」, 148쪽 참고.

형상화한다는 점에서, 조지훈 시의 세 가지 미학이 종합된 작품이라고 볼 수 있다. 「고풍의상」뿐만 아니라 대부분의 연구자와 독자들이 조지훈의 대표작으로 간주하는 「승무」·「낙화」 등의 시를 음미하면 이 세 가지 미학적 특성을 종합하는 공통점을 가지는데, 이 글은 이러한 관점에서 조지훈 시의 미학적 원천을 새롭게 규명하려는 목적을 가지고 진행된다. 「승무」를 고찰하기 전에 '적막 속 소리'와 '밤을 통한 승화'가 긴밀히 조응하면서 형상화되는 다음의 작품을 살펴보기로 하자.

다락에 올라서
피리를 불면

萬里 구름ㅅ길에
鶴이 운다

이슬에 함초롬
젖은 풀ㅅ잎

달빛도 푸른채로
산을 넘는데

물우에 바람이
흐르듯이

내 가슴에 넘치는
차고 흰 구름.

다락에 기대어
피리를 불면

꽃비 꽃바람이

눈물에 어리어

바라뵈는 紫雲山
열두 봉우리

싸리나무 새순 뜯는
사슴도 운다.

—「피리를 불면」 전문(1946)[31]

이 시의 기본 구도는 화자가 '피리를 불면' '학이' 울고 '사슴도' 우는 장면으로 이루어진다. 화자가 부는 '피리' 소리에 '학'과 '사슴'이 '울음'으로 화답하는 것이다. 화자의 '피리' 소리는 '만리 구름ㅅ길'을 따라가는 '나그네'의 유랑의식이 지닌 내면적 슬픔과 그 정화를 표현하므로, 이것에 호응하는 '학'과 '사슴'의 '울음'도 설움과 그 정화의 차원을 내포한다고 볼 수 있다. '꽃비 꽃바람'은 '꽃'이 지는 장면을 '비' 및 '바람'의 이미지와 결부시키는데, '꽃'이 지는 것은 생명의 본질이자 절정이 추락하고 쇠락하는 비극적 상황을 암시한다. 따라서 화자가 '눈물에 어리어' '바라뵈는 자운산'은 신비로운 자연의 세계를 암시하는 동시에, '만리 구름ㅅ길'과 등가적인 의미 맥락을 가지는 나그네의 유랑 과정을 의미하기도 한다.[32] 이 시는 악기의 선율에 자연의 소리가 호응하면서 조지훈 시의 미학적 원천인 '소리의 배음'과 '적막의 여운'이 전경화되는 양상을 보여준다. '푸른' '달빛', '흰 구름', '자운산' 등의 색채 감각 및 '꽃비 꽃바람'의 시각적 형상화와 조화를 이루는 '적막 속의 소리'의 세계는 '달빛'에 의해 노출된 '밤의 아우라'에 의해 감싸이면서 시적 주체의 존재론적 상황이자 '승화의 거점'을 배후에서 형성한다.

風流 가얏고에 이는 꿈이 가이 없다 열두줄 다 끊어도 울리고 말 이 心思라.

31) 조지훈, 앞의 책, 30-31쪽.
32) 졸고, 「조지훈 시의 청각적 이미지와 시 의식」, 146-147쪽 참고.

줄줄이 고로 눌러 맺힌 시름 풀이랐다 머리를 끄덕이고 손을 잠간 슬적들어

뜽 뜽 뜽 두두 뜽뜽 흥흥 응 두두 뜽 뜽 調格을 다 잊으니 손 끝에 피맺힌다.

구름은 왜 안가고 달빛은 무삼일 저리 흰고 높아가는 물소리에 靑山이 무너진다.

— 「가야금(伽倻琴)」 부분(1947)[33]

'풍류 가얏고'라는 표현은 '가야금' 연주가 '풍류'와 깊은 관련이 있음을 알려준다. '풍류'는 '꿈'과도 연결되는데, 여기서 '꿈'은 무엇을 의미하는 것일까? '열두줄 다 끊어도 울리고 말 이 심사'는 '줄줄이 고로 눌러 맺힌 시름'과 함께 화자의 심정이 설움과 정한(情恨)으로 가득차 있음을 암시한다. 이 '심사'와 '시름'을 풀어주는 것이 '가야금' 연주이므로, '꿈'은 설움과 정한을 정화시켜 도달하는 궁극적 무한에 대한 갈망이라고 해석할 수 있을 것이다. 이 시도 '가야금'을 연주하는 동작 묘사와 음향 묘사를 결부시켜 형상화하는데, 이 둘의 융합이 음악적 규칙을 뜻하는 '조격(調格)'이라는 시어로써 표현되고 있다. '조격을 다 잊'고 '손 끝에 피 맺'힐 정도로 연주에 몰입하는 태도는, 현세적 고뇌와 갈등을 정화하고 승화하여 정신적 무한의 세계로 진입하려는 의지를 보여준다.[34] 악기를 연주하는 동작 묘사는 '흰' '달빛'의 색채 이미지와 결부되고, 음향 묘사는 '물소리'의 '배음'과 결부되어 '적막의 여운'을 조성하는 동시에 '달빛'으로 암시되는 '밤의 아우라'에 의해 감싸이면서 복합적인 미학을 형성한다. '밤의 아우라'는 작품의 배후에서 미학적 원천으로 작용하는 '소리의 배음'과 '적막의 여운'이 악기를 연주하는 동작 및 색채를 묘사하는 시각성의 미학을 파생시키면서 융합되는 과정에서 무한의 세계로 상승하려는 '승화의 거점'으로 작용한다.

얇은 紗 하이얀 고깔은 고이 접어서 나빌네라

33) 조지훈, 앞의 책, 73쪽.

34) 졸고, 「조지훈 시의 청각적 이미지와 시 의식」, 145쪽.

파르라니 깎은 머리 薄紗 고깔에 감추오고
두볼에 흐르는 빛이 정작으로 고와서 서러워라

빈 臺에 黃燭불이 말 없이 녹는 밤에
오동잎 잎새마다 달이 지는데

소매는 길어서 하늘은 넓고
돌아설듯 날아가며 사뿐이 접어올린 외씨보선이여

까만 눈동자 살포시 들어
먼 하늘 한개 별빛에 모도우고

복사꽃 고운 뺨에 아롱질듯 두 방울이야
세사에 시달려도 煩惱는 별빛이라

휘여져 감기우고 다시 접어 뻗는 손이
깊은 마음 속 거룩한 合掌인양 하고

이밤사 귀또리도 지새우는 三更인데
얇은 紗 하이얀 고깔은 고이 접어서 나빌네라

—「승무(僧舞)」 전문(1939)[35]

선행 연구들은 이 시를 고찰할 때 주로 시각적 이미지에 초점을 맞추고, 시작 기법에 대한 분석도 풍경이나 율동의 묘사에 치중하고 있다. 시각적 이미지를 중심으로 형상화되는 회화적 기법은 주로 '하이얀'과 '파르라니'의 대비적 색채, '나비'와 '박사'와 '외씨보선'의 형태적 이미지, '두볼에 흐르는 빛'과 '황촉불'이 '까만 눈동자'와 '별빛'의 대칭적 구도로 전개되는 '빛'의 이미지 등을 중심으로 전개되면서

35) 조지훈, 앞의 책, 40쪽.

시의 전면에 등장한다. 그런데 이처럼 시각성의 미학을 토대로 형성되는 표면적 미학의 원천을 이루는 것은 '빈 대에 황촉불이 말 없이 녹는'의 '적막'과 '귀또리도 지새우는 삼경'의 '귀또리' '울음소리'가 결합되는 청각적 이미지의 유현한 세계이다. '적막의 여운' 속에서 울리는 '소리의 배음'인 '귀또리' '소리'는 대비와 조화의 이중적 구도를 이루면서 슬픔과 정화가 길항하는 신비로운 '밤의 아우라'를 형성한다. 이 아우라는 현세의 '번뇌'와 '먼하늘 별빛' 사이의 간극을 더 아득하게 하는 동시에, 이 간극을 견디고 극복하게 하는 어떤 유현한 깊이를 발생시킨다.

따라서 이 시에서 '적막'과 '귀또리' '소리'는 '빛'의 시각적 이미지들에 비해 부수적인 이미지인 듯하지만, 사실은 '빛'의 이미지들과 그것이 함축하는 정신적 지향성을 근저에서 생성시키는 발생적 원천이라고 볼 수 있다. '세속적 번뇌'와 그 정화와 승화로서 '별빛에의 지향'이라는 중심 주제는 '적막'의 시공간 속에 개입하는 유일한 청각적 이미지인 '귀또리' '울음소리'를 통해 그 현묘(玄妙)한 깊이를 획득하는 것이다.[36] 이 시는 표면적 미학인 풍경이나 율동에 대한 시각적 묘사뿐만 아니라 그것을 배후에서 뒷받침하는 청각성의 미학인 '소리의 배음'과 '적막의 여운'을 형상화하고, 여기에 시적 주체의 존재론적 상황이자 '승화의 거점'인 '밤의 아우라'까지 형상화한다는 점에서, 조지훈 시의 세 가지 미학이 종합된 작품이라고 볼 수 있다. 결국 조지훈 시의 미학은 색채·형태·풍경·율동 등의 묘사에 근거하는 표면적 미학인 시각성의 미학, 이것을 배후에서 뒷받침하는 두 가지 미학적 원천인 소리와 적막이 결합된 '적막 속 소리'라는 청각성의 미학, 주체의 존재론적 상황이자 지향인 '밤을 통한 승화'라는 존재성의 미학 등의 세 가지 미학이 유기적으로 종합된 결정체라고 간주할 수 있을 것이다.

5. 결론

이 글은 조지훈의 시 세계를 선행 연구들이 주로 제시한 시각성의 미학을 보완하기 위해 청각성의 미학과 존재성의 미학이라는 두 가지 층위에서 고찰하고, 이 둘

36) 졸고, 「조지훈 시의 청각적 이미지와 시 의식」, 153-154쪽 참고.

이 결합되면서 상호 조응하는 양상을 통해 조지훈 시의 미학적 원천에 근접하고자 했다. 이를 위해 조지훈 시의 청각성의 미학으로서 '소리의 배음'과 '적막의 여운'을 추출하고 존재성의 미학으로서 '밤의 아우라'와 '승화의 거점'을 추출한 후, 이 두 가지 미학이 결합되면서 상호 조응하는 양상을 통해 조지훈 시의 미학적 원천을 규명하려 했다. 이 글은 조지훈의 시에서 색채·형태·풍경·율동 등의 묘사에 근거하는 시각성의 미학을 표면적 미학으로 인정하면서도, 이것을 생성시키는 동시에 그것과 혼융되는 청각성의 미학을 '소리'가 '적막'과 결부되는 양상으로 해명하고, '밤'의 상징이 보다 심층적인 영역에서 시각적 이미지 및 청각적 이미지의 묘사뿐만 아니라 '세속적 욕망의 승화와 초월'을 가능케 하는 시적 주체의 존재론적 상황이자 미학적 거점이라는 사실을 확인하고 이를 토대로 존재성의 미학을 해명했다.

조지훈의 시에서 청각성의 미학은 '소리의 배음'과 '적막의 여운'을 중심으로 표면적 미학인 시각성의 미학을 생성시키는 동시에 그것과 혼융되면서 전통에 대한 애착과 애수, 무한의 세계에 대한 염원과 회한 등을 형상화한다. 그리고 존재성의 미학은 '승화의 거점'인 '밤의 아우라'를 중심으로 무한의 세계를 추구하는 주체의 존재론적 상황을 형상화한다. 이 두 가지 심층적 미학 즉 '적막 속 소리'와 '밤을 통한 승화'가 결합되어 상호 조응함으로써 조지훈 시의 미학적 원천을 이룬다. 「고풍의상」은 표면적 미학인 외관과 율동에 대한 시각적 묘사뿐만 아니라 그것을 배후에서 생성시키는 청각성의 미학인 '소리의 배음'과 '적막의 여운'을 형상화하고, 여기에 시적 주체의 존재론적 상황이자 '승화의 거점'인 '밤의 아우라'까지 형상화한다는 점에서, 조지훈 시의 세 가지 미학이 종합된 작품이라고 볼 수 있다. 「고풍의상」뿐만 아니라 대부분의 연구자와 독자들이 조지훈의 대표작으로 간주하는, 「승무」·「낙화」 등의 시를 음미하면 이 세 가지 미학적 특성을 종합하는 공통점을 가지는데, 이 글은 이러한 관점에서 조지훈 시의 미학적 원천을 새롭게 규명하려는 목적을 가지고 진행되었다.

「승무」에서 '적막'과 '귀또리' '소리'는 '빛'의 시각적 이미지들에 비해 부수적인 이미지인 듯하지만, 사실은 '빛'의 이미지들과 그것이 함축하는 정신적 지향성을 근저에서 생성시키는 발생적 원천이라고 볼 수 있다. '세속적 번뇌'와 그 정화와 승화로서 '별빛에의 지향'이라는 중심 주제는 '적막'의 시공간 속에 개입하는 유일한 청각적 이미지인 '귀또리' '울음소리'를 통해 그 현묘한 깊이를 획득하는 것이다. 이 시는 표면적 미학인 풍경이나 율동에 대한 시각적 묘사뿐만 아니라 그것을 배후에서 뒷받침하는 청각성의 미학인 '소리의 배음'과 '적막의 여운'을 형상화하고, 여기에 시적 주체의 존재론적 상황이자 '승화의 거점'인 '밤의 아우라'까지 형상화한다는 점에서, 조지훈 시의 세 가지 미학이 종합된 작품이라고 볼 수 있다. 결국 조지훈 시의 미학은 색채·형태·풍경·율동 등의 묘사에 근거하는 표면적 미학인 시각성의 미학, 이것을 배후에서 뒷받침하는 두 가지 미학적 원천인 소리와 적막이 결합된 '적막 속 소리'라는 청각성의 미학, 주체의 존재론적 상황이자 지향인 '밤을 통한 승화'라는 존재성의 미학 등의 세 가지 미학이 유기적으로 종합된 결정체라고 간주할 수 있을 것이다.

참고문헌

조지훈. 『조지훈 전집 1—시』. 나남출판, 1996.

고형진. 「조지훈의 「완화삼」과 박목월의 「나그네」의 상호텍스트성 연구」. 『한국문예비평연구』 제42집(한국현대문예비평학회, 2013), 133-160쪽.

김기중. 「지훈 시의 이미지와 상상적 구조」. 『민족문화연구』 제22호(고려대 민족문화연구소, 1989), 23-54쪽.

______. 「청록파 시의 대비 연구」. 고려대 박사학위논문, 1990.

김동리. 「자연의 발견」. 『문학과 인간』. 1952.

김문주. 「조지훈의 '서경시'에 함축된 시적 전통의 성격」. 『한국문학이론과 비평』 제35집(한국문학이론과비평학회, 2007), 9-29쪽.

김명인. 「지훈시의 초기 시고(考)」. 『경기어문학』 제7집(경기대 국어국문학회, 1986), 203-229쪽.

김옥성. 「조지훈의 생태시학과 자아실현」. 『한국문학이론과비평』 제37집(한국문학이론과비평학회, 2007), 199-224쪽.

김윤식. 「심정의 폐쇄와 확산의 파탄」. 『한국현대작가논고』. 일지사, 1974.

______. 「심정의 폐쇄와 확산의 파탄」. 『조지훈 연구』. 고려대학교출판부, 1978.

김인환. 「조지훈론」. 『다른 미래를 위하여』. 문학과지성사, 2003.

김종길. 「지훈 시의 계보」. 『조지훈 연구』. 고려대학교출판부, 1978.

김종훈. 「「승무」의 판본 비교와 조지훈의 미적 지향점」. 『한국문학이론과비평』 제60호(한국문학이론과비평학회, 2013), 367-386쪽.

김흥규. 「조지훈의 초기작 「지옥기」 시편에 대하여」. 『한국현대시사연구』. 일지사, 1983.

박남희. 「조지훈 시의 유기체적 상상력 연구」. 『한국문예비평연구』 제24집(한국현대문예비평학회, 2007), 5-28쪽.

박노준. 「사라진 것에 대한 향가와 조지훈 시의 정서」. 『향가여요종횡론』. 보고사, 2014.

박호영.「조지훈 문학 연구」. 서울대 박사학위논문, 1988.

서익환.「조지훈 시 연구」. 한양대 박사학위논문, 1989.

서준섭.「불교적 소재의 시적 변용과 그 의미」. 정한모·김재홍 편.『한국대표시평설』. 문학세계사, 1983.

서철원.「조지훈 시의 헤테로토피아 양상 연구」.『비평문학』 제70호(한국비평문학회, 2020), 125-155쪽.

송기한.「조지훈 시의 유랑 의식 연구」.『한중인문학연구』 제23집(한중인문학회, 2008), 19-39쪽.

송재영.「조지훈론」.『조지훈 연구』. 고려대학교출판부, 1978.

엄성원.「조지훈의 초기 시 연구」.『한국문학이론과비평』 제35집(한국문학이론과비평학회, 2007), 59-83쪽.

오세영.「지훈 시의 문학사적 위치」.『민족문화연구』 제22호(고려대 민족문화연구소, 1989), 23-54쪽.

오탁번.「지훈 시의 의미와 이해」.『현대문학산고』. 고려대학교출판부, 1976.

오형엽.「조지훈 시의 청각적 이미지와 시 의식」.『한국언어문화』 제40집(한국언어문화학회, 2009), 127-158쪽.

______.「매체와 시적 시선—1960년대 시의 문화 인식」.『서정시학』 41(2009년 봄), 29-50쪽.

이승원.「조지훈 시의 내면구조」.『20세기 한국시인론』. 국학자료원, 1997.

이희중.「조지훈 시의 애상성 연구」.『비평문학』 제30호(한국비평문학회, 2008), 131-152쪽.

정한모.「초기 작품의 시세계」.『조지훈 연구』. 고려대학교출판부, 1978.

조창환.「조지훈 초기 시의 운율과 구조」.『한국문예비평연구』 제25집(한국현대문예비평학회, 2008), 5-28쪽.

최동호.「조지훈의「승무」와「범종」」.『평정의 시학을 위하여』. 민음사, 1991.

______.「조지훈의 등단 추천작과 그 시적 전개」.『한국시학연구』 제28호(한국시학회, 2010), 389-411쪽.

최승호.「1930년대 후반기 시의 전통지향적 미의식 연구」. 서울대 박사학위논문, 1994.

최태호.「지훈의 한시 연구」.『한국학논집』 제36집(근역한문학회, 2013), 285-305쪽.

2부

조지훈
민족문화학
연구

조지훈의 민속학 연구

김태곤

1. 서언

조지훈은 한국시단에 커다란 발자취를 남긴 시인이다. 그러나 그의 업적은 시단에만 국한된 것이 아니고 한국문화사 쪽에도 깊숙이 투영되어 있으면서 특히 여기서 논의하게 될 민속학 분야에도 중요한 이정표가 될 만한 성과를 거두었음을 볼 수 있다.

조지훈이 시인으로서 널리 알려진 것에 비해 8·15해방 후로부터 그가 작고할 때까지 그의 시가 평단에서 별로 논의된 일이 없었던 것 같다는 견해[1)]와 또 지훈의

1) 김종길, 「지훈시의 계보」, 김종길 외, 『조지훈 연구』, 고려대학교출판부, 1978, 9쪽.

시작과 함께 학적 개안(開眼)이 이룩되어 그의 출세 시 「고풍의상(古風衣裳)」에도 민속에 대한 감성이 반영된 것으로 보는 견해[2] 사이에는 서로 유기적인 상관성이 있을 것으로 보인다. 지훈의 시가 해방 후에 자주 거론되지 않았다는 것은 그가 해방 후에 시작을 많이 하지 않았기 때문일 것이라고 했는데 그것은 지훈이 해방 후에 학술분야, 특히 한국의 전통문화 분야로 관심을 돌려, 시보다는 학술 쪽에 비중을 많이 둔 결과가 아니었나 생각되기도 한다. 그렇게 본다면 지훈이 해방 후로, 『한국문화사서설』[3]과 여기서 논의하게 될 민속학 논문의 집필에 많은 시간을 할애한 것으로 추측해 볼 수도 있다.

지훈이 한국 시단에 커다란 발자취를 남긴 것 못지않게 한국 민속학 쪽에도 중요한 업적을 남겼기 때문에 이 논고는 그가 남긴 한국의 민속 연구를 그의 서거 20주기를 맞는 오늘의 시점에서 다시 조명해 보려고 한다.

2. 민속학 연구

지훈은 한국의 민속학이 침체기에 있었던 1960년대 초에 한국의 민속학사를 체계화시키는 작업과 함께 한국의 민속학 관계 문헌목록을 정리해 발표하고, 이어서 한국의 신화·민간신앙·민간유희 분야의 연구논문을 발표하면서 향토문화 연구의 필요성을 역설하여 학계에 새로운 바람을 불어넣었다. 이제 그의 연구성과를 항목별로 나누어 살펴보려고 한다.

1) 민속학사의 체계화

민속학사의 정리는 「한국민속학소사」라 하여 1945년 해방 이전을 지훈이 쓰고 해방 이후를 임동권이 써서 지훈의 계획에 의해 한국 민속학사가 비록 '소사'라는 겸허한 단서가 붙기는 하지만 처음으로 정리되어 체계가 잡혔다. 이 「한국민속학소사」는 지훈이 고려대학교 민족문화연구소 소장으로 재직하면서 이 연구소의 기관

---

2) 인권환, 「전통문화와 민속학의 연구」, 위의 책, 375-376쪽.

3) 조지훈, 『한국문화사서설』, 탐구당, 1964.

지 『민족문화연구』 창간호에 「민족문화관계문헌목록」(해방 이전)과 함께 수록하여 민속학의 기초적 틀을 다지는 작업의 일환이 되었다.

지훈이 쓴 「한국민족학소사」는 한국 민속의 남상(濫觴)을 조선 중엽 이후에 대두한 실학파로부터 잡았고, 그러한 관심이 체계적으로 연구되기 시작한 것은 1894년 갑오경장에서 1919년 3·1운동이 일어난 그 전후기의 신문화운동 초기로 보았다. 그리고 이 시기의 민속학 방면의 선구자로 최남선과 이능화를 꼽고, 최남선은 상고사의 입장에서 민속학에 관심을 갖고 이능화는 종교사의 입장에서 민속학에 관심을 가지고 있었다는 것을 밝힌 다음에 이 두 분의 연구성과를 소상히 밝혔다. 그리고 한국의 민속학이 정작 학문으로 자리를 굳히게 된 것을 1927년으로부터 보면서 그 이유를 다음과 같이 기술했다. 1927년은 손진태의 「조선의 설화」(『신민(新民)』 8월호), 「온돌문화 전파고(傳播考)」(『조선급(及) 조선민족』)를 발표하고, 동아일보가 「내 고향의 풍속·습관」을 모집하여 발표하고, 최남선의 「살만교차기(薩滿敎箚記)」와 이능화의 「조선무속고(考)」가 합본되어 『계명(啓明)』 19호로 간행돼 이때를 한국의 민속학이 학문적 체계를 갖추게 된 시기로 보았다. 이후로 송석하가 민속극 방면의 연구를 하여, 한국 민속학의 맥이 최남선과 이능화의 선구적 개척으로부터 손보태·송석하로 이어져 1933년에 '조선 민족학회'의 창립을 보게 되었다는 것을 밝혔다.

조선민속학회의 창립에는 손진태와 종석하 외에 한국인으로 정인섭의 참여가 있었으며 기관지 『조선민속』이 창간되어 한국의 민속학이 본궤도에 오르게 된 것이라 했다. 이후로 8·15 해방이 되기까지 신앙·무속·신화, 음악·무용·연극, 가족·여속(女俗)·의례, 복식·주택·풍속, 민요·무가·설화, 방언·지명·속담 분야로 구분해 각 분야에서 연구에 참여한 학자들을 소상히 밝혔다. 그리고 끝으로,

> 민속학 잡지와 논총·민속자료 조사원집 연구와 민족박물관의 재건이 정부 당국이나 유지의 성원협조로써 이루어질 날이 하루 빨리 오기를 고대하는 오늘의 현상도 침체라고 부를 수밖에는 없을 것이다.[4)]

---

4) 조지훈, 「한국민속학소사(해방전)」, 『민족문화연구』 창간호(고려대학교, 민족문화연구소, 1964), 240쪽.

라고 끝을 맺어, 민속학이 침체기에서 하루 빨리 벗어나야 되겠다는 것을 역설했다.

이 논고가 '소사(小史)'라 하여 간략하게 다루어진 것이지만 앞에서도 밝혔듯이 한국의 민속학사가 처음으로 체계화되어 가는 터전이 되었고, 또 1920년대를 한국 민속학의 본격적인 출발기로 본 것은 지훈의 탁견(卓見)이라 할 수 있다. 그 후 필자가 「한국민속학형성사」[5]를 쓸 때에도 그리고 인권환이 「한국민속학사」[6]를 쓸 때에도 1920년대는 공통으로 한국 민속학의 본격적인 출발기로 서술되어 일치된 견해를 보이고 있다. 최남선과 이능화가 민속연구에 참여한 시기도 주로 1920년대지만 이 두 분이 문헌 중심의 연구인 데 비해 손진태와 송석하는 주로 민속학 연구의 생명인 민속현장조사를 통해 얻은 자료를 토대로 해서 1920년대 말에 여러 편의 논고를 발표하여 이름 그대로 한국민속학을 근대과학의 학문적 궤도 위에 올려놓은 작업을 하였기 때문에 한국민속학사에서 1920년대는 자민족 학자에 의한 자기 민족의 민속이 과학적으로 연구되기 시작한 중요한 시기이다.

2) 민속학관계 문헌목록 정리

『민족문화연구』 창간호(1964년)의 부록으로 「민족문화관계 문헌목록」(1945년 이전)이 수록되어 있는데, 이 속에 민속학 관계 문헌목록이 들어 있다. 이 문헌목록은 국판 91면의 방대한 분량으로 서명·논문명, 편저·필자, 출판소(所)·수록지, 발간연월일을 밝힌 것인데, 1800년대 말기로부터 1945년까지 논문집과 학술잡지에 게재된 것과 단행본으로 출판된 것을 총괄한 민족문화관계 문헌목록이다. 참고로 이 문헌목록의 짜임을 보면 다음과 같다.

I. 구비전승

1. 속담 기타 / 2. 가요 / 3. 설화

II. 생활전승

1. 의식주·기술·도구 / 2. 출산·혼인(여속) / 3. 부락·사회(예속)

---

5) 김태곤, 『한국민속학』, 원광대학교 민속학연구소, 1973.

6) 인권환, 『한국민속학사』, 열화당, 1978.

III. 취미전승

1. 유희·경기·오락 / 2. 완구·민예·연중행사 / 3. 무용·음악·연극

IV. 신앙전승

1. 무속·자연숭배·동물숭배 / 2. 제신신앙·풍수신앙·생식기숭배 /

3. 금기·양재·점복·민간의술

V. 유물전승

1. 입석·지석·구연·고분 / 2. 석기·토기·동기·철기·기타유물 /

3. 성·비·탑·와박·영각·도자·공예

VI. 형질전승

1. 인종·민족·체질 / 2. 언어·문학 / 3. 심성·사상

VII. 문화일반

1. 개론 / 2. 비교연구·한국문화·제도 / 3. 자료(채집)·문헌

VIII. The Catalogue of the Book in Foreign Language

이 문헌목록은 I~IV까지가 민속학관계 문헌 목록이고, 나머지는 인류학·고고학·언어학에 걸쳐 역사·지리·문학·예술·사회·경제학·사상 분야가 총괄된 1945년까지의 한국문화연구 일반에 관련된 문헌목록으로, 이것이 정리 발표되던 1964년 당시로서는 그 양이나 범위와 체계로 보아 이와 관련된 학계에 획기적인 공헌을 한 실로 방대한 사업의 하나로 꼽지 않을 수 없다.

이 문헌목록에는 장등근, 박성봉의 조사 부분을 합하여 분류하고 구문(歐文) 목록은 송석하가 조사한 것을 그대로 게재했다고 밝혔는데 이 목록의 범위와 분류체계는 조지훈의 분류안에 의한 것으로 보여 그의 학문적 포부와 안목이 역력히 드러나 보인다.

이 문헌목록의 I~IV까지의 민속학관계 문헌목록에서 그 분류안이 오늘의 시점에서 볼 때 그대로 적용될 수 있을 것인가는 다소 망설여지는 부분도 있지만, 그러나 이것이 이 방면 연구의 문헌목록을 광범하게 수집 총괄한 최초의 것이라는 데에 큰 의의가 있다고 생각된다. 지훈의 문헌목록 이후, 필자가 「한국민속학관계 문헌목록」(I)과 (II)를 민속학회 회지 창간호[7]와 3호[8]에 각각 발표했는데, 한국 민속학의 발전과정을 3기로 나누어 제1기(1920~1945), 제2기(1945~1960), 제3기(1961~)로 구

분해 제1기에 해당하는 문헌목록은 지훈이 작성한 1945년 이전 부분으로 미루고, 제2기와 제3기 초기에 해당되는 부분만 필자가 작성하여, 지훈이 이루어 놓은 제1기분의 사업에 이어지는 작업이었다. 그 후 인권환이 「한국민속학관계 문헌목록」[9]을 작성 발표했는데, 여기서도 1945년 이전의 문헌목록 부분은 지훈이 작성한 문헌목록이 많이 참고되어 보완되었을 것이라고 여겨져, 지훈이 작성한 민속학관계 문헌 목록은 후일에 이어지는 이 방면 정리 작업에 초석이 된 것이라 생각된다.

3) 민속연구 논문

(1) 신화 연구

지훈이 발표한 한국신화 연구논문은 우선 「한국신화의 유형」[10]과 「민족신화의 문제」[11]를 들 수 있다.

① 「한국신화의 유형」

이 논문은 문헌에 전하는 한국의 건국신화들이 세계 여러 민속신화들과 견주어 어느 유형으로 분류될 수 있을 것인가 그 계통을 알고 또 그와 같은 신화가 가지고 있는 의미는 무엇인가를 알아보려는 것인데, 세계의 중요한 신화들을 한데 모아 논의하는 방대한 문제를 다루고 있다.

이 논문에서는 먼저 신화가 신들의 이야기보다는 인간의 이야기로 인간의 꿈이 반영된 문화의 원형이라 전제해 놓고, 세계의 민족신화에서 우주의 시작이 우주창조형과 우주개관형이 있으나 한국의 건국신화는 우주의 시작을 서술하는 그 단계

7) 김태곤 편, 「한국민속학 관계 문헌목록(I)」, 『한국민속학』 창간호(한국민속학연구회, 1969), 137-145쪽.

8) 김태곤 편, 「한국민속학 관계 문헌목록(II)」, 『한국민속학』 3호(민속학회, 1970), 101-110쪽.

9) 인권환, 앞의 책, 부록.

10) 조지훈, 「한국신화의유형」, 『한국문화사서설』, 탐구당, 1964, 50-76쪽. 이 논문은 「「동방개국설화교(巧)」—건국신화의유형과 모티브에 대한 연구」라는 제목으로 『이상백박사회갑기념논문집』에 수록되었던 것을 후에 『한국문화사서설』에 「한국신화의 유형」으로 제목을 정정해 수록한 것이다.

11) 조지훈, 「민족신화의문제」, 『한국문화사서설』, 232-244쪽.

보다도 후대인 국토 창성(創成) 단계에도 이르지 못한 그 후대의 단계인데, 그 원인이 상고대의 구전신화가 문자로 정착될 시기에 유학자들에 의해 기록으로 남기지 않았다는 것을 밝힌 다음에, 문헌으로 전하는 건국신화 7편을 소개했다. 그리고 한국의 건국 신화를 '천손강림(天孫降臨)의 개국설화'와 '신혼감이(神婚感異)의 국조설화'의 복합으로 보고 전자에는 이주개국(移住開國)형, 추대즉위(推戴卽位)형, 외래사위(外來嗣位)형, 후자에는 웅녀(熊女)설화 형, 묘생(卯生)설화형, 용녀(龍女)설화형이 있다고 하였는데, 그 요지를 간추려 보면 다음과 같다.

가) 이주개국(移住開國)형

신시계(神市系): 환웅—단군설화

부여계: 해모철(解慕漱)—주몽(朱蒙)설화

백제계: 동명(東明)—온조(溫祚)설화

이 이주개국형은 개국의 시조가 다른 곳에서 이주해 와 나라를 세우고 왕위에 오른 것인데, 북방부여계 개국설화의 전형인 동시에 개척국가·정복국가적 성격을 띤 부여족의 수렵유목에 의한 강인한 성격을 나타낸다고 하였다.

나) 추대즉위(推戴卽位)형

서라벌계: 소벌도리(蘇伐都利) 혁거세설화

김알지(金閼智) 미항(味鄕)설화

가락(駕洛)계: 아도우(我刀于)—수로설화

이와 같은 추대즉위형은 남방 변진(辨辰)계 개국설화의 전형으로 점진적이고 회의적인 성격을 띤 남방의 어렵(漁獵)과 농경민족으로서의 녹건유화(祿健柔和)의 성격 표현으로 보았다.

다) 외래위(外來位)형

함달파(含達婆)—석탈해(昔脫解)설화 왕륭(王隆)—왕건설화이 형은 개국의 시조 또는 왕조의 시조가 다른 곳에서 와서 왕위를 승계하는 것으로 지모(智謀)와 회(懷)의 의취(意趣)가 반영된 것으로 이주개국형의 정복과 추대즉위형의 지덕을 겸한 중간형으로 보았다.

라) 웅녀(熊女)설화형

단군신화

이 형은 천제의 아들 환웅이 웅녀와 교혼하여 단군을 낳았다는 데서 단군신화를 웅녀 설화형으로 보았다.

마) 난생(卵生)설화형

주몽(朱蒙)신화·혁거세(赫居世)신화·석탈해(昔脫解)신화·김알지(金閼智)신화·김수로왕(金首露王)신화

이들 5편의 신화는 모두 난생이라는 공통 모티프가 있어서 난생형 설화로 구분된다고 하였다.

바) 용녀(龍女)설화형

왕건신화 기타 혁거세신화와 관련된 알영(閼英), 수로왕(首露王)신화와 관련된 허황후(許皇后)설화

이 형은 산신의 혈통을 받은 사람과 용왕의 딸 사이에서 국조가 탄생했다는 왕건신화가 그 대표적인 것이라 했다.

건국신화의 유형을 위와 같이 분류하고 그와 같은 건국신화의 유형을 기반으로 다음과 같이 결론을 맺었다.

① 모든 건국신화는 그 발생 당시의 사회상태와 개척정복, 1씨족 1부족의 세력팽창, 지모회유(智謀懷柔)정책 등 왕조개창(開刱)의 방법을 보여 주고, ② 이들 개국신화는 토템, 타부, 매직, 페티시, 마나, 마세바 등의 종교적 자료와 부족회의, 설욕(稧

浴), 왕통체송(王統遞送)원리, 왕위획득, 원시공화제의 혁명 등 사회학·정치학 민법학상의 기본문제를 내포하고 있으며, ③ 모든 건국신화는 그 나라의 계통을 상징하고 인류와 문화의 혼합 교류, 우세족과 열세족의 관계, 부족 상호 간의 씨족관계를 암시하고, ④ 모든 건국신화의 공통된 근본모티프는 그 혈통이 천신(天神)과 수신(水神)의 신혼에 의한 결합으로 고대에 있어서의 치자(治者)로서의 지위와 권력을 과시한다고 보았다. 그리고 특히 천신과 수신의 신혼(神婚)으로서의 결합을

자(雌)—모(母)—지(地)—하(河)—월(月)—하백녀(河伯女)—웅熊(용龍·구龜·마馬)

웅(雄)—부(父)—천(天)—공(空)—일(日)—천제요(天帝了)—조鳥(계鷄·작鵲·연燕)

의 관념공식 또는 심리에서 연유했다는 것을 유추할 수 있다고 하면서 한국 건국신화의 양대유형을 웅녀형과 난생형이라 했다.

이 논문을 통해 지훈의 신화 연구에 대한 깊이와 넓이를 알 수 있다. 이 논문이 발표되던 당시에 건국신화에 대한 유형분류와 계보 파악, 그리고 동서양 신화를 망라한 세계적 안독을 가지고 한국의 건국신화를 보는 그 거시적 견해는 아마도 처음이었을 것이라 여겨진다. 특히 웅녀 설화형을 말하면서 희랍의 아르카스(Arcas)신화, 중국의 우(禹)신화, 아이누의 시조(始祖)신화 등과 비교하여 한국 건국신화 중의 웅녀 설화형이 이들 신화와 유연성이 있을 것이라 한 점은 단군신화를 보는 눈의 넓이를 짐작할 수 있게 한다.

이 논문에서 좀 아쉬운 점이 있다면 한국의 신화를 문헌에 전해오는 기록물에 한정한 자료상의 한계성이다. 구전되고 있는 무속신화가 문헌에 전하는 건국신화보다도 훨씬 상대로 소급되어 천지개벽신화가 있는 데도 지훈이 문헌에만 집착되어 그 밖의 것을 보지 못한 점은, 이 논문이 넓은 안목을 가지고 한국의 건국신화를 비교 검토하면서도 한국신화의 주맥(主脈)을 놓친 느낌을 준다. 이 논문이 쓰이던 당시에도 이미 천지개벽으로부터 우주의 생성과 지상계의 질서화 등이 서술되는 구전신화(무속신화)는 손진태의 「조선신가유편」[12]과 그외의 것[13]이 있었는데도 이런

12) 손진태, 『조선신가유편』, 동경 향토연구사, 1930.

13) 赤松智城(아카마쓰 지죠)·秋葉薩(아키바 다카시), 『朝鮮巫俗の硏究(上)(조선무속의 연구(상))』, 서울: 대판호서점, 1937.

문헌들이 자료로 활용되지 못한 점은 아쉬움으로 남는다. 아마도 당시의 학계 분위기가 이와 같은 구비물(口碑物)에까지 관심을 갖지 않은 조류 탓도 있었을 것이다. 그리고 이 논문에서 지훈은 '신화'와 '설화'를 혼용하여 신화라고 해야 할 데를 설화라고 하여 이런 것도 아쉬운 점으로 남는다.

② 「**민족신화의 문제**」

이 논문은 부제가 말해 주듯이 단군신화의 학적 의의와 이념적 처리 문제를 놓고 단군신화에 대한 지훈의 소신을 피력한 것이다.

단군신화는 종래에 부정적 입장과 긍정적 입장이 있어 왔는데, 전자는 사대적 모화사상(慕華思想)에 젖은 유학자들과 그 후 식민정책에 의해 한국의 역사를 왜곡하려는 일인학자들에 의한 견해였고, 후자는 민족주의적 입장에서 단군신화를 지나치게 과장한 견해라는 것을 지적하면서 이 두 가지 상반된 견해는 다 옳은 것이 못된다고 하였다. 김부북(金富北)은 삼국사기에서 아예 단군신화가 근거 없는 황탄(荒誕)한 이야기라 하여 빼어 버렸고, 같은 입장에서 기자지(箕子志)를 지은 이율곡(李栗谷)도 단군신화를 부정하는 입장이었다. 그래서 기자동래전설(箕子東來傳說)은 오히려 근거가 없는 허구적인 것인데도 그것을 믿고, 우리나라가 기자의 구강(舊疆)이라 자랑까지 하였다고 비판하였다. 또 일인학자들은 단군신화를 기록으로 남긴 사람이 승려인 일연(一然)이기 때문에 금서용(今西龍)은 단군신화는 불도(佛徒)의 위작이라 했고, 소전성오(小田省吾)는 단군이 나중에 산신이 되었다 해서 단군신화를 산신신앙에서 유추하여 후세에 조작한 것이라 했다는 것을 비판하고, 유일한 국조신화를 오늘에 전해준 일연과 이승휴(李承休)의 공로를 찬양했다. 또 단군신화를 그동안의 부정적인 견해와는 상대적으로 민족주의 입장에서 지나치게 과장하여 신화 이상의 것으로, 보는 견해도 온당한 견해가 아니라고 비판했다.

단군신화는 그동안 문화인류학·사회경제사·어원학·고고학·종교학·정신분석학 등의 방법을 가지고 보아왔지만, 그런 여러 견해들이 단군신화를 여러 방면에서 조명할 수 있다는 장점도 있지만 그러나 그 학문적 방법상의 도그마로 인해 도리어 단군신화가 온당하게 평가되지 않았다고 하면서 지훈은 단군신화는 신화이기 때문에 신화학 방법에 의해 단군신화가 연구되어야 한다는 것을 역설했다. 그리고 단군신화를 중등학교 교과서에서 다룰 때는 단군신화의 사실성 여부나 허구성을 따지기 이전에 단군신화는 신화이기 때문에 신화로 보는 신화교육이 온당한 입장이라 했다. 그러면서 이 논문은 단군신화 속에서 다음의 세 가지를 민족이념으로 추출하여 내세울 수 있다 했다.

첫째, 신국가건설의 이상과 개척정신

둘째, 지상천국 건설의 현세주의(現世主義) 이념

셋째, 홍익인간이라는 국제협조와 평화애호(愛護) 이상

이상이 이 논문의 요지인데, 지훈은 여기서 단군신화를 있는 그대로의 신화로 보고 이 속에 담겨 있는 민족이념의 해석 처리 방법을 깊이 있게 검증하여 단군신화의 이념문제를 다룰 수 있는 이 방면 연구의 길을 터놓았다. 다른 학자들의 견해나 자료의 출전을 밝히지 않은 것이 좀 아쉬움으로 남는데, 그것은 게재지의 성격에 따른 신축성으로 보인다.

(2) 민간신앙 연구

지훈이 발표한 민간신앙 분야 논문의 대표적인 것으로 「누석단(累石壇)·신수(神樹)·당(堂)집 신앙 연구」[14]와 「서낭간교(竿巧)」[15] 두 편을 들 수 있다. 이 두 편의 논문은 「한국신화의 유형」과 함께 지훈이 발표한 민속학 분야 논문 중에서 비중이 있는 대표적인 것으로 꼽을 수 있다.

① 「누석단(累石壇)·신수(神樹)·당(堂)집 신앙 연구 서낭(城隍)고」

이 논문의 짜임을 보면 '1. 머리말, 2. 형태와 분포, 3. 기원과 신앙 내용, 4. 명칭의 이화(異化)와 신앙공통, 5. 산신의 성(性) 및 산신과 호랑이'의 순으로 되어 있다.

부제를 '서낭(城隍)고'라 했듯이 서낭 또는 성황(城隍) 신앙이 우리나라의 민간신앙 중에서 가장 연원이 오래이고 광범한 분포를 보이는 대표적인 신앙전승이라 하

14) 조지훈, 「누석단·신수당집신앙 연구」, 『문리논집(文理論集)』 제7집(문학부 편, 고려대학교 문리과대학, 1963).

15) 조지훈, 「서낭간교」, 『신라가야문화』 제1집(영남대학교신라가야문화연구소, 1966).

고, 이 '서낭' 계통 신앙은 여러 가지 이명(異名)으로 나타나 신앙의 섞임이 심하여 매우 모호한 것 같이 보이지만 명칭은 그렇게 달라도 신앙 내용은 완전히 공통된 형태의 누석단과 신수·당집을 그 성역·신림(神林) 또는 제단으로 삼고 있어서 일치한다고 했다. 그리고 서낭신앙에서 누석단과 신수가 기본형태이고 간혹 신수와 당집이 복합되어 있는 것은 당집이 후기적으로 첨가된 것이라 했다. 또 이 누석단·신수·신간(神杆)·조간(鳥杆, 솟대)·목우(木偶, 장승)는 마한(馬韓)의 소도유속(蘇塗遺俗)이라 했다.

누석단·신수·당집 신앙의 기원에 대한 부정한 여인에 얽힌 전설과 강태공에 얽힌 전설, 두 가지의 기원전설이 있으나 그것은 후대인 부회(附會)에서 믿을 것이 못되고, 이 계통 신앙 대상은 천신(天神)·산신(山神)·부락(部落)신인데 이 3자(者)는 완전히 동격인 삼위일체인데, 이 신앙의 원형이 단군신화에 나타나고, 이러한 천신(天神)이 산신(山神)과 통하는 관념은 상고대인(上古代人)의 세계관이 천상(天上)—고산(高山)—인간(人間)이라는 3단계로 본 Animism에서Theism으로의 이행 과정으로서, 이 계통신앙의 모티프는 천신숭배인데, 이것이 산신·부락(部落)신·가(家)신으로 발전된 것이라 했다. 따라서 이 계통 신앙이 명칭은 각기 달라도 신앙내용은 공통된다고 하면서 명칭상의 계통으로는 1. 천왕(天王)당계 2. 산신당계 3. 선왕당계 4. 국사당계 5. 불당계 6. 성황당계(城隍堂系) 7. 부군(府君堂系)당계로 구분되지만 신앙내용은 천신숭배에 연원을 둔 공통신앙이라 했는데 그 요지는 다음과 같다.

가) 천왕당계(天王堂系)

천왕당은 천신숭배가 근본원형이고, 삼성(三聖)·삼황(三皇) 신앙, 그리고 천제·대동찰(大洞察)·대동제(大同祭)가 다 같은 제천행사이면서 천왕·천황(天皇) 신앙이 역시 천신숭배이므로 모두 다 같다고 했다.

나) 산신당계(山神堂系)

산신당은 천신신앙의 변형으로 산신은 천신과 동격이며, 신모(神母)·성모(聖母) 신앙·할미당·노고당(老姑堂)신앙이 동일한 산신계 신앙이라 했다.

다) 선왕당계(仙王堂系)

선왕당은 천신숭배로 통하는데, 이 '선(仙)'자로 인해 도교숭배로 오해하기 쉬우나 이 선왕신앙은 한국 고유의 신앙이라 했다.

라) 국사당계(國師堂系)

신모(神母)·성모(聖母)가 여신인 데 비해 국사는 남신이고, 속설에 고승(高僧)으로 국사된 이를 섬기는 것이라 하나 그 자의(字義)에 관계 없이 국사는 산신이라 했다.

마) 불당계

불당신앙은 천신숭배의 원형으로 불귀당·복개당(福介堂)·박대감성장(朴大監城障)·팔신(八神)·팔선신(八仙神)·팔성당(八聖堂)신앙의 붉 받침계는 모두 천신신앙계에 속한다고 했다.

바) 성황당계(城隍堂系)

성황은 중국 성지(城池)의 신이 수호신의 의미를 갖게된 것인데 이것이 우리나라 고유신앙인 산신·부락신의 수호신적 의미와 결합되어, 나중에 고유의 '서낭당'신앙과 습합되고 또 사대적 모화사상(慕華思想)으로 인해 유신(儒臣)들에 의해서 '성황(城隍)'이 '서낭'을 포괄하는 명칭으로 표기하게 된 것이라 하면서 성황당이 천신숭배에 통하는 신앙계통이라 했다.

사) 부군당계(府君堂系)

부군당신앙은 '붉은'의 유속(遺俗)으로 팔관(八關)·불구내(佛矩內)·부근(付根)·부군(富君)·부군(府君)이 모두 동계(同系)라 했다.

산신의 성(性)에 대해서, 산신은 대개 할머니·신모(神母)·성모(聖母)로 불리는 여신이 원형인데, 이것이 차츰 발전하여 부부신의 형태로 나타나고 나중에는 남신의 형태로 변한 것이기 때문에 처음에는 여신이어서 할머니라 부르고 남근(男根)을 공물로 바쳤는데, 산신을 모신 신당을 짓고 여신상(像)만 건 것도 있으나, 대개 남녀상(像)을 걸고 부부라 하다가 나중에는 갓 쓰고 수염 난 노인상(像)만 남게 된 것이라 했다.

이 논문에서 7종으로 분류된 서낭당계 신앙이 모두 천신숭배에 연원이 있는 동계(同系) 신앙으로 본 데는 매우 주목되는 논지인 반면에 부분적으로는 다소 수긍되기 어려운 점도 있다. 그러나 이 논문에서 주목되는 것은 성황당계 신앙에서, 과거에 학자들이 '서낭'(또는 先王)을 성황(城隍)의 와오(訛誤)라 한 것을 '서낭'과 '성황(城煙)'이 별개의 서로 다른 신앙형태라는 것을 명쾌하게 지적한 점이다. — 서낭당을 포함한 이 계통 신앙이 성황당으로 대표되는 것 같지만 그것은 사대모화사상(事大慕華思想)에서 연유된 것이라 지적하면서 '서낭'을 한자로 표기할 때 '城隍'이라 써 놓지만 일반 민중에서는 자의(字義)에 관계없이 '서낭'이라 부르기 때문에 그 신앙내용이 중국의 성황 신앙과 다른 천신·산신을 숭배하는 것인데, '성황'신앙이 후기적으로 들어와 재래의 '서낭'신앙을 포괄해 버린 것이라 했다.

앞에서도 밝혔듯이 이 논문은 신당신앙, 특히 서낭당신앙에 관한 전국적인 문제를 다룬 노작(勞作)이다. 여기서 특기할 만한 것으로 첫째 서낭당신앙을 통해 전국의 신당신앙을 조명했다는 것과, 둘째 '서낭'신앙과 '성황'신앙을 구분해 식자층에서 서낭이 성황의 와오(訛誤)라 보는 것을 서낭이 원래 재래의 보편적인 신앙이라는 것을 밝힌 것, 셋째로 산신의 성(性)이 여성이라는 것은 손진태의 견해[16] 이후 다시 확인한 점이다. 그러면서도 이 논문을 대할 때 아쉬움을 느끼게 하는 것은 신당신앙의 현장조사 자료보다는 문헌자료에 많은 비중을 둔 점과 현장자료를 활용할 경우에도 그 자료에 대한 출처가 잘 밝혀지지 않은 점이다. 그리고 누석단·신수·신간(神杆)·조간(鳥杆, 솟대)·목우(木偶, 장승)가 마한(馬韓)의 소도유속(蘇塗遺俗)이라는 점, 또 천신계·산신계가 서낭계와 맥을 같이 한다 해도 신계(星신·别신, 別所·불귀·八聖·八仙·八신·朴大監) 그리고 붉은계(八關·府根·根·白岩)가 모두 서낭계에 포괄된다고 한 것은 의문의 여지로 남는다.

② 「서낭간교(竿巧)」— 주곡(注谷)의 서낭신앙에 대하여

이 논문은 앞에서 본 「누석단(累石壇)·신수(神樹)·당(堂)집 신앙 연구」에 이어, 조지훈이 성장한 경북 영양군의 주곡(注谷), 한 마을의 서낭신앙을 집중적으로 다룬 것

16) 손진태, 「조선고대 산신의 성(性)에 취(就)하여」, 『조선민족문화의 연구』, 을서문화사, 1948, 264-275쪽.

이다. 지훈이 성장한 마을의 신앙현장을 집중적으로 깊이 있게 다룬 것인데, 이 논문의 짜임은 '1. 신당(神堂)의 형태 2. 신체(神體)의 형태 3. 서낭의 제기(祭期) 4. 서낭의 제의(祭儀) 5. 서낭동티 6. 서낭연기(緣起)설화' 순으로 되어 있다.

신당(神堂)의 형태에서, 신당의 형태는 동구(洞口) 길 옆에 수령(樹齡) 2, 300년의 큰 느티나무가 있는 그 밑에 자연석으로 된 평평한 2개의 석반(石盤)이 있는 것을 현장 사진과 함께 소개했다.

신체(神體)의 형태에서는 대나무 장대 끝에 평의 깃털을 묶어 달고 장방형(長方形)의 홍포(紅布)에 종이 연의 꼬리 같은 것이 달린 것을 걸어 놓은, 이 죽간(竹竿)을 마을 사람들은 서낭신의 신체로 여겨 '서낭'이라 부르며, 여기에 걸린 홍포를 서낭옷 또는 '서낭치마'라 불러, 이 신이 여신이라 했다.

서낭의 제기(祭期)는 매년 음력으로 12월 15일에서 익년 정월 15일까지 약 1달 동안이고, 그 제의(祭儀)는 서낭내림·서낭도가(都家)·서낭회가(廻家)·서낭맞이·서낭놀이로, 섣달 보름날 황혼이 되면 도가(都家)의 제주(祭主)가 농악대를 데리고 서낭대를 모셔 둔 서당(書堂)에 가서 비손을 하며 서낭대를 받들고 서낭도가(都家)로 와서 처마에 기대어 세워놓았다가 정월(正月) 초이튿날부터 마을의 집집을 돌 아다니며 소재강복(消災降福)을 빌어준다는 것으로부터 서낭을 맞아 서낭을 올리고, 서낭을 놀리는 과정을 자세하게 기술했다.

서낭동티에서는 마을 사람들이 길을 떠날 때 서낭당 앞에서 인사를 드리지 않으면 병이 난다고 믿는 것을 소개하고, 서낭연기(緣起)설화에는 범이 물어다 놓은 방울이 이 마을 서낭의 기원이 되었다는 것을 소개했다.

이 논문은 주로 주곡의 서낭신앙 자료를 소개하는 데에 중점을 둔 것인데, 서낭의 연기설화에서 범이 물고 온 방울전설을 삼한(三韓) 때 소도(蘇塗)의 잔영으로 보면서 이와 같은 방울전설을 가진 서낭 신앙을 '신영(神鈴)서낭'이라 명명하고, 하회(河回)와 삼산(三山)에도 방울전설이 있다는 것을 소개했는데, 삼산의 서낭연기(緣起) 전설을 소개하는 중에 「입대목현령고사귀신(立大木縣鈴鼓事鬼神)」(위지 동이전 한전, 魏志東夷傳 韓傳)과 상통하는 중요한 자료를 발굴해 이 방면 연구의 새로운 자료를 제공하게 되었다.

이 논문은 서낭을 소도와 연관시켜 상고사에서 미궁에 빠져 있는 소도의 성격을 규명하는 데에 실마리를 찾을 수 있는 계기가 되었으며, 또 서낭간(竿)이 서낭제인

섣달 보름에서 새해 보름까지 마을에 내려와 걸립에 나서는데, 이 한달 동안이 신년제 기간인 '카오스' 상황이라는 구체적 단서를 제공해 주는 것이어서 이 방면의 연구에도 도움이 될 수 있는 계기가 되었다.

(3) 민간오락 연구

민간오락에 관한 논문은 「수투전교(數鬪牋巧)—주곡(注谷)의 '팔목(八目)놀이'에 대하여」가 있다. 이 논문 역시 지훈이 성장한 주곡 마을에서 성행하던 수투전(數鬪牋)을 집중적으로 다룬 것인데, 그 짜임을 보면 '1. 수투전의 명칭·형태 및 구조 2. 수투전(팔목)놀이법 3. 수투전의 기원·풍속 기타'의 순으로 되어 있다.

이 논문은 수투전의 명칭과 형태, 놀이방법을 소개하고 그 놀이의 연원을 중국에서 들어왔을 가능성도 있으나 전적으로 그렇게만 볼 수 없다고 하면서 낙향자(落鄕者)에 의해 수투전이 시골로 퍼지게 되었는데, 근동(近洞)에서도 오직 주곡 마을에만 이 놀이가 전승된다는 것과 그 전승 이유를 밝혔다.

이 논문이 무슨 문제를 내세워 크게 논구된 것은 아니지만 한 마을의 놀이를 한 종목만을 가지고 집중적으로 다룬 논문이라는 데에 주목된다. 놀이 부문에 관한 연구는 극히 부진하고 더구나 투전에 관한 연구는 거의 황무지에 가까운 실정인데, 이 논문은 이런 점에서 독보적인 논구가 아닌가 생각된다.

(4) 향토 연구

향토연구 관계 논고는 「향사(鄕土)문화연구의 의의」[17]가 있다. 이 논고는 부제로 '민족문화학의 기초를 위한 노오트'가 붙어 민족문화학이 수립되려면 향토를 연구해야 된다는 것을 역설하고 있다. 이 논고가 본격적인 논문의 성격을 띤 것은 아니지만 향토문화를 연구해야 할 영역과 방법이 치밀하게 제시되어 이 논고가 발표되던 당시에는 이 방면 연구의 획기적인 작업으로 꼽힐 수 있는 것이다.

이 논고는 먼저 향토문화를 연구해야 할 필요성을 제시하고 향토문화는 '민족문화학'의 기초가 되는데, 민족문화학이 좁게는 민족학 곧 민속학이요, 넓게는 모든 학문의 민족적 체계를 지칭하는 말이 된다고 하면서, 향토문화의 조사연구는 민족

17) 조지훈, 『한국문화사서설』, 222-230쪽.

문화의 의의를 자각하는 것이라고 역설했다. 그러면서 향토문화를 연구하려면 (1) 조사 (2) 수집 (3) 비판 (4) 대질 (5) 분류 (6) 보존 (7) 정리의 단계가 있다는 것을 밝혔다.

향토문화를 연구하는 방법으로는 먼저 향토의 배경에 대한 기본 조사인데, 여기에는 지리·역사학의 방법을 활용해 향토의 위치·면적·인구·행정구역·연혁 등에 관한 세밀한 조사를 하여 향토의 산(山)계·수(水)계 평야·호소(湖沼)·생물지(誌)·기후·지질 등에 대한 조사를 하여 도표와 통계표를 작성할 것을 제안하고, 다음 단계로는 향토문화의 태반(胎盤)인 여러 가지 전승 ― 구비전승, 관습전승, 생활전승, 문서전승으로 구분해 이것을 다시 세분해서 각 분야별로 조사해 기록과 사진으로 보존하고, 유형물질은 향토문화 자료관을 설치해 여기에 전시 보존해야 할 것을 제안했다.

지금까지 보아온 지훈의 신화 연구·민간신앙 연구·민간오락 연구·향토 연구 외에 「산유화(山有花)」, 「연정사(蓮亭詞)·윷노래 해제」, 「산유화가(山有花歌)와 서이 이탄기타(黍離 離嘆其他)」, 「신라(新羅)의 원의(原義)와 사뇌가(詞腦歌)에 대하여」 등이 더 있으나 지면 관계로 여기서는 지훈의 본격적인 민속학 분야 연구논문만 대상으로 삼아 그 외 분야의 논문까지 살펴보지 못하는 것을 아쉽게 생각한다.

3. 민속관계 학술사업

1) 출판

조지훈이 추진한 민속학 관계 출판사업은 고려대학교 민족문화연구소의 기관지인 『민족문화연구』 제1호(1964. 10), 제2호(1966. 12), 제3호(1969. 7)와 동 연구소 간행의 『한국문화사대계』 제4권 풍속·예술사와 동서(同書) 제5권 언어·문학사 중의 「한국구비문학사」 상(上)·하(下)가 있다. 이 출판물들은 지훈이 민족문화연구소 소장으로 재직하면서 입안해 추진한 것으로 그의 민속학에 대한 열정과 민족문화의 흐름을 조감해 보는 거시적 안목이 잘 반영되어 있다. 『민족문화연구』 제1호에서는 민속학 관계 논문과 「한국민속학소사」·「민속학관계 문헌목록」을 실어, 당시로서는 민속학 분야의 전문학술지 한 권 없던 시절에 이 방면 연구의 발표 창구역이 되기도 했다. 특히 여기에 한국 최초의 민속학사가 비록 소사라는 단서는 붙지만 정리되어 실리고, 민속학 연구의 관건이 되는 문헌목록이 정리되어 실린 것은 침체기에 있던 당시 민속학계에 새로운 활력소로 등장하게 되었다. 『민족문화연구』 제2호, 3호에 실린 논문들도 대부분이 민속학 분야인데, 특히 제2호에는 민속학 분야 논문 일색으로 편집되고, 부록 형식으로 '조선민속학회' 시절을 회고하는 정인섭의 글과 「문헌에 나타난 민족설화의 분류」(장덕순)까지 실어, 이 제2호가 나오던 1966년경이 아마도 지훈이 평소에 간직해 오던 민속학에 대한 관심이 그 혼자만의 연구에서 밖을 향해 행동으로 실천해 나가는 시기가 아니었나 생각된다(뒤 항에서 다루게 될 다른 민속학 관계 학술 사업도 1966년에 이루어진다).

『한국문화사대계』 제1권이 1964년 10월에 출간되고 그 제4권 풍속·예술사는 1970년 2월, 한국구비문학사가 실린 제5권 언어·문학사는 1967년 5월에 각기 출간되었는데, 이 출판물도 지훈이 가지고 있던 민족 문화관이 체계를 이루고 실천되면서 여기에 그의 민속학에 대한 관심이 반영된 것이라 생각된다. 지훈의 민족문화관은 이 출판물이 나오기 그 이전, 앞에서 본 「향토문화연구의 의의—민속문화학의 기초를 위한 노오트」의 민족문화 분류체계에 잘 나타나 있다.

이외로 『한국민속학사전』과 『한국민속학대계』, 『한국민속학개론』의 출간 계획도 1966년에 입안(立案)되었으나 1968년, 지훈의 작고로 중단되고 말았다. 『한국민속학개론』의 출간 계획은 당시 민속학 분야의 연구 입문서 한권 없던 시절에 이 분야 연구의 방향을 제시해 줄 수 있는 기틀을 마련하자는 것이었고, 『한국민속학사전』의 편찬 계획 역시 민속이 민족문화의 지반이 되어 한국학 관련 분야의 기틀이 된다는 데서 입안하게 되었던 것이다. 그러나 이 사전의 편찬 계획은 당시 민족문화연구소가 추진 중이던 방대한 『한국문화사대계』와 『한국논저해제』로 인해 구체적인 실천단계에까지는 이르지 못했고, 『한국민속학개론』의 출간은 지훈과 당시 민족문화연구소 연구원이던 필자와 인권환이 수차 모여 방향과 목차[18]를 초안해 수정하고 필진까지 선정하여 실천단계에 이르렀으나 연구소 내부의 사연이 있어서 미루어지던 사이에 지훈의 작고로 이 개론서마저 중단되고 말았다. 고려대의 한

18) 인권환, 앞의 논고, 391-392쪽.

국고전국역(國譯)위원회를 지훈이 민족문화연구소로 확장 개편하여 차츰 민속학 분야에 사업비중을 두면서도 소내(所內)에는 고전국역의 여운이 그대로 이어지고 있었다.

2) 민속조사·전시회

민속조사 사업은 1966년 3월부터 착수되어 서울 근교의 민속을 조사하면서 동년 5월에는 제주도의 무속조사에 착수했다. 당시 고대 민족문화연구소는 『한국문화사대계』와 『한국논저해제』의 두 가지 큰 사업을 진행 중이었는데, 1966년 3월 1일자로 필자가 동 연구소 연구원으로 일을 하게 되면서 민속학 관계 사업이 확장되어 민속조사부터 시작하게 되었다. 민속을 조사하자면 전국의 민속현장을 직접 답사해야 되겠는데, 그 때만 해도 대중 교통수단이 요즘 같지 않아 고심하던 나머지, 지훈은 자전거에 소형모터를 단 것을 구입해서 이용해 보자는 안까지 세웠다(당시에는 오토바이도 국내 생산이 없어 매우 희귀했다). 그러나 문제는 재정이었다. 민속을 조사해서 기록보존을 위해 각 지방의 민속지를 간행하고 유형자료는 민속관을 설치해 전시 보존해야 된다고 지훈은 늘 말했지만 연구소의 재정이 극도로 어려운 때였기 때문에 우선 조사된 무속자료부터 전시하여 학계와 일반에 대한 인식부터 새롭게 해야 되겠다는 목적을 가지고 시행한 것이 1966. 6. 21~26, 6일간에 걸쳐 서울 소공동의 중앙공보관(中央公報館) 전시실에서 열린 '한국무속입체(立體)전시회'였다. 전시품목은 무신도(巫神圖)·무복(巫服)·무구(巫具)·무속사진·무가녹음 공청(巫歌錄音 公聽)이었다. 그 품목별 전시내용을 보면 다음과 같다.

무신도(巫神圖) — 천신대감(大監)·여산신(女山神)·산신(山神)·바리공주를 포함한 무신도 27점.

무복(巫服) — 몽두리·부인(夫人)옷·호구치마를 포함한 무복 17점

무구(巫具) — 장구·북제금·피리·젓대·해금·방울·부채를 포함한 무구 30점

무속사진 — 전국 각지 무속의례 사진 60점, 전국 각지 신당형태 사진 40점

무가녹음 공청(巫歌錄音 公聽)

제1일(21일): 경기도지방 무가

제2일(22일): 평안도·황해도지방 무가

제3일(23일): 충청도지방 무가 및 각 지방 독경(讀經)

제4일(24일): 전라도지방 무가

제5일(25일): 경상도지방 무가

제6일(26일): 제주도·함경도지방 무가

이때의 무속전시회는 최초로 한국무속이 밀폐되어 있던 깊은 금기 속에서 세간에 나와 일반에게 선보이는 때여서 학계는 물론 일반인들에까지도 지대한 관심을 모으게 되었는데, 전시 개관 첫날의 개관 테프를 끊는 장면으로부터 전시회 진행상황이 현장에서 실황 중계방송(동아방송)이 되는 정도로 떠들썩했다. 무속전시회의 계획을 세운 것도 또 무속을 이만큼 인식되게 한 것도 모두 지훈이 평소에 간직해 오던 민속학적 정열이 실천에 옮겨지는 과정이었던 것이다.

그러나 지훈의 작고로 인해 그가 민족문화연구소를 거점으로 해서 펼쳐나가던 민속관계 학술사업은 그의 생애와 더불어 여기서 끝난다.

4. 맺는 말—연구사적 조명

지금까지 앞에서 분야별로 살펴본 지훈의 민속학 연구를 정리하면서 그의 연구성과가 한국 민속학 연구사에서 어떤 의미를 갖는가 조명해 보려고 한다.

지훈은 40여 편의 논고를 남겼는데, 그중에서 10여 편이 민속학 관계 논문이다. 지훈이 발표한 논고를 모아 그 자신이 직접 편집한 『한국문화사서설』에는 총 18편의 논고가 수록되었는데, 한국의 풍토와 민족성, 한국문화의 위치, 한국의 신화, 한국종교의 배경, 사상, 음악·미술·문학·민속·정신사의 문제 등, 실로 다양하고 폭이 넓다. 이외로 신라의 향가, 어원 분야에까지 손이 미쳐 지훈은 한국학의 거의 전반에 걸친 문제들을 논구했다. 그의 연구범위가 이렇게 넓은 만큼이나 민속학 분야의 연구도 다양하고 폭이 넓어 민속학사·신화·신앙·민요(民謠)·유희·향토 연구 등을 포괄하고 있다. 그래서 지훈의 민속 연구가 다양하고 폭넓은 안목으로 민속을 보는 장점이 있는 반면에 민학(民學)의 어느 한 분야를 집중적으로 깊이있게 파헤쳐 체계를 세워놓지 못한 아쉬움이 있다. 그러나 지훈의 민속 연구는 그 출발이 민속 그 자체의 연구에 목적이 있었던 것이 아니고, 거시적 안목으로 민족문화의 흐름을 짚어 나가는 과정에서 민속과 부딪쳐 그의 말대로 민속이 민족문화의 태경(胎經)이라는 것을 알고 그 기초작업으로 민속에 관심을 갖게 된 것이기 때문에 어느 한 분야의 전문성을 가진 민속학자료로서가 아닌 '민족문화학' 내지 '민족문화사'가의 입장에서서 민속에 관심을 갖다 보니 민속학의 여러 분야에까지 손이 미치게 된 것이 아닌가 생각된다. 이런 관계로 민속을 바라보는 지훈의 눈은 역사학·종교학·문화인류학·신화학 등, 다양한 방법론이 동원되는 장점을 가지기도 했다. 그러면서도 민속학에서 기초가 되는 민속현장의 관찰조사 자료보다는 대부분 문헌자료에 의존해 민속을 본 것은 지훈의 민속연구 업적에서 못내 아쉬운 점이기도 하다.

그러나 지훈 개인의 연구성과를 오늘의 시점에서 바라다 볼 때 앞에서 본 몇 가지 아쉬운 점들이 있기는 하지만 한국 민속학의 연구사적 흐름에서 맥을 짚어볼 때 다음 몇 가지 문제는 기억되어야 하리라 생각된다. 지훈의 민속 연구는 자신의 의견을 펴나가기 위한 개인적인 것과 또 남들이 연구하는 데에 도움이 될 수 있는 것으로 구분될 수 있는데, 전자의 대표적인 것으로는 「한국신화의 유형」·「누석단·신수·당집 신앙 연구」를 들 수 있고, 후자로는 「한국민속학소사」·「한국민족문화관계문헌목록」 중의 「민속학문헌목록」, 「향토문화 연구의 의의」, 출판·자료조사·전시회 등의 민속 관계 학술사업 등이다.

지훈 개인의 의견을 펼친 이 두 편의 논문은 건국신화를 폭넓은 안목으로 세계민족신화와 비교하면서 그 계통을 찾아 놓았다는 것과, 다른 하나는 서낭신앙의 전국적인 문제를 다루면서 그 신앙계통을 밝히고 재래의 '서낭'과 중국 전래의 '성황(城隍)'이 다르다고 역설한 점은 뒷날에도 이 방면 연구에 참고가 될 만한 업적으로 남을 수 있을 것이다. 이 두 편의 논문은 앞에서 지적한 여러 가지 아쉬운 점이 있으면서도 당시 침체기에 있던 이 방면 연구 분야에 한 획을 그을 수 있었던 업적이 될 수 있을 것이라 생각된다.

남의 연구에 도움을 줄 수 있는 후자의 성과로 민속학사의 정리·문헌정리 목록, 향토연구의 방향제시, 각종 학술사업 등은 당시 민속학이 침체기에 있던 1960년대 전반기에 민속학의 활성화를 위해 새바람을 불러일으키는 일들이었다. 학사를 정리해 한국 민속학의 학사적 맥을 짚어 볼 수 있게 하고, 문헌목록을 내놓아 이 방면, 연구의 문헌정보를 파악할 수 있게 하고, 민속이 전승되는 민속현장인 향토를 어떻게 연구할 것인가, 그 연구 방향과 방법을 제시하고, 민속학 분야를 연구 진작시키기 위해 출판·조사·전시사업을 추진한 일들은 1933년에 창립된 조선민속학회 구성원들의 활동이 1950년 한국동란(韓國動亂)을 계기로 끊기고, 1968년에 창립되어 오늘에 이르는 '민속학회'의 활동이 있기 전인 그 공백기 곧 1950년대에서 1960년대 전반기의 그 침체기를 이어주는 가교의 구실을 한 것으로 볼 수 있다. 침체기로 보는 이 시기에 전문분야에서 활약한 몇몇 민속학자들이 있었지만, 여기서 말하려는 것은 한국 민속학의 발전을 위한 학계 전반의 공익적인 면을 가리키는 것이다. 그래서 지훈의 이와 같은 활동은 민족문화연구소를 통해 이루어진 것이어서 '민속학회'의 활동이 시작되기 전까지의 당시에 이 연구소가 공익적 민속관계 학술사업의 유일한 창구 구실을 하게 된 것으로 볼 수 있다.

지훈의 '민족문화학'에 대한 정열은 『한국문화사대계』를 간행하면서 『한국문화사서설』을 엮어낸 후에 1960년대 중반기인 그의 말년에는 민속학 쪽으로 초점이 집중되어 여러 가지 학술사업을 벌였으나 그의 작고로 결실을 보지 못한 점은 끝내 아쉬움으로 남는다. 그런 중에도 지훈 이 설립한 '민족문화연구소'가 건재하여 홍일식 교수가 그 후임으로 뒤를 이어 『한국민속대관』을 간행하는 등, 민속학관련 학술사업을 벌여나가는 것은, 지훈의 유지가 계승 발전되어 학계에 기여하는 좋은 예로 보인다.

조지훈의 국문학 연구

최철

1

지훈(芝薰, 1920-1968)의 학문연구에 관한 관심의 폭은 넓고 다양하다. 국문학 연구에 있어서도 연구의 범주는 넓다. 그러므로 본고에서는 지훈의 국문학 연구 중에서도 몇 가지로 제한, 국한하여 지훈의 연구 성과를 정리해 보기로 한다.

민속학과 시문학, 역사, 사상, 독립운동사 연구는 별도로 이루어지기 때문에 필자는 지훈의 국문학 연구 업적 중에 특히 고전시가를 중심으로 한 연구에 논의를 집중시킬 생각이다.

지훈에 있어 학문에 대한 관심의 첫 결실은 흔히 「된소리에 대한 일고찰」과 「어원소고」를 들고 있다.[1] 이것은 지훈이 1940년 『문장』지에 「고풍의상」으로 추천받기 바로 전해 일이다. 지훈은 시 창작에 앞서 이미 학문에 관심을 기울였던 사실을 알 수 있다.

1940년 『춘추』에 「신라의 원의와 사뇌가」를 발표, 어원 연구와 어의 해석에 구체적 적용을 시도하였다.

1942년에는 조선어학회에서 사전 편찬 사업을 계획하였는바 지훈은 이곳에서 큰사전 편찬원으로 일을 하였다.

지훈의 「산유화와 서리리탄(黍離離嘆)」[2]은 이 시기에 발표한 것으로 산유화의 어원과 서리리의 어원이 어디에 있으며, 어의가 무엇인가를 밝힌 것인데 지훈의 언어학 연구, 어원 탐구의 일면을 엿볼 수 있다.

해방기에는 『한글』지 편집에 관여하였고, 『중등국어교본』, 진단학회의 『국사교본』 편찬에 참여하였다. 한편 일제로부터 벗어난 새로운 건설 · 모색의 와중에서 특히 지훈은 민족문화에 대한 가치를 재인식하는 작업에 몰두했다. 「민족문화의 당면과제」(1947), 「민족성 개조의 방향」(1948), 「한국 예술의 원형」(1948) 등의 논고는 해방기 지훈의 관심의 일단을 표명한 것이다. 뒷날 『한국문화사서설』(1964)에 수록된 18편의 논문은 이 시기 지훈의 관심사를 묶어 놓은 것이다.

인권환은 「지훈의 학문과 업적」에서 지훈의 학문연구의 특성과 그 성과를 밝힌 바 있다.[3] 이 글은 지훈의 학문 업적을 이해하는 데 참고가 된다.

「신라국호 연구 논고」,[4] 「신라가요 연구 논고」[5]는 고전시가 강의 및 업적 응축에서 얻어진 결실이다. 「신라가요 연구 논고」는 향가 성립의 역사적 고찰, 향가의 명칭, 형태, 형식, 유형, 작가, 내용, 계통적 분류 등 향가의 종합적 연구이다. 이 연구에 관한 문제점은 다음 항에서 다시 논의하겠다.

「신라국호 연구 논고」에서는 국내의 고문헌에서 찾은 13종의 신라국호를 비교고증했고, 그 결과 신라국호의 원의와 국호(신라)에 담긴 사상 이념을 찾아보려 했

---

1) 이 두 논고는 1938년 『룸비니』와 1939년 『한글』지에 발표되었다. 이때 지훈의 나이는 18세, 19세였다.

2) 『춘추』(1942); 『조지훈 전집 7』.

3) 인권한, 「지훈의 학문과 업적」, 김종길 외, 『조지훈 연구』, 고려대학교출판부, 1978.

4) 『고대오십주년기념논문집』(1956. 12).

5) 『국문학』(고려대 국문학과, 1962); 『민족문화연구』 1호(1964).

다. 방만하면서도 치밀·섬세한 지훈의 학문적 방법과 태도가 이 논고에 나타난다.

지훈의 국학연구에의 집념과 업적을 얘기할 때 지훈은 한 개인 학자로서 조용히 서재나 강의실에서 연구하고 강론하는 데만 머물지 아니했다. 민족문화를 연구하고, 연구를 장려하는 연구소를 설치 운영함으로써 민족문화 연구의 중요성을 실천 고양시키는 데 더욱 힘을 기울였다. 이 점은 지훈의 학문이 진취적이고 개혁적인 실천력을 수반하고 있음을 드러낸 것이라 하겠다. 지훈은 고려대학교에 부설된 '한국고전국역연구회'를 '민족문화연구소'로 확대 개편하면서 민족문화 연구의 터전을 마련하는 일에 전념하였다.

1964년에서 1968년, 5년간 『한국문화사대계』(1964년 시작)를 비롯한 『한국도서해제』의 편찬, 기관지 『민족문화연구』 간행 등 연구소에서 해야 할 기본 바탕과 골격을 세워 놓았다. 이 점은 지훈의 국문학 연구에 있어 또 다른 의미의 업적으로 평가되어야 할 것이다.

지훈은 국문학 연구 방법의 하나로 고전국문학 주해를 논하고 있다. 국문학 해석을 위한 기본 바탕을 작품 주해에 두고 있다. 고전국문학의 주해야말로 문학 해석의 첫 사업임을 강조하였다.

지훈은 고전문학 해석은 주로 세 가지 각도에서 논의될 수 있다고 했다.[6]

첫째는 면밀한 어학적 연구로서 해독의 완성이고, 둘째는 문학적 연구로서 작품의 내용과 형식의 비평적 연구이며, 셋째는 사학적 연구로서 작품과 작가의 배경론적 연구이다.

이 세 가지 중에서 둘째와 셋째는 첫째 문제의 성과를 발판으로 하는 데서만 그 정당한 출발을 시험할 수 있으므로 고전 주해의 과제는 주로 어학적 주석이 중요하다고 보았다.

지훈이 고전문학 연구에 있어 주해 문제에 관심을 표한 것은 지금까지 주해서의 오류가 많고, 해방기를 맞아 방대한 우리 문학을 넓게 보급하자면 우선 긴요한 사업이 고전 주해와 한적의 번역이었기 때문이다.

지훈은 문학의 해석은 언어학적 연구와 문학적 연구, 그리고 사학적 연구 이 세 단계로 나누어 볼 수 있지만 이 삼단계는 그 하나하나가 각기 세 방면을 내포한 기

6) 조지훈, 「한국예술의 이해—고전국문학 주해 문제」, 『조지훈 전집 6』, 일지사, 1973, 376쪽.

초 위에 이루어져야 함을 뜻하는 것으로 풀이했다.

예컨대 「신라국호 연구 논고」는 어학적인 연구이며, 「신라가요 연구 논고」는 문학적 연구이다. 그리고, 「한국문학의 전개」는 역사적 연구의 측면에 더 가치를 둔 것이다. 그러면서도 지훈은 이 세 단계가 각기 독립된 개별연구로 존립하는 것이 아니라 내포되는 의미를 지녀야 함을 역설했다. 그것은 그의 논고 「신라가요 연구 논고」에서도 입증이 된다. 신라가요 명의에 대한 어의의 고찰, 향가 성립연대에 관한 사적 고증, 신라가요 형식, 양식, 내용에 관한 문학적 고찰, 이런 종합적 측면에서의 연구가 곧 「신라가요 연구 논고」임을 알 수 있다. 문학 연구의 방법이 어느 한 쪽에만 편중되고 기울어 있지 않았음을 알 수 있다.

조지훈은 고전문학 해석의 방법을 앞서 든 예의 언어학적 해독, 비평적 이해, 배경론적 연구 셋을 들고 있으며 이를 좀더 구체화하여 5단계 방법론을 제시하고 있다.

첫째, 현대어에 대한 지식이 풍부해야 한다.

둘째, 고어에 대한 상식과 그 전거를 찾는 노력이 성실해야겠다.

셋째, 한문학에 대한 지식이 있어야 한다.

넷째, 민족문화학 주로 민속과 역사에 대한 조예를 마련해 두어야겠다.

다섯째, 문학에 대한 감성과 작품 파악의 통찰력의 함양이 요청된다.

인권환은 「지훈의 학문과 그 업적」[7]에서 지훈 학문의 특성을 몇 가지로 요약하고 있다.

첫째, 지훈 학문의 바탕에는 조국애와 민족애 그리고 주체적 민족의식이 깔려 있다. 이 점은 지훈을 민족주의자로 본 것이며, 민족주의자들의 공통적 특성은 향토, 조국, 민족에 대한 애착이라 지적할 수 있다.

둘째, 지훈의 학문 방법은 개념화, 체계화, 도식화, 명명화인데 이 점은 지훈의 학문적 자세가 과학적 논리성에 뿌리 두고 있음을 입증한 것이다. 풍부한 상상력과 세밀한 천착력으로 종합화하는 논리 전개는 그의 논문에서 발견된다.

셋째, 지훈은 박학 다양한 학문 영역을 지니고 있다. 역사, 사회, 종교, 철학, 어문학, 인류학, 지리학, 민속학 등에 관한 논고에서 이런 사실은 입증된다. 이 같은 다방면으로 쏠린 지적 관심사로 인해 그의 논고에는 심도의 면에서, 집중점에 아쉬움

---

7) 인권환, 앞의 글, 324-325쪽.

이 발견된다. 이 점은 다음 항의 「신라가요 연구 논고」에서 지적하겠다.

지훈은 시 창작에서 벗어나 1960년대에 들면서 특히 관심을 기울였던 학문분야에 더욱 뚜렷한 업적을 남긴 것이다. 그리고 민족문화진흥 발전을 위해 기울인 민족문화연구소의 업적 역시 그의 학문업적에 빼놓을 수 없는 중요한 공적임을 기억해야 할 것이다.

2

1973년에 묶어 정리한 『조지훈 전집』 중 제7권(일지사)에는 국문학 논고로 9편을 싣고 있다.

「신라가요 연구 논고」, 「신라국호 연구 논고」, 「신라의 원의와 사뇌가에 대하여」, 「산유화와 서리리탄(黍離離嘆), 기타」, 「산유화고」, 「연정사·윷노래 해제」, 「어원유제」, 「한글 창제의 의의」, 그리고 장을 달리하여, 「한국현대시문학사」.

위 논문들은 크게 나누어 어원에 관한 것과 또 다른 하나는 신라가요 문학의 연구이다. 그리고 관심의 대상이 주로 신라 시대의 어문에 관한 것임을 알 수 있다. 특히 지훈은 신라의 문학과 문화, 역사, 사회제도와 사상에 관심을 보였고 한국 민족문화의 뿌리를 신라를 통해 찾아 보고자 했다. 이 점은 지훈의 관심이 삼국 중 유독 신라 쪽에 더 깊었음을 알 수 있다. 상대적으로 고구려나 백제의 문화, 예술, 역사에 대한 논급은 없었다.

신라문화에 대한 지훈의 관심, 신라를 아끼고 사랑한 지훈의 심경은 지훈의 시주 반생 자서인 「나의 역정」[8]에 "나는 성지순례와도 같은 심경으로 경주를 다녀 왔다"에도 드러난다. 지훈의 시, 「계림애창」은 신라 왕조 멸망의 애환을 담고 있는데 그가 얼마나 신라를 사랑하고 미련을 갖고 신라에 경도되었는가를 보여준다. 지훈의 신라 관련 연구는 신라를 사랑한 미련의 마음에서 시작된 것이며 신라를 통해 우리 민족을 재인하고자 했던 것이다. 지훈이 민족주의자로서 향토애, 조국애, 민족애의 발현으로 이룩한 연구가 곧 '신라국호 연구'였고, '신라가요 연구'였다.

---

8) 조지훈, 「나의 역정」, 『고대문화』 1호(1955).

3

「신라국호 연구 논고—신라 원의고」[9]는 전 7장으로 구성되었다. 1. 문헌에 나타난 신라국호, 2. 신라국호에 대한 제설, 3. 지명에 보이는「신라」유음, 4. 신라국호 표기의 변화, 5. 신라국호의 어의, 6. 신라국호의 기저관념, 7. 신라국호에 나타난 신라 건국.

1장에서 4장까지는 신라 국호에 대한 어원을 밝히는 작업이다. 어원을 밝힘에 있어 먼저 각 문헌에 나타난 '신라'를 찾아보았고, 기왕에 이루어진 이 방면 연구가의 의견을 들어 비판했다. 지명에서의 신라 국호, 그리고 '신라' 표기의 변화는 어떠했는가를 살펴보았다. 5, 6, 7장은 어원에서 얻어진 결과를 바탕으로 '신라'라는 말 속에 내포된 의미를 토대로 기본 사상과 관념, 신라 건국의 이념까지 확대 해석해 보았다.

이 논문의 골자를 정리한다면 아래와 같다.

'신라'의 원음형은 'ᄉᆞᄅᆞ벌'이며, 원의는 상·고의 훈(訓)인 '수리'임을 밝혔다. 사로국 사량부 고허촌 소벌은 동음의 이사(異寫)임을 논증하였다. 이 사실은 곧 부락국가로서의 신라의 육촌 중 하나인 사량부의 이름이 통일국가인 신라의 국호가 되었다는 사실을 발견할 수 있다. 이런 사실을 바탕에 둘 때 '신라' 국호의 어원을 통해 아래의 사실을 밝힐 수 있다고 했다.

첫째는 육부촌장이 각기 자제를 데리고 모여 통일된 나라를 만들고 한 임금을 섬기기로 하였으니 이것은 전통적인 부락회의지만 여기서 주목할 것은 "각솔자제의 넉 자(字)"이다.

둘째로 이 부락회의의 10여 년 전에 고허촌장 소벌공이 양산록을 바라보니 이기(異氣)가 뻗혀 가 보니 큰 알이 있었고 그 알에서 나온 이가 혁거세로 10여 세가 되어 임금이 된 것이니 이것은 천자난생설화를 윤색한 것이지만 여기서는 그것을 발견한 사람이 소벌공이라는 데 주의해야 한다. 이것은 곧 육부의 자제 속에서 소벌공이 혁거세를 골라 사위로 삼고 통합 신라 초대왕을 만들었다는 데 지나지 않는다. 혁거세의 비(妃) 알영 부인은 사량부 출신으로 소벌공의 딸이다. 이로 인해 사량

9) 『고대오십주년기념논문집』(1956. 12).

부는 육부 중에서 왕통(王統)이 되고 그 이름 사라벌이 그대로 국호가 되었다는 것이다. 따라서 신라건국 신화와 국호의 원의는 다음의 사실을 암시하는 바 있다.

가) 부락국가가 합쳐서 통일국가가 된 것

나) 회의로써 선거가 표면에 나타났으나 뒷면에 숨은 것은 사량부일사노국(沙梁部一斯盧國)의 세력 팽창에 의한 자주통일인 것

다) 국왕은 무(巫)의 세습으로 되고 그 세습은 선거 추대의 형식을 밟는 것이다.

지훈은 '신라'의 어의와 말뿌리를 밝힘에 있어 첫째, 이를 이두 차자로 인식했다는 점이고 이는 '신라'의 표기 예를 11종이나 되는 유음을 통해 확인시켰던 것이다. 그리고 '신라'의 어의 해독 방법으로 지명, 인명, 방언, 고어 등을 비롯 여러 문헌을 통해 해독을 도모했다는 점은 실로 '신라' 어의 탐구의 한 진전임에는 틀림없다. 'ᄉᆞᄅᆞᆸ'로 읽고, 뜻함을 상·고로 해석한 것이 이 논고의 결론이다.

그리고 주목되는 점은 앞에서 밝힌 상·고라는 '신라'의 말뜻을 통해 이를 확대 해석하여 신라의 건국이념과 신라의 기저관념(신라정신)까지 추론한 것 역시 지훈 특유의 학문 접근 방식을 드러낸 것이다.

뒷날 지훈의 '신라' 말뜻의 풀이와 이에 담긴 의미망의 연구는 다시 논의될 여지가 있으리라 믿는다. 지나친 확대 해석과 논리의 비약으로 인지될 여지를 남기고 있다. 이 점은 뒤에 논외될 신라가요의 논고에서도 나타난다.

4

「신라가요 연구 논고」[10]는 『삼국유사』에 적혀 전하는 신라향가에 관련된 연구이다. 이 논고에는 신라향가 개별 작품에 대한 해독과 작품 해석은 논의되지 않았지만 신라향가를 체계화하여 종합적으로 검토한 논고라 하겠다. 먼저 이 논문은 크게 세 장으로 나누어졌다. 목차를 보면,

---

10) 『민족문화연구』 제1호(고려대 민족문화연구소, 1964).

1. 라가(羅歌) 성립 연대고(年代考)

2. 라가(羅歌) 명의고(名義考)

 1) 향가　2) 사뇌가　3) 도솔가　4) 불찬가

3. 라가(羅歌) 분류고(分類考)

 1) 형태적 분류　2) 형식적 분류

 3) 유형적 분류　4) 작가 분류

 5) 내용적 분류　6) 계통적 분류

지훈은 신라가요 성립연대를 다음과 같이 도출했다.

첫째, 『삼국유사』에 수록된 가요는 일연의 의취에 적합하고 채록이 가능했던 전대가요의 일반에 불과한 것이요, 거기에 적힌 최고(最古)의 것으로써 곧 신라가요 성립연대를 삼을 수 없다. 왜냐하면 『삼국유사』 소재 최고(最古) 가요는 서동요로서 서기 6세기 말경인데 『삼국유사』에는 그 이전의 것으로 비록 가사는 전하지 않으나 작자가 불명한 가명(歌名)이 나타나 있고 또 노례왕(유리왕)때 "시작도솔가"란 기록이 있으니 이는 6세기 가요보다는 훨씬 연대가 올라간다.

둘째, 『삼국사기』 유리왕 5년조의 "시제도솔가 차가악지시야"라는 구(句)의 "가악지시야"라는 말의 뜻은 "마땅히 국가소정가악(國家所定歌樂)의 시(始)"란 뜻으로 보아야 한다. 그러므로 신라가악의 시(始)는 육부육촌시대 훨씬 이전으로 거슬러 올라가지 않을 수 없다.

셋째, 신라가요는 4구체가 기본이 되어 발달했다. 여기서 다시 8구체로, 10구체로 발전한 것으로 해석했다. 그리고 이 10구체는 신라가요 형식의 완성된 대표적 형식이라 하였다.

넷째, 신라가요 문학—문자로 정착된 시가문학—의 시작을 유리왕 5년조의 기록을 들어(시작도솔가) 이는 분명히 구전가요의 문자기재 정착의 시작으로 해석하여야 마땅하다고 보았다.

그런데 지훈은 유리왕 5년에 이미 신라가 한문을 받아들여 이두와 같은 차자 표기를 실험할 수 있었겠는가에 의심을 품고 "유리왕 5년조의 기사는 제14대 유례왕 때의 기사가 착오 혼입된 것이라 단정한다"라는 입론을 세웠다. 근거로는 유리왕과 유례왕은 동명이인이라고 본 것이다. 『삼국사기』 신라 3대 유리왕은 『삼국유사』에는 제3대 노례왕으로 표기하고 그 노례왕은 유례왕이라고 쓴 증거를 『삼국유사』에서 들고 있다. 14대 유례왕은 284년에 즉위하여 298년까지 재위하였다.

지훈은 "시작도솔가"를 국정가악이 시작된 시기로 보고 그것으로써 이두식 표기의 발단과 신라가요문학의 발아기로 보려 했다.

지훈이 밝힌 신라가요 성립연대고에서는 유리왕 5년의 기사를 제14대 유례왕 때 기사가 착오혼입된 것으로 단정하였고 유리왕과 유례왕은 동명이인으로 보는데 문제가 남는다. 『삼국유사』에서 박노례이질금(朴努禮尼叱今)을 달리 유례왕이라고 한 사실에 근거를 두고 있지만 유례왕과 유리왕이 동명이인임을 착각해서 기사를 잘못 혼입했을 것이란 추론은 논리적으로 받아들이기엔 미흡하다.

현존 신라향가나 『삼국유사』의 관련기록을 검증해 볼 때 신라가요 발생을 어떻게 볼 것인가라는 문제부터 풀어야 된다고 본다. 신라가요 성립 시기를 한 시대로 잡아 논하기에는 신라가요가 갖는 노래의 성격으로 볼 때 확언하기 힘들다. 더욱 신라향가가 불교를 널리 전파시키기 위한 목적에서 더욱 흥행되었을 것이란 점을 생각한다면 신라 불교의 융성과 때를 같이한 시기가 곧 신라가요 성립의 한 시기가 아닐까 하는 생각을 갖게 된다.

『삼국유사』(권 1) 노례왕조의 "시작도솔가 유소사사뇌격(有嬈辭詞腦格)"란 구절의 해석에도 문제는 남는다. 필자는 이 구절의 해석은 국정가악의 시작된 시기로 보기보다는 도솔가란 작품(노래)은 산사(産辭)라는 사뇌가 격식을 갖춘 최초의 작품이란 뜻으로 받아들여야 마땅한 것으로 믿는다. 곧 도솔가는 작품명이며, 이 노래는 사뇌가 장르에 속하고, 또 이 사뇌의 형식은 반드시 산사(産辭)가 따른다는 것이다.

도솔가란 작품은 육사(陸辭)라는 사뇌 격식을 갖춘 최초의 작품임을 설명한 것으로 이해함이 옳다. 『삼국사기』에서 도솔가를 가악의 시(始)라 한 것의 가악은 바로 사뇌가를 지칭한 것으로 본다.

신라가요 성립에서 지훈은 4구체를 기본으로 발달되었다고 보았다. 4 → 8 → 10구체 발달과정을 보이고 있다. 그리고 10구체는 신라가요형식의 완성된 대표적 형식으로 설명하였다. 이 점은 토전행촌(1929), 소창진평(1929), 이후 양주동(1942)에 의해 밝혀진 것과 다름이 없다. 향가 시형을 구체로 파악하여야 할 것인가의 의문점은 제기되지 않았다.

다음 '라가(羅歌) 명의고(名義考)'에서 신라가요는 문헌에 향가, 사뇌가, 도솔가 세

가지 이름으로 불렸다고 보았다. 그리고 이 셋 중에서 사뇌가, 도솔가는 이두식 차자 표기로 해석하였다.

향가란 어의는 한시, 범항(梵項) 등 외국 가요에 대한 우리 민족이 우리말로 지은 노래면 모두가 향가라 할 수 있다. 고구려, 신라, 백제의 노래가 다 향가요. 고려와 조선조 현대시까지도 넓은 의미의 향가라 할 수 있다고 해석하였다.

우리 나라 사람이 우리 노래를 향가라 칭한 것은 사실이다. 여기에는 시대와 시가 장르상 구별이 문제되지 않고 우리 나라 노래는 모두 향가이다. 지훈은 이런 연유에서 신라의 향가를 다른 시기의 시가와 구별하여 신라가요 또는 줄여서 '라가(羅歌)'라 칭했다.

필자는 『삼국유사』에 적힌 신라가요를 신라향가로 칭하고자 한다. 신라가요만을 유독 향가라 칭함에는 문제가 있다.

다음 사뇌가에 대하여 지훈은 신라가요의 한 갈래로 인식했다. 신라가요를 크게 셋으로 나누었다. 사뇌가, 도솔가, 불찬가, 그리고 이 세 가지 이명(異名)은 가요문학의 내용면의 분화발달에서 붙인 명칭이요, 형식적으로 이 셋을 구별할 수 없다고 했다.

사내(思內), 시뇌(詩惱), 사뇌는 같은 의미의 이사(異寫)로 신라어의 노래 또는 소리를 뜻하는 말임을 알 수 있다고 했다. 사뇌 두 자가 이미 소리(노래)라는 말인 까닭에 사뇌가에서 가(歌)는 겹말이라 했다.

사뇌의 원의를 천신과 부락수호신을 제사지내는 민간신앙과 결부된 말로 해석, 그 뜻함을 상·고로 풀이하였다. 상·고의 뜻을 지닌 사뇌가 가요명에 쓰인 것은 이 사뇌가 붙은 가요명은 그 지방의 신악(神樂)이기 때문이라 했다.

사뇌가는 신가(神歌), 주가(呪歌)로 '수리노래' 또는 '사래노래'로 보았던 것이다. 사뇌격은 시나위 가락으로 신가(神歌)란 말로 풀이했다.

지훈은 "사내(思內)·시뇌(詩腦)·사뇌"는 "ᄉᆞᄅᆞ·시레·스레"로, "수리·소로(上·高·神·靈)"의 뜻 서라벌 사로국은 ᄉᆞᄅᆞ벌 · 소로벌(上國·高國) 곧 소도국의 뜻이라는 것이다. 따라서 사뇌가는 ᄉᆞᄅᆡ노래로서 신가(神歌)·무가(巫歌)·주가(呪歌)의 뜻임을 역설하였다.

실로 사뇌가의 어의가 무엇인지는 분명히 얘기하기는 어렵다. 신라 향가의 한 갈래로 사뇌가가 있었음은 문헌기록에서 발견된다. 구체적인 예는 균여의 향가 11마리[首]인 보현십원가는 사뇌가이며 또 사뇌의 격식을 갖춘 노래이다. 『균여전』「가행화세분(歌行化世分)」 조(條)에,

> "사지외학(師之外學), 우한어사뇌(尤閑於詞腦), 의보현십종원왕(依普賢十種願王), 저가일십일장(著歌一十一章)"
>
> "팔구행지당서(八九行之唐序), 의광문(義廣文), 십일수지향가(十一首之鄕歌), 사청구려(詞淸句麗), 기위작야(其爲作也), 호칭사뇌(號稱詞腦)"

이 기록에서 알 수 있는 사실은 첫째 균여의 보현십원가는 사뇌라는 사실이다. 균여는 동시에 사뇌에 익숙했음을 알리고 있다.

둘째는 향가는 당서(唐序)의 대응으로 쓰고 있는데 이로 볼 때 향가는 분명 우리나라 노래란 뜻이다. 균여의 11마리 보현십원가는 향가(우리나라 노래)인데 이를 구체적으로 갈래지어 말한다면 사뇌라 했다. 여기서 우리는 균여의 향가야말로 사뇌란 사실을 기억해 둘 일이다.

『삼국유사』에는 충담사가 지은 것으로 된 찬기파랑가를 사뇌가라 불렀다. 또한 "시작도솔가 유산사사뇌격(有産辭詞腦格)"의 풀이에서 도솔가는 사뇌의 격식을 갖춘 첫 작품이고, 사뇌의 격식은 산사(産辭)를 갖는다는 뜻으로 풀이하면 사뇌가란 10구체 산사(産辭)라는 형식을 띤 노래의 양식임을 알 수 있다. 『균여전』에서 밝힌 사뇌 형식의 삼구육명(三句六名)을 필자는 이와 같은 점으로 풀이하였다.[11)]

『균여전』에서 사뇌를 풀이한 대목에 "의정어사고운뇌(意精於詞故云腦)"란 주기(註記)에 대하여 그간 학계의 일반적인 논급은 사뇌의 뜻함을 이같은 한자 뜻 풀이로 해석함은 잘못이라 보고 향찰임을 모르고 한 말로 단정했다. 그러나 『균여전』에서의 최행귀의 사뇌 주석을 가볍게 넘길 수만은 없다. 이 구절의 풀이는 '뜻이 겉으로 나타난 사(詞)보다 정밀(속이 깊기 때문에)하므로 뇌(腦, 알맹이)란 말을 덧붙였다'는 의미로 볼 수 있는 바, 이 점은 사뇌란 노래는 그 뜻함이 매우 높다는(이는 불교의 깊은 사상을 내포) 뜻으로 해석함이 옳다고 본다. 『균여전』에서 사뇌는 뜻함이 깊고 높아 종국에 부처의 큰 뜻이 여기에 내재해 있다는 사실을 밝히고 있다. 『삼국유사』에서

---

11) 최철, 「삼구육명(三句六名)의 새로운 해석」, 『동방학지』(연세대 국학연구원, 1986).

도「찬기파랑가」를 설명하는 기록에 경덕왕께서 이 노래가 뜻이 높다는데 사실이냐(其意甚高 是其果乎)고 묻고, 충담은 그러하다고 답변하였다. 사뇌란 불교의 깊은 사상이 담긴 노래로 이해하여야 할 것이다.

지훈은 도솔가 풀이에서 이 말뜻을 향찰 표기로 읽고 “다슬노래”로 해석하였다. 그 원의를 치리가(治理歌)로 풀었다. 필자는 도솔가는 사뇌 격식으로 된 노래 작품의 이름이며 이 노래 이름의 말뜻은 불교의 도솔과 관련되는 것으로 본다.

지훈은 도솔가를 사뇌가와 같이 신라 향가의 한 갈래로 인식하였다. 그리고 유리왕 때의 도솔가를 풀이하여 “처음으로 도솔가를 지었는데 사뇌격이 있었다 했으니 도솔가 이전에 사뇌가가 있었다는 말이요. 그것이 가악의 시(始)라 했으니 그 전에 있는 사뇌격은 구전가요요 기재가요·창작가요·국정가요로서는 그 도솔가가 비롯이란 말로 해석해야겠기에 말이다”라고 하였다.

유리왕 5년의 기록을 어떻게 읽을 것인가에 따라 이 문제 해석이 달라진다. 이 점은 필자의 견해와 다르다.

지훈은 신라향가의 가악명을 설명하면서 신라향가 작품들의 노래 이름은 대부분 한문으로 되었고 나어(羅語)로 표기된 것은 극히 소수인 바 주목되는 바는 한문으로 된 가악명에서 무(舞)가 1종, 악(樂)이 8종, 곡(曲)이 7종, 인(引)이 2종, 사(詞)가 1종, 요(謠)가 2종, 가(歌)가 26종이다. 나어(羅語)로 된 것은 사내(思內)가 붙은 것이 4종, 가(歌)도 사내(思內)도 붙지 아니한 그냥 지명이 4종이라 했다.

지훈의 이 통계는 우선 신라향가의 작품 이름이란『삼국유사』에 분명하게 밝혀진 것도 있지만 구체적으로 이름이 정해진 것은 혜성가를 포함하여 4마리[首]뿐이다. 그렇지 않고 후대에 주석자들에 의해 노래 이름이 붙여진 것도 많다는 사실을 잊은 것이다. 예컨대 원왕생가, 원가, 헌화가, 풍요 등은 양주동의『조선고가연구』에서 처음 붙인 이름이다. 소창의 연구에는 달리 붙이었다. 찬기파랑가의 경우도 원노래 이름은 기파랑사뇌가이다. 사뇌를 빼고 부른 사실을 기억해야 할 것이다. 그리고 서동, 죽지, 기파, 처용, 도솔은 향찰 표기의 나어(羅語)로 봄이 옳다.

이 점은 오늘날 전하는 신라향가를 보다 구체적이고 본질적으로 이해하는 데 있어서 그냥 넘길 수 없는 일 중 하나라 여겨진다.

향가, 사뇌가, 도솔가, 불찬가는 신라가요의 다른 명칭으로 불릴 것이 아니라 각기 그 의미함과 내포의 범주가 다르다. 일연은 향가, 사린가(詞麟歌), 도솔가를 같은 뜻으로 해석하지 않았다.

'라가(羅歌) 분류고(分類考)'에서 신라향가를 여섯 측면에서 분류했다. 형태적 분류, 형식적 분류, 유형적 분류, 작자별 분류, 내용적 분류, 계통적 분류.

1) 형태적 분류

지훈은 사뇌가를 전·후 사뇌로 나누어 전자를 민요조의 기재가요 및 창작가요, 후자를 8구체, 10구체의 창작가요로 보았다.

도솔가를 전·후 도솔가로 나누어 전자를 주가(呪歌), 의례가로서의 치리가(治理歌)로, 후자를 불찬가 곧 향찬으로 봄으로써 종래 불교식 도솔가로 보아 온 월명사 도솔가를 전자에 넣고 종래 사뇌가로 보아 온 산화가(가사 부전)를 불교식 도솔가(향찬)로 바꾸어 보았다.

지훈은 이를 다음과 같이 도식화했다.

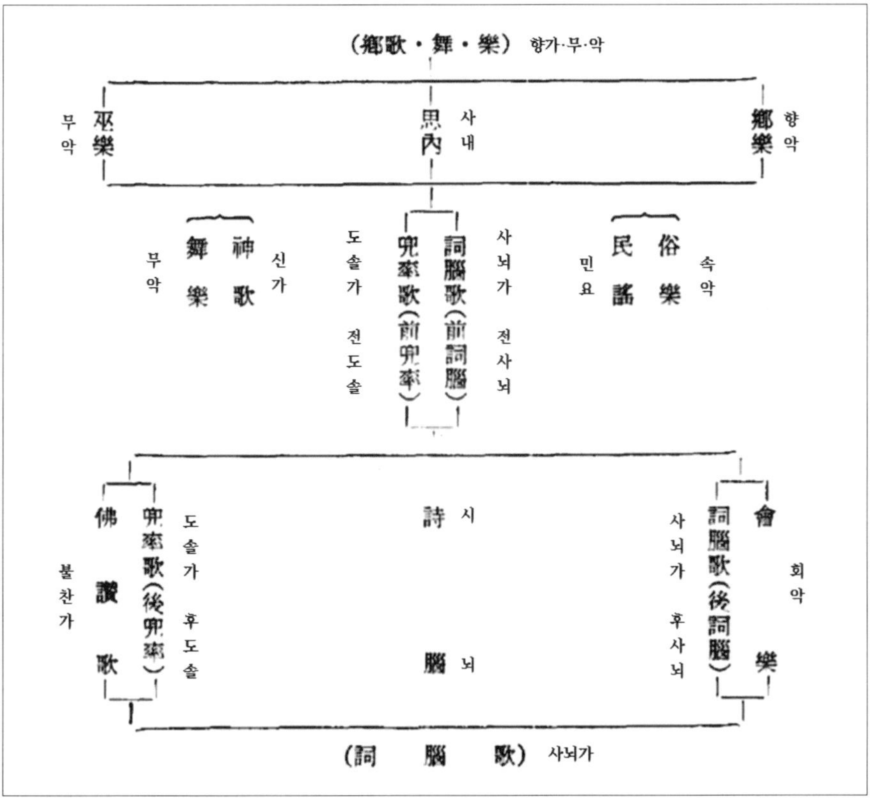

2) 형식적 분류

지훈은 우리 민요의 기본 형식을 2구체 또는 후렴을 넣어 3구체로 파악하여 이를 고가요(古歌謠)의 가장 단순한 형식으로 보았다.

4구체를 민요적 전사뇌(前詞腦)의 기본 형식으로 보아, 5구체, 6구체의 존재 가능성을 현존 민요로 유추 설정하였다. 2 → 4 → 6 → 8 → 10구체 단시형 발달과는 별개로 고대찬가 또는 서사시적 형식으로 사설체 → 장가체 → 연가체의 발달이 있었다고 보았다. 이를 도식화하면 다음과 같다.

<table>
<tr><td>회악체 →</td><td colspan="2">민요체 →</td><td>시가체</td></tr>
<tr><td>이구체 →</td><td>사구체
(이구체십이구체)</td><td>팔구체
(사구체십사구체)</td><td>십구체[팔구체십락구(이구)]</td></tr>
<tr><td>이구체십후렴구
=삼구체</td><td>사구체십후렴구
=오구체 → 육구체</td><td>사뇌가　도솔가</td><td>사뇌가 도솔가 불찬가
↑</td></tr>
<tr><td>사설체 →</td><td colspan="2">장가체 →</td><td>연가체</td></tr>
</table>

한국시가 형식의 배수증가의 특성을 그대로 보이고 있다. 쓰치다 교손(土田杏村)도 『상대의 가요(上代の歌謠)』(1929)에서 이런 견해를 밝힌 바 있다.

지훈은 향가 시형을 설명하면서 『균여전』 최행귀 역가현덕분서(譯歌現德分序)에 밝힌 '三句六名(삼구육명)'에 대한 설명은 없었다. 신라향가의 시형을 이해함에 있어 최행귀의 지적은 매우 중요한 견해다.

3) 유형적 분류

지훈은 신라향가 유형을 크게 셋으로 나누었다. 사뇌가, 도솔가, 불찬가.

사뇌가를 '사래노래'로 읽어 곧 신가(神歌)·주가(呪歌)로 보았다. 도솔가를 '다솔놀애'로 읽어 치리가로 보았다. 도솔가와 불찬가를 구별하여 월명사의 도솔가와 안민가, 혜성가를 고유의 도솔가에 넣고 산화가를 불(佛)에 넣었다.

지훈은 사뇌가 양식을 설명함에 있어 내용면에 지나치게 관심을 표명했다. 곧 사뇌가의 특성을 형식적인 면에서 고려해 보는 데는 부족했다. 단순히 주가(呪歌)나 신가(神歌)로서 사뇌의 속성을 파악하고자 했다. 사뇌가의 특성은 그 형식에서도 분명히 거론되어야 하며, 이는 삼구명의 시형에서 구체적으로 언급되었고, 유리왕 5

년조의 도솔사뇌가에도 밝혀진다.

한편, 『삼국유사』 소재 신라향가의 제작연대 추정에는 문제가 있다. 신라향가 중에는 전부터 전승되어 온 구전가요도 있으며, 작자로 알려 진 인물 가운데는 그 실존 여부가 불분명한 이도 있다.

참고로 지훈의 유형별 분류표를 보면 다음과 같다.

<table>
<tr><td rowspan="3">사뇌가[수릐놀애]
(주가·서정가)</td><td>서동요(진평왕대)(600전)
풍요(선덕왕)(635)
헌화가(성덕왕대)(702~737)</td><td>4구체</td></tr>
<tr><td>모죽지랑가(효소왕대)(692~702)
처용가(헌강왕)(879)</td><td>8구체</td></tr>
<tr><td>원왕생가(문무왕대)(661~681)
원가(효성왕)(737)
찬기파랑가(경덕왕대)(742~765)
제망매가(경덕왕대)(742~765)
도천수관음가(경덕왕대)(742~765)
주역가(원성왕대)(785~798)</td><td>10구체</td></tr>
<tr><td rowspan="2">도솔가[다솔놀애]
(치리가·의식가)</td><td>도솔가(경덕왕대)(760)</td><td>4구체</td></tr>
<tr><td>안민가(경덕왕대)(742~765)
혜성십가(진평왕대)(579~632)</td><td>10구체</td></tr>
<tr><td>불찬가
(찬가·서사가)</td><td>보현십원가(11수)(산화가)장가</td><td>10구체</td></tr>
</table>

4) 작가별 분류

지훈은 신라향가 작자의 신분별 통계를 나타냄에 있어 국선과 승려를 구별하여 “국선은 이름 밑에 사(師)를 붙이고, 승려는 이름 위에 석자(釋字)를 관(冠)하였다”고 했다. 국선은 신불습합의 신라국교였다. 고대의 선도(仙道), 풍월도로서 화랑도와 넘나드는 것으로 오늘날 무교(巫敎)의 원류라 했다.

월명사, 융천사, 충담사는 국선이고 석(釋) 양지, 영재는 승려로 보았다. 필자의 견해는, 사(師)는 승려에 대한 존앙의 뜻으로 쓰여진 것이며 단순한 직명에는 석(釋)을 썼다는 것이다.

원왕생가 작자에 대한 이설(異說)을 설명하고 지훈은 이 노래를 지은 이를 광덕으로 보았다. 지훈의 신라향가 작자별(신분) 분류표는 다음과 같다.

왕자	서동 처용	서동요 처용가	1수 1수
화랑	득오	모죽지랑가	1수
국선	융천사 월명사 충담사	혜성가 도솔가·제망매가 찬기파랑가·안민가	1수 2수 2수
승려	석(釋)양지 석(釋)영재 석(釋)균여	풍요 우적가 보현십원가	1수 2수 11수
신도	신충 광덕 희명	원가 원왕생가 도천수관음가	1수 1수 1수
평민	실명노인	헌화가	1수

5) 내용적 분류

지훈은 신라향가 14마리[首]의 내용을 아래와 같이 분류했다.(*표는 주력·신통·감이[感異]의 설화가 따른 것)

동요	서동요* (참요)	1수
민요	풍요	1수
풍가	처용가*	1수
주가	혜성가*·도솔가*·원가*	3수
감계가	안민가·우적가*	2수
원가	원왕생가·천수관음가*	2수
사모가	모죽지랑가·제망매가*	2수
찬가	찬기파랑가·(보현십원가) 11수	2수(12수)
헌가	헌화가	1수

일연은 『삼국유사』에서 신라향가를 다음과 같은 편목에 예속시켰는데 이 점은 향가의 내용을 파악하는 데 참고해야 할 점으로 인식된다. 일연이 어떤 뜻으로 신라향가를 기이, 탑상(塔像), 의해(義解), 감통(感通), 피은(避隱)에 다 예속시켰는지 검토해 본다면 일연의 향가 수용 측면이 드러날 것이다. 예컨대 탑상 편에 실린 득안가(천수대비가)는 희명이 아이를 안고 분황사 좌전 북벽에 그려져 있는 천수대비의 탑상 앞에서 기구하면서 부른 노래이다. 탑상조의 이야기는 불상과 불탑의 영험을 나타낸 이야기의 묶음이다. 피은조는 세속을 떠나 승려가 된 고승들의 전기를 묶은 것인데, 이에는 신충의 원가, 영재의 우적가가 실려 있다. 신라향가의 내포된 의미를 파악함에는 일연이 향가를 『삼국유사』의 어느 편목에다 예속시켰는가를 찾아보는 일이 중요하다.

6) 계통적 분류

지훈에게 향가는 우리 나라 노래로서 범패(梵唄)·한시에 대한 우리 고대가요의 총칭 — 그것은 사내(思內)라는 이름으로 가(歌)·무(舞)·악(樂)이 미분된 것이었다. 그것은 서사적인 면과 서정적인 면이 합일된 것으로 이것이 분화되어 "전자는 무가로 후자는 민요로 되고, 이 두 가지를 종합 절충하여 제정한 중간형식이 주가(呪歌) 아송(雅頌)으로서의 도솔가로 보았다. 민요적인 것에서 사뇌가가 전개되고, 무가적인 것에서 소위 향찬이 이루어져 이로써 신라향가의 삼체"가 형성되었다고 했다. 지훈은 아래와 같이 이를 도식화함으로써 한국시가의 계통적 흐름을 정리하였다. 조선조의 여민락, 용비어천가 등이 도솔가를 계승하였다고 본 것의 설명을 요한다. 민요 — 사뇌가 — 고려가요의 선이 시조에 닿은 것은 시가 형식면에서의 설명이 가능하다.

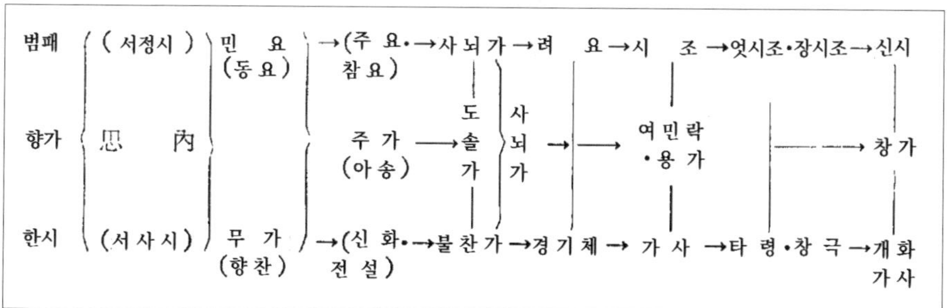

지훈은 시종 민족주의 이념을 바탕으로 신라 문제를 탐구했다. 신라 국호의 탐구나 신라가요의 연구는 민족주의자로서의 민족애나 조국애, 향토애의 한 발현으로 해석된다. 그의 방만한 어의의 고증은 신라향가 이해의 바탕이 된 것이다. 사뇌가, 도솔가, 사(師)나 석(釋)의 해석, 부분적이긴 하나 향가 개별 작품에 대한 향찰 해독도 그의 학문 연구 방법의 중요한 하나임에 틀림없다. 이런 자의의 해석은 지훈의 신라향가 연구의 한 특색이라 하겠다. 하지만 신라향가의 문학적 연구나 사상연구가 시도되었더라면 하는 아쉬움이 있다. 지훈의 '라가(羅歌) 분류고'는 신라가요 연구 논고의 핵심되는 부분이다. 다만 분류의 근거나 체계에 대한 논리적 방법은 모색되지 아니했다. 또 지훈의 라가(羅歌) 해석 중에는 권상로(權相老)설에 바탕을 둔 것이 있다.

5

신라의 원의와 사뇌가에 대하여—주로 상고민속과의 관련에 대한 고찰[12]—신라국호에 대해 언급했듯이 양주동 전몽수의 기존설에 반론을 제기 'ᄉᆞᄅᆞ블'로 읽어야 함을 강조했다. '사래'로 읽는 데는 경북 일대의 방언과 지명을 참조했다.

지훈은 사뇌가의 어의를 설명하면서 "민속환강(民俗歡康)이 차사뇌격(嗟詞腦格)을 지은 원인이요, 성지궁달지변(誠知窮達之變)이 신공사뇌격(身空詞腦格)을 지은 원인이니 이로써 보건대 신공과 사뇌가 별개의 격이 아닌 것과 같이 산사와 사뇌가 대립된 별개 의 격이 아님은 물론이요, 효사나 신공은 그 사뇌가의 제작 이유 내지 가제에 해당할 것이"라고 말했다.

지훈은 차사사뇌격을 산사사뇌가의 의(義)에 지나지 않는다고 보았다. 차사를 민속의 환강을 찬탄하는 노래의 뜻으로 해석했다.

신공사뇌가는 신공가란 작품명이며 여기에 사뇌를 붙인 것은 이 노래의 갈래를 지칭한 것이다. 이런 예는 찬기파랑사뇌가에서 사뇌를 빼고 흔히 찬기파랑가로 명명하는 것과 같다. 차사사뇌격(歌가 아님)의 효사는 사뇌의 격식을 지칭한 것이다.

---

12) 『춘추(春秋)』 4권 1호(1943. 1).

이 사(辭)는 바로 사뇌가의 형식에 드러나는 9행 바로 앞에 붙는 차탄의 말(성상인, 타심, 후구, 낙구 등)을 가리킨 것이다. 지훈이 신공과 차사를 같은 의미로 해석, 작품의 제작 원리로 이해한 점은 잘못이다.

6

「산유화와 서리리탄(黍離離嘆), 기타」.

이 논고는 다섯 항목에 걸쳐 어원을 다루었다. 서벌과 사벌은 신라원의에 대한 보유의 성격을 띠고 있다. 서벌과 사벌은 신라와 같은 말임을 입증하고 있다.

모례(毛禮)와 도리에서는 어원문제를 고찰했다. 지훈은 도리를 모례와 같은 말로 보고 동음이철로 믿었다.

곰[神]·곰[熊]의 어원에 대하여 지훈은 곰이 신(神)의 의(意)가 된 것은 웅녀신화에 기인한 것이라 하여 곰·곰 동원설을 주장했다.

웅(熊)에게서 부족적 영웅이 탄생되었다는 신화는 비단 단군신화뿐만 아니라 동서의 신화들 사이에 일맥의 연결이 있다.

웅(熊)이 여신 즉 모신임을 알 수 있고 여신이 신(神)의 훈(訓) 곰이 된 것은 모권제가 부권제에 선행함을 보이는 것이다. 그런 면에서 곰과 곰은 동원임을 알 수 있다.

산유화를 풀이하여 메나리꽃으로 해독하고 이 메나리꽃이란 산백합을 칭하는 것으로 이해했다. '산유화급'[13]에서 이 노래의 의미와 전승을 설명하고 있다. 서리리는 아리랑의 경우 후렴에 "아리아리랑 스리스리랑"의 원류라고 보고 있다.

민며느리의 어원은 미리며느리[예부]로 해석하였다. 미발표 가사로 '연정사·윷노래 해제'[14]가 있다. 연정사는 작자 연대 미상이나 문체나 철자법 등을 고려할 때 조선조 후기 것임을 알 수 있다.

윷노래도 작자 연대 미상이나 문체로 볼 때 여성 문장임을 알 수 있다.

---

13) 『고대신문(高大新聞)』, 1948. 3. 25.

14) 『어문논집(語文論集)』 1호(고려대 국문학과, 1966).

어원소고[15]에서 절[寺], 부처[佛], 중[僧], 명색의 어원을 고구했다.

지훈은 절의 어원을 "모례"에서 찾아 그 근거를 『삼국유사』 권3, 아도기라조(阿道基羅條)에서 들고 있다.

부처는 범어인 Buddha의 음역이다. 중[僧]의 어원은 중(衆)에 두었다. 원의는 중화합이란 뜻이다. 명색의 어원을 불교의 명색에 두었다. 불교의 12연기 중에 명색을 말한다.

지훈의 신라문제 연구는 궁극적으로 신라정신의 탐구였다. 신라정신의 탐구를 위해 신라 어원에 대한 해석을 시도했고 나아가 신라가요 연구에까지 지속되었던 것이다.

7

김종균은 「조지훈의 문학비평」[16]에서 지훈의 문학비평 활동을 세 시기로 나눈 적이 있다.

1) 해방 직후에서 6·25사변까지 좌·우익의 소용돌이 속에서 민족문학론을 펴던 시기
2) 고전·탐미주의 및 선적(禪的) 미학에 도취하던 1950년대 순수비평 시기
3) 학구적인 자세로 우리 문학을 사적으로 정리해 보려던 1960년대의 문학사가로서의 학구적 문학비평 시기

해방기 문단 정세는 순수 민족으로 연계되는 자본주의 진영의 시정신이 사상과 정치, 계급으로 이어진 투쟁적이고 개혁적인 공산 이데올로기와 대립하게 되었다. 즉, 시와 사상성, 순수와 정치성, 민족과 계급의 문제로 대립되었다. 지훈은 시원론적(詩原論的) 입장에 서서 일반성과 특수성에 입각한 조화를 찾는 것으로 기본 문제를 해결하고자 했다. 이 시기 지훈은 줄곧 민족시관의 이론을 전개했다. 지훈의 민

---

15) 『한글』 통권 73호.
16) 김종길 외, 『조지훈 연구』, 고려대학교출판부, 1978.

족시관은 민족시가 따로 있는 것이 아니라 시인 각자가 제 개성 속에서 우러나오는 확고한 세계를 파악하여 새로운 인간성에의 탐구에로 그 문학적 생명의 모든 정열을 표출하기만 한다면 민족문학의 한 강물줄기는 곤곤(滾滾)할 수 있고, 또한 우리 시가 민족시로서 세계시에 나아가기 위해서는 순수시 운동을 벌여야 하니 시의 본질을 찾는 순수시의 운동은 곧 민족시 수립이 된다는 견해를 갖고 있었다.[17]

해방기 지훈의 시관은 시 본질 속에 민족시가 싹터야 함을 강조하였다. 그리고 시의 순수성이 곧 민족시라는 시론적 이론을 보여주고 있다.

1950년대 지훈의 시론은 기초 시원리의 모색과 참 시의 이상점이 어디에 있는가 하는 방향 제시가 문제시되었다.[18]

지훈의 기초 시원리의 작업은 『시의 원리』에 드러난다. 1930년 시문학파의 순수시이론에 시론의 정통적 가치를 부여했다. 지훈은 한국 시가 나아가야 할 이상점을 유미적·고전적·선(禪)적 자연미라 믿었다. 그런 점에서 지훈은 전통의 회귀를 강조하였다. 전통과 고전의 가치를 주장했던 것이다. 민족의 새로운 가치 창조는 반드시 전통에의 환원에 대한 노력 없이는 불가능하다고 전제했다. 우리 문학의 최대 과제는 고전 문학의 형성으로 일체의 유파성도 이에 합류할 것을 주장했다. 그리고 고전문학 형성의 요건으로서 국어의 발달, 국민의식의 자각, 이지(理智)와 정열의 균형을 들었다.

이 모든 것이 늘 지훈이 내세웠던 민족문학이 지향해야 할 고전주의에 연유한 것이다. 지훈 시에 담긴 주제와 사상미학도 이런 테두리에 뿌리박고 있다.

김종균은 이러한 지훈의 고전주의 열의를 일종의 신앙이란 말로 표현했다.

조지훈의 선적 미학은 지훈의 사상과 생활에 푹 젖어서 나온 직접적 체험의 소산이다. 민족과 선, 그리고 추구했던 한국의 자연도 민족, 선 속에 내포된 개념으로 받아들여진다. 그것은 지훈 시에 흐르는 지훈의 사상미학이다.

1960년대에는 그의 민족주의적 연구가 깊어지면서 사적 성찰로까지 끌어 올려갔다.

1960년대의 그의 학문적 성과는 이 시기 지훈의 비평 활동을 잘 드러낸 것으로

---

17) 조지훈, 「순수시의 지향」, 『백민』(1947. 8); 『조지훈 전집 3』, 206-213쪽.

18) 김진균, 「조지훈의 문학비평」, 『조지훈 전집』, 394-407쪽.

해석된다. 지훈의 사적 체계 역시 민족사관에 자리잡은 것으로 국학 관련 논문 속에 드러났다. 『한국민족운동사』, 『한국문화사서설』, 『한국현대시문학사』, 『민속학소사』가 그것이다. 한국사상사의 관점이라든가 한국정신사의 체계는 그의 학문의 독특한 일면을 드러낸 것이다.

조지훈은 한국현대시문학사를 기술함에 있어 역사의 단절 문제 극복에 관심을 보였다. 개화가사의 설정은 단절 극복의 방법으로 이룩된 것이고, 이것은 민족은 영원히 살아 움직인다는 신념에서 비롯된 것이다.

참고로 지훈의 한국현대시문학사의 시대 구획을 본다.

1) 신체시의 남상(1894~1918) — 개화가사 > 창가 > 신시
2) 근대시의 여명(1919~1934) — 상징시 > 낭만시 > 카프시
3) 현대시의 전환(1935~1944) — 순수시 모더니즘 > 휴머니즘
4) 해방시의 조류(1945~1954) — 서정시 > 사회시 > 전쟁시
5) 전후시의 제상(諸相)(1955~1964) — 아방가르드의 후예 > 신서정시의 기수 > 실험하는 시인들

지훈은 시문학사를 완결 짓지는 아니했지만, 민족주의 주체사상에 따라 우리의 현대시를 재단, 비판하였고 시문학사를 체계적으로 정리하고자 했던 공로는 자못 크다 할 것이다.

조지훈의 역사관 연구

김정배

1. 머리말

우리는 조지훈을 학자이자 시인으로 높이 평가하는 데 주저하지 않았다. 학자라고 하여도 국문학자라고 그 범위를 좁혀 생각하는 사람들이 많았다. 그러나 지훈을 잘 아는 학인(學人)들은 그의 방대한 저술에서 한국사 전반에 걸친 주옥같은 논고들이 빛을 발하고 있음을 잘 알고 있었다. 지훈의 업적을 분석, 평가하는 과정에서 그의 한국사와 문화에 관한 높은 성과를 제외시킨다면, 역설적이지만 오히려 그의 국문학이나 시의 세계는 진정한 우리 민족문화의 혼을 운위한 업적이라고 논할 수 없을지도 모른다. 그만큼 지훈의 전공분야에는 한국사와 한국문화의 심도 있는 이해의 바탕 위에 그의 모든 결정체가 용해되어 있는 것이다.

지훈의 한국사 연구는 크게 대별하면 고전과 사상, 그리고 역사를 연구한 한국문화사 방면과 자기가 처해 있던 시대의 고뇌를 풀기 위한 독립운동사 연구로 나누어 고찰할 수 있다. 이 두 방면의 연구는 그의 학문과 사상의 탄탄한 밑바탕이 되었고, 가히 민족시인으로 추앙받게 되는 철학이 되었으며, 행동하는 양심으로 지조론의 탄생을 가져온 원동력이 되었다. 현실 정치의 격변 속에서 불의에 항거한 그의 행동은 민족의 독립운동 정신과 불가분의 관계가 있는 것이고 시의 세계나 사상의 진수는 한국문화사와 접목된 학문의 관점을 그대로 표출한 것이다. 따라서 지훈의 한국사 연구는 그 내용면에서는 통시대적(通時代的)이지만 이를 관통하는 두 조류(潮流)는 한국문화사와 독립운동사라는 거대한 줄기로 엮어져 있다. 이 두 가지 관점에서 지훈의 한국사를 일별해 보기로 한다면 그의 사학은 단순히 실증사학의 범주에 속하지 않는다는 것을 이해하게 된다. 탄탄하게 다져가는 치밀한 고증 못지않게 중요한 역사의 줄기를 세우는 데 심혈을 기울인 흔적이 도처에서 보이기 때문이다.

2. 개성 있는 한국문화사 서설

우리가 지훈의 『한국문화사 서설』을 접하게 되면 그 당시까지 그와 같은 부류의 저서가 없었던 상황에서 그의 책은 상당히 돋보이는 가치를 띠고 있었음을 알게 된다. 역사와 문화를 종합한 포괄적인 성격을 지니는 그의 논지는 한국의 사상과 문화의 심층을 꿰뚫어 보려는 강한 집념이 엿보인다. 지훈 자신도 자기가 원하는 종류의 저서가 없는 학계의 사정을 십분 이해하고 있었기 때문에 그 사정의 일단을 다음과 같이 언급한 바 있다.

> 한국의 종교와 철학과 예술을 중심한 정신사 방면에 관심을 둔 것은 24~5년 내의 일이다. 그동안 틈틈이 문헌을 설비(設備)하고 자료를 수집하고 선배학자들의 연구를 비판 취습(取拾)하여 윤곽과 관점만은 잡았으나 한 권의 저서를 기필(起筆)할 용기와 겨를을 가지지 못하였다.[1)]

---

1) 조지훈, 『한국문화사서설』, 탐구당, 1968; 『조지훈전집 6—학술논고 1』, 일지사, 1973, 202쪽.

위의 인용구에서 알 수 있는 바와 같이 지훈이 일찍부터 정신사 방면의 연구에 깊은 관심을 기울이고 있었던 사실을 알게 되는데 그 시기에 이러한 생각을 지니고 있었다는 것은 놀라운 발상임에 틀림이 없다. 그는 그의 『한국문화사서설』의 서(序)에서 좀 더 자세하게 내력을 피력하고 있다.

> 이 18편의 논고는 각 분리 독립된 논문이지만 그것들은 서로 관련을 가진 것일 뿐 아니라 목차에서 보이는 바와 같이 그 선택된 항목이 한국문화, 특히 정신사 체계화의 안목을 요략(要略)한 것임을 알 수 있을 것이다. 이 책은 상·하편에 나뉘어져 있다. 상편은 한국정신사를 논구(論究)한 논문들이요, 하편은 이와 관련된 평론들이다. 특히 상편에 수록된 1, 2, 3부의 논고 9편은 1947년에 있었던 학생들 상대의 문화강좌의 강의의 초고인 바 고 이인수 교수의 영역(英譯)을 위하여 정리했던 것이나 이교수의 횡사(橫死)로 좌절(挫折)된 것과 6·25 당시 원고 1부가 산락(散落)되는 바람에 인덱스를 잃어서 인용논문의 출처를 못 밝힌 곳이 몇 곳 있음은 부언해 둔다.[2)]

이 구절을 통해서 볼 때 우리는 지훈의 정신사 관계 논고들이 일정한 체계를 두고 서술되었음을 알게 된다. 그뿐 아니라 이 나라의 문화사를 정리하는 것은 젊은 학생들은 물론 외국인들에게까지도 진정한 이 나라의 문화사의 모습을 알려 주어야겠다는 의도가 깊게 깔려 있었음을 발견하게 된다. 우리가 허심탄회하게 지훈의 『한국문화사서설』이 출간되던 당시의 학계 상황을 회고하여 보거나 현재의 처지에서 이 저서의 가치를 재삼 평가한다 하여도 이 책이 지니고 있는 무게나 비중은 결코 과소평가할 수는 없다고 볼 것이다. 지훈 자신이 지적한 바와 같이 그 당시까지 하여도 이같은 정신사 방면의 저서는 없었으며 이러한 관점에서 볼 때 지훈의 저서는 선구적인 업적을 이루어 놓았다고 단언하여도 지나친 말은 아닐 줄 안다. 물론 한국문화사라는 이름으로 간행된 책들은 그 후에도 다수 쏟아져 나왔지만 이는 거의가 문화사라는 이름에 걸맞는 것이 아니었고, 또 거의가 한국사 개설(槪說)의 범위를 크게 벗어나지 못하고 말았다. 이 때문에 지훈의 저서는 오히려 더욱 돋보이는 존재가 되어 버렸다. 지훈의 『한국문화사서설』은 당시의 학계 수준을 한 단계

---

2) 조지훈, 『조지훈전집 6—학술논고 1』, 202쪽.

올려 놓는 데 공헌을 하였다. 그 시기의 학문성과를 고르게 채용하였을 뿐만 아니라 내용면에서 보아도 좀처럼 접근하기 어려운 음악 미술 등 다방면에 걸쳐 문화의 원형을 찾고자 심혈을 기울인 흔적을 도처에서 찾아보게 된다.

그의 저서를 일별하게 되면 "풍토(風土)"를 강조하거나 "민족성"이나 "민족 문화"의 본질문제를 심도있게 다루고 있어 일반 사가(史家)들이 접근하지 않는 난제를 대담하게 파헤치고 있다. 이러한 시각에서 본다고 하면 지훈의 『한국문화사서설』은 흔히 운위(云謂)하는 실증사학자들의 역사서술과는 아주 다른 모습을 보이고 있어 대조가 된다. 지훈은 분명 실증사가들의 논저를 익히 알고 있었으나 거의 인용이 없다는 것은 그의 문화사에 대한 근본 취향이 실증사학자들의 그것과 맞지 않았기 때문일 것으로 풀이가 된다. 사실 지훈은 논지의 필요에서는 자료를 깐깐하게 고증을 해 나가는 편이었지만 문화사에서 보이는 한결같은 흐름은 개별 자료를 딛고 전개시키고 있는 격조 높은 해석의 일관성이라고 말할 수 있다. 그의 책이 일반 독자나 전문가에게 쉽게 읽혀진다고 평을 듣는 것은 사실의 고증을 위주로 하는 실증사학 계통의 지루하고 난해한 전문성보다 해석 위주의 서술이 더 공감을 사기 때문인 것 같다. 이 경우에 해석의 오류 가능성이 지적될 수 있고 또 비판의 대상이 되겠지만 어느 경우에도 학문에는 견해의 수정이 상존하므로 크게 염려할 성질의 것은 아니다. 오히려 그러한 방향으로 과감히 시도한 것 자체가 학계에 큰 자극을 주었다고 보는 것이 타당한 견해라 할 것이다.

그의 저서에서 풍기고 있는 해석 위주의 서술을 검토해 보면 우리 역사학계에 이미 잘 알려진 남창(南滄) 손진태의 저서를 읽는 듯한 느낌을 종종 받게 된다. 남창의 저서가 사실을 딛고 풀어쓰는 역사서술의 형태를 일찍이 취하였기 때문에 전문가나 일반 독자들이 접근하기가 쉬웠거니와 지훈의 저서에서도 이 같은 점들이 발견되므로 새삼 개성 있는 저서라는 평을 하여도 지나친 말은 아니라는 생각이 든다. 사실 서술의 체계에서뿐만 아니라 양인(兩人)은 그들의 학문 취향과 일정한 사상의 배경에서 상당히 주목할 만한 공통점을 지니고 있는 것이 발견되고 있다. 남창이 민속학에 큰 공헌을 한 것처럼 지훈도 일찍이 민속학에 관한 저서를 내놓았으며 남창이 신민족주의 사관으로 우리 역사를 쓴 것처럼 지훈은 독립운동사에 큰 족적을 남겨 놓았다. 이 점은 뒤에서 다시 언급하겠거니와 지훈의 현실감각을 유감없이 발휘한 업적이 아닐 수 없다. 그뿐만 아니라 위의 두 사람은 민족문화에 지대한 관심을 표명한 점에서도 놀라운 상사성(相似性)이 엿보이고 있다. 지훈의 이같은 관점은 뒤에서 다시 논급이 될 기회가 있을 것이다.

이제 필자는 그의 『한국문화사서설』에서 제기하고 있는 문화사의 주요 줄거리가 구체적으로 어떤 것인가를 몇 가지 관점에서 검토하여 보기로 하겠다.

3. 한국문화의 성격론

지훈은 한국문화의 성격을 거론하면서 민족성의 규명을 기후, 풍토 등과 연관시켜 그의 논지를 전개시키고 있다. 그는 민족성을 고구(考究)하는 데에는 존재의 측면에서 보는 면과 생성의 측면에서 관찰하는 길이 있음을 들고 어느 하나만을 고집하는 것을 배격하면서 다음과 같이 논하고 있다.

> 만일 민족성이 단순히 일시적인 것이라면 그것은 민족성이란 이름에 값하지 못할 것이요, 이는 참된 민족성의 개념으로는 무의미하다고 볼 수 있으니 민족성은 일시적 성향이 아니고 통시적인 영항성향(永恒性向)이기 때문이다. 그 시간과 공간 안의 주체인 인간, 곧 민족을 빼어버리고는 민족성을 생각할 수는 없다. 그러므로 민족성은 역사적으로 생성되지만 그것은 다시 역사의 주체로서의 고유소(固有素) 곧 기본소(基本素)를 지님으로써 역사를 움직이는 법이다. 바꿔 말하면 민족성은 생성과 존재의 어느 한 측면에서가 아니라 그것들의 통일에서 체득되고 파악되어야 한다는 말이다.[3)]

지훈이 민족성의 문제를 제기한 이유는 그것이 바로 민족문화와 밀접한 관계가 있다고 간주했기 때문이다. 사실 민족성의 문제만 하여도 우리는 어느 분야에서도 이같은 문제를 깊이 있게 다룬 논고를 아직까지 발견하지 못하고 있음은 다 아는 일이다.[4)] 필자가 과문한 탓으로 여타 분야의 구석구석의 학문 성과를 일람할 수 없어 잘 모르지만 지훈이 여기에서 전개한 수준의 민족성의 논고 같은 글을 주위에서

---

3) 위의 책, 203쪽.

4) 신일철, 「한 시인의 한국정신사관」, 김종길 외, 『조지훈 연구』, 고려대학교출판부, 1978, 331쪽.

찾는다는 것은 어려운 상황이라고 말하지 않을 수 없을 것 같다. 그러한 관점에서도 지훈이 민족성을 고찰한 이 논술은 커다란 의미를 지니는 작업이었다고 평해야 옳을 줄 안다. 그가 민족성의 형성 문제를 논하게 된 것은 그것이 민족문화와 밀접한 관계가 있는 성격을 띠고 있기 때문인 바 이 점에 대해서 그는 다음과 같은 주장을 펴고 있다.

> 민족성과 민족문화와 민족문물은 상생관계에 있다. 민족성이 민족문화를 낳고 민족문화가 민족문물을 낳는다면 우리는 민족이 만든 바 문물제도에서 그 민족문화를 그 민족문화에서 그 민족성을 추출할 수가 있으니 이 삼자는 상호 생성과 제약의 관계에 있는 까닭이다. 그러므로 우리는 문물제도의 변혁을 통하여 민족문화의 마음을 변성(變成)시킬 수 있으며 민족문화의 노력으로써 민족성의 개조(改造)에 거슬러 올라갈 수 있다는 것이다.[5)]

지훈이 민족성과 민족문화의 본질 문제에 언급한 사실을 우리가 체득하려는 것은 그의 역사관 내지는 문화사관의 근저에 이 논리가 깊게 깔려 있으므로 모든 주요 문제가 이와 직·간접으로 연결되어 있기 때문이다. 그는 민족성의 문제를 논하면서 우리나라의 자연환경이라는 요소를 상당히 주목하고 그 영향을 강조하고 있다.

> 일언이폐지(一言以蔽之)하면 한국의 자연환경이 주는 기본성격은 양면성이다. 다시 말하면 해양적이면서 대륙적인 반도(半島)적 성격이다. 이 지리적 환경은 정치적 환경과 문화적 환경에 근본적인 제약을 주는 것으로써 거기에는 좋은 점도 있고 나쁜 점도 있으나 이의 전면 변개(變改)는 인력으로써는 불가능한 것이다.[6)]

우리나라 기후가 해양성과 대륙성의 특성을 지니는 것은 물론 자연환경의 소산이므로 이 점은 인위적으로 무시할 수는 없다. 그러나 지훈은 우리가 익히 알고 있

---

5) 조지훈, 『조지훈전집 6—학술논고 1』, 204-205쪽.

6) 위의 책, 206-207쪽.

었던 해양성과 대륙성의 특성에서 다음과 같은 사실을 지적하고 있다.

> 지리적 환경의 특질로서 예거한 해양성과 대륙성은 우리 민족에게 "평화성"과 "격정성(激情性)"이라는 두 가지 기본구소(基本構素)를 주었다. 이 국토의 지세(地勢), 기후(氣候), 경황(景況), 물산(物産)은 하나의 인력이 되어 원시의 우리 선민을 맞아들여 본래 대륙적이요 정한(精悍) 하던 선민을 이 풍토의 해양성이 평화적으로 변성시켰다. 그러나 나일강 유역에서, 황하 유역에서, 선진민족이 정착한 때에 수렵과 유목으로 일삼던 우리 선민들의 강한(强悍)한 습성은 그 평화성 안에 잠세(潛勢)로서 들어 있었다. 그 실례가 고구려적 성격이요, 뒤의 변성된 성격의 전형이 신라적 성격이다.[7]

지훈은 평화성과 격정성이라는 특징을 역사에 적용하여 신라와 고구려를 각각 그 표본으로 삼는 대담한 제의를 하였다. 그것은 지리적 환경이 주는 대륙성과 해양성에서 또한 도출되었던 성격이었기 때문에 위에서 보는 바와 같이 평화성과 격정성을 역사적인 사실체(事實體)에다 연관시킨다는 것은 매우 흥미있는 시도였다. 지훈은 여기서 더 나아가 문화의 성격에다 이같은 요인을 다시 설명하고 있다.

> 이 평화성과 격정성이라는 민족성의 두 기본구소(基本構素)는 우리의 문화에 "낙천성" 또는 "향락성"과 "감상성"으로 각기 표현되었다. 우리 문화의 고전시대인 통일신라의 문화는 해양성적인 "명상성(瞑想性)"과 대륙성적인 "웅혼성(雄渾性)"을 조화하여 우리 문화의 조화기를 시현하였으니 화랑도, 석굴암 같은 것이 그 실례다. 그러나 그 귀과 힘의 조화가 깨트려짐으로써 명상성은 낙천성으로, 웅혼성은 감상성으로 변성되었다. 통일신라 후기부터 고려에 걸친 시대가 그 시기이다. 우리의 예술에 나타난 이 두 가지 성격은 "꿈"과 "슬픔"이라고 각기 명명한다.
>
> 슬픔은 구경(究竟) "힘"의 결여에서 오는 성격이었다. 그러나 우리의 슬픔은 퇴폐의 슬픔이 아니요, 꿈과 결부된 희구(希求)의 슬픔이었다.[8]

---

7) 위의 책, 207쪽.
8) 위의 책, 208쪽.

그는 민족성에서 추출한 요소를 우리 문화의 기저에다 접목시킴으로써 흡사 양파의 껍질을 벗기듯 하나하나씩 우리 문화의 기본성격을 탐구해 나갔다. 우리가 보기에 흔히 약점인 듯이 보이는 요인에 대하여도 그는 부정에 부정을 거듭하여 긍정의 방향으로 해석하려는 노력을 잠시도 쉬지 않음으로써 민족성의 우수성을 내외에 과시하려는 흔적을 도처에서 목도케 하였다. 그는 여러 요인의 상호작용을 유발하는 민족성의 기본구소를 평화성, 격정성, 적응성, 보수성, 수용성, 난숙성의 육종(六種)으로 보고 이를 다음과 같이 도시(圖示)하였다.[9]

역사	해양성	→	낙천성	→	명상성(꿈)
	반도성	→	평화성	→	격정성(슬픔)
	대륙성	→	웅혼성	→	감상성(힘)
문화	다린성(多隣性)	→	적응성	→	기동성(멋)
	고립성	→	보수성	→	강인성(끈기)
자연	주변성	→	수용성	→	감각성(은근)
	중심성	→	난숙성(爛熟性)	→	조형성(造型性)(맵짬)

위의 도표에서 알 수 있는 바와 같이 지훈은 한국민족의 문화 성격을 가늠하면서 어느 한 분야의 관점이 아니라 가능한 한 전체의 학문성과를 종합하려는 자세를 견지하고 있다. 예컨대 역사나 문화의 속성을 논할 때 자연지리의 영향을 강조한 것은 물론 지훈만의 독창적인 시도는 아니다. 일찍이 세계 인류학계에서는 지리적인 자연환경이 인류문화에 끼치는 영향과 작용에 대해 오랫동안 큰 관심을 보여 왔다. 그와 같은 영향으로 인해 우리나라에서도 우리의 역사와 문화를 설명하는 데 자연환경을 원용하는 것이 상례화되다시피 하였다. 그러한 분위기는 민족주의 사가나 소위 실증 사가나 거의 구별이 없을 정도로 같은 분위기에 싸여 있었다. 지훈이 여기에서 논하고 있는 자연환경론은 넓은 시각에서 고려한다면 그러한 범주에 속하

9) 위의 책, 208쪽.

는 것이지만 이를 좀 더 살펴보면 간단하게 자연환경을 언급하고 지나치는 것이 아님을 알게 된다. 그는 단순한 사실로 자연환경을 논하는 것이 아니고 여타의 학인과는 달리 본질적인 속성을 탐구하려는 데 목적을 두고 있었다. 따라서 이러한 맥락에서 보면 지훈이 언급한 민족성의 탐구는 매우 특이할 뿐만 아니라 차원을 달리한 독보적인 관점을 나타낸 것이다. 솔직히 말한다면 우리 학계에서 이 문제를 길게 다룬 논고는 없는 형편이고 과문한 탓이긴 하지만 필자가 알기로는 지훈만큼의 논리로 민족성의 문제를 다룬 글을 주위에서 찾기란 실로 어려운 상황이라고 말하지 않을 수 없다. 이와 같이 본다고 하면 지훈이 다룬 민족성의 고찰은 큰 의미가 있다고 간주해야 할 것이며 이후에 이같은 논의가 본격화할 때 그의 민족성론은 다시 주목의 대상이 될 것이다.

4. 한국문화를 보는 시각

지훈은 우리나라 문화를 좁은 안목에서 보려고 하거나 단순한 사실만의 묘사만으로 만족하려 하지 않고 방대한 규모 속에서 한국문화가 서 있는 위치를 설정하려고 노력하였다. 그는 우리나라 문화의 계통론에 지대한 관심을 갖고 그러한 문화가 세계문화 속에서 어떻게 자리를 잡고 있는가 하는 위상에 대해 상당한 고심을 한 흔적을 적나라하게 보여 주고 있다. 그의 이러한 관점을 이해하기 위하여는 그가 문화를 어떤 각도에서 살피고 있는가를 일별해 볼 필요가 있다.

> 문화는 이동함으로써 생명을 유지하고, 복합(複合)함으로써 발전되는 만큼 제민족만의 순수한 고유문화는 사실상 존재할 수도 없을 뿐만 아니라 민족문화의 지향이 여기에 집착하는 한 그 문화는 이내 쇠망하고 말 운명에 봉착하는 것임은 새삼스러이 주의할 필요조차 없는 것이다. 그러므로 문화 자체가 복합적 성격을 지니는 이상 한국문화도 하나의 복합문화일 뿐 아니라 앞서 말한 반도성(半島性) 때문에 상당히 다채로운 복합을 거듭하였던 것이다.[10]

10) 위의 책, 209쪽.

위의 인용문에서 우리는 지훈이 문화의 본질을 어떤 각도에서 파악 검토하고 있는가를 알게 되는데 그는 이동과 복합이라는 이론으로 우리 문화의 생성을 분석하고 있다. 필자의 견해로는 이 "이동"이라는 것이 민족이동(Migration)인지, 또는 전파론(Diffusion)에서 말하는 전파 그 자체인지 바로 알기란 어려운 감이 있다. 만약에 인류학에서 흔히 쓰이는 이동이라면 이는 민족의 이동을 바로 언급하게 되는 바 전후의 문맥으로 보면 반드시 그러한 것은 아닌 것 같다. 그렇다면 여기서 운위한 이동은 문화의 전파를 극히 상식적인 용어를 사용하여 이동으로 표현한 것일 가능성이 커지는 셈이다. 그가 문화권을 강조하고 있는 것을 보아도 전파를 의미한다고 보겠다. 지훈이 문화복합을 누누히 지적하고 있고 문화의 복합으로 문화가 생명을 유지한다고까지 근본적인 성격을 논하고 있는 것을 보면 그가 문화의 본질을 보는 안목 또한 범상의 경지가 아님을 알게 된다.

> 문화권이란 문화접촉권을 뜻하는 것이므로 문화복합에 대한 구명(究明)은 문화에 대한 고찰부터 시작하지 않으면 안되는 것이다. 그러므로 한국문화의 위치 문제는 곧 한국문화는 어떤 문화권에서 발생하였으며, 어떤 문화권과 접촉하였고 어느 문화를 어떻게 수용하여서 제 문화를 발전시켰는가 하는 문제가 아니면 안 된다.[11]

그는 우리나라 문화를 이해하기 위하여 우리 주위에 문화권이 있음을 들고 시베리아문화권, 중국문화권, 인도문화권에 대한 고찰을 통하여 한국문화의 계통을 세우려고 시도하였다. 그는 특히 시베리아문화권에 상당한 관심을 표명하고 튜란(Turan) 문화의 원류와 지맥(支脈)에 대해서 체질(體質)적 특징, 언어적 특징을 비교하였다. 그가 시베리아문화권을 다른 문화권보다 상술한 것은 다음에 보는 바와 같이 우리나라 문화와 깊은 관계가 있다고 보았기 때문이다. 그는 체질, 언어, 샤머니즘의 여러 요소 중에서 우리나라와 많은 점에 공통성이 있음을 들어 우리나라 문화의 유사성이 시베리아에 있음을 강하게 암시하고 있다.

> 이상으로 튜란문화권 또는 시베리아문화권을 설(說)함으로써 한국 고유문화의 기초

---

11) 위의 책, 213-214쪽.

를 대강 밝혔다. 여기서 우리가 명기(銘記)할 것은 이 문화 자체가 가장 고대 문화적이기 때문에 현대 문명의 수준으로 볼 때 자기 본래의 문화를 잃거나 희박해진 민족을 제하고는 원시적 면목을 가장 많이 보유한 자는 실로 한국으로 첫손을 꼽지 않을 수 없는 사실이다.[12)]

그는 우리나라에 시베리아 문화의 영향이 짙게 깔려 있음을 언급하고 오히려 한국에서 그러한 많은 요소가 발견되고 있는 것이 당연하다는 논지를 취하고 있다. 따라서 그는 이에 덧붙여 중국문화권, 인도문화권을 차례로 논급하면서 우리나라 문화의 계통을 다음과 같이 종합 정리하고 있다.

이상으로써 우리는 동양문화를 이룩하는 삼대기초 문화에 대한 고찰을 통하여 동양문화의 윤곽과 한국문화의 유래와 그 독자적 성격을 대강 살펴보았다. 다시 말하면 한국문화는 시베리아 문화에서 요람기를 보내고 한(漢)문화권에서 보내고 인도문화권에서 성숙한 셈이다. 그러므로 이제 역사상 한국문화의 시대적 유형(類型)파악을 시험한다면 북부에 있어서 부여를 거쳐 고구려문화까지는 "시베리아문화+한문화형"이요. 남부의 삼한을 거친 신라문화까지는 "시베리아문화+인도문화형"이요, 백제문화는 "한문화+인도문화형"이었고, 고려문화는 불교문화형, 근세 조선문화는 유교문화형이라 할 수 있다. 이와 같이 시베리아문화권은 고대에서 내려올수록 소멸되고 마침내 동방 문화는 한문화와 인도문화밖에 남지 않은 듯이 보이나 시베리아적 문화전통을 지니고 현대 문명의 단계에 오른 대표적인 문화는 한국문화요, 한국문화는 장차 새로운 전개자로서 설 수 있을 것이다.[13)]

위에서 지훈이 지적한 논점은 우리 문화의 계통을 간명하게 밝혔다는 점에서 의미가 있다. 물론 우리는 시베리아 문화라든가 한문화라든가, 또는 인도문화가 우리나라 문화와 어떤 관계가 있다는 것을 전혀 모르고 있었다는 뜻이 아니다. 그는 하나의 문화권을 독립적이고 단절된 단위로 보지 않고 연속적인 문화의 발전과정에서 대세를 이루는 문화의 흐름이 무엇인가에 초점을 겨냥하고 있다. 그는 특히 두

12) 위의 책, 210쪽.
13) 위의 책, 216쪽.

가지 관점에서 문제의 핵심에 접근하고 있다. 첫째, 우리나라 문화의 근저에 시베리아 문화권이 면면히 흐르고 있다는 사실을 그는 지적하고 있다. 한문화 인도문화가 우리에게 넘치고 있는 듯이 보이지만 실은 시베리아적 문화전통이 깔려 있으면서 현대문명의 단계에 있다는 것이 그의 지론이다. 둘째로 그는 삼국시대 각국의 문화가 어느 문화권과의 결합이라는 식의 간결한 의견을 제시하고 있는 점이 특이하다. 사실의 나열만을 고집하게 되면 거대한 역사나 문화의 조류(潮流)가 시야에 들어오기가 어려울 경우가 많다. 이 점에서 지훈의 대담한 문화사관이 돋보이는 것이 이러한 때에 종종 나타난다. 그는 거추장스럽게 소소한 사실의 나열을 거부하고, 거시적인 의미와 종합적인 관점을 드러내 보임으로써 역사 이해의 심도(深度)를 도와주고 있다.

지훈이 전문적인 역사가나 문화사관의 전공자는 아니다. 따라서 그의 방대한 자료 위에서 거시적인 문화의 흐름이 한 손에 잡혔다고 해서 모든 것이 옳다는 것은 사리에 맞지 않는다. 문화의 계통을 찾아가는 그의 공헌은 옳은 면이 있으나[14] 우리의 문화를 결국은 슈메르문화의 정점(頂點)에서 구하게 되는 것은 어려운 난점이 있다. 이것은 육당(六堂)의 불함문화론(不咸文化論)의 영향과 밀접한 연관이 있는 밝문화에 상당히 기울어 있기 때문이라고 보아야 할 것이다.

> 이상으로써 필자는 밝문화를 수메르-튜란 문화의 선(線)이라고 단정(斷定)한다. 최남선은 이에까지는 언급하지 않았으나 슈메르문화 연구를 통한 알타이계 중아(中亞)문화연구는 많은 과제를 지니고 있는 것이다.[15]

이 문구에서 드러나듯이 지훈은 육당의 견해에 만족하지 않고 한 걸음 더 나아가 슈메르-튜란문화와의 선까지 언급한 것을 자족하는 것이 아닌가 하는 느낌을 강하게 받게 된다. 문화는 한 가지 요소만으로 이루어지는 것이 아니고 일반적으로 복합적인 성격을 지니고 있으므로 어느 한두 가지 요인만으로 어느 문화와 같다고 결론을 내리는 것은 어려운 점이 있다. 따라서 이 문제는 앞으로 더 검토되면서 다시

---

14) 인권환, 「지훈의 학문과 그 업적」, 김종길 외, 앞의 책, 324쪽.

15) 조지훈, 『조지훈전집 6—학술논고 1』, 217-218쪽.

평가를 받아야 할 문제가 아닌가 하는 생각이 든다. 왜냐하면 우리나라 문화의 기원문제와 연결되는 사안이라고 볼 때 슈메르-튜란문화와 우리나라 문화의 연결고리는 명확한 논증이 되기에는 여전히 거리가 있기 때문이다.

지훈은 한국문화의 전개를 문화생성의 이동선과 문화권으로 설명하고 있지만 기본적인 입장은 위에서 언급한 문화권을 상당히 의식하고 있다. 그러나 문화가 이르는 이동선에 대해서 그는 몇 가지를 고려하고 있다. 첫째 중앙문화선으로 요동반도를 중심으로 중국 등의 문화가 들어오는 선을 열거하고 있다. 둘째는 북방문화선으로 시베리아문화 등이 이 선을 타고 내려왔다고 보고 있다. 셋째는 해양문화선을 들면서 돌멘(dolmen)이나 가야 등의 신화에서 보이는 해양적인 문화 요소 등을 직시하고 있다. 그는 이 모든 문화의 이동선과 문화권을 융합하여 다음과 같은 견해를 밝히고 있다.

> 이상에서 고찰한 생활문화로서의 북방문화, 지성문화로서의 중국문화, 종교문화로서 인도문화, 예술문화로서 서구문화가 혼융된 것이 이 한국의 문화이다.[16]

현재의 처지에서 우리 문화의 내력이나 속성을 지훈은 정곡을 찌르면서 파헤치고 있다. 그가 이와 같은 의견을 내기까지에는 허다한 학술적 논거 위에서 논지가 도출되었지만 우리 문화를 거시적으로 통찰하려 한다든가 그래서 계통을 세워 보려고 시도하는 그의 집념은 범상의 경지가 아님이 분명하다. 그러나 우리는 지훈의 민족문화를 보는 관점이나 그의 문화사관을 눈여겨 보면서 지나치게 문화의 계통론에 매달리는 듯한 자세에는 전폭적인 찬의를 표하기가 어려움이 있음을 알게 된다. 문화가 새로운 자극을 받게 되고 그래서 발전한다는 것은 재론의 여지가 없으나 정도 이상의 계통론은 독자적인 문화의 영역을 스스로 포기케 되는 결과를 초래할 가능성이 있게 된다. 그뿐만 아니라 외래문화나 사상도 그것이 이미 우리의 민족문화로 완전히 체질화되었을 때는 문화권의 설정이 경우에 따라서는 그 의미가 상당히 반감되는 상황이 오는 점도 유의해야 한다.

16) 위의 책, 221쪽.

5. 한국신화의 분석

우리는 지훈이 우리나라 문화의 본질과 속성을 찾으려는 끊임없는 노력이 신화를 대하는 곳에서 한층 열기가 더해감을 보게 된다. 그는 신화에 대하여 다음과 같은 의견을 개진한 바 있다.

> 신화는 신의 이야기다. 따라서 신화의 주인공은 신이요. 신화는 신의 세계를 풀이한 것이지만 그 신은 실상 인간의 영웅을 신화화한 것이요 인간의 생활을 신화화한 것이므로, 신화는 곧 원시인의 생활과 지식과 꿈(이상)의 반영인 것이다. 그러므로 신화는 신의 이야기가 아니라 도리어 인간이 터득하고 만든 원초의 인간 이야기인 것이다. 그렇기 때문에 신화는 인간이 발견한 정치와 사회와 과학과 문학과 역사의 원형으로서의 의의를 지닌다.[17)]

지훈은 우리나라 신화를 보는 시각을 그 개념의 정립에서부터 분명하게 선을 긋고 자기의 견해를 피력하고 있다. 사실 우리나라 신화를 보는 여러 가지 견해나 설이 모두 의견일치를 보기가 어렵지만 기본적으로 가장 문제가 제기되는 것은 신화의 개념을 정의하지 않고 이 문제에 뛰어들기 때문에 처음부터 방향이 틀리게 되는 경우가 허다하였다. 오늘날 우리는 단군신화를 위시하여 많은 해명을 해야 하는 신화들이 있다.

그러나 신화가 무엇인가 하는 기본적인 자문자답 없이 옛날 이야기를 연상하거나 이에 준해서 단순한 이야기거리로 신화를 처리하게 되면 그것은 벌써 논의의 범위를 벗어나게 된다. 우리는 현재 학계의 일면에서 불요한 논란에 휩싸이고 있는 신화의 문제를 볼 때마다 지훈이 이야기한 신화의 깔끔한 단면이 연상되곤 한다. 결국 신화는 당시 인간들의 역사의 반영이고 그들의 꿈의 반영이다. 그러므로 향후에 우리가 신화의 문제를 거론하게 되면 위와 같은 관점에서 그 시각을 일단 조정할 필요가 있다.

지훈은 우리에게도 많은 신화가 있었을 것이나 문자로 정착하는 과정에서 이미

---

17) 위의 책, 225쪽.

많은 것을 잃었고 그러한 시기에 합리주의를 표방하는 유학자들에 의해서 변질되었다고 안타까워하고 있다. 그는 현재 남아 있는 저명한 7개의 신화를 분석하면서 우리나라 신화의 특성을 언급하고 있다. 그는 단군신화, 주몽신화, 혁거세신화, 석탈해신화, 김알지신화, 김수로신화, 왕건신화 등 7개의 신화를 대상으로 삼고 이를 분류하면서 다음과 같이 분석하고 있다.

> 우리나라 건국신화의 기본특질을 요략하면 천손강림(天孫降臨)의 개국설화와 신혼감이(神婚感異)의 국조설화의 복합이라 할 수 있다. 이 두 가지는 불가분의 상호관계에 있는 것으로 그 근본 모티브는 우세족의 열세족에 대한, 지배자의 피지배자에 대한 자가(自家)의 혈통적 권위의 과장에 있다.[18)]

그의 견해에 따르면 뒤의 두 부류로 나뉘어진 신화는 각기 3가지 유형으로 분류되고 있다. 개국신화에 나타난 천손강림설화에는 ① 이주개국(移住開國)형 ② 추대즉위(推戴卽位)형 ③ 외래사위(外來嗣位)형이 있고, 개국신화에 나타난 신혼감이 설화에도 ① 웅녀설화형 ② 난생설화형 ③ 용녀(龍女)설화형 등으로 나뉘고 있다. 필자는 지훈의 이같은 분류가 전적으로 타당하다는 의미는 아니지만 전체를 일별하면서 그 신화가 지니는 뜻을 토대로 계통을 세운 것은 좋은 착안이라고 생각한다. 사실 신화의 연구는 그 연구자의 자세나 그 시각에 따라서 얼마든지 조명하는 범위가 다를 수 있다. 흔히 천손계는 북방계이고 난생계는 남방계라는 단순한 분류가 보여주는 것이 좋은 예가 되는 것처럼 신화는 전체적인 역사성 위에서 논의되는 것이 바람직하다. 더 나아가 우리나라와 가까운 주변국들의 신화와도 비교가능한 것은 검토해 보는 것이 보다 합리적인 해석을 유도할 수 있으므로 권장할 일이다. 지훈의 신화 연구에서도 이 점이 부분적으로 보이는 것은 옳은 길이라고 생각한다. 지훈이 신화에 대하여 고찰한 것은 사실 그 자체의 연구에 있다기보다는 우리나라 문화의 구성에서 그 원초적인 문화의 뿌리를 탐구하려는 의도가 깔려있는 문제이므로 이러한 관점과 연결되어 있음을 주목할 필요가 있다. 그가 웅녀설화를 설명하면서 그리스의 아르카스(Arcas)신화, 중국의 우신화(禹神話), 아이누(Ainu)신화를 인용하고 있

---

18) 위의 책, 231쪽.

는 것이 그러한 목적을 위한 것이다.

> 아이누족은 웅제(熊祭) 때에 곰을 특수한 우리에 넣어 기르다가 일정한 의식아래 그 곰을 죽이는 것이다. 퉁그스족도 곰을 숭배하여 죽은 곰을 집에 가져오면 "쿡"이라는 큰 잔치를 열고 곰의 염통과 간을 잘게 썰어 버터에 구워 열석(列席)한 사람들은 그 구운 고기를 입에 넣는다. 이럴 때에 그를 죽인 것을 사죄하는 듯이 죽은 곰 앞에 고개를 숙인다.[19]

우리가 단군신화에 나오는 곰의 이야기는 우리만의 것이 아니고 이처럼 범위를 줄여 보아도 주변의 여타 족들의 문화와 비교하여서만 그 위상이 드러나기 마련이다. 문헌에 나오는 사료만으로는 해석상의 한계가 있음을 유념해야 한다. 지훈은 문헌만의 해석에 언제나 매달리지 않았다는 점에서 그의 학문세계가 넓었음을 끊임없이 보여 주고 있다.

6. 현실극복의 다른 길

우리는 지훈이 한국사 연구에서 특히 한국문화에 지대한 관심을 기울이고 있었음을 알고 있었거니와 반면에 그는 현실적인 정치와 맥락이 닿고 있는 한국민족운동사에도 커다란 업적을 남겨 놓았음을 지적해야 하겠다. 사실 그는 사학자가 아니면서 독립운동 연구의 효시를 이루게 되는 『한국민족운동사』를 출간하여 이 방면 연구자들을 놀라게 한 바 있다. 당시까지만 하여도 만족스런 한국사 개설(概說)이나 전문적인 학술서가 부족하던 시기에 지훈이 체계 있는 민족운동사를 서술한 것은 세인의 이목을 집중시키기에 충분하였다. 그는 1884년의 갑신정변에서 1945년 의 을유해방에 이르는 60년간의 근대민족 운동사를 정리하면서 편년사(編年史)적 전개와 사상사적 흐름을 절충, 종합하고 있다. 그가 이러한 시도를 한 것은 이와 비슷한 종류의 저서들이 나열한 방만한 자료들이 미처 체계화되었다고 보지 않았기 때문인 듯하다. 다음의 예언(例言)을 보면 그의 집필 의도와 동기가 분명하게 나타난다.

---

19) 위의 책, 233쪽.

본고는 3부에 나누어 제1편에서는 일반사에 이미 정리된 경술국치까지의 기록을 재정리 교감하고, 제2편에서는 아직 다 정리되지 않은 3·1운동 전후의 시위, 외교, 선전, 무력항쟁사의 제사건(諸事件)의 진상을 발굴, 정리하였으며 제삼편에서는 아직 처녀지(處女地)인 을유해방까지의 문화, 사회운동사를 정리 체계화하였다.

본고는 차종(此種)사료의 국외항쟁중심, 개인활동중심, 자가노선중심의 예를 재검토함으로써 국내항쟁중심, 집단운동중심, 민족노선중심의 관망을 견지하였다. 본고는 개인의 견문 기억과 기록에만 의거한 자료가 범한 연대(年代)의 착오, 사실과의 상위(相違), 또는 특정인 중심의 왜곡을 엄정히 비교 비판함으로써 그 진상을 찾기에 주력하였다.[20]

위의 인용문을 통해서 지훈이 이 문제에 임하는 심경의 일단을 엿보게 된다. 그는 적어도 민족운동사가 미개척의 분야임을 알고 있었다. 따라서 일반사에 속하는 것은 재정리, 수감(授勘)하고 있으며 3·1운동 전후의 일들은 아직 정리되지 않았기에 이를 다시 손을 댄다는 뜻을 비추고 있다. 더구나 처녀지인 을유해방까지의 사항을 체계화한다는 데서는 지훈이 이같은 문제들에 깊은 집념이 서려 있음을 알게 된다.

지훈이 지사형의 선비임은 잘 알고 있거니와 그의 가내의 사정으로 보아도 그가 현실 정치에 관심을 가질 수 있었던 일단은 쉽게 이해가 간다. 특히 자유당의 일당독재에 분연히 앞장서 항의한 것은 너무나 유명하거니와 현실 정치의 불의에 대한 항거를 지나간 독립운동에서 그 맥을 찾았던 것이다. 따라서 정치인은 아니면서 역사로서 정치의 정도를 제시하며 정론을 펴나갔던 것이다. 그의 독립운동 연구는 학계로서는 아주 필요한 미개척의 분야를 그가 뛰어들고 손을 대면서 거대한 물줄기를 잡아 놓았다고 볼 수 있다. 지훈이 민족운동사를 집필할 당시의 이 분야는 간간히 외국인 학자들의 단편적인 논고가 있을 뿐이었고 거의 황무지나 다름없는 시기였다. 그러므로 지훈은 국외중심이 아니고 국내중심에다 초점을 맞추었고 더욱 중요한 것은 그가 민족노선 중심으로 관점을 잡은 것이 그의 사상을 그대로 대변한 것이라고 보아도 과언이 아닌 것이다.

지훈이 고려대학교 민족문화연구소 소장으로 있으면서 이 원고를 집필한 것도

---

20) 위의 책, 8쪽.

그러한 정신의 반영이고, 민족문화연구소 창립 십 주년을 맞아 일제의 『고등경찰요사』를 복쇄(複刷) 간행한 것도 위에서 말한 사상의 발로라고 보면 틀림이 없는 일이다. 『고등경찰요사』의 앞에는 아래와 같은 간단한 문구가 있다.

> 이 책은 일제의 "고등경찰요사"를 현존하는 유일본인 조지훈씨 소장본에 의하여 원형대로 영인(影印)한 것이다.
>
> 이 책은 민족문화연구소 창립 십주년을 기념키 위하여 출판한 것이다.
>
> 이 책은 독립운동사의 자료를 공개하는데 목적이 있고, 판매하기 위하여 출판한 것은 아니나 복쇄비용을 충당할 정도의 대금을 지불하여 주기를 바란다.[21]

우리는 위의 글을 통해서도 지훈이 이 나라의 독립운동사에 얼마나 몰두하였는가를 간파하게 된다. 아울러 어려운 역경 속에서 연구소를 이끌어 가고 있던 상황이 그대로 적나라하게 나타나고 있음을 보여 주고 있다. 그가 민족운동사에서 국내중심, 민족노선을 강조하였거니와 이에 걸맞게 그 결론 부분에서 우리는 다음의 구절을 발견하게 된다.

> 이리하여 임시정부는 1919년 상해에서 수립된 지 만 26년에 국외 독립운동에 종지부를 찍고, 해방된 조국에 국민의 감격적인 환영을 받으며 입국하였던 것이다. 그동안 임시정부는 한국의 망명정부로서 안으로는 민족혼의 상징이 되었고, 밖으로는 접계만방(接界萬邦)에 대하여 무력항쟁과 외교와 선전으로 한국이 일본의 통치에 복종하지 않는다는 대의와 투지를 밝혀 전후 처리에 독립의 보장을 받게 된 원동력이 되었던 것이나 임정(臨政)이 밟아온 중로의 분열과 침체와 이산(離散)을 들어 이를 폄한다는 것은 그 형극(荊棘)의 길에서 끝까지 「대한민국 임시정부」의 간판을 지켜온 그 피눈물어린 지조와 드높은 신념에 침을 뱉는 것에 지나지 않는 것이다. 극언한다면 이 3·1독립선언의 구현인 임시정부의 이름을 허물어 버리지 않고 지켜왔다는 것만으로 족하다고 할 수 있다. 이것으로써 우리 민족사가 적(賊)의 발굽 아래 아주 끊어진 적이 없었다는 정신을 세울 수가 있기 때문이다.[22]

---

21) 고려대 민족민화연구소, 『고등경찰요사』, 1967(복쇄간).

필자가 다소 길게 이 자구를 인용한 것은 지훈이 우리 역사의 뼈대를 세우는 데 3·1운동과 임시정부의 정통성을 올바르게 평가하였기 때문이다. 그는 임정의 분열상 등에 개의치 않고 법통을 이었다는 사실 자체에다 중심을 둠으로써 불요한 논의에 쐐기를 박아 놓았던 것이다. 그는 마지막으로 근대 민족운동사의 흐름을 다음과 같이 요약하였다.

> 이로써 민족자위항쟁, 민족해방투쟁, 민족사회운동의 3단계로 이루어진 한국근대 민족운동사는 일단락을 하고 유종의 미를 거두었던 것이다.[23)]

격동의 구한말에서 1945년까지 60년의 역사를 지훈은 위에서 언급한 바와 같이 세 단계를 거쳤다고 그 의미를 부여하면서 발전과정을 설명하였다. 그가 시종일관 주장한 국내 중심, 민족노선의 핵심적인 논점이 한층 부각되었다는 느낌이 드는 대목이다. 그러나 이같은 지훈의 시기 구분의 명칭에 대해서 민족사의 내적 측면을 강조한다면 대외항쟁적인 이름보다는 내재적 의미가 있는 명칭으로 바뀌는 것이 좋다는 의견도 있다.[24)] 그러나 지훈의 이 업적은 그 이후 독립운동사에 길잡이가 되었음은 의문의 여지가 없다. 1945년까지 서술한 지훈은 사실 여기에 만족하지 않고 해방 이후의 역사로 반탁운동·반공운동·반독재운동사도 계획을 하고 있었다. 그러나 이것은 그가 불행하게도 요절하여 끝내 햇볕을 보지 못하고 말았다. 조국애와 민족애가 누구보다 끓었던 지훈의 기질로 보아 그가 계획하려던 역사서술은 한층 주옥같은 글이 되었을 법하나 이를 보지 못하게 된 것은 못내 아쉬운 일이다. 이 점을 보더라도 이 나라를 끔찍이나 아꼈던 지훈이 근현대사에 쏟았던 충정을 이해할 수가 있을 것이다.

---

22) 조지훈, 『조지훈전집 6—학술논고 1』, 199-200쪽.

23) 위의 책, 200쪽.

24) 강만길, 「지훈과 한국민족운동사」, 김종길 외, 앞의 책, 350쪽.

7. 남은 말

지훈의 역사서술에는 두 가지 특이한 점이 있다. 하나는 문학, 사상, 예술, 역사 등을 종합한 소위 문화사에 관한 깊은 천착을 운위할 수가 있다. 다른 하나는 우리나라 독립운동사에 관심을 갖고 이를 본격적으로 다룬 논고를 썼다는 점에서 이 방면의 효시를 이루고 있다는 사실에 있다. 어느 면에서 보면 극과 극의 분야를 연상하게 되지만 이 점이 바로 지훈의 사상을 엿볼 수 있는 좋은 경우라고 하겠다. 그는 문화권을 포함한 문화사관에 정열을 쏟으며 우리나라 문화의 본질과 상황을 탐구하는 한편 그가 숨쉬고 있는 현재의 정치적 상황에도 지대한 관심을 갖고 있었다. 따라서 독립운동사의 체계화를 도모하는 것이 역사와 현실의 법통을 세우는 첩경이라 믿고 이를 연구하였다. 그의 문화의 연구가 고전이나 전통문화의 문화사 중심인 것 같지만 이것은 어디까지나 사상과의 연관성을 접목시키는 데서 오는 현상이었으며 평면적인 서술보다 주체적인 모양을 그리려고 노력을 하였다. 그가 독립운동사에 일가견을 가졌던 것은 현재를 살면서 느꼈던 지조의 상징이었으며, 그의 문화사는 바로 지훈의 방대한 정신세계를 펼쳐 놓은 작품이었다고 보는 것이 타당할 것이다.

지훈의 논고를 보면 육당이나 민세(民世)의 저서가 인용되고 있고 흐름으로 보아 민족주의 사학의 풍모도 보이지만 한 걸음 깊이 들어가면 오히려 남창 손진태의 신민족주의 사학의 역사 세계와 흡사한 느낌을 받게 된다. 그가 일찍이 민속학에 관한 저서를 냈다는 것도 우연한 일만은 아닌 것 같다. 그가 남창의 민속학 저서를 다수 인용하고 있음은 흥미로운 일이다. 지훈이 어느 사관에 서서 글을 쓴다는 입장 표명은 없으나 그의 논저에서 풍기는 역사서술에는 남창의 저서에서 느끼는 분위기와 아주 흡사하다. 남달리 조국애와 민족애가 두터웠던 지훈이 그래서 현실의 문제에도 날카로운 시선을 던졌던 것도 역시 유사한 성격이었음을 주목할 필요가 있다.

조지훈 학문의 영역과 특징

인권환

1. 조지훈의 학문적 생애

모든 면에서 조숙했던 지훈이 학문에의 관심을 키우기 시작했던 것은 불과 13, 4세 때였다. 그때 그는 벌써 사회과학 서적을 탐독했다고 스스로 「나의 역정(歷程)」[1]이란 글에서 회상하고 있다. 그러나 이러한 학구적인 지훈의 관심이 좀더 집중된 욕망으로 싹튼 것은 그가 16세 때(1936년), 그의 부친을 따라 당시 '조선어학회'에 드나들기 시작하면서부터였다.

1) 『고대문화』, 1955.

당시 꺼져가는 민족혼의 산실로서 「맞춤법통일안」을 제정하고(1933년) 표준법 사안을 서두르던(1936년) '조선어학회'는 감수성이 예민한 어린 지훈에게 "멸해가는 민족사의 암흑기에 나의 어두운 시야를 비춰 주는 작은 호롱불과도 같은 존재"[2]로 인식되었고, 그리하여 '조선어학회'를 드나들면서 한징, 이윤재, 권혜규, 신명균 등 지사적(志士的)인 학자들의 귀여움을 받으며 민족문화에 대한 학술 서적을 탐독하기 시작하였다. 이 때 그는 벌써 후에 국학 연구에 많은 업적을 쌓게 되는 학문적 바탕을 마련하였던 것이다. 사실 지훈은 당시 18세의 어린 나이에 「된소리에 대한 일고찰」[3]과 「어원 소고(語源 小考)」[4]라는 논문을 당당히 발표하고 있는데, 이것은 그가 『문장』지에 「고풍의상」을 추천받고(1939년) 시인으로 등장하기 일 년 전의 일이었다. 그가 최초로 학문적 관심을 갖게 된 것이 우리말에 대한 연구였다는 것은, 당시 민족문화가 송두리째 일제에 의하여 짓밟히는 시기였으므로 민족문화에 대한 애착과 탐구욕이 지대했음을 알 수 있거니와, 그의 초기의 출세(出世) 시편들이 또한 우리 고유의 민속문화재를 그 소재로 하고 있었다는 사실 역시 이와 같은 마음의 표현이었다.

그 후 지훈은 「신라의 원의(原義)와 사뇌가에 대하여」[5]란 일문을 발표하였고, 혜화전문을 마치고 월정사에 들어가 불교강원의 외전강사로 일 년 있다가 22세 때(1942년) 다시 서울에 올라와 '조선어학회' 큰사전 편찬원으로 들어가 사전 편찬 사업과 함께 본격적인 학문 연구를 시작하였다.

이 해에 또 「산유화와 서리리탄 기타」[6]란 논문을 발표하였다. 여기까지를 그의 학문적 생애로 보아 제2기라 할 수 있다. 그 후 1945년 해방이 되자 지훈은 곧 상경하여 『한글』지의 속간호 편집에 솔선 가담하였고, 군정청 문교부 위촉의 『중등국어교본』 편찬과 진단학회의 『국사교본』 편찬에 심혈을 기울였다. 이것은 민족정신의 고양과 민족 주체의식의 확립이란 민족의 지상 과제를 역사적 사명으로 자각하였

2) 「화동시절의 추억」, 『고대신문』, 1955.
3) 『룸비니』, 1938.
4) 『한글』, 1939.
5) 『춘추』, 1940.
6) 『춘추』, 1942.

던 그의 학적 관심의 한 표현이었거니와, 그 후 이러한 관심은 해방 직후 혼란기에 야기되었던 민족문학 대 계급문학의 대립, 순수문학 대 경향문학의 대립, 민족자주 사관 대 유물사관의 대립 투쟁이 격화되면서 더욱 가열되어갔고, 학문적으로 심화되어 갔다. 흔히 해방 후 좌익진영과 우익진영과의 대립 투쟁에서의 지훈의 활약을 건국문화단체총연합회, 한국문학가협회 등의 단체의 조직과 활동을 통한 행동적인 면만을 들추는 경향이 많으나, 지훈은 그에 못지않은 이론적이고 학문적인 바탕에 근거를 두고 투쟁하였고, 또 이 때문에 전통을 부정하고 민족문화를 무시하려 드는 좌익진영과 대항하기 위하여 민족문화 전반에 걸친 연구에 몰두하였다. 주로 청년학술강좌로 진행된 '한국문화사'를 위하여 연구하였던 이들 업적은 「민족문화의 당면과제」(1947년), 「민족성 개조의 방향」(1948년), 「한국예술의 원형」(1948년) 등으로 발표되었거니와, 후에 엮어진 『한국문화사서설』(1964년)에 수록된 한국문화사 관계 18편의 논문이 모두 이 당시를 전후하여 이룩된 학문적 업적이었다.

또 당시 지훈은 27세의 젊은 나이에 고대 국문과 교수로 부임하여 강단에 서게 되었다. 이때까지를 그의 학문적 생애 제2기라 할 수 있다. 고대에 부임한 지훈은 가요문학론, 시론, 현대문학사, 문예사상사, 문학개론 등의 전공 분야 강좌를 맡아 학적인 깊이를 더해 가는 한편, 「신라국호연구논고」,[7] 「신라가요연구논고」,[8] 「누석단·신수·당집 신앙연구」[9] 등 그 외의 많은 업적을 내놓았다.

특히 당시 고대에 부설되었던 한국고전국역위원회를 민족문화연구소로 개칭 확대하여 그 초대 소장으로 부임하면서부터는 오로지 학문 연구와 학술 사업에 전심하여 1968년 타계하기까지 5년간 「한국민족운동사」[10] 등의 거편(巨篇) 외에 10여 편의 주옥같은 학문적 업적을 남겼고, 『한국문화사대계』 전 6권의 기획 간행과 『한국도서해제』 편찬, 기관지 『민족문화연구』 간행 등 다대한 학술적 업적을 남겼다. 대체로 여기까지를 지훈 학문의 제3기라 할 수 있다.

이상 3기에 걸친 지훈 학문의 전개를 통하여 보면 제1기에 있어서는 국어학을 중

---

7) 『고대 50주년 논문집』, 1955.
8) 『국문학』, 1962.
9) 『문리론집』, 1963.
10) 『한국문화사대계—민족국가사편』, 1964.

심으로 일제의 식민지정책에 의해 소멸되어 가는 민족문화에의 관심과 애착을 그 바탕으로 하였고, 제2기에 있어서는 해방 후 유물사관에 입각한 좌익 학자들의 전통 부정에 대항하여 한국문화의 주체성 확립과 그 학적인 체계화를 이룩하는 데 주안을 두었으며, 제3기에 있어서는 넓은 의미에 있어서의 국학의 저변 확대와 그 바탕을 공고히 하는 데 많은 업적을 남겨 주고 있다.

2. 조지훈 학문의 영역과 특징

지훈이 관심을 가지고 연구한 분야는 국학이라 이름할 수 있는 전 영역의 인문과학 내지 사회과학 전반에 걸쳐 있다. 물론 여기에서는 그의 현대문학에 대한 학문적 업적은 제외되었다. 그리고 국학, 민족문화학이라 할 그 관심 영역을 몇 가지로 간추리면 ① 민족문화 기본 성격의 규명, ② 한국사상 및 정신사의 발굴, ③ 한국예술의 미학적 탐구, ④ 국어국문학의 체계적 연구, ⑤ 민족독립운동사의 정리, ⑥ 민속학의 자료 수집정리와 연구, ⑦ 한국불교사에의 관심 등으로 나누어 볼 수 있다.

이제 그의 학문적 특징을 몇 가지로 요약해 보고자 한다.

첫째, 그의 학문의 바탕에는 어느 경우를 막론하고 항상 조국애와 민족애, 그리고 주체적인 민족의식이 기저를 이루고 있고, 또 그러한 기반에서 입론이 되어 전개되고 있다. 이와 같은 점은 학문에서뿐 아니라 시인, 지사로서의 경우에도 마찬가지인데 이는 그의 정신의 공통분모로서 세 가지가 상보적인 조화 속에서 지훈이라는 하나의 인간을 형성하고 있다.

둘째, 그의 학문에 있어서의 개념화, 체계화, 도식화, 명명화의 특징이다. 이것은 그의 학자로서의 창의적이고 과학적인 특성에서 오는 면인 바, 이로써 한국 문화 일반 이론에서 그가 이루어 놓은 공은 지대하다.

셋째, 그는 항상 학문적인 안목에 있어 거시적이고 조감적인 태도를 취했다. 그러면서도 그는 치밀하고 분석적이고 세밀한 면을 보여준다.

넷째, 그는 학문적 방법론에서 다양하며 풍부한 자매과학을 원용하고 있다. 역사학·철학·종교학·문학·어학·인류학·지리학·민속학의 방법론을 다양하게 사용하고 있다. 이것은 박학에 기인하는 사실이거니와 이 방면의 연구자로서는 드물게 보는 폭을 지니고 있다.

다섯째, 그의 학문적 공적으로 국학의 완벽한 정립과 그 바탕을 굳혀 놓았음을 들 수 있다. 그의 학문이 너무 넓어 극히 일부를 제외하고 집중적이 못되는 것은 그가 국학의 전 영역에 손을 대었던 때문으로 보여진다. 그럼으로써 그는 오히려 국학의 전 분야에 대한 개척자의 구실을 한 셈이 된다.

조지훈의 국어학 연구

홍종선

1. 머리말

"이 글의 부족함을 다음에 보충할 날이 있기를 약속하며 많은 지도와 편달을 바란다."

조지훈은 약년 19세(1939년)에 발표한 그의 첫 번째 논문 「된소리 기사(記寫)에 대(對)한 일고찰(一考察)」의 끝을 이렇게 맺었지만, 그는 끝내 이 약속을 지키지 못하였다. 이후에, 국어학은 그의 주된 연구 분야가 아니어서 본격적인 국어학 논문이 계속 뒤를 잇지 못하였던 것이다.

시인으로서의 지훈이나 국학자로서의 지훈을 우리는 잘 알고 있다. 지훈은 이 시대에 지조 있는 선비로서 전아한 시어를 구사하며 자연스러우면서도 품격이 배어나는 시를 많이 남기었다. 또한 지훈은 국학 연구에서도 고전 국문학이나 민속학,

역사 등에서 깊이가 있는 혜안을 보여 주었다.

지훈은 그러나 언어에 대하여 남다른 예민한 감각과 학구 열정을 가지고 있었다. 어느 시인인들 언어에 무심할 수는 없겠지만, 지훈은 특히나 어휘 문제에 학구적인 깊은 관심을 갖고 실제로 어원 탐구 등에 노력을 많이 기울여 몇 편의 논문을 발표하기도 하였다. 그가 학술적으로 국학에 관해서 쓴 글들을 보면, 전문적으로 어원을 주로 다룬 논문이 아니더라도 그 분야를 다루면서 나타나는 어휘들에 대해 어원적으로 치밀하고 광범위하게 찾아 드는 모습을 곳곳에서 볼 수 있다. 시 창작과 국문학 연구에 전념하면서 어원 연구는 자연히 멀어지게 되었지만, 학문 초기에 이룬 언어학적 성과들 가운데에서 때로는 탁견을 발견하곤 한다.

본고는 이와 같이 어휘를 중심으로 하는 지훈의 국어학적 관심과 탐구를 조명해 본다. 비록 주된 전공 영역으로 다룬 것은 아니었지만 시인으로서 그리고 국학자로서 남다른 애정을 보여, 단순한 어원 탐색을 넘어 전문적인 고증을 철저하게 하고자 지속적으로 노력한 성과들에 다시금 유의하는 것이다.

원전 내용과 자료는 주로 『조지훈 전집』(권8)(나남출판, 1996년)에 실린 글과 그에 관한 연구서에 기댄다. 따라서 지훈이 연구한 내용 가운데에서 빠진 것이 있을 듯도 하다. 지금까지 지훈에 대해 여러 차례 회고적 연구나 평가 작업이 있었지만, 정작 그의 작품과 논저를 망라하는 기초 서지적 정리는 한 번도 없었다. 다만 추모하며 기리는 동어반복적인 재생산의 언사를 넘어서 좀더 냉철하게 평가하고 연구하는 접근이 필요하다고 할 것이다. 본고도 이전의 테두리를 벗어나지 못하였는데, 이후에 더욱 깊이 있는 분석이 뒤따를 것이라는 믿음으로 이 안이함의 송구스러움을 덮는다.

2. 우리말 연구에의 관심

조지훈은 젊어서 조선어학회에 관여하면서 자연스레 우리말 어휘에 관심 있게 접근할 기회를 가질 수 있었다. 지훈은 16세(1936년) 때부터 부친을 따라 조선어학회에 드나들었는데, 당시에 민족 운동의 성격을 가졌던 조선어학회의 사전 편찬 등 한국어(조선어) 연구는 감수성이 예민한 젊은 그에게 일찍부터 민족 정신과 민족 문화에 관한 책을 읽고 한국어의 의미와 가치에 눈을 뜨게 하는 데 큰 영향을 주었다. 지훈은 당시를 "'우리말의 정리'라는 민족적 일대 사업을 갖은 감시와 핍박 속에서 외로이 붙들고 노심하는 여러 선배들의 그때의 그 눈물겹고도 엄숙한 모습은 어린 소년의 가슴에 커다란 감격의 파동을 주었고 그 파동은 그대로 나의 연륜에 아직도 퍼져 나가고 있는 아름다운 무늬로 남아 있다."[1]고 회고하였다.

그 후 혜화전문학교를 마치고 월정사에서 잠시 강사로 있다가 다시 1942년 서울로 올라와 조선어학회의 대사전 편찬원으로 들어갔다. 우리말 사전 편찬 작업은 오래 지속되지 못하였지만, 이 일은 그로 하여금 이후에 어휘에 관해 좀더 많은 관심과 애정을 갖도록 하여, 언어 연구의 중요성을 인식함은 물론, 정확하고 풍부한 시어를 예민하게 선택하는 그의 시 창작에도 많은 영향을 주었다. 그는 국학 연구 논문에서도 그 방면의 용어나 어휘 형태 등 언어 문제에 대해서 집요하리만큼 치밀하게 천착하고, 이러한 언어적 분석을 토대로 논의를 전개하는 방식을 취하는 경우가 많았는데, 이는 이 시기의 경험으로부터 말미암은 바가 크다. 서익환(1988: 41)에서도 "결론적으로 지훈은 조선어학회를 통해 모국어에 대한 애착을, 그리고 국학 정신과 학문에 대한 관심을 갖게 되었다."고 하였다. 그러나 사전 편찬 일로 하여 그 해 10월 그는 조선어학회 사건 당시 검거되어 심문을 받기도 하였다고 한다. 광복 직후에도 그는 한글학회의 『한글』지 속간호 편집에 가담하고, 군정청 문교부에서 위촉한 한글학회의 『중등국어교본』 편찬에 참여하는 등 조선어학회(한글학회)와의 관계는 오랫동안 지속되었다.[2]

젊은 시절 지훈은 시 작품을 쓰면서도 「된소리 기사에 대한 일 고찰」 등 국어학 논문을 발표하였다. 이 논문을 발표한 1939년은 그가 『문장』지 추천시 모집에 「고풍의상」을 응모하여 처음으로 추천을 받은 해이기도 하다.[3] 이로 보아 그는 당시에 문학과 어학에 모두 관심을 가지고 있었음을 알 수 있다. 특히 첫 논문은 당시에

---

1) 조지훈, 「조선어학회 시절의 회상」, 『고대신문』, 1955. 10. 17.

2) 가령 1955년에도 지훈은 정태진 선생의 추도회를 위해 한글학회에 당시 돈 1,000환이라는 거금을 혼자 내었다. 조선어학회 사건 당시 조선어학회에 근무하면서 사건의 추이를 지켜보았고, 이후에도 이 학회에 직·간접으로 인연을 가지고 있었던 때문일 것이다.

3) 『조지훈 전집』의 연보나 『조지훈 연구』 등의 책에서는 이 논문을 발표한 시기를 1936년 또는 1938년으로 쓰고 있으나, 이 글이 실린 잡지 『룸비니』 제3집이 1939년(昭和 14년) 1월에 발간

조선어학회를 드나들면서 알게 된 국어학 연구의 영향을 받은 결과라고 할 것이다. 이 글은 '쌍서와 된시옷은 어느 것을 취할까'라는 부제에도 나와 있듯이, 된소리의 표기를 각자병서로 표기할 것인가 아니면 시옷 자를 자음 앞에 병서할 것인가를 논의한 것이다. 당시에 조선어학회에서는 된소리 해당 자음의 각자병서 형태를 주장하였는데, 박승빈 등 일부 학자들이 시옷 표기를 된소리 자음 앞에 병서할 것을 주장하는 반론을 펴고 있어서 우리말 표기가 혼란스러운 상태였다. 이에 지훈은 국어학자는 아니지만 이에 대한 어느 정도의 공부와 식견을 가진 학도로서 한글학회의 안을 지지하는 내용의 글을 발표한 것이다. 논의 내용은, 젊은 학도로서는 상당한 수준 이상의 근대 언어학 이론과 자료를 제시하면서 당당히 논리를 펼쳐 보였다. 이 글에서는 15세기에 각자병서가 된소리 표기였다고 주장하였는데, 이 같은 견해는 오늘날 올바른 해석으로 보기 어렵지만, 주장하는 내용을 방증하기 위해 옛 문헌 자료를 섭렵하는 논지 전개는 가히 학술 논문으로 손색이 없다.

그 후에도 지훈은 「한글 창제의 의의」나 어원에 관한 몇 편의 글을 발표하는 등 우리말 연구에 애착을 보였다. 「한글 창제의 의의」에서 지훈은, 훈민정음의 창제가 우리 문화사상 3대 전환기 가운데 하나이며 한글 창제는 민족적이며 민주적인 의의를 갖는다고 하면서, 이를 깨닫지 못하는 오늘날 위정자들을 꾸짖었다. 우리말과 글에 대한 지훈의 뜨거운 애정을 보이는 대목이다. 그러나 시인이나 국학자로서 시 창작과 민속학 그리고 고전 문학 연구에 전념하면서 국어학 연구를 깊이 있게 계속하지는 못하였다. 다만 편수로 보면 국어학 관련 논문 13편은 48세에 작고하기까지 그가 발표한 학술 논문 전체 43편의 1/4을 넘는 양이다.[4)]

지훈의 국어학적 연구는 대부분이 어원에 관한 것이었다. 당시에 어원에 관해 논급한 글들을 보면 흔히 호사가의 식견으로 직관을 나열하는 정도로 그치는 경우가 허다하였지만, 지훈의 어원 탐구는 엄격한 전거로부터 출발하여 정밀한 분석과 논

되었으므로, 위의 연도가 잘못된 것으로 보인다. 「고풍의상」의 당선은 1939년 봄이니 위 논문의 발표가 조금 앞선다.

4) 인권환(1978: 306)에 의하면, 지훈이 21년간 고려대 국어국문학과 교수로 재직하다가, 만 48세로 작고하기까지 그가 남긴 학술 논문이 현대 문학과 시론 계통의 것을 제외하고도 43편에 이른다고 한다. 필자가 조사한 국어학 관련 논문은 모두 13편이나, 이 가운데 3편은 내용이 거의 비슷하므로 이들을 전체 수량에서 제외하여도 좋을 것이다.

증을 거치는 연구 성격이 많았다. 그리하여 어원 연구를 하면서 항상 무리스러운 설명이나 억지 논리가 끼여들지 않는 태도를 견지하여, 가볍게 단정하는 일을 가급적 삼갔다. 그는 어원 고증에서 견강부회로 끄집어다 붙이는 망설과 우치를 범하기 쉬움을 경계하는 내용의 글을 쓰기도 하였다. 강헌규(1988)에서는 한국어 어원 연구사를 시대별로 유형 지으면서, 언어 이론에 의한 어원 연구의 맨 앞에 조지훈의 논문들을 들었다.

물론 지훈이 살핀 낱말들의 어원 탐구 결과가 모두 꼭 올바른 것만은 아니다. 새로운 해석들이 더해진 오늘날 오히려 지훈의 견해는 하나의 소수 의견으로 받아들여지는 경우도 여럿 있다. 그러나 당시로서는 가능한 한 모든 전거와 분석 방법을 동원하여 가장 합리적이고 치밀한 고찰을 시도한 것이다.

3. 어원 연구

어원학에 대한 지훈의 생각은 다음 글에서 찾을 수 있다.

> (어원학은) 재미있고 유익한 것이긴 하지만 그만큼 어렵고 위험한 학문이기도 하다.
>
> —「어원수제」(1966)

> 어원학(etymology)은 어의학(語義學) 곧 의미론(semantics)으로 더불어 우리 어학 연구에 가장 미개척의 분야이지만, 한국학 제·분야의 연구에 기초적 출발점이 되는 것이 이 어원학적 해명이다. (…) 방위수사(方位數詞)·친족어휘·신앙어휘·왕호·국호·관직명·도구명 등 중요한 어휘의 어원적 해명은 사상사, 사회경제사, 과학기술사 등 제분야에 불가결한 기초적인 문제이다.
>
> —「어원수제」(1966)

이 글에서 보듯이, 지훈은 한국어 어원학을 한국학 연구의 출발로 여겼다. 그는 한국 민속이나 고전 문학 논문에서도 그 분야의 기본적인 용어에 대해 어원적으로 고찰하는 일이 종종 있었는데, 이는 바로 위와 같은 평소의 신념에서 비롯한 것이다.

1) 어원 소고

지훈은 젊은 시절부터 어원에 관한 연구를 논문집이나 일반 잡지 등에 간간이 발표하였다. 비록 그 수효는 그리 많지 않지만 당시로서는 상당히 깊은 천착을 통해 이루어진 성과라고 할 수 있다. 그 당시 신문이나 잡지에는 특정한 낱말에 대해 필자의 직관에 기대어 가볍게 어원을 추정하여 써 나가는 만필 형태의 어원 연구가 종종 보였다. 그러나 지훈은 이에 머물지 않고 전거에 충실한 해석을 하려 노력하였다. 우선 소고(小考) 형태로 발표한 어원 연구들을 살펴본다.

지훈의 어원 연구 발표는 1939년 『한글』지 7-11호에 실린 「어원소고」에서 시작한다. 이 글은 그가 평소에 관심을 가지고 있는 불교와 관련한 낱말 '절[寺], 부처[佛], 중[僧], 명색(名色)'의 어원을 찾은 것이다.

'절'은 『삼국유사』 권3의 「아도기라 조(阿道基羅條)」에 나오는 '郡人毛禮於家中作堀室安置(군인모례어가중작굴실안치)'에 의거하여 '모례(毛禮)'의 이두식 독법 '털예'가 아래와 같이 전화하여 된 것으로 해석하였다.

모례[털예] → 털 → テラ
↘ 뎔 → 절

이러한 설은 허영호(1931)에서 언급되어, 지훈이 이 글을 쓸 당시에 비교적 많은 지지를 받고 있는 설이었다. 지훈은 여기에서 '모례(毛禮)'가 사람 이름이 아니라 파리어로 '장로(長老)'를 뜻하는 'Thera'의 음역이라고 보았다.

아직도 '절'의 어원은 뚜렷하게 밝혀지지 않았다. 김민수(1997)의 『우리말 어원사전』에는 '절'의 어원설로 다섯 가지 설을 들어 놓았다. 한자어 '뎔(刹)'이나, '굽히다'의 뜻인 '절(折)'에서 비롯됨을 말하기도 하는 등 여러 기원설이 있지만, '뎔(刹)'에서 어원을 찾은 양주동(1942, 1955)의 설이 오늘날 비교적 널리 지지되고 있다.[5)]

'부처'는 범어 Buddha의 음역이고, 일본어의 ボトケ도 Buddha의 일본어 훈이며 '부처'의 전와(轉訛)라고 설명하였다. 이러한 해석은 올바른 것으로 이해되는데, 당

5) 지훈은 나중에 「산유화가와 서리리탄, 기타」라는 논문에서 '절'의 어원에 대해 자신의 '모례설'을 포기하고 양주동 등의 '찰음전와설'(刹音轉訛說)에 동의한다고 말했다.

시에 일본에서는 'ボトケ'를 석가가 성도한 지명 '불타가야(佛陀迦耶)'의 '불타'에서 'ボト', '가'에서 'ケ'가 나왔다는 등 몇 가지의 다른 이론을 편 학자들도 있어 이를 비판한 것이다.

'중'의 어원은 '중(衆)'으로, 원의는 중화합(衆和合)이란 뜻이라고 하였다. 그러나 이는 뚜렷한 언어학적 근거를 가졌다기보다 의미상 상통하는 바를 따른 해석이라고 할 것이다. 원래 '중'을 가리키는 말은 범어로 Samghadlsep인데, 음역하여 '승가(僧伽)'라 하고 이를 줄여서 '승(僧)'이라고도 한다. '승(僧)'은 형성 문자로서 '증(曾)'의 음을 갖는데, '曾'의 우리말식 독음 '증'이 '중'으로 바뀐 것으로 해석하는 견해가 많다.

'내가 명색이 주인입니다'와 같은 문장에서 쓰는 낱말 '명색'의 어원도 불교의 '명색(名色)'에서 찾으려 하였다. 불교에서 '명색'은 범어의 Namawpa로, 12인연 가운데 하나인데, 두루뭉슬이 시대 즉 물체와 타고난 심(心)만 품은 미완성물이라는 뜻이라는 것이다. 따라서 지훈은 일반에서 쓰는 '명색'과 뜻이 같으므로 불교에서 쓰는 용어 '명색'에서 어원을 찾을 수 있다고 보았다.

지훈이 『신동아』 1966년 6월호에 발표한 「어원수제」에서는 어원학의 성격과 필요성을 언급하고, '켜다, 섣달, 노다지, 따라지, 실컷, 방물장수' 등에 관한 어원을 찾았다.

'켜다'는 '잡아당긴다'의 뜻을 가진 'ᄻᅧ다'에서 온 것임을, 이 낱말에서 여러 형태로 분화한 예들을 들면서 말하였다. 이는 비교적 뚜렷하게 변천 과정도 살피며 확신할 수 있는 예이다.

'섣달'의 어원은 '정월'이라는 뜻에서 찾았다. 기원전 15세기 은나라 때에는 지금의 12월로 세수(歲首)를 삼아 정월 즉 설달이었는데, 그 명명이 그대로 전래하여 '설달'이 되었고, '설달'은 다시 '섣달'로 바뀐 것이라고 하였다. 이러한 견해는 그 이후에도 유창돈(1973)이나, 안옥규(1989), 한진건(1990)에서도 지지를 받고 있다.

'노다지'에 대해서는, 서구인이 주인이 된 금광에서 금이 박힌 채 제련되지 않은 돌덩어리를 광부들이 갖지 못하게 '노 터치(no touch)'라고 말한 데에서 전화하여 된 말이라는 속설이 워낙 널리 알려져 있다. 그러나 지훈은, 이 말들을 고유어에서 발견할 수 있고 이 말들은 노다지라는 말을 형성하는 직접적인 음소이기 때문에 '노다지'가 순수한 우리말일 가능성이 짙다고 하면서, '노 터치' 설에 의문을 제기하였다. 즉 '노'는 우리말 '노상, 노박'에서 나오는 '아주, 완전히'란 뜻을 가지는 접두어이며, '다지'는 사투리에서 명사를 만드는 접미어이어서, '아주, 완전히'란 뜻의 '노'와 '다지'라는 강세 접미어가 합쳐져서 이루어진 것이 '노다지'라고 볼 수도 있다고 하였다. 그런데, 최근 김민수(1997)에서는, 한자어 '노두(露頭)'가 '광상(鑛床)이 땅거죽에 드러난 부분'을 뜻한다고 하여 '노다지'가 한자어 '노두'와 '지(地)'의 결합으로 추정하였다. '노 타치'를 단순한 민간 어원으로 본 것이다. 이에 대한 사실 여부는 아직 분명하지 않아 후일 더 확실한 근거를 기다려야 할 것이지만, 지훈은 거의 정설처럼 알려져 있는 '노 터치'에 대해 그 나름으로 근거를 대며 문제 제기를 하면서, 또 단정을 짓지는 않는 탐구적인 면모를 보였다.

'따라지'의 어원으로는 '다루하치' 곧 달노화적(達魯花赤, Darughachi)의 전화라고 설명한 장철수(張澈壽)의 해석을 들고, '지금 곧 단언할 수는 없으나 속설로서는 경청할 만한 일단의 근거는 있다'고 하였다.

'실컷'이란 말은 '슬ᄏ지 → 슬커시 → 슬컷 → 실컷'으로 변해 왔다고 설명하고, '슬ᄏ지'는 '?+까지'라는 구성인데, 여기에서 '슬'의 뜻은 '목구멍'을 뜻한다고 보았다. 그 근거로는 '목구멍'을 퉁구스어로 'Sil', 몽골어와 터키어로 'Sili'라고 한다는 점을 들었다. 이러한 견해는 이전에 최동(崔棟) 저『조선상고민족사』에서도 비슷하게 언급되어 있었는데, 이를 지지한 것이다.

'방물장수'는 '박물(博物)장수'가 아니라, '박넝쿨을 자르고 항아리를 받쳐 두어 밤사이에 고이는 물'을 받아서 가지고 다니며 화장수로 팔던 '박물장수'에서 연원된 것이라 하였다. 이는 고희동(高羲東) 화백이 어려서 이러한 것을 직접 보았다며 들려 준 것인데, '이런 것도 기록해 두지 않으면 방물장수의 어원이 무엇이었던가 하는 것도 용이한 문제가 아닐 것'이므로 기록으로 남기는 것이라 하였다.

이 밖에도 지훈은 민속학이나 고전문학 연구 논저의 곳곳에서 민속에 관련된 용어의 어원을 깊이 탐색하였다.「신라의 원의와 사뇌가에 대하여」(1944년)에서는 '소도'와 '솟대', 'ᄀᆞᆷ'과 '곰', '산유화'와 '서리리탄', 그리고 '믿며누리'의 어원을 논의하였다.

지훈은, '솟대'가 '솟[용(湧)]대' 즉 용목(聳木)으로서 솟대·소슬ㅅ대의 뜻이라는 손진태의 해석에 동의하였다. 그리하여 오늘날 '솟대'는 '소로(soro)대' 즉 용목입목(聳木立木)이란 뜻으로, 이 소로대가 '소로대 – 솔ㅅ대(소룻대) – 솟대'의 순서로 음전된 것이라 하였다. 그러나, '솟대'와 '소도(蘇塗)'가 음이 비슷하다 해서 솟대의 음사(音寫)가 소도요, 소도가 곧 솟대라고 보는 것은 타당하지 않다고 하였다. '소로'는 몽어의 '용고(聳高)'의 뜻이나, 이 용고의 뜻에서 '신성'의 뜻으로 통하였다는 것이다. 그러므로 '소도[소로]'는 누석입목(累石立木)을 포함한 신단수적(神檀樹的) 명칭의 총칭이며, 지금의 서낭·장승·솟대는 모두 이 소도 민속이 분화 발전된 것으로 설명하였다. 그는 여기에서 더 나아가 '소도'가 '소로(soro)'의 와전이며, '소로'[高]의 어원이 '수리'[上]과 같고, 신라의 국호 차자가 모두 음운상 이 '소로' 또는 '수리'에 상통한다고 하였다. 신라의 국호가 '수리' 또는 '소도'에 관련된다는 것이다.

오늘날 신라의 국호와 '소도'와의 관련성은 아직 충분히 입증되지 않았지만, 그 개연성이 매우 높은 것으로 평가되고 있으며, '솟대'와 '소도'에 관한 지훈의 어원적 해석은 정설화되어 있다.

'곰'[神]과 '곰'[熊]에 관한 논의는 일본과 아이누, 중국은 물론 그리스 신화까지 연결하는 문화인류학적인 조감을 통하여 서술하였다. 양주동(1942)에서는 단군의 웅녀탄생설이 '곰'과 '곰'의 음이 비슷해서 생긴 전설로 보나, 지훈은 '곰'이 '신(神)'이라는 뜻이 된 것은 웅녀신화에 기인한 것이라 하여 '곰곰 동원설(同源說)'을 주장하였다. 여기에 더하여 그는 어원상 곰[熊]·곰[神]·옴[雌]·엄[母]이 모두 같은 어원임을 말하였다. 이들이 'ㄱ – ㆁ – ㅇ'의 음전에 지나지 않는다는 것이다.

지훈은, 백제의 노래라고도 하며 또는 조선 숙종년간에 비롯되었다고도 하는 가요「산유화(山有花)」를 오늘날 부여나 선산 지방에서 전승되는 민요「메나리」라고 추정하였다. 그 가사의 형식이나 내용에서도 상통하는 바가 많고, 어조도 비슷하다는 것이다. 그런데 이 '메나리꽃'이 '산백합'[卷丹]임을 지훈은 또한 밝히었다. '메나리꽃'을 영남 지방에서는 '개나리'라고 부르는데, '나리'는 '백합화'이므로 '개나리'는 '산백합화'가 된다고 보았다. 야생을 뜻하는 '개-'와 '메(뫼)'와는 통한다고 본 것이다.

오늘날「산유화가」는 가요의 명칭이라는 견해와 더불어, 일정한 민요의 형식이라는 설도 있어, 그것이 민요「메나리」와 같은 것이라는 단정은 어렵다고 할 것이다. 그러나 '메나리꽃'이 '산백합'이라는 주장은 타당한 것으로 생각된다.

그는 이어, 신라 경순왕 때에 아간 신회(阿干神會)가 지었다는 「서리리탄(黍離離嘆)」에서 '서리리'가, 현행 영남 아리랑의 후렴 '아리아리랑 스리스리랑' 중 '스리스리랑'의 차음이라고 보았는데, 이러한 연결에는 무리함이 있어 보인다. 지훈은 "고금 가곡·민속 내지 제반 문화의 계기(繼起)에 다시금 놀라지 않을 수 없다"는 예들로서 산유화와 메나리, 서리리와 스리스리랑 등을 들었는데, 후자의 예는 대체로 직관적인 유사성에 유념하였을 뿐 충분한 고증이 부족하다고 할 것이다.

'믿며누리'의 어원은 '미리며누리'로 해석하였다. 곧 '미리며누리 – 밀며누리 – 믿며누리'로 음전된 것이라 하였다. 이는 '믿며느리'는 '예부(豫婦)'라 하며, '데릴사위'는 '솔서(率婿)'라 하는 한역이 쓰이는 데에 근거하고 있다. 그리고 '미리돈'(미리사돈), '미사위'(미리사위)에서 '미리'의 '리'가 탈락하듯, '미리며누리'에서 '리'가 줄어 상음(上音) '미'의 종성화하여 다시 'ㄷ'으로 굳어진 것이라 하였다. 여기에 더한다면, 오늘날 '민며느리'로 쓰는 것은 '믿'이 'ㅁ' 앞에서 비음화한 것이라고 말할 수 있다. 김민수(1997)에서는 '민머리의 여자 아이'라는 표현에서 보듯이, 아직 머리를 올리지 않은 며느리라는 뜻으로 해석한 듯하다.

이상에서 보듯이 지훈은 사소한 낱말의 어원 연구에서도 가능한 한 가장 합리적인 근거를 찾으려 노력하였고, 또한 미흡하다고 생각되는 것에 대해선 함부로 단정하지 않는 학문적인 정도를 보여주었다. 우리말의 어원에 대한 관심과 애정이 누구보다도 커서, 주워들은 말이나 평소의 생각 등도 가능한 한 어원적인 고증을 통해 확인하고 남기려 애를 썼다.

'멋'의 연구는 '멋'과 관련되는 어휘의 기원이나 표현 빈도 등에 기대어 한국적 미의식의 구조를 살핀 장편의 역작이다. 그 내용을 다음에 요약해 본다.

'멋'이란 '미적인 것'의 한 특수한 형상으로서 한국 민족의 예술적 생활의 표현 목표와 이념, 또는 미가치(美價値)의 찬 표준을 의미하므로, 한국적 미의식의 모습을 찾고자 한다. 그런데, 가치 관념의 통화(統化)—곧 가치 관념이 분화되기 이전의 가치 판단의 기준 또는 분화된 뒤의 모든 가치 판단의 공통된 표현은 '좋다'와 '됐다'로 나타난다. 우리는 '좋다'의 어원을 알 수 없고, 국어 사전이나 한자의 훈을 종합해 볼 때 '호·선·숙·풍·미·길·가(好·善·淑·豊·美·吉·佳)' 등의 뜻을 종합할 수 있다. '됐다'는 성취 또는 부응의 뜻을 갖는다. '좋다'와 '됐다'라는 통화 가치 관념은 '참되다[眞], 착하다[善], 아름답다[美]'라는 세 가지 가치 관념으로 분화되었으며, 이 가운데 우리 고전에서 진작부터 보이는 '아름답다'가 가장 먼저 성립된 가치 개념이다.

'아름답다'의 어원과 뜻으로 고유섭(1934)에서는, '아름'은 '안다'의 변화인 동명사로서 미의 이해 작용을 표상하고, '다움'은 형명사(形名詞)로서 '격'(格) 즉 가치를 말하므로, 지(知)의 정상(正相), 지적 가치를 말하는 것이라 하였다. 그러나 '아름다움'의 어원은 '알음[知]다움'도 아니고, '아람[實]다움'도 아니라 'ᄋᆞᄅᆞᆷ다옴'이다. 그런데 이 'ᄋᆞᄅᆞᆷ다옴'의 'ᄋᆞᄅᆞᆷ'은 '사(私)'의 고훈(古訓)이고(예: ᄋᆞᄅᆞᆷ ᄉᆞ(私)(「유합, 하」, 4쪽), '다옴'은 '답[如]'이니, '아름다움'의 원의는 '사여(私如)'의 뜻으로 제 마음과 같다, 제 마음에 어울린다는 뜻이 된다.

우리말에 현재 사용되고 있는 미가치(美價値)를 표현하는 어휘는 대개 네 가지 계열 '아름다움계·미계·고움계·멋계'가 있다. 이들의 사용 빈도를 살펴보면, '아름다움계'가 가장 빈도가 높고 이어 '고움계 - 미계 - 멋계'의 순서를 알 수 있다.[6] 이와 같이 미가치를 총체적으로 표현하는 말의 유별(類別) 누계는 1,016으로, 총 조사 어휘 56,069어 중에 233위를 차지하는 고율(高率)을 나타내고 있다. 참고로, '착하다'[善]와 '참되다'[眞]계의 어휘 빈도를 살펴보면, 전자는 계별 빈도 137로 해당 순위 1,679위이고, 후자는 계열 빈도 842로 280위임을 볼 수 있다. 이 '진·선·미'계 어총계 1,995의 빈도에서 '미계'의 빈도가 전체의 50%를 초과하는데, 이는 한국의 가치관에 미의식이 바탕이 되어 있다고 전제한 필자의 견해를 확정하는 것이다.

지훈은 이처럼 한국적 미의식의 구조를 탐구하는 글에서도 어휘의 기원이나 용법 등을 종합적으로 분석하여 이를 바탕으로 논지를 전개하였다. 의미론에서는 각 단어는 그것이 실제로 사용될 경우에 그 주의(主意: Hauptsinn)와 이 주의에 어떠한 특징을 가미하여 생긴 부의(副意: Nebensinn)와 이 밖에 감정 가치를 띠고 나타난다고 하는데, 이 논문에서는 이러한 이론을 적용하였다. 그리고 어휘의 사용 빈도 등의 통계를 통해 검증하였다. 이 글은 이어서 한국적 미의 범주로 '미'와 관련을 갖는 '멋, 맛, 맵시, 수수하다, 태깔, 맵짜다, 구수하다, 결, 살았다, 멋지다' 등의 용을 살

---

6) 우리말에서 사용 빈도는 문교부의 『우리 말수 사용의 잦기 조사』 제1호(1956. 12)에 나온 통계에 의하였다. 이후의 사용 빈도 통계도 모두 이에 의한 것이다.

피었고, '멋'에서 파생된 15종 어휘의 의미와 용법을 분류하고 분석하여 한국 멋의 미적 내용을 정리하였다. 한국인의 의식 구조를, 이와 같이 어휘의 기원과 용법 그리고 의미 영역 등을 분석함으로써 기술한 것은, 지훈이 평소에 언어에 관하여 얼마나 언어학적인 자세와 깊이를 갖고 있었는가를 잘 보여준다고 할 것이다.

이 외에 「감과 곰—동방개국설화고(東方開國說話考)」라는 논문이 어원 연구와 관련이 있는 내용인 듯하나 필자가 아직 구해 보지 못하였다. 내용은 위에서 살핀 'ㄱ곰 동원설(同源說)'과 관련되는 듯하다.

2) '신라'와 '사뇌가'의 어원 연구

신라의 국명과 향가에 대한 어원적 연구는 지훈의 국학 연구에서도 가장 커다란 업적으로 꼽힌다. 박노준(1978: 352)에서는 "이들 연구가 그의 국문학 관계의 업적 중에서 가장 현저한 것일 뿐만 아니라 그의 학적인 방법과 자세가 여기에 가장 선명하게 드러나 있어서 이들의 일별을 통하여 그의 학문적 면모의 대체적인 것을 짐작할 수 있다"고 하였다. 먼저 신라의 국명에 관한 연구를 살펴본다.

신라의 국명을 폭넓은 고증을 통해 고찰한 「신라국호연구논고」의 내용을 요약하면 다음과 같다. '신라'의 원음형은 '서라벌(徐羅伐), 사로국(斯盧國)'으로, 그 음을 'ᄉᆞᄅᆞᄇᆞᆯ'이었다. 이 'ᄉᆞᄅᆞᄇᆞᆯ'에서 'ᄇᆞᆯ'이 탈락한 것이 'ᄉᆞᄅᆞ'[斯羅·斯盧·新羅 …]이고, 'ᄅᆞ'가 탈락한 것이 'ᄉᆞᄇᆞᆯ'[徐伐·沙閥·蘇伐 …]이다. 이처럼 신라의 원음형 'ᄉᆞᄅᆞᄇᆞᆯ'은 이들 양 계열로 대분되고, 그 중간에 'ᄅᆞᄇᆞᆯ'계가 위치한다. 이러한 분류에 따라 고금(古今)의 지명을 나누어 정리할 수 있는데, 이를 변화 법칙으로 체계화하면 다음(그림1)의 도표를 만들 수 있다.

이 'ᄉᆞᄅᆞᄇᆞᆯ'의 원의형(原義形)은 '상국(上國), 고국(高國)'인데, 일전(一轉)하여 '동(東)·신(新)' 또는 '신(神)·영(靈)'의 뜻으로도 쓰였다. 따라서 'ᄉᆞᄅᆞᄇᆞᆯ'은 '상국·고국·동국(東國)·신국(新國)·신국(神國), 영국(靈國)'의 뜻을 갖는다. 그런데 'ᄉᆞᄅᆞᄇᆞᆯ'의 이음인 '소로벌'은 '셔블'로 약음(約音)되고, 이것이 '서울'[京]으로 변화하였다. 'ᄉᆞᄅᆞ'계의 '소로'는 한편으로 '진산'(鎭山)의 뜻이 있기 때문에 '성'(城)의 뜻으로도 전한다. 이상에서 본 신라 국호의 발생과 전화의 기저 관념을 종합 정리하면 다음(그림2)의 도표를 얻을 수 있다.

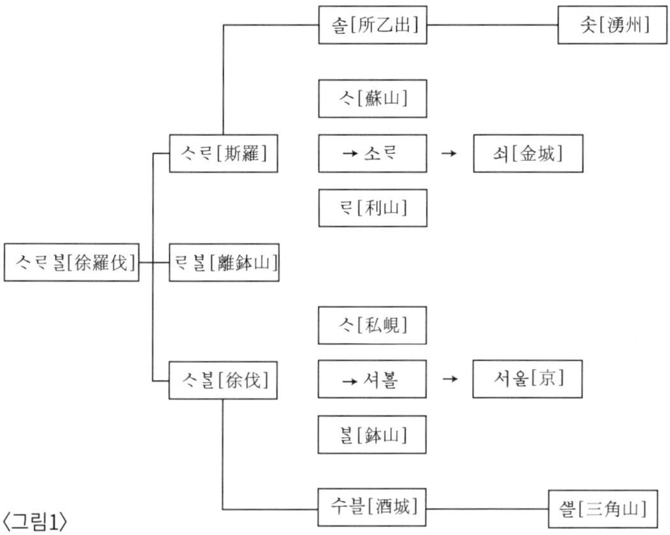

〈그림1〉

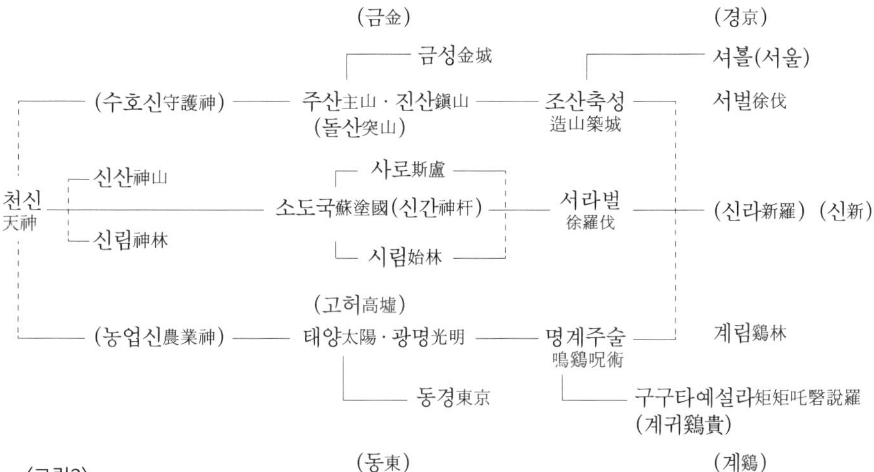

〈그림2〉

지훈은 이 글에서 '서벌(徐伐) = 사로(斯盧)'의 관계 및 '서벌(徐伐) = 사로(斯盧) =경(京)'의 관계에 관한 단서와 윤곽을 잡았고, 이와 관련되는 고금 지명의 상호 관계를 매우 광범위하고 치밀하게 분석함으로써 '신라(新羅)'의 원음형인 '서라벌(徐羅伐)'의 변화 법칙과 전성(轉成) 근거(根據)를 파악하였다.

인권환(1978: 321)에서는 "(「신라국호연구논고」는) 국내외의 고문헌에 나타난 13종의 신라 국호를 비교 고증하고, 신라 국호에 대한 제설을 검토하며, 지명에 보이는 신라의 유음을 해박하게 조사하고, 그 표기의 변화를 찾아내고, 여기서 신라 국호의 원의와 기저 관념까지를 추출해 낸 이 논문은 그 업적도 업적이려니와 지훈 학문의 특징과 스타일 및 스케일을 보여주는 대표적인 작업으로, 아직도 그 선험적 공은 허물어지지 않고 있다"고 하였다.

신라의 국호에 대해서는 '徐伐, 徐羅伐, 尸羅, 鷄林, 斯盧, 新盧 …' 등 여러 가지 명칭이 한자로 기록되어 전하고, 이에 대한 해석도 다양하게 있어 왔다. 이에 대한 다른 연구를 들어 본다.

일찍이 신라 국호에 대한 해석은 『삼국사기』 신라본기 제4 지증(智證)마립간조에 기록된 다음의 기사에서 시작된다.

> 智證王四年 始祖以來 國名未定 或稱斯羅 或稱斯盧 或言新羅 臣等以爲新羅者 德業日新 羅者網羅四方之義 則其爲國號宜矣

신라의 국호를 '덕업일신(德業日新)'의 '신(新)'과, '망라사방(網羅四方)'의 '라(羅)'를 합친 것이라고 한 것은 후대에 유교적 왕권주의에 의한 덧칠로 이해된다. 이러한 해석은 삼국유사에서도 마찬가지로 나타나 있다. 그 후 조선 시대 실학파들에 의해 '신라'는 '새나라[新國]'라는 뜻으로 해석되었다.[7)]

현대에 와서 새로운 해석을 시도한 것은 양주동의 『조선고가연구』(1942)에서 찾을 수 있다. 여기에서는 신라의 국호 명칭 '尸羅, 斯盧, 新羅 …' 등을 모두 'ᄉᆡᄂᆡ'의 차자로 보아, '동방(東方), 동토(東土)'의 뜻으로 해석하였다. '徐伐, 鷄林, 東京 …'은 'ᄉᆡ블'로 읽어, 'ᄉᆡ'는 '東, 新, 瑞'의 뜻이고, '블'은 광명 국토의 뜻이라 하였다. 그리고 이들의 원음형은 '徐羅伐' 즉 'ᄉᆡᄂᆡ블'로 보았다. 이러한 해석은 학계에서 거의 정설화되었다. 전몽수(1940)는 신라의 원음 '徐羅伐'을 '곡천원(谷川原)'이라는 뜻을 가진 '실애벌'이라 해석하였고, 안재홍(1948)은 '실[谷]' 또는 '시로[城]'으로 해석하였

---

7) 한진서(韓鎭書)의 海東繹史續 卷3 辰韓條에 '稱以斯盧 居于金城 盖斯盧 斯羅 新羅 新盧 皆云新國者也 東語新曰斯伊 國曰羅盧羅音相類 斯新義則同也 今云慶州卽其地'라 하였는데, 문경현(1983)에 의하면 이후에 다른 실학자들도 이러한 해석에 동조하였다고 한다.

으며, 이병도(1956)는 신라와 고구려가 모두 '수읍(首邑)'을 가리키던 뜻에서 국명으로 화한 것이라 하였다. 문경현(1983)에서는 '신라(新羅)'의 '신(新)'은 '식'로 이는 황금, 철, 동이란 뜻이며, '라(羅)'는 '나/라'로 음독하여 '국(國)'을 의미하고, '벌(伐)'은 '블'로 '광명(光明), 국(國)'을 뜻한다 하였다. 신라는 금(金)을 숭상하던 기마 철기 문화족이 남하하여 경주에 이르러 금촌(金村)(식블, 식느)을 건설하였다는 것이다.

이상에서 살펴본 '신라'의 어원과 그 뜻에 대한 근래의 여러 가지 해석은 양주동(1942)와 조지훈(1955)의 연구에 의지하여 조금씩 변이가 있어 온 것이라고 말할 수 있다. 특히 그 의미 파악은 지훈의 탁견에 의한 것으로, 이는 당시의 국명들을 해석하는 데에 큰 실마리를 마련해 준다고 할 것이다.

지훈은 향가와 사뇌가 등에 대해서도 그 명칭에 관해 깊고 명확한 연구 결과를 보였다. 이 분야의 대표적인 논문「신라의 원의와 사뇌가에 대하여」의 내용을 살펴본다.

지훈은 "'향가'는 한시, 범패 등 외국의 가요에 대한 '동방 고유의 노래'라는 뜻으로 불려진 명칭이다. (…) 따라서 이두식[8] 차자로 표기된 신라 가요만을 향가라고 부르게 된 것은, 그것을 수재(收載)하여 오늘에 남겨 준 일연의 용례를 좇아 신라가요를 다른 시대의 가요와 구별하는 편의로운 대명사로 삼은 까닭이다."라 하였다. 그러나 '향가'에는 자비감(自卑感)이 들어 있으므로 '신라 가요' 또는 '나가(羅歌)'라고 부르는 것이 좋다고 하였다. '향가'에 대한 해석이나 태도가 명쾌하고 올바른 선편(先便)을 보인 것이라고 하겠다.

한편, '사뇌가(詞腦歌)'는 '사뇌가, 도솔가, 불찬가'로 삼대별되는 신라가요(향가)의 하나로, 신라 가요 문학 최초의 발달된 형식이요, 최후의 잔존한 통일 형식이라고 하였다. 이는 '사뇌가'의 원의에 대해 '향가'의 이두식 기사(記寫)라 보는 정인보나 양주동의 설을 따르는 당시 대개의 학자들과 다른 견해를 보인 것이다.

그는, '사뇌'의 '사(詞)'를 음독하여 'ᄉ'로 읽고, '뇌(腦)'를 훈독하여 '굴'로 읽어 '詞腦歌'를 'ᄉ굴노래'[향가]라고 하는 정인보의 설에 이의를 제기하였다. '시골'의

---

8) 원문에는 '이두식'이라고 하였지만, 오늘날 향가의 표기 방식은 '향찰'로 밝혀졌으므로 이렇게 바꾸었다.

고어는 '스ᄀᆞᄫᆞᆯ'이고, '詞腦'는 'ᄉᆞᄅᆞ(ᄂᆞ)'로 봐야 할 것이므로, 이는 어원학적으로 무리한 견해라는 것이다.

그는 또 '사뇌가'는 국호가 'ᄉᆡᄂᆡ벌'인 신라의 노래이므로, '사뇌가'는 '향가'라는 뜻이 된다고 한 양주동의 견해도 비판하였다. 신라 국호 차자와 동음인 '사내(思內)·사뇌(詞腦)'는 '상(上)·고(高)'와 '신(神)·영(靈)'의 뜻으로 통하므로, '사뇌' 또는 '사뇌가'는 신악(神樂)·무가(巫歌)·주가(呪歌)의 뜻임을 알 수 있다고 하였다.

'도솔가'는 신라 가요의 한 분야로 사뇌가의 한 형태라 하였다. 도솔가의 원의에 대해 정인보(1930)에서는 '돗타' 곧 환희의 노래라 하였고, 양주동(1942)에서는 '돗놀애' 또는 '두리·도리'라는 후렴으로 보았으며, 이혜구(1953)에서는 '도살푸리'라 하여 현재어 '살풀이'의 원형으로 보았다. 그러나 지훈은 '도솔가'는 '다슬놀애' 곧 '치리가(治理歌)'로 해석하였다.[9] 사뇌가는 도솔가 이전에 있던 구비전승의 사내(思內) 또는 민요와, 도솔가 이후의 10구체 형식의 창작 시가를 아울러서 통칭하고 있어, 사뇌가는 엄밀히 말해서 이 두 가지를 구별해야 하는데, 도솔가는 정히 사뇌가의 이 양의(兩義)가 발달 계기되는 중간에 끼여든 것이라고 하였다.

오늘날 '향가'나 '사뇌가'의 개념은 지훈의 논의와 대개 일치하지만, '도솔가'는 대체로 향가에 속하는 하나의 작품명으로 이해되고 있다. 그러나 지훈의 '도솔가' 연구도 그 나름으로 논거를 갖는 내용으로, 이 문제에 관해 좀더 깊은 연구가 필요하다고 할 것이다.

4. 마무리

지훈의 국어학적 연구와 활동을 살펴보았다. 그는 「고풍의상」으로 『문장』지에 시인 추천을 받기 전에 이미 국어학 논문을 발표한 바 있다. 그 후 시인으로서, 민속·국학자로서, 교육자로서 많은 성과를 내면서 어학 연구를 계속하지 못하여 국어학 연구 논문은 여러 편이 되지 못하지만, 민속학이나 고전 문학 연구에서 언어 문제

---

9) 한지훈은 후에 「신라가요고」(고려대 『국문학』 6호, 1962)에서 "도솔가는 내포는 '다ᄉᆞᆯ노래'(治理歌 安民歌)요, 외연은 '두레소리'(集團歌·會樂)다"라 하였다.

에 대한 관심과 비중은 남달리 컸다. 이는 그의 연구 논저의 곳곳에서 나타나는데, 특히 어원에 관해서는 이후에도 종종 폭넓고 깊은 탐색을 보였다. 그는 한국어의 어원 연구를 한국학의 출발로 생각하였던 것이다. 그의 신라 국호의 연구나 향가, 사뇌가 등에 관해 어원학적으로 접근한 연구는 가히 독보적이며, 그의 국학 연구에서도 가장 높이 꼽히는 업적이라고 할 것이다.

지훈은 다른 학문 분야에서도 그러하였지만, 어원 연구에서도 가능한 한 정확한 전거를 얻기 위하여 광범위하게 자료를 찾았다. 그 자료는 옛 고전이나 지명뿐만 아니라 현재 사용하는 언어의 용법이나 이웃 언어 등에 걸치고 있어, 그의 진지한 탐구 자세를 그대로 보여준다. 이 자료들을 적확하게 해석하고 이용하는 것도 또한 그의 몫이었다. 그리고 여기에 탁월한 직관과 혜안으로 정곡을 헤아리는 분석으로, 그의 연구 결과는 대개 이치에 어그러지는 일이 적어 오늘날에도 학계에 기여하는 바가 많다.

그 동안 지훈에 대한 연구가 학위 논문이나 개별 연구 논저로 많이 나타났으며, 여러 각도에서 종합적으로 정리되기도 하였다. 그러나 그의 연구 논저나 문학 작품, 기타 그의 글들을 서지적으로 잘 정리한 작업은 아직 없었다. 그의 연구를 제대로 하기 위해서 우선적으로 필요한 일이라고 생각된다. 본고에서는 국어학 논문이나, 국어학적 탐색을 시도한 관련 논문들의 목록만을 조사하여 아래에 밝힌다.

조지훈의 국어학 관련 발표 논문 목록

「된소리 記寫에 대한 一考察—雙書와 된시옷은 어느 것을 取할까」. 『룸비니』 3(중앙불교전문학교 학생회, 1939).

「語源小考」. 『한글』 7-11(73호). 1939.

「語源小考」. 『正音』 32(1939).

「語源小考」. 『東亞日報』, 1939. 10. 4.

「語源小考(하)」. 『東亞日報』, 1939. 10. 5.

「山有花歌와 黍離離嘆 其他—言語·神話·歌謠에 대한 雜考」. 『春秋』(朝鮮春秋社, 1942).

「新羅의 原義와 詞腦歌에 대하여—주로 上古民俗과의 관련에 대한 一考察」. 『春秋』 1943년 新年號(朝鮮春秋社, 1943).

「감과 곰—東方開國說話考」. 『春秋』 1942. 11월호(朝鮮春秋社).

「山有花考—민요 '메나리'에 대하여」. 『高大新聞』, 1948. 3. 25.

「新羅國號硏究論攷—新羅原義攷」. 『高大 五十週年紀念論文集』. 1955.
「'멋'의 연구—韓國的 美意識의 構造를 위하여」. 『韓國人과 文學思想』. 一潮閣. 1964.
「語源數題」. 『新東亞』 1966. 6월호.
「한글 창제의 의의—어문운동과 국민정신에 대하여」.

참고 문헌

강헌규(1988). 『한국어 어원 연구사』. 집문당.
고유섭(1934). 「우리의 미술과 공예」. 『동아일보』, 1934. 10. 11~20.
김민수(1997). 『우리말 어원사전』. 태학사.
문경현(1983). 『신라사연구』. 경북대학교출판부.
박노준(1978). 「조지훈의 '신라연구' 해의」. 『조지훈 연구』. 고려대학교출판부.
서익환(1988). 「조지훈 시 연구」. 한양대 대학원 박사학위 논문.
안옥규(1989). 『어원사전』. 연길: 동북조선민족교육출판사.
안재홍(1948). 『조선상고사감』(상). 민우사.
양주동(1942). 『조선고가연구』. 박문출판사.
_____(1965). 『증보 고가연구』. 일조각.
_____(1955). 『여요전주』. 을유문화사.
_____(1968). 「국사 고어휘 차자 원의고」. 『명대논문집』 1.
여증동(1988). 「나라 이름 '신라'에 대하여」. 『국어국문학』 100.
유창돈(1973). 『어휘사연구』. 선명문화사.
이병도(1956). 「고구려 국호고」. 『서울대 논문집』(인문사회과학) 3.
이탁(1967). 「국어 어원 풀이의 일단」. 『한글』 140.
이혜구(1953). 「시나위와 사뇌에 관한 시고」. 『국어국문학』 8.
인권환(1978). 「지훈의 학문과 그 업적」. 『조지훈 연구』. 고려대학교출판부.
_____(1978). 「전통문화와 민속학의 연구」. 『조지훈 연구』. 고려대학교출판부.
전몽수(1940). 「신라의 명의」. 『한글』 8-4.
정인보(1930). 「조선문학원류독본」. 『조선어문연구』. 연희전문학교.
정호완(1991). 『우리말의 상상력』. 정신세계사.
최창렬(1986). 『우리말 어원연구』. 일지사.
허영호(1931). 「절(寺)의 어원에 대하여」. 『불교』 86.
황패강(1993). 「향가의 본질」. 『향가문학연구』. 일지사.
韓振乾(1990). 『朝鮮語詞源探考』. 延吉: 延邊人民出版社.
白鳥庫吉(1906). 「新羅の國號に就いて」. 『歷史地理』 8-5.
河野六郎(1967). 「古代の 日本語と 朝鮮語」. 『ことばの 宇宙』 2-4.

조지훈론

김인환

1. 조지훈의 생애

조지훈은 음력으로 1920(경신)년 12월 3일, 양력으로 1921(신유)년 1월 11일에 경상북도 영양군 일월면 주실(注谷)에서 조헌영(趙憲泳)과 유노미(柳魯尾)의 3남 1녀 가운데 차남으로 태어났다. 영양의 한양 조씨는 단발령이 시행되던 1895년 11월 이전에 자발적으로 단발을 한 집안이었다. 그의 조부 조인석(趙寅錫, 1879-1950)은 구한말 사헌부 대간을 지낸 선비로서 사람과 글과 돈을 빌리지 말라는 3불차(不借)로 경계를 삼아 집안을 일으켰으며 동족상잔의 시기에 인륜이 무너지는 것을 개탄하여 그 해 7월 27일에 자결하였다. 그는 아들 헌영과 손자 지훈에게 한의원이 되기를 권유하였다. 조인석은 근영, 헌영, 준영의 세 아들을 두었는데 모두 일본에 유학하여 광복

후에 근영은 국립도서관장, 헌영은 국회의원, 준영은 대구 경찰국장을 역임하였다. 조헌영(1900-1988)은 와세다 대학 영문학과를 나왔다. 재일본 동경 유학생 학우회장을 맡아 일했고 한의학을 공부하여 『통속 한의학 원론』을 지었고 한의원을 여는 한편 신간회의 총무를 맡았다. 제헌 및 2대 국회의원을 지냈으며 6·25에 납북되었다. 그는 북에서 동의학 연구에 전념하여 최초의 동의학 박사로서 동의학의 체계를 수립하고 후진을 양성하다 1988년 6월에 서거했다.

주실의 한양 조씨는 한 마을에 살던 야성 정씨, 함양 오씨와 더불어 월록서당(月麓書堂)을 운영하며 한문고전 이외에 조선어와 조선 역사를 가르쳤다. 조지훈은 1925년부터 1930년까지 조부가 호은 종택에 연 영진의숙과 월록서당에 개설된 배영학당을 다니다 선대의 가학을 잇도록 희망하는 조부의 뜻에 따라 조부에게 한학을 배우는 한편 1934년에는 와세다 중학 통신강의록으로 신학문을 익혔다. 1931년에 마을 소년들의 문집 『꽃답』을 엮어내었고 1935년부터 본격적인 습작을 시작하였다. 1935년은 『정지용 시선』이 출간된 해였다.

> 글이랍시고 쓰기 시작한 것은 아홉 살 때 동요를 지어본 것이 처음인데, 이 동요란 것이 그 무렵에 성하던 프로문학의 영향을 받은 것이었음을 기억한다. 그때 풍속대로 어린 피오닐이 되어 덩달아 지어보던 프로 동요는 까닭 없이 살벌하던 그 정신에 회의를 느껴 짓기는 지으면서도 투고 한번 해보지 않고 찢어버리곤 하였다. 열세살 무렵에 처음으로 메테를랭크의 『파랑새』, 배리의 『피터 팬』, 와일드의 『행복한 왕자』 같은 동화를 읽고 가슴이 흐뭇해져서 문학이란 이런 것이다라고 속짐작을 하였다. 문학적으로는 이와 같이 프로문학에 대한 혐오와 회의를 진작부터 깨달았으면서도 어쩐 일인지 나는 그 무렵의 소년회 활동에는 상당한 열성으로 참여하고 있었고 어려운 사회과학 서적을 주워 읽기에 게으르지 않았다. 최후의 '어린이날'을 산중에서 비밀히 거행한 것이 발각되어 소년회가 수색과 구류 끝에 해산을 당하던 날 어린 소년들이 한 자리에 모여 몹시 울었던 일은 아직도 그날의 기억으로 역력히 남아 있다. (「나의 역정」, 『조지훈 전집 3』, 1996, 199쪽)

조지훈은 순수한 서정시를 좋아하였으나 또한 평생토록 사회과학과 사회운동에 대한 관심을 버리지 않았다. 그는 시를 쓰려면 먼저 사상을 확립해야 한다고 말하였고 그 스스로 육화된 자기의 사상을 갖추기 위하여 혼신의 노력을 기울였다.

1939년 4월 「고풍의상」, 그 해 11월 「승무」, 1940년 2월 「봉황수」가 정지용에 의하여 추천되어 조지훈은 문단에 나왔다. 추천사에서 정지용은 "당신의 시적 방황은 참담하구료"라고 평하였는데 그 무렵 조지훈은 고전시와 전위시를 두루 습작하고 있었다.

샤를르 보들레르여 난 그대를 읽은 것을 뉘우치노라
오스카 와일드여 난 그대를 읽은 것을 뉘우치노라
이백(李白)이여 두자미(杜子美)여 랭보여 콕토여
무엇이여 무엇이여 난 그대를 읽은 것을 뉘우치노라
뉘우치는 그것마저 다시 뉘우치는 날 들창을 올리고 담배를 피운다 담배를 피우며 창을 내린다

—「참회」

자기의 문체를 발견하기 전까지 시인이면 누구나 걷는 남독과 방황을 조지훈도 거쳤다. 남독과 방황은 조지훈의 사상과 문체를 형성하는 데 기여했다고 보아야 할 것이다. 「계산표」라는 시에는 조지훈이 읽은 사회과학 서적들과 서구의 전위시인들의 영향이 들어 있다.

67분의 노동대가 일금 5전야(錢也). 막걸리 일배 일금 5전야(錢也). 막걸리 일배 쾌음 소요시간 23초. 67분과 23초의 나의 정가는 5전. 5전에 괴롭고 5전에 즐거우니 67분에 괴롭고 23초에 즐거웁다. 이 술이 들어가면 24시간 후에 5장 6부에서 자극을 섭취하고 꿈을 먹고 남은 뒤 모든 것에 여과당하여 배출되리니 아— 67분의 잉여가치. 아니 23초 즐거움의 대상(代償).

그러나 이러한 방황을 거쳐서 조지훈은 자연을 관조의 대상으로 형상화하는 그 나름의 문체를 개척하였다. 그가 시의 방향을 고전시의 계승으로 설정한 데에는 물론 그의 스승 정지용의 권유도 한몫을 담당하였다.

열 일곱 살에 처음 상경하여 나는 동향의 선배 오일도 사백의 '시원사'에 머무르고 있

었다. 이때는 『시원』과 『시인부락』, 『삼사문학』이 발간된 직후이었는데 거개가 휴간으로서 자연 폐간이 될 때였다. 그 전 해 봄에 상경했다가 실의의 청년이 되어 귀향한 세림이 지니고 온 일변한 사편(詞篇)이 센티멘털한 시였듯이 상경한 후의 나의 습작시도 그러한 방향으로 흐르고 있었다. 우리 시사의 중흥시대에 『시문학』파의 영향을 받은 것도 자연한 추세였을 것이다. 윤곤강은 첫 시집 『대지』의 교정을 볼 때였고 오장환의 『성벽』은 아직 원고 뭉치로 있을 때였다. 이 무렵 나는 한 편의 투고도 시험하지 않았다. 조선어학회에 드나들기 시작한 것도 이때였고, 사회과학서 대신에 민족문화에 대한 학술서를 읽는데 열중하기 시작한 것이 이 무렵의 일이었다. 상경 후 내가 처음 탐독한 시인은 보들레르와 와일드였다. 사실주의 이후 주조를 잃은 문예사조를 알아본다고 보들레르와 도스토예프스키, 플로베르를 읽고 나서 보들레르의 상징주의가 정통이라고 믿은 것도 와일드의 탐미주의에 혹하여 『살로메』를 번역하여 본 것도 이 무렵의 일이었다. (「나의 역정」, 『조지훈 전집 3』, 200-201쪽)

지훈의 형 세림 조동진(1917-1937)에게는 죽은 후에 시원사(詩苑社)에서 나온 『세림시집』이 있다. 정지용은 조지훈이 투고한 시들 중에서 고전시 계열을 선정하고 선정 이유를 밝힘으로써 조지훈이 창작의 방향을 잡을 수 있도록 도와주었다. "조지훈 군 「화비기(華悲記)」도 좋기는 하였으나 너무도 앙징스러워서 「고풍의상」을 취하였습니다. 매우 유망하시외다"(『문장』 1권 3호, 122쪽)라고 모더니즘 계열을 피하도록 충고하였고 추천을 마쳤을 때에도 조지훈 시의 특색을 신고전이라고 규정하였다.

조군의 회고적 에스프리는 애초에 명소고적에서 날조한 것이 아닙니다. 차라리 고유한 푸른 하늘 바탕이나 고매한 자기 살결에 무시로 거래하는 일말 은하와 같이 자연과 인공의 극치일까 합니다. 가다가 명경지수에 세우(細雨)와 같이 부리며 나려앉는 비애에 아티스트 조지훈은 한 마리 백로처럼 도사립니다. 시에서 깃과 쭉지를 고를 줄 아는 것도 천성의 기품이 아닐 수 없으니 시단에 하나의 신고전을 소개하며… 브라보! (『문장』 2권 2호, 171쪽)

1938년 4월 11일 혜화전문학교 특과에 입학하여 1941년 3월 16일에 졸업한 조지훈은 4월에 오대산 월정사 불교강원의 외전강사가 되었다. 절에서 조지훈은 『금강경』, 『화엄경』, 『선문염송』을 읽고 스피노자와 헤겔과 베르그송을 읽었다. 「마을」, 「달밤」, 「고사」, 「산방」 같은 시들이 이때에 씌어졌다. 『문장』이 폐간되고 주재소에서 싱가포르 함락 축하 행렬을 하라는 명령을 절에 내렸다. 통음의 나날을 보내다 졸도하여 12월에 서울로 올라왔다. 1942년에 조선어학회의 큰사전 일을 돕다가 조선어학회 회원들이 검거되자 시골로 피했다. 이 무렵 「암혈의 노래」, 「비혈기」 등을 썼고 잠시 경주에 들러 박목월과 만나 「파초우」와 「완화삼」을 지었다. 1943년 3월 신체검사에서 폐병으로 노무 감내 불능이라는 판정으로 징용면제처분을 받았다. 「낙화」, 「낙엽」, 「고목」, 「바램의 노래」 등이 고향에서 씌어졌다.

조선어학회 시절에 종로 2가 우미관 골목에서 친구들과 술을 마시다 종로 깡패들과 시비가 벌어졌다. 친구들은 모두 꽁무니를 빼고 조지훈만 남아 깡패 두목과 맞붙게 되었는데 허약한 그의 체격을 보고 망설이는 상대방에게 조지훈은 술이나 한잔하고 싸우자고 하며 막걸리 두 잔을 따라 그중 한 잔을 마시고 소금을 입에 넣고 웃으며 자리를 떴다. 당시에 종로 깡패와 싸워서 맞지 않은 유일한 시인이라는 이야기가 있었다. 말과 이름을 빼앗긴 시대에도 조지훈은 꾸준히 시를 썼다.

마음 후줄근히 시름에 젖는 날은
동물원으로 간다.

사람으로 더불어 말할 수 없는 슬픔을
짐승에게라도 하소해야지.

난 너를 구경오진 않았다.
뺨을 부비며 울고 싶은 마음.
혼자서 숨어 앉아 시를 써도
읽어줄 사람이 있어야지

쇠창살 앞을 걸어가며
정성스리 써서 모은 시집을 읽는다.

철책 안에 갇힌 것은 나였다.
문득 돌아다보면
사방에서 창살 틈으로
이방의 짐승들이 들여다본다.
"여기 나라 없는 시인이 있다"고
속삭이는 소리……

무인(無人)한 동물원의 오후 전도된 위치에
통곡과도 같은 낙조가 물들고 있었다.

―「동물원의 오후」

광복이 되자 곧 서울로 올라와 10월에 한글학회 국어교본 편찬원이 되고 11월에 진단학회 국사 교본 편찬원이 되었다. 1945년 10월 혜화전문학교 강사, 1946년 2월 경기여고 교사, 10월 서울 여의전 교수, 1947년 4월 동국대학교 강사를 역임하고 1947년 10월부터 고려대학교에 출강하다가 1948년 10월에 고려대학교 교수로 부임하였다.

어느 날 조지훈과 몇 사람이 명동성당의 주교관에서 노기남 주교를 만났다. 노주교는 지식인들의 의지가 박약한 것을 지적하였다. 조지훈은 지옥의 불도 견딜 만한 의지가 지식인에게 있다고 응수하였다. 노주교가 동의하지 않자 지훈은 성냥개비 대여섯 개를 움켜쥐고 불을 붙여 손등에 올려 놓았다. 살이 타들어가는 것을 차마 볼 수 없어 모두 외면하였으나 조지훈은 불이 꺼질 때까지 기다려서 천천히 재를 불었다. 좌우대립의 소용돌이 가운데 조지훈은 여러 가지 어려움을 겪었다. 좌익 학생이 벽돌로 때리려고 한 적도 있었다. 조지훈이 가만히 서서 보고 있으니까 그 학생은 슬그머니 돌을 놓았다. 이 이야기를 하면서 조지훈은 학생들에게 "선생이 학생에게 맞을 수도 있다. 맞았느냐 맞지 않았느냐 하는 것은 문제 거리가 되지 않는다. 다만 당당하게 맞았느냐 비겁하게 맞았느냐 하는 것은 끝까지 따져야 한다"고 말했다.

해방공간에서 조지훈은 「산상의 노래」, 「십자가의 노래」, 「불타는 밤거리에」 등의 시를 썼다. 이 시들에 대해서는 그 스스로 좋게 평가하지 않았다. 6·25 동란이 발발하자 조지훈은 종군하여 10월에 평양에 다녀왔고 1951년 5월에 종군문인단 부단장이 되었다. 6월 25일에도 그는 고려대학교에서 강의를 하고 있었다. 그의 다급한 심정이 「절망의 일기」에 잘 나타나 있다.

어디로 가야 하나 배수의 거리에서
문득 이마에 땀이 흐른다.

아침밥이 모래 같다
국물을 마셔도 냉수를 마셔도
밥알은 영 넘어가질 않는다.

마음이 이렇게도
육체를 규정하는 힘이 있는가.

마포에서 인도교 다시 서빙고 광나루로
몰려나온 사람은 몇십만이냐.

붉은 깃발과 붉은 노래와 탱크와
그대로 사면초가 이 속에 앉아

넋없이 피우는 담배도 떨어졌는데
나룻배는 다섯 척 바랄 수도 없다.

아 나의 가족과 벗들도 이 속에 있으련만
어디로 가야 하나 배수의 거리에서

마침내 숨어 앉은 절벽에서
한 척의 배를 향해 뛰어내린다.

헤엄도 칠 줄 모르는
이 절대의 투신!

비 오던 날은 개고 하늘이 너무 밝아 차라리 처참한데
한강의 저 언덕에서 절망이 떠오른다.

아 죽음의 한 순간 연기—

—「6월 28일」

조지훈은 역사의 비극을 정면으로 응시하고 기록하였다. 그의 전쟁시들은 시대와 사회에 대한 감회를 절실하게 읊은 시편들로서 "우리 시가 두 번 다시 이러한 슬픈 역사 앞에 서지 않게 되기를 비는 마음"(『역사 앞에서』, 서문)을 소박하게 나타낸 참여시들이라고 할 수 있다. 남편을 북으로 보낸 누이에게 그는 "할아버지와 아버지가 모두 의리 때문에 오늘의 길을 취하셨고 나마저 섣부른 의리에 몸이 매어 부조에게 죄를 짓게 되었구나. 세월이 어떻게 끝날지 아는 사람 하나도 없으니 우리의 한스러움이 일조일석에 피어질 것도 아닌 것. 어떻게 제 마음 제 몸을 제가 다스려 제 지킬 바 길이나 지키고 살아야 하지 않겠느냐. 나는 지금도 소식 없는 모든 사람에 대하여 영 단념하고 싶지는 않다. 다만 가신 이나 남은 이가 오랜 동안을 그리움에 고통이 있을 뿐이라 믿는다."(『조지훈 전집 4』, 493쪽)고 하며 글을 보내 기다림의 의미를 깊이 생각해 보라고 하였다. 할아버지는 좌익청년들에 의해 인륜이 훼멸되는 것을 견디지 못해 자결하였고 아버지는 납북되어 북에서 동의학을 연구하고 있는 가족사의 비극에 대해 조지훈은 강한 기다림의 정신으로 인내하고 초극할 것을 자신에게 다짐하고 있었다. 그는 1950년 10월에 종군하여 평양까지 갔다 왔다. 아버지의 소식을 알기 위한 마음이 컸을 것이다.

평양을 찾아와도 평양성엔 사람이 없다.

대동강 언덕길에는 왕닷새 베치마 적삼에 소식(蘇式) 장총을 메고 잡혀오는 여자 빨치산이 하나.

스탈린 거리 잎 지는 가로수 밑에 앉아 외로운 나그네처럼 갈 곳이 없다.

10년 전 옛날 평원선 철로 닦을 무렵 내 원산에서 길 떠나 양덕(陽德) 순천(順川)을 거쳐 걸어서 평양에 왔더니라.

주머니에 남은 돈은 단돈 20전, 냉면 쟁반 한 그릇 못먹고 쓸쓸히 웃으며 떠났더니라.

돈 없이는 다시 안 오리라던 그 평양을 오늘에 또 내가 왔다 평양을 내 왜 왔노.

대동문 다락에 올라 흐르는 물을 본다 패강무정(浿江無情) 10년 뒤 오늘!

아 가는 자 이 같고나 서울 최후의 날이 이 같았음이여!

—「패강무정」

1950년 9월 어느 날 조지훈, 박목월, 이숭녕 등의 문학가와 학자들이 대구 동성로에 있는 술집에서 술을 마시고 있었다. 대구 시내에까지 포탄이 날아오던 때였다. 술에 취해 그들의 목소리가 커지자 근처에 있던 무장 군인들이 들어와 "지금이 어느 때인데 고성방가냐" 하고 호통을 치며 살기등등하여 총부리를 겨누었나. 조지훈이 "너희들만 나라를 생각하는 줄 아느냐. 어디다 대고 함부로 총을 겨누는 게냐? 조지훈을 죽이고 무사할 자 있으면 쏴봐라" 하고 고함을 쳤다. 군인 한 사람이 방 안을 향해 총을 발사했다. 모두 혼비백산하여 방바닥에 엎드렸다. 그때 지훈은 벽에 비스듬히 기대어 앉은 자세를 흐트러뜨리지 않았다. 그 군인은 조지훈의 머리 위로 총을 쏘아 대다가 제풀에 지쳐서 그만두었다. 뒤에 지훈은 그 군인의 감정이 격해 있었기 때문에 자기가 조금만 움직였으면 가슴에 총을 맞았을 것이라고 말했다. 움직이지 않았기 때문에 머리 위로만 총을 쏘았으리라는 것이다.

1952년에 『풀잎단장』, 1956년에 『조지훈 시선』을 냄으로써 시에 대한 그때까지의 탐구를 일단 결산하고 1959년에는 『역사 앞에서』를 상재하여 발표한 시들의 거의 전부를 시집으로 묶었다. 1964년에 나온 『여운』은 4·19 관련 역사시편을 포함하고 있으나 투명한 감각과 조용한 관조가 기조를 이루는 초기의 시 세계에 체념의 미학이 첨가되어 있다고 할 만한 시집이다. 「이력서」라는 시에서 조지훈은 자신을 "시 못 쓰는 시인이올시다. 가르칠 게 없는 훈장이올시다. 혼자서 탄식하는 혁명가올시다"(『조지훈 전집 1』, 371쪽)라고 소개하였다. 이러한 고백을 통하여 우리는 그의 희망이 시에 있고 가르침에 있고 집단적 탄식에 있다는 사실을 확인할 수 있다. 4·19에 조지훈은 감격하여 교수단 데모에 참여하여 한국교수협회의 시국선언서를 집필하고 학생들의 의거를 격려하였다.

아 그것은 홍수였다
골목마다 거리마다 터져나오는 함성

백성들 암흑 속으로 몰아넣은
"불의한 권력을 타도하라"
양심과 순정의 밑바닥에서 솟아오른
푸른 샘물이 넘쳐흐르는
쓰레기를 걸레쪽을 구더기를 그
죄악의 구덩이를 씻어내리는
아 그것은 파도였다.
동대문에서 종로로 세종로로 서대문으로
역류하는 격정은 바른 민심의 새로운 물길,
피와 눈물의
꽃파도
남대문에서 대한문으로 세종로로 경무대로
넘쳐흐르는
이것은 의거 이것은 혁명 이것은
안으로 안으로만 닫았던 분노

온 장안이 출렁이는 이 격류 앞에
웃다가 외치다가 울다가 쓰러지다가
끝내 흩어지지 않는 피로 물들인

온 민족의 이름으로
일어선 자여

그것은 해일이었다.
바위를 물어뜯고 왈칵 넘치는
불퇴전의 의지였다. 고귀한 피 값이었다.

정의가 이기는 것을 눈앞에 본 것은
우리 평생 처음이 아니냐
아 눈물겨운 것
그것은 천리였다.
그저 터졌을 뿐 터지지 않을 수
없었을 뿐
애국이란 이름조차 차라리 붙이기 송구스러운
이 빛나는 파도여
해일이여!

—「혁명」

4·19 이후에 조지훈은 오랜 지병을 견뎌내며 국학 연구에 매진하였다. 고려대학교 민족문화연구소 소장으로서 『한국 문화사 대계』를 계획하여 출간하고 『한국 문화사 서설』과 『한국 민족 운동사』를 간행하고 『민속학 개론』과 『국학 사전』을 구상하였다. 계획한 일을 다 마치지 못하고 1968년 5월 17일 새벽에 조지훈은 기관지 확장으로 세상을 떠났다. 「병에게」는 조지훈의 마지막 모습을 짐작할 수 있게 하는 시이다.

어딜 가서 까맣게 소식을 끊고 지내다가도
내가 오래 시달리던 일손을 떼고 마악 안도의 숨을 돌리려고 할 때면
그때 자네는 어김없이 나를 찾아오네.

자네는 언제나 우울한 방문객
어두운 음계를 밟으며 불길한 그림자를 이끌고 오지만
자네는 나의 오랜 친구이기에 나는 자네를
잊어버리고 있었던 그동안을 뉘우치게 되네

자네는 나에게 휴식을 권하고 생의 외경을 가르치네
그러나 자네가 내 귀에 속삭이는 것은 마냥 허무
나는 지그시 눈을 감고 자네의
그 나즉하고 무거운 음성을 듣는 것이 더없이 흐뭇하네

내 뜨거운 이마를 짚어주는 자네의 손은 내 손보다 뜨겁네
자네 여윈 이마의 주름살은 내 이마보다도 눈물겨웁네
나는 자네에게서 젊은 날의 초췌한 내 모습을 보고
좀도 성실하게 성실하게 하던
그날의 메아리를 듣는 것일세

생에의 집착과 미련은 없어도 이 생은 그지없이 아름답고
지옥의 형벌이야 있다손 치더라도
죽는 것 그다지 두렵지 않노라면
자네는 몹시 화를 내었지

자네는 나의 정다운 벗, 그리고 내가 공경하는 친구
자네가 무슨 말을 해도 나는 노하지 않네
그렇지만 자네는 좀 이상한 성밀세
언짢은 표정이나 서운한 말, 뜻이 서로 맞지 않을 때는
자네는 몇 날 몇 달을 쉬지 않고 나를 설복하려 들다가도
내가 가슴을 헤치고 자네에게 경도하면
그때사 자네는 나를 뿌리치고 떠나가네

잘 가게 이 친구
생각 내키거든 언제든지 찾아주게나
차를 끓여 마시며 우리 다시 인생을 얘기해 보세그려

2. 조지훈의 시

지훈(芝薰) 조동탁(趙東卓, 1921-1968)은 소월과 영랑에서 비롯하여 서정주와 유치환을 거쳐 청록파에 이르는 한국 현대시의 주류를 완성함으로써 20세기 전반기와 후반기의 한국 시사를 연결해준 큰 시인이다. 20년대에 김소월과 한용운과 이상화가 이룩한 한국의 현대시는 30년대에 들어와 감정의 표현에 공을 들인 김영랑, 정지용, 김광균과 의지의 전달에 공을 들인 임화, 이용악, 오장환과 기억의 형상을 추구한 백석, 지성의 유희를 실험한 이상 등에 의하여 다양하게 전개되었다. 우리는 이상화-이용악-유치환-이육사를 하나의 계보로 볼 수 있듯이 김소월-김영랑-서정주-청록파를 하나의 계보로 볼 수 있다. 의지보다 감정을 중시하는 서정시의 계보를 이으면서도 청록파는 정지용의 영향으로 민족어의 조탁을 특별히 강조하였다. 정지용-장만영-장서언 등 이미지의 구성에 주력하는 시인들이 하나의 계보를 이룰 수 있게 된 데에는 청록파 특히 조지훈의 역할이 적지 않았다. 조지훈은 정지용의 생략미와 한용운·이상화·신석정·박두진의 부연미, 그리고 김영랑·서정주의 개성적 해조와 이상의 변조를 다 같이 시의 한 방법으로 인정하였다. 조지훈은 어떤 면에서 "변조를 통한 시대적 해조"(『조지훈 전집 2』, 117쪽)를 새롭게 추구하는 것이 창작이라고 생각했다. 그는 "도덕적 악이 훌륭히 예술로 성립된 사실"(앞의 책, 163쪽)을 인정하고 시가 선악과 이해를 떠나 평가되어야 한다고 주장하였다.

조지훈은 시를 쓸 때, 시의 내용보다 먼저 특이한 음악적 리듬이 가슴에 부딪혀 오는 것을 감지한다고 말하였다. "지금도 그렇지만 나는 시정을 느낄 땐 뜻 모를 선율이 먼저 심금에 부딪힘을 깨닫는다."(앞의 책, 182쪽) 시적 인식은 그에게 영혼의 내부에 일어나는 일종의 음악적 동요로 나타난다. 「가야금」 같은 시를 보면 그의 시가 얼마나 많은 것을 운율에 의지하고 있는가에 대하여 충분히 짐작할 수 있다.

1

휘영청 달 밝은 제 창 열고 홀로 앉다 품에 가득 국화향기 외로움이 병이어라.

푸른 담배연기 하늘에 바람 차고 붉은 술 그림자 두 뺨이 더워온다.

천지가 괴괴한데 찾아올 이 하나 없다. 우주가 망망해도 옛 생각은 새로워라.

달 아래 쓰러지니 깊은 밤은 바다런 듯 창망한 물결 소리 초옥이 떠나간다

2

조각배 노 젓듯이 가얏고를 앞에 놓고 열두 줄 고른 다음 벽에 기대 말이 없다.

눈 스르르 감고 나니 흥이 먼저 앞서노라 춤추는 열 손가락 제대로 맡길랐다.

구름 끝 드높은 길 외기러기 울고 가네 은하 맑은 물에 뭇별이 잠기다니.

내 무슨 한이 있어 흥망도 꿈속으로 잊은 듯 되살아서 임 이름 부르는고.

3

풍류 가얏고에 이는 꿈이 가이없다 열두 줄 다 끊어도 울리고 말 이 심사라.

줄줄이 고로 눌러 맺힌 시름 풀이랐다 머리를 끄덕이고 손을 잠깐 슬적 들어

뚱 뚱 뚱 두두 뚱뚱 흥흥 응 두두 뚱 뚱 조격을 다 잊으니 손끝에 피맺힌다.

구름은 왜 안가고 딜빛은 무삼일 저리 휜고 높아가는 물소리에 청산이 무너진다.

이 시에는 망국의 한을 술과 가야금으로 달래는 한 선비의 모습이 그려져 있다. 술과 담배로는 풀 수 없는 외로움 때문에 술자리에서 잠시 누웠다 일어난 그는 가

야금을 타본다. 열 손가락에 맡기고 자유롭게 가락을 희롱했으나 그의 가슴에 묻혀 있던 한이 가락을 타고 솟아나 조격을 잊고 손끝에 피가 맺힐 때까지 가야금에 빠져든다. 잊은 듯 되살아나는 임을 여자라고 보기에는 시의 어조가 너무 무겁다.

정지용이 추천하여 『문장』에 실은 조지훈의 데뷔작 「봉황수」를 보더라도 겉보기에는 줄글로 되어 있으나, 소리내어 읽어보면 시 전체가 3음보의 운율을 띠고 있음을 저절로 느끼게 된다.

> 벌레 먹은/두리기둥/빛 낡은 단청//풍경소리/날러간/추녀 끝에는//산새도 비들기도/둥주리를/마구 쳤다.//큰 나라 섬기다/거미줄 친/옥좌 위엔//여의주/희롱하는/쌍룡 대신에//두 마리/봉황새를/틀어 올렸다.//어느 땐들/봉황이/울었으랴만//푸르른/하늘 밑//추석(甃石)을/밟고 가는/나의 그림자.//패옥/소리도/없었다.//품석 옆에서/정일품 종구품/어느 줄에도//나의/몸둘 곳은/바이없었다.//눈물이/속된 줄을/모르랴이면//봉황새야/구천에/호곡하리라.//

음보 안의 음절 수는 3음절에서 7음절까지 다양하게 나타나지만, 이것도 5음절에서 10음절 사이를 자유롭게 왕래하던 시조의 종장 둘째 구를 생각하면, 우리 시의 전통적 운율을 현대시로 살려낸 기법이라고 할 수 있다. "푸르른 하늘 밑"이 2음보로 예외인 것같이 보이지만 사실은 "푸르른/하늘 밑/…//"으로 공음보를 포함하고 있는 것이다. 이 부분에 상당히 긴 휴지를 두어야 낭독이 정상적으로 계속되기 때문이다. 이 시에는 용과 봉황, 봉황과 산새, 하늘과 돌 등의 대립되는 낱말들이 배치되어 있는데, 그러한 시어의 배치에 호응하여 시의 소리조직도 'ㄴ' 'ㄹ' 'ㅇ' 소리와 'ㅊ' 'ㅊ' 'ㅍ' 소리의 대립을 적절하게 이용하고 있다. 시의 내용은 빛에서 소리로, 다시 소리에서 빛으로 전개된다. 시인은 빛 낡은 단청을 보고 풍경소리를 듣는다. 소리가 하늘로 퍼지듯이 하늘을 나는 산새와 비둘기가 나오고, 연상의 그물은 새 중의 새인 봉황을 잡아 올린다. "푸르른 하늘 밑 추석을 밟고 가는 나의 그림자, 패옥 소리도 없었다"는 구절과 "큰 나라 섬기다 거미줄 친 옥좌"라는 구절을 함께 놓고 보면 잃어버린 나라에 대한 조지훈의 단순하지 않은 감정을 읽을 수 있다.

조선 왕조는 큰 나라에 의존하고 국제 환경에 주체적으로 대응하지 못하여 망하였다. 그러나 우리의 전통사회에는 패옥 소리로 대표되는 그 나름의 아름다움이 깃들어 있다. "눈물이 속된 줄을 모르량이면 봉황새야 구천에 호곡하리라"는 마지막 문장도 복합적인 감정을 미묘하게 숨기고 있다. 나라 잃은 시대에 조지훈은 몸 둘 곳을 어느 곳에서도 찾을 수 없었다. 그의 눈에서는 걷잡을 수 없는 눈물이 흐른다. 그러나 그는 눈물만으로는 나라를 다시 찾지 못한다는 사실을 분명히 알고 있다. 광복은 눈물이 아니라 피와 땀을 요구한다. 조지훈은 봉황도 눈물이 속된 줄을 알기 때문에 울음을 참고 있다고 말한다. 시인은 봉황과 자신을 일치시키고 주체와 객체를 교체시키어 하늘 끝까지 울려 퍼질 수 있는 울음을 겨우겨우 참고 있는 자신의 슬픔을 넌지시 드러낸다.

조지훈의 시가 주로 운율에 의존하고 있다는 것은 의심할 수 없는 사실이다. 그런데 이 시의 마지막 문장에서 우리는 문장의 형식 자체가 이상하거나 어색한 것은 전혀 아님에도 불구하고 일상생활에서 주고받는 문장 속에는 함께 나타나지 않는 낱말들이 서로 자연스럽게 관계되어 있는 모습을 본다. 이렇게 예사롭지 않은 표현에 시의 핵이 되는 이미지가 들어 있다.

꽃이 지기로소니
바람을 탓하랴

주렴 밖에 성긴 별이
하나 둘 스러지고

귀촉도 울음 뒤에
머언 산이 다가서다.

촛불을 꺼야하리
꽃이 지는데

꽃 지는 그림자
뜰에 어리어

하이얀 미닫이가
우련 붉어라.

묻혀서 사는 이의
고운 마음을

아는 이 있을까
저허하노니

꽃이 지는 아침은
울고 싶어라

조지훈은 운율에 많이 의존하고 이미지를 아끼면서 조금 사용하는 시인이다. 「낙화」에는 "귀촉도 울음 뒤에 머언 산이 다가서다"라는 하나의 이미지가 들어 있을 뿐이고 「승무」에는 번뇌를 별빛에 비유하고 춤추는 손을 합장하는 손에 비유한 두 연에 각각 하나씩의 이미지가 들어 있을 뿐이다. 「승무」를 쓰기 전에 조지훈은 한성주의 춤과 최승희의 춤과 어떤 이름 모를 승려의 춤을 보았다. 1938년 가을에 수원 용주사의 큰 재에서 승무를 보고 조지훈은 재가 파한 후 늦게까지 절 뒷마당 감나무 아래서 넋을 잃고 앉아 있었다. 다음해 첫여름에 김은호의 「승무도」 앞에 두 시간 가까이 서서 7~8장의 스케치를 할 수 있었다. 그러나 "춤을 세밀하게 묘사하면 혼의 흐름이 살지 않고 혼의 흐름에 치중하면 춤의 묘사가 죽는"(앞의 책, 182쪽) 고통을 겪으며 몇 달을 보내야 했다. 10월에 구왕궁 아악부의 「영산회상」 한 가락을 듣고 난 다음날 조지훈은 초고 서두의 무대묘사를 뒤로 미루고 직접적으로 춤추려는 찰나의 모습을 그리고, 그 다음에 무대를 약간 보이고 다시 이어서 휘도는 춤의 곡절로 들어가서 유장한 취타(吹打)에 따르는 의상의 선을 그리고 마지막으로 춤과 음악이 그친 뒤 교교한 달빛과 동터오는 빛으로 끝맺는 구성을 설계할 수 있었다. 무대도 나중에는 현실의 무대에서 환상의 무대로 바꾸었다.

얇은 사(紗) 하이얀 고깔은 고이 접어서 나빌레라

파르라니 깎은 머리 박사 고깔에 감추오고
두 볼에 흐르는 빛이 정작으로 고와서 서러워라

빈 대에 황촉불이 말없이 녹는 밤에
오동잎 잎새마다 달이 지는데

소매는 길어서 하늘은 넓고
돌아설 듯 날아가며 사뿐이 접어올린 외씨보선이여

까만 눈동자 살포시 들어
먼 하늘 한 개 별빛에 모두오고

복사꽃 고운 뺨에 아롱질 듯 두 방울이야
세사에 시달려도 번뇌는 별빛이라

휘여져 감기우고 다시 접어 뻗는 손이
깊은 마음 속 거룩한 합장인 양하고

이 밤사 귀또리도 지새우는 삼경인데
얇은 사 하이얀 고깔은 고이 접어서 나빌네라

번뇌는 별빛이고 춤은 기도라는 이미지에서 번뇌와 별빛, 춤과 기도라는 핵심 낱말들은 폭과 깊이, 부피와 운동을 지니고 있는 문맥들을 가지고 있다. 이러한 둘 이상의 문맥이 서로 연결되고 대립되며 화합하고 투쟁함으로써 보통의 독자가 예상하지 못했던 새로운 방식의 문맥을 형성하는 것이다. 생명의 약동 상태에 잠겨 있는 시인의 정신이 경험을 기록하는 과정에서 자연스럽게 이미지를 구성하는 것이므로 이미지에 대해서는 일반적 해석이 불가능하다. 이러한 생명의 약동 상태를 잘 보여 주는 것이 조지훈의 시 중에서는 예외적으로 비유가 많이 쓰인 「화체개현」이다.

실눈을 뜨고 벽에 기대인다 아무것도 생각할 수가 없다

짧은 여름밤은 촛불 한 자루도 못다 녹인 채 사라지기 때문에 섬돌 우에 문득 석류꽃이 터진다

꽃망울 속에 새로운 우주가 열리는 파동! 아 여기 태곳적 바다의 소리 없는 물보래가 꽃잎을 적신다

방안 하나 가득 석류꽃이 물들어 온다 내가 석류꽃 속으로 들어가 앉는다 아무것도 생각할 수가 없다

짧은 여름밤 시인은 벽에 기대 창밖을 바라보고 있다. 이른 새벽 무렵 시인은 섬돌 위에 놓인 석류꽃이 피는 모습을 본다. 그가 꽃이 피는 것을 보려고 기다린 것은 아니다. 개화는 꽃 스스로 피는 것이지 기다림의 보람이라고는 할 수 없기 때문이다. 기다린다고 꽃이 피지는 않는다. 석류꽃의 터짐은 시인에게 더할 나위 없는 은총이 된다. "꽃망울 속에 새로운 우주가 열리는 파동"과 "태곳적 바다의 소리 없는 물보라"는 꽃이 피는 것을 공간으로는 우주 전체에 미치는 사건으로 묘사하고 시간으로는 태초부터 영원까지 이르는 사건으로 표현하는 이미지들이다. 아득한 시간과 공간이 꽃잎 하나에 어리어 가냘픈 파동을 일으킨다. 이것이 바로 티끌 하나하나에 우주가 들어 있다는 화엄의 세계이다. 시인이 벽에 기대앉은 그 방이 그 자체 그대로 석류꽃이 된다. 시인은 처음에 석류꽃이 천천히 다가와 방안 가득히 들어차는 것을 느끼고, 그 후 어느 순간에 갑자기 석류꽃 속으로 들어가 앉고 있는 자신을 느낀다. 시인은 아무것도 생각할 수 없다. 그 순간은 시 짓는 행동을 절대 행위로 만드는 순수 의식의 절정이기 때문이다. 우리는 이 시에서 순수 의식이 감각적 인상의 공교로운 조직에서 얻어내는 효과를 체험한다. 이러한 체험이야말로 시 읽기를 가장 고귀한 유희로 만드는 감수성의 신비이다.

「화체개현」은 언어의 의미와 논리 그리고 개념을 넘어 뛴 구체적 실체를 찾으려는 투쟁의 결과로 탄생된 시이다. 이러한 투쟁을 우리는 전통적으로 선(禪)이라고 불러왔다. 조지훈의 시를 선의 시학으로 규정할 때에 우리는 흔히 이러한 투쟁의

정신을 잊기 쉽다.

3. 조지훈의 학문

조지훈의 학문적 업적은『한국 문화사 서설』과『한국 민족 운동사』를 두 축으로 하고 그 사이에「신라 가요 연구」「신라 국호 연구」「한국 민속학 소사」「누석단, 신수, 당집 신앙연구」「멋의 연구」 등이 세부를 이루는 체계로 구성되어 있다.『한국 문화사 서설』은 1947년에 이인수 교수의 영역을 위하여 정리했던 것이나 이인수 교수의 횡사로 오래 묵혀두었다가 1964년에 탐구당에서 간행한 저서이다. 조지훈은 한국문화를 중국문화와 인도문화와 서구문화가 융합되어 형성된 것으로 보고 그러한 문화들을 섭취하여 우리 것으로 만드는 바탕을 민족성이라고 하였다. 우리의 민족성은 자연의 해양성, 반도성, 대륙성과 역사의 다린성(多隣性), 고립성과 문화의 주변성, 중심성 등의 요소들이 겯고 틀며 형성한 것이다. 조지훈은 한국 민족성이 꿈, 슬픔, 힘, 멋, 끈기, 은근, 맵짬으로 구성되어 있다고 보았다.

해양성 → 낙천성 → 명상성 → 꿈
반도성 → 평화성 → 격정성 → 슬픔
대륙성 → 웅혼성 → 감상성 → 힘
다린성 → 적응성 → 기동성 → 멋
고립성 → 보수성 → 강인성 → 끈기
주변성 → 수용성 → 감각성 → 은근
중심성 → 난숙성 → 조형성 → 맵짬

이러한 민족성의 바탕 위에서 형성된 한국 신화, 한국 종교, 한국 사상을 종합적으로 검토한 것이『한국 문화사 서설』의 내용이 된다. 조지훈은 한때 안호상의 집에 기거하며 안호상의 원고를 정리해 준 적이 있었다. 그때에 독일 관념론에 대하여 비교적 자세하게 공부할 수 있었기 때문에 조지훈의 논리 전개에는 헤겔의 영향이 상당히 많이 나타난다. 조지훈은 민족문화를 형성하는 주체의 개성을 민족성이라고 하였다. 민족성은 오랜 세월의 집단생활로 인하여 저절로 나타나는 마음바탕이므로 가치평가의 대상이 될 수 없고 파생적인 것은 끊임없이 변하나 기본적인 것은 한결같이 유지된다는 것이다. 민족성이란 외래문화를 향수하고 초극하는 성력(誠力)이라고도 하였다. 다린 속의 고립은 원효와 퇴계의 사상을 낳을 수 있었고 평온 속의 격정은 3·1, 6·10의 의거를 빚을 수 있었다. 그러나 민족성에는 창조성이 모자라고 민족문화에는 심원성(深遠性)이 모자라고 민족예술에는 심각성이 모자란다고 하여 힘이 결여된 꿈의 취약성을 경계하였다. 외화주의, 공식주의, 폐쇄주의, 기회주의, 도피주의가 민족문화의 발전에 지장을 초래한 면이 있었다는 것이 조지훈의 생각이었다. 조지훈은 한국문화의 바탕을 동북아시아성에서 찾았다. 예맥, 동이 등 멀리 수메르까지 올라갈 수 있는 동북아문화는 시베리아계, 중앙 만주계, 중앙 몽고계, 서부 황하계, 남북 조선계로 구성되어 있으며 샤머니즘과 선조숭배를 공통의 생활양식으로 하는 문화이다. 칼, 활, 북, 방울, 거울, 새털 깃을 소중히 여기고 신화에 조류 난생 설화가 들어있고 왕위가 선양(禪讓)에 의해 교체된다는 것이 동북아문화의 특색이다. 언어는 굴절형이나 어순형이 아니고 교착형이다. 단군신화는 태양신화이고 천손 신화이고 농업 신화이다. 환인은 천신이고 환웅은 산신이고 환검 즉 단군은 사람이다. 환웅이 신과 인간을 매개하는 역할을 한다고 볼 수 있다. 그러므로 단군 사당을 산신당, 국사당, 천주당, 삼성사 등으로 부르는 것이다. 웅녀신화는 은나라의 우임금 신화, 아이누 신화와의 유연성을 보이고 있으며 가락국 신화는 말레이 폴리네시아 신화와의 유연성을 보이고 있다. 웅녀와 용녀는 식물신, 하천신으로 서로 통하며 말과 거북과도 관련성을 가지고 있다. 닭과 까치와 제비는 해와 하늘과 새와 남자를 대표하고 곰과 용과 말과 거북은 달과 땅과 물과 여자를 대표한다. '곰 → 검 → 암 → 엄'은 서로 통하는 낱말들이다. 샤머니즘의 주신은 'ᄇᆞᆰ'이었다. 샤머니즘은 만신과 하느님을 동시에 믿는 다신적 일신교이다. 조지훈은 이러한 민족문화의 특색을 살려 종합불교, 대중불교를 창시한 사람이 원효이었고 원효의 근대적 계승자가 최수운이었다고 해석하였다. 화엄사상의 범신론과 샤머니즘의 만신관을 융합한 사람이 원효라는 해석이다. 단군신화의 천부인(天符印) 3개와 아마테라스 오미카미 신화의 3종 신기(神器)는 서로 통하는 것이라고 할 수 있다. 「신라 가요 연구」와 「신라 국호 연구」의 핵심은 솟대 즉 소도(蘇塗)가 "높이 솟았다"는 뜻의 몽고어 소로(soro)라는 시라토리 쿠라키치(白鳥庫吉)의 견해이다.

신라를 소도국 즉 상국(上國), 고국(高國)으로 읽고 나면 사뇌야, 서라벌, 사로국이 다 풀리고 더 나아가 수리, 시루, 소로, 사래 등과 연관되는 낱말들이 동시에 해결된다. 조지훈은 고대 지명에서 차(車)계 32, 취(鷲)계 24, 증(甑)계 24, 상(上)계 64의 예를 들어 자신의 설을 증명하였다. 도솔가를 치리가(治理歌)로 보고 다솔노래와 두레소리와 연관지으며 더 나아가 '다사뢰다(咸言)'라는 안재홍의 화백해석[和白=誠]까지 인용한 것도 흥미로운 해석이다. 조지훈은 팔관(八關)을 '붉은'으로 풀고 서낭도 중국의 농업신이 아니라 누석(累石)과 신수(神樹)가 복합된 산신의 당집 신앙으로 풀었다. 계림(鷄林)이 동경(東京)이 되는 이유도 태양숭배에 있다는 것이 조지훈의 해석이다. "광명의 상징인 그 일광을 오게 하는 것은 새벽을 부르는 닭이기 때문에 닭은 광명 숭배의 주술로서 중요한 의의를 가지고 있는 것이다."(『조지훈 전집 8』, 104쪽)

정약용의 정치사상에 민의, 민권, 민본의 원리가 있고 그것에 천주교의 영향이 있다고 보고 조지훈은 천주교가 서양의 종교개혁에는 실패했으나 동아시아에서는 서구과학을 전하는 학교 역할을 했다고 천주교의 공을 인정하였다. 전통을 역사적이고 집단적이고 문화적인 개념으로 보는 조지훈은 전통부재론과 전통을 인습과 혼동하는 전통 부정론에 반대하고 순수 한국론과 전통을 모방과 혼동하는 전통 긍정론에 반대하였다. 전통은 창조의 재료요 원동력이며 살려서 이어받아야 할 풍습이고 방법이고 눈이나, 세계문화 공동의 과제와 무관한 것은 무의미하다. 전통은 자연적으로 생성된 것이지만 그것의 탐구에는 의식적인 노력이 또한 필요하다. 전통은 창조를 통해서만 계승되기 때문이다. 조지훈은 민족문화의 고유소를 민족의 최하층에서 찾고자 하였다. 그들이 외래문화를 가장 늦게 수용하는 계층이기 때문이다. 민속학에 대한 그의 관심은 이러한 문제의식에서 출발한 것이다. 민족의 최하층이 지니고 있는 꿈과 힘과 슬픔과 멋을 확인하고 싶었던 것이다. 민족 자위 항쟁사, 민족 해방 투쟁사, 민족 사회 운동사를 포괄하는 조지훈의 민족 운동사도 민족 문화와 민주 정치의 결합을 목적으로 하는 운동을 주류로 인정하면서도 모든 순국 열사와 사회주의자들을 포괄하는 균형 감각을 보존하였다. 1964년 11월에 『한국 문화사 대계』 1권에 포함되어 간행된 『한국 민족 운동사』는 한국 최초의 독립운동사 연구서였다. 좌우 합작의 민족 단일당 운동인 신간회를 중요하게 다룬 데서 알 수 있듯이 조지훈은 사회 평등주의를 무조건 배척하지 않았다. 민주주의의 자발성을 존중하는 것이 더욱 중요하다고 생각했기 때문에 그들의 독단적인 방법에 반대했을 뿐이었다. 조지훈은 예술에 꼭 필요한 순수미와 자유미를 보존하는 사회가 되어야 한다고 믿었다.

4. 한국적 미의식의 탐구

모든 예술작품은 인간에 의하여 생산되고 사람들의 관계 속에서만 참된 의미를 드러낸다. 인간은 시간적 · 공간적 상황 속에 구속되어 있으며, 각자 자기 시각의 범위 안에서 전체의 인식에 접근할 수밖에 없다. 어떻게 생각하면, 21세기의 인간은 예술작품의 항구한 구조를 보는 것이 아니라 21세기 인간의 눈으로 자기 시대의 아름다움을 볼 따름인지도 모른다. 하나의 시대는 그 나름의 통일된 전체를 이루고 진전되며, 그 내부의 고유한 모순을 극복함에 의해서 다음 단계의 더 높은 통일성으로 변모되어 나아간다. 탁월한 작품들을 놓고 그 사이의 예술적 우열을 가릴 수는 없으나, 예술적 우열을 떠나서 살펴보면 예술작품도 특정한 역사적 시기의 산물로서 존재한다고 할 수 있다. 21세기 사람의 미의식이 18세기 사람의 미의식과 다르기 때문에 21세기의 예술은 18세기의 예술과 같을 수 없다. 시대마다 그 나름의 미학적 문제들을 가지고 있고, 하나하나의 문제들이 각각 독특한 해답을 요구하고 있으며, 해결되지 않은 문제들이 아직도 허다하게 남아있는 것이다. 그러나 예술작품에는 서로 다른 시대에 처하여 그 작품을 수용하는 사람들이 동일하게 지각하는 보편적 구조가 있다. 1930년대의 독자들과 2002년의 독자들은 다같이 임화, 이용악과 정지용, 김영랑과 백석, 유치환을 구분하는 어떤 미의식의 차이를 느낄 수 있다. 나는 문학사를 가르칠 때 그것을 엉터리 5언시로 요약해본다.

林和庸岳氣
芝溶永郎采
白石氣采間
李箱氣采外

동일한 의미를 드러내지는 않겠지만 두 시기 사람들이 체험하는 독서공간에는 공통점이 있을 것이다. 인간에게 지각되는 작품의 세부와 전체가 서로 스며들어 이룩하는 정신의 질서는 시대의 변화에도 불구하고 동일한 구조원리를 포함하고 있다. 좋은 작품을 대하면 우리의 숨결과 맥박이 달라지며 생동하는 리듬이 우리의 정신 안에 흐르는 것을 느끼게 된다.

하나의 문학작품을 대할 경우에 우리는 그것을 통일체라고 간주하고 분석에 착수해야 한다. 분석의 과정에서 통일성의 결여가 드러난다 하더라도 일단 통일성을 가정하지 않으면 작품의 이해와 평가는 온당하게 수행될 수 없다. 예술작품은 순차로 진행되는 시간적 운동이면서 동시에 중심으로부터 사방으로 퍼져나가는 공간적 형태이다. 시간적 운동과 공간적 형태가 복합된 것이 작품의 구조이다. 작품 속에 있는 어떤 것에 대한 주석이나 작품 속에 암시된 교훈에 대한 평석만으로는 구조가 해명되지 않는다. 부분의 주석이나 단편적 평석이 아니라 작품을 하나의 통일체로 형성하는 양식화의 원리를 찾아내어야 한다. 시인들은 누구나 다른 어떤 시인도 그렇게 할 수 없었던 방식으로 독자의 상상적 경험을 조직하려고 고심하고 있다. 자연의 세계와 인간의 세계를 결합하는 방법은 시인에 따라 다르고 작품에 따라 특수한 모습을 보인다. 시에 묘사된 자연과 사회는 있는 그대로의 자연이나 사회가 아니다. 자연의 어떠한 면을 묘사하거나 사회의 어떠한 상태를 묘사하는 데 시의 목적이 있는 것은 아니다. 시가 지니고 있는 궁극적 관심은 자연과 인간을 재료로 삼아 시라는 별개의 세계를 형성하는 데 있다. 서로 구조를 달리하는 작품 수준으로부터 시야를 좀더 넓혀서 관찰하면, 상이한 구조들을 몇 갈래로 집단화할 수 있는 구조원리의 차원이 나타난다. 시의 경우를 예로 들어 말한다면 운율과 비유가 고유한 특색을 드러내는 몇 가지 구조원리가 있으며 모든 시들이 이러한 구조적 모형의 주위를 회전하고 있다는 가정이 된다. 모든 시들이 끊임없이 그리로 되돌아 가고있는 구조원리 또는 구조모형을 우리는 미의식의 대상이라고 부를 수 있을 것이다.

시가 예술의 한 분야임에는 틀림없으나, 그것을 음악이나 미술과 동일한 성격의 예술이라고 보는 견해에는 여러 가지 이견이 있다. 언어가 일상의 다양한 의미를 수반하고 있기 때문에 시는 아무리 노력해도 음악이나 미술처럼 순수한 상태에 이를 수 없다. 문맥이 음악의 한 소절과는 달리 그 자체로서 존립하는 형식적 성격 이외에 삶의 세계에 속하는 어떤 것을 지시하게 되기 때문이다. 그러나 시가 음악이나 미술과 동일한 수준의 예술은 아니라고 하여도 그것은 어디까지나 미적 형상으로서 이해되고 평가되어야 한다. 시와 시 아닌 것을 구분할 수 있는 기준을 미적 형상 이외의 다른 데서는 찾을 수 없기 때문이다. 그러므로 미적 형상의 성격에 대한 탐구는 시를 시로서 수용하는 출발점이 된다. 미적 형상의 성격을 미의식이라고 부를 수 있을 터인데, 이때에 미의식이라는 용어가 초래할지도 모르는 한 가지 오해를 미리 예방하는 것이 좋을 듯하다. 의식은 정신의 작용이므로 미의식도 인간의 정신작용으로만 해석하여 주관적인 측면에 지나치게 비중을 둘 위험이 있다. 이렇게 되면 구체적인 시가 소멸하게 된다. 미의식에 대한 규정은 어디까지나 구체적인 형식적 특성에서 추출되지 않으면 안 된다. 예를 들어 비장미의 소성(素性)을 눈물이라고 규정하고 골계미의 소성을 웃음이라고 규정하는 연구가는 비극적 작품에 내재하는 희극적 부분과 희극적 작품에 내재하는 비극적 부분에 혼란을 일으켜 시의 성격을 바르게 파악하지 못할 것이다.

한국문학의 미의식에 대하여 처음으로 언급한 학자는 조윤제이다. 조윤제는 문학을 단적으로 생활의 표현이라고 정의하였다. 또 그는 한국문학의 모든 사건들이 상호 연관되어 하나의 생명체를 구성하고 있다고 주장하였다. 조윤제는 한국인의 풍속을 직관적으로 특징지은 다음에, 삶의 모습 또는 생활태도를 여섯 개의 명사로 규정하였다. 한국인의 생활은 부분의 독자적 개성을 가볍게 여기고 전체의 융합을 중시하는데, 이에 따라 은근한 정취가 우러나며, 매사에 쉽게 단락을 짓지 못하고 끝없이 늘어나가는 버릇이 있는데, 이에 따라 끈기가 생활의 속성이 된다. 옷차림이나 집치레에 섬세하고 청초한 선을 활용하므로 가냘픈 모습이 보이고, 활기찬 면보다는 조용히 가라앉은 면이 두드러지므로 애처로운 느낌이 든다. 뚜렷한 목적의식이 없어 한국인은 삶의 무상에 깊이 배어 있는데, 이때 무상감을 이겨낼 방책이 없으면 결국 두어라 노세 하는 정조가 지배적인 생활감정으로 나타나게 된다. 조윤제는 춘향의 묘사에서는 은근을, 장시조의 율격에서는 끈기를, 여요에서는 애처로움과 가냘픔을 추출하고 별곡과 시조로부터는 두어라와 노세를 인증하였다. 우리 문학에 명확하고 조급한 시가, 밝고 굳센 노래가 없다고 단정할 수 있는 증거가 제시되어 있지 않으므로 주관적인 인상을 벗어나지 못한 해석이라고 하겠으나, 은근과 끈기를 우아미로, 애처로움과 가냘픔을 비장미로, 두어라와 노세를 골계미로 해석한다면 미적 범주의 구분과 통하는 해석이라고 할 수도 있다. 이렇게 볼 경우에 우리는 숭고미를 나타내기 위하여 큼과 힘참을 추가해야 할 것이다.

구자균은 한국문학에서 서로 다른 미의식을 구현하고 있는 양반 문학과 평민 문학의 차이에 주목하였다. 양반 문학이 공업(功業), 개세(慨世), 송축(頌祝), 회고(懷古) 등을 고답적으로 제시하고 있음에 반해서 평민 문학은 즉흥적으로 진정을 묘출하여 해학, 골계, 호색, 염정, 별한 등을 노골적인 묘사로 제시하고 있다. 구자균은 양반 문학과 평민 문학의 속성을 점잖음과 우스움, 도덕성과 색정성, 공명주의와 취락주의(醉樂主義) 등의 쌍대 개념으로 한정하였다. 조윤제의 규정과 마찬가지로 주관적인 해석이라고 하겠으나 평민 문학이라는 새로운 연구 분야를 제시함으로써 종래에 무시되어 왔던 많은 작품들에 새로운 관심을 불러일으키고 한국 문학의 연구 영역을 확대한 공적은 부인할 수 없다.

조지훈은 한국미를 생성하는 주체를 한국인의 민족성이라고 규정하고 한국인의 민족성이 꿈, 슬픔, 힘, 멋, 끈기, 은근, 맵짬으로 구성되어 있다고 보았다. 조지훈은 한국문학의 미의식을 우아와 비장과 관조의 셋으로 나누었다. 그 내용을 요약하면 다음과 같다. 그는 우아미를 동양적 정신미의 최고경지라고 보고 조화, 중정(中正), 일치, 균형 등의 속성을 부여하였다. 인간과 자연이 어울려 이룩하는 삶의 즐거움은 목적과 관심이 끊어지면서도 저절로 목적과 관심에 부합하는 상태의 느낌이다. 이 우아미는 고요한 속에 즐거움을 가져오는 아려미와 움직임 속에 즐거움을 가져오는 멋으로 나누어진다. 아려한 풍류와 자적하는 격조가 우아미의 양면이라는 것이다. 조지훈은 못 박는 목수에게는 목수의 멋이 있고, 대장간의 풀무쟁이에게는 풀무쟁이의 멋이 있음을 예로 들어 우아미의 일면을 해석하였다. 조화가 깨진 상태의 특수한 괴로움을 거쳐서 미감을 일으키는 것을 비장이라고 규정한 조지훈은 그것을 극복과 전취의 세계라고 하였다. 비장미에는 인간과 인간 사이의 모순과 갈등이 있고 파멸, 죽음, 몰락 등의 참혹한 운명이 있는데, 이 가운데 고통받는 인간의 슬픔이 윤리적이고 도덕적인 미의 세계를 형성한다는 것이다. 비장미는 다시 힘의 유무에 따라 무력한 비애미와 강력한 장엄미로 나누어진다. 조지훈이 예로 든 작품은 다음과 같다. A는 비애미를 나타내고 B는 장엄미를 나타낸다.

A

울어 피를 뱉고 뱉은 피 도루 삼켜

평생을 원한과 슬픔에 지친 작은 새
너는 너른 세상에 설움을 피로 새기려 오고
네 눈물은 수천 세월을 끊임없이 흐려 놓았다.

— 김영랑, 「두견」

B
12월의 북만(北滿) 눈도 안 오고
오직 만물을 가각(苛刻)하는 흑룡강 말라빠진 바람에 헐벗은
이 적은 가성(街城) 네 거리에
비적의 머리 두 개 높이 내걸려 있나니
그 검푸른 얼굴은 말라 소년같이 적고
반쯤 뜬 눈은
먼 한천(寒天)에 모호히 저물은 삭북의 산하를 바라고 있도다.
너희 죽어 율(律)의 처단의 어더함을 알았느뇨.
이는 사악(四惡)이 아니라,
질서를 보전하려면 인명도 계구(鷄狗)와 같을 수 있도다.

— 유치환, 「수(首)」

조지훈은 우아미의 변형으로 쾌락적인 화려미와 비속한 골계미를 유도해내고 비장미의 변형으로 부정에 치우친 투쟁미를 유도해내었다. 이와 같은 쾌락, 골계, 퇴폐, 투쟁의 이차적 미는 한 걸음 자칫하면 참의 아름다움에서 벗어날 위험이 있으니 그러한 이차적인 미 자체가 공공연한 목적이 될 때 인간 및 예술정신의 상실을 초래하기 쉬운 때문이다. 이것은 곧 관능과 동물성에 타락함으로써 사랑과 조화의 뒷받침을 잃은 것은 자연미로도 예술미로도 성립될 수 없다는 말이 된다.

감각적이면서도 사상적인 의미에 도달한 상태에서 관조미가 나타나며, 그것은 대상의 깊은 곳에 파고 들어가 그 본성을 파악하는 지적 직관에 통한다. 이러한 설명으로 미루어보건대 관조미란 소위 적(寂)이라고 표현되는 신운파(神韻派)의 미적 특징을 말하는 듯하다. 예로 인용한 시는 다음과 같다.

목어(木魚)를 두드리다
조름에 겨워

고오운 상좌아이도
잠이 들었다.

부처님은 말이 없이
웃으시는데

서역(西域) 만리길

눈부신 노을 아래
모란이 진다.

—「고사 1」

미의식의 주관적인 해석만으로는 학문으로서의 공고성을 획득할 수 없다고 인식한 조지훈은 미의식의 객관적 해석 방법으로서 의미론을 수용하였다. 미의식이 보편적 현상이면서도 개인과 시대에 따라 변화하는 경험적 현상이라는 데 착안하여 조지훈은 미의식의 존재 원리를 언어학적 방법으로 해명하려고 하였다. 한국적 미의식이란 미의식의 집단적 개성이다. 남들의 미의식에 대립되는 우리의 미의식이면서 동시에 우리와 남들에 공통된 미의식이 곧 한국적 미의식이라는 것이다.

한국어에서 가치판단에 가장 널리 사용되는 낱말은 '좋다'와 '됐다'이다. 반대어인 '궂다' '나쁘다' '더럽다'와 대조할 때 '좋다'의 의미는 순리, 정상, 조화, 성취로 한정된다. '됐다' 역시 '안됐다' '다됐다' 등과 대조하면 성취, 부응의 의미를 내포하고 있음을 짐작하게 된다. '다됐다'가 끝장, 파멸을 의미하므로 '됐다'는 덜 되거나 안 되거나 못 되지 않았으면서 항상 다 되지는 않은 상태이다. 다시 '아름답다'를 '더럽다' '칙칙하다' '숭하다'와 대조함으로써 깨끗하다, 맑다, 예쁘다 등의 의미소를 추출하고 제 마음과 같고 제 마음과 어울리는 상태, 즉 대상이 제 마음과 같을 때 느끼는 감정인 아름다움을 한국적 미의식의 정통이념인 우아미로 파악하였다. 아름다움은 고움과 멋의 양면으로 분화된다. 고움은 구체적이고 형태적인 면에서 아름다움보다 더욱 두드러지는 정적 미의식이며, 멋은 고움의 규격성과 아려성을 변형한 동적 미의식이다. '거칠다' '밉다' '투박하다' '딱딱하다'와 대조되는 '매끈하다' '날씬하다' '보드럽다' '사랑스럽다' 등이 곱다의 의미소이므로 곱다와 아름답다가 동의어는 아니다. 곱다가 윤택, 온아, 치밀, 세련을 내포하는 데 비해서 아름답다는 그러한 의미들에 추가하여 삭막, 비장, 소박, 소탈(疎脫)의 의미까지도 내포하기 때문이다. 조지훈은 아름다움을 네 유형으로 나누어 각각 다음과 같은 어휘들을 각 유형에 배치하였다.(『조지훈 전집 8』, 385쪽)

1) 형태미

날씬하다 ↔ 투박하다

수수하다 ↔ 야하다

2) 구성미

맵짜다 ↔싱겁다, 버성기다

구수하다 ↔ 야무지다, 바라지다, 반지르르하다

3) 표현미

산뜻하다 ↔ 칙칙하다, 어둡다

은근하다 ↔ 호들갑스럽다, 내빌리다

4) 정신미

살았다 ↔ 죽었다

멋지다 ↔ 멋적다

조지훈은 멋지다의 용례 중에서 특히 "멋지게 죽었다"는 문장에 유의하고 멋이 풍류와 낙천만이 아니라 비장까지도 내포할 수 있음을 보여주었다. 멋이란 낱말이 조선 후기에 맛에서 전성되었으리라고 추정하고 조지훈은 그 어의 전성의 이유를 가정해 보았다. 맛이란 '고소하다' '삼삼하다' '새큼하다' '짭짤하다' 등 아담, 전아, 규제, 중후의 담박고담(淡泊枯淡)을 의미하기 때문에 '구수하다' '승승하다' '시금하다' '쯤쯤하다' 등 풍류, 화려, 호방, 뇌락의 경쾌초탈을 의미하는 새 낱말이 필요했으리라는 추측이다. 다시 말하면 멋은 맛의 반립적 파생으로서 '깜찍하다' '야무지다' '맵짜다' '되바라지다' 등과 반대되는 소탈, 율동, 격외, 변격을 의미한다는 것이다. 통속이탈속(通俗而脫俗)하며 변격이합격(變格而合格)하는 멋은 세련, 경청(輕淸), 결구(結構)와 소박, 전중(典重), 허극(虛隙)의 양면을 지양하고 융합한 우아미이다. 조지훈은 미적 범주로서 멋이 지닌 의미를 어의 분석의 방법으로 추출하였다. 멋들다의 입묘(入妙), 멋있다의 생동, 멋지다의 자적, 멋들어지다의 초절 등 복합형용사를 통하여 다양성과 율동성과 곡선성과 왜형성(歪形性)과 원숙성을 찾았고, 멋내다의 장식, 멋부리다의 기교, 멋질리다의 방탕, 멋모르다의 격식 등 복합동사를 통하여 초격성과 완롱성과 화동성과 중절성을 찾았다. 여기에 멋대로의 방종, 멋쟁이의 사치가 부여하는 낙천성과 무실용성을 추가할 수 있다. 이렇게 볼 때 조지훈이 멋의 의미소로서 제시한 내용은 취미, 홍취에서 조화, 분별을 거쳐 자유, 자연에 이르게 된다.

「멋의 연구」에서 우리가 먼저 주목하지 않을 수 없는 것은 미의식을 분석하는 데 사용된 언어학적 방법이다. "필자는 이 논고에서 우리의 가치관 또는 미의식에 관계되는 중요한 단어들을 분석하여, 그 단어들이 내포한 개념 내용과 그 어원 및 어의 전성의 계기를 살펴보는 방법을 시도하였다."(앞의 책, 373쪽) 인간의 언어 행동이란 일종의 참조 작용이며 이때 언어에 의하여 참조되는 의미 내용은 일정한 관계 아래 체계화되어 있게 마련이다. 낱말이나 문장은 인간의 행위에 관계되어 있으며 낱말과 낱말 그리고 문장과 문장은 상호작용의 체계를 이루고 있다. 조지훈의 미의식 연구가 낱말내용의 상호한정성에 의존하고 있는 것은 높이 평가되어야 한다.

5. 조지훈의 사상

조지훈은 한국 현대 정신사에도 일정한 자리를 점유하고 있다. 매천(梅泉) 황현(黃玹)과 만해 한용운을 이어 조지훈은 지조를 목숨처럼 중히 여기는 지사의 전형을 보여주었다. 서대문 감옥에서 옥사한 일송(一松) 김동삼(金東三)의 시신을 만해가 거두어 장례를 치를 때 심우장(尋牛莊)에 참례(參禮)한 것이 1937년이었으니 조지훈이 뜻을 세운 시기가 얼마나 일렀던가를 알 수 있다.

조지훈은 민속학과 역사학을 두 기둥으로 하는 한국 문화사를 자신의 전공이라고 여기었다. 조지훈은 최현배, 양주동, 조윤제, 손진태를 이어 한국학의 토대를 마련하는 데 온갖 정성을 다하였다. 「민족 문화의 당면 과제」(1947), 「전시 문화 운동의 정로」(1951), 「문화 단체 운동의 새 방향」(1958), 「교육 문화 정책상의 비판과 제언」(1965), 「문화 건설은 병행되어야 한다」(1968) 같은 글들을 통하여 조지훈은 그의 문화 정책론을 펼치었다. "민족문화의 위기가 민족적 주체의 위기에서 비롯된 이상, 그것의 초극은 오직 주체의 확립에 있으며, 주체의 위기가 민족 의식의 해이에서 비롯되는 이상 그것의 초극은 또한 마땅히 민족정신의 고조에 있지 않으면 안 될 것이니 민족문화 건설을 향한 당면한 혁명적 기본노선은 엄연한 의미에서 이것 하나밖에 없는 것이다."(「민족 문화의 당면 과제」, 『조지훈 전집 5』, 247쪽)

조부 조인석(趙寅錫)과 부친 조헌영(趙憲泳)으로부터 한학과 절의를 배워 체득하였고, 혜화전문과 월정사에서 익힌 불경과 참선 또한 평생토록 연찬하였다. 여기에 조선어학회의 큰사전 원고를 정리하면서 자연스럽게 익힌 국어학 지식이 더해져서 형성된 조지훈의 학문적 바탕은 현대교육만 받은 사람들로서는 감히 짐작하기조차 어려울 만큼 넓고 깊었다. 조지훈은 6·25 동란 중에 조부가 스스로 목숨을 끊고 부친과 매부가 납북되고 아우가 익사하는 비극을 겪었다. 『지조론』에 나타나는 추상 같은 질책은 민족 전체의 생존을 위해 도저히 참을 수 없어 터뜨린 장렬한 양심의 절규였다.

> 지조란 것은 순일한 정신을 지키기 위한 불타는 신념이요 눈물겨운 정성이며 냉철한 확집(確執)이요 고귀한 투쟁이기까지 하다. 지조가 교양인의 위의를 위하여 얼마나 값지고 그것이 국민의 교화에 미치는 힘이 얼마나 크며 따라서 지조를 지키기 위한 괴로움이 얼마나 가혹한가를 헤아리는 사람들은 한 나라의 지도자를 평가하는 기준으로서 먼저 그 지조의 강도를 살피려 한다. 지조가 없는 지도자는 따를 수가 없기 때문이다. 자기의 명리만을 위하여 그 동지와 지지자와 추종자를 일조에 함정에 빠뜨리고 달아나는 지조 없는 지도자의 무절제와 배신 앞에 우리는 얼마나 많이 실망하였는가. (「지조론」, 앞의 책, 93쪽)

일찍이 오대산 월정사 외전강사(外典講師) 시절 조지훈은 일제가 싱가포르 함락을 축하하는 행렬을 주지에게 강요한다는 말을 듣고 종일 통음하다 피를 토한 적도 있었다. 자유당의 독재와 공화당의 찬탈에 아부하는 지식인의 세태는 지훈을 한 시대의 가장 격렬한 비판자로 만들고 말았다. 이 나라 지식인 사회를 모독한 박정희 대통령의 진해 발언에 대해 1965년 5월 5일의 조선일보를 통하여 이는 학자와 학생과 기자를 버리고 정치를 하려 드는 어리석은 짓이라고 비판한 조지훈은 그로 인해 정치 교수로 몰렸고 늘 사직서를 지니고 다녔다. 조지훈은 언제고 진리와 허위, 정의와 불의를 준엄하게 판별하였고 나아갈 때와 물러날 때를 엄격하게 구별하여 과감하게 행동하였다.

> 혼란과 격돌은 각오해야 하고, 그 혼란과 격돌 속에 타협과 해결이 모색되어 민족 전체가 빠져 있는 이 심한 딜레마에서 벗어나기를 염원하는 우리는 박대통령이 지적한 비애국성과 무책임과 옹졸이란 3대 난점이 오히려 정권담당자 자신들의 후회지사가 되지 않기를 충심으로 빌고 있다. 백보를 양(讓)해서 학생 데모는 비애국이고 언론은 무책임하고 지식인은 옹졸하다고 하자. 그것은 이 판국에 있어선 간접적임을 면하지 못한다. 그러나 정권을 담당하는 이들의 애국과 책임과 용기는 그르치기만 하면 한 개인의 성패에 멈추는 것이 아니고, 민족·국가 전체의 운명에 직접적으로 연결되어 있다는 것을 경성(警醒)하지 않으면 안 될 것이다. (「박대통령의 진해발언과 데모 학생·언론인·지식인」, 앞의 책, 184쪽)

조지훈은 근면하면서 여유 있고 정직하면서 관대하고 근엄하면서 소탈한 현대의 선비였다. 매천이 절명(絶命)의 순간에도 '창공을 비추는 촛불(輝輝風燭照蒼天)'로 자신의 죽음을 표현하였듯이 조지훈은 나라 잃은 시대에도 "태초에 멋이 있었다"는 신념을 지니고 초연한 기품을 잃지 않았다. 조지훈에게 멋은 저항과 죽음의 자리에서도 지녀야 할 삶의 척도였다. 호탕한 멋과 준엄한 원칙 위에 재능과 교양과 인품이 조화를 이룬 대인을 우리는 아마 다시 보지 못할지도 모른다. 이른바 근대교육에는 사람을 왜소하게 만드는 면이 있기 때문이다. 조지훈의 기백은 산악을 무너뜨릴 만했고 조지훈의 변론은 강물을 터놓을 만했다. 역사를 논하는 지훈의 시각은 통찰력과 비판력을 두루 갖추고 있었다. 다정하고 자상한 스승이었기에 조지훈은 불의에 맞서 학생들이 일어서면 누구보다도 앞에 나아가 학생들을 격려하였다. 그러나 학생운동의 방향이 잘못되었다고 판단하면 언제든지 준엄하게 꾸짖기를 서슴지 않았다. 4·19 두 달 후인 6월 15일에 조지훈은 학생들에게 "좋은 노래도 너무 길게 부르면 듣기 싫은 것인데 외침도 이렇게 지루하게 끌어서는 역증이 나지 않을 수 없다. 순수한 절규가 어찌 그렇게 쉽게 자주 터질 수 있는가. 게다가 그 노호가 나서지 않을 곳에까지 함부로 터지는 데 이르러서는 국민들은 학생들의 이러한 지나친 행동에 벌써 무관심의 도를 넘어 이맛살을 찌푸리게 된 것이 사실이다."(「4월 혁명에 부치는 글」, 앞의 책, 145쪽)라고 충고하였다. 조지훈이 5·16을 전적으로 부정한 것은 아니었다. 4·19가 민권 혁명이라면 5·16은 민생 혁명이라고 할 수 있다는 것이 조지훈의 생각이었다. 민족 문화와 민주 정치는 조지훈이 평생토록 지켜온 신념이었기 때문에 조지훈은 민주주의 원칙을 요구하였던 것이었다. "여론에 세심히 귀를 기울여 끝까지 그것과 유리되지 않도록 하고 자유의 자율적 제한이라는 공동 전선을 무너뜨리지 말고 여론의 바탕 위에서 실질적으로 우리의 기획를 강력하게 추진하는 것만이 건전한 민주주의를 위한 체통을 회복시키는 첩경이란 말이다."(「군사 혁명에 부치는 글」, 앞의 책, 158쪽)

조지훈은 제자들과 함께 술을 마시고 서로 속마음을 털어놓기도 했고 손을 맞잡고 한숨을 쉬기도 했다. 위기와 동요의 시대인 20세기 후반기에 소용돌이치는 역사의 상처를 조지훈은 자신의 상처로 겪어냈다. 조지훈은 항상 현실을 토대로 하여 사물을 구체적으로 파악하려 하였고 멋을 척도로 하여 인간을 전체적으로 포착하려 하였다. 조지훈은 전체가 부분보다 큰 인물이었다.

조지훈의 민족운동사 인식과 동학관

김기승

1. 머리말

시인 조지훈(1920-1968)은 전 생애에 걸쳐 민족이 당면한 현실에 대해 고민하면서 민족이 나아갈 방향에 대한 지적 탐색을 멈추지 않았던 실천적 지성이었다. 특히 그는 일제 식민지 시기에는 일제와 타협하지 않고 저항적 자세를 견지하면서 민족문화운동에 헌신했고, 해방 이후에는 공산주의에 반대하고 독재 정권에 저항하면서 자유민주주의 이념을 실천하고자 했다. 그는 일제 식민 통치, 해방 정국, 6·25전쟁, 4·19혁명, 5·16군사정변 등 한국 근현대사의 주요한 고비에서 주저함이 없이 자신의 소신을 밝혔고, 그 소신에 따라 분명한 행동을 취하였다. 그는 언행이 일치했던 선비형 지식인이었다. 또한 그는 지조를 지키면서 잘못된 정치 현실을 비판하고 민족의 올바른 진로를 제시하고자 했던 비판적 지성이기도 했다.

조지훈의 삶과 사상은 민족해방운동에서의 문화적 민족운동, 해방 이후 민족주의 계열의 국가건설운동, 그리고 그 이후의 반독재 민주화 운동을 대변하고 있다. 그는 자신이 참여하거나 지지했던 정치 노선의 사상적 토대를 구축하고자 했고, 그 이념을 문화운동의 방식으로 실천하고자 했다. 그의 말과 행동은 한국현대사의 방향과 과제에 대한 뚜렷한 의식에 바탕을 두고 있었다. 조지훈은 시인이면서도 1964년 『한국민족운동사』라는 주목할 만한 역사서를 저술했다.[1)]

『한국민족운동사』는 1884년 갑신정변부터 1945년 8·15 해방까지 60년 동안 한국의 근대 민족운동이 어떻게 발전되었는가를 서술한 역사서이다. 그의 민족운동사 서술은 해방 이후부터 자신이 살고 있는 당대까지를 포함한 역사서술로 계속될 예정이었다. 그는 해방 이후의 '반탁운동, 반공운동, 반독재운동'에 관한 역사를 후속 작업으로 구상하고 있었다.[2)] 한국 근현대 민족운동사 서술에 대한 그의 관심은 자신의 당대에 살고 있는 당대의 현실에 대한 비판적 성찰과 관련되어 있었다. 이 점에서 『한국민족운동사』는 비판적 지성 조지훈의 실천적 역사의식이 반영된 저술이라고 할 수 있다.

조지훈의 『한국민족운동사』에 대해서는 이미 학계에서도 그 의의를 높이 평가하고 있다. 그것은 독립운동사 관련 새로운 사실을 발굴하고, 독립운동사 인식 방법론을 체계화시키고 독립운동의 발전 논리를 제시했다는 점에서 독립운동사에 대한 최초의 본격적 저술로 평가받고 있다.

인권환은 『한국민족운동사』의 연구사적 의의를 높이 평가했다. 그는 첫째 풍부한 자료를 구사한 체계적 저술이라는 점, 둘째 사건 나열과 자료 정리를 넘어선 사상사적 흐름을 파악한 본격적 저술이라는 점, 셋째 3·1운동 이후의 독립운동 사실을 새롭게 밝힌 점, 넷째 사회·문화 운동사 분야를 새롭게 개척한 점, 다섯째 종래의 국외, 개인, 자가 노선 중심에서 국내, 집단운동, 민족 노선 중심으로 새롭게 파

1) 조지훈, 『한국문화사대계 1—민족·국가사, 한국민족운동사』, 고려대학교 민족문화연구소, 1964. 조지훈의 『한국민족운동사』는 『조지훈 전집 6』(나남출판, 1996)에 수록되어 있는데, 본고에서는 이 전집에 수록된 『한국민족운동사』를 참고하였다(이하 『한국민족운동사』로 약칭함).

2) 조지훈, 『한국민족운동사』, 337쪽.

악한 점, 여섯째 종래의 오류를 시정하고 객관적 사관을 견지한 점 등 6가지를 제시하였다.[3] 그의 평가는 조지훈이 추구했던 목적과 서술 방법의 특징을 일목요연하게 정리한 것이다. 그리고 그것은 『한국민족운동사』가 1950, 60년대의 다른 독립운동사와 차별화되는 점에 주목한 평가로서, 독립운동사 연구의 새로운 단계를 개척한 업적임을 강조하는 견해이다.

강만길은 『한국민족운동사』를 서술 배경, 서술 방법, 민족운동관 등 세 부분으로 나누어 구체적으로 검토하였다.[4] 먼저 서술배경에 대해서는 조지훈이 민족주의적 환경에서 성장한 뚜렷한 역사감각을 지닌 시인이었음을 지적했다. 그리고 민족운동사 서술에 필요한 유용한 자료, 즉 『고등경찰요사』를 갖고 있었음 밝혔다.[5] 다음으로 『한국민족운동사』의 「머리말」에 따라 서술방법을 4가지로 정리하면서, 그 중 2가지 방법이 지닌 의미와 한계성을 지적했다. 첫째 사회주의운동을 독립운동의 일환으로 파악한 것에 대해서는 높이 평가했다. 그러나 민족연합전선운동의 성격에 대한 적극적 이해가 부족하다는 데 아쉬움이 있다고 했다. 둘째 민족운동사를 국내와 집단 중심으로 객관적으로 서술한 것에 대해 높이 평가했다. 그러나 지식인운동에 중점을 두고 민중운동을 소홀히 한 점은 아쉽다고 했다. 끝으로 민족운동관에 대해서는 민족운동을 근대와 전근대로 나누고 또 저항 즉 대일항쟁에 중점을 두어 명확하게 개념을 규정하고자 한 데 대해서는 높이 평가했다. 그 결과 민족운동의 대내적 측면, 즉 민중적 성격과 개혁적 측면에 대해서는 관심이 소홀했던 한계가 있음을 지적했다.

강만길은 한국독립운동사를 전공한 역사학자의 관점에서 역사 서술 방법과 인식 체계에 대해 매우 구체적이고 사실적인 평가를 했다고 볼 수 있다. 특히 강만길의 독립운동을 보는 관점은 1980년대 이후 일반적인 인식틀로 자리잡게 되었다. 이 점에서 조지훈의 독립운동사 인식에 대한 강만길의 평가는 현재 역사학계의 관점

---

3) 인권환, 「지훈의 학문과 그 업적」, 김종길 외, 『조지훈 연구』, 고려대학교출판부, 1978, 322쪽.

4) 강만길, 「지훈과 〈한국민족운동사〉」, 김종길 외, 『조지훈 연구』, 고려대학교출판부, 1978, 343-351쪽

5) 해방 직후 조지훈은 고향 영양에서 마을 청년들과 함께 경찰서를 접수했는데, 이 때 경찰서에서 『고등경찰요사』를 얻었다는 것이다. 이 『고등경찰요사』가 『한국민족운동사』 서술의 기본자료가 되고, 이를 통해 객관적이고 종합적인 민족운동사 인식이 가능했다는 것이다. 위의 글, 345쪽.

을 미리 반영했다고 할 수 있다.

김정배는 조지훈의 문화사관을 연구하는 가운데, 『한국민족운동사』에 대해서도 언급하였다.[6] 우선 그는 조지훈이 역사학자가 아니면서도 역사학계에서 미개척 분야였던 민족운동사 분야를 자료 나열 수준의 다른 책과는 달리 편년사적 전개와 사상사적 흐름을 종합하여 체계화하였다는 점을 높이 평가했다. 그리고 조지훈의 민족운동 사관은 국외보다는 국내 노선을 중시하고 좌익 노선보다는 민족 노선을 옹호하는 것이었다고 보았다. 그것은 3·1운동과 대한민국임시정부의 정통성을 올바로 파악한 데서 확인된다고 했다. 그의 평가에서는 조지훈의 민족운동사 연구를 '현실 극복의 다른 길', 즉 현재적 의의에 대한 지적이 주목된다. 그는 조지훈의 민족운동사 서술이 반독재 운동의 역사적 근거를 독립운동 연구를 통해 확립하려 한 것으로 보았다. 그는 조지훈이 "정치인은 아니면서 역사로서 정치의 정도를 제시하며 정론을 펴나갔던 것"으로 보았다. 즉 민족운동사 서술이라는 학술적 행위가 현실정치적 함의를 지녔다고 보았다.

이상의 연구는 조지훈의 『한국민족운동사』는 독립운동사 연구의 새로운 경지를 개척한 업적이었음을 공통적으로 확인하고 있다. 그것은 자료와 사실의 확대, 새로운 서술 방법의 채택, 민족운동의 개념과 유형 분류, 민족운동의 발전 논리 규명 등에서 독립운동사 연구를 한 단계 발전시켰다고 보는 것이다. 이러한 점에 대해서는 재론이 필요 없다.

시인 조지훈은 어린 시절부터 민족운동에 직접적으로 참여했다. 어려서부터 천도교소년회가 주도하던 어린이 운동에 접하면서 성장했다. 그는 천도교소년회에서 간행한 『어린이』 정기 구독자였으며, 마을에서 어린회나 소년회 활동을 하면서 문학잡지를 간행하기도 했다. 그러면서 민족과 사회 의식에 싹을 틔웠다. 청년이 되어서는 조선어학회 등 민족문화 운동에 참여했다. 그리고 해방 직후에는 영양 지역의 청년 치안대 활동도 하였다. 그리고 우익 민족주의자로서의 적극적이고 실천적으로 문인들 세계의 정치 투쟁에 열정적으로 참여했고, 6·25전쟁에서는 반공 전선의 일선에 서서 투쟁하였다. 이러한 실천지향적 지성의 태도는 4·19와 5·16에서도 그대로 나타났다. 그의 활발한 정치 참여는 현실 정치의 문제를 좀더 구체적이고

6) 김정배, 「조지훈의 역사관 연구」, 『민족문화연구』 제22호(1989), 107-128쪽.

실체적 문제로 체험하도록 한 것이었다고 볼 수 있다. 그의 『한국민족운동사』 서술은 민족운동에 대한 자신의 체험적 인식에 바탕을 두고 집필되었다.

본고에서는 조지훈의 『한국민족운동사』에 나타난 민족운동사 인식 체계를 살펴보면서, 동시에 그의 동학관에도 주목하고자 한다. 민족운동사 인식과 동학관을 함께 살펴보고자 하는 이유는 조지훈의 민족주의 사상에서 동학이 핵심적 위치를 차지하고 있기 때문이다. 1960년대 조지훈은 민족문화 개념을 체계화하면서 민족고유사상의 실체를 상정했고, 이 고유 사상이 역사적으로 어떻게 전개되었는가를 추적했다. 이 과정에서 동학은 이후 한국적 고유 사상의 원형적 특성을 가장 잘 표현한 사상으로 평가했다. 그리고 근대 민족운동사 연구에서는 근대민족운동을 추동한 주요한 사회개혁사상으로 높이 평가했다. 그는 동학을 '한국적 사회 사상의 전형'이라고 평가했다. 따라서 한국민족운동사와 동학 인식을 함께 살피는 작업은 한국 민족운동의 특수성에 대한 조지훈의 인식을 살피는 데 도움이 될 것으로 생각된다.

2. 조지훈의 생애

1) 출생과 성장

조지훈은 1920년 12월 3일 경북 영양군 일월면 주곡동 호은 종택에서 부친 조헌영과 모친 유노미 사이에서 3남 1녀 중 2남으로 태어났다. 그의 생일은 양력으로는 1921년 1월 11일이다. 그 자신은 '신유(1921년) 1월 11생'이라고 함으로써 양력 생일을 주로 사용했다.[7)]

조지훈은 9살인 1929년부터 글을 쓰기 시작했다. 이 때 처음 쓴 글이 동요였으며 프로 문학의 영향을 많이 받은 것이라고 기억했다. 그가 처음 쓴 글이 한시가 아니라 프로문학적 경향성을 띤 동요였다고 한다면, 이 때 그의 교육 환경은 농민 야학 배영학당의 학풍과 무관하지 않았을 것이다. 그리고 그는 1932년 13세 이후에는 프

7) 『조지훈 전집』의 연보에는 1920년 12월 3일생으로 되어 있다(조지훈, 『조지훈 전집』 1~8, 나남출판, 1996의 「연보」 참조). 그러나 서익환의 연구에 의하면, 조지훈 본인과 가족들은 1921년 1월 11일을 생일로 삼았다고 한다(서익환, 『조지훈 시와 자아·자연의 심연』, 국학자료원, 1998, 31쪽). 이러한 생일의 혼란은 음력과 양력의 차이에 기인하는 것이다.

로문학에 대해 일찍부터 회의했지만, 소년회 활동에 활발하게 참여하고 사회과학 서적을 탐독했다고 했다.[8] 이러한 그의 회고는 그가 어린 나이에 민족운동의 환경에서 교육받고 성장했음을 말해 주는 것이다. 그의 민족운동 참여는 직접적으로는 부친 조헌영과 형 조동진의 영향을 받았다.

조헌영(1899-1988)은 조인석의 차남으로 와세다대학에서 영문학을 전공했으며 유학 시 친구의 병을 고치기 위해 독학으로 『동의보감』을 공부하여 한의사가 되었다. 나아가 그는 『토속한의학원론』을 비롯한 한의학서를 저술했고, 동양의학과 서양의학을 비교하기도 하는 등 한의학의 체계화에 공헌하기도 하였다. 조헌영의 형 조근영(1896-1970) 또한 와세다 대학에 유학했으며, 동생 조준영(1903-1962)은 보성고보를, 조애영(1911-2000)은 배화여고보를 졸업하였다.[9]

조근영, 조헌영 형제는 1920년대 영양 민족운동의 지도자가 되었다. 1920년 창립된 영양청년회에서 조근영은 체육부장을 맡았으며, 조헌영은 1921년 의사부장을 맡아 활동하였다. 청년회의 주요 활동은 강연회 개최, 농민 야학 실시 등이었다. 영양청년회는 1925년 가을 영양청년동맹을 결성했는데, 도박 퇴치운동을 전개하기도 했다. 조헌영의 동생이며 조지훈의 숙부인 조준영은 노동공제회 활동을 주도하였다. 1922년에 영양에는 노동공제회가 결성되었는데, 결성 장소가 바로 조준영의 집이었다. 이 노동공제회는 1924년까지 지속되었고, 이것이 1925년에는 노동조합으로 발전하였다.

1927년에 이르면 민족운동과 사회운동 진영이 연합하여 결성한 신간회가 결성되었다. 이러한 움직임에 따라 영양에서도 신간회 지회가 결성되었다. 신간회 결성은 조지훈의 조부 조인석이 중심인물이었다. 1927년 8월 16일 결성된 신간회 영양지회 지회장은 조인석, 간사는 조석기였다. 1928년에는 조인석이 지회장을 계속 맡았으며 아들 조준영이 총무로서 가담하였다. 이 때 조지훈의 부친 조헌영은 일본에 유학, 와세다대학에서 영문학을 전공하고 있었다. 그는 유학 중인 1926년 감옥에 있는 무정부주의자 박열과 교류했고, 1927년 5월에는 신간회 동경지회장으로 선출

8) 조지훈, 「나의 역정」, 『조지훈 전집 3—문학론』, 나남출판, 1996, 199쪽.

9) 정천구, 「문학과 국학, 지방에서 세계로」, 안동대학교 안동문화연구소, 『영양 주실 마을』, 예문서원, 2001, 172-178쪽.

되었다. 신간회 영양지회에서는 향교철폐운동을 전개하였다.[10]

조지훈은 9살인 1929년을 전후해서 신문과 잡지를 읽기 시작했고, 동요를 지었다고 했다. 이 때 그가 읽은 잡지는 방정환의 『어린이』 잡지였을 것이다. 지훈보다 3살 위인 형 세림 조동진은 6살인 1923년부터 부친 조헌영의 뜻에 따라 『어린이』를 정기 구독했으며, 1925년부터는 『개벽』지도 구독했다. 조동진은 1925년 주실 마을 어린이회를 조직했는데, 지훈도 6살인 1926년에 이에 가입하여 활동하였다. 따라서 조지훈이 9살 전후에 읽은 잡지는 『어린이』였고, 여기에 실린 동시나 동요를 보고 동요를 창작해 보게 되었다고 볼 수 있다. 이 때 지은 동요는 '프로 동요'라고 했는데, 이는 앞서 주실 마을의 노동운동과 농민운동의 영향을 받았기 때문이었을 것이다.

조동진과 조지훈이 참여했던 어린이회는 1930년대 소년회로 이름을 바꾸었고, 『꽃탑』이라는 문집을 간행하였다. 이 때를 조지훈은 13살인 1933년으로 회고했다. 이 무렵 그는 「파랑새」, 「피터팬」, 「행복한 왕자」와 같은 동화를 읽으면서 소년회 활동에 활발하게 참여했고, 사회과학 서적을 주워 읽기에 게으르지 않았다고 했다. 이 때의 소년회 활동조차도 일제의 감시 대상이 되었고, '어린이날'을 산중에서 비밀리에 개최한 것이 일제 관헌에게 발각되어 해체되었다. 그는 소년회가 해산되던 날 소년들과 함께 울었던 기억을 생생하게 기억하였다.[11] 13세 소년이 전개한 생애 최초의 집단적 민족운동이 좌절을 경험했던 셈이었다.

1936년과 1937년의 시기는 조지훈에게 사상적 전환의 계기가 되었다. 16세인 1936년 조지훈은 처음으로 시를 습작하였다. 이 때를 그는 사춘기의 방황기였다고 하면서 '복자 투성이의 팜플렛을 탐독했다.'고 했다. 그리고 그렇게 팜플렛을 탐독했던 것은 '그 흥분과 항쟁의 몽상이 좋아서였다.'고 했다.[12] 1936년 무렵의 팜플렛이라고 한다면 사회주의운동 관련 문건이라고 볼 수 있다. 말하자면 조지훈은 9살인 1929년부터 16살인 1936년까지는 당시 젊은이들 사이에 유행이었던 사회주의 사상의 영향을 많이 받고 성장했다고 볼 수 있다. 주실 마을의 민족운동은 그러한

10) 일제시대 주실 마을의 민족운동에 대해서는 김희곤, 「민족의 양심 위에 일궈낸 변혁」, 위의 책, 151-162쪽 참조.

11) 조지훈, 「나의 역정」, 『조지훈 전집 3』, 나남출판, 1996, 199쪽.

12) 위의 글, 200쪽.

사상적 분위기를 형성하기에 족한 것이었다. 그도 소년회 활동을 통해 이른바 운동가로서 교육받고 훈련받으면서 성장했던 것이다. 그러한 가운데 일제 식민지 교육의 부당성을 깨달아 보통학교에 진학하지 않았을 가능성도 있다. 1920년대 중반 이후 일부 사회운동가 사이에서는 부르주아 교육기관에서의 교육을 거부하는 움직임이 일어나고 있었다.

17살인 1937년 조지훈은 처음으로 상경하여 동향 선배인 오일도를 찾아가 시원사에서 머물게 되었다. 이 때부터 그는 조선어학회에 출입하게 되었고, 사회과학서 대신에 민족문화에 대한 학술서를 읽게 되었다.[13] 16세까지 그가 읽는 책은 주로 사회과학 서적이었으며 사회주의운동가들이 작성한 팜플렛이었다. 이러한 책들이 그를 흥분시키고 감동시켰는데, 그것은 일본 제국주의에 대항 저항 내용 때문이었다. 그럼에도 불구하고 프로문학의 경향시에 대해서는 만족하지 못했다. 그러나 1937년 이후에는 사회과학 서적이 아니라 민족문화 관련 서적을 탐독하게 되었다. 그리고 조선어학회에서 활동하기 시작하였다. 이제 그의 관심과 활동 영역이 사회운동에서부터 민족운동으로 전환하게 되었던 것이다.

「연보」에 의하면 조지훈은 1934년부터 와세다대학 통신 강의록을 읽었다고 하였다. 그러나 그가 자습한 것은 와세다대학 강의록이 아니라 와세다중학 강의록이었다. 그가 진학한 혜화전문학교의 학적부 입학 전 학력 난에 '와세다 중학 강의록 자습'으로 되어 있다. 이 기록에서 그가 정규 교육을 받지 않았음을 추정할 수 있다. 그는 1938년 4월 11일 혜화전문학교 특과에 입학한 것으로 되어 있다. 그가 혜화전문학교에 진학하게 된 것은 그가 불교 공부를 본격적으로 하기 위함인 것으로 생각된다. 그런데 주로 문학 작품을 읽거나 한국 문화에 대한 관심을 가졌던 그가 갑자기 불교에 대해 관심을 갖게 되었는지 그 이유를 알 수 있는 자료는 발견하지 못했다. 다만 1937년 이후 그의 관심은 민족문화였는데, 민족문화의 정신적 원천으로 그는 불교를 생각한 것이 아닌가 한다. 아니면 사회운동에 대한 관심에서 민족문화에로 관심을 옮기는 과정에서 자아 정체성 문제가 발생했을 수도 있다.

혜화전문학교는 3년 과정이었는데, 그가 수학한 교육과정을 살펴보면 다음과 같다. 1-2학년에서는 〈불교학, 불교사〉, 〈종교학, 종교사〉, 〈윤리학, 윤리사〉, 〈철학,

---

13) 위의 글, 200쪽.

철학사〉, 〈교육학, 교육사〉, 〈법제 및 경제〉, 〈사회학〉, 〈한문 및 조선 문학〉, 〈국어 및 국문학〉, 〈영어〉, 〈음악〉, 〈체조〉, 〈문학〉을, 3학년에서는 〈수신〉, 〈일본학〉, 〈국어〉, 〈한문〉, 〈불전 강독〉, 〈천태학〉, 〈밀교학〉, 〈화엄학〉, 〈일본불교사〉, 〈철학개설〉, 〈인도철학〉, 〈종교학〉, 〈교육학〉, 〈응용사회학〉, 〈영어〉, 〈체조〉, 〈무도〉, 〈교련〉 등이었다. 그의 학업 성적은 1학년에서는 40명 중 20% 이내이고, 2학년 38명 중 10% 이내, 3학년에서는 31명 중 10% 내에 드는 우수한 성적이었다. 특히 온순하고 정직한 학생으로 기록되어 있고, 기호는 문예 창작으로 되어 있다. 가장 성적이 뛰어난 과목은 2학년의 문학으로 95점을 기록하고 있다.[14)]

그가 수학한 교과목으로 볼 때, 1-2학년에서는 철학과 종교학에 대한 전반적 교양을 쌓고, 3학년에서는 불교에 대한 전문적 교육을 받았던 것으로 보인다. 조지훈의 『한국민족운동사』는 사용하는 용어와 개념에 대한 명확한 정의부터 시작하여, 여러 사건을 분류하고 운동의 흐름을 단계론적이며 체계적으로 서술하고 있다. 여러 자료와 사실들을 역사적으로 체계화시키는 훈련은 바로 혜화전문학교 시절의 교육 과정에서 습득되었다고 볼 수 있다. 혜화전문학교 시절 그가 배운 과목에는 〈불교학, 불교사〉, 〈종교학, 종교사〉, 〈윤리학, 윤리사〉, 〈철학, 철학사〉, 〈교육학, 교육사〉, 〈일본불교사〉 등 역사 과목이 다수를 점하고 있는데, 이들 과목을 1-2학년에서 2년 동안 학습하였다. 그런데 이들 역사 과목은 정치·경제사 중심의 사학과 교과목과는 달리 철학 및 사상과 관련된 역사, 즉 사상사 혹은 철학사였다. 그의 역사 서술은 역사학을 전공한 전문 역사가와 다르게 나타나게 되는 것은 당연하다고 하겠다.

조지훈은 1941년 3월 16일 혜화전문학교를 졸업하였다. 졸업 후 그는 오대산 월정사의 불교 강원의 외전강사가 되었다. 그는 월정사에서 '가승(假僧)'으로 1년 정도 머물렀다가 1943년 봄부터 조선어학회 『큰사전』 편찬 작업에 참여하였다. 그러나 그 해 가을 조선어학회 사건으로 검거를 피해 피신했다. 피신 중인 1945년 3월 징용을 위해 신체검사를 받았는데, 폐병으로 '노무감내불능(勞務堪耐不能)'이라고 판정받아 석방되었다. 1940년대 그는 친일문인단체인 조선문인보국회 참여를 강요받았으나 끝까지 거절하여 문인으로서의 지조를 지켰다.

---

14) 서익환, 『조지훈 시와 자아·자연의 심연』, 국학자료원, 1998, 41-42쪽.

2) 해방 후의 활동

조지훈은 해방의 소식을 1945년 8월 16일 저녁 고향에서 들었다. 소식을 듣자 마자 그는 청년운동하던 선배들과 함께 군민대회를 개최하여 친일파를 성토 추방하고 밀정을 적발하였다. 일제시대 영양의 청년운동 조직이 자생적인 치안대 역할을 담당하게 되었던 것이다. 해방 직후 마을 청년들과 함께 했던 '심쾌(心快)'한 일 3가지를 다음과 같이 회고했다. 첫째는 남한 초유로 경찰서를 접수하여 경찰을 무장해제시키고 청년들이 무장하여 치안을 유지했다는 것이다. 대구에서 급파된 200명의 군대가 위협하는데도 굴하지 않고 경찰서를 반분하여 공동으로 집무했다는 것이다.[15] 둘째는 하곡공출을 계속하여 군내 배급을 실시했으며, 마을 주민들의 보복적 파괴 행동이 없도록 질서를 유지했다. 셋째는 국민학교를 다시 열어 교재를 만들고 등사판 유인물을 만들어 아이들을 모아 교육을 시켰으며, 어린이들과 함께 신사를 불태웠다. 군정 시대 중등 국어 교과서 제1과에 수록된 「무궁화」는 바로 이 때 자신이 아이들을 가르치기 위해 쓴 글이라는 것이다.[16] 해방 직후 조지훈은 영양 지역에서 자생적으로 결성된 치안대 활동에 참여했던 것이다. 이 때 결성된 치안대는 일반적으로 여운형과 안재홍이 결성한 건국준비위원회와 관련이 있었는데, 영양의 경우 이와 관련이 있는지는 알 수 없다.

1945년 9월 조지훈은 상경하여 조선어학회에서 주관하는 『국어교본』과 진단학회의 『국사교본』 편찬 작업에 참여하였다. 그리고 조선문화건설협의회, 전국문필가협회, 청년문학가협회, 전국문화단체총연합회 등 우익 민족주의계 인사들이 중심이 되어 조직한 문인 단체 활동에 참여하였다. 이 때 그는 우익 문인 단체에서 활동한 것에 대해 긍지를 갖고 있었다. 그는 말하기를 "고군분투의 멋이라고 할까 98퍼센트를 공산주의에게 점령당한 문화 면에서 소수의 동지와 함께 버티고 지키는 의지에 대한 매력이 상당히 컸던 것도 사실이지만 민족의 향방에 대한 나의 작은 신념의 소산에 틀림이 없었다."고 했다.[17]

---

15) 바로 이때 『한국민족운동사』를 집필할 때, 주요 자료로 사용했던 『고등경찰요사』를 경찰서 서고에서 발견하게 되었던 것이다. 강만길, 앞의 글, 344쪽.

16) 조지훈, 「해방 전후의 추억」, 『조지훈 전집 3—문학론』, 213-214쪽; 「무궁화」, 『조지훈 전집 4—수필의 미학』, 363-364쪽.

해방 직후 조지훈의 정치적 신념은 철저한 반공주의 입장이었다. 따라서 민족주의계의 문인 단체에 가입하여 활동하면서 계급문학과 경향문학을 비판하고 민족문학과 순수문학을 옹호하는 글을 집필하고 강연을 하기도 했다. 그는 찬탁과 반탁 논쟁에서는 반탁운동을 옹호했다. 이러한 그의 정치적 선택은 그의 집안의 정치 노선과도 관련이 있다. 해방 후 그의 부친 조헌영은 한국민주당에 가입하여 활동했고, 제헌국회 의원으로 당선되었다. 친일파처리 특별위원회 위원이 되면서 한민당을 탈당했다. 지훈의 숙부 조준영은 대구 경찰국장과 경북도지사를 지내기도 했다. 지훈의 가문은 일제시대와 해방 직후 민족운동 진영에 속했다. 이로 말미암아 6·25전쟁을 전후해서는 좌익으로부터 고초를 겪기도 했다. 6·25전쟁 중 조부 조인석의 자결은 좌우익의 첨예한 대립이 주실 마을 단위에서 발생한 비극적 사례였다.

1950년 6·25전쟁 시 조지훈은 문총구국대 기획위원장이 되어 국군을 지원했고, 직접 종군하여 1951년 5월에는 종군문인단 부단장으로 활동하기도 했다. 그는 6·25전쟁 시 반공의 최일선에 활동했다고 하겠다. 그러나 6·25 전쟁은 그에게 커다란 충격을 준 사건이었다. 그는 다음과 같이 회고했다.

> 나는 이번 난리통에 어머니를 여의고, 아버지의 소식을 모르게 되었다. 조부가 자결하시고, 아우가 죽고, 하나뿐인 매부마저 잃어서 천애의 고아가 되었다. 내가 이 충격에서 깨어나기까지에는 시가 쉽사리 귀가하지 않을 것을 내 스스로가 잘 알고 있었다.[18]

해방 후 조지훈의 직업은 교육자였다. 그는 1945년 10월부터 1946년 2월까지 혜화전문학교 강사, 경기여고 교사로 한 학기를 지냈고, 1946년 10월부터 1947년 10월까지는 서울여의대 교수로 지냈다. 그리고 1947년 4월부터는 동국대학교 강사를 역임하기도 했다. 1947년 10월부터는 고려대학교 국문학과 조교수가 되었으며, 이후 1968년 5월 17일 타계할 때까지 고려대학교 교수로 봉직하였다.[19]

---

17) 조지훈, 「나의 역정」, 『조지훈 전집 3』, 나남출판, 1996, 205쪽.
18) 위의 글, 206쪽.
19) 서익환, 앞의 책, 67쪽.

3. 『한국민족운동사』 저술 배경

1) 1960년대 이전의 독립운동사 연구

일제 식민지 시대 가장 대표적인 독립운동사 저서는 박은식의 『한국독립운동지혈사』(1920)였다. 이 책은 구한말부터 1919년 3·1운동 시기까지의 독립투쟁사를 기록한 고전적 독립운동사이다. 해방 후에는 독립운동사 관련 저술이 쏟아져 나왔다. 1945년부터 49년까지 4년간 최남선의 『조선독립운동사』(동명사, 1946), 김학무의 『조선근대혁명운동사』(노농사, 1947), 유홍렬의 『조선독립사상사고』(정음사, 1948), 채근식의 『무장독립운동비사』(공보처, 1949) 등 현재 알려진 것만 해도 22종의 독립운동사가 간행되었다. 이 밖에 독립운동가 개인의 전기물도 많이 발행되었다.[20] 그러나 이 때 출판된 독립운동사는 해방 직후의 정치 투쟁과 밀접히 관련되어 있었다. 그리고 해방 후 정치세력은 일제시대의 독립운동 노선에 따라 형성되어 대립되어 있었다. 따라서 이 시기 독립운동사는 자신이 처한 정치 노선을 정당화시키거나, 자신과 관련된 인사들의 독립운동 사실을 선전하는 목적이 강한 것이었다. 결국 독립운동에 대한 학문적이고 객관적인 연구서로서의 성격보다는 자료적인 성격이 두드러진 독립운동사라고 할 수 있다.

그러나 해방 직후에 출판된 독립운동에 관련된 자료들은 연구자료로 활용되지도 못하고 사장되고 말았다. 그것은 이승만 정권 시기 독립운동에 대한 소극적 태도에 기인하는 것이었다. 이승만 정권이 성립되면서 독립운동사 연구는 거의 불모지에 가깝게 되었다. 해방 직후 일어났던 독립운동사 서적 출판 붐은 1949년 반민특위 사건과 김구 암살 사건을 계기로 급격하게 위축되었고, 이승만 정권 시기 내내 침체 상태에 빠지게 되었다. 이승만 정권에 참여한 광복군 출신자는 김구 계열로 간주되어 감시 대상이 되기도 했고, 군대에서는 진급에 지장을 받았다고 한다. 그리고 반공주의적 관점에서 볼 때, 일제시대 독립운동에서 민족주의 운동과 사회주의 운동이 연합전선을 형성했던 역사적 사실 자체가 거북한 것이었다. 따라서 6·25전쟁 후 미소 냉전체제라는 국제적 환경에 의해 남북의 분단체제가 고착화된 상황에서 독립운동사 연구는 활발하게 전개될 수 없었다.[21]

---

20) 조동걸, 『현대한국사학사』, 나남출판, 1998, 346-348쪽.

1950년대에 출판된 독립운동사로는 이선근의 『한국독립운동사』와 애국동지원호회에서 편찬한 『한국독립운동사』가 있다. 이선근의 『한국독립운동사』는 1950년 6·25전쟁 시 육군 정훈 교재로 편찬된 것을 출판한 것이다. 1876년부터 1919년 3·1운동까지를 다루고 있다. 독립운동사 연구서라기보다는 근현대사의 주요 사건을 연대기적으로 서술한 일반 개설서에 가깝다.[22] 사단법인 애국동지원호회에서 편찬한 『한국독립운동사』는 여러 명의 집필자가 분담하여 집필했다. 이 책은 「범례」에서 밝혔듯이 '역사적 자료를 수집 제공하였을 뿐으로 시비를 논하거나 비평을 가하지는 않은' 자료집 성격의 책이다. 따라서 편목도 국내운동, 만주운동, 해외운동 3부분으로 나누어 독립운동 관련 사실을 많이 수록하는 데 중점을 두었다.[23] 애국동지원호회의 『한국독립운동사』는 여러 명의 필자가 참여하여 독립운동 관련 사실들을 충실하게 수집·정리하는 데 중점을 두었다. 따라서 1950년대 당시에는 독립운동 관련 자료와 사실이 가장 풍부하게 수록된 책이 되었다. 이 책은 조지훈이 『한국민족운동사』 서술에서 주요한 참고자료로 적극 활용하였다.

2) 1960년대 초반 독립운동사 연구 필요성 인식

해방 이후 남한에서 독립운동사에 대한 연구의 필요성이 제기되어 본격적인 연구가 시작된 것은 1960년 4·19혁명 이후의 일이다. 4·19혁명으로 자유로운 연구 풍토가 조성되었고, 민족주의적 요구가 분출되면서 독립운동사에 연구 필요성이 제기되었던 것이다. 이러한 시대적 요구에 부응하여 제일 먼저 저술된 독립운동사가 바로 조지훈의 『한국민족운동사』였다. 이 책은 1964년 11월 고려대학교 민족문화연구소에서 간행한 『한국문화사대계 1권—민족·국가사』라는 이름으로 간행되었다. 그러나 실제 집필은 1963년부터 진행되었다. 1963년의 시점은 박정희가 5·16군사정변을 일으키고 군정을 실시하는 시기였다. 그리고 박정희에 의해 월남 파병이 추진되고 한일 수교 협상이 진행되고 있는 시점이었다. 특히 한일회담 추진에 대해

---

21) 박찬승, 「분단시대 남한의 한국사학」, 『한국의 역사가와 역사학』 하, 창작과비평사, 1994, 327쪽; 조동걸, 『현대한국사학사』, 나남출판, 1998, 425-426쪽.

22) 이선근, 『한국독립운동사』, 상문원, 1956.

23) 집필자는 김승학, 안재환, 이석호, 홍도, 채수반, 이학수, 신백우, 유승훈 등 독립운동가들이 대부분이었다. 애국동지원호회 편, 『한국독립운동사』, 1956.

서는 강력한 민중적 반대 운동이 전개되고 있었다.[24] 바로 이러한 민족주의적 분위가 고조되던 무렵에 조지훈의 『한국민족운동사』가 저술되어 출판된 것이다.

1950년대 말 조지훈은 이승만의 독재정권을 비판하는 활동을 전개하였다. 1959년에는 민권수호국민총연맹 중앙위원과 공명선거 전국위원회 중앙위원이 되어 반독재 투쟁 대열에 동참하였다. 특히 1960년에는 한국교수협회 결성에 참여 중앙위원이 되었으며, 4·19학생 혁명을 지지하는 4월 26일의 교수 시국선언에 참여하고 거리 시위에 나섰다. 이 때 교수협회의 시국선언은 조지훈이 집필했다.[25] 4·19혁명에 직접 참여했지만 조지훈은 4·19 이후 학생운동의 분열과 혼란이 발생하여 혁명의 실패로 돌아갈 것을 우려하면서 혁명의 바른 길을 모색하였다. 또한 그는 허정과도정부의 무능과 민주당의 분열로 인해 혁명정신이 실종되는 것을 우려했다.[26]

이러던 차에 5·16군사정변이 일어났다. 이에 그는 학생운동의 혼란과 민주당 정권의 무능과 부패로 인해 실패로 끝난 4·19혁명을 다시 살릴 수 있는 기회로 생각하게 되었다. 그리하여 그는 국가재건최고회의에서 추진하고 있었던 재건국민운동의 사상적 토대와 실천 방법을 기술한 「재건국민운동요강」을 작성하기도 하였다. 이것은 5·16 '군사혁명'이 실패한 쿠데타가 아니라 성공한 혁명이 되기 위해 반드시 실천해야 할 구체적 지침을 마련한 것이었다.[27] 그는 4·19혁명은 민주주의적 민권 혁명이라고 했고, 5·16은 민권보다 민생혁명의 성격이 강한 것이라고 했다. 그러면서도 그는 5·16군사정변 세력에게 여론에 기초하여 조속히 민주주의를 회복시키라고 충고했다.[28]

그러나 5·16군사정변 세력이 추진했던 작업은 조지훈이 요구했던 대로 실천되지 않았다. 오히려 그의 기대와는 달리 자유와 민권을 억압했고, 민족의 이익에도 반하는 조치를 취했다고 판단하게 되었다. 이에 그는 1962년 4·19혁명 2주년을 맞

---

24) 조동걸, 앞의 책, 416쪽.

25) 한국교수협회 조직은 위원장 조윤제, 부위원장 이상은, 총무부장 정재각, 중앙위원 조지훈 등었는데, 조지훈은 문장을 도맡아 썼다. 정재각, 「지훈의 인품과 사상」, 『민족문화연구』 22호(1989. 2), 18쪽.

26) 조지훈, 「혁명에 부치는 글」, 『조지훈 전집 5—지조론』, 143-151; 「혁명정신은 어디로 갔는가」, 『조지훈 전집 5—지조론』 152-155쪽.

27) 조지훈, 「나라를 다시 세우는 길—재건국민운동요강」, 『조지훈 전집 5—지조론』, 221-241쪽.

28) 조지훈, 「군사혁명에 부치는 글」, 『조지훈 전집 5—지조론』, 156-159쪽.

이하여 '죽음을 무릎쓴 학생혁명'의 필요성을 역설하였다. 그리고 1962년 6월에는 한미행정협정 체결을 촉구하는 학생 데모를 옹호하는 글을 집필하였다. 이어 1962년 9월에는 군사정부의 문화혁명의 몰이해에 대한 통렬한 비판을 가하였다.[29] 박정희 군사정권에 대한 비판은 1965년 박대통령의 진해발언에 대한 비판에서 직접적이고 격렬하게 표출되었다. 박정희 대통령은 진해에서 학생데모의 비애국성, 언론의 무책임, 지식인의 옹졸을 격렬하게 비판하였는데, 이에 대해 조지훈은 박정희 대통령을 직접 거론하면서 그 발언의 잘못을 조목 조목 지적하였다.[30] 이 때의 학생 데모는 바로 한일회담 반대 데모였다. 항일 민족주의가 뜨겁게 달아오르던 시기였다.

조지훈이 고려대학교 내에 설치된 고전국역위원회를 민족문화연구소로 개편하였던 것은 바로 이 무렵이었다. 고전의 국역이나 자료 간행 차원이 아니라 민족문화의 의미와 실체 그리고 그것의 발전 방향에 대한 고민 속에서 민족문화연구소가 탄생한 것이다. 조지훈은 고려대학교에서 1962년 고전국역위원회 위원장을 맡았다가 1963년 민족문화연구소 소장을 맡게 되었다. 그리고 연구소의 첫 번째 사업으로 『한국문화사대계』를 구상하게 되었다. 그리고 이것은 당시 사회에서 일어나고 있던 민족주의 열기에 부응하는 계획으로 시장성도 있다고 판단되었다.[31] 지식인만의 연구가 아니라 지식인과 대중이 함께 하는 '문화혁명'을 꿈꾸었던 것이다. 5·16 시기 그가 군사정변 세력에게 기대했던 것 중의 하나가 '문화혁명'이었다. 그러나 그는 군사정변 세력의 반문화 정책을 목격하고, 그것을 철저하게 비판하면서 민족문화혁명을 직접 실천할 계획을 세웠던 것이다.

3) 국사편찬위원회의 『한국독립운동사』 편찬

조지훈이 『한국민족운동사』를 기획하고 집필하던 무렵, 다른 기관에서도 독립운동사 저술이 기획되었다. 그것은 조지훈이 추진한 민간 연구소가 아니라 관립 기관

---

29) 조지훈, 「큰일 위해 죽음을 공부하라」, 「우리의 신념에 의혹은 없다」, 「혁명정부에 직언한다」, 『조지훈 전집 5—지조론』, 164-181쪽.

30) 조지훈, 「그들은 과연 비애국적이며 무책임하고 옹졸한가—박대통령의 진해발언과 데모 학생·언론인·지식인」, 『조지훈 전집 5—지조론』, 182-184쪽.

31) 정재각, 앞의 글, 13쪽.

인 국사편찬위원회에서 추진한 작업이었다. 그리고 그 작업은 군사정변 세력의 정책적 지원에 의해 진행되었고, 그 작업 결과는 1965년부터 1969년까지 『한국독립운동사』 5권의 책으로 출판되었다.[32)]

국사편찬원회의 『한국독립운동사』 편찬 작업이 이루어지게 된 경위는 「서문」에 밝혀져 있다. 「서문」에서는 먼저 해방 직후 독립운동 관련 역사서가 수많이 출판되었지만, 대부분 부분적이었기 때문에 종합적이고 정확한 독립운동사가 필요하게 되었다고 하였다. 그래서 독립운동사 편찬 계획을 세웠지만, 인원과 재정 문제로 실행하지 못하였다는 것이다. 이러던 차에 "1962년 3월 2일자 내각수반 지시각서 주요사업지시로 비로소 용기를 얻어 계획에 착수하였고, 동년 동월 5일자 내각수반 주요사업실천지시, 동년 6월 15일자 내각수반 주요사업 실시에 따른 추가지시 및 1963년 7월 18자 최고회의 지시사항 실천 확인에 의거하여 「한국독립운동사」 편찬을 추진하여 왔다."고 했다. 말하자면 이승만 정권 시기에는 독립운동사 편찬 계획에 대한 지원이 없었다가 군사정권이 성립되면서 독립운동사 편찬에 대한 지원이 결정되었다는 것이다.[33)]

국사편찬위원회에서 편찬한 『한국독립운동사』는 독립운동사의 발전과정을 일관된 체제와 기준을 갖고 체계적으로 서술한 것이라기보다는 일반 시대사를 일제의 침략과 그에 대한 저항이라는 측면에 중점을 두어 서술하는 체제였다. 그리고 사건 기술적이며, 자료를 편집한 사료집 성격도 지니고 있다. 실제로 각 권의 절반 이상은 자료집으로 편제했다. 독립운동을 지역적으로 분류하여 각 지역에서 전개된 독립운동의 사실을 충실하게 전달하는 데 중점을 두었다. 1910년 이전을 서술한 부분과 1910년 이후 부분이 편목 분류 기준에서 차이가 있다. 1910년 이전은 내용 중심으로, 1910년 이후는 지역을 기준으로 하면서 주요 사건이나 단체 요소를 가미하였다. 이것은 연차적 사업으로 기획됨에 따라 통일성을 기하지 못한 한계를 보이게 된 것이다. 이것은 여러 학자가 집필한 데다가 여러 해에 걸쳐 간행되는 데서 오는 문제점으로 생각된다.

---

32) 국사편찬위원회, 『한국독립운동사』 1-5, 1965-1969. 제1권은 박성수, 김후경, 신재홍이, 제2권은 윤병석, 김후경, 신재홍이, 제3권은 윤병석, 김후경, 신재홍, 박한설이 제4권과 5권은 윤병석, 김후경, 신재홍, 이현희가 집필을 담당하였다.

33) 국사편찬위원회, 「서문」, 『한국독립운동사』 1, 1965.

국사편찬위원회의 『한국독립운동사』는 독립운동사에 대한 역사학자들의 연구 성과를 정리하고 이를 체계화한 저술이라고 하기 어렵다. 오히려 연구를 위한 자료를 제공하고 본격적 연구의 필요성을 제기했다는 점에서 그 의미를 찾을 수 있을 것이다. 그러나 반공을 국시로 표방한 군사정권 하에서 편찬되었기 때문에 좌익 사회주의 운동 부분은 사실과 자료도 빠져 있다. 또한 독립운동에 대한 역사학적 연구의 시작으로 사료의 수집과 정리에 중점을 두었기 때문에, 독립운동사의 연구 방법론에 대한 모색은 나타나지 않고 있다. 즉 독립운동의 개념과 방법, 독립운동 발전의 내적 논리, 독립운동의 사상사적 의미, 역사적 의미 등에 탐구는 후일을 기약하고 있는 것이다.

조지훈의 『한국민족운동사』는 1963년 같은 시기에 시작된 국사편찬위원회의 『한국독립운동사』보다 1년 앞선 1964년 11월에 『한국문화사대계』 1권으로 간행되었다. 조지훈의 『한국민족운동사』는 기존의 연구에서 지적했듯이 최초의 체계적인 독립운동사 연구서였다.

4. 『한국민족운동사』의 역사관

1) 독립운동론에서 민족운동론으로의 변화

조지훈은 『한국민족운동사』 「머리말」에서 서술 목적과 방식에 대해 언급하였다.

그는 자신의 글이 '갑신정변(1884)에서 을유 광복(1945)까지 만 60년간의 한국 근대민족운동사를 정리한 것'이라고 규정했다. 그리고 근대 민족운동사 관련 자료를 편년사적으로 정리하되 사상사적 흐름을 절충 종합했다고 하였다. 민족운동을 시대순으로 정리하는 데 머물지 않고, 민족운동의 사상사적 흐름에 주목하겠다고 하였다. '민족운동의 사상사적 흐름'을 포착한다는 문제의식은 1960년대 전후의 독립운동사 연구에서는 찾아 볼 수 없었던 전혀 새로운 주제 의식이었다. 이것은 민족운동에 대한 정치사적 이해를 지양하려는 의식적 노력이기도 했다.

다음으로 그는 자신의 연구의 특징을 '종래 다른 사료의 국외 항쟁 중심, 개인 활동 중심, 자가 노선 중심의 폐를 재검토함으로써 국내 항쟁 중심, 집단 운동 중심의 관점을 견지하였다.'고 하였다. 이것은 종래의 독립운동 개념 자체를 바꾸려는 의

도를 나타낸 것으로 보인다.

일반적으로 독립운동이란 무장 투쟁, 의열 투쟁, 만세시위운동, 비밀결사 운동 등 항일투쟁으로 인식되고 있었다. 따라서 누가 언제 어떤 투쟁을 했는가가 주요 관심사가 되었다. 이러한 독립운동에 대한 관념에서는 독립투사인지의 여부와 독립운동에 대한 공적의 정도를 평가하는 것이 독립운동사 연구의 주제가 되게 된다. 이 경우 사건별, 개인별 중심의 서술이 될 수밖에 없을 것이다. 그런데 그는 독립운동사 서술에서는 개개의 사건이나 인물보다도 '사회적 집단이 형성되어 지속적인 흐름을 형성한 독립운동'이라야 서술 대상이 된다는 판단을 하고 있는 것이다. 사회적 의의 혹은 역사적 의의가 있다고 판단되는 독립운동을 서술 대상으로 삼는다는 명확한 인식을 갖고 있었다. 그런데 그는 역사적 의미 부여를 주로 '사상사적 흐름'에 주목하여 보고 있다. 이 점에서 『한국민족운동사』는 독립운동의 사상사 혹은 지성사적 관점에서 본 독립운동사라는 의미를 지니게 되는 것이다.

개인이 아니라 집단을 형성하여 지속적인 흐름으로 계승되어 민족운동의 사상사적 흐름을 형성하는 데 기여한 독립운동, 이것이 그의 주된 관심사였다. 이 경우 주목되는 독립운동은 민족 구성원 다수가 참여하거나 다수에게 영향을 미친, 특히 사상적 형향을 미친 운동이 주된 연구 대상이 된다. 이러한 관점에서 해외보다는 국내의 민중과 함께 한 운동이 서술의 중심에 서게 되었다고 볼 수 있다.

조지훈은 왜 이런 관점에 서게 되었을까? 직접적인 원인은 그 자신이 식민지 시대에 태어나 국내에서 일상적 삶을 영위하면서도 민족의 독립을 위해 헌신해 왔다는 자부심이다. 앞서 그의 생애에서 살펴보았듯이 그는 소년시절부터 민족의식을 품었고, 그러한 의식에 의거하여 독립을 위한 조직적 활동을 멈춘 적이 없었다. 국내에 머물면서 민족의식을 잃지 않고 표현하면서 일상적 삶을 영위하고 있던 대다수 민중의 존재를 어떻게 파악할 것인가의 문제와 관련되는 것이었다. 식민지 시기는 3-4년이 아니라 그것의 10배가 되는 30-40년간이라는 긴 시간이었다. 이러한 시간 속에서 국내에 살았던 대다수 민중의 삶은 독립운동과 무관한 것일까? 조지훈의 대답은 "아니다. 밀접히 관련되어 있다."였다. 왜냐하면 독립운동은 사상, 방법에 따라 다양한 유형을 갖고 있다. 따라서 그것은 생활의 모든 부문에 뿌리를 내리게 되었기 때문이라는 것이다. 그는 다음과 같이 말했다.

대일항쟁의 민족운동은 민족. 사회 생활의 모든 부문에 뿌리 깊게 박히게 되었고, 그러므로 1910년 경술국치에서 1945년 민족해방에 이르는 36년간의 역사는 소수의 친일주구의 반동을 예외로 하고는 전민족적인 대일항쟁사라고 할 수 있다. 적극적 항쟁과 소극적 항쟁의 차이와, 그러한 소장(消長)이 시기적으로 있었다고는 하나, 민족의식의 저류로서의 장구한 항일의식에는 아무런 변동도 있을 수 없었다.

이 기술은 조지훈이 왜 『한국민족운동사』를 서술했는가의 이유를 극명하게 보여주고 있다. 그가 강조하고자 한 바는, 독립운동이 소수의 개인적 운동이 아니라 '전민족적'인 것이고, 또 방법과 성쇠의 차이는 있지만 끊임없이 지속되었다는 점이었다. 이를 위해 그는 기존의 독립운동 개념에서는 소극적이라고 해서 소홀히 취급되었던 국내의 문화운동을 독립운동의 한 유형으로 적극적으로 평가했다. 그는 민족운동의 유형을 다음과 같이 분류했다.[34)]

민족운동의 방법적인 유형을 분류하면, 대체로 다음의 세 가지를 들 수 있을 것이다. 첫째, 내 목숨을 걸고 원수의 목숨을 강요하는 피의 항쟁이다. (…)
둘째, 민족의 요구를 절규하고, 국제여론에 호소 청원하는 조직적 시위의 항쟁이다. (…)
셋째, 민중을 계발하고, 민의를 대변하며, 민족의 요구와 이념을 구현하는 문화항쟁이다. (…)

이처럼 그는 국내에서 전개된 '문화항쟁'을 민족운동의 주요한 유형 중의 하나로 그 의의를 높이 평가하였다. 그는 일제시대의 문화운동 노선에 대해 다음과 같이 서술했다.

문화운동을 통하여 민족정신을 함양하고 실력을 양성하고 독립을 장래에 기약한다는 것은 애초의 독립운동에서는 제3의 노선이었으나 첫째의 무력항쟁 노선이 군국주의 국가로서의 일본의 예봉을 꺾을 수는 없었고, 둘째의 외교선전 노선도 파리강화회의(1919년

34) 조지훈, 『한국민족운동사』, 29-31쪽.

4월), 미국의원단 내한(1920년 8월), 워싱턴회의(1922년 1월)에 걸었던 기대가 돈좌됨으로써 일단락을 고한 형편이었으므로 이 문화운동 노선은 독립운동 제3의 단계로서 필연한 추세였던 것이다.[35)]

조지훈은 또한 이념적 차이를 넘어서서 전민족적인 독립운동이 전개되었다고 보았다. 그는 1960년대를 전후하여 이념 문제로 독립운동사 서술에서 제외되었던 사회주의 운동도 독립운동의 사상적 흐름의 한 갈래로서 자리매김하였다. 그는 사회주의운동에 대해 다음과 같이 평가했다.

> 우리나라에 사회주의운동이 대두하기 시작한 것은 3·1운동 전후의 일이다. 그것의 배경에는 러시아에서의 볼세비키 혁명운동의 간접적 또는 직접적인 영향 아래 이루어졌다는 것은 부인할 수 없는 사실이다. 그러나 일제의 식민지에서의 해방이라는 근본명제는 8·15해방까지 사회주의에 기본적인 제약을 주었을 뿐 아니라 우리의 민족주의에 사회주의적 경향을 자극해 왔던 것이다. 그러므로 한국의 민족운동은 민족적 사회주의, 사회주의적 민족주의의 색조가 진작부터 짙었고, 이러한 상호 영향의 요소 때문에 해방 전까지의 공산주의 운동은 민족해방운동사에서 제외될 수가 없는 것이다.[36)]

그는 8·15 이전의 사회주의 운동은 민족해방을 목표로 한 운동이었기 때문에 민족운동에서 제외될 수 없다고 했다. 더구나 사회주의 운동은 민족주의 운동에도 영향을 미쳐 민족주의운동의 사상적 발전에 기여한 것으로 평가했다. 그는 한민족의 독립운동은 이념적 차이를 넘어서서 전 민족적 항일투쟁 형태로 전개되었음을 강조하고자 했던 것이다.

조지훈은 한국독립운동사에 대한 개념적 인식틀을 처음으로 확립하였다. 그리고 그의 새로운 인식체계는 식민지 시기 존재했던 다양한 방법과 다양한 이념을 갖고 있었던 모든 독립운동을 포괄하고 종합하기 위해 마련된 것이었다. 이를 위해 그는 종래 사용되던 '독립운동'이란 용어 대신에 '민족운동'이라는 보다 폭넓은 용어를

---

35) 위의 책, 212쪽.

36) 위의 책, 231쪽.

사용했다. 그는 "민족운동사는 우리 역사를 대이민족 투쟁사 및 민족의식 발달사의 각도에서 고찰하려는 것이다. 그러므로 그것은 마침내 민족항쟁사 곧 독립운동사에 귀결된다."고 하였다.[37] 그는 독립운동사는 외적 표현으로 민족운동사는 외적 표현뿐만 아니라 '민족의식의 발달사'도 포함하는 광의의 개념으로 규정했다. 독립운동사보다 포괄적인 개념인 민족운동사로 파악함으로써 독립운동사의 범주는 확대되었다.

2) 한국민족운동의 발전 맥락에 대한 인식

『한국민족운동사』의 편목 체제는 크게 3부분으로 구성되었다. 제1편에서는 민족자위항쟁사를, 제2편에서는 민족해방투쟁사를, 제3편에서는 민족사회운동사를 다루었으며, 결편 민족운동의 단락에서는 독립 준비 과정을 서술하였다. 목차를 구체적으로 살펴보면 다음의 〈표〉와 같다.

〈표〉에서 보듯이 『한국민족운동사』는 「서설」 부분에서 민족, 민족운동의 개념에 대한 정의로부터 시작하고 있다. 그리고 근대 민족운동이 언제 어떻게 시작되었는가를 탐구하고, 나아가 민족운동의 유형을 분류하고 있다. 이것은 독립운동에 대한 이론적 인식 체계에 대한 최초의 시도였다.

조지훈은 한국 민족운동의 발전 과정에서 나타난 특징을 다음과 같이 파악하였다.

첫째, 국사편찬위원회의 『한국독립운동사』에서는 볼 수 없는 '사회주의, 무정부주의 공산주의' 장을 별도로 설정하여 본격적으로 다루고 있다. 또 국사편찬위원회의 독립운동사에서 많은 비중을 차지하고 있는 해외 지역 독립운동의 비중이 약화되고, 국내 운동 중심으로 서술되었다. 이것은 국내에서 전개된 민족운동과 사회운동 모두를 포괄하여 파악하기 위한 것이었다. 그는 이념적으로 분화된 독립운동을 통합적으로 파악하기 위해 1920년대 이후의 민족운동을 '민족사회운동사'라는 용어를 사용하였다. 그리고 서로 다른 사상적 흐름을 동시적으로 파악하기 위해 '민족적 사회주의' 혹은 '사회주의적 민족주의' 개념을 만들어 내기도 하였다.

---

37) 위의 책, 19쪽.

서설	5. 임시정부의 수립
1. 민족의 형성과 민족의식	6. 파리강화회의와 외교활동
2. 근대 민족운동의 발단	7. 협사의 의거와 공포투쟁
3. 근대 민족운동의 유형	8. 독립군의 무력항쟁
제1편 민족자위항쟁사	제3편 민족사회운동사
1. 갑신정변과 근대화운동의 풍운	1. 민족항쟁으로서의 문화운동
2. 동학의 민중봉기와 민족의식	2. 사회주의. 무정부주의, 공산주의
3. 갑오경장과 보수적 민족항쟁	3. 6·10만세운동
4. 독립협회의 민권항쟁	4. 민족주의의 모색과 단일당 운동
5. 노일의 마수와 자위운동	5. 임시정부의 분규와 분열
6. 을사보호조약의 반대투쟁	6. 학생만세와 민중대회 사건
7. 군대해산과 의병항쟁	7. 신간회의 해소와 민족전선의 붕괴
8. 경술국치와 인민의 반항	8. 마지막 항거의 자세
제2편 민족해방투쟁사	결편 민족운동의 단락
1. 국외망명지사의 활약	1. 일본의 고립과 한국 독립운동
2. 민족자결주의의 풍조	2. 연립정부와 대일 선전
3. 동경유학생의 독립선언	3. 일제의 패망과 민족해방
4. 3·1운동의 거족적 항쟁	

둘째, 민족운동의 흐름을 정리하겠다는 의도를 갖고 있었기 때문에 국내외를 통합한 민족운동의 내적 발전 논리를 찾아내기 위한 노력이 엿보이고 있다. 우선 시기별로 1884년부터 1910년까지를 '민족자위항쟁'으로, 1911년부터 1919년 3·1운동까지를 '민족해방투쟁'으로, 1920년대 이후의 운동을 '민족사회운동'으로 규정함으로써, 민족운동을 내용과 형태 중심으로 파악하였다. 그리고 각 단계의 사상적 흐름에 주목하여 민족자위항쟁사에서는 근대화운동과 보수주의적 근왕운동이, 민족

사회운동사에서는 문화적 민족운동과 사회주의운동의 두 조류가 있음을 지적하였다. 그러나 이러한 서로 다른 흐름은 하나로 통합되어 새로운 단계의 민족운동으로 발전하는 것으로 그려졌다. 즉, 근대화를 추구하는 개화운동과 보수주의적 의병항쟁 가운데 동학농민항쟁이 있었음을 지적했고, 거족적인 3·1운동의 발생으로 민족운동이 한 단계 고양되었다고 했다. 3·1운동 이후 좌우익이 분화되었지만, 신간회운동에서 민족단일전선이 형성되었음을 밝혔다. 그리고 태평양 전쟁 이후 대한민국 임시정부는 좌우연합정권을 구성했던 사실을 지적했다.

3)『한국민족운동사』의 정치적 지향

『한국민족운동사』는 민족운동의 중심과 상징적 존재로서 대한민국 임시정부를 강조하고 있다. 조지훈은 〈임시정부의 분규와 분열〉에서 1920년대 중반 이후 임시정부가 분규와 분열되는 과정을 자세하게 서술하였다. 그는 당시의 임시정부를 평가하기를 '간판만의 법통이 지켜질 따름인 침체상을 노정'했다고 했다.[38] 그러나 그는 해방 직전 대한민국임시정부가 좌우익이 연합한 연립정부를 수립했고, 일본에 대해 연합국의 일원으로서 선전포고한 사실을 중시했다. 그리고 그러한 노력으로 국제사회에서 대한민국의 독립에 대한 약속이 있게 되었음을 강조했다. 결론적으로 그는 임정의 역사적 정통성과 의의를 높이 평가해야 한다고 했다. 해방 후의 임시정부에 대해 그는 다음과 같이 말했다.

> 임시정부는 1919년 상해에서 수립된 지 만 26년에 국외 독립운동에 종지부를 찍고, 해방된 조국에 국민의 감격적인 환영을 받으며 입국하였던 것이다. 그동안 임시정부는 한국의 망명정부로서 안으로는 민족혼의 상징이 되었고, 밖으로 세계만방에 대하여 무력항쟁과 외교와 선전으로 한국이 일본의 통치에 복종하지 않는다는 대의와 추지를 밝혀 전후 처리에 독립의 보장을 받게 된 원동력이 되었던 것이니, 임정이 밟아온 중로의 분열과 침체와 이산을 들어 이를 폄한다는 것은 그 형극의 길에서 끝까지 '대한민국임시정부'의 간판을 지켜 온 그 피눈물 어린 지조와 드높은 신념에 침을 뱉는 것에 지나지 않는 것이다.

---

38) 위의 책, 280쪽.

극언한다면 이 3·1독립선언의 구현인 임시정부의 이름을 허물어버리지 않고 지켜 왔다는 것만으로 족하다고 할 수 있다. 이것으로써 우리 민족사가 적의 발굽 아래 아주 끊어진 적이 없었다는 정신을 세울 수가 있기 때문이다.[39]

그는 대한민국임시정부 각원의 각원의 귀국을 이야기하면서 "이로써 민족 자위항쟁, 민족해방투쟁, 민족사회운동의 3단계로 이루어진 한국 근대 민족운동사는 일단락을 고하고 유종의 미를 거두었던 것이다."라고 했다.[40] 이것은 곧 해방 후 임정봉대론, 임정법통론을 인정했던 것이라고 할 수 있다.

『한국민족운동사』는 해방 이후 전개된 올바른 민족운동의 역사적 연원을 밝힌다는 역사의식을 갖고 저술되었다. 그는 『한국민족운동사』 끝 부분에서 다음과 같이 말하였다.

민족해방 후의 반탁운동, 반공운동, 반독재운동사는 앞으로 다시 정리될 것이다.[41]

1884년 갑신정변으로 시작된 한국의 근대 민족운동은 일제시대의 독립운동을 거쳐 해방 이후에는 '반탁운동, 반공운동, 반독재운동'으로 계승되고 발전된 것으로 보고 있다. 그가 살고 있던 당시의 상황에서 전개되는 민족운동은 바로 '반독재민주화 운동'이었다. 말하자면 1964년 『한국민족운동사』 간행은 당시 전개되고 있었던 반독재 민주화운동의 역사적 맥락을 독립운동에서 찾으려는 역사의식을 나타내고 있는 것이다.

결국 『한국민족운동사』는 잘못된 정치 현실을 극복하기 위한 문화적 실천이라고 할 수 있다. 그리고 그것은 일제시대 그 자신이 수행한 민족문화에 대한 연구와 맞닿아 있었다. 시인 조지훈은 당대에 독립운동사를 서술한 다른 역사학자보다도 더 실천적인 역사의식을 지니고 있었다고 하겠다.

---

39) 위의 책, 336쪽.

40) 위의 책, 337쪽.

41) 위의 책, 337쪽.

5. 『한국민족운동사』에 나타난 동학

조지훈은 한국 근대 민족운동사를 민족자위항쟁, 민족해방투쟁, 민족사회운동의 3단계로 이루어졌다고 보았다. 그러면 각 단계에서 동학은 어떠한 위치를 차지하고 있는지에 대한 지훈의 평가를 살펴 보자.

민족자위항생사는 갑신정변으로부터 시작했으며, 그에 이어서 1894년의 동학농민항쟁을 다루었다. 조지훈은 「동학의 민중봉기와 민족의식」라는 제목을 통해 동학혁명의 민중적 성격과 민족주의적 성격을 강조했다. 그는 '삼정 소요', '동학혁명', '청일전쟁' 3부분으로 나누어 서술했다. 동학혁명 부분에서 그는 동학농민항쟁의 역사적 사실을 기술한 뒤, 동학 사상 자체 내에 사회개혁운동으로 발전할 수 있는 요소가 있음을 지적했다.

> 우리가 여기서 밝혀둬야 할 것은 동학혁명이 내세운 기치인 '제폭구민'은 '광제창생·포덕천하'의 현실적 표현이었다는 점이다. 동학혁명은 당시 동학 제2세 교주 해월 최시형이 처음에는 찬성하지 않았으나, 전봉준이 창의한 뒤에는 좌시하여 동학의 분열을 바랄 수도 없어 따라서 일어난 것이다. 그는 전봉준의 전승의 보를 듣고 공주와 진금을 점령하였으나, 대세가 불리하자 그대로 해산한 소극적 태도였다. 그러므로 동학혁명은 전봉준이나 손병희의 인간적 기질의 표현이라 볼 수 있다.[42]

그는 동학혁명이 교주 최시형보다는 전봉준과 손병희의 주도에 의해 일어났다고 보았다. 그러나 동학혁명의 주체는 동학교도였다고 서술했다. 따라서 동학혁명의 직접적 원인은 사회정세에 있다고 했으나, 동학 사상 자체 내에 사회개혁운동을 '폭동'의 형태로 전개할 수 있도록 한 바탕이 있었다고 했다. 말하자면 동학이라는 종교가 혁명을 추동하는 사회개혁사상으로 발전할 소인이 있다고 보았던 것이다. 이러한 관점에서 동학혁명에서 내세운 '제폭구민'을 '광제창생·포덕천하'라는 종교교리의 '현실적 표현'이라고 해석했던 것이다.

42) 위의 책, 41쪽.

조지훈이 동학혁명에서 주목했던 것은 동학이라는 종교가 어떻게 현실적인 사회개혁사상으로 발전할 수 있었는가였다. 그는 동학의 사회개혁 사상으로서의 성격을 동학 교조 수운 최제우와 관련된 3가지와 당시의 시대적 상황 4가지 모두 7가지로 나누어 구체적으로 서술했다. 최제우가 첫째, 몰락양반의 후예, 둘째 서자, 셋째 경주 출신이었다는 점을 들었다. 바로 이러한 이유로 그의 사상이 유교적 용어로 표현되었으며, 인간중심주의와 인간평등주의에 기초한 계급타파를 실천할 수 있었으며, 국선 화랑 등 민족 고유의 전통이 많이 남은 경주에서 민족 고유 사상의 맥락을 계승할 수 있었다고 보았다. 다음으로 시대 배경으로 정치 부패와 민생 파탄이라는 상황, 천주교 박해, 외세 침략, 질병 유행 등 4가지를 들었다. 이러한 배경에서 최제우의 개인적 가족적 경험이 사회와 국가에 대한 관심으로 확대 발전되었고, 서학에 반립하는 동학의 착상을 얻었고, 민족 주체 사상을 확립하게 되었다고 했다. 그리고 그의 샤먼적 칼춤이 민중에게 매력적이 될 수 있었다고 보았다.[43]

그는 동학혁명에 대해 다음과 같이 서술하면서 마무리했다.

> 어쨌든 그의 인내천의 인간중심주의, 지상천국의 현실중심주의는 민족적인 주체사상 및 민중적 생활 관념과 결부되어 전술한 많은 근대적 요소를 지니면서도 후학들에 의하여 전형적인 한국사상, 첨단적인 근대사상으로 계승 발전될 계기를 지녔다고 보겠다. 그것은 그 사상이 지닌 바 민족적 민중적 의의와 현실적 사회성격이라 하겠다. 이 점이 동학혁명과 3·1운동에서의 그 신봉자의 방향을 제시한 점이다.[44]

이처럼 조지훈은 최제우의 동학사상은 근대성, 민족성, 민중성을 갖추었으며, 후대에는 '전형적인 한국사상', '첨단적인 근대사상'으로 발전될 수 있는 요소를 지녔다고 보았다. 그렇기 때문에 동학혁명과 3·1운동이라는 근대 민족운동이 발생할 수 있었다고 판단했던 것이다.

조지훈은 1910년 이후부터 1945년 해방되기까지의 시기는 민족해방투쟁사와 민족사회운동사 두 가지로 나누어 서술했다. 이 시기 동학에 대해서는 주로 천도교에

---

43) 위의 책, 42쪽.

44) 위의 책, 42-43쪽.

대해 서술했다. 왜냐하면 동학의 정통은 천도교라고 보았기 때문이다. 그는 민족해방투쟁사에서도 천도교의 역할을 중시했다. 특히 3·1운동은 천도교가 교단적 차원에서 중심적 역할을 담당했다고 보았다.

그는 「3·1운동의 거족적 항쟁」이라는 제목에서 3·1운동을 다루었는데, 3·1운동이 천도교의 독립운동 계획에서부터 시작했다고 서술했다. 그는 1918년 12월부터 권동진과 오세창이 협의하고 최린의 찬동을 얻어 운동계획이 구체화되었고, 1919년 1월 15일과 16일경에 교주 손병희가 결정하게 되었다는 사실을 언급했다. 그러면서 손병희의 결심을 계기로 '천도교의 방침이 일정됨에 이르렀을 뿐 아니라 이것이 곧 3·1운동 획책의 발단이 되었다.'라고 평가했다.[45] 이어서 그는 당시 한용운이나 이광수가 최린를 설득하여 거사를 요청했다고 하여 3·1운동의 최초 기획자를 한용운이나 이광수로 보는 견해를 반박했다. 그러면서 3·1운동에서의 천도교의 주도적 역할에 대해 다음과 같이 결론을 맺었다.

> 손병희의 이신환천(以身換天)의 교도수련과 천도교의 독립선언 서명 인사수와 자금 및 선언서 인쇄 등에 나타난 천도교의 이 주동적 역할은 부인할 수 없다. 이 주동인물들의 3·1운동 이전이나 이후에서의 훼예(毁譽)는 3·1운동 주획의 공과 별문제의 것이다. 적어도 3·1운동에서만은 그들의 공이 주도적이었다는 사실은 움직일 수 없는 사실(史實)이다.[46]

특히 그는 최린이 천도교의 대표로서 3·1운동의 추진 작업에서 주동적 역할을 담당했다는 점을 강조했다. 그것은 그의 후일의 행적에 대한 평가와는 별개로 평가해야 한다는 것이다. 이어서 3·1독립운동 민족 대표 33인 중 천도교 대표가 15명이 참가했음을 기술했다. 그리고 독립선언서 인쇄 작업이 천도교 교단에 의해 조직적으로 추진되었다고 다음과 같이 기술했다.

> 독립선언서의 인쇄는 2월 27일 오후 6시경부터 천도교가 경영하는 보성사에서 21,000

45) 위의 책, 128쪽.

46) 위의 책, 129쪽.

매를 인쇄하여 당시 신축중이던 경운동 88번지 천도교당으로 옮겨 서울을 비롯한 13도에 밤을 도와 배포되었다. 인쇄책임자는 보성사 사상 이종일과 동 공장감독 김홍규였다.[47]

이처럼 조지훈은 민족해방투쟁사에서 거족적으로 전개된 3·1운동에서 천도교의 역할을 사실에 기초하여 그 역할을 높이 평가했다.

그러면 조지훈은 천도교가 민족사회운동사에서 어떠한 위치를 차지하고 있다고 보았는가? 민족해방투쟁사가 1910년대의 해외 독립운동, 3·1운동, 의열투쟁을 주로 다룬 데 비해, 민족사회운동사는 1920년대 이후 운동을 주로 다루었다. 따라서 여기서는 사회주의 사상의 유입으로 인한 민족운동의 분화와 임시정부의 분열이 언급되고, 주요 사건으로는 6·10만세운동, 신간회 운동, 광주학생운동, 1930년대 이후의 사건이 다루어졌다. 이러한 서술에서 천도교가 3·1운동에 대한 기술에서처럼 본격적으로 크게 다루어지지는 않았다. 6·10만세운동과 신간회에 대해 서술하는 과정에서 천도교 관련 사실이 언급되고 있는 정도이다. 민족사회운동사에서 천도교의 역할이 어떠한가에 대한 특별한 문제의식조차 보이지 않고 있다고 하겠다.

그런데 소년운동에 대한 서술에서는 천도교 관련 사실이 비교적 구체적으로 언급되고 있다는 점에서 이채롭다.

1920년대 초두에는 모든 단체운동과 함께 소년운동도 대두하였다. 서울·안변·강주·진주 등지에 소년회가 생겼으나 본격적인 소년운동을 외치고 나선 것은 1921년 여름방학, 동경서 돌아온 방정환이 창립한 '천도교소년회'였다. (…) 방정환은 손병희의 셋째 사위로 3.1운동 당시 등사판으로 『독립신문』을 속간하여 비밀 발행하였고, 『개벽』이 발행금지된 뒤에 『별건곤』, 『신여성』, 『어린이』 등 수많은 잡지를 주간한 사람이다. 1923년 3월 1일에 창간된 소년잡지 『어린이』는 동경에서 편집되어 천도교소년회 이름으로 서울에서 발행되었고, 그해 5월 1일에는 제1회 어린이날 기념식이 거행되었다.[48]

조지훈이 이처럼 소년운동에서 천도교의 존재에 주목하게 된 것은, 그의 성장 환

---

47) 위의 책, 135쪽.
48) 위의 책, 223쪽.

경과 관련된다고 볼 수 있다. 조지훈은 9살 때인 1929년부터 동요를 쓰기 시작했는데, 문인 지훈의 삶을 시작하는 데 결정적 영향을 준 것은 『어린이』 잡지였다. 지훈보다 3살 위인 형 조동진은 1923년 부친 조헌영의 뜻에 따라 6살 때부터 『어린이』를 정기 구독했다. 그리고 8살인 1925년부터 주실 마을에 어린이회를 조직했다. 조지훈은 6살 때인 1926년부터 형이 지도하는 주실 마을의 어린이회에 가입하여 활동했다. 이 어린이회는 1930년대에는 소년회로 이름을 바꾸고 『꽃탑』이라는 문학 잡지도 발행했다. 조지훈은 소년회에서 어린이날 행사를 비밀리에 산에서 주최한 것이 발각되어 해체되어 울분을 토했던 기억을 갖고 있었다.[49] 이러한 사실에서 우리는 조지훈이 천도교소년회가 발행한 『어린이』 잡지의 정기 구독했던 애독자였음을 알 수 있다. 그리고 천도교에서 추진한 소년운동을 모방하여 주실 마을 어린이회와 소년회를 조직했고, 그 기관지로 『어린이』 잡지와 유사한 『꽃탑』을 발행했다. 소년 조지훈은 천도교 소년운동을 자신의 방식대로 재해석했다거나 창조적으로 계승하여 발전시켰다고 볼 수 있다.

이렇게 보면 천도교소년회에서 추진한 어린이 운동은 소년 조지훈에게 의미깊은 영향을 주었다고 볼 수 있다. 조지훈의 소년 시절의 경험이 천도교에 대한 긍정적 인식을 정착시켰고, 이러한 인식에서 민족운동사에서의 동학의 역할에 대한 깊은 관심을 갖게 된 것으로 생각된다. 1960년대 조지훈은 민족문화, 민족사상의 개념을 확립하기 위해 심혈을 기울였다. 이 때 그는 동학을 '근대 한국 사상의 전형'이라고 평가했으며, 한국문화사 전체를 개관할 때 사회 사상 부분에서 한국적 전형성을 보여주었다고도 평가했다.[50]

조지훈이 동학을 한국적 사회사상의 전형으로 보는 이유는 동학 사상이 한민족의 고유 사상의 전통을 계승하면서 근대 이후의 사회적 현실 개혁운동에 주동적 역할을 하였다고 보았기 때문이다. 그리고 그러한 사실적 근거는 1894년의 동학혁명과 1919년의 3·1운동이었다. 조지훈은 『한국민족운동사』에서 이 두 사건에 대한 민족운동사적 평가, 그리고 동학과의 관련성에 대해 구체적으로 서술했다. 그리고 1920년대 이후 민족사회운동사에서 천도교 관련 사실들에 대해 부분적으로 서술

---

49) 조지훈, 「나의 역정」, 『조지훈 전집 3』, 나남출판, 1996, 199쪽.
50) 조지훈, 『한국문화사 서설』, 1964; 『조지훈 전집 7』, 나남출판, 1996, 133쪽.

했다. 그러나 천도교는 '3·1운동, 6·10만세운동 이래 민중운동에 천도교는 그 주동, 또는 배후세력으로 존재하였다'고 함으로써 민중운동에 중심적 역할을 했다고 높이 평가했다.[51)]

6. 맺음말

조지훈의 『한국민족운동사』는 과거의 독립운동을 회고하고 정리하는 것으로만 머물지 않았다. 그것은 민족운동의 올바르고 정당한 방향이란 어떠해야 하는가에 대한 실천적 고민의 산물이었다. 앞으로 어떻게 살아갈 것인가에 대해 고뇌하면서 자신이 살아왔던 과거를 돌이켜 보았다. 자신에 대한 비판적 성찰을 통해 미래의 실천 계획을 수립하게 되었다. 그의 민족운동사 서술은 '반독재운동사'로 이어질 예정이었다. 반독재 민주화 운동은 그 자신이 4·19혁명을 통해 실천했다. 그러나 그 혁명이 군사정권에 의해 좌절될 위기에 처하게 되었다. 이러한 시점에서 그는 항일투쟁이 중심이 되었던 독립운동사를 되돌아 보았다. 항일 독립 투쟁사 서술은 곧 반독재 민주화 투쟁의 역사적 의의를 밝히는 것이었으며, 그 자신의 실천을 다짐하는 의식이었다. 그의 투쟁은 일제시대부터 문화투쟁이었으며, 항상 집단적으로 이루어졌다. 그러기에 문화운동이라는 명칭을 사용했다. 해방 이후 그는 문화운동 전선에서 투쟁하기를 주저하지 않았다. 그것은 바로 반공과 반탁 운동 노선에 속하는 것이었다. 1960년대의 문화 투쟁은 반독재 민주화운동과 관련되었다. 그리고 그것은 민족문화연구소를 통한 지식인의 결집을 통해 성취할 계획이었다. 이에 따라 한국 문화의 발전 방향을 점검하기 위한 기초 작업으로서 한국문화의 발전 맥락을 점검하게 되었다. 한국문화 연구의 실천적 의미는 민족운동사의 발전 맥락에서 파악될 수 있다. 따라서 민족문화연구소의 첫 번째 사업인 『한국문화대계』는 『한국민족운동사』로부터 시작될 수밖에 없었다. 『한국민족운동사』는 조지훈이 일생을 두고 추구한 '문화혁명'의 자기 점검 과정이었던 것이다.

필자는 『한국 근현대 사회사상사 연구』에서 일제 식민지 시기 식민지 현실과 타

51) 조지훈, 『한국민족운동사』, 220쪽.

협을 거부하면서 국내에 머물러 있던 지식인들도 국외 망명 지사와 마찬가지로 일종의 망명 투쟁을 한 측면이 있다고 했다.[52] 왜냐하면 일제 식민지 시기 민족의식을 갖고 지조를 지키면서 살았던 지식인은 적극적인 무장 투쟁을 하지는 않았다고 하더라도 독립된 민족국가 건설이라는 희망을 잃지 않고 자신들의 고유한 세계를 만들고 있었기 때문이다. 국내 남아 있던 민족 지성들이 만들었던 세계는 몇몇 동지들끼리의 소집단이거나 자신의 고유한 내면 세계였지만, 그 세계는 민족애·인류애·자유·평등·민중 등과 같은 인류와 민족이 추구하는 숭고한 가치들로 충만한 세계였다. 또한 그 세계는 그러한 가치를 창출하고 실천하는 문화 혁명의 장이었으며, 민족해방운동의 방법을 끊임없이 모색하는 실험장이었다. 지조를 지킨 지식인들이 만든 문화 세계 속에서 해방 후 새롭게 건설될 국가의 밑그림이 그려졌던 것이다. 이 점에서 일제시대 지조를 지킨 지식인은 국외 망명 투사와 다름없는 '내적 망명 지사'였다고 보았던 것이다.

실천적 역사의식을 지녔던 시인 조지훈도 일제 식민지 시기 '내적 망명 지사'로 문화운동 대열에 참여했다고 볼 수 있다. 그리고 그러한 운동을 통해 구상했었던 문화혁명의 꿈을 해방후에 실천하려고 했던 실천적 민족 지성이라고 할 수 있을 것이다. 그가 추구했던 '문화혁명'에 대한 관심을 다음의 과제로 삼고자 한다.

---

52) 심기승, 『한국 근현대 사회사상사 연구』, 신서원, 1994, 12쪽.

조지훈의 민족문화 인식방법과 그 내용

이선이

1. 들어가며

조지훈(1920-1968)은 한국 지성사에서 지사적 문인이자 실천적 논객으로 기억되는 대표적인 인물이다. 그의 '지조론'은 부패한 이승만 정권에 대한 저항의식과 날카로운 비판의식을 보여준 살아 있는 정신의 상징으로 회고되고 있다. 그러나 이러한 조지훈에 대한 일반적인 평가는 보수적인 민족주의 진영의 일방적인 평가에 의거하고 있어, 그에 대한 객관적인 인식은 새롭게 조명될 필요가 있다. 실제로 해방 후 그가 적극적으로 가담한 보수적 민족 우파 진영에서의 활동 및 한국전쟁 당시 최전선을 누빈 종군기자로서의 활동, 사회참여의 시와 더 거슬러 올라가 『문장』지에 발표한 시 「고풍의상」, 「승무」, 「봉황수」 및 「고사(古寺)」, 「아침」 등의 고전적(古典的),

민족적(民族的), 선적(禪的)인 미의식을 담아낸 초기 시세계는 어떤 내적 연관성을 갖는가 하는 의문은 학문적 해명을 필요로 한다. 그의 한국문화 관련 연구에 대한 관심은 이러한 해명을 위한 전초 작업이라 할 수 있다. 왜냐하면 해방 후 조지훈의 지적 행로가 학문적으로 온축되어 나타난 것이 일련의 한국문화 관련 연구들이기 때문이다.

주지하다시피 조지훈은 해방 후의 지적 지형 안에서 한국문화를 학문적으로 체계화하고 그 인식방법론을 객관적으로 모색하여 한국학의 연구방향을 제시하고자 한 대표적인 학자라 할 수 있다. 그는 한국문화의 인식방법을 모색하고 이를 토대로 한국문화의 형성과정을 거시적 차원에서 제시하고자 하였다. 이를 위해 조지훈은 한국학의 다양한 하위영역에 대한 연구를 구체적으로 전개해 나갔다. 물론 이러한 일련의 연구는 최남선의 조선학(민족학)을 필두로 근대 초기부터 지속된 자국인식의 학문적 열망과 이를 계승 및 발전시킨 1930년대 고전부흥운동, 조선학의 붐 등과 그 내용과 방법에 있어서 연속성을 보인다.[1] 1920년대에 육당이 자국학으로서 조선학을 선언한 이래 국학에 대한 객관적인 인식은 시대에 따라 조금씩 그 내용을 달리하면서 지속적으로 제출되었다.[2] 육당의 자국학에 대한 인식은 1930년대 접어들어 조선적인 것의 규명으로 집중되어 적지 않은 학문적 성과를 낳기도 하였다. 이러한 객관적 자기인식의 욕망이 일제의 식민통치를 벗어나 해방공간과 한국전쟁을 거치면서 학문적 자기규정을 새롭게 욕망하는 지점에 조지훈의 한국문화연구가 놓여 있다.

조지훈이 한국문화를 인식하는 대전제는 한국문화는 곧 한민족의 민족문화여야 한다는 명제이다. 이 전제를 염두에 두고 그는 전통의 창안과 발견[3]을 통해 한국문화를 민족문화로 재규정해 나간다. 일제강점하에서 제출된 자국학 연구가 대체로 문화적 동질성에 기초하여 한민족으로서의 동질성의 자각을 도모하기 위한 민족의

---

1) 조윤제의 민족정신과 조지훈의 민족정신, 최남선의 조선학과 조지훈의 한국학, 손진태의 신민족주의에 입각한 민족문화 연구와 조지훈의 민족문화 연구 등은 향후 정밀한 연관관계를 살필 필요가 있다.

2) 근대 초기 자국학 이념의 형성 과정을 류준필은 '보편성의 독자적 구현'이라는 관점에서 논의한 바 있다.(류준필, 「1920-20년대 초 한국에서 자국학 이념의 형성과정」, 『대동문화연구』 제52집, 성균관대학교 대동문화연구원, 2005)

기원 규명하기에 집중되었다면, 조지훈의 한국문화연구는 한국문화의 민족문화로서의 계통과 체계를 규명하는 민족문화의 체계화에 집중되었다. 이러한 민족문화의 체계화가 갖는 궁극적인 목표는 정신사의 체계화를 통한 민족정신의 발견이라 할 수 있다.

지금까지 조지훈에 관한 연구는 주로 그의 시세계를 조명하는 문학 분야 연구에 집중되어 왔다. 그의 한국문화연구에 대한 평가가 전혀 없었던 것은 아니지만[4] 이를 본격적으로 다루거나 비판적으로 인식한 작업은 아직 미미한 수준이다. 이처럼 조지훈의 한국문화연구에 대한 평가가 미미한 것은 분과학문에 기반을 둔 학문적 풍토에서 일차적인 이유를 찾을 수 있다. 학제적 연구 풍토가 마련되지 못한 상태에서 역사학, 민속학, 국어학, 국문학, 음악학, 미술학 등을 넘나드는 종합학으로서의 그의 한국학에 대한 학문적 접근이 용이하지만은 않은 것이 사실이다. 그러나 보다 본질적으로는 배타적 동일화의 메커니즘으로 한국사회에 자리 잡고 있었던 민족지상주의에서 그 이유를 찾을 수 있다. 민족과 민족주의에 대한 다양한 원근법적 접근이 허용되지 않은 채 민족이 가치평가의 최종심급이 됨에 따라 조지훈의 민족문화에 대한 인식은 무비판적으로 수용되거나 객관적 평가의 대상이 되지 못한 것이 사실이다.

따라서 여기에서는 일차적으로 조지훈의 한국문화 관련 연구가 어떻게 민족정신의 체계화로 귀결되는가에 주목하고자 한다. 즉, 조지훈이 한국문화를 인식하는 방법을 분석하고, 이를 전제로 한국적 미의식과 한국적 사유의 내용과 도출방법을 살피고자 한다. 이를 통해 민족문화를 고유한 전통으로 창안하고 발견하는 그의 민족문화 연구가 어떻게 국가주의에 나포되는가를 조명해 보고자 한다. 주된 분석 텍

3) 에릭 홉스봄(Eric Hobsbawm)이나 베네딕트 앤더슨(Benedict Anderson) 등이 주장하여 널리 알려진 민족국가나 전통이 근대에 창안된 것이라는 주장은 조지훈의 한국문화연구에도 적용할 수 있다. 다만 우리의 경우 인종, 언어, 혈통, 문화 등이 비교적 높은 동일성을 보이는 '원초적 민족주의' 국가라는 점에서 이들의 논의를 그대로 적용할 수는 없을 것이다. 그러나 민족문화를 만들어 나가는 논리화의 과정은 의도된 전통 만들기라는 점에서 동일한 방식이라 할 수 있다.

4) 대표적인 연구로는 조지훈의 학문의 영역과 특징을 간략하게 제시한 인권환의 「조지훈 학문의 영역과 특징」(『어문논집』, 1999), 역사관을 중심으로 한국문화 연구의 전반을 살핀 김정배의 「조지훈의 역사관 연구」(『민족문화연구』 22호, 1989), 조지훈의 민족문화학이 갖는 학적 체계를 두루 살핀 남근우의 「조지훈의 '민족문화학'」(『한국문학연구』 18집, 1995) 등이 있다.

스트는 『한국문화사서설』과 『한국학연구』에 수록된 한국문화 관련 연구들이며, 이 밖에도 다수의 시, 수필, 논설, 비평 등이 부차적인 자료로 활용될 것이다.

2. 민족문화 인식방법

1) 고유문화로서의 민족문화 인식방법

조지훈이 한국문화를 인식해 나가는 사유의 기저에는 문화 일반에 대한 이해와 이를 토대로 민족을 기본 단위로 하는 고유한 민족문화에 대한 인식이 놓여 있다. 그는 문화란 인간성 일반의 표현이고 이 인간성 일반의 민족적 개성화를 민족문화로 보았으며 이 민족문화의 성격이 민족성으로 표출된다고 보았다.[5] 이러한 고유문화로서의 민족문화론이 성립되기 위한 도식은 다음과 같다. 일차적으로 조지훈은 문화의 본질적 속성을 이동성과 복합성으로 보았다. 이러한 문화의 본질적 변화성이 고유한 문화적 성격을 갖게 되는 근본 원인으로 그는 풍토성과 역사성을 꼽는다. 이런 입장에서 그는 한국적인 고유문화나 전통문화라는 것도 한국적 풍토성을 규명하고, 문화가 역사적으로 어떻게 형성되어 갔는가라는 역사성을 규명하면 밝혀질 수 있다고 보았다. 지리환경적 요소인 풍토적 차이와 역사적 변화의 다름에 따라 민족문화는 달라진다는 것이 조지훈이 보여준 고유문화에 대한 기본적인 인식이라 할 수 있다.

> 문화를 인간성 일반의 표현이라 한다면, 민족문화는 그 일반성 속에서 각 민족의 특수한 개성이 표현됨을 이름이니, 민족문화의 다양성은 곧 민족성의 상이에서 비롯된다. 그러므로 민족성이란 말은 민족적 성격, 민족적 개성이란 말과 동의어임을 알 수 있다. 인류 일반문화의 민족적 개성의 표현이 민족문화요, 민족문화의 다양성의 종합이 곧 세계문화

---

5) 여기에서 우리는 고유성과 특수성의 차이를 고려해 볼 수 있다. 구재진은 「1930년대 사회주의 비평과 조선인식」을 논하면서 고유성에 대한 논의는 전통이나 고전을 중심으로 현재 속에 과거를 재현하고자 하는 특징을 보인다면, 현실에 천착하여 미래로 나아가고자 하는 담론의 지향은 조선적인 것의 특수성으로 명명되는 바, 전자를 민족주의계열에서 후자를 사회주의계열에서 집중적으로 보여 주었다고 논의하였다.

의 내용이란 말이다. 다시 말하면 민족문화는 민족성 곧 민족 각자의 개성이 같은 풍토적 환경에서 같은 역사적 발전과정에서 공동의 집단생활을 영위하는 동안에 저절로 이루어지는 생활과 사고방식에 대한 공동한 마음 바탕이라 할 수 있다.[6]

민족문화란 보편적인 인류문화(보편성)의 민족적 개성화(특수성)에 해당한다. 그렇다면 이러한 논의선상에서 중요한 것은 이러한 민족적 개성을 가능하게 하는 변인이 무엇인가이다. 조지훈이 주목한 가장 중요한 변화 요인은 풍토성과 역사성이다. 이 점만을 놓고 볼 때 조지훈의 문화인식은 문화의 환경결정론과 문화의 역사결정론을 종합한 것이라 할 수 있다. 조지훈에게 문화의 고유성은 '같은 풍토적 환경에서 같은 역사적 발전과정에서 공동의 집단생활을 영위하는 동안에 저절로 이루어지는 생활과 사고방식에 대한 공동한 마음 바탕'으로 보았다. 이러한 고유성 인식은 결국 민족문화 인식방법이 되고 민족문화란 문화의 민족적 존재방식으로서 풍토와 역사를 공유하는 '집단의 공통된 마음'으로 귀착된다. 이 도식에 따르면 결국 고유한 민족문화는 동일한 역사적 경험과 동일한 지리환경 하에서 살아가는 집단이 가지게 되는 고유한 심리이자 공동의 마음상태로서의 민족성(民族性)으로 귀결된다. 이러한 입장에 설 때, 조지훈의 민족문화 인식방법은 자연스럽게 민족 안에 내재하는 다양한 차이성은 배제하고 민족문화의 통합화, 단일화가 강조될 수밖에 없다. 문화의 민족적 개성화로서의 민족문화는 표면적으로는 역사성과 풍토성에 의해 결성되는 가변적인 것이지만 그 핵심에는 이러한 가변성을 통제하고 조율하는 민족적 주체의 고유한 심성이 민족성으로 자리하고 있기 때문이다. '민족문물의 원형은 민족문화요, 민족문화의 바탕은 민족성'[7]이라는 언급에서도 알 수 있듯이, 한국문화의 고유성은 민족성을 대전제로 하고 있다. 고유한 민족성이 민족문화의 핵심으로 인식됨에 따라 민족문화는 개조의 대상이요 주체 확립운동의 대상이 된다. 이러한 민족성의 본질화는 민족문화의 특징적 내용인 '멋'으로 대표되는 민족 미의식과 '휴머니즘'으로 대표되는 민족 사유를 규명하는 데 있어서 언제나 전제되어 있는 민족문화 인식방법이라 할 수 있다.

---

6) 조지훈, 『조지훈 전집 7』, 21쪽.

7) 위의 책, 22쪽.

2) 민족문화의 계보 만들기

조지훈이 한국문화를 연구하는 주된 방법은 민족문화의 체계화를 통한 역사적 계보 만들기라 할 수 있다. 이를 위해 조지훈은 세계문화를 문화권으로 나누어 인식하고, 한국문화가 형성된 문화의 이동경로를 추적한다. 이 결과 그는 한국문화의 형성을 시베리아문화, 중국문화, 인도문화, 서구문화가 한반도 내로 유입되어 한국의 고유문화를 만들어 나간 것으로 보았다. 그리고 이러한 이문화(異文化)의 영향이 실제 한국문화에 끼친 영양을 세분화하면서 '생활문화로서 북방문화, 지성문화로서 중국문화, 종교문화로서 인도문화, 예술문화로서 서구문화가 혼융된 것이 한국의 문화'[8]라고 체계화 한다. 이러한 인식은 반도적 지리환경에 입각한 풍토성과 한국사의 역사적 변천이라는 역사성의 동시적 포착을 통해 수행된다. 이 논의를 통해 그는 한국문화를 체계화하고 민족문화로서의 계통을 만들어나간다. 그가 제시한 민족문화의 체계와 계보가 갖는 논의의 정확성 여부는 학문적 검증을 통해 정밀하게 검토되어야 하겠지만, 조지훈이 민족문화를 인식하는 방법론인 계보학적 인식 자체는 다음 몇 가지 특징적인 면을 드러낸다는 점에서 주목을 요한다.

우선, 조지훈은 한국문화를 체계화하는 데 있어서 기본적으로 일제강점기부터 줄곧 강조된 탈중화주의적 입장을 취한다. 즉 한국문화 형성과정에 대한 그의 입장은 최남선, 이능화, 손진태 등으로 이어진 한국문화의 북방도래설을 수용하는 데에서 출발한다. 그는 이른바 동이문화권(東夷文化圈)을 주장하며 한자문화권으로 대변되는 중국문화의 영향을 시간적으로 추월함으로써 탈중국적, 탈모화주의적 입장을 견지한다. 이러한 면은 정신사적인 면에서도 선명하게 드러나는데 유교보다는 도교와 불교를 강조함으로써 중국 중심의 문화인식에서 탈피하고자 하는 의도를 강하게 보여준다. 그는 한국문화를 '시베리아문화에서 요람기를 보내고 한문화권에서 배우고 인도문화권에서 성숙'[9]하였다고 요약한다. 실제로 조지훈의 이러한 인식은 신라 중심 사관이나 불교 중심의 정신사 형성으로 구체화된다. 그가 제출한 일련의 신라 관련 연구[10]와 선취향의 시편은 이러한 한국문화 인식의 결과라 할 수

---

8) 위의 책, 50쪽.

9) 위의 책, 41쪽.

10) 「신라 가요 연구 논고」, 「신라 국호 연구 논고」, 「신라의 원의와 사뇌가에 대하여」, 「산유화가와 서리리탄 기타」 등이 그것이다.

있다.[11] 민족문화의 계보가 탈중화주의를 드러내면서 신라 중심의 민족문화 인식이 형성된다고 하겠다.

또한 동시에, 조지훈은 민족문화의 계보화를 위해 국민신앙 혹은 민족신앙의 사상적 계보화를 꾀한다. 특히 그가 주목한 것은 단군신화, 불교, 동학이다. 우선 그는 '모든 신화는 신화라는 공통된 본질의 민족적 표현과 민족적 변성과 민족적 소장(消長)에 지나지 않는다.'[12]라고 보고 한국 신화의 특징이 창세신화나, 천지개벽신화가 아닌 국조신화임에 주목한다. 이러한 입장은 단군신화에 대한 강조로 자연스럽게 연결되는데, 일제강점하에서 제출된 단군신화 연구가 주로 민족의 혈통적 동질성을 강조하였다면, 조지훈은 단군신화 연구를 통해 한국사상의 원형을 찾고자 한다. 조지훈은 단군신화에서 한국사상의 기원을 찾고 여기에서 민주주의의 원리를 도출해 낸다. 해방 이후 한국적 가치지향이 국민국가의 건립과 민주주의에 대한 열망이었다는 점을 염두에 둘 때, 단군신화야말로 이러한 두 요소를 함유하는 것으로 인식될 시대적 요구가 있었다고 하겠다. 그는 건국신화이자 국조신화인 단군신화에서 휴머니즘과 민주주의의 원리를 추출한다. 즉 조지훈에게 있어 단군신화는 근대적인 인본주의와 민주주의가 투사된 국민신앙이자 민족신앙으로 의미화된다. 이러한 민족신앙이 불교로 이어지고 그 근대적 계승이 동학이라고 보면서 민주주의 사상의 한국적 계보를 만들어 낸다. 이 민주주의 사상은 다시 휴머니즘으로 재규정되는데, 이 전 과정은 근대적인 민족사상의 창안과정으로 볼 수 있다.

마지막으로 조지훈은 국민신앙에 대해 강조하면서 불교를 국민신앙으로 인식하며 새로운 국민사상을 불교 안에서 발견하고자 한다. 그는 불교가 고유신앙인 샤머니즘과 결합하여 국민신앙이 되었다고 보고, 국민도(國民道)로서 화랑도에 주목하고 호국불교를 강조한다.

---

11) 김윤식은 문협정통파의 정신구조를 분석하면서 "혜화전문학교와 거기에 관련된 지적, 정신사적 분위기는 문협정통파의 정신적 구조를 해명할 때 결코 외면할 수 없는 음미사항 중의 하나로 보인다. 박영한선사와 관련된 서정주, 조지훈, 그리고 김범부와 관련된 김동리 등의 정신적 기조는 천여 년 전통으로서 불교에 이어지면서 불교와 그것의 한국적 세속화의 일단으로 규정될 수도 있을 것이다"라고 보았다(김윤식, 『한국근대문학사상비판』, 일지사, 1978, 190쪽).

12) 조지훈, 『조지훈 전집 7』, 57쪽.

화랑도라든지 석굴암이라든지 통일신라 전후 국민정신과 미술문화는 결국 불교를 통해 세련된 고유신앙 곧 민족사상과 융합된 불교정신의 소산이었습니다. 다시 말하면, 신라 사상은 국선불교, 화랑불교, 호국불교를 낳았고, 충 효, 신, 애, 용을 근간으로 하는 유, 불, 선 혼융의 국민도(國民道)를 이루었던 것입니다.[13)]

그가 불교를 호국불교로 재정립해 나가는 것은 결국 신라 중심의 사관과 맞닿아 있는 인식으로 오늘날 한국불교에서 강조하는 호국불교 전통의 근대적 형성과정의 예를 보여 준다. 그는 민족문화의 주체적 선각자로서 원효를, 원효사상을 근대적으로 계승한 이로 최수운을 꼽는다. 이 계보학에는 '동학사상은 실로 우리 민족의 정신적 주체를 발양한 것이며, 우리 민족의 참다운 이상을 드러낸 것'[14)]이라는 인식이 전제되어 있는 바, 동학이야말로 민족이라는 주체를 중심에 둔 민족사상의 근대적 발현이라고 평가하였다. 그의 이러한 평가는 서학에 대한 대타 개념으로 탄생한 동학이야말로 자각적으로 근대적인 자기인식에 도달한 사상으로 본 결과라 할 수 있다. 단군, 원효, 최수운으로 이어지는 민족정신의 계보화는 단군신화를 통한 민족 고유사상이 불교를 통해 확대되어 국민정신이 되고 이것이 동학을 통해 확고하게 근대적으로 재생산되는 과정으로 설정된다. 그렇다면 조지훈이 민족사상을 계보학적으로 인식할 수 있었던 논리적 근거는 무엇이었을까?

또 하나의 한국 사상의 특질은 모든 대립된 것을 한 솥에 넣고 끓여서 별다른 하나의 체계를 창출해 낸다는 절충(折衝)과 융섭(融攝), 수용과 환원의 성격이 농후하다는 점입니다. (…) 우리 민족 최고(最古)의 신화인 단군신화와 신라시대의 원효사상과 조선말의 수운사상의 사고방식에 완전히 부합되는 점이 있는 데는 놀란 바 있습니다.[15)]

조지훈이 한국문화를 하나의 체계화된 계보로 구조화할 수 있었던 것은 그가 한국사상의 특징을 절충, 융섭, 수용, 환원으로 본 인식의 결과라 할 수 있다. 민족문화

---

13) 조지훈, 『조지훈 전집 8』, 284쪽.

14) 조지훈, 『조지훈 전집 7』, 133쪽.

15) 조지훈, 『조지훈 전집 8』, 285쪽.

의 특징을 서로 다른 것의 융합화 과정으로 인식하면서 그는 한국문화를 계보화 해 나간다. 특히 그가 심혈을 기울인 '정신사의 체계화'는 국민국가를 통합하는 원리로 민족문화를 인식하려는 자각적 의지가 반복적으로 투사된 결과라 할 수 있겠다.

이처럼 조지훈이 한국문화를 인식하는 방법은 민족문화의 계보 만들기로 집중되었으며, 한국문화 관련 일련의 연구는 이러한 계보를 학문적으로 생산하는 과정이라 하겠다. 그는 문화란 이동하고 서로 복합되면서 새롭게 생성되는 것으로 시간의 흐름에 따라 개성화된다고 보았다. 이러한 개성화 원리의 핵심에 민족화를 위한 민족문화론이 자리하고 있다. 문화의 고유소란 없다고 전제하면서도 동시에 그는 민족정신을 민족문화의 계보화를 통해 추출해 나가며 통일의 사상을 국민신앙의 요체로 확고하게 정립해 나가고자 하였다.

3. 한국적 미의식과 한국적 사유의 계보화

1) 한국적 미의식으로서의 '멋'

조지훈에게 한국적 미의식이란 미에 대한 선험적 보편성과 경험적 특수성을 매개로 생성되는 한국이라는 집단적 개성의 표출이라 할 수 있다. 즉 보편적 미의식의 한국적 변형으로 요약되는 한국적 미의식은 한국적 예술의 구경적 가치라 할 수 있다. 이를 밝히기 위해 조지훈은 한국적 미의식은 '인류 보편적 미의식의 바탕 위에 구조(構造)된 집단적 개성으로서의 한국적 특징'[16]을 담아내는 것이라고 보았다. 그가 한국문화를 인간성 일반의 민족적 개성화로 보았던 것과 같은 맥락이라 할 수 있다.

그렇다면 조지훈이 생각한 한국적 미의식은 무엇일까? 그는 한국적 미의 기본 범주로 '아름다움', '고움', '멋'을 제시하고, 이 가운데 진정한 한국적 미의 가치는 '멋'에서 찾을 수 있다고 보았다. ''멋'은 한국예술의 모든 분야에 있어서 중심개념이요, 이상개념으로서 구경적(究竟的)인 지도적 기능을 발휘하는 미적 범주이다.'[17]

16) 위의 책, 363쪽.
17) 위의 책, 410쪽.

라고 전제하고, 그는 멋의 미적 내용을 형태미, 표현미, 정신미로 나누어 살핀다. 그의 분류에 따르면 멋이란 정상미와 규격미를 뛰어넘는 일종의 한국적 변형미로서, 그는 초규격적인 풍류미를 '멋'의 미학에서 발견할 수 있다고 보았다. 멋의 형태미로는 비정제성, 다양성, 율동성, 곡선성이, 멋의 표현미로는 초규격성, 원숙성, 왜형성, 완롱성이, 멋의 정신미로는 무실용성, 화동성, 중절성, 낙천성이 제시된다. 그렇다면 이러한 한국적 미의식으로서의 멋의 구조적 인식은 어떻게 창안된 것일까?

한국적 미의식을 구조화하고자 한 '멋'에 대한 논의는 조지훈이 한국문화의 기본요소로 제시한 풍토성과 역사성으로부터 도출된다. 그는 풍토성의 기본 성격을 반도적 양면성으로 보고 해양과 대륙, 다린(多隣)과 고립, 주변과 중심이라는 이분법적 구도로 한국문화의 특징을 구조화한다. 이러한 이분법이 미의식으로 구조화된 것이 꿈, 슬픔, 힘, 멋, 끈기, 은근, 맵짬이라고 보고 이 가운데 '다린성 →적응성 → 기동성 → 멋'을 한국적 미의식의 중심으로 설정한다.

도표. 1[18]

자연 :	해양성	→	낙천성	→	명상성	→	(꿈)
	(반도성	→	평화성	→	격정성)	→	(슬픔)
	대륙성	→	웅혼성	→	감상성	→	(힘)
역사 :	다린성	→	적응성	→	기동성	→	(멋)
	고립성	→	보수성	→	강인성	→	(끈기)
문화 :	주변성	→	수용성	→	감각성	→	(은근)
	중심성	→	난숙성	→	조형성	→	(맵짬)

앞에서 살핀 바와 같이 조지훈에서 있어서 한국문화에 대한 연구는 민족문화로서 자문화를 자각하는 데 궁극적인 목표가 있고, 이를 위한 민족정신의 창안은 이질적인 문화를 융합하고 통일하는 문화요소를 본질화 하는 방식을 필요로 하였을 것이다. 조지훈이 한국적 미의식을 구조화하는 데 있어서 무엇보다 중요한 점은 '우리의 민족성은 주어진 바 기본소(基本素)의 모순된 양면성을 초극하고 조화함으

18) 조지훈, 『조지훈 전집 7』, 28쪽.

로써 민족이상(民族理想)의 지표를 삼을 수 있다'[19]는 생각이었다. 즉 양면성을 초극하고 조화할 수 있는 속성을 그는 '다린성 → 적응성 → 기동성 → 멋'으로 인식해나간 것이다. 민족문화가 서로 다른 민족적 속성을 융합해내는 힘의 원천이 되어야 했다면 이를 '멋'이라는 미의식 속에서 발견한 것이라 하겠다. 따라서 멋은 조지훈에게 단순히 미적 범주로만 인식된 것이 아니다. 그는 '생활일반의 이념으로 미적 범주를 뛰어넘은 더 고차의 범주화'[20]로 '멋'을 인식하였다. 이처럼 그가 상당한 분량으로 제출한 '멋'의 연구는, 해방 후에 요구된 민족미학의 수립을 위해 한국적 미의식의 중심에 '멋'을 설정함으로써 포용과 통합의 정신원리를 통해 분열과 대립의 현실을 극복하고자 한 인식의 소산으로 보인다.

조지훈이 '멋'을 분석하는 기본적인 인식은 '멋'이 하나로 규정될 수 없는 다차원적인 속성을 지녔으며 이질적인 것을 융합하는 포용력을 지닌 긍정적 정서라는 것이다. 그러나 이러한 '멋'을 민족의 고유한 미의식으로 규정하는 것은 그것 자체가 이미 경험적 특수성으로서의 집단 미의식을 선험적으로 규정해버리는 결과에 봉착하고 만다. 이는 한국문화 인식에서 역사적 변화와 환경적 특징을 강조하면서도 그 안에는 민족성이라는 불변의 요소가 내재되어 있었던 것과 유사하다.

> 멋은 이 노고의 서두에서 밝힌 바대로 민족미의식(民族美意識)의 집단적, 역사적 동일취향성에 말미암은 것으로, 원시 이래 지금에 관류하는 하나의 전통이다. 그것의 이념으로서의 성립은 통일신라 전후이니 화랑도(花郎道)가 그것이다, 화랑제도는 말하자면 국시(國是)를 예술정신에 두었던 것이다.[21]

인용에서 언급하고 있듯이, 조지훈의 '멋'은 풍류도를 표방한 화랑정신에서 발견된 미의식이다. 통일국가의 이상으로 삼은 신라의 통일정신의 원천을 화랑도에서 발견한 조지훈은 한국적 '멋'의 근원 또한 화랑도에서 발견한다. 그에게 '멋'은 이처럼 신라적 풍류에서 발원되어 모든 차이를 무화하는 동일화의 기제로 기능한다.

---

19) 위의 책, 29쪽.

20) 조지훈, 『조지훈 전집 8』, 441쪽.

21) 위의 책, 442쪽.

통일신라를 통해 통일국가건설의 이상을 발견하고 여기에서 민족문화의 원류를 찾아 이를 계보화하고자 한 조지훈에게 화랑도는 민족미학으로 '멋'을 창안하는 민족미학의 모태가 된다. 이처럼 조지훈에게 한국적 미의식으로서의 '멋'은 과거 속에서 창조해 낸 현재요 미래라고 하겠다. 이는 그가 전통을 논의하는 자리에서 전통을 '미래를 위한 가치'로 강조하는 방식과 일맥상통한다.

2) 한국적 사유로서의 '휴머니즘'

조지훈이 한국문화의 연구를 통해 궁극적으로 규명하고자 한 것은 한국적인 사유의 체계화라 할 수 있다. 그는 한국적 사유의 실체를 밝히기 위해 민족정신의 계보화를 구체화해 나간다. 그렇다면 조지훈이 한국적 사유의 계보를 밝히고자 한 이유는 무엇일까? 그 이유는 사회주의와의 이념적 갈등에서 찾을 수 있을 것이다. 해방을 맞이하자 여기저기를 방랑하며 은일자의 생활을 하던 조지훈은 민족 우익의 대표단체인 '조선문화건설협의회', '청년문학가협회' 등에 가입하여 적극적으로 활동하기 시작한다. 이는 김동리, 조연현 등 민족 우파가 주도한 단체들로 이들은 문학의 계급성을 부정하며 조선 문학의 나아갈 길을 조선적 성격의 탐구와 민족정신의 구현에서 찾고자 하였다.[22] 이처럼 국수주의적이고 관념적인 민족문학 진영에 가담하면서 조지훈은 사회주의에 대한 감정적 적대감을 직접적으로 드러내었다.[23] 그는 공산주의자들이 주장하는 민족문화 수립의 테제인 '사회주의적 내용을 민족적 형식에 담아낸다.'는 주장을 정면으로 비판하며, 민족문화는 민족적 내용의 민족적 형식이 되어야 한다고 강조한다. 그가 이처럼 유물사관을 비판하고 나선 표면적인 이유는 공산주의자에게 민족은 곧 계급과 등가를 이루는 것으로, 무산계급이 아니면 민족이 아니라는 주장 때문이었다. 그러나 보다 본질적인 이유는 사회주의 자체가 우리 민족의 자생적인 사유가 아니라 다른 민족의 사유를 이식하는 행위라는 점에 있었다. 민족적인 내용이 민족적 형식으로 승화될 때만이 민족문화라고 본

---

22) 김동리는 「조선문학의 지표」(『청년신문』, 1946. 4.)에서 조선문학의 나아갈 길을 '조선적 성격의 탐구와 민족정신의 구현'이라고 주장한다(이현식, 「해방 직후 순수문학논쟁 연구」, 『민족문학사연구』 제7권, 민족문학사학회, 1995 참조).

23) 김재용, 『민족문학운동의 역사와 이론』, 한길사, 1990 참조.

조지훈에게 공산주의가 주장하는 민주주의적 민족주의는 민족의 주체성 즉 고유한 민족성을 부정하는 행위로 인식되었다.

그렇다면 이러한 사회주의 노선과의 이념적 대결은 한국적 '정신의 계보화'를 추구하는 과정에 어떻게 반영되었을까? 앞에서도 살폈듯이, 조지훈은 한국문화를 다양하고 이질적인 문화들의 복합생성을 통해 만들어졌다고 전제하였으며, 한국사상의 특징이 대립적인 것을 통일하고 혼융하는 것이라고 보았다. 따라서 공산주의와의 이념적 대치는 결국 이 두 가지 자기검열을 통과하면서 휴머니즘론에 도달하게 된다.

> 한국사상의 밑바탕에는 인간 중심 사상, 곧 인간주의, 현세주의가 있다. 단군신화에 보이는 바 고유사상이나, 대승불교를 대중불교, 시정(市井)불교로 만든 원효(元曉)의 사상이 그 원형이 된다. 이 인간주의, 현세주의는 필연적으로 민족주의로 구현된다. (…) 한국의 휴머니즘의 정신 형성은 그 기점으로부터 발원한 정신적 흐름이 이와 같이 근대에 이르러 민족 사회주의라는 하나의 방향을 가리키고 있다고 할 수 있다. 지상천국-인내천주의, 그것은 휴머니즘이다. 민족주의, 사회주의는 휴머니즘의 테두리 안에서 한국적 휴머니즘의 길이 되었다.[24)]

한국정신사를 휴머니즘으로 재구성하면서 조지훈은 이 논의 안에서 민족주의와 사회주의를 하나로 녹여낸다. 한국적 사유는 휴머니즘이라는 이름으로 재구성되고 이를 계보화하는 과정에서 한국적 사유는 현실적인 대립과 분열을 무차별적으로 통일시켜 버린다. 그가 휴머니즘을 통해 한국적 '정신의 계보화'를 욕망한 것은, 민족주의와 사회주의가 첨예하게 대립하는 상황에서 이를 통일시킬 보다 보편적인 관념이 필요했고, 따라서 이 둘을 포괄하는 제3의 논리가 필요했기 때문이다. 즉 한국적 사유를 휴머니즘 사상으로 계보화하면서 그는 학문적으로 이념적 갈등을 극복해 나갔다고 할 수 있다. 이처럼 조지훈에게 한국문화연구란 한국적 현실의 구체성을 포착하는 작업이 아니라 관념적으로 차이를 무화시켜 나가는 관념화의 도정

---

24) 조지훈, 『조지훈 전집 7』, 247-248쪽.

이었다. '역사적 필연성이란 것도 알고 보면 새로운 가능성 발견의 자기 과정적 계보인 것이다.'[25]라는 그의 인식은 이러한 연장선상에 놓인다. 새로운 가능성의 발견으로서 한국문화는 조지훈에게 언제나 미래로 주어져 있었다.[26] 이 인식은 결국 민족성의 개조와도 연결된다.

> 국민도(國民道)라 함은 문자 그대로 한 나라의 국민이 지키는 길이다. 광의(廣義)로는 어느 나라 사람이든 간에 국민 된 자로서 제 국가에 바쳐야 할 바 길을 가리켜 다 국민도라 부를 수도 있겠으나, 협의(狹義)로는 어느 한 나라의 국민이 자기네의 역사적 전통 속에서 자각적으로 연성(鍊成)하여 국민생활의 규범을 이루는 것을 이름이다.[27]

여기에서 주장하는 국민도란 일종의 민족성의 개조를 통해 가능한데, 국민도의 수립이란 화랑도의 현대적 계승을 의미한다. 조지훈은 국가주의적 발상으로 전 국민의 생활규범을 교정하고자 한다. 이러한 국민 집단 훈련이 민족성 속에 쇠미해져 가는 인간성의 존귀한 점을 소생시키는 방책이라고 그는 보았다. 그러나 이러한 정신문화의 강조는 마치 일본에서 명치시대 이래 문화사관의 이름 아래 정신문화를 강조하였지만 그 대부분이 그 후 일본군국주의의 어용으로 봉사하는[28] 현상이 되었듯이, 국가재건을 앞세운 박정희 정권하에서 조지훈의 이러한 주장은 국가주의의 통치이념으로 변질된다. 즉 조지훈이 제출한 한국적 정신의 체계화는 지배이데올로기에 나포되는 지점으로 나아가게 된다.

조지훈의 민족문화사는 해방 후 한국문화에 대한 연구가 민족문화로 재구성되는 구체적인 과정을 보여 주는 대표적인 예이다. 그의 한국문화연구는 한국정신사의 계보학적 인식을 통해 새롭게 민족문화의 전통을 만들어 내는 도정이었다. 이 작업은 민족국가 건설을 이상에 두고 이를 뒷받침할 민족문화 건설이라는 민족화 담론의 생산을 실천하는 과정이라 할 수 있다. 조지훈의 이러한 작업은 문화인식에

25) 조지훈, 『조지훈 전집 5』, 21쪽.
26) 이러한 인식은 1920년대 신문화 건설과 문화주의운동의 연장선상에 놓인다(이지원, 『한국 근대문화사상사 연구』, 혜안, 2007, 197-203쪽 참조).
27) 조지훈, 『조지훈 전집 5』, 207쪽.
28) 김경태, 「한국문화사의 과제」, 『이화사학연구』 11권(1981), 10쪽.

있어서 계급성이나 계급 간의 상호관계를 구조적으로 인식하려는 사회주의적 관점을 철저히 배제한 채, 맹목적 열정의 대상인 민족문화의 이상을 문화연구를 통해 투사해 낸 결과로 볼 수 있다. 문화란 계급, 인종, 성, 환경, 지역, 취향 등의 차이가 공존하는 다양성의 장이다. 그러나 민족문화에 대한 조지훈의 인식은 이러한 다양한 차이를 간과한 채 민족의 고유성을 실체화하고자 한 관념의 자기확산 과정이라 하겠다. 그의 이러한 관념의 궁극적인 논구 대상은 점점 사상과 미의식으로 귀결되면서 추상적인 민족성의 규명으로 치닫고 말았다. 그가 말년에 관심을 가지기 시작했던 「향토문화연구의 의의」나 「반세기의 가요문화사」와 같은 구체적인 삶에 기반을 둔 한국문화연구가 본격화 되었다면 그의 한국문화연구는 또 다른 지점을 영토화할 수 있었을 것이다

4. 맺음말

조지훈이 한국문화를 민족문화로 인식하는 두 가지 기본요소는 '풍토성'과 '역사성'이었다. 이 두 가지 요소는 한국문화의 고유성을 결정짓는 기본요소로 전제된다. 지리환경에 근거한 풍토성과 역사적 변화상에 주목하는 역사성은 한국문화의 고유성을 규명하는 전제로서 한국적인 고유문화를 설명하는 기준이지만 그 자체가 바로 한국문화의 고유성을 결정짓는 것은 아니었다. 고유문화를 민족문화로 인식하는 것은 풍토적 특성과 역사적 변화과정에 대한 '자각적 인식'에서 비롯한다. 따라서 조지훈의 한국문화 인식방법은 민족문화에 대한 주체적 인식이요, 이는 문화의 민족적 자각과정이라고 요약할 수 있다. '고유문화=문화의 주체성'이라는 등식이 '자각적 인식'이라는 주관적이고 관념적인 경향을 띠면서 조지훈의 고유문화 인식은 관념론적 민족성 논의로 귀결된다. 또한 조지훈이 한국문화를 민족문화로 자각해 나가는 실제적인 연구들은 민족문화 형성과정에 대한 계보학적 인식으로 제출되었다. 이는 전통을 어떻게 인식할 것인가하는 점과 연결되는 바, 이러한 인식의 결과가 '멋'과 '휴머니즘'에 대한 계보화 과정이라 할 수 있다. 한국적 미의식과 한국적 사유 둘 다는 민족을 관념적으로 사유해 나간 예라 할 수 있다. 이 관념화의 길은 민족문화를 지배이데올로기화 하는 방식에 쉽사리 노출될 수밖에 없었을 것

이다. 국민도의 확립, 민족정신의 확립 등은 조지훈의 논의가 현실 속에서 소비된 구체적인 결과들이다.

'한국문화는 민족문화다'라는 명제를 입증하고자 한 조지훈은, 한국전쟁의 현장에서 '나의 祖國은 나의 良心'(시 「서울에 돌아와서」)이라고 토로하였다. 일제강점과 6·25 동란, 그리고 분단의 체험은 조지훈에게 민족이나 국가의 내용보다는 민족과 국가라는 형식 자체를 우위에 두는 중요한 체험이 된 것으로 보인다. 조지훈은 윤리의 최종심급인 양심을 국가와 동일시함으로써 해방 후 민족담론이 국가주의에 나포되는 한 방식을 보여 주었다고 하겠다.

참고문헌

[기본 자료]

조지훈. 『조지훈 전집』 1-9. 나남출판, 1996.

[논문·저서]

구재진. 「1930년대 사회주의비평과 '조선'인식」. 민족문학사연구소 기초학문연구단. 『'조선적인 것'의 형성과 근대문화담론』. 소명출판사, 2007.

김경태. 「한국문화사의 과제」. 『이화사학연구』 11권(이화사학연구소, 1981).

김문주. 『형상과 전통』. 월인, 2006.

김윤식. 『한국근대문학사상비판』. 일지사, 1978.

김재용. 『민족문학운동의 역사와 이론』. 한길사, 1990.

김정배. 「조지훈의 역사관 연구」. 『민족문화연구』 22권(고려대민족문화연구소, 1989).

김종길 외. 『조지훈 연구』. 고려대학교출판부, 1978.

남근우 외. 『동아시아의 근대와 민속학의 창출』. 민속원, 2008.

류준필. 「1920-20년대 초 한국에서 자국학 이념의 형성과정」. 『대동문화연구』 제52집(성균관대학교 대동문화연구원, 2005).

이지원. 『한국 근대 문화사상사 연구』. 혜안, 2007.

이현식. 「해방 직후 순수문학논쟁 연구」. 『민족문학사연구』 제7권(민족문학사학회, 1995).

인권환. 「조지훈 학문의 영역과 특징」. 『어문논집』(민족어문학회, 1999).

베네딕트 앤더슨(Benedict Anderson). 『상상의 공동체』. 윤형숙 역. 나남출판, 2002.

에릭 홉스봄(Eric John Hobsbawm) 외. 『만들어진 전통』. 박지향·장문석 역. 휴머니스트, 2004.

어네스트 겔너(Ernest Gellner). 『민족과 민족주의』. 이재석 역. 예하, 1988.

조지훈, 민주주의를 사랑하고 민족문화를 노래한 시인

인권환

1. 조지훈의 생애와 업적

이 글은 시인 조지훈(趙芝薰, 1920-1968)이 1945년 민족의 독립을 전후한 격동기 한국의 역사 사회적 상황에서 어떠한 역사의식을 가지고 있었으며, 또 이 시기 민족의 독립과 건국을 위하여 어떻게 투쟁하고 기여하였는가를 살피고자 하는 의도에서 출발한다. 논의의 초점은 그가 해방 직후 대한민국의 건국 과정과 그 토대의 구축, 그리고 발전에 어떻게 공헌하였는가에 집중되겠지만, 이에 대한 유기적이고 통시적인 이해를 위해서는 논의 대상 시기를 해방 전후사 10년으로 확대하지 않을 수 없다. 왜냐하면 해방 직후의 그의 일련의 다양한 활동과 업적은 그 직전인 1940년부터 시작된 이른바 암흑기에 이미 배태(胚胎)되었기 때문이다. 이 시기에 조지훈은

20세부터 30세에 이르는 약관(弱冠)의 나이로 청년기를 지나고 있었다. 유달리 조숙하였던 그가 48세의 나이로 일찍 생을 마감한 사실을 감안한다면, 이때야말로 가장 의욕이 왕성하고 매사에 열정적인 시기였다.

여기서 조지훈의 생애를 경력과 업적을 중심으로 간추려보고자 하는데, 다음 절에서 자세히 서술할 해방 이후의 그의 사회적·문화적 활동에 대해서는 중복을 피하기 위하여 일단 생략한다.

조지훈은 1920년 경상북도 영양에서 태어났다. 본명은 동탁(東卓)이다. 어려서 조부에게 한문을 배운 후 3년간 영양보통학교를 다녔다. 10대 중반에는 와세다대학교 통신 강의록으로 공부하였다. 1935년부터 시를 습작하였고, 1936년 상경하여 시인 오일도(吳一島)의 시원사(詩苑社)에 머물렀다. 1939년 19세 때 『문장(文章)』지를 통하여 정지용의 추천으로 「고풍의상(古風衣裳)」, 「승무(僧舞)」를 발표했고, 1940년 「봉황수(鳳凰愁)」로 추천 완료 시인으로 데뷔하였다. 1941년 혜화전문학교(동국대학교 전신) 문과를 졸업한 후 일제의 탄압을 피하여 오대산 월정사(月精寺)에서 불교강원 강사로 있다가 그해 말 상경하였다. 1942년 조선어학회 『큰사전』 편찬위원으로 참여하고, 1945년 한글학회 『국어교본』 편찬원, 진단학회 『국사교본』 편찬원, 명륜전문(성균관대학교 전신) 강사 등으로 일하였다. 1946년 박두진, 박목월과 동인시집 『청록집(靑鹿集)』을 간행하였다. 1947년 동국대학교 강사를 거쳐 고려대학교 교수가 되었으며, 6·25전쟁 때는 종군문인단 부단장을 맡았다. 1956년 자유문학상을 수상하였다. 1959년 민권수호국민총연맹 중앙의원, 1960년 한국교수협회 중앙의원을 역임하고, 1961년 벨기에 국제시인회의에 한국대표로 참가하였다. 1963년 고려대학교 민족문화연구소를 창립하여 초대 소장으로서 연구소를 이끌었고, 1967년 한국시인협회 회장을 역임하였다. 1968년 5월 17일 지병으로 영면(永眠)하였다. 『풀잎단장(斷章)』(1952), 『조지훈시선』(1956), 『역사 앞에서』(1959), 『여운(餘韻)』(1964) 등의 시집과 『시의 원리』(1953), 『시와 인생』(1959), 『돌의 미학』(1964), 『지조론』(1962), 『한국민족운동사』(1963), 『한국문화사서설』(1964) 등의 저서를 남겼다.

2. 일제 말기 조지훈의 저항시와 현실인식

일제강점기 36년 중 1940년부터 1945년에 이르는 5년간은 우리 민족에게 가장 혹독한 수난기였다. 암흑기라고도 불리는 이 시기에 일제는 실로 형언할 수 없는 극악한 방법으로 우리 민족을 탄압하였다. 우리나라를 비롯하여 중국, 동남아 제국에 침략의 마수를 뻗치던 일본은 1940년 독일, 이탈리아와 더불어 군사동맹을 맺고 1941년에는 하와이 진주만을 기습 공격, 태평양전쟁을 도발하면서 더욱 우리나라에 단말마적(斷末魔的)인 발악을 가해왔다.

일제의 탄압은 우리의 언어, 문자는 물론 언론, 문화, 교육 등의 말살 정책으로 나타났다. 1940년 창씨개명(創氏改名)으로 한국인의 성명을 일본식 씨명(氏名)으로 고치도록 강제 실시하던 일제는 같은 해 『조선일보』, 『동아일보』를 강제 폐간시켜 민족 언론의 숨통을 끊고자 했고, 황국신민화운동을 강제로 시행하여 우리 민족의 정통성을 송두리째 빼앗고자 하였다. 1942년에는 조선어학회의 『한글』지를 폐간시키고 학교에서 한국어 사용을 금지하는 정책을 폈을 뿐 아니라, 이른바 조선어학회 사건을 일으켜 수많은 한글 학자를 검거하여 투옥하였다. 이어 1943년에는 1934년 조직된 우리 학자들의 우리 역사 연구단체인 진단학회를 강제 해산시켰고, 같은 해에 학병제를 실시하여 수많은 우리 학생을 지원과 징용이라는 이름하에 그들의 전쟁에 강제로 끌고 갔다.

이와 같은 살벌한 상황에서 우리의 지식인들은 친일과 항일의 시험대에서 고초를 겪어야 하였다. 「광야」의 시인 이육사(李陸史)가 북경 감옥에서 옥사한 것도 이때였고(1944), 「서시(序詩)」의 시인 윤동주(尹東柱)가 일본 후쿠오카 형무소에서 의문의 죽음을 당한 것도 이때였다(1945년 2월). 이처럼 말과 글을 빼앗기고 입과 귀를 막아야 했던 질식할 듯한 조국의 현실에서 일부 지식인 문인들은 강압에 굴복하여 변절해 친일의 길을 가기도 했고, 은둔하거나 우회적인 방법을 통하여 소극적 저항의 길을 택하기도 하였다.

조지훈은 시 창작과 학문 연구라는 양면으로 일제에 대한 저항의식을 나타냈다. 시 분야에서는 나라 잃은 시인의 비애를 저항시로 표출하였고, 사라져가는 민족문화에 대한 애착을 시적으로 승화시켰다. 학문 분야에서는 일제가 말살하려던 우리 고유의 문자인 한글과 민족문화 연구활동을 활발히 해나갔다. 이미 10대 중반에 조선어학회에 드나들며 선배 학자들의 사전 편찬 사업을 돕던 그는 그때부터 한국학 연구의 꿈을 키워나갔다. 그의 저항시 「동물원의 오후」 전문을 읽어보자.

> 마음 후줄근히 시름에 젖는 날은 동물원으로 간다./사람으로 더불어 말할 수 없는 슬픔을 짐승에게라도 하소해야지./난 너를 구경 오진 않았다./뺨을 부비며 울고 싶은 마음./혼자서 숨어 앉아 시를 써도/읽어줄 사람이 있어야지./쇠창살 앞을 걸어가며/정성스레 써서 모은 시집을 읽는다./철책 안에 갇힌 것은 나였다./문득 돌아다보면/사방에서 창살 틈으로/이방의 짐승들이 들여다본다./"여기 나라 없는 시인이 있다"고/속삭이는 소리……/무인한 동물원의 오후 전도된 위치에/통곡과도 같은 낙조가 물들고 있었다.

1959년에 간행된 시집 『역사 앞에서』에 수록된 이 시의 발표 연대는 알 수 없다. 이 작품이 그의 기간 시집 어디에도 없고, 저자가 『역사 앞에서』의 서문에서 "전연 미발표의 것도 십여 편 포함되어 있다"라고 한 것으로 보아 이 작품은 일제 말 암흑기에 지어졌거나 저항시적 내용 때문에 발표하지 못한 채 원고 상태로 있던 것을 수록하였음이 분명하다.

「동물원의 오후」는 나라 잃은 시인의 고독과 비애를 노래한 것이지만, 그 바탕에는 숨 막히는 시대에 저항하는 처절한 몸부림이 있다. 이 시에서 나라 없는 시인은 철책에 갇힌 짐승이다. 시를 써도 읽어줄 사람이 없고 울분과 비통함을 호소할 데도 없는 시인은 한 마리 짐승이 되어 암담한 현실에 대하여 통곡하고 싶은 마음으로 저항하고 있는 것이다.

그의 또 다른 시적 경향은 민족문화에 대한 주체적 인식과 사라져가는 우리 전통문화의 아름다움에 대한 애정이다. 「고풍의상」, 「승무」, 「봉황수」 등의 작품이 이 계열에 속한다. 조지훈은 우리 문화에 대한 단순한 복고적 향수가 아니라 이들을 통한 민족의식의 구현과 전통적 고유미(固有美)를 시로써 형상화하는 데 남다른 열정을 가졌다. 「고풍의상」은 저고리, 동정, 치마 등 우리 전통 복장인 한복을 대상으로 하여 고전적인 한복의 우아한 아름다움을 노래한 작품이고, 「승무」는 우리 전통춤인 민속무를 고유어로 포착해 춤의 아름다움을 율동적·입체적으로 묘사하면서 춤에의 몰입을 통하여 번뇌를 깨치는 내면적 심오성을 곁들인 작품이다. 「봉황수」는 나라 잃은 시인의 민족적 슬픔을 전통사회의 낡은 건물을 통하여 호소하면서 문화유산 속에서 주체적 민족의식을 찾아낸 작품이다. 이들은 모두 잊히고 사라져가는 민족문화를 노래한 것이지만, 그 이면에는 이를 말살하려는 일제에 대한 저항의 의미가 담겨 있다.

시인 조지훈이 일찍부터 학문에 대한 관심을 가지고 국학(國學) 관계 논문을 40여 편이나 남긴 것은 주지의 사실이지만, 이 시기 그의 학문적 관심은 한글을 통한 국어학 연구와 민족문화 연구였다. 「된소리에 대한 일 고찰」(1938), 「어원소고」(1939), 「신라의 원의와 사뇌가에 대하여」(1940), 「산유화와 서리리탄 기타」(1941) 등 초기 논문이 이에 해당한다. 조지훈은 이 논고들을 통하여 국어학 연구는 물론 민족정신의 고양과 민족주체의식의 확립이란 민족적 과제를 수행하고자 하였다. 해방 직전인 일제 말기의 조지훈의 이러한 노력은 해방 직후 대한민국의 건국과 민족문화 수립 옹호에 밑거름을 마련하였다는 점에서 역사적 의의가 크다.

3. 건국기의 조지훈의 활약과 현실대응

1945년 8월 15일 연합국에 대한 일본의 무조건 항복은 우리에게 36년 만에 해방과 독립을 가져다주었지만, 그로부터 대한민국의 건국에 이르기까지는 매우 험난한 역정을 거쳐야 하였다. 우선 반도의 남북에 진주한 전승국 미국과 소련의 국제적 이해관계가 일치하지 않았고, 같은 해 12월 모스크바에서 열린 미·영·소 3개국 회의에서 한반도를 최장 5년간 미·영·중·소 4개국의 통치하에 둔다는 이른바 신탁통치(信託統治)를 결의한 사실이 한반도 혼란의 원인을 제공하였다. 특히 이 문제를 둘러싼 미·소 양국의 이해관계가 일치하지 않아 공동위원회가 공전을 거듭하며 시간을 지체하는 사이, 국내의 정치 세력과 사회단체들의 갈등과 대립이 격심하게 전개되어 커다란 사회적 혼란을 야기하고 있었다. 특히 신탁통치에 대하여 민족주의적 우익 진영은 처음부터 적극 반대하였던 데 비하여, 사회주의적 좌익 진영은 처음에는 반대하다가 곧 태도를 바꾸어 적극 찬성하고 지지하는 쪽으로 입장을 바꾸면서 각기 이념과 정책을 달리하는 수많은 정치단체와 사회문화단체들이 대립하여 정치적·사회적 불안과 혼란이 고조되었다. 이미 일제치하에서부터 뿌리를 달리해온 좌우의 대립은 신탁통치에 대한 찬탁과 반탁, 그리고 남북을 분점하고 있는 미·소 양국을 배경으로 남북으로까지 갈라지면서 더욱더 심화되어 갔다.

이와 같은 양상은 학계, 문화계도 예외가 아니었다. 상호 비방과 선전, 알력과 반목, 폭력과 테러까지 난무하였다. 단적인 예로 유명 정치 지도자들인 송진우(1945), 여운형(1947), 장덕수(1947), 김구(1949) 등 민족지사들이 정치적 입장이 다르다는 이유만으로 동족의 손에 차례로 피살당하는 현실이 이때의 상황을 잘 말해주고 있다.

당시 우익 진영에 속한 문화단체로는 중앙문화협의회, 전조선문필가협의회, 전국문화단체총연합회 등이 있었고, 좌익 진영에 속한 단체로는 조선문화건설중앙협의회, 프로예술연맹, 조선문학가동맹 등이 있었다. 김진섭, 박종화, 이하윤, 양주동, 유치진, 김영랑, 오종식, 김광섭, 이헌구 등이 우익 진영 단체들의 주축을 이루었고, 후에 청년문학가협회의 최태응, 김달진, 유치환, 박목월, 박두진, 조지훈, 조연현, 김동리, 곽종원 등이 우익 진영을 주도하였다. 한편 좌익 진영에서는 임화, 김남천, 이원조, 안회남, 이기영, 송영, 오장환, 윤기정, 김동석 등이 활동하였고 이어 『문장』지계의 이태준, 정지용 등이 가담하였다. 그리고 우익계의 학자들로서는 정인보, 손진태, 송석하, 조윤제, 김계숙, 안호상 등의 국학자들과 김생려, 김성태, 채동선, 박태현, 이홍렬, 이해랑 등의 음악계, 연주계 유명 인사들이 속해 있었다.

이처럼 양쪽으로 갈라진 단체와 인물들의 성향을 보면, 근원적으로는 민족주의사관 대 유물사관, 민족문학 대 계급문학, 순수문학 대 경향문학, 순수시인 대 경향시인이란 정치적 · 사상적 투쟁의 시대, 역사적 갈등이 자리하고 있었다.

정치·사상적 성향으로 보아 민족 · 우익 진영은 남한의 대한민국 편에, 공산·좌익 진영은 북한의 조선인민공화국의 편에 선 이들이었다. 따라서 38도선이 굳어져 남북으로 분단이 고착된 시기에 이르러서는 서로 다른 길로 갈라지는 운명을 맞이하였다. 조지훈은 앞에서 본 바와 같이 우익 진영 단체인 청년문학가협회의 핵심 멤버로 해방공간에서 활약하였다. 그는 1948년 8월 15일 남한만의 선거로 선출된 제헌국회에 의하여 수립된 대한민국의 건국에 적극 공헌한 인물이었다. 그는 시인이자 대학교수라는 자신의 위치에서 우익 진영의 일원으로서 대한민국의 건국을 위하여 활발한 활약을 전개하였다. 즉 좌우익이 한데 엉켜 소리 없는 전쟁이 벌어지는 살벌한 시기에 시로, 강의로, 강연으로, 방송으로, 논설로써 문화계, 교육계, 그리고 문단의 최선단(最先端)에 서서 적극적으로 투쟁하고 활동한 민주주의 자유주의자였다. 때로 좌익분자들로부터 테러를 맞은 일이 있으면서도 조금도 굴하지 않은 지조의 인물이었다.

당시 그의 글들을 통하여 그의 이론과 주장을 살펴보자.

1947년 1월 그가 속한 전국청년문학가협회가 전국학생총연맹(위원장 이철승)의 신탁통치 반대 운동을 격려하는 메시지에서 조지훈은 이렇게 썼다.

> 우리들은 전국청년문학가의 이름으로 친애하는 동지 그대들 조국 사수의 불타는 투혼 앞에 최대의 찬사를 보낸다. 이적의 발굽 아래 사라진 민족혼을 다시 불러일으키고, 우리들 철천의 염원인 진정한 해방을 전취하고자 불사신처럼 날개 털고 일어난 그대들은 이미 뜨거운 조국애와 지고한 순정의 피로써 강철같이 굳게 단결되었다. 사악이 정의를 표방하고 조국말살론을 부르짖으매 그 간흉한 칼날 앞에 분연 궐기하여 반탁투쟁의 선두에서 그대들이 흘린 피는 방울마다 이 민족의 가슴 깊이 끓어오르는 의분의 피였으니, 서울에서 평양에서 신의주에서 또 함흥에서 이루어진 그대들 선구학생의 영웅적 투쟁은 실로 약소민족 운동사에 찬연히 빛날 것이다. (…) 비록 불의의 백성이 있어 신탁의 비운을 굴레 씌운다 하기로 끝까지 타협과 굴종을 거부하고 민족의 양심과 인류의 정의에 당당히 디디고 선 우리들은 8백만 청년이 먼저 같은 감옥에서 같은 벌판에서 죽어 가기를 피로써 맹서하리라. 작열하는 투지 앞에 최후 승리의 길은 이미 열렸다. 정의는 영원히 우리 것이다.
>
> 민족해방 투쟁의 선봉 전국학련 만세
> 신탁통치 배격의 결사대 전국학련 만세
> 삼팔선 분쇄의 전위 전국학생총연맹 만세

앞서 말한 바와 같이 신탁통치 찬반 문제는 해방 정국의 가장 큰 이슈였고, 전 사회가 격심한 대립과 갈등으로 양분되어 있었는데, 조지훈은 신탁통치 반대 투쟁을 하는 민족 우익 진영의 학생 단체에 뜨거운 고무와 격려를 보내었다.

한편 유물사관에 입각한 계급문학, 경향문학을 추구하는 좌파와의 투쟁에서 조지훈은 그들의 문학을 정치주의 문학이라 매도하면서 그 허망함을 다음과 같이 비판하였다(「정치주의문학의 정체」, 『백민(白民)』, 1947. 10).

> 그들은 자신을 호도하고 보호하기 위하여 오직 정치주의 문학만이 인민의 총의와 역사

적 필연성을 파악하였다고 선언하고, 이로써 여기에 복종하는 자는 국책 문학인으로 영화를 누릴 것이요, 이에 거역하는 자는 반동 문학인으로 몰락하리라는 사교적(邪教的) 이론을 백주에 제시하는 것이다. 한 정당 노선의 신성관을 포교하게 까지 되는 것이다. 그러므로 그들은 문학을 버리고 정당을 짊어짐으로써 문학인에게 작품으로써 주는 압력이 아니라 비루한 인민재판의 단두대를 예언한 사람까지 있었던 것이다.

그리고 정치주의 문학의 과거를 1920년, 1930년대의 경향문학과 카프문학으로 소급 논급하면서 1947년대 정치주의 문학론의 시대착오를 다음과 같이 날카롭게 지적하였다.

이 땅에도 백조(白潮) 말기에서 염군(焰群) 파스큐라의 합동에 의하여 주입된 1924년대의 논전은 경향문학(傾向文學)으로 하여금 하나의 낭만주의로서 오히려 민족의식의 전기를 짓게 하였고, 1930년대 카프가 세운 공식론은 순수문학의 발달을 자극하여 우리 문단의 예술의식과 문학기술의 자각에 기여한 바 있으니, 전자는 퇴폐에서 의욕에로의 적극적 공헌, 후자는 울결(鬱結)에서 자각에로의 소극적 공헌이라는 역사적 사명을 이루었다고 믿거니와 1947년대의 정치주의 문학론이 전 2회의 논조를 되풀이하는 시대착각의 우치(愚痴)와 외세 배경의 폭력으로써 자각의 조장을 말살하고 울결에 유도하며 소생의 의욕을 방해하고 퇴폐에 추진을 능사로 하는 것은 오직 가탄가공(可嘆可恐)할 사실이라 하겠다.

그러면서 정치주의 문학자들인 김남천, 김병달, 김상훈의 주장을 논리적으로 비판하였다. 특히 김상훈에 대하여는 "민족문화를 옹호하는 것이 어째서 반민족적이며, 반탁치(反託治)가 어째서 반민족이라는 구명도 없이 테러문학이라고 갈기는 그 이론이야말로 폭력평론이라"고 일갈(一喝)하였다. 결론적으로 그는 "정치주의 문학은 가치혼동과 일부에서 전면에 미치는 오류로 일관되어 있다. 논리를 우상시하는 과학주의, 합리주의 문학도가 이러한 논리적 당착을 범하지 않을 수 없다는 것은 확실히 비극이 아닐 수 없는 것이다. 만일 이 논법의 주장을 버린다면 그 사상의 입각점을 버리는 것이 될 것이요, 이 논리를 선양한다면 세계관 논쟁을 하기 전에 형식논리 첫 페이지부터 시작해야 할 모양이니 어찌 한심한 일이 아닌가"라고 결론지었다. 우파 진영의 최선단에 서서 필봉을 휘두르던 논객으로서의 조지훈의 면모가 생생히 드러나는 대목이다.

한편 우여곡절 끝에 1948년 남한 단독 총선거를 통하여 제헌국회가 개원하고 국호를 대한민국으로 정하여 헌법을 공포하고 대한민국 정부가 수립되었을 때 조지훈은 제헌국회 의원들에게 이렇게 당부하였다(「건국이념을 밝히라」, 『민국일보』, 1948. 7).

> 해방이란 현실은 예속된 민족의 이상의 실현이었으나 국토 양단의 비극은 해방된 민족의 불만이 되어 그 불만을 그냥 앉아서 바라볼 수 없게 함으로써 이미 또 하나 "시급한 통일"이라는 이상을 싹트게 하였다. 남북통일의 원칙을 가지고 공염불만 할 수 없는 우리는 내외의 갖은 모략적 비난과 오해를 물리치고 당신을 선구의 전사로 뽑아 보낸 것이다. 민족의 이 염원을 이루기 위하여 당신들은 현실을 어떻게 파악하였는가. 북쪽 한 편이 또한 통일과 자주의 이상을 표방하고 별도로 반동적 방법을 쓰고 있는 이때, 아무렇게 얘기하거나 합리화하여 못 할 일이 없는 이 이율배반의 현실을 어떻게 파악하는가에 대해서 당신들을 성원하며 뒤에서 나라를 사랑하는 모든 국민은 한 줄기 근심하는 마음을 막을 수가 없는 것이다.

신생 대한민국의 건국이념에 대하여는 세계사적 관점에서 삼국시대 이래 우리 민족의 역사를 통관하면서 이렇게 제시하였다.

> 오늘의 공산 진영은 백제적 성격이요, 중간 진영은 고구려적 성격임에 반하여 민족 진영이 도리어 백제와 고구려의 중간으로서 신라적 성격을 지녔다고 하겠다. 그러므로 통일 달성에 가장 정확한 방법을 민족진영이 파악하였다고 할 수 있다. 더구나 우리가 비는 힘이 침략의 야욕을 가진 당나라 같은 단일 강대국이 아니요, 국제평화의 협의·추진기관인 유엔(UN)임에 있어서랴. 우리의 이와 같은 역사를 통하여 여러분은 우리의 건국이념의 바탕을 고구려 정신을 근간으로 하고 백제적 방법을 지엽으로 한 신라적 이념의 추구에 두어야 할 것이다.

조지훈은 대한민국이 주도하는 남북통일까지 내다보면서 신라적 이념을 바탕으로 건국이념을 확립할 것을 제헌국회 의원들에게 당부하였다.

4. 북한의 6·25남침과 조지훈의 현실 참여

앞에서 살핀 바와 같이 일제 말기에 저항시로 항거하며 민족문화 말살정책에 민족적 경향의 시와 학문으로 대항하던 조지훈은 해방 이후에도 좌익 공산 진영에 맞서 대한민국의 건국과 민주주의의 수호에 온몸을 던져 투쟁하였다. 그러나 뒤이은 1950년 북한의 남침으로 그는 다시 한번 공산주의자들과 불가피하게 격돌하는 상황을 맞이하였다.

조지훈의 조부 조인석(趙寅錫, 1879-1950)은 한말 사헌부 대간을 지낸 인물로 항일운동을 한 민족지사였고, 부친 조헌영(趙憲泳, 1899-1988)은 신간회 도쿄 지부장을 지내고 한국민주당의 창당 멤버로 활약하였으며 제헌국회의원과 제2대 국회의원을 역임한 민족 진영의 중추적 인물이었다. 조지훈의 정치적 성향은 이와 같은 조부와 부친으로부터 영향을 받은 바가 컸고, 그의 투철하였던 반공의식도 이러한 가풍으로 인하여 형성되었던 것으로 보인다. 특히 6·25전쟁 발발 후 조부 조인석이 공산주의자들의 발호와 횡포에 절망을 느껴 자결하고, 부친 조헌영은 전쟁 중 납북당하는 개인적 비극을 체험하면서 공산주의자들에 대한 조지훈의 혐오와 반감은 더욱 심화되었던 것으로 보인다. 특히 해방 후 좌파 공산주의자들과 치열한 투쟁을 벌여온 조지훈에게 6·25의 남침은 견딜 수 없는 충격을 주었으며, 전쟁 개시 3일 만에 서울이 함락되자 절체절명의 위기를 느끼지 않을 수 없었다. 조지훈이 6월 27일, 가족과 대책 없는 생이별을 하고 피난길에 올랐던 사실은 당시의 절박하였던 상황과 그의 위기감을 잘 말해준다.

북한의 남침 이후 공산주의자들의 강력한 공세와 북쪽의 월등히 유리한 전황에도 불구하고 조지훈의 반공투지 일념은 변함이 없었다. 그는 어렵게 한강을 건넌 후 피난길에 문총구국대(文總救國隊)에 참여해 기획위원장으로 활약하였으며, 7월 중순경 대구에 이르러서는 피난 온 문인들과 함께 종군문인으로서 각종 삐라와 선전문구를 만들며 국군을 도왔다. 그 후 유엔군의 참전과 인천상륙작전 성공으로 진격, 북상하는 국군을 따라 서울에 온 그는 부친의 납북 사실을 확인하고 평양행을 강행하였다. 종군문인으로서 납북된 부친을 찾고자 함이었으나 뜻을 이루지 못하다가 이듬해인 1951년 1월 다시 한강을 건너 대구에 돌아왔다. 이때 그는 종군문인단 부단장을 역임하면서 공군의 종군문인단인 창공구락부를 만들어 활약하기도 했다. 1953년 휴전협정이 성립한 후 조지훈은 서울에 돌아왔다.

3년간 남북의 전투지를 종횡으로 누빈 조지훈은 이르는 곳마다 전쟁시를 남겼는데 여기에 그의 뜨거운 조국애와 사무친 반공의식이 역연(歷然)히 나타나 있는바, 이에 관련된 시가 대략 22편에 이른다.

그중 몇 편의 주요 대목을 들어 그의 생생한 목소리를 들어보자.

「이기고 돌아오라」(1950)

(…) 내 사랑하는 아우들아/진실로 조국을 구원하고 자유를 수호하는 힘과 영예는 늬들에게만 있다고 믿어라/무엇 때문에 늬들은 굶으며 쓰러지며 서로 앞으로 나아가며 싸워야 하는 것이냐 …… 우리는 안다 늬들의 훈공을 올바로 갚을 자는 조국의 통일과 정의의 승리만이 능히 할 수 있다는 것을 (…)

「종로에서, 다시 서울을 떠나며」(1951)

이룩하기도 전에 흔들리는 사직을 근심하고/조국의 이 가난한 운명을 슬퍼하며…… 불의의 그늘에선 숨도 쉬기 싫어서 …… 사람들은 모두 떠나버렸다/첩첩이 닫아 건 종로의 적료/아아 이제 나마저 떠나고 나면/여기 오랑캐의 노래가 들려오리라/허나 꽃 피는 봄이 오면/서울은 다시 우리의 서울/내 여기 검은 흙 속에 가난한 노래를 묻고 간다.

「새 아침에」(1951)

나라를 사랑함이 무엇인 줄 내 모르나/옳고 그름을 헤아릴 줄은 아는 것/진실로 나의 양심을 위하여/웃으며 무찌를 수 있는 나의 신명(身命)아/괴로운 것은 죽음에까지 따라오는 허영이다/살아 떳떳이 이긴다 맹서하라/내 여윈 살 한 점을 저며서라도/안주 삼아 마시고 싶은 도적의 피/명기하라 세월이여/눈물 많은 시인이 이 아침에 총을 닦는다

「임진명(壬辰銘)」(1952)

(전략) 그 피가 스며든 메마른 황토/나의 조국이여/그 흙에 뿌리박았으매/그 피를 마시리니 초목인들 어찌/이 환란의 역사를 두고두고 얘기하지 않으리요/…… 아 내 어머니 나라를/버리고 살 수가 없으량이면/어찌 이 몸을 자기(自棄)하여/백일 아래 헛되이 스러지게 하리요 …… 박주 한 잔에 긴파람 하노니/나를 울리는 조국이여 산하여 아 인정이요!

이 시편들에는 조지훈의 국군에 대한 사랑과 격려, 통일과 승리에 대한 염원, 오랑캐 중공군에 대한 적개심, 어머니, 나라, 조국에 대한 무한한 사랑과 헌신이 절절히 배어 있다. 그의 이러한 신념과 정신은 1960년 4·19혁명을 거쳐 1968년 타계하기까지 지속되었다. 4·19혁명을 전후한 시기에 있어서도 대한민국을 지키고 민주주의를 수호하는 그의 일념은 변함없었다. 즉 1950년대 말, 신문·잡지의 논설을 통하여 자유당 독재정권의 불의부정을 비판하고, 변절하는 정치가, 지조 없는 지성인을 통매(痛罵)하던 그는 몸담고 있던 대학의 평소 강의를 통하여 불의의 권력을 비판하고 부조리의 현실에 외면하는 지식인의 각성을 촉구하였고, 대학신문의 사설을 통해서는 대학생들의 분발을 촉구하여 고대 4·18의거를 촉발하는 데 일익(一翼)을 담당하기도했다. 그러다가 4·19혁명이 수많은 젊은이의 유혈투쟁으로 성공하자, 그들의 높은 용기를 찬양하고 고귀한 희생을 추모하는 다수의 4·19 관련시를 발표하여 많은 국민의 감동을 자아내었다.

「늬들 마음을 우리가 안다」는 그중에서도 명편으로, 그 일부를 보면 다음과 같다.

> (…) 사랑하는 젊은이들아/붉은 피를 쏟으며 빛을 불러놓고/어둠 속에 먼저 간 수탉의 넋들아/늬들 마음을 우리가 안다. 늬들 공을 겨레가 안다/하늘도 경건히 고개 숙일 너희 빛나는 죽음 앞에/해마다 해마다 더 많은 꽃이 피리라/아 자유를 정의를 진리를 염원하던/늬들 마음의 고향 여기에/이제 다 모였구나/우리 영원히 늬들과 함께 있으리라.

한편 조지훈은 1960년 4월 25일 4·19혁명을 지지하는 교수들의 시국선언에 참여하여 그 선언문을 썼고 거리시위에 나서기도 하였다. 이와 같은 그의 독재에 대한 철저한 혐오와 민주주의에 대한 뜨거운 애정은 4·19혁명 직후 그가 직접 방송에 나가 다음과 같은 대북방송을 한 데서 그 의기와 열정을 느낄 수 있다. 즉, 이승만 독재정권이 학생들에 의하여 무너진 데 대하여 북한정권이 찬양하는 대남방송을 하자 조지훈은 다음과 같은 대북방송으로 응수하였다.

> 북한의 대학생들아, 우리는 독재자를 쓰러뜨리고 민주주의를 되찾았다. 너희들도 김일성 독재자를 꺼꾸러트리고 우리 함께 만나 악수하자.

참고문헌

김종길 외. 『조지훈 연구』. 고려대학교출판부, 1978.

이기백. 『국사신론』. 태성사, 1961.

이헌구. 『(이헌구 평론집) 문화와 자유』. 청춘사, 1953.

이홍직 외. 『국사신강』. 일조각, 1958.

인권환. 「조지훈의 민속학 연구」. 김종길 외. 『조지훈 연구』. 고려대학교출판부, 1978.

______. 「조지훈의 학문과 그 업적」. 김종길 외. 『조지훈 연구』. 고려대학교출판부, 1978.

인권환 외. 『한국 전통문화 연구』. 이대 한국문화연구원, 2007.

조광열. 『승무의 긴 여운 지조의 큰 울림』. 나남, 2007.

조지훈. 『시— 조지훈 전집 1』. 나남, 1996.

______. 『지조론— 조지훈 전집 5』. 나남, 1996.

______. 『한국문화사 서설— 조지훈 전집 7』. 나남, 1996.

______. 『한국학 연구— 조지훈 전집 8』. 나남, 1996.

1940~60년대 시대의 '불안'과 조지훈의 대응

류시현

1. 머리말

삶의 분열은 이상(理想)과 현실(現實)이 균열될 때 생겨난다. 또한 분열은 갈등·대립·배제의 현상을 동반하며, 심해지면 분리(현상)에까지 다다른다. 베이트슨(G. Bateson)은 분열증의 중대한 원인으로 '이중 구속(double bind)'의 심리 상태를 제시했는데,[1] '이중구속'은 두 개의 다른 또는 상호 모순되는 형식의 메시지가 우리에게 주어질 때, 더구나 우리가 어떤 형식의 메시지에 대답할 것인지에 관해 판단할 수 없는 경우 처하게 되는 것을 의미한다. 그렇다면 분열은 주어진 상황 속에서 어떠

1) G. 베이트슨, 『마음의 생태학』, 박대식 역, 책세상, 2006, 338-345쪽.

한 답을 할 수 없다는 '불안' 상태를 염두에 두어야 보다 구체적인 설명을 할 수 있다고 생각된다. 이러한 불안은 개인뿐만 아니라 사회 혹은 공동체에도 적용할 수 있다. 본고에서는 한국 근현대사에서 상호 모순되는 전망이 충돌했던 '불안의 시대'인 1940~60년대를 살아간 지식인의 불안과 대응에 주목하고자 한다.

시대적 상황에 관한 불안은 기본적으로 향후 전개될 상황에 관한 '불투명성'에서 기인하지만 역설적으로 너무 많은 정보를 가지고 있는 상황에서도 비롯된다. 지식인의 시대에 관한 불안은 대부분 후자로부터 기인한다. 이들은 대중보다 먼저 시대를 앞서 전망했고, 그 전망이 많은 변수를 동반할 수 있음을 알았으며, 나아가 그들의 예단이 그릇된 방향으로 나갈 수 있기 때문에, 시대에 관해 불안감을 피력했다.

한국 근현대사는 근대 국민국가 수립 과정의 좌절과 식민지의 경험, '탈식민(脫植民)'의 상황과 남북한의 분단, 전쟁과 분단체제의 성립, 독재와 민주주의 그리고 산업화의 진행과정 등 앞날의 전망이 불투명했던 '불안의 시대'를 거쳐 왔다. 따라서 당시 한국인은 체제 내부의 갈등, 남북의 대립, 새로운 국제 질서 속에서의 포섭과 배제 등의 상황 속에서, 자신이 살았던 시기를 '격변기' 혹은 '전환기'였다고 생각했다. 하지만 시대의 '불안'을 치유할 수 있는 대안을 제시한 경우는 많지 않았다. 본고에서는 이를 수행했던 지식인 가운데 한 사람인 조지훈(1920-1968)을 통해 시대의 불안을 살펴보겠다.

조지훈은 그가 살고 경험한 시대를 예리하게 진단하고 이에 관한 대응을 모색한 인물이었다.[2)] 그는 경북 영양에서 출생해서 한문수학을 하다가 16세에 독학으로 중학과정을 마치고, 혜화전문학교 문과에 입학했다. 이후 그는 1939년 19세에 동인지 『백지』에 습작시를 발표했고, 같은 해에 잡지 『문장』에 추천을 받아 「고풍의상」, 「승무」 등을 발표하면서 시인으로 살았다.[3)] 해방 후 그는 21년간 고려대학교 국문

---

2) 시인이자 국문학자이며, 한국학 연구자였던 조지훈에 관해 많은 연구 성과가 축적되어 왔다. 단행본으로 김종길 외, 『조지훈 연구』, 고려대학교출판부, 1978가 있으며, 한국사 연구에 관해서도 김정배, 「조지훈의 역사관 연구」, 『민족문화연구』 22(1989); 김기승, 「조지훈의 민족운동사 인식과 동학관」, 『동학학보』 6(2003) 등이 있다. 본고에서는 이러한 성과를 토대로, 당대 사회에 관한 그의 비평을 중심으로 시대 인식을 검토하고자 한다.

3) 신용협, 「조지훈 연구」, 『문예시학』 11(문예시학회, 2000), 113쪽.

과 교수를 재직하면서 현대 문학과 시론 계통의 것을 제외하고 학술논문 43편과 다양한 시론(時論) 활동을 전개했다.[4] 이렇듯 그는 한국 근현대사에서 ① 식민지 경험과 해방 ② 분단과 한국전쟁 ③ 1960년대 4·19와 5·16 등의 '격변기'를 경험했다고 볼 수 있다.

시대적 과제를 해결하기 위한 다양한 답이 제시되었지만 정답을 찾기 어려운 상황 속에서, 조지훈은 글쓰기와 실천 활동을 통해 '불안의 시대'에 대처하고자 했다. 물론 그의 선택이 당대에서 지식인이 선택한 '최선(最善)'은 아니었다. 하지만 그를 통해 한국 근현대사의 '불안'을 읽을 수 있으며, 나아가 한국 사회가 직면한 현재와 미래의 불투명성을 대처할 수 있는 시사점을 찾을 수 있을 것이다.

2. 전시체제기와 해방공간—민족정체성에 관한 불안

1930년대 이후 일제 강점기는 흔히 '암흑기'로 불린다. 1929년의 세계대공황은 자본주의 시스템의 연쇄적 붕괴를 일으켰다. 세계 각국은 공황 타개를 위해 다양한 방식을 모색했는데, 후발 자본주의국가인 독일, 이탈리아, 일본은 파시즘을 택했다. 특히 일본의 군부파시즘은 국내 체제의 공고화를 진행하지 않은 상태에서 대외침략으로 문제를 해결하고자 했다.[5] 1937년 중일전쟁을 일으켜 일제는 중국과 만주 그리고 일본을 연결하는 '동아블록'을 건설해서 전시파시즘체제를 수립하고, 1941년 태평양전쟁을 통해 '대동아공영권'을 건설하고자 했다. 하지만 1943년경부터 미국의 반격으로 전세는 역전되었고, 일제는 침략했던 영토가 축소되고 수세에 몰렸다. 전쟁 수행을 위한 인적·물적 자원이 부족해지자, 일제는 식민지 조선인을 징용, 징병, 학병, 정신대의 형태로 동원했다. 당시 20대 초반인 조지훈은 지병으로 침략전쟁에 동원되지 않았다. 하지만 그는 일제 말 전시체제기 동안 시대 상황에 절망한 지식인이었으며, 그의 주된 감성은 시대에 관한 '슬픔'이었다.

---

4) 인권환, 「지훈의 학문과 그 업적」, 『조지훈 연구』, 고려대학교출판부, 1978, 306쪽.

5) 이준식, 「파시즘기 국제 정세의 변화와 전쟁 인식」, 『일제하 지식인의 파시즘체제 인식과 대응』, 혜안, 2005, 100쪽.

① 1941년 봄에 나는 학창을 떠났다. 그때는 이미 나의 앞에는 한 발자국 내어디딜 땅조차 없었다. 그 때문에 사회로 나선 나의 첫 발길은 오대산 속으로 더 깊이 들어간다는 결과를 낳고 말았다. … 그 전해에 『동아』, 『조선』 두 신문의 폐간을 보았고, 『문장』 폐간호를 이 절간에서 받았다. 일본의 진주만 폭격도, 신가파(싱가포르-인용자) 함락의 소식도 나는 이 절간에서 들었다. 나 자신의 낙백한 슬픔보다는 꺼져 가는 민족의 비운이 나로 하여금 나물만 먹는 창자에 독주를 쏟아 넣게 하여 형해만 남은 이름만의 청년이 되고 말았다.[6)]

② 넓적다리에까지 눈이 쌓인 밤, 초롱불을 들고 신선골 노파의 집에서 술이 취해 자빠지며 일어나며 돌아오던 밤에는 『동아일보』, 『조선일보』 종간호가 나붙은 사옥 앞에서 울며 작별하던 노인쇄공들의 모습이 어른거려 산골에서 혼자 목 놓아 울기도 했다.[7)]

전시체제기 지식인의 불안은 일제라는 국가체제 안에 포함된 조선인(조선민족)의 자기 정체성의 혼란에서 비롯되었다. 일제의 지배체제를 인정한 지식인의 경우 일제의 침략전쟁에 협력하는 '친일파'가 되었다. 이렇게 행동하지 않을 경우 택할 수 있는 방안은 일제에 적극 저항하거나, 전쟁협력 강요를 피해 지방으로 피신 혹은 '침묵'하는 방식으로 대응할 수밖에 없었다.

전시체제기 조지훈은 10대 후반의 나이에 추천받은 시인이며, '조숙한' 지식인이었다. 그는 1939년 「된 소리에 대한 일고찰」, 「어원소고(語源小考)」 등을 통해 우리말에 관한 연구로부터 학문적 활동을 시작했다. 하지만 그의 글쓰기는 조선인 독자에게 쉽게 전달될 수 없었다. 당시 그는 "혼자 써 놓은 시를 발표는커녕 같이 읽어 줄 벗조차 없어서 사람 없는 창경원을 찾아 말 모르는 이국의 동물들 앞에서 혼자 시를 읽던 슬픈 기억을 지니고 있다. 그 때 나는 문득 철책 속에 갇힌 것은 나 자신이요, 주위의 철책 밖에서 동물들이 나를 들여다보고 있는 것 같은 착각을 느끼기도" 했던 시기를 보냈다.[8)] 존재의 분열과 시대에 관한 '슬픔'[9)] 앞에서 그를 지탱했던

6) 조지훈, 「화동시절의 추억」, 『고대신문』, 1955. 10. 31; 조지훈, 『조지훈 전집 4』(이하 『전집 4』), 나남출판, 2005, 46쪽.
7) 조지훈, 「속 방우산산장기」, 『신천시』(1953); 『전집 4』, 43쪽.

것은 조선 문화에 관한 연구였다.

일제의 침략전쟁이 확대되면서, 일본제국 안에서 제국 일본 안에서 조선 문화를 어떻게 규정, 배치할 것인가에 관한 물음이 중요하게 제기되었다. 체제에 순응한 지식인의 '내선일체관'에는 조선의 문화와 전통을 견지해야 한다는 '민족협동론'과 그 일체를 완전히 일본화해야 한다는 '민족동화론' 두 입장이 존재했다.[10] 반면 이러한 '내선일체'의 공세에 대항해서, 미약하지만 조선 역사와 문화를 지키고자 한 일련의 문화운동이 명맥을 이어갔다.

조지훈은 조선어학회 활동에 참여하고, 조선 문화에 관한 '재발견'을 통해 이를 극복하고자 했다. 조선어학회는 그에게 "어두운 시야를 비춰주는 작은 호롱불"이었다.[11] "시를, 민족을, 죽음을 화제" 삼았던 그는 조선어학회 사전 편찬에 참여함으로써 "뿌리 뽑히려는 민족문화를 붙들고 늘어진 선배들을 모시고 있을 때라 슬프고 외로울 뿐 아니라 그저 가슴속에서 불길이 치솟고" 있음과 경주와 석굴암을 방문하고 '찬탄과 황홀이 아니라 감읍'을 경험했다.[12]

이러한 경험이 전시체제기를 견뎌낼 수 있는 동력이 되었다. 요컨대 그는 일제 말에는 체제 순응과 저항이라는 선택 속에서, 그는 전쟁동원을 피해 벽지로 피신했으며, 조선 문화의 가치를 재발견함으로써 비관에 빠지지 않았다. 전시체제기 한국 문화를 재발견했던 조지훈에게 1945년 8월 해방은 민족 공동체의 미래를 구상하도록 했다.

---

8) 조지훈, 「당신들 세대만이 더 불행한 것은 아니다」, 『사상계』 115(1962. 12); 『전집 5』, 31쪽.

9) 조지훈은 전시체제기의 '슬픔'을 "민족과 자연, 母語에 대한 애정과 기다림의 정서라고나 할까. 향토에 대한 애착과 슬픔의 목가, 자연에 대한 관조와 사라져 가는 것에 대한 아쉬움의 정한, 자연 속에 마음의 빛을 찾는 생리와 신념의 기도, 이것들은 모두 다 그 공통된 에스프리의 다른 표현이었던 것이다. 우리는 민족적 현실의 초극을 위한 저항을 노래하지 못하였으나 붓을 꺾고 숨어서 시를 씀으로써 치욕의 페이지에 이름을 얹지도 않았고, 쫓긴 이의 슬픔 속에 잠겨서 시를 썼으나 퇴폐에 몸을 맡기지 않고 희구하는 슬픔으로 빛을 삼았던 것만은 확언할 수 있다."라고 설명했다(조지훈, 「나의 시의 고향」, 『세대』 창간호(1963. 6); 『전집 3』, 208쪽).

10) 방기중, 「조선 지식인의 경제통제론과 '신체제' 인식」, 『일제하 지식인의 파시즘체제 인식과 대응』, 혜안, 2005, 43쪽

11) 조지훈, 「화동시절의 추억」, 『고대신문』, 1955. 10. 31; 『전집 4』, 46쪽.

12) 조지훈, 「돌의 미학」, 『사상계』 128(1963. 12); 『전집 4』, 25-29쪽.

해방 공간은 일제의 식민지배에서 벗어났다는 기쁨과 함께 새로운 국민국가의 미래에 관한 불안이 동반했던 시기였다. 조지훈은 20대 중반에 해방을 맞이했다. 그의 기쁨은 발표 못 했던 글을 공간(公刊)할 기회를 찾음에서 비롯되었으며, 새로운 국가에서 자신의 역할을 설정한 점에서 나타났다.

조지훈은 1946년 『청록집』을 출판한 것을 회고하면서, "발표할 수 없던 시를 발표하게 된 해방의 감격, 혼란한 정치조류 속에서 시의 바른길을 제시하려는 의욕, 우리 시의 새로운 전개를 위한 교량으로서의 전통의 집성, 이런 것이 어울려서 『청록집』을 엮게 한 객관적인 기연이 되었"다고 밝혔다.[13] 나아가 시인과 문학가를 넘어서 문화와 문명을 조망하고자 했다. 그는 "훌륭한 작가는 문명 비평가의 일면을 지니지 않고선 민족문학을 통한 세계문학에의 기여라는 말은 공염불을 벗어날 수 없는 것"이라고 해서 '문명 비평가'로서의 역할을 자임했다.[14] 하지만 1945년 12월 찬반탁 논쟁에서 비롯된 해방공간의 정치적 격변은 이러한 과제를 수행하기 어려웠다. 좌익과 우익 사이의 정치적 선택과 함께 친일파 청산문제도 그 가운데 하나였다.

'탈식민' 상황은 식민지배의 실체를 규명함으로써 식민지의 물적 · 인적 유산을 없애야 했고, 새로운 국민국가 수립을 위한 과제를 수행해야 했다. 인적 청산의 대표적인 사례는 친일파 문제였다. 이 문제는 당위의 차원에서 제기되었지만, 어떠한 범위에서 어떻게 문제 해결의 방향을 제시할 것인가에 관해, 해방 공간의 정치적 상황에서 여러 정파에 따라 다양한 형태로 논의되었다.[15]

그러나 1945년 말의 '신탁통치' 찬반 논쟁이 시작되면서 좌익과 우익의 대립은 이러한 기획을 좌절시키고 말았다. 사법적 판단뿐만 아니라 역사적 평가도 불가능해졌다. 심지어 친일협력행위자의 신분이 복권되는 상황에서 인간 행위에 관한 선악의 규정이 불투명해졌다. 당대 조지훈은 '순수문학'을 강조하면서, 좌파의 조선문학가동맹에 맞서 전국문필가협회에 참여했고, 젊은 문인이 참여한 청년문학가협

---

13) 조지훈, 「나의 시의 고향」, 『세대』 창간호; 『전집 3』, 207쪽.

14) 조지훈, 「현대문학의 고전적 의의」, 『문예』, 1949. 12; 『전집 3』, 61-62쪽.

15) 해방 후 친일파 청산 문제에 관해서는 이강수, 『반민특위연구』, 나남출판사, 2003; 허종, 『반민특위의 조직과 활동』, 선인, 2003 참조.

회의 일원으로 활동하는 등 우파로서 활동을 시작했다. 이러한 시대적 상황 속에서 조지훈은 정치적으로 우파지만 '친일파 청산' 문제에 관해서는 적극적인 입장을 표명했다. 그는 '절개와 변절'을 가치 판단의 기준으로 삼았다.

> 지조란 것은 순일한 정신을 지키기 위한 불타는 신념이요 … 고귀한 투쟁이기까지 하다. … 변절이란 무엇인가. 절개를 바꾸는 것, 곧 자기가 심신으로 이미 신념하고 표방했던 자리에서 방향을 바꾸는 것이다. … 감당도 못할 일을, 제 자신도 律하지 못하는 주제에 무슨 민족이니 사회니 하고 나섰더라는 말인가. 지성인의 변절은 그것이 개과천선이든 무엇이든 인간적으로 일단 모욕을 自取하는 것임을 알 것이다.[16]

이글은 1962년 간행된 『지조론』에 수록되었다. 이 책은 1940~60년대 발표된 글을 수록한 것으로, '민족 문화' 전반에 관한 조지훈의 사상을 확인할 수 있다.[17] 그 자신은 이 책의 제목을 원래 『역사와 문화』를 염두에 두었지만, "변하는 역사 속에 변하지 않는 것은 나의 신념"이기에 책 이름을 『지조론』이라고 한다고 밝혔다.[18] 책의 제목이자 「지조론」이 포함된 1장의 '선비의 도(道)'란 제목처럼, 조지훈의 일관된 삶의 '신념'은 지식인의 '올곧음'에 관한 것이다.

이러한 기준은 '친일파' 청산의 물음에도 적용되었다. 해방 공간에서 일제 말 전쟁 협력자에 관한 '심판'이 전망되었지만, 복잡한 정치적 상황 속에서 이러한 과제는 제대로 수행되지 못했다. 심지어 '반공'이라는 면죄부 속에서, 부정되어야 할 것이 당당해지는 관계의 역전마저 생겨나게 되었다. 하지만 우파이면서 반공의 입장에 서 있던 조지훈은 이 물음에 어떻게 답했을까? 그는 다른 글에서도 '변절'에 관해 "우리가 허물하는 것은 만인의 신뢰를 받는 지사나 선비가 말과 글로써 이때까지의 애기와는 정반대의 글을 써내는" 행위라고 규정했다.[19] 즉 그는 '지조'를 기준으로 일제 말과 해방 공간의 인물에 관한 평가의 방향을 선택했다.

---

16) 조지훈, 『지조론』, 삼중당, 1962, 18-24쪽.

17) 『동아일보』는 『지조론』을 "민족문화 전면에 걸치고 사상과 지성 면에서 한국의 성격-양상을 가리어 내고자 한 저자의 심정"이 담긴 책으로 평가했다(『동아일보』, 1962. 11. 19).

18) 조지훈, 『지조론』, 삼중당, 1962, 4쪽.

19) 조지훈, 「큰일 위해 죽음을 공부하라」, 『고대신문』, 1962. 4. 18.

3. 분단체제의 성립과 한국전쟁—민족공동체에 관한 불안

1940년대 후반부는 민족공동체의 희망과 불안이 교차했던 시기였다. 해방의 기쁨은 5년이 되지 않아 민족공동체의 과제를 전쟁으로 해결하고자 했던 한국전쟁의 참담함으로 전환되었다. 1948년 남북한에 각각 정권이 수립된 이후, 무력적 방법을 동원해서 분단 상황을 타개하려 했던 한국전쟁은 도리어 분단 상황을 더욱 공고하게 만들었다. 1945년 말 신탁통치 문제를 둘러싼 좌우의 대립으로 인해 건설보다는 파멸의 위기감이 존재했다면, 1950년의 한국전쟁은 민족공동체의 미래마저도 비관할 수밖에 없는 상황이었다.

조지훈은 전쟁이란 방식으로 진행된 민족의 '분열' 앞에서 무기력함을 피력했다. 해방정국에서 한국전쟁에 이르는 시기에 관해 "나는 해방 10년을 언제 꽃이 피고 잎이 되는 것도 모르고 살아왔다. 내가 10년을 느낀 외로운 감정이란 옛날처럼 즐거운 고독이 아니고 무위의 병든 고독이었다. … 10년 풍상에 이제 겨우 정신을 가누고 나니 책도 좀 읽어질 것 같고 외로움도 알맹이가 여물 것만 같다."라고 표현했다.[20] 하지만 전쟁이 진행 중이던 1952년의 글을 보면, 그는 '무위의 병든 고독'이라는 불안의식을 극복하기 위해 현실을 직접 대면하고자 했다.

> 불안이란 단순히 무슨 대상의 결핍에 관계되는 것이 아니고 인간의 근원적 주체적인 상태를 나타내는 것이라면 우리는 도리어 불안을 양식으로 삼을 수 있다는 것이다. 다시 말하면 심리상의 불안을 철학상의 불안으로 전환시키는 중간과정에서 문화 창조의 불안이 극복될 것이란 말이다. … 불안의 절정 위에 서 있는 것은 우리만이 아니다. 그러나, 그 고민이 절실한 자는 우리뿐이다. 우리는 역경에서 도리어 강인한 민족, 쓰러지지 않고 조금만 더 참자— 이것이 1952년 전란에 싸인 한국문화의 動議가 될 수밖에 없다."[21]

조지훈은 일제 말의 슬픔을 민족문화에 관한 열정으로 극복했듯이, 전쟁이라는 상황을 긍정적인 가치관으로 극복하고자 했다. 한국전쟁에 관해 "오늘의 전쟁도

---

20) 조지훈, 「가배절」, 『조선일보』, 1954. 9. 13.

21) 조지훈, 「불안의 절정에서」, 『영남일보』, 1952. 1. 1; 『진집 3』, 127쪽.

문화의 의미로 볼 때, 우리는 비로소 새로운 현대를 위하여 무엇을 이상해야 하는가 하는 구체적 양상을 자각할 수 있을 것"이라고 보았다.[22)]

한국전쟁 당시 지식인들은 각기 자신의 정치적 입장에 따라 체제와 이념을 선택했는데, 조지훈은 북한군을 피해 남하하여 문총구국대를 조직하고, 종군문인단에 참가하여 부단장을 지냈다.[23)] 하지만 한국전쟁은 남진과 북진의 과정이 교차하면서, 결국 휴전선이란 형태로 귀결되었다. 분단 상황은 재차 고착화되고 상호간의 불신의 긴장과 대립은 더욱 높아졌다. 이념보다 민족을 앞세운 평화통일 논의마저 국시(國是)에 위반되는 행위로 간주되었다. 당대 조지훈은 이에 관해 별다른 논의를 전개할 수 없었지만, 1960년대 초반 그는 남한과 북한이 민족공동체로 '통합'될 미래를 전망했다. 이러한 관점이 그의 『한국민족운동사』(1964)에 반영되었다.

일제강점기를 대상으로 일정한 관점과 좌우익 활동에 균형감을 지닌 민족운동사 서술은 어려운 작업이었으며, 분단체제의 성립과 이승만 정권 아래에서는 독립운동사 연구가 활발하게 전개될 수 없었다.[24)] 그럼에도 불구하고 조지훈의 『한국민족운동사』는, 이러한 제한점을 넘어서, 1884년 갑신정변부터 1945년 8·15 해방까지 60년 동안 근대 민족운동이 어떻게 발전했는가를 보여주고 있다.

이 책은 『한국문화사대계』의 첫째 권인 『민족·국가사』에 수록되어 1964년 출판되었으며,[25)] 독립운동사에 관한 최초의 본격적인 저술로 평가되었다.[26)] 실제로 1960년대 출판된 다른 독립운동사가 3·1운동까지만 언급하거나 자료집의 성격을

---

22) 조지훈, 「전통에의 회귀」, 『대구일보』, 1953. 9. 5; 『전집 3』, 129쪽.

23) 조광렬, 「나의 아버지 조지훈」, 『문예운동』 85, 문예운동사, 2005, 53쪽.

24) 박찬승, 「분단시대 남한의 한국사학」, 『한국의 역사가와 역사학』 하, 창작과비평사, 1994, 327쪽.

25) 『한국민족운동사』는 서편과 결편을 제외하고 총 25항으로 근대 민족운동사를 정리한 책이다. 이 책의 1편은 '민족자위항쟁사'로서 갑신정변과 한말 계몽운동부터 '병합'까지의 인민의 항쟁을 다루고, 2편 '민족해방투쟁사'는 국외 망명 민족운동가의 활동부터 독립군의 독립전쟁에 이르는 국내외 민족운동을 서술했고, 3편 민족사회운동사에서는 1960년대 거의 다루어지지 않았던 문화운동, 사회주의운동을 균형있게 서술되었다. 출판 당시 "일제 침략하에서 저항을 통해 살아온 민족사(정신)의 생동을 강조, 증언했"거나(「고고한 자세의 시인 조지훈」, 『조선일보』, 1968. 5. 19), "60년간의 민족운동사를 발굴, 정리, 체계화하고, 왜곡된 것을 엄정히 비판하여 그 진상을 찾는 데 주력"했다고 평가되었다(박성의, 「조지훈의 학문과 사상」, 『조선일보』, 1970. 5. 20).

지닌 것에 비해,[27] 조지훈 스스로 밝혔듯이 이 책은 "종래의 다른 책들이 나열한 산만한 자료를 체계화하여 편년사적 전개와 사상사적 흐름을 절충 종합 … 개인의 견문 기억과 기록에만 의거한 자료가 범한 시대의 착오, 사실과의 상위, 또는 특정인 중심의 왜곡을 엄정히 비교 비판함으로써 그 진상을 찾기에 주력"한 점에 특징이 있다.[28] 또한 『한국민족운동사』는 민족주의운동과 사회주의운동을 균형있게 서술했으며, 사회주의 노선과 운동에 적극적인 의미를 부여함에 특징이 있다.[29] 이러한 점은 당시 사회주의 운동을 '민족적 사회주의·사회주의적 민족주의'라고 평가한 점에서 찾아볼 수 있다.

> 일제의 식민지에서의 해방이라는 근본명제는 8·15 해방까지 사회주의에 기본적인 제약을 주었을 뿐 아니라 우리의 사회주의적 경향을 자극해 왔던 것이다. 그러므로 한국의 민족운동은 민족적 사회주의·사회주의적 민족주의의 색조가 진작부터 짙었고, 이러한 상호영향의 요소 때문에 해방 전까지의 공산주의운동은 민족해방운동사에서 제외될 수는 없는 것이다.[30]

이데올로기적으로 공산주의의 반대 개념으로 자본주의가 설정되지만, 민족주의와 공산주의(혹은 사회주의)란 대립항의 설정은 일제강점기에 연원을 두고 있다. 식민지 경험은 운동 주체와 활동을 기준으로 부르주아 민족주의 계열과 사회주의 계열로 나뉘었고, 양 계열 사이에 국가 건설 방향과 과정에 큰 간극이 있는 것으로 설명되었다.

---

26) 강만길, 「지훈과 『한국민족운동사』」, 김종길 외, 『조지훈 연구』, 고려대학교출판부, 1978, 343-351쪽.

27) 김기승, 「조지훈의 민족운동사 인식과 동학관」, 『동학학보』 6(2003), 369-370쪽.

28) 조지훈은 스스로 『한국민족운동사』에 관해 "종래 다른 사료의 국외항쟁중심, 개인활동중심, 자가노선중심의 폐를 재검토함으로써 국내항쟁중심, 집단운동중심의 관점을 견지"하고자 한다고 밝혔다(조지훈, 『한국민족운동사』; 『전집 6』, 17쪽).

29) 강만길은 "종래의 民族運動史類가 대체로 우익진영의 활동에 치중되었고 좌익진영의 그것은 공산주의운동사의 대상으로만 취급"되었는데, 조지훈의 『한국민족운동사』는 이러한 경향을 벗어나 "사회주의 계통의 항일운동을 주저함이 없이 민족운동으로 定義"하였다고 평가했다(강만길, 앞의 글, 347쪽).

30) 조지훈, 『한국민족운동사』; 『전집 6』, 231쪽.

조지훈이 『한국민족운동사』에서 밝힌 '민족적 사회주의·사회주의적 민족주의'란 개념 정의는 민족운동에 관한 새로운 접근 방안이었다. 그는 사회주의 사상의 수용에 관해 3·1운동이 실패로 돌아간 뒤, "새로운 방법에 대한 모색이 러시아혁명 후의 풍조를 타고 사회주의를 사상적으로 받아들이기 시작"했다고 보았으며, "초기 사회주의는 그때까지의 민족주의가 보수적 민족주의와 통하였음에 반하여 진보적 민족주의, 곧 민족혁명노선에의 지향으로 시작"되었다고 밝혔다.[31] 이렇듯 그는 일제강점기 특히 1920년대 초반의 '초기 사회주의'와 사회주의 사상이 '진보적 민족주의'와 연결된다고 본 것이다.

한편 『한국민족운동사』는 좌익과 우익의 공동전선에도 주목했다. 일반적으로 과거의 경험은 미래에 대한 낙관적 전망뿐만 아니라 비관적 측면도 함께 제시한다. 좌우통일전선에 입각한 신간회의 해소가 그러했다. 우파는 이를 좌파와 결합 불가능한 사례로 활용했다. 반면 조지훈은 일제강점기 사회주의 운동을 계급투쟁보다 민족항쟁이라는 측면에서 강조했으며, "그것은 일본민족과 일본자본을 배척하는 점에서 동일하였고, 따라서 민족혁명을 위한 공동전선이 절로 이루어졌던 것"이라고 보았다.[32]

이러한 역사적 경험으로 신간회의 활동을 강조했다. 그는 여러 곳에서 신간회를 "합법적인 결사운동으로 비타협적 투쟁을 감행하는 민족운동의 대표적 단체"라고 평가하고, 이를 '민족단일당 민족협동전선', '민족공동전선으로 민족사회주의 정당', '좌우 합작의 민족단일당', '좌우 연합전선' 등으로 표현했다.[33] 비록 반공의 입장을 견지하고 있었지만, 그가 사회주의운동과 좌우합작운동을 적극적으로 평가할 수 있었던 것은 1960년대 중후반 분단 상황을 염두에 두었기 때문이었다.

분단을 민족공동체 건설에 장애물로 인식했던 점은 일제 전시체제기 상황에서 일제에 협력했던 인물의 활동에 관한 평가에도 적용되었다. 특히 한말 계몽운동에 이어 3·1운동에서 활동했던 인물에 관한 평가가 그러했다. 조지훈은, 이후의 '훼예

---

31) 위의 책, 239쪽.

32) 위의 책, 239쪽.

33) 위의 책, 270, 279, 302, 304쪽. 참고로 1950년대 후반에도 그는 신간회 활동을 '민족단일당 운동'이라고 보았다(조지훈, 「한용운론」, 『사조』 10(1958); 『전집 3』, 306쪽).

(毁譽)'에도 불구하고, 1919년 대표적인 두 개의 선언서를 기초했던 이광수와 최남선의 활동 내용과 역할에 관해 "적어도 3·1운동에서만은 그들의 공이 주도적이었다는 사실(事實)은 움직일 수 없는 사실(史實)"이라고 보았다.[34)]

그럼에도 불구하고 『한국민족운동사』에서는 『지조론』에서 '변절'했다고 평가되는 인물이 참여했던 한말 출판 및 언론 및 교육활동 등에 관해 큰 비중으로 다루지 않았다. 이는 '개인 활동 위주'를 지양한다는 집필원칙과 '민족자위항쟁사'와 '민족해방투쟁사'등의 서술목적에 맞춰 '계몽운동'의 내용이 언급되지 않은 것으로 볼 수 있다. 그렇지만 『한국민족운동사』에서는 이러한 인물들에 관해 당대의 시대적 상황과 다른 민족운동가의 활동 속과의 대비 속에서 재평가하고자 했음이 주목된다.

인물에 관한 '과도한' 평가를 지양하는 방안 가운데 하나는 시대 상황 속에 그의 활동과 역할을 '상대화'시키는 것이다. 그 하나는 역사적 행위에서 그 인물의 비중을 객관화하는 방식이다. 3·1운동 당시 이광수가 천도교의 주요 지도자인 최린을 '설득'해서 민족운동을 이뤘다는 주장에 관해, 조지훈은 "이광수가 상해 망명 중의 견문과 국제정세의 동향에 대해서 지인에게 알려줬을 법은 하나, 당시의 위치로 봐서 이광수가 최린을 설득했다는 것은 지나친 과장"이라고 평가했다.[35)]

아울러 '상대화'의 다른 방안은 그의 공적을 다른 민족운동가의 활동과 비교하는 방식이다. 조지훈은 한용운의 「조선독립의 서(書)」를 최남선의 독립선언서와 대비해서, 이 글이 "최남선의 독립선언서에 비하여 손색이 없을 뿐 아니라 오히려 문체가 새롭기까지 하다. 그의 강직한 성격으로나 문장력으로 보아 자천(自薦)(독립선언서의 집필 관련—인용자)이 족히 있었을 것을 짐작할 수 있다."라고 보았다.[36)] 한용운의 '강직함'을 언급한 것은 그와 대비되는 존재에 대한 평가가 내재되어있는 것이다. 이렇듯 전시체제기 이광수와 최남선의 일제협력 활동에 관한 비판적 인식이 『한국민족운동사』 서술에 반영되었다고 판단된다.

조지훈은 1940~50년대 지속적으로 반공(反共)과 민족의 전통을 강조했던 '보수

34) 위의 책, 129쪽.
35) 위의 책, 129쪽.
36) 위의 책, 135쪽.

주의자'였다.[37] 보수(保守)의 스펙트럼 속에서 그는 반공보다는 민족의 통일을, 복고보다는 전통의 재창조의 입장에 서있었다. 그는 "외국 문화사상의 공식(公式) 고수는 추수적인 동시에 보수적이지마는 자기 전통의 발견 수립은 언제나 창조적이요 진보적"이라고 보았다.[38] 아울러 이러한 경향이 복고 취미와 보수주의와 연결되기 쉽다고 보기에, 전통의 계승은 "전통에 대한 새로운 해석"에 기반해야 한다고 강조함으로써 학문적 균형감을 견지하고자 했다.[39]

이러한 균형감은 민족운동사를 서술하는 데도 반영되었다. 1950~60년대 '반공'을 강조한 상황 속에서 사회주의 운동을 제대로 서술할 수 없었다. 하지만 조지훈은 침묵된 역사적 사실을 복원했을 뿐만 아니라 좌우합작운동이었던 신간회 활동에 관해 적극적으로 의미를 부여했다. 이는 남북한의 통일을 강조했기 때문이었다. 그는 1967년 8월 광복절을 기념하는 글에서도 해방의 기쁨을 기억하기보다는 "증오와 불신과 살육이 이 민족의 마음속에 휩쓸고 있다"라고 전제하고, "통일에 대한 우리의 염원은 … 다각적인 태세와 방안이 준비되고 시도되어야 한다"라고 주장했다.[40] 즉 그는 당시의 시대적 상황 속에서 반공보다도 민족공동체의 복원을 보다 중요한 과제로 설정했다.

4. 4·19와 5·16—민주·민족 문화 가능성에 관한 불안

시대의 '불안'은 1960년대도 연속되었다. 조지훈은 4·19 직전의 상황을 "오늘날처럼 나라의 기강이 어지럽고 사회 정의의 지표를 잃은 적은 일찍이 우리의 역사에서는 없었을 것"[41]이라고 보았다. 부정적으로 이해했던 시대 상황이 1960년 4·19를

---

37) 김윤태는 조지훈은 '진정한 보수주의자'라고 평가하고 그의 순수문학의 경우 "탈정치주의에 그치는 소극적인 것이 아니라 정치주의에 맞서는 적극적인 의미의 문학"이라고 규정했다(김윤태, 「한국의 보수주의자 조지훈」, 『역사비평』 57, 2001, 36쪽).

38) 조지훈, 「개화사상의 모티브와 그 본질」; 『전집 7』, 289쪽.

39) 조지훈, 「전통의 현재적 의의」; 『전집 7』, 213쪽.

40) 조지훈, 「마음의 장벽을 헐자」, 『조선일보』, 1967. 8. 15.

41) 조지훈, 「선비의 직언」, 『새벽』, 1960. 4; 『지조론』, 32쪽.

통해 전환되었는데, 그는 이 사건을 '4월 혁명'이라고 규정하고 적극적인 의미를 부여했다. 하지만 당시에도 이미 4·19의 주체가 누구인가 여부와 이에 관한 규정과 이후의 전망에 관해서는 다양한 형태로 논의가 이뤄졌다.

이러한 시대 상황에서 조지훈은 4·19를 민족이란 주체와 '민주와 자유'란 이념을 기준으로 평가했다. 『한국민족운동사』에서 개인이 아닌 '집단운동중심의 관점'을 강조한다고 밝혔듯이, 4·19의 경험은 그에게 학생보다는 '민중'의 역할에 보다 주목하게 했다. 그는 '4·19 의거'의 주동은 학생이지만, '억센 동반자'는 시민이었고, 의거를 혁명으로 유도한 것은 교수단 등의 역할에서 비롯되었다고 보았다.[42] 아울러 자신이 해방공간과 한국전쟁 당시 반공을 한 것은 자유와 민주를 지키기 위함이었다고 밝혔다.[43] 즉 4·19에서 표방된 민주란 이념과 가치관이 어느 특정 계층에 독점되는 것이 아니라 공동체 구성원 전체에게 공유되어야 할 것으로 본 것이다. 이러한 신념은 장면 정권과 5·16으로 인해 추후의 전망이 불분명한 '불안' 상황 때문에 흔들리게 되었다.

향후의 전망은 항상 시대적 상황에 의해 규정된다. 1960년대 초반 4·19와 5·16의 역사적 경험이 그러했다. 1년 사이에 발생한 일련의 두 사건에 관한 평가는 당대에는 쉽지 않았다. 또한 두 사건을 연속과 단절 어느 방향으로 보는가 여부에서 전혀 다른 전망과 대안이 제시될 수 있다.

조지훈은 5·16 직후 이를 4·19의 연장선으로 이해했다. 그는 장면 정권이 민주적 요구에 부응하기에 역부족이었기에 군인들의 행동으로 사회적 상황이 좋아질 것으로 기대했다.[44] 왜냐하면 4·19의 성과가 "독재와 부패의 아성을 뒤집은 것은 분명하나 혁명 정신이 반혁명세력에게"에게 넘어가고 있다고 보았기 때문이다.[45] 하지

---

42) 조지훈, 「사월혁명에 부치는 글」, 『새벽』 7월호(1960. 7); 『전집 5』, 148-149쪽.

43) 조지훈, 『지조론』, 84쪽.

44) 1961년 5월 16일 미군 방첩대 요원들을 동원하여 거리에서쿠데타 군을 지켜보는 시민을 대상으로 여론조사를 했다. 그 결과에 따르면 10명 중 4명은 쿠데타에 우호적이었으며, 2명은 우호적이나 시기상조라 생각했고, 4명은 쿠데타에 반대했다. 또한 1961년 5월 31일 주한미국 대사관이 국무부에 보고한 바에 따르면 서울 대학생들의 쿠데타에 대한 지지도는 50 대 50이었다(홍석률, 「5.16쿠데타는 왜 발생했으며 어떻게 성공하였나?」, 『기억과 전망』 14, 민주화운동기념사업회, 2006, 101쪽).

만 '군사정부'에 관한 기대감은 1년이 조금 지난 시점에서 회의적인 시선으로 바뀌었다. 그는 양자의 관계에 관해 공통점이 있으면서 동시에 차이가 있다고 보았다. 그는 "인간혁명, 도의혁명, 문화혁명으로 삼으려는 근본 의도이거니와 실상 두 번 혁명에서 정신은 다 말뿐이었고 정책적으로 등한시되고 어느 면에서는 구습 그대로 오도되기까지 하였다"라고 주장함으로 5·16에 관한 관점이 재조정되었다.[46)]

당대는 물론 오늘날까지 4·19와 5·16이란 두 사건은 각각의 평가뿐만 아니라 양자의 관계에 관해서도 다양한 입장과 평가가 이루어지고 있다.[47)] 왜냐하면 4·19는 의거, 혁명, 운동 등으로, 5·16은 혁명, 쿠데타 등으로 관점과 입장에 따라 각기 다르게 불렸기 때문이었다. 다양한 해석은 미래의 전망에 관한 불안감으로 반영되었다. 즉 다양한 한국 근현대사의 중요 사건이 숫자로 표시되듯이, 4·19와 5·16을 숫자로 표현한 것은 추후 전망과 평가에 관한 불명확성을 반영하는 것이다.

이러한 시대적 상황에서 지식인의 일반적 대응은 적극적인 참여보다는 사회 비판이 병행된 '냉소(冷笑)'가 일반적이었다. 전망의 불투명성은 사회 참여를 주저하거나, 많은 변수가 그릇된 예단으로 이끌 수 있기 때문에 지식인을 냉소적으로 만들었다. 하지만 1960대 초반 4·19와 5·16을 40대에 겪었던 조지훈이 즐겨 사용했던 용어는 1960년 4월에 정권에 반대해서 시위에 참여했던 학생들에게 '부끄러움 없는 선배'였다.[48)] 그는 불안한 시대의 책임을 사회적, 시대적 상황 때문이라고 돌리기보다는 자신의 책임으로 간주한 것이다. 이러한 입장은 1960년대 초중반 한일회담을 둘러싼 찬반 논의과정에 반영되었다.

---

45) 조지훈, 「혁명정신은 어디로 갔는가」, 『고대신문』, 1960. 8. 27; 『전집 5』, 153쪽. 아울러 『동아일보』에서 실시한 "반혁명세력의 재대두는 없었는가"라는 설문에 "혁명의 뒷처리가 한심해서 새 기풍은 싹트려다 만셈. … 혁명 후에도 문단의 혁명세력은 모든 면에서 줄곧 봉쇄되어 왔"다고 보았다(조지훈, 「구태 그대로다」, 『동아일보』, 1961. 4. 18).

46) 조지훈, 「혁명정부에 직언한다」, 『신사조』, 1962. 9; 『전집 5』, 48-50쪽.

47) 4·19와 5·16의 관계 설정에 관해서 한국현대사 연구자 사이에도 다양한 논의가 진행되고 있다. 이에 관해 첫째, 4·19에 대한 부정, 반동, 반혁명으로 5·16을 이해하는 방식, 둘째, 4·19와 5·16의 지향이 분화, 대립했다고 이해하는 방식 셋째, 4·19와 5·16의 동일한 지향을 강조하는 입장 등 세 가지 유형으로 나뉘었다고 볼 수 있다(오제연, 「1960년대 전반 지식인들의 민족주의 모색」, 『역사문제연구』 25, 2011, 35-36쪽).

48) 조지훈, 「당신들 세대만이 더 불행한 것은 아니다」, 『사상계』, 1962. 12; 『전집 5』, 39쪽.

탈식민은 식민지 경험에 관한 새로운 기억의 창출 과정으로 연결되었다. 한국과 일본 사이의 새로운 국교의 수립도 양국의 관계를 새롭게 정립하는 과정이라고 할 수 있다. 군사정부시절부터 박정희는 한일국교 정상화를 시도했고, 이러한 진행 과정에 대하여 정치세력인 야당과 『사상계』에 참여했던 지식인 그룹, 학생 등으로부터 큰 반대에 직면하게 되었다.

1963년 1월 쿠데타로 인해 금지되었던 민간인의 정치활동이 재개되자, 야당인 민정당은 3월부터 한일회담반대운동을 시작했다. 『사상계』는 1963년 8월호에서 「치욕의 역사를 되풀이 하지말자!」라는 권두언을 통해 국교정상화는 이론이 없으나, 군사정부가 한일 교섭의 과정을 국민들에게 제대로 알리지 않고, 일본에 비굴한 저자세를 보이는 반면에 일본은 오만한 고자세를 취하고 있으며, 일본이 과거의 죄책(罪責)을 반성하지 않아 '민족적 치욕감'을 느낀다고 주장했다.[49] 박정희 정권은 이러한 반대에도 불구하고 1964년 1월 한일회담 일괄타결방침을 정했고, 이에 반발하여 같은 해 3월 24일 대규모 반정부 시위가 발생했다.

한일회담 반대운동은 같은 해 6월 정권 퇴진운동으로 발전했고, 서울 일원에 비상계엄령을 선포되었다('6·3사태'). 이러한 한일회담을 둘러싼 일련의 논의를 통해, '민족'의 자존심이란 존재 가치에 관한 물음이 제기되었고, 이러한 민족문제가 민주주의 문제와 결합하게 되었다. 당시 회담의 조기 성사에 반대했던 지식인처럼, 조지훈은 국교정상화는 필요하나 일본의 사죄가 전제되어야 한다는 입장이었다.[50] 일본을 타자로 한 이러한 긴장관계는 한국인의 민족성 논의로 비약되었다.

1960년대 민족성에 관한 긍정적 요소를 강조하기는 쉽지 않았다. 서양은 물론 일본과 대비해서도 그러했다.[51] 하지만 한일 양국 사이에서 '자존심'의 문제를 간과한 박정희 정권에 관해 조지훈은 비판적일 수밖에 없었다.[52] 그런데 이러한 과정에서 박정희 정권은 긴장관계를 역전시켜 민족성 논의를 선점하고자 했다. 구체적으로 박정희는 일본에 대해 자신이 없고 피해의식과 열등감에 사로잡혀있는 것이야

---

49) 권두언, 「치욕의 역사를 되풀이하지 말자!」, 『사상계』, 1963. 8.

50) 조지훈, 「일본의 사죄가 정상화의 전제」, 『고대신문』, 1965. 4. 24; 『전집 5』, 58-59쪽.

51) 당대 한국인을 대상으로 '엽전'과 같은 표현을 상투적으로 사용되었다. 아울러 서양 혹은 선진국과 대비해서 한국인의 민족성(혹은 의식)의 부정적인 측면을 강조하는 논법은 1980년대 초반에 간행된 이규태의 『한국인의 의식구조』와 같은 책에도 지속적으로 나타난다.

말로 '비굴한 생각'이자 '굴욕적인 자세'라고 반박했다. 나아가 국교정상화가 앞으로 한국에 좋은 결과를 가져오느냐, 불행한 결과를 가져오느냐는 우리의 주체의식과 각오에 달려있다고 주장했다.[53)]

이러한 논리에 반박하기는 쉽지 않았다. 조지훈도 당시 비슷한 논조의 글을 발표했는데, 그는 필요 이상으로 나쁜 점만 파헤치는 것은 '유행적 자학증'이며, "민족과 문화에서 좋은 것을 찾고 그 양질의 창조적 전통을 인습 속에서 정련하기 위하여 민족 자시(自恃)의 기풍을 진작시켜 주기를 바라는 자이다. 좋은 면에서 본 '이것이 한국이다'가 나와야 한다."라고 강조했다.[54)]

민족성에 관한 긍부정의 논의는, 그것의 사실 여부를 넘어서, 정치적 의도를 지니게 된다. 권력의 민족 주체를 강조한 논의는 '한국적 민주주의'를 표방한 권력욕구로 연결되었다. 따라서 민간 영역의 민족문화와 민족성 논의가 이에 동조하는가 아닌가 여부로 나뉘게 되었다.

민족성과 관련된 긍부정의 논의처럼, 민족문화에 관한 논의는 보편성과 특수성의 간극을 어떻게 고려할 것인가의 여부에서 논의가 파생하게 된다. 민족 문화에 대해서도 시간과 공간 속에서 이루어진 구성물에 관한 지속적이거나 변화되어 형성된 성격을 함께 고려해야 한다.

조지훈은 한국 문화를 세계문화와 차별화하는 경향과 달리 세계적 의미를 구성하는 방향을 설정했다. 그는 1940년대부터 외래문화에 관한 '사대주의'와 함께 민족문화 연구가 '보수주의', '쇼비니즘'으로 빠질 위험을 경계했다. 1960년대 들어와서도 계속하여 당대 국학 연구는 우리의 관점, 우리의 방향의식, 우리의 창조방법이 아직 서 있지 않고, 민족적 자기의식이 이루어지지 못했기 때문에 주체의식이 혼미하다고 보았다. 이어 "민족문화에 대한 주체적 자각과 긍지가 없이는 새로

---

52) 박정희정권에 관한 반대 입장은 1965년 5월보다 분명하게 드러나는데, 조지훈은 한일회담에 반대한 학생, 언론, 지식인이 국민 여론의 정수라고 주장했다(조지훈, 「그들은 과연 비애국적이며 무책임하고 옹졸한가」, 『조선일보』, 1965. 5. 5).

53) 대통령비서실, 『박정희대통령연설집』 제2집(1966), 208-212쪽.

54) 조지훈, 「유행성 자학증」, 『동아일보』, 1964. 10. 26; 『전집 4』, 380쪽. 그는 다른 글에서는 '空疎한 회고적 自尊'도 함께 비판했다(「특집 한국사를 보는 눈 한국사관은 가능한가?」, 『사상계』 117, 1963. 2, 264쪽).

운 창조는 불가능"하다고 강조했다.[55] 나아가 국학 연구의 구체적이고 조직적인 연구의 필요성을 제기하고, 이를 통해 "과학적 방법으로 우리 문화의 모든 분야를 다루어 파헤치어 재구성하는 길"이 우리 학문의 태도라고 보았다.[56] 이러한 입장은 1960년대 『지조론』, 『한국민족운동사』, 『한국문화사서설』 등 3권의 저서와 고려대학교 부설 민족문화연구소 활동으로 연결되었다.

이상에서 살펴보았듯이, '자유, 민주'라는 보편적 논의와 민족성·민족문화와 같은 특수성이 강조되는 영역이 동일선상에서 논의될 수 없다. 하지만 4·19와 5·16 그리고 한일회담으로 이어진 일련의 시대적 흐름은 이를 함께 고려해야 하는 상황을 초래했다. 조지훈의 시대적 상황에 관한 진단은 당대 비판적 지식인의 입장과 크게 다르지 않았다. 4·19의 의의를 인정하면서 이후 장면 정권에 관한 실망이 교차했고, 군사정부에 관한 우려와 기대감의 공존했다.

한편 민족성과 민족문화의 긍부정의 판단 여부에서도 간극은 크지 않았다. 양자 모두 '전통의 창조적 계승'은 동일한 서사구조를 가지고 있었다. 하지만 이러한 논의과정을 관주도로 진행할 것인가 민간주도로 할 것인가 여부에서 입장의 차이가 나타나기 시작했다. 조지훈은 이러한 선택의 순간에 자유와 민주라는 보편적 가치에 입각해서 1962년 9월 「혁명정부에 직언한다」를 통해 군사정부가 '반(反)사월혁명'의 길을 가고 있다고 지적하고, 민족문화에 관한 과학적, 체계적 연구를 통해 국수주의나 보수주의를 벗어나는 길을 모색하고자 했다.

1960년대 지식인 사회에서는 정치적 이념과 실천 활동에 따라 분화가 이루어지게 된다. 1980~90년대처럼 마르크스주의, 민족주의, 민주주의, 자유주의, 보수주의 등의 세분화된 이념적 스펙트럼에 따른 분화는 아닐지라도,[57] 정권에 관한 관계설정 속에서 찬반의 입장이 나뉘게 된다. 특히 1964년 '6·3사태'는 이후 반독재 민주주의운동의 기원이 되었고, 실천적 지식인과 민중 담론이 형성되기 시작했다. 문화적 측면에서도 '한국적 민족주의/민주주의'의 이념적 토대를 구축한 그룹이 존재

---

55) 조지훈, 「민족적 자아 발견의 겨울」, 1963. 9; 『전집 3』, 388쪽.

56) 조지훈, 「여름방학엔 무엇을 할까」, 『고대신문』; 『전집 5』, 77쪽.

57) 1980~90년대 지식인의 유형화에 관해서는 윤건차, 『현대 한국의 사상흐름』, 정화경 옮김, 당대, 2000 참조.

했다면, 민간 영역에서 한국 문화와 역사를 연구하는 단체와 조직이 결성되었다.

조지훈은 1960년대 4·19를 지지하고, '민주, 자유'의 가치관을 옹호했으며, 한일회담에 반대했던 인물이었다. 하지만 1960년 전반 그는 실천 활동에 참가하지 않고 한국 문화 연구에 주력했다. 그는 전통문화적 요소가 사라지고 있거나 심지어 비화되고 있다고 전제하고, 민족문화(혹은 전통)를 창조적으로 계승하고자 했다.[58] 아울러 한국문화에 관한 거시적 안목 속에서 학문적 체계화란 목표를 이루는 것을 자신의 삶으로 선택했다.[59] 이러한 선택이 당면 과제에 우선순위를 부여한 것인지, 최선이 아닌 '차선(次善)'을 설정한 것인지는 불분명하다. 보다 선명한 평가는 관주도의 민족문화 논의와 민간주도의 민족문화 연구 사이의 간극에서 찾아질 수 있을 것으로 생각된다.

5. 맺음말

일반적으로 시공간에서 전개된 인간의 활동은 항상 역동적이었지만, 이러한 시간적 추이 속에서도 이른바 '격변기' 혹은 '전환기'라고 불리는 시기가 존재한다. 한국근현대사란 시간적 변곡점은 주요 변화 국면에서 희망과 함께 불안감을 동반한 형태로 나타났다. 일제강점기 특히 전시체제기 동안 일제는 전쟁 수행을 위해 식민지 조선인의 전쟁 협력을 요구했다. 아울러 '내선일체'란 명목 아래 조선 문화를 일본 문화의 하부 단위로 놓고자 했다. 즉 문화적으로 한국인의 정체성 상실이 당면한 불안요소였다.

58) 이러한 강조는 민족문화연구원의 활동에도 연결되는데, 조지훈은 "민족 사회가 당면한 오늘의 혼란한 실정을 절감하고 민족문화의 오늘의 적막을 심사하여 이를 타개하는 한 방법으로 … 기념 도서출판 사업을 조성"해서 민족문화의 창조적 계승과 발전에 이바지하겠다는 것으로 연결시켰다(조지훈, 「고려대학교 부설 민족문화연구소 기념도서 출판 취지문」, 1963. 10. 3; 『전집 4』, 503쪽).

59) 민족문화연구소에서 발간한 『민족문화연구』 창간사에서는 "분석과 고증에 치우친 학풍은 우리가 목마르게 요청하고 있는 민족문화의 학적 체계화 또는 거시적 사관, 심화적 방법에는 외면"했다고 전제하고, "전통의 현대적 탐구와 민족문화의 학적 체계화"를 위해 노력하겠다고 밝혔다(조지훈, 「『민족문학연구』 창간사」, 1963. 10. 3; 『전집 3』, 386-387쪽).

해방 공간(1945~1948)은 해방의 기쁨과 함께 새로운 국가를 건설해야 하는 불안감이 동반한 시기였다. 민족문화의 경우에도 일제에 의해 왜곡된 부분에 관한 새로운 복원이 요구되었다. 독립된 민족국가의 수립운동은 좌우익의 대립 속에서 한국전쟁이라는 무력적 대립의 상황을 초래했다. 민족공동체의 존립 여부조차 전망할 수 없었던 것이 시대적 '불안'의 주요 요소였다. 아울러 4·19, 5·16 그리고 한일회담으로 이어진 1960년대 전반기의 상황은 민주주의란 보편적 가치의 유지와 한국학의 정립이 시대적 과제로 제시되었다.

시대의 불안을 해소하기 위해서는 사건의 원인을 찾아야 한다. 하지만 문제 해결의 방안은 하나의 원인에서 기인한 것이라고 단선적으로 설명할 수 없으며, 독립변수와 종속변수로 나누어 설명하는 데도 어려움이 존재한다. 다양한 변수와 가능성 속에서 인간들에 의해 만들어진 과정이기 때문에 상호 연관 속에서 종합적으로 살펴보아야 한다. 즉 다양한 입장과 견해 속에서 일정한 선택이 이루어지는 과정이라고 할 수 있다.

일제 말에는 한국인의 정체성이 상실되었다면, 해방 공간에는 새로운 복원이 요청되었다. 이러한 시대적 과제에 관해 조지훈은 정면으로 대응했다. 그는 '문화비평가'의 관점에서 전통문화를 한국에 한정되지 않은 세계적 단위에서 그 정체성을 찾고자 했으며, 나아가 친일파 문제에 관해서는 지조와 변절의 논리로 해결하고자 했다. 분단체제와 한국전쟁의 경우 반공의 입장에서 활동했으면서도 그는 분단 상황의 극복을 위한 통일전선적 경험을 부각하는 방향 속에서 민족운동사를 정리했다. 1960년대 전반기 민주주의란 기본적 가치의 흔들림에 관해 또한 민족적 주체의식에 관한 논의 속에서 그는 시민의 권리와 민족 문화의 가능성을 과학적으로 분석하는 방향을 선택했다.

조지훈의 사회 참여 활동은 신문·잡기에 기고한 사회 비평문뿐만 아니라 학술적인 영역인 1960년대 국학 연구의 저작물로도 귀결되었다. 『한국민족운동사』와 기존 연구 성과 가운데 '선택'된 『지조론』, 『한국문화사서설』의 경우에는 4·19와 5·16을 거치면서 '자유와 민주'와 '민족 통일'이란 입장이 강하게 반영되었다. 이러한 가치관이 신간회 활동을 비롯한 민족운동의 활동을 적극적으로 평가한 계기가 되었다. 아울러 그는 전망이 불투명한 시대적 상황 속에서 '비관과 냉소'에 빠지지 않고, 민족문화 연구에서 전환점을 찾고자 했다. 그는 국학 연구의 과제인 민족문화의 긍정적인 요소 발견을 위해 과학적, 체계적, 학문 융합적 연구의 필요성을 제기했다.

외래 사조에 관한 사대주의와 국학 연구의 '쇼비니즘'적 경향 사이에서 균형감각은 당대 민족운동사 서술을 비롯하여 국학 연구의 제한점을 넘어설 수 있게 했다. 물론 시대에 관한 불안감은 지식인의 전유물이 아니라고 할 수 있다. 또한 지식인이 불안감 때문에 저술활동과 실천 활동에 참여하는 것도 아니다. 그럼에도 불구하고 시대의 불안을 해소하는 과정이 지식인에 대한 시대적, 사회적 요구라고 할 수 있다. 조지훈의 '선택'이 당대 지식인과 민중에게 지표 역할을 담당했는지 여부는 보다 심도 깊은 분석이 요망된다. 즉 관(官) 주도의 문화론과 조지훈을 비롯한 민간 주도의 문화론 사이의 차이를 살펴봄으로써, 그에 관한 선명한 평가가 가능할 것으로 판단된다. 이점 추후의 과제로 삼고자 한다.

참고문헌

[자료]

『사상계』.
『동아일보』.
『조선일보』.
대통령비서실.『박정희대통령연설집』 제2집, 1966.
조지훈.『지조론』. 삼중당, 1962.
조지훈.『조지훈 전집』 1~9. 나남출판, 2005.

[논저]

강만길.「지훈과 『한국민족운동사』」. 김종길 외.『조지훈 연구』. 고려대학교출판부, 1978.
김기승.「조지훈의 민족운동사 인식과 동학관」.『동학학보』 6(2003).
김윤태.「한국의 보수주의자 조지훈」.『역사비평』 57(2001).
김정배.「조지훈의 역사관 연구」.『민족문화연구』 22(1989).
박찬승.「분단시대 남한의 한국사학」.『한국의 역사가와 역사학』 하. 창작과비평사, 1994.
신용협.「조지훈 연구」.『문예시학』 11(문예시학회, 2000).
오제연.「1960년대 전반 지식인들의 민족주의 모색」.『역사문제연구』 25(2011).
윤건차.『현대 한국의 사상흐름』. 정화경 옮김. 당대, 2000.
이강수.『반민특위연구』. 나남출판사, 2003.
인권환.「지훈의 학문과 그 업적」. 김종길 외.『조지훈 연구』. 고려대학교출판부, 1978.

조광렬. 「나의 아버지 조지훈」. 『문예운동』 85(문예운동사, 2005).
G. 베이트슨. 『마음의 생태학』. 박대식 역. 책세상, 2006.
허종. 『반민특위의 조직과 활동』. 선인, 2003.
홍석률. 「5·16쿠데타는 왜 발생했으며 어떻게 성공하였나?」. 『기억과 전망』 14(민주화운동기념사업회, 2006).

논문 출처

1부 • 조지훈 문학 연구

김홍규 ············ 「조지훈의 초기작 「지옥기」 시편에 관하여」
『한국현대시사연구』, 일지사, 1983.

김명인 ············ 「지훈 시의 초기 시고(考)」
『경기어문학』 제7집(경기대 국어국문학회, 1986);
「낭만적 비장과 표일의 정신」, 『시어의 풍경』, 고려대학교출판부, 2000.

오세영 ············ 「조지훈의 문학사적 위치」
『민족문화연구』 제22호(고려대 민족문화연구소, 1989. 2), 23-54쪽;
「선비정신과 자연의 의미—조지훈론」, 『한국현대시인연구』, 월인, 2003.

김기중 ············ 「지훈 시의 이미지와 상상적 구조—조지훈론」
『민족문화연구』, 제22호(고려대 민족문화연구소, 1989. 2), 163-190쪽;
『우리 시의 울림과 서정적 깊이』, 시와 문화사, 2019.

김문주 ············ 「조지훈의 '서경시'에 함축된 시적 전통의 성격」
『한국문학이론과비평』 제35집(한국문학이론과비평학회, 2007. 6), 9-29쪽.

엄성원 ············ 「조지훈의 초기시 연구」
『한국문학이론과비평』 제35집(한국문학이론과비평학회, 2007. 6), 59-83쪽.

하상일 ············ 「조지훈의 비평의식과 서정시론 연구」
『한국문학이론과비평』 제35집(한국문학이론과비평학회, 2007. 6), 85-103쪽.

박남희 ············ 「조지훈 시의 유기체적 상상력 연구」
『한국문예비평연구』 제24집(한국현대문예비평학회, 2007. 12), 5-28쪽.

김옥성 ············ 「조지훈의 생태시학과 자아실현」
『한국문학이론과비평』 제37집(한국문학이론과비평학회, 2007. 12), 199-224쪽.

조창환 ············ 「조지훈 초기시의 운율과 구조」
『한국문예비평연구』 제25집(한국현대문예비평학회, 2008. 4), 5-28쪽.

송기한 ············ 「조지훈 시의 유랑의식 연구」
『한중인문학연구』 제23집(한중인문학회, 2008. 4), 19-39쪽.

이희중 ············ 「조지훈 시의 애상성 연구—애상적 시어의 출현 양상과 의미를 중심으로」
『비평문학』 제30호(한국비평문학회, 2008. 12), 137-157쪽.

최동호 ············ 「조지훈의 등단 추천작과 그 시적 전개」
『한국시학연구』 제28호(한국시학회, 2010. 8), 389-411쪽.

최태호 ············ 「지훈의 한시 연구」
『한국학논집』 제36집(근역한문학회, 2013. 2), 285-305쪽.

김종훈 ············ 「「승무」의 판본 비교와 조지훈의 미적 지향점」
『한국문학이론과비평』 제60호(한국문학이론과비평학회, 2013. 9), 367-386쪽;
「감정의 절제와 여운—조지훈의 「승무」론」

고형진 ············ 「조지훈의 「완화삼」과 박목월의 「나그네」의 상호텍스트성 연구」
『한국문예비평연구』 제42집(한국현대문예비평학회, 2013. 12), 133-160쪽.

박노준 ············ 「사라진 것에 대한 향가와 조지훈 시의 정서」
『향가여요종횡론』, 보고사, 2014.

김윤태 ············ 「한국 현대시론에서의 '전통' 연구—조지훈의 전통론과 순수시론을 중심으로」
『한국전통문화연구』 제13집(한국전통문화대학교 한국전통문화연구소, 2014. 5), 209-233쪽;
「조지훈의 전통론과 순수시론—한국 현대시론에서의 '전통' 문제와 그 계보 연구를 위한 시론(試論)」

서철원 ············ 「조지훈 시의 헤테로토피아 양상 연구」
『비평문학』 제70호(한국비평문학회, 2020. 6), 125-155쪽.

오형엽 ············ 「조지훈 시의 미학적 원천 연구—청각성과 존재성의 미학을 중심으로」
『민족문화연구』 제88호(고려대 민족문화연구원, 2020. 8), 461-487쪽.

김태곤 ··········· 「조지훈의 민속학 연구」
『민족문화연구』 제22호(고려대 민족문화연구소, 1989. 2), 81-105쪽.

최철 ··········· 「조지훈의 국문학 연구」
『민족문화연구』 제22호(고려대 민족문화연구소, 1989. 2), 55-80쪽.

김정배 ··········· 「조지훈의 역사관 연구」
『민족문화연구』 제22호(고려대 민족문화연구소, 1989. 2), 107-128쪽.

인권환 ··········· 「조지훈 학문의 영역과 특징」
『어문논집』 제39호(안암어문학회, 1999. 2), 27-31쪽.

홍종선 ··········· 「조지훈의 국어학 연구」
『어문논집』 제39호(안암어문학회, 1999. 2), 58-79쪽.

김인환 ··········· 「조지훈론」
『다른 미래를 위하여』, 문학과지성사, 2003.

김기승 ··········· 「조지훈의 민족운동사 인식과 동학관」
『동학학보』 제6권(동학학회, 2003. 12), 355-396쪽.

이선이 ··········· 「조지훈의 민족문화 인식 방법과 그 내용」
『한국시학연구』 제23호(한국시학회, 2008. 12), 271-289쪽.

인권환 ··········· 「조지훈, 민주주의를 사랑하고 민족문화를 노래한 시인」
『한국사 시민강좌』 제50호(일조각, 2012. 2), 344-359쪽.

류시현 ··········· 「1940~60년대 시대의 '불안'과 조지훈의 대응」
『한국인물사연구』 제17호(한국인물사연구회, 2012. 3), 385-411쪽.

1부 • 조지훈 문학 연구

김흥규 — 1948년 인천 출생. 고려대 국어국문학과 학사, 서울대 대학원 국어국문학과 석사, 고려대 대학원 국어국문학과 박사 졸업. 계명대 전임강사(1976-1979), 고려대 교수(1979-2012), 연세대 용재석좌교수(2015) 역임. 현재 고려대 국어국문학과 명예교수. 대한민국문학상, 임화문학예술상 등을 수상. 주요 저서로 『문학과 역사적 인간』, 『조선 후기의 시경론과 시의식』, 『한국 현대시를 찾아서』, 『한국문학의 이해』, 『욕망과 형식의 시학』, 『한국 고전문학과 비평의 성찰』, 『근대의 특권화를 넘어서』, 『사설시조의 세계』, 『옛시조의 모티프·미의식과 심상공간의 역사』 등이 있음.

김명인 — 1946년생. 고려대학교 국어국문학과 및 동대학원 석사·박사 졸업. 경기대학교 국어국문학과, 고려대학교 미디어문예창작학과 교수 역임. 소월시문학상, 이산문학상, 대산문학상, 지훈문학상, 목월문학상 등을 수상. 저서로 『한국 근대시의 구조연구』, 『시어의 풍경』, 시집으로 『동두천』, 『물 건너는 사람』, 『길의 침묵』, 『파문』, 『이 가지에서 저 그늘로』 등이 있음.

오세영 — 1942년생. 서울대학교 국어국문학과 및 동대학원 석사·박사 졸업. 한국시학회 회장, 한국시인협회 회장, 서울대학교 국어국문학과 교수 역임. 현재 서울대학교 국어국문학과 명예교수, 대한민국 예술원 회원. 만해문학상, 목월문학상, 정지용문학상, 소월시문학상, 고산문학상 등을 수상. 시집으로 『사랑의 저쪽』, 『바람의 그림자』, 『마른 하늘에서 치는 박수소리』 등 25권, 저서로 『시론』, 『한국현대시 분석적 읽기』 등 25권이 있고, 영어, 불어, 독일어, 스페인어, 체코어, 러시아어, 중국어, 일본어 등으로 번역된 시집이 있음.

김기중 — 1954년생. 고려대학교 국어국문학과 및 동대학원 석사·박사 졸업. 1991년 「청록파 시의 대비 연구」를 박사학위 논문으로 제출. 1992년 『현대시학』 시론 추천, 1993년 『한국문학』 신인상 시 당선으로 등단. 순천향대학교 국어국문학과 교수 역임. 현재 순천향대학교 국어국문학과 명예교수. 시집으로 『푸른 신호를 기다리는 시간』, 저서로 『우리 시의 울림과 서정적 깊이』가 있음.

김문주 — 1969년생. 고려대학교 국어국문학과 및 동대학원 석사·박사 졸업. 2001년 『서울신문』(평론), 2007년 『불교신문』(시) 신춘문예 당선으로 등단. 문학평론가, 시인. 현재 영남대학교 국어국문학과 교수. 김달진문학상 평론 부문 수상. 저서로 『형상과 전통』, 『소통과 미래』, 『수런거리는 시, 분기하는 비평들』, 『낯섦과 환대』 등이 있음.

엄성원 — 1969년생. 서강대학교 국어국문학과 및 동대학원 석사·박사 졸업. 현재 차의과학대학교 의료홍보미디어학과 교수. 저서로 『한국 현대시의 근대성과 탈식민성』, 『문예사조의 이해』, 『서정주 연구』, 『김광균 연구』, 『실용 글쓰기』 등이 있음.

하상일 — 1970년생. 부산대학교 국어국문학과 및 동대학원 석사·박사 졸업. 1997년 『오늘의문예비평』으로 비평 활동 시작, 문학평론가. 현재 동의대학교 한국어문학과 교수. 고석규비평문학상, 애지문학상 평론부문 수상. 저서로 『재일 디아스포라 시문학의 역사적 이해』, 『한국 근대문학과 동아시아적 시각』, 『서정의 미래와 비평의 윤리』, 『뒤를 돌아보는 시선』, 인문여행서 『상하이 노스탤지어』 등이 있음.

박남희 — 1956년생. 숭실대 국어국문학과와 고려대 대학원 국어국문학과 석사·박사 졸업. 1996년 『경인일보』, 1997년 『서울신문』 신춘문예 시 당선으로 등단. 시인. 현재 시립대, 동국대 등에서 강의하고 있음. 시집으로 『폐차장 근처』, 『이불속의 쥐』, 『고장난 아침』, 『아득한 사랑의 거리였을까』, 평론집으로 『존재와 거울의 시학』, 저서로 『한국현대시와 유기체적 상상력』, 『직관과 상상력』(공저) 등이 있음.

김옥성 — 1973년생. 서울대학교 종교학과 및 동대학원 국어국문학과 석사·박사 졸업. 2003년 『문학과경계』 신인상 소설 당선, 2007년 『시사사』 신인상 시 당선으로 등단. 문학평론가. 현재 단국대학교 국어국문학과 교수. 김준오시학상 수상. 저서로 『한국 현대시와 종교 생태학』, 『현대시의 신비주의와 종교적 미학』, 『한국 현대시의 전통과 불교적 시학』 등이 있음.

조창환 — 1945년생. 서울대학교 국어국문학과 및 동대학원 석사·박사 졸업. 1973년 『현대시학』 시 추천으로 등단. 시인. 아주대학교 국어국문학과 교수 역임. 현재 아주대학교 국어국문학과 명예교수. 한국시협상, 한국가톨릭문학상, 경기도문화상, 편운문학상, 박인

환상, 황조근정훈장 등을 수상. 시집으로 『저 눈빛, 헛것을 만난』, 『허공으로의 도약』, 『벚나무 아래, 키스자국』, 『마네킹과 천사』, 『수도원 가는 길』, 저서로 『한국현대시의 분석과 전망』, 『우리시의 넓이와 깊이』, 『한국현대시의 운율론적 연구』 등이 있음.

송기한 — 1962년생. 서울대학교 국어국문학과 및 동대학원 석사·박사 졸업, 1991년 계간 『시와 시학』 평론 당선으로 등단. 현재 대전대학교 국어국문학과 교수. 시와 시학 평론상, 대전시 문화상 등을 수상. 저서로 『고은』, 『한국현대시의 근대성 비판』, 『서정주 연구』, 『1960년대 시인 연구』, 『서정의 유토피아 1, 2』, 『육당 최남선 문학연구』, 『소월 연구』 등이 있음.

이희중 — 1960년생. 고려대학교 국어국문학과 및 동대학원 석사·박사 졸업. 1987년 『광주일보』 시 당선, 1992년 『경향신문』 평론 당선으로 등단. 시인, 문학평론가. 현재 전주대 국어교육과 교수. 시집으로 『푸른 비상구』, 『참 오래 쓴 가위』, 『나는 나를 간질일 수 없다』, 저서로 『기억의 지도』, 『현대시의 방법 연구』, 『기억의 풍경』, 『삶>시』 등이 있음.

최동호 — 1948년생. 고려대학교 국어국문학과 및 동대학원 석사·박사 졸업. 1976년 시집 『황사바람』을 통해 시인으로, 1979년 『중앙일보』 신춘문예 평론 당선으로 등단. 한국문학평론가협회, 한국시학회, 한국시인협회 회장 역임. 고려대학교 국어국문학과 교수 역임, 현재 고려대학교 국어국문학과 명예교수 겸 경남대학교 석좌교수이며 대한민국 예술원 회원. 소천비평문학상, 현대불교문학상, 박두진문학상, 대산문학상, 유심문학상, 만해상 문학예술부문 대상, 김삿갓 문학상 등을 수상. 시집으로 『공놀이하는 달마』, 『불꽃 비단벌레』, 『얼음 얼굴』, 『수원 남문 언덕』, 『제왕나비』, 비평서로 『현대시의 정신사』, 『디지털 문화와 생태 시학』, 『현대시사의 감각』, 『진흙 천국의 시적 주술』, 『디지털 코드와 극서정시』, 『정지용 시와 비평의 고고학』, 『황순원 문학과 인간 탐구』 등이 있음.

최태호 — 1959년생. 단국대학교 한문교육학과 및 한국외국어대학교 한국어교육과 석사·박사 졸업. 현재 중부대학교 한국어학과 교수. 세계인권상 다문화교육부문 수상. 저서로 『한국문학의 제 양상』, 『한국적 다문화사회의 이해』, 『한민족문화론』, 『한국어문화문법』 등이 있음.

김종훈 — 1972년생. 고려대학교 국어국문학과 및 동대학원 석사·박사 졸업. 2006년 『창작과비평』 평론, 2013년 『서정시학』 시로 등단. 현재 고려대학교 국어국문학과 교수. 저서로 『한국 근대 서정시의 기원과 형성』, 『미래의 서정에게』, 『정밀한 시 읽기』 등이 있음.

고형진 — 1959년생. 고려대학교 국어교육과 및 동대학원 국어국문학과 석사·박사 졸업. 1988년 『현대시학』 평론으로 등단. 문학평론가. 현재 고려대학교 국어교육과 교수. 김달진 문학상 평론 부문 수상. 저서로 『시인의 샘』, 『현대시의 서사지향성과 미적 구조』, 『또 하나의 실재』, 『백석 시 바로 읽기』, 『백석 시를 읽는다는 것』, 『백석 시의 물명고』 등이 있음.

박노준 — 1938년생. 고려대학교 국어국문학과 및 동대학원 석사·박사 졸업. 한양대학교 국어국문학과 교수, 한국시가학회 초대 회장 역임. 현재 한양대학교 국어국문학과 명예교수. 2000년 도남국문학상 수상. 저서로 『신라가요의 연구』, 『고려가요의 연구』, 『향가』, 『조선 후기 시가의 현실인식』, 『향가 여요의 정서와 변용』, 『옛 사람 옛 노래 향가와 속요』, 『향가여요 종횡론』, 『향가여요의 역사』, 『한용운 연구』(공저), 『흘러간 성좌』(공저) 등이 있음.

김윤태 — 1959년생. 서울대학교 국어국문학과 및 동대학원 석사·박사 졸업. 1988년 여름 『실천문학』 평론 발표로 등단. 문학평론가. 현재 독립연구자. 저서로 『한국 현대시와 리얼리티』 등이 있음.

서철원 — 1966년생. 전주대학교 국어국문학과 학사, 전북대학교 국어국문학과 석사·박사 졸업. 2013년 『문예연구』 신인문학상으로 등단. 대한민국스토리공모대전 최우수상, 불꽃문학상, 혼불학술상, 혼불문학상 등을 수상. 장편소설로 『왕의 초상』, 『혼,백』, 『최후의 만찬』, 창작소설집으로 『함양, 원스 어폰 어 타임』, 저서로 『혼불, 저항의 감성과 탈식민성』 등이 있음.

오형엽 — 1965년생. 고려대학교 영어영문학과 및 동대학원 국어국문학과 석사·박사 졸업. 1994년 『현대시』 신인상, 1996년 『서울신문』 신춘문예 평론 당선으로 등단. 문학평론가. 현재 고려대학교 국어국문학과 교수. 한국문학평론가협회 회장. 젊은 평론가상, 애지문학상, 편운문학상, 김달진문학상 평론부문 수상. 평론집으로 『신체와 문체』, 『주름과 기억』, 『환상과 실재』, 저서로 『한국 근대시와 시론의 구조적 연구』, 『현대시의 지형과 맥락』, 『현대문학의 구조와 계보』, 『문학과 수사학』, 『한국 모더니즘 시의 반복과 변주』, 역서로 『이성의 수사학』 등이 있음.

김태곤 — 1937년생. 국학대학교 국문학과 학사, 경희대학교 대학원 민속학 석사, 일본 동경교대 문학 박사 졸업. 민속학회 회장, 경희대학교 국어국문학과 교수, 경희대 박물관 관장, 한국 민속학회 회장 등을 역임. 로산문학상 수상. 저서로 『한국민속학』, 『한국종교』, 『한국사상의 원천』, 『민속문학의 이해』, 『한국의 무속신화』, 『한국의 범신 신앙』, 『무속과 영의 세계』 등이 있음. 1996년에 작고.

최철 — 1938년생. 연세대학교 국어국문학과 및 동대학원 석사, 동국대 대학원 국어국문학과 박사 졸업. 한국민요학회 회장, 연세대학교 국어국문학과 교수 역임. 연세대 학술상, 황조근정훈장 등을 수상. 저서로 『연동민속지』, 『민요의 연구』, 『향가의 연구』, 『향가의 문학적 연구』, 『한국민요학』, 『고려국어가요의 해석』, 『석주 고려가요』 등이 있음. 2005년에 작고.

김정배 — 1940년생. 고려대학교 사학과 및 동대학원 석사·박사 졸업. 미국 하와이대학 인류학과 수학. 고려대학교 한국사학과 교수, 고려대학교 총장, 고구려연구재단 이사장, 한국학중앙연구원 원장, 학교법인 고려중앙학원 이사장, 국사편찬위원회 위원장 등을 역임. 현재 고려대학교 한국사학과 명예교수, 학교법인 휘문의숙 이사장. 저서로 『한국민족문화의 기원』, 『한국고대사론의 신조류』, 『한국고대의 국가 기원과 형성』, 『한국고대사와 고고학』, 『한국고대사입문』, 『고조선에 대한 새로운 해석』, 『한국과 중국의 북방사 인식』 등이 있음.

인권환 — 1937년생. 고려대학교 국어국문학과 및 동대학원 석사·박사 졸업. 민속학회 회장, 고려대학교 국어국문학과 교수 및 명예교수 등을 역임. 홍조근정훈장 수상. 저서로 『한국민속학사』, 『고려시대 불교시 연구』, 『판소리 창자와 실전사설 연구』, 『흥부전 연구』, 『토끼전·수궁가 연구』, 『한국 전통문화의 현대적 모색』, 『한국문학의 불교적 탐구』, 『한용운 연구』(공저) 등이 있음. 2017년에 작고.

홍종선 — 1951년생. 고려대학교 국어국문학과 및 동대학원 석사·박사 졸업. 국어문법론 전공. 전주대학교 국어교육과 교수(1982-1988), 고려대학교 국어국문학과 교수(1988-2016) 역임. 현재 고려대학교 국어국문학과 명예교수. 겨레말큰사전남북공동편찬위원회 남측편찬위원장. 저서로 『국어 체언화 구문의 연구』, 『국어문법사』 등이 있음.

김인환 — 1946년생. 고려대학교 국어국문학과 및 동대학원 석사·박사 졸업. 한국문학교육학회 2대 회장, 고려대학교 국어국문학과 교수 역임, 현재 고려대학교 국어국문학과 명예교수. 김환태평론문학상, 팔봉비평문학상, 현대불교문학상, 대산문학상, 김준오시학상 등을 수상. 저서로 『언어학과 문학』, 『비평의 원리』, 『문학교육론』, 『The Grammar of Fiction』, 『현대시란 무엇인가』, 『문학과 문학사상』, 『상상력과 원근법』, 『의미의 위기』, 『기억의 계단』, 『과학과 문학』, 『타인의 자유』, 『한국고대시가론』 등이 있고, 역서로 『주역』, 『고려한시삼백수』, 『수운선집』 등이 있음.

김기승 — 1957년생. 고려대학교 사학과 및 동대학원 석사·박사 졸업. 순천향대학교 인문과학대학장, 인문학진흥원장, 독립기념관 한국독립운동사연구소장 등을 역임, 현재 순천향대학교 향설나눔대학 교수. 저서로 『한국근현대 사회사상사연구』, 『조소앙이 꿈꾼 세계』, 『고불 맹사성의 생애와 사상』, 『대한민국임시정부의 이론가 조소앙』, 『유림 독립운동의 상징 김창숙』 등이 있음.

이선이 — 1967년생. 경희대학교 국어국문학과 및 동대학원 석사·박사 졸업. 1991년 『문학사상』 시 당선, 1996년 '문학의 해 기념 불교문학현상공모'에 평론 당선으로 등단. 문학평론가. 현재 경희대학교 한국어학과 교수. 저서로 『생명과 서정』, 『상상의 열림과 떨림』, 『근대 문화지형과 만해 한용운』, 『동아시아 근대 한국인론의 지형』(공저), 『월경하는 한국문학사』(공저) 등이 있음.

류시현 — 1964년생. 고려대학교 사학과 및 동대학원 석사·박사 졸업. 2005년 「최남선의 '근대' 인식과 '조선학' 연구」를 박사학위 논문으로 제출. 현재 광주교육대학교 사회과교육과 교수. 저서로 『최남선 연구』, 『한국근현대와 문화 감성』, 『동경삼재』, 『한국 근대 역사학의 성립과 발전』 등이 있음.

조지훈 연구 2

초판 발행 2020년 11월 10일
초판 2쇄 2020년 12월 28일

엮은이 이형대·오형엽
펴낸곳 고려대학교출판문화원
www.kupress.com
kupress@korea.ac.kr
(02841) 서울특별시 성북구 안암로 145
Tel 02-3290-4230, 4232
Fax 02-923-6311
찍은곳 한국컴퓨터인쇄정보

ISBN 979-11-91161-00-7 93810

값 38,000원